大人
(十一)

沈葦窗與《大人》雜誌

蔡登山

已故香港邵氏電影公司在台分公司總經理馬芳蹤說：「文化事業出版界，我最欽佩兩個人，一是台北《傳記文學》的社長劉紹唐兄，以單槍匹馬一個人的精力，把中國近代史的資料蒐集成庫，且絕不遜於此地的『歷史博物館』與大陸的『文史檔案館』。另一位就是香港《大成》的沈葦窗，《大成》是專門刊載藝文界的掌故與訊息，目前海峽兩岸包括海外，似乎還找不出第二本類似的刊物。」其實《大成》還有個前身就是《大人》雜誌，它創刊於一九七〇年五月十五日，至一九七三年十月十五日停刊，前後出了四十二期。一九七三年十二月一日《大成》緊接著創刊，至一九九五年九月沈葦窗病逝終刊，出了二百六十二期。兩個刊物合起來共三百零四期，前後有二十五年之久。它也是「一人公司」，香港作家古蒼梧說：「《大成》的業務，從編輯、校對到聯絡作者、郵寄訂戶，幾乎都由沈老一人包辦。每次我到龍記樓上《大成》編輯室送稿，總見到他孤單地在一堆堆雜誌與書刊中埋首工作，見我來了，便露出燦爛的笑容，跟我閒聊幾句，臉上毫無倦容。……」。當然可想見更早的《大人》的情況，亦是如此。

關於沈葦窗的生平資料不多，他是一九一八年十二月三十日出生，浙江省桐鄉烏鎮人。正如他自己說的：「我寫作至今，從未提過自己的家世。」只在〈記從兄沈泊塵〉一文中，他透露一些蛛絲馬跡：「祖父右亭公生子女九人，泊塵是三房長子，能毅、叔敖是他的胞弟。我父季璜公行九，娶我母徐太夫人，婚後居上海之台灣路，姪輩到上海求學，多住我家。我家兄弟都以『學』字排行，泊塵名學明，家兄吉誠名學謙，我名學孚。我生在台灣路，大約我出世未久，這位『明哥哥』便去世了！」沈泊塵卒於一九一九年，得年僅三十一歲。沈泊塵兄弟三人曾合辦《上海潑克》畫報，為中國漫畫報刊的始創者。作家陳定山就說：「上海報紙之有漫畫，始於沈泊塵。若黃文農、葉淺予、張光宇正宇兄弟，皆為後輩矣。」

沈葦窗畢業於上海中國醫學院，據香港的翁靈文說沈葦窗自滬來港後，雖投身出版事業，但也常應稔友們之請，望聞切問開個藥方，多能藥到病除。沈葦窗曾任香港麗的呼聲廣播有限公司金色電臺編導、電視國劇顧問。他的夫人莊元庸也一直在「麗的呼聲」工作，莊女士其實早在上海名氣就很大了，每天擁有十萬以上的聽眾，她口才好，聲音悅耳，有「電台之鶯」的雅號。後來在台灣的華視也工作過，我還看過她演出《星星知我心》的連續劇。

沈葦窗是崑曲大師徐凌雲的外甥，徐凌雲曾對寧波、永嘉、金華、北方諸崑劇，甚至京劇、灘簧、紹興大班等悉心研究，博採眾長。十八歲登臺，堅持長期練功不輟，生、旦、淨、末、丑各行兼演，「文武崑亂不擋」。後來又與俞粟盧、穆藕初等興辦蘇州崑劇傳習所，培養「傳」字輩一代崑劇藝人有功。沈葦窗說他自己：「少年時即好讀書，有集藏癖，年事漸長，更愛上了戲曲。其時崑曲日漸式微，但因我的舅父徐凌雲先生是崑曲大家，總算略窺門徑；還是和平劇接近的機會多，凡是夠得上年齡的名角，都締結了相當的友誼，搜羅有關平劇書籍更不遺餘力。」他後來將這些重要史料，以「平劇史料叢刊」由劉紹唐的傳記文學社出版，如《富連成三十年史》、《京戲近百年瑣記》、《清代燕都梨園史料》、《菊部叢譚》、《大戲考》等十二部珍貴或絕版史料，嘉惠後學。

沈葦窗在上海時期，就在小報上寫文章。一九四〇年金雄白在上海創辦一份小型四開報紙，名為《海報》，當時寫稿的人可說是極一時之選，長期在《海報》撰稿的有陳定山、唐大郎、平襟亞、王小逸、包天笑、蔡夷白、吳綺緣、徐卓呆、鄭過宜、范煙橋、謝啼紅、朱鳳蔚、盧一方、沈葦窗、陳蝶衣、馮鳳三、柳絮、惲逸群等，女作家中，更有周鍊霞、陳小翠諸人。沈葦窗當年曾是金雄白辦報時的作者，沒想到幾十年後金雄白變成了是沈葦窗的作者。《大人》初創時期，就有一個非常壯觀堅強的撰稿人隊伍，這些人大多是大陸鼎革後，流寓在香港和臺灣的南下文人、名流和藝術家，大都是沈葦窗的舊識，也可見他在舊文化圈中人脈的廣博。

《大人》雜誌給這些人提供了一個發表文章的重要平臺，刊載了大量有價值的文章和重要的第一手史料。其中像被稱為「中醫才子」的陳存仁的兩本回憶錄《銀元時代生活史》、《抗戰時代生活史》，都先後在《大人》及《大成》上連載，而後才集結出書的。《銀元時代生活史》後來在一九七三年三月，由香港吳興記書報社出版，張大千題耑，沈葦窗撰序云：「一九七〇年五月，《大人》雜誌創刊，我承乏輯務，初時集稿不易，因而想到陳存仁兄，他經歷既豐，閱人亦多，能寫一手動人的文章，於是請他在百忙之中為《大人》撰稿，第一期他寫了一篇記章太炎老師，果然文筆生動，情趣盎然，大受讀者歡迎。存仁兄的文章，別具風格，而且都是一手資料，許多事情經他一寫，躍然紙上，如歷其境，如見其人，無形之中成為我們《大人》雜誌的一員大將。《銀元時代生活史》刊載以後，更是遐邇遍傳，每一段都富有人情味和親切感，存仁兄向有考證癖，凡是追本究源，文筆輕鬆，尤其餘事。綜觀全篇，包含著處世哲學、創業方法、心理衛生、生財之道，對讀者有很大的啟發性和鼓勵性，實在是老少咸宜的良好讀物。今當單行本問世，讀之更有一氣呵成之妙，存仁兄囑書數言，因誌所感，豈敢云序。」

再者在《大人》甚至後來的《大成》上，占有相當份量的，莫過於「掌故大家」高伯雨（高貞白、林熙）的文章了。一般說起「掌故」，無非是「名流之燕談，稗官之記錄」。但掌故大家瞿兌之對掌故學卻這麼認為：「通掌故之學者是能透徹歷史上各時期之政治內容，與夫政治社會各種制度之原委因果，以及其實際運用情狀。」而一個對掌故深有研究者，「則必須對於各時期之活動人物熟知其世襲淵源師友親族的各族關係與其活動之事實經過，而又有最重要之先決條件，就是對於許多重複參錯之瑣屑資料具有綜核之能力，存真去偽，由偽得真……」。能符合這個條件的掌故大家，可說是寥寥無幾，而高伯雨卻可當之無愧。高氏文章或長篇大論，或雋永隨筆，筆底波瀾，令人嘆服！難怪香港老報人羅孚（柳蘇）稱讚說：「對晚清及民國史事掌故甚熟，在南天不作第二人想。」而編輯家林道群也讚曰：「高伯雨一生為文自成一家，他的『隨筆』偏偏不如英國的essay，承繼的是中國的傳統，溶文史於一，人情練達，信筆寫人記事，俱是文學，文筆之中史識俯拾皆是。」這是高伯雨的高妙處，也是他獨步前人之處。

資深報人金雄白筆名「朱子家」，曾在《春秋》雜誌上連載《汪政權的開場與收場》而聞名。沈葦窗邀他在《大人》再寫了〈「海報」的開場與收場〉、〈委員長代表蔣伯誠〉、〈梁鴻志死前兩恨事〉、〈「入地獄」的陳彬龢〉、〈倚病榻，悼亡友〉、〈梁鴻志獄中遺書與遺詩〉等文，因大都是作者所親歷親聞，極具史料價值。一九七四年他的《記者生涯五十年》開始在《大成》雜誌第十期連載，迄於一九七七年六月的第四十三期為止，前後達兩年又十個月之久，共六十八章，幾近三十萬字。金雄白說：「七十餘年的歲月，一彈指耳，回念生平，真是如幻如夢如塵，在世變頻仍中，連建家毀家，且已記不清有多少次了，俱往矣！留此殘篇，用以自哀而自悼，笑罵自是由人，固不必待至身後。」

還有早期的老報人，著名雜誌《萬象》的第一任主編陳蝶衣，他後來到香港，還是著名的電影編劇、流行歌曲之王。六十多年來，陳蝶衣光是歌詞的創作就有三千多首。人們尊稱他為「三千首」。周璇、鄧麗君、蔡琴、張惠妹……，中國流行音樂史上一代又一代的歌后們，都演唱過他寫的歌。他在《大人》除寫了〈一身去國八千里〉、〈舉家四遷記〉、〈我的編劇史〉、〈花窠素描〉等自身的回憶文章外，還有《銀海滄桑錄》的專欄，寫了有關張善琨、李祖永、林黛、王元龍、陳厚、胡蝶、阮玲玉、李麗華、周璇等人，所記多是外間少人知的資料。後來以《香港影壇秘錄》為名出版了。

曾經在上海淪陷時期，創刊《古今》雜誌，網羅諸多文人名士撰稿，使《古今》成為當時最暢銷也最具有份量的文史刊物的朱樸，一九四七年到了香港，早已成為一名書畫鑑賞家了，並以「省齋」為筆名撰文。沈葦窗說：「我草創《大人》雜誌，省齋每期為我寫稿，更提供許多書畫資料。那時，省齋在王寬誠的寫字樓供職，薪水甚少，但有一間寫字間卻很大，他每天下午到那裡去轉一轉，看看西報，主要的工作是為王寬誠鑑定書畫。」

當時已渡海來台的陳定山，是名小說家兼實業家天虛我生（陳蝶仙）的長子，他早年也寫小說，二十餘歲已在上海文壇成名了，他工書，擅畫，善詩文，有「江南才子」之譽。來台後長時期在報紙副刊及雜誌上寫稿，筆耕不輟，同時也為《大人》寫稿，陳定山因長居滬上，嫻熟上海灘中外掌故逸聞，一代人事興廢，古今梨園傳奇，信手拈來，皆成文章，乃開筆記小說之新局，老少咸宜，雅俗共賞。這些文章後來成為《春申舊聞》的部分篇章。

詩人易順鼎（實甫）之子，寫有《閒話揚州》引起揚州閒話的易君左，在一九四九年冬抵香江時，曾在鑽石山住過，當時那裡住有不少是國內逃避戰禍而抵港的知識份子，因此他寫有〈鑽石山頭小士多〉、〈記香港幾次文酒之會〉等文。更值得重視的是他寫的「文壇憶舊」，包括：〈我與郁達夫〉、〈曾琦與左舜生〉、〈詞人盧冀野〉、〈田漢和郭沫若〉。這些文章所寫的人物皆作者有過深交的文友，寫來自不同於一般的泛泛之論。可惜的是一九七二年易君左病逝台北，一九七二年四月十五日出版的《大人》刊出的〈田漢和郭沫若〉已註明是「遺作」了。

國民黨政要雷嘯岑，歷任南昌行營機要秘書、安徽省政府委員兼教育廳廳長、鄂豫皖三省總司令部秘書、湖北省第七區行政督察專員、重慶市教育局局長、《和平日報》社總主筆、《中央日報》社主筆。一九四九年七月去香港，任《香港時報》社總主筆。一九六〇年在港創辦《自由報》並受聘為香港德明書院新聞學系主任。他在《大人》以筆名「馬五」，寫有「政海人物面面觀」一系列文章。

他如，老報人胡憨珠長篇連載的〈申報與史量才〉，及當年曾在上海中文《大美晚報》供職的張志韓，所寫的〈血淚當年話報壇〉長文，都有珍貴的一手資料。

而沈葦窗自己也寫有〈葦窗談藝錄〉，談得較多的是京劇，這是他的本行。甚至《大人》每期有關京劇崑曲的文章，都佔有一定的比重，這也是這個雜誌的特色，同時也成為喜好京劇崑曲的讀者的重要收藏。沈葦窗的哥哥沈吉誠，在香港電影戲劇界、文化新聞界都相當吃得開，他在《大人》以「老吉」筆名，從第二期起寫有〈馬場三十年〉至第三十八期連載完畢，講的是香港的賽馬。在上世紀五〇年代，老吉的《馬經大全》，曾經風行一時。

《大人》每期約一百二十頁，用紙為重磅新聞，樸素大方。內頁和封底為名家畫作、法書或手跡，畫家有齊白石、吳湖帆、黃賓虹、張大千、溥心畬、傅抱石、關良、陳定山、黃君壁、吳作人、李可染、周鍊霞、梅蘭芳、宋美齡等。從第三期開始，每期都有四開彩色精印的銅版名家畫作或法書的插頁，精美絕倫。這些插頁除已列的上述部分畫家外，還有：邊壽民的蘆雁，新羅山人、虛谷的花鳥，沈石田、陸廉夫、吳伯滔、金拱北的山水，鄧石如、劉石庵、王文治的法書等。但由於這些插頁開本極大，採折疊方式，裝訂在雜誌的正中間，常為舊書店老闆取下，另外販售。此次復刻本，多期就沒有這些插頁，但在目錄中編有該插頁的頁碼，有時會有八頁之多，其實它是一張大畫折疊的頁碼，如今畫雖不見，但不影響內文，因該畫和內文是完全不相關的。在此聲明，希望讀者明瞭，不要以為雜誌有所「缺頁」是好。

這次能輯全整套雜誌而復刻，首先要感謝熱心協助，並提供收藏的師長好友：資深報人鑑賞家黃天才先生、收藏家董良彥（君博）先生、史料家秦賢次先生及香港的文史家方寬烈先生、學者作家盧瑋鑾（小思）女士。《大人》在臺灣流通極少，甚至國家圖書館都沒有收藏，筆者首先見到的是秦賢次兄已捐贈給中央研究院文哲研究所的部分雜誌，驚嘆之餘，才興起要收藏這份雜誌的念頭。但談何容易，歷經數載，找遍舊書攤才得不到四分之一之數。後經黃天才先生提供他的收藏，並熱心找到收藏家董良彥先生的珍貴收藏，董先生的十幾本雜誌品相極佳。在整理蒐集到手的四十二期雜誌，發現其中兩期有脫頁，於是藉著到香港開學術研討會之便，我和賢次兄又找到方寬烈先生及小思老師，經他們協助影印，補全了全套雜誌的內容。

我曾在二〇一〇年十月十七日香港的《蘋果日報》副刊寫有〈遲來的懷念〉一文，開頭說：「今年九月底，我到香港參加張愛玲誕辰九十週年國際學術研討會。十五年前的九月八日張愛玲被發現死在洛杉磯公寓，無人知曉，據推測她的死亡時間應該是九月二日或三日。而幾天之後的九月六日沈葦窗因食道癌在香港病逝。之所以將兩人並提，是他們都是『寂寞的告別』人世。正如作家穆欣欣所說的：『張愛玲走得孤寂而熱鬧。說孤寂，到底是她自己選擇的一種方式，待世人知曉，已是六七天之後；說熱鬧，是世人不甘，憐她愛她。她像中秋的月亮，走了之後，人間還得追望。比起張愛玲，另一個人走得更寂寞。起碼，他連最後的繁華都沒有。他是《大成》雜誌的主編沈葦窗先生。』是的，早在一九九三年，我籌拍張愛玲的紀錄片，次年還收到張愛玲的傳真信函。她故去之後《作家身影》紀錄片播出，之後我又寫了兩本關於她的書，並推薦李安導演拍她的〈色，戒〉。而對沈葦窗我至今無一字提及，這篇小文就算是遲來的懷念吧！」現在把這段文字轉錄於此，依舊是對他的懷念！

目錄

第三十八期（一九七三年六月十五日）：

大人

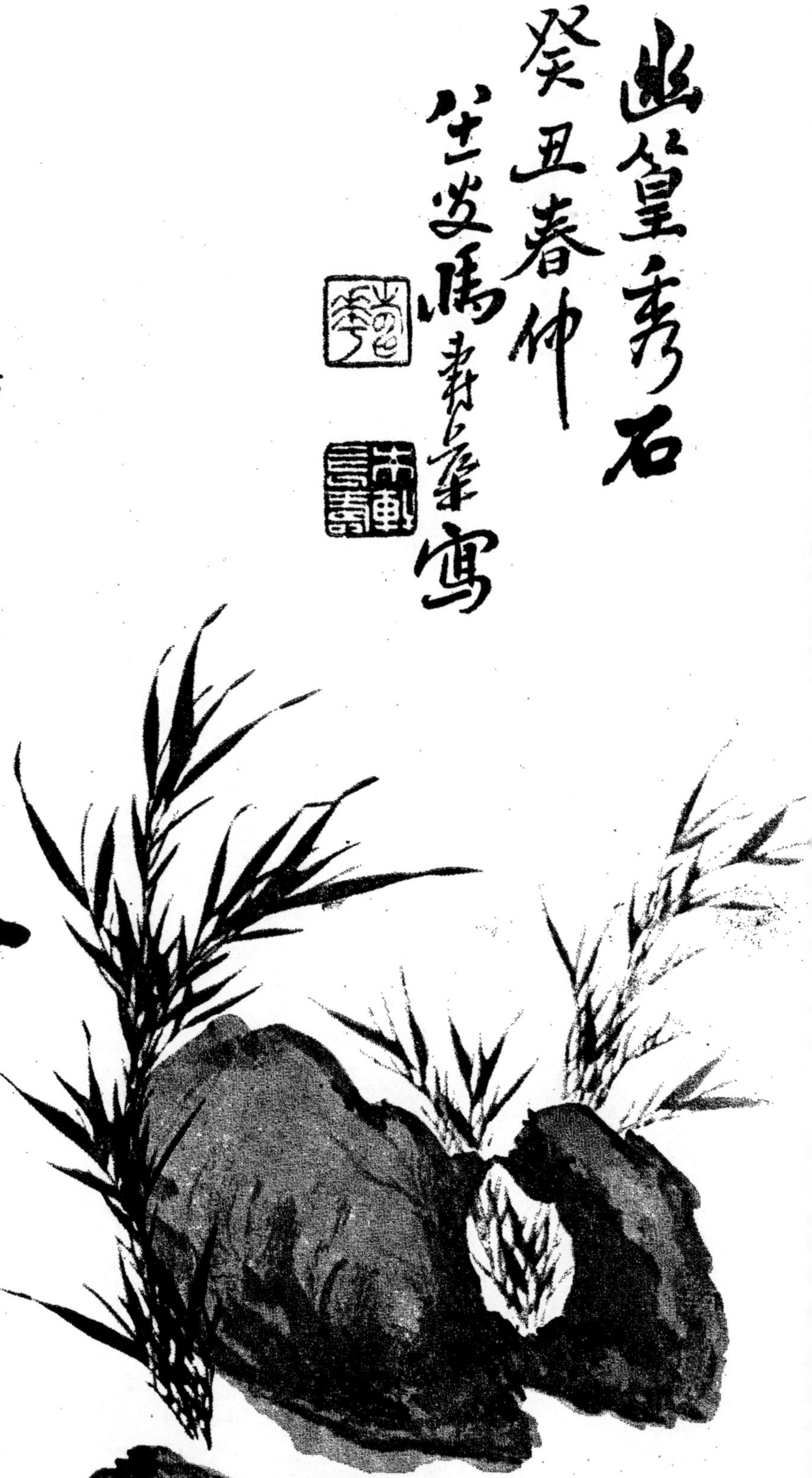

論天下大事
談古今人物

第三十七期

大千居士談畢加索函札

華嵒兄 昨於電話中承詢畢加索種種
弟與之無深交，就所知簡告，弟以此公
東西雖一，玩世不恭之神經不正常，所以
造成那不為世俗所拘的畫派，至於我
國道家思想以其環中，超以象外，似
又不同，弟不敢作評論，須待於藝術批
評專家也。四月十六日 弟爰拜上

請參閱本期林慰君特稿「張大千談畢加索」

目錄

大人　每逢月之十五日出版
The Chancellor Publishing Company Ltd.
出版及發行者：大人出版社有限公司
督印人：王朝平
編輯者：大人雜誌編輯委員會
總編輯：沈葦窗
社址：九龍西洋菜街三號A 即彌敦道大人公司後面
電話：K八五五七三〇
印刷者：立信印刷公司 九龍新蒲崗伍芳街緯綸工廠大廈11樓
總經銷：吳興記書報社 香港租庇利街十一號二樓 電話：H四五〇五六一 H四五〇七六六
星馬代理：遠東文化事業有限公司 新加坡厦門街十九號 檳城沓田仔街一七一號
泰國代理：曼谷青年文化服務社 曼谷黃橋東北路五六六之七〇號
越南代理：聯興書報社 越南堤岸新行街二十二號
其他地區代理：
澳門：可大文具店　漢城：汎亞書籍公司
亞庇：利民公司　寮國：永珍圖書公司
千里達：中華公司　斗湖：光明書店
菲律賓：華安書局　菲律賓：玲瓏書局
倫敦：東寶公司　紐約：友聯圖書公司
芝加哥：杏林春　紐約：大方圖書公司
波士頓：中西公司　洛杉磯：永安堂
三藩市：新生圖書公司　檀香山：大元公司
三藩市：益智圖書公司　三藩市：文化商店
加拿大：香港商店　加拿大：新國華公司

張大千談畢加索

林慰君　自美國寄

世界名畫家畢加索氏在今年四月八日逝世，由於張大千先生和畢加索氏有過交往，所以我們和大千居士通長途電話，請他寫一篇「我看畢加索」。大千先生謙遜不遑，並說他未便高攀，復函致意。（見本期封面內頁）因此我們又請旅美名作家林慰君女士訪問了大千先生，談了許多關於畢加索的事。——編者——

問：『您是在那一年和畢加索見面的？』

答：『一九五六年，那年我五十七歲。』

問：『麻煩您將與畢加索會晤的事，從頭到尾說一下，可以嗎？』

答：『一九五五年，我在東京時，由紐約大都會博物館研究員李佩先生（荷蘭貴族，爲著名漢學家，現已退休）介紹，得識法國巴黎一家博物館館長薩耳先生。薩耳力勸我到法國去開展覽會。

第二年——一九五六——我到巴黎後即去找薩耳。那天晚上他請我吃飯，在座者有法國已故大畫家馬提斯（Henri Matisse，1869—1954）的太太和小姐。那時他們正要給馬提斯的遺作開展覽會。

當晚薩耳決定也給我開個展覽會，地點即在巴黎的近代藝術博物館。該館西部劃爲馬提斯的遺作展覽之用，東部則給我舉行畫展。

展覽會到了將閉幕時，我對人說：我想見見畢加索。所有的人都不讚成，他們說畢的脾氣太古怪，他如不見或說些不好聽的話，未免對我的面子不好看。我說：

我從前在上海開畫展，大公報曾替我出整張特刊，非常恭維我。大陸變色後，我在香港開畫展，香港的大公報上有一篇文章，題目是「代畢加索致某君書」，這「某君」就是指的我，他們把我罵得一塌糊塗，那時我還不知道畢是何許人。

畢加索（右）和張大千（左）

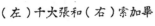

現在我到了巴黎，才知道他是世界聞名的藝術家，因此我一定要見見這個人，因爲據說他罵我的畫是「資本家的裝飾品」。

但是沒有人給我介紹：所有的人都怕碰他的釘子；中法友人都極力反對我和他見面。

有一天，我和內人偕一位繙譯——趙先生——到康城Cannes去，我叫趙君替我打電話給畢加索，當時畢加索不在家，他的女祕書接的電話。我對她自我介紹說：我是中國畫家張大千，要見畢加索。她說：他晚上九點鐘囘來，到時候她一定把我的意思告訴他。

當我的畫展開幕時，主持畫展的博物館，曾把我畫展的目錄寄給他，因此他一囘來，知道我打過電話，立刻就囘了我一電話，約我次日下午四點，在附近的一個陶器城的陶器展覽會中見面，因爲他要去主持；這個展覽會中的陶器，都是他的作品。

我們第二天三點鐘就去了。畢本人尚未到，但他的祕書已奉命招待我們，因此，我們就先把陶器展覽參觀了。

四點鐘時，他到來了，但卻被成千的觀衆包圍着，擠得水洩不通，我離他很遠，沒法子和他說話，後來他準備要走了。

我那年輕的繙譯趙君很生氣，於是他從人羣中擠到他背後，一手抓住了他的後領，問他爲什麽約了張大千先生到這裏來，現在還沒見面他就要走？

畢道歉說：人太多，沒法子談話。他請我們第二天中午十二點到他家去吃飯。

我們到達時，看見他們房中的女傭人，長得很漂亮，很年輕，身上穿着一件紅色的衣服。這個年輕美貌的女傭人，後來就變成畢加索的太太了。

我們見面後，我發覺他是一個很和氣的人，毫無架子，而且並不是一個怪人。

我們先看我的畫（畫展的目錄），一面看一面談話。他說：他最不了解爲什麽有許多東方人要到巴黎來學畫！因爲他認爲世界最高的藝術在中國。

我說：你太客氣了。

他說：不是。他認爲最好的藝術在中國，其次在日本，再其

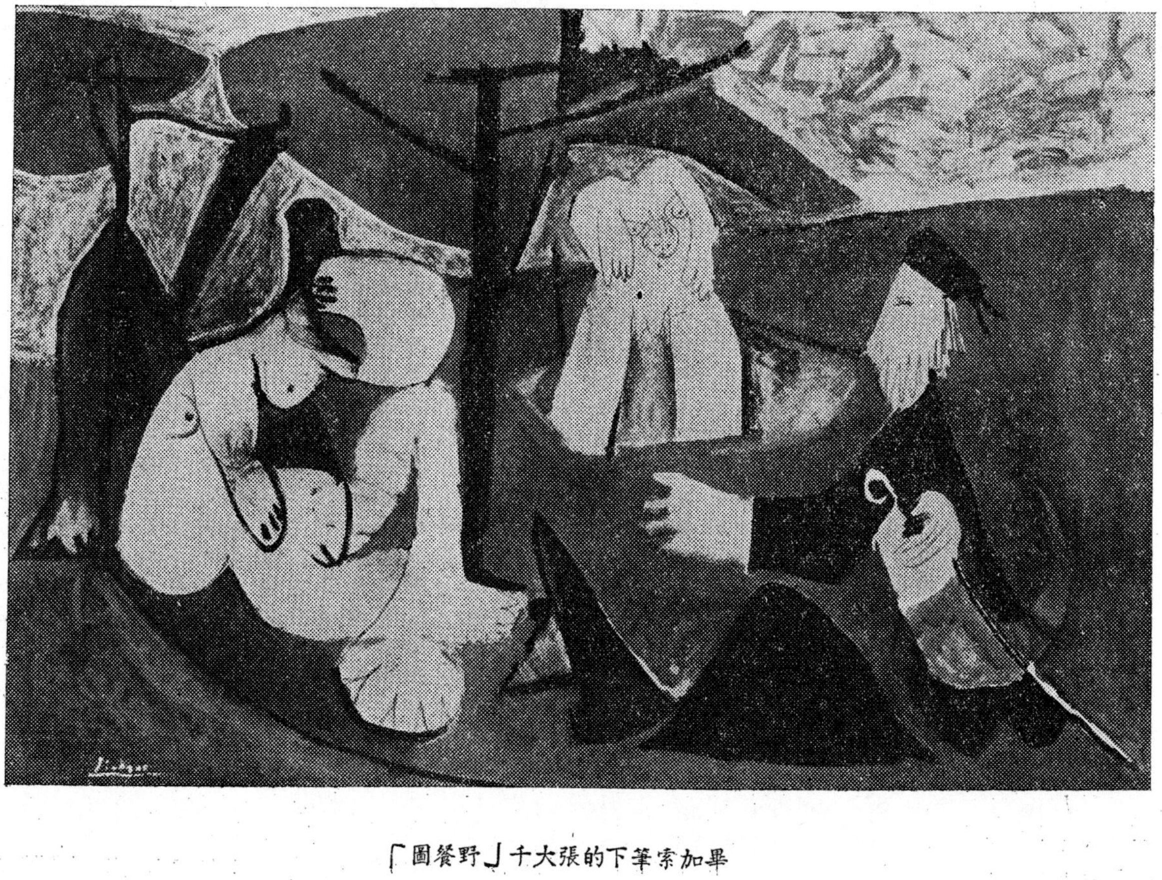

畢加索筆下的張大千「野餐圖」

次，在非洲；他說白種人沒有藝術。

我們看完後，他請我們到他的畫室，拿出了他的五本畫，每本約有一百頁。未看之前，他對我說：請你千萬告訴我，我的畫像不像中國畫？

打開一看，果然有的有點像。原來它們都是用東方毛筆所畫的水墨畫，故事多爲西班牙的鬥牛故事。

其他有些花卉和草蟲，學的是齊白石。

後來看到一張畫，是一個西班牙的牧神，他問我太太喜歡不喜歡？我太太當然說喜歡。他又問我，我也說喜歡，於是他就把這張畫送給我了。

後來我把這張畫帶到巴黎，人們因爲這張畫上的面孔上有鬚，他們以爲畫的是我，其實不是。

那張畫上他還題了上款，說明送給張大千，這在西洋畫裏是不多見的事情。

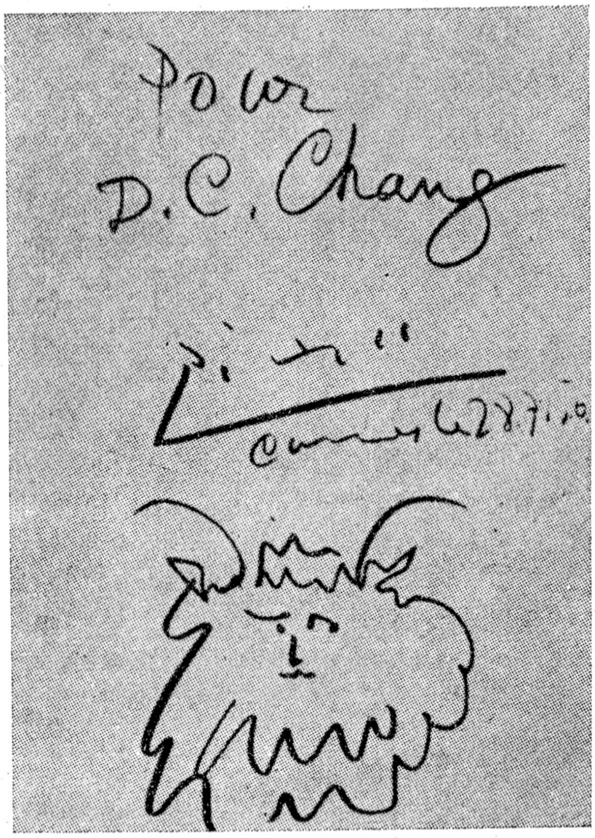

畢加索爲張大千簽名作畫

我們正在談話，忽然有一個美國畫商來求見。於是他就先到走廊下去見他。過了一會兒，他叫我們也都出來。

那個畫商帶來三張畫，他叫內人看。內人一看，就說其中有兩張不是他的畫，似是僞作，他大喜。

因此他又請我們看他的最近作品和他的彫刻，並且請我們和他一起在他的近作和彫刻前照像。照了幾張後，他進入屋中，拿出一副眼鏡和一個假的大鼻子，給我戴，他自己也戴上一個假面具——他自己做的——於是我們又在一起照像。

問：「這樣看來，他一定是一個很天眞的藝術家吧？」

答：「是的，他一點脾氣也沒有，很天眞可愛，不過我覺得他的精神不大正常。」

問：「那天在他家，還有些什麼可記述的事嗎？」

答：「那天他家還有一個意大利的畫家，他看見我和內人同畢氏一起照像，也想和他一起照，但因爲他知道畢氏平常不喜歡和別人一起照像，所以不敢求他，怕碰釘子。於是他求內人，請她代爲說項，請畢氏同他一起照一張像，畢礙於內人的情面，當然允許了。」

問：「記得您曾送給他一張竹子，是這次送給他的嗎？」

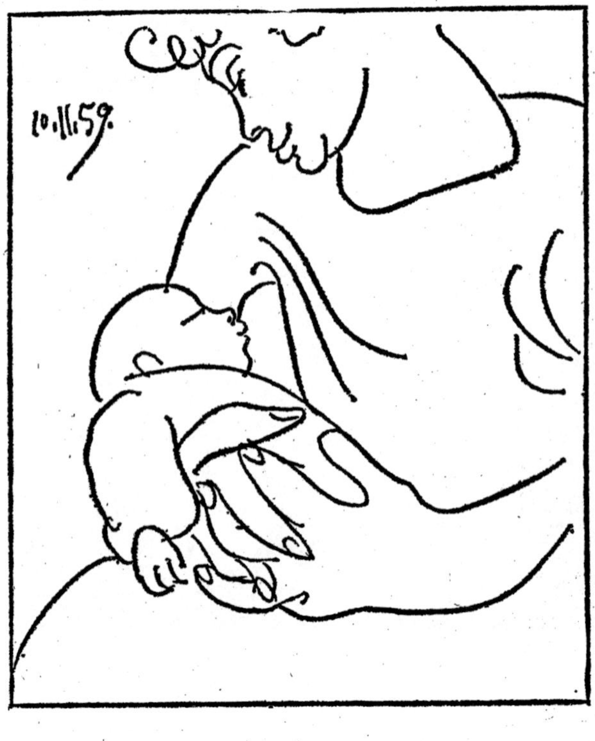

畢加索在一九五九年所畫的一幅藝術作品

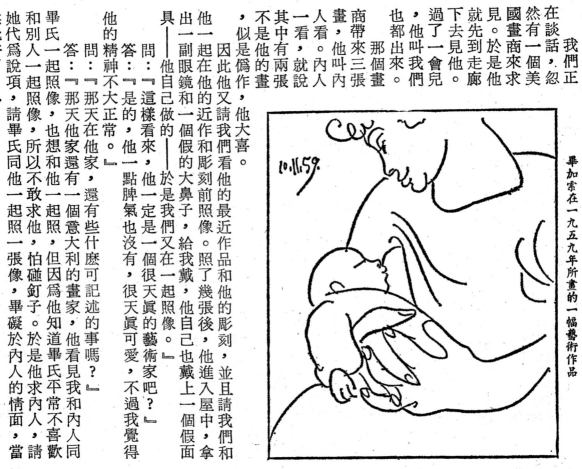

答：「是的。是他請我給他畫竹子，此外他還要我送給他幾枝中國毛筆。」

問：「他除送給您一張牧神的畫外，還送給您別的東西了沒有？」

答：「他還送給內人一頂帽子。她戴起來很好看，好像空中小姐一樣。」

問：「您這次同他見面後，是否還常和他通信？」

答：「沒有。我並未和他有什麼書信往來。但是一九六二年時，我接到他寄給我的一本印的畫冊，那裏面共有二十七張畫，他畫的都是我。」

問：「那些畫裏，您在做什麼？」

答：「他畫我在野餐，那是根據E. Manet畫的「野餐」所改變而成的。」

問：「畫裏還有什麼人？」

答：「還有裸體的女人。」

問：「在畫中您穿的是什麼衣服？」

答：「在他的畫中，我穿的是一件黑袍，頭上戴着一頂東坡帽。因爲我和他見面那天，我戴着東坡帽，這頂帽子還是葦窗在香港做了送給我的，身上穿着一件黑色的披風。」

問：「他把您畫得怎樣？像不像您？」

答：「頭幾張還好，後來越變越難看，越來越怪了。」

問：「您可否把這本畫冊找出來，給「大人」登載？」

答：「可以，我叫葆蘿找一找，明天給他寄去。」

問：「您也看過畢加索所畫的一些不奇怪的畫嗎？」

答：「看過。他年輕時所畫的畫最好。那時的畫眞是一點也不怪。」

問：「爲什麼後來他改變作風了呢？」

答：「我想是因爲他年輕時畫得那麼好，卻賣不出去。那時他很窮，生活很苦。到後來他出名了，於是就故意亂畫，也是表示玩世不恭的意思。」

問：「畢氏送您那本畫冊，可以證明他對您是非常尊敬而且有感情的，您同意吧？」

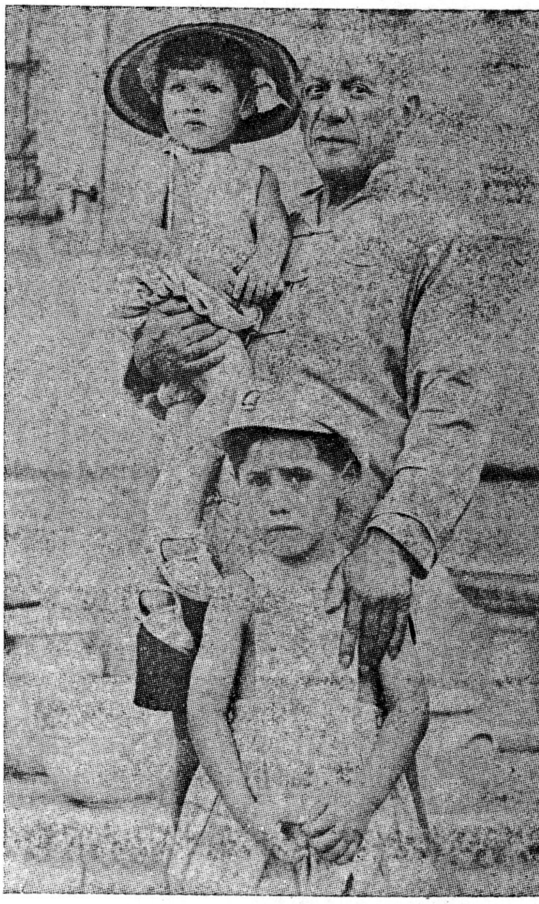

畢加索穿唐裝抱幼女攜幼子

答：「你說的很對。由你的話，又使我想起一件有趣的事。有一位費曼爾小姐，是中國有名的西洋歌劇家。她在Cannes開了一家中國飯館。有一天畢加索去吃飯。費告訴他，她是我的妹妹，於是他就送給了她一張畫。」

問：「他畫的是什麼？」

答：「他畫的是草蟲。」

問：「您所看見的畢加索的畫中，那些最奇怪？」

答：「一個三條腿的人，和一個有許多隻手的小孩子，還有肚子上有一個臉的人，和各種又像人又像動物的東西。」

問：「爲什麼他要畫這樣的人？他說了嗎？」

答：「他的意思是表示那條腿在動，至於那個小孩的手也是在很快的動，因此看時覺得有很多手，於是他就畫了很多手。」

談話至此，已經躭誤了大千先生很多工夫，於是只好將本文結束了。

美國通訊

政海人物面面觀

——陳毅、張治中、何鍵——

馬五先生

陳毅（仲宏）

筆者撰述「政海人物面面觀」的人數已不少，但對於中國共產黨人士，只寫過陳獨秀而已。原因是我跟中共的老黨員相識的，僅有周佛海和夏曦二人，周於民國十六年從武漢逃到上海，發表一篇「逃出了赤都武漢」的文章後，正式脫離共黨，蛻變為反共鬥士。夏於民國廿四年冬間，與賀龍率共軍由湘鄂邊境，經四川入貴州時，被國軍追擊到烏江，沒有渡船騎着馬泅水强渡，乃在湍激洶湧的浪濤中，葬身魚腹。毛澤東曾於民國二年與我同考湖南省立第一師範皆及第，且係同班，但我祇就讀了一個月，即轉學第一中學，彼此少所往還。迨民國十年冬月，我由日本回到長沙時，在教育會遇見毛一次，他仍以學生口吻稱呼我「老雷」，以後即未曾晤面。我之所以撰述陳獨秀的生平言行，是贊許他敢於反抗俄共頭子史太林，不承認自己領導中共的革命政策有錯誤，亦不願應召赴莫斯科受訓，表現着文化人尊重理性的自由思想本質，并未完全泯滅人性。現在我以同樣的心情，談談去世未久的中共老幹部陳毅，或許為讀者所樂聞吧？

陳 毅

陳毅別號仲宏，四川樂至縣人，屬於小川北地帶，一般中文報紙說他籍屬川南的樂山縣，那是錯誤的。他出身地主家庭，即共黨所謂富農階級，在家鄉受過高小教育後，到成都肄業甲種工業學校，結業後，適值第一次世界大戰期間，李石曾、吳稚暉等人倡導中國青年學子赴法國勤工儉學，陳亦預焉。時共黨份子周恩來、李富春等皆在法國游學，專搞共產運動，他們要拉陳毅參加共黨組織，陳答以「要我參加共產黨可以，要進行思想改造就不行，」（見後述中共文化大革命末期陳對紅衞兵的公開演講詞），旋由周恩來極力游說懇勸，終於加入了。

陳毅從法國回到上海後，被派赴北京担任共黨的地下工作，名義是「北京市地委兼書記」。維時曾與陳在川省甲種工業學校同班同學的川人陳价卿（青年黨人），亦在北京農業專校讀書，二陳交往密切；又因陳价卿的關係，介紹陳毅與北大學生川人龔從民（現住香港），北京農專學生川人尹靜夫（現住台灣，曾任立法院秘書長）相識，大家以同鄉之誼，過從殊密切，無話不談，陳亦將共黨在北京活動的一切情形，對龔、尹等直言不諱。他曾語龔尹諸人：「我不希望你們加入中共組織，因為我們這個黨的內部烏七八糟，有些事情太不像話，連我亦看不慣呢！」朗爽氣概，令人樂與親近。民國十五年三月十八日，北京市民大會，反對段祺瑞政府勾結日本賣國，羣衆向段執政府請願，被衞兵槍殺數十人的「三・一八」慘案，領導人便係陳毅。事發後，陳潛入北大宿舍中，擁被掩臥在龔從民的床上，旋被發覺，龔駭然，囑其別尋隱藏地點，以策安全。陳謂：「你哥子是青年黨人，此地又是北大的學生宿舍，軍警決不懷疑我躲在這兒，比東交民巷更安全啦！」足見其臨難尚有深思熟慮的智慧，終告無恙。越民國十六年春間，李璜、彭昭賢等在北京舉行「反俄援僑」大會，陳亦預其役，北廷知其係共黨的地下工作首腦，追緝甚急，他以從事「反俄」運動關係，不能託庇於蘇俄使館，祇好倉皇南下，回到四川。此時國民黨實行容共政策，軍事仿照蘇俄制度，設置政治部，四川各軍隊皆易稱為國民革命軍，陳毅以留法學生資格，夤緣入鄧錫侯軍長所屬第三師担任政治部主任，師長是川人陳書農，係漫無政治知識的土着軍人，任由陳在軍中進行共產黨的發展陰謀，肆無忌憚。既而潛伏重慶的共黨份子楊闇公夥同留日歸來的左傾學人漆樹芬等，召集民衆大會，倡言打倒軍閥劉湘，此時王陵基任重慶警備司令，派遣便衣隊滲進會場，將正在台上演說的漆樹芬當場擊斃，同時搜捕楊闇公，訊出在川軍各部工作的共黨主要人物，劉湘將楊處決後，急電駐在合光縣的鄧錫侯部第三師長陳書農，囑將陳毅速捕來渝究處。陳師長以原電轉示陳毅，說彼此是本家，不忍拘究，給以大洋三百元旅費，教陳毅夤夜趕快出川，免遭禍害。

陳毅離川直奔上海與周恩來合作，旋因在滬主持地下工作的共黨幹部顧順章被捕到南京自首後，原在上海的共黨秘密機構與工作人員盡被破獲，捕去不少的人，周恩來與陳毅倖免於難。乃集合殘餘黨徒，黑夜潛入顧順章住宅，把顧的妻子兒女，連同顧的岳母一概殘殺洩憤，成爲當時震驚全國的大新聞，周、陳在上海不能立足了，相率潛往江西瑞金共區。是時共黨的武力僅有朱德所領的千餘人，號爲「紅軍第一軍」，以毛澤東爲政委，周恩來任「軍委會主席」，陳毅由周推舉充任紅軍第一軍政治部主任，資格很老。這時候，林彪在軍中還是連營長地位而已。往後中共在瑞金藉着國民黨內部連年戰亂不息的機會，逐漸坐大，兵力日益擴充，湘軍黃公畧、彭德懷各率所部一營一團投共，紅軍編制擴大，陳毅得周恩來支持，改任師旅長軍職有日，林彪做過他的部屬。迨對日抗戰中期，葉挺的新四軍在江蘇北部以違抗命令，被國軍上官雲相擊潰，葉挺被俘獲，副軍長兼政委惲代英戰死，全軍爲之瓦解後，中共乃派陳毅繼任新四軍軍長。他到蘇北收拾殘餘士衆，利用國共合作抗日的口實，就地征兵征糧，很快又構成了一軍的實力，蘇省主席韓德勤的省屬保安部隊，常被新四軍攻擊致敗，遂給陳毅的兵員與補給品不少，而新四軍在華中的聲勢日張了。日本宣告投降後，若干僞軍與僞政府官員，皆以新四軍爲逋逃藪，著名的汪政權稅務大員邵式軍，即挾其大量銀錢，投到新四軍，代金贖刑，避免漢奸罪責，至今邵仍存在，足見共產黨對有錢的漢奸優容不遑，而國府嚴治漢奸的結果，竟收到爲叢驅雀的效用，東北數十萬僞軍之被共黨收編，成爲日後橫行關內的林彪第四野戰軍，尤其最著者。陳毅在蘇省的軍力日趨充實，大部分是受惠於國府嚴懲大小漢奸的措施，迄今思之，因果顯然，不堪回憶。二次大戰時，法國亦有「維琪政府」通敵叛國，但法政府復員後，只逮問維琪政府元首貝當一人，且僅處徒刑，以彰國法，其餘大小「法奸」，概置不問。我國若亦採取這項寬大政策，相信共黨決無問鼎中原之可能，事實俱在，非逆臆之詞也。

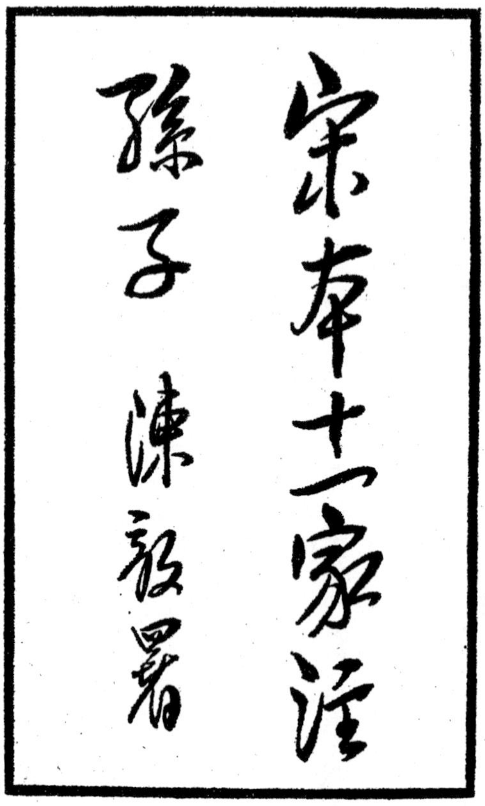

陳毅爲宋本十一家注孫子署耑

民國卅八年（一九四九年）保衛大上海之役，敵軍的主力就是陳毅所部新四軍，國軍湯恩伯所部三十萬大軍，終告失利，這不僅是兵力多寡的關係，士無鬥志，民有離心，官懷失敗主義，有以致之。陳毅攻佔上海，位居「華中軍政管制委員會」主委，聲勢烜赫，不可一世。時川省舊軍人陳書農避難在香港，固不愁衣食之資，他曾對朋友聲明：「我是著名的軍閥兼大地主資產階級，共產黨決不會饒恕我的」，表示終老他鄉的決心。他的錢，以有同鄉世家子唐某在香港工業銀行作中級幹部關係，全部儲存該行，既而唐某斷定陳書農絕對不能重返大陸，竟將陳的全部存款私自提取回到上海去了！於是，陳書農乃一貧如洗，住在九龍郊區的小石屋中，愁嘆興嗟，自傷淪落，迫於無奈，姑試致書陳毅訴述困苦情形，陳即復函囑其回滬，保証安全，旨在報答書農當年給資囑其離川的惠愛之意。據說，書農到達上海後，查知那位世家子唐某在滬擁有華屋，生活無憂，曾將在港存款被唐某取走的事實，報告陳毅，表示願意捐給共黨，乞陳追究。陳囑書農親往找唐交涉索還，共黨不想過問此事，意在使書農在他的庇護之下，多少可以收回一部分以作生活之資，亦即所以報答老長官也。陳據上海後，曾印行「孫子兵法」，自題封面，而以儒將自許。其書在一九六一年三月出版，由中華書局上海編輯所據上海圖書館藏本印行，版匡尺寸，悉準原書。

陳毅是周恩來一名親信的大將，據他後來向「紅衛兵」說，在瑞金時代，他曾經反對毛澤東，不接受毛的領導。於今他擁兵華中，貴爲顯要，自爲毛澤東所忌憚，毛在未實行削藩政策以前，即將華中軍政管制委員會的大員饒漱石，指爲與高崗同謀的叛徒，造出「高饒反黨聯盟」的罪名，予以整肅，用意即係對陳示威，而使周恩來不敢替陳說項。削藩以後，陳毅回到北平，憑其資歷與戰功，由周恩來保薦他作外交部長，毛祇好照准。周恩來既無取毛地位而代之的野心，陳與周態度一致，因而在整肅劉少奇的初期中，陳毅幷未波及。到文化大革命的惡作劇激化後，陳乃被視爲黑幫人物，慘被鬥爭，也就是江青、陳伯達、戚本禹這些宮廷派，要打擊周恩來的間接表示。陳妻張茜被戴着紙帽游街，他的外交部被紅衛兵盤据，每天貼大字報鬥爭指斥他，使他不敢到部辦公，還要當着紅衛兵羣之前，自認罪過。他是四川人，具有能言善辯的天才，紅衛兵曾要他背誦某次毛澤東在某種場合講話的某段語句，他就反問那些小嘍囉道：「毛主席在延安時，曾說過『陳毅是本黨的好同志』，你們知道是那年那月那一地方講的嗎？」隨將毛講此話的地點和年月日指出，請小嘍囉們查查看有無其事？如此鬥爭了一段時期後，經周恩來從中緩頰，而毛亦以投鼠忌器之故，對陳未便過分凌辱，允許他過關了。陳毅固知道是江青的宮庭派給他過不去，旣已允許過關，即憑其老幹部而對黨建有赫赫功績的元老身份，從事反擊，他以「我這個外交部長」的題目，對着當時大鬧天宮的紅衛兵們，發表演說，其詞充溢着正義感與自由主義思想，表現着他整個的人生觀，實爲中共份子中最突出的一位主張正義公道的戰鬥英雄，而其個性亦顯示無遺，是一篇擲地有聲的言論，亦係一種珍貴的歷史文獻，我個人是極表同情贊許的，特錄其全文於次：

現在該我發言了！我是政治局委員，我還是外辦主任、外交部長，我又是個副總理。我這個外交部長，有很多副部長、部長助理；外辦還有幾個副主任。我是個頭頭，是外事系統的頭頭。沒有罷官之前，我要掌握這個領導權，我說頭可斷，血可流，我這個領導權不可放棄。過去你們貼了我那麼多的大字報，現在該我發言了。

我這個人出身地主，我這個人很頑固，比較落後，你要我這種人風大隨風，雨大隨雨，我就不幹。我這個人不是俊傑，我這個人很蠢，我有資產階級思想，是個折中主義者，我是文化人，文人的習氣很深。

我在黨內工作四十多年了。我原來不願意參加共產黨，是周恩來要我參加的，我說參加共產黨可以，要進行思想改造就不行。當年一些同志吸收我進共產黨，我不幹，我說我要搞文學，受不慣紀律約束，我願意做個共黨的同情者。那些同志都是很熱情的朋友，今天來跟你磨菇，明天來跟你磨菇，最後我還是入黨了，當了一個黨員。如果當時他們要來領導我，要改造我，我早就跑了！你要改造我，我就偏不接受你改造，你要領導我，我就偏不接受你領導。

我老實告訴你們，我犯路綫、方向錯誤還不止一次。一九五二年犯過一次，一九四九年犯過一次。我犯過兩次方向、路綫錯誤，以後我沒犯原則性錯誤，我犯錯誤多次，幾乎每年一次，恰恰在井崗山的兩年，我不支持毛主席，犯了路綫錯誤。我不吹噓，我講話豪爽痛快，有時很錯誤，有時很準。不要以爲我是在溫室裡長大的，我不是一帆風順，我也挨過鬥，我也鬥過別人，兩重身份，有過被鬥的經驗，也有鬥人的經驗，我鬥人的經驗，比你們這會場上還猛烈得多，我什麼武器、機關槍、炮彈、原子彈都使用過了。有人說我不識時務，但我講的完全是真理，這是我的性格，由於我的性格作了不少的好事，也犯了不少錯誤。我不是那種哼哼哈哈的人，嘿嘿，我還不錯嘛！

你們要打倒一切框框，要說框框，毛澤東思想就是一個最大的框框。如果外交人員都像紅衛兵一樣，頭戴軍帽，身穿軍服，胸前掛一塊毛澤東語錄牌，高舉毛語錄，這豈不是成了牧師了？

我們不要搞個人迷信，這個沒有必要，對個人盲目崇拜，這是一種自由主義。我不迷信史大林，不迷信赫魯曉夫，也不迷信毛主席，毛主席只是個老百姓，有幾個人沒有反對過毛主席？很少！（林副主席沒有反過，很偉大。）若有百分之二十的共產黨員真正擁護毛主席，我看就不錯了。反對毛主席不一定是反革命，擁護他亦不一定是革命的。

我看中央毛主席的大字報亦可以貼，毛主席也是一口螺絲釘，他過去在湖南第一師範當一個學生，他有什麼，還不是一個普通學生！毛主席在文化革命中乾綱獨斷，林彪亦沒有什麼了不起，過去他是我的部下。難道文化大革命這麼大的運動，就是他們兩人領導？老說偉大、萬歲、萬萬歲，對他們沒有什麼好處的。我天天和毛主席見面，見面就叫「毛主席萬歲」，行嗎？

劉少奇是我的老師，是我的先生，是我的國王，水平很高。黨內過去留學蘇聯的人都壞了，只有劉少奇是好的。劉少奇的指示我完全贊成，在人民大會堂劉少奇同志講得很正確。你們不但要學習毛主席著作，而且要學習少奇同志的著作……，劉少奇在「八大」不提毛澤東思想，也作爲一百條罪狀之一，這報告是毛主席、政治局決定的，我一直在場。外面的劉少奇罪狀一百條，有的是捏造，有的洩密，完全爲我們黨、爲毛主席臉上抹黑。

成千上萬的老幹部都被糟塌了，中央文革有些青年人左得很，這些秀才不懂得少數派裏有壞人。戚本禹同志是左派，但是他的話，我個人也認爲并非都是正確的。有些人嘛，就是權大得很，就不講道理，除非你完全照他的意思辦就好，否則便是黑幫。有人躲在背後，教娃娃們出來寫大字報（按係指江青之流），這是什麼品質？

打倒劉少奇、鄧小平、陳雲、朱德、賀龍，爲什麼要放在一起？各有各的帳。「打倒大軍閥朱德」，他幹了幾十年，這不是給我們黨的臉上抹黑！一揪就祖宗三代，人家會說，你們共產黨怎麼連八十一歲的老人都容不下。「打倒大土匪賀龍」，這是我根本不同意的，賀龍是政治局委員、元帥，現在要砸爛狗頭，人家罵共產黨過河拆橋。現在你們身邊的人是否可以相信呢？你們相信誰？相信毛主席、林彪、周總理、陳伯達、江青、康生，就只有六個人？承蒙你們寬大，把五個副總理放進去，才得十一個人，就只有這麼幾個人乾淨？我不願意當這個乾淨的，把我拉出去示衆！

現在看來，大字報上街的危害性愈來愈多，越來越嚇人，水平愈來愈低，字越來越大！「兔羔子」「狗崽子」「砸爛狗頭」……鬥啊！非鬥到底，逐步升級，非要打成反革命，打成黑幫，黑幫還要打成特務，特務還要砸爛腦殼，腦殼還要把它砍下來，拉住就不完，非要實行報復不可，拉去就回不來，動不動就下跪，那麼多的老幹部自殺，他們都是爲的什麼？成千成萬的老幹部都被糟塌了，光是工作組就有四十萬人，搞得好苦喲！我不能看着這樣下去，我寧願冒殺身之禍。我的老婆（張茜），以前參加日內瓦會議不穿旗袍、西裝裙，硬要她穿，不穿就鬥，我不便說話，只好走開，要不然，就是包庇老婆了。後來她穿了，現在又拉出來鬥，說她腐化，她能服嗎？把我老婆拉到街上游街，戴高帽子，她有什麼罪？還不是當了工作組長嗎？

我這次是保護過關的，不保護怎樣能過關呢？這回大批的外交幹部由你們來處理，你們要怎樣鬥，就怎樣鬥，幹部的生命等於在你們手裏。最嚴重的問題就是不分青紅皂白，把一切領導幹部都打成「反革命修正主義份子」，排斥一切，文章不能作絕啊！我講這些話，可能要觸犯一些人的忌諱，我要慘遭犧牲，我願意，我也不怕！

你們以前對我有點殘酷鬥爭，無情打擊，把我的司長的職務都撤了，我還不知道，當什麼部長？有人要揪我，說劉新權（是陳毅手下的副部長之一）的後面就是我，要揪我，我不怕我是老運動員，大風大浪千千萬萬都經過了，還會翻了船，就是北京五十九間學校，全國一二百間學校都來揪我，我也不怕！我就那麼不爭氣？這次我算跳出來了，你可以跳，我怎麼不可以跳？我很堅定，我準備慘遭不測，準備人家把我整死，我不怕，你們現在就可以把我拉出去！前幾天，我到外交部開會，就要我低頭認罪，我有什麼罪呢？我若有罪，還當外交部長？我的檢查，是被迫的，逼着我做檢查，我還不認爲我是全錯了，你們就說要使用武鬥，一戴高帽子，二彎腰，三下跪，四掛黑牌。你們太猖狂，不知天高地厚，不要太猖狂吧，太猖狂就沒有好下場。我革命革了四十幾年，沒想到落到這種地步，我死了亦不甘心，也不服氣，我拚了老命亦要鬥爭，也要造反，今天就是出這個氣！

我這個就是右派言論，我今天講到這裏，可能講得不對，僅供參考。我這個就說是右派言論，我亦滿不在乎，不要怕犯錯誤——不犯錯誤是不可能的。你們犯錯誤沒有我多，這句話并非黑話，是白話，不，是紅話！講話容易被人家抓住，抓住就下不了台，哼哼！

陳毅這篇講話，把共黨內部爲着攘奪權力，而汩沒人性與理性的殘酷鬥爭內幕，揭露無遺，不僅替一般老同志如劉少奇、朱德等打抱不平，爲那些枉遭整肅的四十萬工作幹部鳴冤叫屈，也是對毛澤東殘暴不仁、無法無天的所謂文化大革命運動表示抗議。血性充沛，正義凜然，使我們這些反共非共人士，亦不禁同情共鳴，認定陳毅是個英雄好漢，比朱德、劉伯承這兩個四川籍的共幹高强多了！他的言論主旨，明明是針對着毛澤東、江青而發的，但毛不能將他置於高崗的同樣命運之下——迫其自殺，乃藉陳氏患腸癌而由外科醫生給他開刀喪命，周恩來失去了這名親信大將，內心上的痛苦，可想而知。

日本棋院曾經贈過兩個名譽七段的名銜，一個是贈送給讀賣新聞社社長正力松太郎，此人對於日本棋院在戰後的重建盡過力量，另一個則是贈給陳毅，因為他促成了中日圍棋界的友好交流。陳毅獲得名譽七段銜頭，是一九六三年的事。

陳毅死後，最近又獲得日本棋院追贈圍棋名譽八段的銜頭，這是該院有史以來所贈的最高榮銜，於是更增加了陳毅確是「儒將」的聲望。

張治中（文伯）

張治中籍隸安徽巢縣，畢業於保定軍校後，例須入軍中作見習官，適廣州黃埔軍校成立，多延攬各方軍事人才，張央人推介，得任入伍生隊區隊長，與故副總統陳辭公同職，民十四年東征討陳（炯明）之役，張亦預焉。迨民十五年北伐軍興，張受命担任學兵團長，實即新兵訓練團也。武漢克復後，中央陸軍軍官學校——即黃埔軍校——移設武昌南湖，派張為教育長，仍兼學兵團長。時戰事日趨激化，革命軍總司令蔣兼校長，又命張在武漢招募新兵四千人，備前線補充。蔣在前敵迭電張將學兵團開拔東下，而張被軍校政治部主任共幹惲代英刼持，外來函電皆由共黨扣留，不得閱及，旋且不安於位，繼十一軍兼武漢衛戍司令陳銘樞之後，棄職而去，所領學兵團暨新兵，均無法帶走，深感沮喪，而東南戰事方殷，張孑然一身，殊鮮効勞機會，乃擬自費赴法國考查軍事，即由蔣總司令給以名義，併補助旅費，始告成行。

民國十六年夏間，張回至南京，時筆者任國府秘書，同寅有楊熙績（少炯）、周仲良、朱宗良、許靜芝，楊周朱三人皆係廣州國府舊任秘書，我與許君乃新進者。某星期一，國府舉行紀念週會，常務委員李協和（烈鈞）先生主席報告，約請新從法國考查軍事回國的一位青年軍官張治中到會講演，大家皆不悉其為何許人，唯有洗耳恭聽。張登台講演約一小時，所述盡係巴黎市面上的生活景況，兼及他參觀凡爾賽故宮的經過情形，很少涉及考查軍事的心得。散會後，楊少炯與周仲良拉着我同去見李常委提抗議，認為堂堂中央政府的紀念週席上，不能讓這類毫無學識的人，登台講話，李笑謂：「你們是眞的留學生，他是假的，何必認眞呢！」我們對於張的出身和資歷，概不知道，只據李協公說，張是蔣總司令的幹部，亦就不再說什麼了。未幾，蔣總司令下野出國，張隨之離京，越十七年初，蔣歸國復職，先在上海與宋美齡女士結婚，入京後，適中央軍校教育長楊杰被學生反對去職——楊杰係由中央特別委員會的軍委會主席程潛委派到軍校任職的——蔣校長即派張承其乏，直至對日抗戰初期，張始終担任軍校教育長。某次，軍校特訓班——軍警訓練班舉行結業典禮，內政部派我代表參加，當我以來賓致詞時，忽見張握拳從外面跑步入場，大呼「校長到！」我為之愕然，旋主席何應欽將軍輕語我以「蔣先生來了」。繼聞張對衆演說，似較昔年在國府紀念週中的言論有條理而頗中聽，認為張的口才幷不錯。

張治中

維時老友周佛海担任中央軍校政治總教官，曾聘我兼任軍校政治講席，且指定講政治學概論，我因張在國府紀念週講演的往事，對他的印象欠佳，乃婉却佛海之聘，唯隨時到周宅行走聊天。某日，談及張治中，周謂「此人將來很會作官」，我問何以見得呢？周說：「蔣先生偕新夫人住在軍校後面的官邸中，每晨起床早點後，即偕夫人在附近散步，屆時張必戎裝整齊，趨前迎候敬禮，幷請示夫人有何事指教辦理否？這種侍候長官的方法，你我就做不到呀！」我說湖南人根本就缺乏這種智能，談也弗要談，周亦首肯吾說。

民國廿一年上海「一、二八」之役後，中樞盱衡未來局勢，日本軍閥將繼續侵華不已，京滬線沿途沒有一點防禦工事，殊可慮，乃命張率領軍校學兵營進行建築，但為避免使日本人覘知，祗能在夜間從事。對於征集材料，即由張以軍校教育長名義，託詞訓練學生們築城，通知沿途各縣長供應。時江蘇省主席為陳果夫，政治背景比張雄厚，所屬各縣長對張教育長的命令，採取敷衍手段，對於供應防禦工事的建築材料，多不如理想。好在這類工事係備而不即用者，張祗有從容料理，勉強竣事。迨上海「八・一三」戰役發作，張以第五軍軍長指揮抗敵，即見京滬沿線所有早經建築的防禦工事，完全杷毀無用了。他深深地感覺軍事與行政必須配合一致的必要，上海戰役結束後，他有意改任蘇省主席，試行總體戰制度，但未能如願相償。至蘆溝橋事變勃發，中日進行全面大戰，他更倡導總體戰之說，認為作戰區域的封疆大吏，非由軍人充任不可，終於有志竟成，得拜湖南省主席之命。

他就任湘省主席後，頗思有所建樹，曾擬訂民衆組訓與征兵、征糧三大計劃，竭力實行。這時第九戰區司令長官部設在長沙，陳誠担任司令長官，按照體制，省府應受戰區司令長官節制指揮的。然張自恃其資格以及對最高統帥的歷史關係，并不亞於陳，遇事與長官部分庭抗禮，滿不在乎，因而長官部對省政雖無所干預，亦袖手不樂於協助，戰區各州邑遍駐軍隊，推行省政而不得戰區司令長官部合作，必卜事倍功半。所以張在湖南的政績，只是紙面上宣傳熱烈，像煞有介事，實際空疏之至，終且釀成長沙全城付之一炬的自焚慘劇，張落得黯然下台的不光采結果，允屬咎由自取。當日寇大軍二次進攻湖南之際，省府對於前方軍情，常向司令長官部探詢，而對方以張平日妄自矜狂，老氣橫秋，不欲舉實以告，總是答以「不清楚」，省府僅據派在前線各州邑的諜報人員，隨時具報軍情。湘東有新河與新牆河兩地名，新墻河距長沙二百里，新河即在近郊，前線諜報人員聽說日軍已過新墻河，乃誤以新河入告省府，長沙大火慘案就是這樣造成的！

大火發生時，省屬各文武要員，多已避往距長沙九十里的湘潭縣城，保安處長徐權亦逃往湘潭了。張躲在長沙南門外何鍵的住宅中，徐權係安徽人，次晨聽說張主席尚在何宅，急忙趕回長沙南門外晉見張。張在大火的三天之中，匿居何宅寫有日記，內記省府諸文武要員俱已遠颺，只有徐處長相隨左右云。迨蔣委員長由南嶽赴長沙巡察時，張將其日記呈遞以代報告，後來軍法會審各治安大員的責任，就是根據張的「大火三日記」而定讞的，因而長沙警備司令酆悌、憲兵第三團長文仲孚皆處極刑，然保安處長徐權雖逃往湘潭再回來，亦安然無恙呢！大火發生之夜，周恩來正在長沙某旅社中，夜半聞變，破門逃出城外，隨難民渡河赴對岸岳麓山，幸得不死，亦云險矣！

張於慘案了結，中央明令改組湘省府後，悄然偕其政治總參議雷嗣尚、參議黃少谷馳至重慶，自慚形穢，鮮事交游，我在友家偶遇着張，見他的準頭鮮紅如血，此在星相家謂之「火燒中堂」，宜乎招致長沙大火之浩刼也。張韜晦不久，又受任政治部長，一日，我以重慶市教育局長，在渝市內夫子池召集童軍大會，張亦應邀出席訓話，而其鼻端的鮮紅色采已告褪去，不亦怪哉。

在張未任政治部長之前，曾任湖南省府秘書皖人張稚琴，於長沙大火後，移住桂林，創刊「力報」，因揭載湖南南縣農民不滿省府强制廉價購糧，發生暴動的新聞，湘主席薛岳指爲造謠惑衆，擾亂人心，電請中央宣傳部調銷其發行証，予以查封。中宣部長王世杰以該報發行人既姓張，且係皖人，又作過湘省府秘書，認定該報必係張文白斥資刱辦無疑，却未便逕行查封，乃由中宣部函致張文白，盼其轉知該報社主持人自動停刊。張接信大駭，一面答復中宣部，否認與「力報」有關，又急函桂林張稚琴，謂本人正處於憂讒畏譏的環境中，頗怪稚琴假借他的名義，給他增加煩惱，張稚琴亦以并無假藉他人名義辦報的情事，不甘受誣，即在報端啓事聲明，本報與張文白毫無關係，結果「力報」亦未停刊。

張就任政治部長數月，三民主義青年團中央組織處長康澤因事去職，團部人事改組，張奉命兼任青年團書記長，逐漸地又恢復昔時「寵臣」聲光了。某次蔣委員長偕夫人赴廣西柳州視察，張亦隨行，身御陸軍上將軍服。當蔣委員長夫婦出機場口登車時，張站立車旁謹敬開啓車門，而蔣公讓夫人先登。適在機場附近看熱鬧的地方民衆覩狀互相告語云：「我們以爲蔣委員長是中國最大的官了，現在瞧見一個女人比蔣委員長更大，陸軍上將替她開車門，蔣委員長讓她先上車，好不威風呀！」迨日本宣告投降，美總統杜魯門派馬歇爾特使來華調解國共之爭，張力倡和平論調，青年團所屬宣傳機構「掃蕩報」，早在重慶發行，是時張主張更換報名爲「和平日報」。未幾，毛澤東應邀來渝協商國事，張與邵力子二人親往機場迎接，且請毛下榻張寓。張在國府大禮堂對着馬歇爾演說，稱馬歇爾爲「紅娘」，詞意俚俗可哂。

張治中深悉美政府對華外交政策，是以促成國共合作爲首務，而聯合政府勢必實現，他存心覬覦未來聯合政府的行政院長高位，因而對馬歇爾與毛澤東極盡諂媚之能事，且表現着急進的和平主義者言行，以取悅於馬、毛，而使國民黨一般要人無法與之抗衡。迨毛澤東回到延安，馬歇爾仍留華調停，國府積極佈署接收東三省事宜，擬派張爲東北行營主任，最高當局且密囑張準備，張亦樂於從命，暗中預約了若干文武人士相助爲理。詎料政情突告變化，東北行營主任忽易他人，使張既失望，亦難堪，我認爲這是他後來决心投共的最大因素。有人說他原係共黨份子，殊非事實，據周佛海回憶錄指出：民十六年張任武昌中央軍校教育長時，受盡共黨的壓迫排斥，最後隻身出走。周當時是軍校秘書長兼政治總教官，與張同事，所說自非虛構。張的學識很貧乏，對社會主義的理論一竅不通，即說不上因思想關係而投共的話，他完全是基於個人權利慾的投機作風。

張未去世時，中共對於台灣方面的一切問題，皆先垂詢張的意見，認爲張的見解有權威性。十餘年前，有個在海隅替中共効統戰之勞的新聞記者某，曾秘密報告周恩來，說台灣某要人乘坐兵艦到香港鯉魚門港外，跟他商討國共和談問題，且已商定和談綱要，好像確有其事。周急忙問計於張，張立即答以絕對不確，理由是陳辭修正担任行政院長，談台灣的事不通過陳辭修，行嗎？於是該新聞記者乃被周恩來申斥了一番，以後且不許他回到大陸去。

綜觀張一生的行爲，只是熱中於富貴功名，無所謂理想，也沒有一定的信仰，周佛海在民國十七年就斷定他「將來很會作官」，允屬確評也。

何鍵（芸樵）

何鍵湖南醴陵人，醴陵距長沙不遠，且有鐵路交通。該縣素以產生軍人著稱，如程潛、劉建緒、劉斐、李明灝，以及民國六年被湘軍第一師長趙恒惕捕殺之程部旅長李仲麟等，皆是也。何鍵曾否受過正式軍事教育，言人人殊，民國七年唐生智自保定軍校畢業回湘，投効趙恒惕帳下，升任至團長時，何在鄉里糾合數百健兒，受任爲唐的營長，始終追隨生智左右。迨生智以旅長兼湘南善後督辦駐防衡陽，暗中擴充部隊，何亦遞升團長。民十五年暮春，生智稱兵反叛省長趙恒惕，與賀耀組、葉開鑫的「定湘軍」內戰時，何已位居旅長了。旋唐部被「定湘軍」擊敗，乞援於廣州國民革命軍，拜命担任第八軍軍長後，何升任爲師長，隨唐揮戈戰勝「定湘軍」，進攻武漢，旋唐奉命兼任革命軍前敵總指揮後，大力擴軍，升任何爲第卅五軍軍長，因唐仍主持湖南省政，何所部許克祥旅即留住湘境，維護治安。時共黨勢力瀰漫兩湖，而以湖南的共禍尤烈，農民協會與工人糾查隊橫行各州邑，隨便捕殺地方士紳和地主，閭閻騷動，民不聊生，致激起許克祥部之馬日事變，芟夷共黨，何在武漢佯爲不知，實則贊許。

迨十六年春間，汪精衛回到武漢，與共黨沆瀣一氣，兩湖的共禍日益激化，駐外湘軍的中下級官佐家屬，皆遭共黨荼毒，羣情激憤。時何領軍駐在武漢，劉興師且已進至安徽蕪湖，何且被任命爲安徽主席。既而唐生智通電就任武漢政府的「東征軍總司令」，擬率部進攻南京，何乃以卅五軍名義，傳檄反共，拒受東征之命，且囑劉興師撤退蕪湖，揚言擁護唐生智，保衛湖南，兩湖的共黨氣燄爲之大戢。繼而汪精衛等亦因第三國際派印度人洛易到武漢，命令武漢政府另組工農軍五萬人，撤消若干國民黨中央委員，實行沒收土地，認爲無法忍受，亦宣告反共，與南京國府合流。唐生智擁有實力，且非眞心同情共黨者，仍以湖南主席兼任武漢政治分會主席，不奉南京正朔。越十七年，南京國府下令討唐，由李宗仁總領師干進擊，唐潰敗，湘軍由白崇禧收編率領北上，何鍵所部仍駐湘漢間，維持地方秩序，湖南省政另由南京任命魯滌平繼任主席職務。李宗仁坐鎮武漢，主持武漢政治分會，實同兩湖總督。何當年在唐生智麾下，與桂籍軍人李品仙、葉琪等共事殊久，因而對武漢的桂系相處尙安，李宗仁亦以何係反共健將，且非中央嫡派部隊，頗思收爲己用，對何甚表親近。

何鍵

民國十七年二次北伐成功後，蔣總司令在南京召集編遣會議，決議裁兵計劃，全國各地區分設「編遣主任」，積極進行。另規定在編遣期間，各省駐暨省府人事，非有中央命令，不得更動。詎武漢政治分會竟擅行改組湘府，免去魯滌平主席職務，易以何鍵繼任，且派兵入湘追擊魯所領第二軍。於是，中樞大爲震怒，認爲李宗仁違抗命令，興師撻伐，廣東主席李濟琛入京調停此案，亦被幽囚於湯山。武漢桂軍敗潰回到了廣西，湖南省政以何鍵素稱穩健，權使何主持，而調任魯滌平爲浙江主席，免增糾紛。但對何的湖南主席，亦未重頒正式任命，等於事實承認而已。

維時南北軍人由於不滿編遣計畫，對中央貌合神離，馮玉祥、閻錫山構釁於北方，廣東以李濟琛被囚而違言大作，同時江西共黨又日益猖獗。湖南地居衝要，何擁有數師兵力，舉足輕重，中央採取懷柔政策，何亦以不即不離態度應之，旨在利用政治矛盾，於夾縫中求生存。既而何拜第五路總指揮新命，他爲取信於中樞，特向南京某方面示意，乞派一參謀長赴湘幫忙，而以浙江籍的軍人劉膺古入選，從此中樞對何的忌嫉觀念亦改變了。何另在南京設置辦事處，派醴陵人張慕先爲主任，專事應酬交際，耗費不貲。何本人某次晉京時，適國民黨舉行全國代表大會，他有意競選中委，曾在陳調元公館餽贈大洋廿萬元於邵力子，然中委終於落選了。此外即無其他野心，但求穩居湖南主席之位，於願已足。他在湖南的治績，除却嚴密清除共黨以外，即是主張學生讀經，更提倡國術，曾邀集南北派的技擊名家，在長沙築擂台實行比武。他對於行政人員之任用，多以其同鄉醴陵人爲首選，某年舉行縣長考試，及第者半屬他的同鄉縣人，因而流行着「非醴勿視，非醴勿用」的民謠。民十九年夏，江西共黨乘中原大戰之隙，一度攻佔了長沙，公私損失不小，何派軍恢復後，對淸除共黨尤不遺餘力，然老共曹伯聞潛伏省垣多年，迭任省府委員廳長，竟未發覺，足見其左右缺乏明智之士。

國人皆讚許湖南境內的公路建築堅固適用，視爲何的一大政績，實則這些公路都是民間根據建設廳測定的路線，自動醵資修築的。湖南地區素來劃分爲「中、西、南」三路，我的家鄉居於南路——即自衡山以上迄粵桂邊境諸州邑——各州邑決定建築公路計劃後，即按照田賦征收額，附加築路費，由各州邑推派代表在衡陽設置公路建築處，專司其事，每段路面築成後，非經公路建築處派員詳細查勘，認爲合格，即路面的石子亦已鋪好後，決不許通車，我父親就代表本縣在衡陽築路處作過董事，所以，湖南公路之建築成績，并非何鍵之功。記得十年以前，我在台北與故副總統兼行政院長陳辭公晤談時，他很讚許湖南公路之優良建設，我說這是民間自動建築起來的。因爲湖南人的個性服軟不服硬，省府建設廳在派員測量路線之際，曾對地方人士說明了修建公路的種種利益，大家認爲有道理，即自行附加田糧稅，協力從事公路建築工作，并不需要政府督促。假使政府只是下命令教人民出錢出力，修築公路，湖南有句最普遍的諺語「老子不信邪」，不特置之不理，而且偏要反對！何芸樵是湖南人，瞭解本省人的個性，纔有此不勞而獲的政績。築路如此，其他的一切政事莫不如此，懂得湖南人的個性的，就容易駕駛湖南人。辭公很以爲然，且謂「我帶過湖南的部隊，的確是這種情形」，我說：「辭公朝夕皆跟湖南人相處，豈僅部隊而已哉？」他知道我是指的陳夫人譚祥女士，爲譚延闓先生女公子，爲之莞爾。

民國十六年唐生智稱雄武漢時，何芸樵是唐的師長，一夕唐約所屬各師長會議，當場將其老同學的師長張國威，指爲「通蔣」謀叛，予以勒斃，何嚇得汗流浹背，深知唐狠毒難處。後來他升任軍長後，即以反共理由，與唐分道揚鑣，敬而遠之。但表面上對唐決不作批評語，仍事以長官之禮，唐失意潦倒時，亦常接濟其生活費用，何在政活上的應付手腕，是相當成功的。

由於民國十九年夏，共黨一度佔據過長沙，何更痛恨共黨，他信從星相家言，謂毛澤東的祖墳風水甚佳，非予以破壞，則中共的勢力很難消滅。乃密派郴縣人首斌（綽號首痞子），帶領一排工兵，黑夜馳往湘潭與湘鄉交界地帶的韶山村附近，發掘毛氏墳墓，據說被掘毀的并非毛澤東的直系祖墳，而是其他的毛姓人士葬身之處，可哂孰甚耶？此事湘人皆知，一時傳爲話柄。

當年各省非黃埔軍校出身而擁有軍隊的將領，皆抱定保存實力的宗旨，對於戡亂討共事宜，不願悉力以赴，何鍵自然亦不例外。民國廿三、四年之間，中共在江西突圍遠竄之前，中央軍事委員長蔣委員長，曾密電湘、粵、桂各省駐軍分途截擊，勿使漏網。然粵省陳濟棠軍只堅守粵北邊境，拒共軍竄入而不出擊。何亦派遣一師人赴湘南堵截，但對師長面授機宜，一如陳濟棠的策畧，因而共幹蕭克（是我縣人）率領一股共軍，由粵湘邊境，竄經桂陽，轉入我縣（嘉禾縣），竟得從容進至廣西，與其他各股共軍會合。幸而廣西民團由葉琪指揮，在賓陽縣境予大股共軍以迎頭截擊，俘獲了士兵與民伕五千人，算是輝煌的戰果。

對日抗戰軍興後，京滬相繼淪陷，中央政府遷移武漢，湖南地位衝要，關係戰爭前途極鉅，而軍政軍令必須統一。何原有部隊已遵令整編爲一師，以其女壻李覺担任師長，他本來所兼軍職亦告解除了。湘境大軍雲集，劃爲戰區，何已難勝繁劇之任，中央超擢他爲內政部長，而由張治中繼何担任湖南省主席。詎張昧於軍情，張皇失措，竟鬧出長沙大火的亂子，全城付之一炬！何在重慶號召湘人，對張治中嚴加譴責，主張撤職究處，結果張去職了事，祗將幾個負有地方治安責任的軍警首長正法而已。何就任內政部長不久，以所屬民政司長皖人祁雲龍文字不通，核擬公牘，謬誤百出，下令免其職務，而祁恃有强大背景，抗不奉命，形勢甚僵，旋經行政院派員到部檢覈民政司的文卷，果然發現許多謬點，准將祁解職，一場政治風波，幸告平息。

對日抗戰勝利結束後，何已卸去內政部長之職，以年事稍高，精力衰憊，不復于役國事了。迨大陸變色，共黨僭制稱尊，何携眷偕同女壻李覺夫婦，避地僑居香港，未幾，李夫婦先後遄返大陸投共，何仍留港。越民國四十二年（一九五三年）湘人章行嚴（士釗）第二次由大陸奉着毛澤東之囑，前來海隅進行統戰工作，希望與台灣和談。章於一九五〇年第一次來港向杜月笙、陳光甫、錢新之等人游說時，何亦曾與章晤面，迨章第二次來到海隅，筆者在友家遇着章，他私下告語我道：「何芸樵上次託我回去向毛主席說，他現在年老多病，無心問世了，可否允許他回到醴陵去終老？」我問結果怎樣？章謂：「毛潤之要我轉告芸樵，千萬莫回來。他本人（毛自稱）固不在乎，可是，他招呼不了地方上的幹部啊！」筆者啞然答曰：「何芸老太糊塗，毛潤之尚有點人性，竟不想誆騙何回去見殺，藉報當年挖祖墳之仇」。相予拊掌大笑。何得到章行嚴答復後，即決計進入台灣，不多時溘然壽終正寢了。

何鍵的性格，尙與一般赳赳武夫有別，對人處事屬於中和一流。他主持湘政近十年，雖無赫赫績業可以稱述，然亦沒有顯著的劣跡供人指摘。他在內戰連緜不輟的當年環境中，能夠利用政治矛盾，置身事外，使湖南人民少受損害，我認爲這是值得讚許的。

鄧石如篆書冊釋文

南抵石澗，夾澗有古松老杉，大僅十人圍，高不知幾百尺。修柯戞雲，低枝拂潭，如橦樹，如蓋張，如龍蛇走。松下多灌叢，蘿蔦葉蔓駢織，承翳日月，光不到地。北據層巖，積石嵌空，奇木異草，蓋覆其上，綠陰蒙蒙，朱實離離，不知其名，四時一色。

本刊上期精印鄧石如篆書冊，其釋文誤植多字，特爲重刊如上。

大人小語

兩個預言

基辛格預言，高棉停火，爲期不遠。

我猜：高棉停火之日，可能亦即一個高棉成爲兩個高棉之日。

恩寃難分

東歐消息：一九六九年間，蘇聯會作好一切準備，實施核子突襲進攻中共，但爲尼克遜外交手法所阻。

是爲本世紀最大秘密，即此一點，可知美蘇中共三角關係間之錯綜複雜，恩怨難分。

是成是敗？

紅旗雜誌發表論文指出，大陸貪污嚴重，小資產階級思想經常存在。

有小資產階級思想而無小資產階級存在，這是中共的成功抑是失敗？

坐失良機

莎莉麥蓮在大陸，受到熱烈歡迎。珍·芳達未着先鞭，豈不自失良機？

莫測高深

美國務院証實，美國人欲赴大陸，不易獲得簽証。

南洋華僑持中華民國護照前往大陸，却有種種方便，不知其故何在？

無此可能

「今日世界」出版廿年，最近大加改革，有意銷售大陸。

聞諸人云：「今日世界」「運入」大陸，向來每期必有十冊，但欲銷售大陸，則十年之內，一冊也無可能。

此亦東風？

去年一年間，西方國家物價無一不漲，美、加、法漲百分之四至六，日、英、意、奧、西德等國，漲百分之七至百分之八不等。

香港地居東方而非西方，因此物價上漲高達百分之十至十五，這也是東風壓倒西風？

成敗難言

反罪惡運動本月十六開始，各方對其成効一致看好。

清潔運動經已告一段落，不知算是成功還是失敗？

此人難得

毒品調查科負責人掛冠返英，不做警司而去讀書。

聽見過許多人不做官而去教書，此人難得在不去教書而去讀書。

知己知彼

防盜展覽，一連多日在大會堂公開舉行。以子之矛，攻子之盾。

參觀羣衆中，刼案事主之外，當有不少研究「做世界」之英雄好漢在焉。

蟹的命運

「投資」股票之人，其中許多變了「大閘蟹」。

蟹的命運，不是橫行四海，便是被綁得結結實實。我不會對今天被綁得結結實實的大閘蟹幸災樂禍，但願牠們會在橫行一時的時候爲自己稍留餘地。

今年母親節

五月十三日「母親節」，港九各社團循例舉行慶祝。

今年母親節的慶祝，理應特別盛大，因爲許多母親從股票中賺來的錢，比他們父親的收入還多。

覆女兒書

小女兒美國來書，問父親節是何月何日？

覆函告曰：『不必寄賀柬或者禮物，每次讀來信，就像收到了你的父親節禮物一樣。』

相互比美

香港政府獎券港幣一百八十萬元無人認領；台灣統一發票獎金一千四百萬元亦無人領。

巧合之至，台幣一千四百萬元，價值適與港幣一百八十萬元約畧相等。

時辰八字

倫敦商行聘請女秘書，先看她底時辰八字和星座。

這也難怪，據統計，單身的商行老板，約有三分之一可能與女秘書結婚。

馬來亞怪士

馬來亞一相士，言行甚怪，置身九龍一酒店，立志盡交天涯淪落人，以「與時間賽跑，向命運挑戰」爲口號，融人生哲理於「相術」之中，向來客指點迷津。

此人不相「面」而相「手」，力主「命運乃由兩手創造」之說，但知聞其言而痛哭流涕者大有其人。

·上官大夫·

商務印書館與中華書局

——近代中國兩大出版書業——

·樊仲雲·

商務印書館與中華書局是近代中國兩大出版事業，筆者有幸，於青年時代得習業其中，現在回想過去，雖已爲時將五十年，印像模糊，然又似很清晰，當時師友輩的聲音笑貌，仍在眼前。「大人」雜誌主編因爲筆者有此一段經歷，囑我把這兩大出版事業在中國文化運動中的活動筆之於書，以便海內外人士有所認識，不致遺忘，用意甚善，只是我全無參考，僅憑個人記憶，自不能無所謬誤。倘能以此引起讀者興趣，對之作更進一步的研究，那就是個人的希望了。因爲說到中國近代的文化運動，我們就須以康梁的維新爲啓蒙時期，商務印書館的成立就是順此時代潮流而來的。

變遷沿革

商務印書館初創，係在光緒二十三年，（一八九七），最初只是一家印刷商業文件及賬冊簿記的小舖，創辦人夏瑞芳，以前服務於當時印刷聖經及教會書籍的「美華書館」，担任校對，其後爲自謀發展，乃與館中印刷工人鮑咸昌等共同集資，設立印刷舖，這是由「商務印書館」五字的命名，我們可以看出其本來面目的。戊戌政變失敗後，繼之以庚子拳亂，八國聯軍，北方大亂。辛丑議和，帝后回京，於是維新改革的思想又再抬頭。設立學部廢除科舉，創辦學校。當時維新黨人多避難南歸，乘此時會，遂謀編印教科用書。因如過去書塾所用的「三百千」（即三字經、百家姓、千字文）於時不合了。於是由夏瑞芳與張元濟（菊生）的相見，促成了增加資金、擴大商務印書館組織的機會，這是企業家與知識分子的結合。

當時所缺乏者爲資金，於是由夏的經營，除了招募本國資本外，並決定吸收外資，與日本投資者合作。且乘此利用日本的印刷技術，如石印及照相製版等。中國最初鉛字的銅模，多製自日本，即由於此。同時決定以編印教科用書作爲出版方針，於是如蔡元培等被延攬於編譯所，除編輯學校課本外，並出版定期刊物以爲宣傳，例如「東方雜誌」就是最初出版的。光緒三十一年日俄戰後，清廷下令廢科舉興學校之時，我曾見其首數期封面作二龍搶珠狀，頭下尾上，二龍相對，中間爲一輪紅日，下爲海波，且在卷中，赫然有日本作家署名所著的文章，表示中日合作的性質。又在民國二十三四年時，「東方雜誌」爲紀念出版二十年，曾將過去所刊文章，分門別類，印成單冊，發行「東方文庫」。

辛亥革命，成立民國，推廣教育更進一步，遂使商務印書館的出版事業大得發展，於是除編印教科用書外，並增編「新字典」及「辭源」等工具用書。同時因爲這一機會，向在商務印書館担任「教育雜誌」編輯的陸費伯鴻，脫離商務，組織一個新公司，名曰「中華書局」，其資本與規模，隱然與商務相匹敵。除編印教科用書，也如商務一樣，新出「中華大字典」及「辭海」。並且也出版各種雜誌，如與「東方雜誌」相對者有「大中華」月刊，此外並有「教育界」、「學生界」等。惟在民國六七年時，因擴張過速，經營不善，致發生停業風潮，但爲期甚短，不久就復業了。

民國成立使商務印書館出版事業蒸蒸日上，但因民初發生歐洲大戰，日本出兵山東，次年五月並對我提出二十一條要求，激成了遍於全國的排日運動，抵制日貨，並以二十一條簽字的五月九日爲國恥紀念日，遂使中日合營的商務印書館陷於極大的困難。其間中華書局因同業競爭，也許在出版文字中有所述及，卒致涉訟公庭。其後商務幾經努力，終於完全收回爲華資並增加資本，但因此故，加上五四運動以後民族主義的風潮，終於造成日本軍閥的仇恨，一二八上海戰爭，竟以在寶山路華界的商務印刷所及「東方圖書館」爲目標，用飛機大肆轟炸，致商務印書館事業以此大受打擊。

商務印書館文化事業的發展，一九一九年五四運動是一個轉變的重大關鍵。因爲文學革命，改文言爲白話，於是教科用書以國語爲主，所有雜誌也改用新式編輯，面目完全不同了。這時候，商務的創辦人夏瑞芳已因暴徒勒索不遂，被暗殺而死了，主持館務的爲董事長張元濟，初本有意聘請胡適担任編譯所長，胡辭不就，推舉其在中國公學時教英文的王岫廬（雲五）担任，同時編譯所內各部也大加改組，如「東方雜誌」的編輯由杜亞泉改爲錢智修，「教育雜誌」改爲李石岑，「小說月報」由惲鐵樵改爲沈雁冰，後爲鄭振鐸，「婦女雜誌」改爲章錫琛，學生雜誌仍爲朱天民，但佐以楊賢江。

在五四運動後的發展中，商務出版方針，一面順應潮流，而介紹新知用力，如王雲五的科學管理法與出版百科全書計劃，只因此事甚難成功，乃改爲「萬有文庫」，一面爲保存國故，加以整理，則有張元濟所親自主持的「四部叢刊」，利用善本藏書加以影印。同時爲改進教學課本，並於寶山路編譯所後設立「尚公小學」以為實驗，所以業務發展遍布全國，各地都有分館。分館的設立，大抵為合作制度，由各地書商出資負責經營，上海總館以所出之書為資本，派出會計管理銀錢。除較大地區的分館外，多用此合作制度，故能於短時期內，全國各地，無不到達。

商務印書館的經營，將編著、出版、印刷、發行、都合而為一，有如一個巨大的書業托辣斯，並且所出書籍又範圍廣大，無所不包，這是世界各國所未有的。據友人調查各國出版情況，謂一般都是分門別類各自經營。如編著之事屬於作家或社團且分成專業，出版家固另有其人，印刷亦然，至於發行，更是由書商負責。但中國的出版家都以商務為典型，採取綜合辦法，結果就必須有巨大資本與組織。因為規模過大，不能專心用力，自難有妥善經營。但商務事業之趨於衰落，却不是由於此故。

二十年代可說是商務印書館的全盛時代，三十年代九一八事變，東北淪陷，雖失去一大市場，但損害尚微，次年一二八戰事才是一大打擊，這便是編譯所、印刷所及圖書館之被破壞，而只留下福州路的發行所，致業務一時完全趨於停頓，許多稿件遭受損失，雜誌及書籍無由出版。五月停戰協定成立，始得進行恢復。天通庵路的第二印刷所因未受損害，故不久重開，寶山路的印刷所，因水泥建築，三四層雖被破壞，二層以下尚可修復使用。編譯所房屋因成一片瓦礫，乃遷移至福州路發行所樓上，地方縮小，編輯人員也大減少了。並且因為未來局勢難保安定，於是乃計劃南遷，在香港北角英皇道購地成立印刷所，果然到一九三七年由蘆溝橋事變，戰事不久擴大到上海，從此就只好實行內遷，其在上海不過維持門面了。

閘北商務印書館印刷廠之浩劫

與商務印書館的遭遇來相比較，中華書局可稱幸運，五四運動後，中華重新營業，逐步漸進，因其編輯與印刷的總廠地在公共租界西區靜安寺路，故得不受戰禍，並且利用這個機會，出版「新中華」月刊，由周憲文主編，以代過去之「大中華」，又與商務的「四部叢刊」相對，印行「四部備要」。就版本言，商務由善本書影印，優於中華的排印本，但其所選之書，則不及中華之扼要而合用。此時，中華也感上海前途的不安，故與商務相同，購地香港，在九龍北帝街設立印刷所，並購買德國最新印刷機，為南京國府担任印花稅票及紙幣的印刷。

在商務與中華之外，上海出版界中有位居第三的世界書局，由沈知方主持，是由中華書局於民初風潮時，分設出來的。還有在讀書界著有聲譽的開明書店，則是在二十年代中期，由章錫琛脫離商務後組成的。主持開明編輯所的為夏丏尊，所編「中學生」月刊最為風行。林語堂所編的英文課本，且壓倒了商務周越然所編的英文教科書，但不過十年，因為全面抗戰，形勢逆轉，直到四十年代抗戰勝利，方期大有發展，但是不久大陸變色，所有私人資本的文化事業，印刷機關，到了中共手中，都變成國有了。

師友印像

中國商人的守則，是不談國事，避免政治，但出版文化事業不同於一般商業，故在著有成績之後，不免招來政治的迫害，商務的夏瑞芳與申報的史量才，他們都是松江同鄉，同樣死於非命，同是由於政治的原因。史量才尚可說是因為抱有政治野心，夏瑞芳則完全由於暴徒勒索不遂，更為可悲。因此商務方針是順隨大勢，不為天下先，最初由庚子亂後的革新風氣而創立，民國成立，則只知循普及教育的潮流而努力，與當時新起的中華書局不同。民初除北洋政權外，最大的政治勢力為國民黨與進步黨，商務在商言商，比較超然，中華即接近進步黨，所出「大中華」月刊的總編纂曾由梁啓超（任公）担任，其最初的編輯所長則爲後在北京政府担任教育部長的范源濂（靜生），亦屬研究系。當袁世凱稱帝時代，任公反袁的第一砲「異哉所謂國體問題者」，就是在「大中華」發表的。倘在商務就不敢冒此大不韙了！

范源濂爲湖南人，故中華在五四復業後，其所增設之「新文化部」的編輯人員中，如左舜生、李達、田漢等都爲湘籍，惟張聞天爲蘇人。張君勱所編的「解放與改造」月刊，執筆者有蔣百里、藍公武等，即由該部編校出版。又有東南大學教授吳宓等編輯之「學衡」月刊，反對白話與西化，亦由該部負責。此外並致力兒童教育，新出「小朋友」，由湘人黎錦暉（當時明星黎明暉之父）兄弟與王人路（明星王人美之兄）等編輯，提唱兒童歌曲，曾風靡當世，其後發展而爲時代流行曲，如「桃花江」、「妹妹我愛你」之類，直迄今日，從台灣、香港到東南亞各地，此風未替。

當年被稱為「四百萬」的王雲五

商務的「東方雜誌」從最初出版到今日已時近七十年，初爲中日合資。迨民初以山東問題而激成排日風潮，即力謀擺脫。五四以後，新文化運動興起，爲迎合時代，乃大謀改革。在此以前，小說之最流行者，爲舊式筆記及才子佳人的故事，此外則爲外國小說的翻譯，最著者如林琴南（紓）的譯作，稱爲「林譯小說」。林氏不識西文，僅憑他人口授。但其所譯如英國斯各脫與狄更斯等著作，文從字順，使桐城派古文爲之面目一新，不愧名作名譯，風行當世，實非偶然。五四運動後，商務竟加停止，改出白話新小說，將「小說月報」改由沈雁冰、鄭振鐸編輯。當最初改革時，舊讀者紛紛抗議，要求退還報費，但商務當局却不顧「禮拜六派」文人的誹議，而毅然行之，月報舊編輯惲鐵樵即由此一怒而離館，繼續他的中醫生涯。

當時國內的新文學運動，由「新青年」開其端，在北京有「文學研究會」的成立，發起者有蔣百里、周樹人（魯迅）、周作人、瞿世英、瞿秋白、孫伏園、鄭振鐸、沈雁冰、俞平伯等十數人。在北京以「晨報副刊」爲公開發表地盤，在上海因沈雁冰編「小說月報」，尤得便利。鄭振鐸任主編後，因其爲商務董事高夢旦之壻，更得展其所長。與「文學研究會」相對立者爲留日學生郭沫若、郁達夫、田漢、張資平等的「創造社」，文研會主張人生的藝術，創造社主張則爲藝術而藝術，因無有力出版家支持，故不能與文學研究會相提並論。郭沫若等的小說就只好投稿於「東方雜誌」了。記得那時候的稿件，都由商務編輯鄭貞文轉來，因爲鄭與郭是日本同學。

最初如東方、小說、教育、婦女四雜誌都在寶山路印刷所樓上，自居一大間，有走廊通往花園中的編譯所。自王雲五任所長後，實行科學管理，規定服務時間，每日工作六小時，（上午九至十二、下午二至五時）到館或早退時，必須將名卡就時鐘印好時間，與過去之簽名報到，甚至夏日下午在華氏九十二度以上，可以休息者不同，並且因爲「編輯老爺」（舊日名稱）的治事精神，實在欠佳，有的終日飲茶抽烟，閱報聊天，不着一字，於是規定每日至少必須有一千字交卷，這一辦法，實大傷老爺們的尊嚴，認爲施之於翻譯工作，尚可辦到，倘如詩文創作或典故考據，豈能作硬性的規定。因此科學管理成爲笑柄，徒有其名，以後且促成印刷所的罷工風潮。王雲五被稱爲「四百萬」，言其所創如「四」角號碼、「百」科全書、「萬」有文庫，都大而無當也。但如日出一書的計劃，確能減少商務歷年存稿，據說林譯小說即有許多未印。且四角號碼檢字法，比較舊時部首，實便初學。曾聞一笑話，亞洲影展某年在台開會，請王雲五頒獎，王曰：平生不曾看過電影，女星秦羽笑曰：此生亦未用過四角號碼，針鋒相對，堪稱妙語。

以後花園中的房屋經過整理，各雜誌社乃移至樓下，樓上則爲圖書館及編譯所各部，最後的「東方圖書館」乃新建洋樓在寶山路對面。雜誌社中同人，東方有錢智修、胡愈之、謝冠生、黃幼雄、張梓生、俞頌華、吳頌皐、朱樸之（省齋）等。教育有李石岑、周予同等。當時尚有「民鐸」雜誌，爲館外刊物，亦由李石岑負責。小說有鄭振鐸、徐調孚等。婦女有章錫琛、周建人等。文學研究會同人除有「小說月報」爲其刊物外並在「時事新報」附出「文學週報」，即由在商務的同人負責，記得每週可得稿費十餘元，此數即作爲每週輪流的編輯人徵稿餐敘費，及招待外來文友之用。

「東方雜誌」爲半月刊，且其中「時事述評」及「大事日誌」等都須自行執筆，關於時間性的重要論文，也不能專賴外來投稿，所以編輯校正人數較多。又因爲是一般性的綜合雜誌，故其內容無所不談，記得當時曾受到五四運動風頭人物羅家倫的批評，指爲牛溲馬渤兼收並蓄，非驢非馬不成東西，主編錢先生謂他連「東方雜誌」的名稱也沒有認識清楚，却妄加評論。中文「東方雜誌」英文 Eastern Miscellany，明白大書在封面上，雜誌的意義就是複雜多類，這不是一本專門性的刊物，有如醫學雜誌、國粹學報、藝術研究之類，難道沒有看見？但是僅於同人談笑中言之，並未提出答覆，因爲商務宗旨不問外事，避免相爭。筆者因此印象甚深，其後羅到南京任職，有考試院秘書王陸一，曾把他寫成一首打油詩，說道：「一身猪狗熊，二眼勢利銅，三字吹拍捧，四維禮義廉」，首句謂其容貌聲音，非常特別，與人不同，亦可謂謔而虐矣。

「東方雜誌」的外來稿，除一般投稿外，不少交友關係的特約稿，如梁啓超的「清代學術概論」及「近三百年學術思想史」等，本爲清華大學的講義，由學生記述，經其親自改正，交由商務印書出版者，先在雜誌上發表，並非藉此作爲宣傳，且若有錯誤，著者有改正的機會。當時中華書局「大中華」已停，「新中華」未出，故以張菊生先生的關係由商務出版，但如梁去世後的「飲冰室全集」康有爲的「大同書」仍歸中華。此外則有如馬寅初的經濟論文，張東蓀的哲學文字，魯迅的小說，夏丏尊所譯「愛的教育」都是由交友關係而來。「愛的教育」刊出後，即有學校來信作爲課外補助讀物，其後由開明書店出版，因爲夏在那時主持開明編譯所事務之故。

這裏應該特別提及的，不管商務信條避談政治，但是一九二五年，由日本紗廠工人之被殺而激成的「五卅慘案」，就是當年五月三十日下午學生工人遊行南京路，向捕房請願要求釋放被捕同學，由英國警官下令開槍，死傷達數十人的事件，其後罷工罷市，影響全國，如在廣州造成「沙基慘案」，最後發生省港大罷工。「東方雜誌」記述時事，自不能置而不提，那知以此却大遭英國之忌，在租界法庭提出控訴指爲煽動亂事，破壞治安，商務發行所在租界之內，受其管轄，致王雲五不得不代表商務，出庭答辯，結果由報紙的刊載，使「打倒英帝國主義」的口號宣傳，更普遍各地，增高了商務印書館的聲望。

中華書局創辦人陸費伯鴻

但一二八戰役之於商務却是一個重大的打擊，編輯及印刷工作從此完全停頓，員工星散，首先恢復出版的是「東方雜誌」，由胡愈之主編，在法租界賃屋作爲編輯部。其後不久，編譯所在福州路發行所樓上設立，胡因在法國哈瓦斯通訊社（今已改名「法國新聞社」）任事，於是改由李聖五繼任。東方的舊人如俞頌華則入申報館主編「申報月刊」，張梓生編「申報年鑑」。李聖五爲編譯所舊人，初任職於百科全書部，當時如唐鉞、劉南陔、楊端六、陶希聖、梅思平、傅東華等俱爲其中成員，再如葉紹鈞、王伯祥等則爲教科用書部編輯，葉在以後曾繼章錫琛主編婦女雜誌。總之，經過第一次上海戰爭，商務編譯所的規模已大非昔比了。

第一次上海戰爭以後到一九三七年八月十三日第二次上海戰爭，五年中間，以商務印書館爲首的文化出版事業，本已漸趨恢復，但因從此發生全面抗戰，上海成了孤島，但求能保全勿失，已是萬幸。因此如「東方雜誌」的出版，曾一度移至長沙，仍由李聖五主編，惟爲時不久，卒告停刊。

在此期間，商務、中華、世界、開明等書局，雖在日本管治之下，都告無事，惟商務有影印「四部叢刊」的鉛皮版十數萬張，爲他日再版所必需。日本當時因戰爭缺乏金屬物資，鉛版遂被沒收。商務求援於南京汪政權當局，乃由日本軍方交還，迄勝利到來，得以保存無恙。但是戰後五金價貴，而房屋缺乏，堆置貨倉，成爲負担，竟被重慶勝利歸滬者變賣以盡，從此「四部叢刊」便成絕版了。

以後國共內戰，上海淪陷，中共政局成立後，上海及香港的商務印書館與中華書局都成爲國有事業，一手經營商務以迄其時的張菊生先生年逾八十，被稱爲民族資本家。由中共的文化政策，對商務、中華、世界、開明等，實行統一管理，計劃出版，依據規定，商務出書以科學技術者爲主，中華出書以文史國學者爲主，分道揚鑣，庶不致重複浪費。

也就在此一時期，因爲商務的「辭源」出版於民初，雖有續編，已爲三十年代的舊物。中華的「辭海」出版於抗戰時，也與戰後新時代不合了。所以中共頗有意於再編一部新辭海，有如蘇聯大革命後之刊印百科全書，並且年有修改，藉以表示其與時更新。據說曾撥欵百萬，直屬國務院，命上海之商務與中華兩處，由舒新城負責編輯，當時曾約各大學專科教授分別撰著新舊科學名詞的界說，但是不久因爲發生反右派運動，卒致工作告輟。蓋在此時，究竟怎樣才是馬克思或列寧主義，除非能使馬列二人再起執筆，否則都有右派或修正主義的危險，現在是把蘇聯百科全書來加翻譯也與時不合了。也在此五十年代之時，張菊生以九十餘高齡，他在病牀中看到手創的商務印書館的最後命運，中華書局的創業者陸費伯鴻（逵）則以六十之年早於抗戰發生後，病卒香港，而負責編輯的舒新城，聞亦在六十年代病故了。

鴉路 KENT幼花恤

令你風度翩翩，優雅出衆

今年美國最時興最受歡迎的恤衫，
就是鴉路"KENT"幼花恤，色澤淡雅，花款細緻，
高領背，長領尖，裁剪貼身合度，免漿熨，不縮水，不退色。
無論何時何地，穿着鴉路"KENT"幼花恤，
令你風度翩翩，優雅出衆。

「鴉路」尚有COLLAR MAN, GETAWAY, KNIT
及MACH II等各款花恤，適合任何年齡及身材。

着鴉路恤確係高人一等嘅！

Arrow
成功人士的恤衫

N-064

張大千近作近事

周士心

張大千先生今年農曆四月初一，剛好七五壽辰，他的藝術生涯，可說是與年俱增，雖說已有照耀世界的偉大成就，但是他充沛的創作精神和能力，却是方興未艾，如日方中。

參觀過三藩市砥昂博物館四十年回顧展之後，印象中老是盤旋着他動人心魄的傑作，予人以刻骨銘心之感。洛杉磯的人們有福，繼之而來又有飽覽大千先生新作的好機會。

大千先生來洛杉磯的消息傳播得很快，很廣泛，所謂好事傳千里，筆者至此始信「不脛而走」這句成語。洛杉磯不比三藩市，由於地大散漫，聯絡不易，找朋友視爲畏途，加之新聞報刋少，沒有中文日報，僅有兩家週報，消息太早太遲，皆影響及時新聞價值，但是大千先生的影響力，可說無遠勿屆，彼此欣然相告，一下子已經無人不知了。

無論識與不識的朋友們，大家決定於三月二十四日下午七時假座好萊塢大道上海樓舉行公宴，表示洛杉磯中國人士對於大千先生的仰慕和歡迎之忱。筆者與盧燕、彭王鴻珠，作了三處聯絡中心，反應的熱烈和情緒之高，令人爲之興奮不已，原來打算小叙的歡宴，一下子變成了大場面。參加者包括了總領事、中國新聞處、各大學中國教授、工程師、醫生、文藝界，及僑團、同鄉和宗親等。

大千先生畫展會場在恩克倫畫廊，展覽日期自三月廿五日至四月十四日，首日晚間七時三十分至十時三十分招待會外，整整展覽二十天。彩印精美目錄作品二十九幅就是全部展覽品，附同大千居士近影。作品半數爲今年年初新作，其餘亦皆是三年以內精品，於此可見其作品風格之新。這二十九幀作品的名稱是：

①桃竹 ②松壑飛泉 ③夏山瀑布
④破墨雲山 ⑤台灣神木 ⑥海嶠二士
⑦芍藥 ⑧白梅 ⑨魚樂圖
⑩山居圖 ⑪春山積翠 ⑫瑞士夏山
⑬晚帆 ⑭江山古寺 ⑮春山暮雲
⑯空山老屋 ⑰利市三倍 ⑱澗山人家
⑲危巒聳秀 ⑳湖村 ㉑朝霞
㉒寒塘倒影 ㉓山寺晴嵐 ㉔山厨清供
㉕秋江歸帆 ㉖山寺懸泉 ㉗荷
㉘粉荷 ㉙春山積雪

上述作品中，筆者個人最愛春山積雪一幅，大千居士改潑墨爲潑粉，面目爲之一新。春風怡蕩，積雪始溶，群山環迤，中有奔流，寒峯兀突，草木漸榮，靜中寓動，覽之無窮。在先代傳統雪景技法之外，獨樹別幟，洵是傳世名作；此外如游魚之簡澹生動，芍藥之清新多姿，桃竹之生意充盎，蔬菜之墨采爛漫，白梅之奇崛古拙，荷花之氣韻清絕，尤以粉荷一幀，薄施淡彩，如聞清芬，是這些年來大千居士自有目疾恢復光明以來，最是清麗明淨、逸興遄飛的一幅好畫了。

讓我們欣賞那些潑墨山水，其中松壑鳴泉圖，上年造訪環華庵時，承大千先生見示，在目錄上看來縮成幾寸，原畫却是一幅五乘六尺的大畫，所以近代彩印雖然水準很高，但究不如細觀原畫爲佳，無論筆法、墨彩、層次，以及畫的氣勢，破與潑結合收拾的功夫，欲知全畫作者精意所在，實在非看原畫不可，印刷畫有時是不能發現其妙處的，猶如在唱片上學京戲，在照片上看美人，就是缺少這麽一份神情靈氣。所以好畫當前，必定要看原作。

大千先生現在的目力好得很，在他的畫上字上可以發現到，落筆時點劃奇準，字跡秀潤，行氣貫穿，勝過壯年。像澗山人家一幅，積墨皴擦，渲染設色，置陳佈勢，無一丁點交待不清。猶憶一九七一年在香港的那次畫展，其時目力最弱，究竟有些差異，我深慶幸上天降福於大千先生，能有如此奇跡，讓那些珍繪墨寶源源而來，在吾國文化亟待振興的今天，寫下偉大的一章。

自從一九六四年大千先生的畫筆，把墨這麽一潑，却潑出了中國畫向所未有的新局面，現在有很多畫家和他的弟子，都在日日夜夜的潑，但是大千先生却永遠趕在前頭，當別人蜂湧效學的時候，他早已又另創別格了。在這二十九幅近作中，仍然隨處流露涵容傳統的菁華；也可以說，如果沒有那些格律謹嚴傳統技法的精冶煅煉，就談不到目前的新作風，因此他的潑墨畫，出於傳統而無可否認地也受了現代美術思潮的抽象畫影響，包含了他深厚的功力、豐富的閱歷、中國固有文化的修養、超人的智慧和現代畫的感受，才能形成目前作品的風貌。大千先生仍在時刻求進，顯然他的目的在塑造完全的自我，和負起創造中國畫歷史的重任。這是筆者面對着他的作品深思默想所領悟到的一點。

我說大千先生永遠趕在別人前頭，且看看那幅春山暮雲圖，他將所潑的青色很巧妙地處理成爲瀰漫的雲氣，加上青的山，青的樹和淺淺深深青的礬頭巖阿，右上角忽然顯出一角白隙，頓覺天舒雲間，眼前一亮，我看過大千居士名作不在少數，此畫出現，空靈浩蕩，清氛之氣，撲人眉宇，心臆爲之大暢，令人如入仙境，眞是奇畫。

餘如淨潑墨的「瑞士夏山」、「山居圖」、「破墨雲山」，潑青綠的「春山積翠」，潑赭石朱砂的「朝霞」，潑粉白黛綠的「空山老屋」和大潑粉的「春山積雪」等等，到現在大千先生的畫，幾乎什麼色料都潑，而又潑得如此自然，神行無痕。

這些畫，如按照中國畫六法，最後一法的「傳模移寫」，我想隨你怎樣，也難於達到臨摹的目的了，後之來者果然無法十足模倣，就連大千先生自己假如重畫一次，大概也不能使形神完全肖似的。

我們還可以在這些潑墨潑色的作品上，見到何處是山，何處是水，有時林泉木石，屋宇橋樑，歷歷可數，有跡可尋，但這次展覽作品中，有一幅題名「寒塘倒影」的畫，却是完全抽象的作品，既無屋宇，又無樹石，也沒有在色墨空隙之間注下一脈流泉，或皴上幾筆石紋枯木苔草，倒確是前無古人的一幅中國畫，不管是先有了題目創成此畫，或是潑到如此地步，再安上一個切合的題名，這是無關宏旨的，因爲就是沒有題目，仍是一幅好畫。從前鑑賞、創作的標準是形與神兩者的會合統一，進而畧形重神的觀點，可說已經提高了一層，但究竟仍有形可循。現在大千先生的藝術似乎又更提高了一層，那是通幅畫找不到所熟悉常見的形，所有一切物形爲意境神韻所掩，在爛漫斑駁的色澤水暈墨韻之中，隱藏着畫者超逸的思想，水月空明，本無色相，極有禪意，觀畫的人也必須將自己的意識提高到這個水準，換言之不是用眼睛來看畫，而是用思想來探索玩味，才能發現其中眞趣，而且欣賞者能夠發現多少，也是程度不同，因人而異。

大千居士攝於留餘廬（雪萊攝）

像這類畫，我以自己的經驗而言，一位畫家必須在精神亢奮和創作的欲望不可抑止的時候，像江湖之水，奔流而下，自然成章。環蔓庵現在幽美已極，石壁靈池，秋樹春花，景色宜人。大千先生涵養陶冶其間，照說應該有像倪雲林那般冲澹疏簡的作品，却不道其內心活躍，創作衝動如此激烈，這實在是先生精力過人、天賦獨厚之故。唐代王洽，也就是先生潑墨法的來由，但是王洽作畫要借酒力之助，使精神亢奮，手舞足蹈，繼之揮寫才能完成；如西方畢加索亦曾試過服食迷幻藥後的創作效果，果然奇姿異采，非同尋常。不過大千先生所用的是本身心力，並非依靠酒力、藥力。由於先生心力强大，賴其激盪波動，有時忽然而起，把握住精神亢奮時的一剎那，創造出元氣淋漓、雄偉豪邁的畫面，又因爲先生學養胸襟的關係，故此能控制奔騰震鑠的氣勢而予以高度的內涵——人文思想與造化氣機的密契，才有近時作品所表現的形式內容。如他題破墨雲山圖詩云：

老夫夜半清興發，驚起妻兒睡夢間，
翻倒墨池收不住，夏雲湧出一天山。
五十九年庚戌歲八月
五亭湖上寫，爰翁

其揮灑神態，讀此詩可以想見。

從前江南人家，以有無倪雲林畫，定此人家雅俗，時至如今，似乎也可以看人家有無大千先生之畫，以定其雅俗。

目前先生之畫，其價值一路上昇，徑尺小幅高達千餘美元，條幅二千至一萬，中堂三至五萬，門一樣大的高達十二萬美元。這不是經濟有限的人士所可收藏，然則我說以有無大千書畫定人家雅俗之說，豈不是在說以定人家財富多寡了，原來大千先生的原則是，如果賣畫，必定有個水準，否則沒畫却是常事，世界各地中外友好，數十年來無條件得到他的畫的人，眞的難以統計，如果以現值折算說笑話，或可獨力造一個巴黎鐵塔了，再說就是得不到大千先生的眞蹟，現在複製單頁畫冊，質量俱豐，也是足堪欣賞，二十二年前曾克耑先生序大千先生畫展有云：「大千居士畫名滿天下，海內外無論識與不識，言繪事則必推君爲一代冠冕，無異詞，人之葆愛君畫，不能驟得，即影本亦珍若球璧……」。所以我說如眞能欣賞大千居士畫的人，必定是一個甚爲風雅之士，即使僅僅收藏一頁影本，亦無減其風雅，反言之若腰纏萬貫，而不知大千先生畫的妙處，雖富何有？

大千先生新造花園，頗費精神金錢，除了日常生活資料之外，同時還要搬大石，種青梧白梅，畜名犬靈猿，他將作品變成池石花木，也在池石花木中培養靈感，創造新作，在巴西著名的靈池，有時十分乾涸，現在又有了環蓽庵的靈池，二處靈池皆須潤澤，所以也與其他所有的畫家一樣，必需賣畫，他的心情，有時在他自題的畫上很坦率的宣洩了出來。

利市三倍，此兩漢人吉語也，多於銅器上見之，老夫亦不無此望，可笑也。　庚戌嘉平月，大千居士爰

利市三倍，漢人吉語也，爰翁寫此自頌，壬子之十二月，年七十有四。

大千先生此次畫展由畫廊主辦，他們經驗豐富，手中有全世界最好的收藏家，以大千先生的盛名和作品之精，必然利市三倍，毫無疑問，走筆至此，電話鈴聲不斷，端的是爲了參加公宴報名，舊雨新知，人數竟超過預計的十五倍，事實上，人們對大千先生由衷的傾慕之情，拙筆難以形容。際茲三春佳日，羅省有此盛會，使此間一向落後的中國文化活動，突然生氣勃勃，其影响之深遠，豈僅是目前而已。

三月二十四日下午七時正，大千先生在夫人徐雯波女士及公子葆蘿的扶持下，抵達好萊塢大道的上海酒樓。他的出現立即響起了歷久不息的歡迎掌聲。

三十五年前的徐悲鴻（右）與張大千（左）（黃君璧先生藏）

二樓早已擠滿了來自各方的朋友們，他們衣冠楚楚，儀容修潔，使得這個公宴晚會瀰漫着文雅的氣氛，洛杉磯難得有如此盛會。

彭碩熙醫生王鴻珠夫婦，盧燕，倪宣祥李懷棻夫婦及筆者夫婦四家大小全體出動，守在入門處，負責簽名簿，寫名標，分發畫展紀念畫集，引導衆位「羅漢」進入預定席次，看來像是誰家舉行結婚大典，充滿喜氣。

大千先生今天做「觀音」，他的席次設在中央，以便與各方「羅漢」晤叙傾談，廳堂正壁，貼上紅紙「歡迎張大千先生夫人」九個大字，出於在下「手筆」，一入大廳，遠遠就能望見，還有些朋友預定了專家插花，安放在入門當眼處，彩色繽紛，大千先生最喜歡看好花美女，必然感到愉快。

入座未久，來自台灣的中華電視台外勤組人員拿了本刊編者伉儷的介紹名片，將先生請入廂座專程訪問，時過八時還未見完成，我請盧燕去催催他們，以免外邊二百多位主人等得心焦，這位明麗溫靜的「董夫人」只是推說不好意思，還是倪李懷棻女士自告奮勇，但見她破扉而入，一口京片子，三言兩語，就把大千先生一行人等請了出來，眞是好口才。

大千先生在卡苗長途電話中就同我們講好條件，他說：「君子動口，小人動手，我寧可做小人，決不演講，也請朋友免了，大家隨隨便便談談就是咯。」所以大家恭敬不如從命，一概俗套都給省了，眞是快事。筆者心想，大千先生的盛名，可說無人不知，若說要在這種場合，說些恭維的話，或是講講他的歷史，可算事屬多餘了。

上海樓吃上海菜，這也是大千先生提議的，他說四川菜吃得太多了，何不改改口味，但是請大千先生吃飯是一件難事，他實在太懂得吃了，只要看大風堂的菜單，飯館子的大師傅也就夠傷腦筋了。我們事先本來打算二三桌人，却不道一下子就來了二百四十位主人，幾乎多了二十桌，這樣的場面，對於菜肴要作過高的要求，實在也難。好得飯館方面都是熟人，在大灶之外，另外動用小灶，特備五種菜式，主要是免糖，免「魂靈頭」——上海人對味精的別稱，和幾乎免油的菜肴。

茶過三巡（大家以茶代酒），中華民國駐洛杉磯總領事劉邦彥起立，請大家舉杯，只說了十七個字「祝張大千先生和夫人身體健康、福壽無疆」，乾淨利落，這是他在洛杉磯最短的一次演說了，所以獲得掌聲最多。

坐在大千先生右首的是卓聶其純女士，她已年逾八旬，是曾文正公幼女崇德老人的次女公子，大千先生談她家近親遠戚中有才藝的人，一一舉出，如數家珍，記憶之强，非同小可。

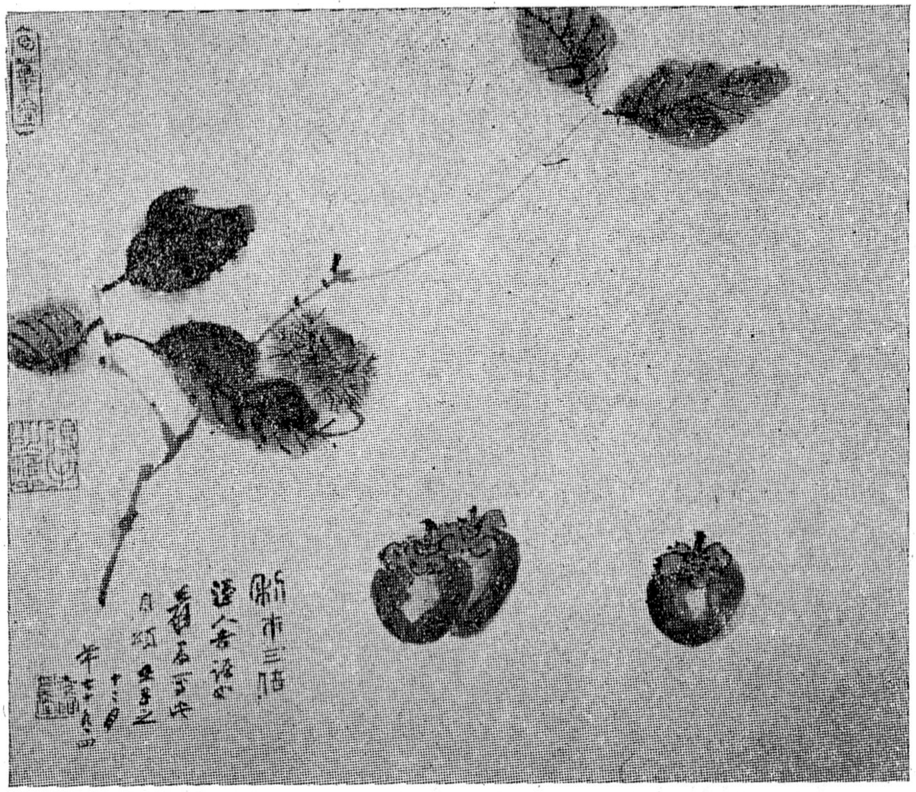

利市三倍　大千居士近作

談起環蓽庵風光誘人，新造畫室早已完成，各方友好所贈梅花，現在已有九十七枝，每枝均繫有友人的名字，如某甲梅，某乙梅之類，本來要湊滿百枝，有人勸說不要太滿，中國哲學有盈虛的道理，所以再加兩枝成爲九十九枝，取其長長久久之意，環蓽庵就成爲「九十九枝梅花庵」，大千先生晨昏之餘，對着這些梅花，就好像對着時常往來的老朋友。

他很欣賞庵中的朱盞水仙，這是異種，直到現在，還在繼續開花，花盞是朱紅色，却不是一般所謂金盞的純黃色，他說：「我畫水仙，用朱紅色塡蕊，很多朋友認爲沒有這種水仙花，現在有眞花爲證，不然還以爲畫錯了哩！」事實上大千先生的畫，一點一劃與見識學問是分不開的，他作品的內涵，無論是對自然形象與色彩的重視，或是出於主觀的創造和某種感受的抒發，都有他的根據與來源，猶如此一花盞之微，亦耿然在懷，絲毫不苟。所以說「一粒砂子孕育一世界」，觀人於微，觀物亦無不如此，儘管大畫家胸懷壯濶，筆掃千軍，恣情揮灑，其中精微縝密處，妙到毫顚，確是不虛。

大千先生禮貌周到，命我向大家說一聲，謝謝大家的盛情，然後與夫人公子一同起立舉杯，一再致意，主人們又是一番掌聲，再次表示深切的歡迎之忱。

好時光過得眞快，這天大千先生特別高興，所以講的故事也特別多，不過很多菜肴沒有見他下箸，直至一盤西瓜上席的時候，我說：「西瓜太甜，先生可以吃否？」他笑着說：「什麽水果都可以吃，日本醫生說過，西瓜專治糖尿病。」於是大家爭着請他吃西瓜。

此時主人們紛紛過來向大千先生握手問候，直待客人送走了這麽多位主人之後——當然應該是主人送客人的，不過由於大千先生特爲留後，以便多與新知舊雨接觸傾談幾句，因爲台北聯合報美國西岸辦事處主任郝亦塵還要到好萊塢大道羅斯福酒店八〇六號至八〇九號大師臨時居停作訪問，恐怕張先生太勞累了，我們召集這次公宴的幾個人就送大千先生伉儷葆蘿兄到大門口，黃錫琳兄爲我們拍了照片，以留紀念，他專爲別人攝影，而自己却永遠在鏡頭之外。

大千先生出得門外，但見他舉目四顧，往來踱步，抖一抖長袍，理一理銀髯，猶如回到了清淨無爲的境界，至此才輕鬆地舒了一口氣，瀟灑之極，眞是一幅活的自畫像。

鬧轟轟的人已散，一陣陣涼風吹來，好萊塢夜色迷人，多少天才，在此度過美妙的時光，這顆東方藝壇巨星，亦然在此留下明亮的光暉。

次日，三月二十五，中午，陽光普照。

中國城文華商場開的楓林酒樓，聽說大千先生要應彭碩熙、王鴻珠夫婦之約來進午餐，覺得非常光榮，整個餐館上上下下都震動起來了。從日本東京聘來的大師傅朱德昌，他決心做好酒席，希望這位美食家讚他一聲，石經理選定二位精巧能幹的侍者特別服務。他們還到隔隣古董舖借屏風，作臨時間隔，方便主客談話。屏風有二組，一組是雕木屏風，一組是中國畫屏風，古董舖老闆問：「今天有什麽貴客？」侍者答：「名聞天下畫家張大千。」老闆說：「雕木的，不會錯！這塊中國畫屏風乾脆就免了吧，還不是關夫子面前舞大刀。」侍者對我們說借屏風的經過，大家很樂，這一樂却幫了朱師傅一個大忙，大家胃口可開啦。

他們今早已四處看了半天花樹，大千先生說：「看到一顆有碗口粗的老梅花。」他將手比成一個圓圈，看他眉毛一動，我知道他十分喜歡不管價值多少，將來必是環華庵中物了。他繼續說：「當初在蘇州買梅花，由古董店老闆華品山陪去，花農一聽說是四川張大千要買梅花，就覺得詫異，原來蘇州梅花都是從四川運來，再加工做梅椿，現在居然四川張大千來蘇州買梅花，所以十分奇怪。」我伸長了脖子聽他講，這件事至少相隔已三四十年，還是記得十分清楚，像是昨天發生似的，他接着說：「蘇州花農將梅花中間劈開，連着老根，過幾年就成爲古拙奇形，陳老蓮筆下的老梅樹。」大千居士講到這裏，將我一把從「末坐」拉過去，要我坐在他旁邊，省得他提高嗓子，我伸長脖子，大家辛苦，他接着說：「蘇州花農好手藝，不單是上面劈開，有些中間挖個洞，樹身像塊石頭，頗有古意，還有從根劈上去，將來變成一顆連理梅。」原來梅椿還有這樣多的做法，倒是前所未聞。對於這棵碗口粗的梅花，現在是一塊未經雕鑿的璞玉，投閒置散在別人的園裏，現在行將去晦轉明，大千先生早已有了盤算，如何運去濱石鄉社：「我要自己動手，將它劈一劈！」他下了決心，用手重重地向下比劃了一下。

那天整個上午，先生去了洛杉磯著名的日本盆栽花園參觀，選定了一棵大碧桃，二棵大梅花，其中一棵即是碗口大的那棵，五棵松柏盆栽，園主人聽說是張大千，特奉送古柏一盆以表敬意，這些花樹盆栽在先生眼中看來是小玩意，但已耗去四五千元美金了。

先生平素癖好，除了收藏名畫法書，豢養小動物外，就是最愛花木樹石，巴西八德園至今成爲名勝，近年移居卡苗，就又重新建造他的樂土。據說造園有三不可，一是不可限制用錢。二是旁人不可參預意見。三是園未完成時，他人不可先看。像先生對於花木那樣精於選擇，千金一擲，倒是與古人造園的意趣十分相合的。

大千居士題畫，盧燕及本文作者後立

先生嚷着今天要開齋，因爲平時飲食，夫人照顧很仔細，定量配合，注意營養而適得其份，所以健康情形非常之好，夫人功勞大矣。故此每天當上菜，我們總是問問張夫人，這樣可吃？那樣可吃？大千先生私自對我說：「只管拿來，橫豎開齋，不必多問了。」我現在恍然大悟，上海樓專爲大師做的免味精、免糖、免油膩的小灶菜，所以「原封不動」，我想昨晚上先生就要開齋的了，但是因爲忙於應接友人，或者可以說昨晚是餓了一餐。

主人彭醫生表示凡是新鮮的尤其是富於蛋白質食物，糖尿病患者都可以吃，甚至很甜的生果，只要不過多，是並無妨礙的，而且難得多吃一點，他保證沒有問題，於是先生得到了「醫生證明書」，算是合法開齋。

菜肴果然精緻可口，朱大師傅曾暗中出來三次探視反應，看見先生談笑風生，不停下箸，也就放心了。

老實說我對於飲食很有興趣，但對於大千先生的言行，却有更大的興趣。彭碩熙夫人是我的學生，也是大千先生的世侄女，同席者不論年齡皆是意氣相投的人，這次盧燕爲張先生籌備畫展，勤勞負責，頗盡心力，熱誠能幹，博得衆人稱讚。所以談談說說，大家倍感欣悅。

行將散席，大師傅朱德昌行到大千先生面前，脫帽鞠躬，向先生請安，跟着取出一方紅紙請先生簽名留念，大千先生口說好菜，欣然命筆寫道：「歲次癸丑民國六十二年三月二十五日，彭碩熙賢伉儷設宴於洛杉磯楓林，朱德昌君治筵，大千張爰題此留念。」我說「當初畢加索吃了飯，在菜單上簽個名，還有錢找，今天恐怕要朱君請客了。」朱君連說「如眞能請到，那是最大的光榮了。」一名侍者不甘後人，他說得好：「我活了半生，今天始見到一位眞正的名人，就請你老賞個簽名吧。」你說大千先生怎能不簽？

在洛杉磯楓林，大千先生開了齋，也開了筆，至今楓林牆上高懸先生墨寶，入座的人必定要走上前去看看。朱德昌君的烹飪術得到大千先生的「畢業證書」，對於朱君是一件難忘的事。

時間過得快，他們繼續要去看中國花，買大樹，五時前趕回倪宣祥家晚餐，七時正就要擠在人堆裏出席招待會，節目排得密密滿滿的。

北拉西安尼加大道，接近比華利山，這個地區是全洛杉磯的文化藝術中心，距此不遠，有藏品豐富的市立博物館，整段街有大大小小數十間畫廊，古董舖和不少餐廳。如果你眞想享受人生，你只消踏上這條大道，就會覺得極盡視覺、味覺感官上之歡娛，使你留連忘返。

二十五日恩克倫畫廊不到下午七時，電炬通明，門前車輛湧塞，擠迫不堪，門口也有慕道之士致贈香花陳設，整間畫廊進深寬暢，佈置雅潔，燈光適宜，可見畫廊主人富於經驗，畫與畫之間保持距離，突出了作品的單獨效果，使觀衆一眼望去，賞心悅目。

招待會從晚上七時至十時，大千先生週旋在衆人之間，聲宏氣壯，了無倦容，洋人雖多，中國僑胞也是紛至沓來，熱鬧非凡。盧燕身穿民初服裝，長裙小襖，風姿不凡，加之說得一口標準英語，由她接待來賓，眞是最佳人選，應該得個獎。不少美國人士，大讚中國女士識穿衣服，打扮文雅，看慣了就在附近日落街的稀癖士衣衫襤褸的樣子，會覺得眼前一亮，令人心裏暖暖地怪舒服。

二十九幅名畫，幅幅由大千先生自選，每幅都足夠你徘徊巡逡半天，仔細玩味，小幅畫清新簡潔，饒有情致，大幅畫蒼蒼莽莽，雄偉動人，一股靈秀之氣，瀰漫空間，我雜在觀衆之中，靜聽各方意見，發現對於作品欣賞，各人見仁見智，頗爲分歧。大體言之，有人歡喜形象逼眞的傳統畫，有人則歡喜放棄或改變自然形象的新體畫，也有人問我的意見，我覺得這是完全不必統一的，因爲這畢竟是觀畫人自己的事，觀念、修養、個性，成見在在都可得到不同的結果，然而好畫總是好畫，傳統畫與新體畫，兩者皆可表現作者的思想感情，而各有廣大的愛好者，各有其存在價值，而且新與舊的界說，本來也是很難淸楚分辨的。

葆蘿兄一面照顧大師，一面要爲觀衆解答問題，解釋畫意，穿揷在人堆裏，應接不暇，不少人近看遠觀，意有所屬，一位洋女士選中了一幅山水「海嶠二士」，要求與大師攝影留念。這位女士實在對大師崇拜極了，但見他們並肩坐下，女士捉住大千的手，乘勢吻了左面一下，又要求吻右面，大千此時情形雖然故作鎭定，可眞却之未能，受之無奈。我以爲拍完照也就完事了，那知事隔不多時，這位醉心東方的女士，看到這幅畫山頭上的二個人在對話，她對同來的朋友說：「這個人是張大千，另一個就是我。」難得她如此風雅，站在山頭不怕冷。她看着看着又去找張大千親吻去了，如此這般，我也無心看畫了，大家被這個熱情的傾慕者所吸引住，大千夫人早已不耐煩了，我聽她說：「這個人幹啥子嘛？幹啥子嘛？」前前後後我計着數不多不少，從九時半到十時，一共吻了四次，左右八面，直到大千先生離場，這位女士還在說：「多麽奇妙的東方人。」她倒可以說是多麽奇怪的一個西方女人了，也是一段有趣的揷曲。

直至筆者草此稿爲止，大千佳作已有半數爲人收藏，藏者要求翻譯所畫詩文題跋，有些草書，我看慣了辨得出，盧燕就詢於筆者，爲之一一解釋，再由她譯出。勃洛克斯百貨公司的主人，慕大千之名，看了畫展目錄影本，深恐爲人捷足先得，來不及看原作，用長途電話訂下一幅「芍藥」。香港朋友關志廣君來美置業，見到筆者在星島日報「精彩絕倫張大千洛杉磯近作展」一文，推薦「春山積雪」圖，爲之神往不已，特耑程前往參觀，立即購藏，將此名畫空運香港，所以有些後至的參觀者，與此畫緣慳一面無法看到了。在美國此種畫展，完全不靠人情的，因爲價值高，必須自己看中，在美國一個畫展能爲藏家收藏三二幅，已算成功，大千先生畫有國際行情，其成就眞是了不起，好畫價值雖高，可證亦必自有眞賞者也。

二十六日，天朗氣淸，惠風和暢。

按照預定日程，上午大千先生伉儷由彭倪兩位夫人伴同前往 San Gabriel Nursery 看花樹，距市區單程二十多哩，那裏有一個專門培養花樹的園圃，大千先生看中三棵小松樹，一棵是從七千呎山上移植下來的，據說每年移下一千呎，時經七年，才移到平地，以適應氣候與環境。至今前後培養了十五年，價值七百五十美元，主人還捨不得出售，但是大千先生看上啦。第二棵松四呎來高，有很多枯枝，蒼勁而有畫意，價值三百五十美元，大千先生又看上了。第三棵是彎彎曲曲的松樹，松葉比前者爲多，有很多樹節，樹小勢大，極有古意，也是三百五十美元，這棵樹大千先生也看中了。這三棵樹，連稅帶運超過一千五百美元，據說大千先生一到花園，如蛟龍入水，不休不停，好像人們看他的畫那樣，所以園主遇到如此主顧，非但不肯減價，還要加價，那位園主人是一位老者，他說：「你把我好的東西都檢去了，錢有什麽用，我也是捨不得呀！」這倒是藝術家之言。

是日中午時分，大千先生伉儷來訪寒舍留餘廬。

內子入厨治膳，據大千先生記憶這是爲他第三次入厨了。這次的菜式有：魚鬆皮蛋，乾切牛肉，酒醉白雞，西芹開洋等四式冷盆，揚州煑乾絲，草菇蝦仁，干貝炒芙蓉蛋，沙茶牛肉，葱烤鯽魚，鎭江獅子頭，以及西洋參鮑甫燉童子雞。都是家常菜，不過絕對沒有味精，而且免糖。

先生繼續開齋，要我夾肥雞，稱讚夠酒香，吃獅子頭時，我夾菜心給他，他說了一個吃菜的笑話，菜是他的性命，現在有肉吃，性命不要了，大家都笑了。他特別欣賞乾絲和葱烤鯽魚，我請他小心魚骨，他告訴我內子說：「這裏買不到新鮮橄欖，葱烤鯽魚加新鮮橄欖汁，入口連骨都化去，是不傳之秘。」

我們談畫家近事，他說謝稚柳目盲不確，現有近作題字頗爲精謹。李可染曾參加第一屆全國美展，畫達摩渡江，當時即對他頗有好印象，花卉工筆畫已過世之于非闇而外，推崇俞致貞。歐洲國家對於傳抱石作品極爲愛好，大幅精品價值高逾一萬美元……。先生雖不大出門，却能知天下事。

大千先生在家時，晚上九時就寢，卡苗好似鄉間生活，清早晚上無賓客來訪，時常留連花園，從今年年初到現在，作畫超過一百幅。我問他是否眞的半夜起身寫畫？他承認畫興一發，非畫不可，現在家人把紙墨準備好，有時起得早，不必驚醒他們，就可作畫了。

大千夫人很喜歡我家的花梨木牛角圈椅，她說：「他就是整天買花，搬石頭，連沙發都不願買一張。」大千先生笑笑說：「我的八歲孫女兒綿綿，在學校作文寫道：爺爺天天買花樹，就是愛花樹，把錢買完了，家裏連飯都快沒得吃了。」說罷哈哈大笑，這位小女孩可說對了，她的爺爺繼續還在買花樹，不過祗要他老人家賺的進，買點花樹又算得了什麼。

飯後大千先生曾仔細觀看我懸在壁上的作品，他謙虛地說：「我是不能畫這麼多種類的花卉的。」我說：「張先生，你這是貴精不在多嘛。」他又對彭夫人說：「周先生不單畫得好，而且精通理論，當年高嶺梅編大千畫集時，很多畫理說明多虧周先生幫忙，他寫我的文章，廿年來，早就可印一本專書了。」我想也許大千先生住過蘇州，所以很有點鄉土感情，現在連我的子女在內，可說三代對他景仰，我長時間去搜集他的資料，作比較研究，對我的影響很深，時常注視他的藝事進展實例，作爲借鑑，得到不少啓發。

那天我們天南地北談得很痛快，我的美國學生雪萊女士，在亞洲博物館工作，他在我家代爲招待朋友，不僅學畫，也學習中國人的生活習慣，譬如迎接賓客的禮儀，和安排桌面陳設的規矩，她是如此熱情而有興趣，她的安靜和文雅，完全像東方氣質的女人，美國人對於這個世界充滿好奇，而同時也頗具實踐的能力，所以爲什麼美國人學做和尚，做得徹底而像一個眞正的和尚。本文發表的照片有兩幅爲雪萊所攝，大千先生爲她在展覽目錄上寫上欵並簽名，使她高興得連聲說這是她不尋常的際遇。

張先生在我的畫室，要題一些字，如此次展覽的畫冊、長江萬里圖影本等，還有已經被人親吻八次的那幅「海嶠二士圖」需要加上欵，先生

Books and Art

A Break In Oriental Tradition

洛杉磯報刊推崇大千居士（盧燕女士寄贈）

也爲我在畫册首頁玉照上寫了幾個字：「士心道兄法教，大千居士爰同在洛杉磯。」是這次大千先生訪問寒齋最好的紀念品。

時屆三時許，有些花樹尚須覆看，大千先生此行端的只爲看花忙，臨行在我畫室巡行一週，又看了我的小園，一棵中國楡樹，像一把巨大的傘打開在中央，令他想起了在敦煌洞窟中吃過楡錢葉蒸包往事。草地上二只松鼠嬉戲跳躍，杜鵑爛漫，綠竹正抽出新筍，紫藤也快綻放，山茶含笑迎人，先生很喜歡門前的白茶花和羅漢松，畫室前後二塊大草坪，透過玻璃大窗，眼中一片油綠，他說：「比香港是舒服得多了。」大千夫人和葆蘿也很欣賞這座小園，收拾容易而一樣「養眼」，但是大千先生一切都要大，他的胸境、氣魄、作品、花園、樹木……都要大，這間纖小的留餘廬，終於不能長久留得住他，無奈只得訂了後約，互道珍重而別。他們當晚五時離開洛杉磯，經過五小時車程回到他個人的桃源——環蓽庵，恐怕已是夜深露重的時分了。

陶鵬飛兄要我爲大人雜誌記述大千居士此行經過，「愈詳細愈好。」然後全文將轉載美國中華聯誼會年刊中華通訊，由於我盡日忙忙碌碌，眞在担心不知如何交卷。豈知三月三十一日歸家途中，剛出高速公路，被人撞了車，車後盡毁，頸項受傷，經兩週來診治，幸無大礙，乘此休息期中，隨想隨寫，萬事莫非前定，却有了完篇的機會。

大千先生此行爲我們中國藝術大放光采，也是洛杉磯藝壇一件大事，因此「忍痛」作記，以留鴻雪。

一九七三（六十二）年四月十六日於留餘廬。

思親篇

——本年五月十三日母親節紀念——

沈雲龍

民國三十年八月，我母趙太夫人歿於里居，正是故鄉烽火連天敵僞縱橫之時；三十九年五月，我父仲芙公又歿於臺灣，已經是大陸變色海南撤守之後；九年之間，兩遭大故，舉家輾轉流徙於東臺縣城、上海、蘇州、臺北各地，迄無寧歲。而我個人還從廣州、重慶、成都、海口，兜了一個大圈子，隨着那急急風似的撤退大行列，再回到臺灣。自是定居下來，忽忽又逾八年。每當風雨晨昏之日，夢魂縈繞之中，關山飛越，彷彿依稀，天涯遊子，重返家園，仍然是一幅青燈絮語兒時承歡膝下的快樂畫圖，及至遽然驚覺，朦朧中一切頓成虛幻，始知此身已是無父無母早就失去人間溫暖而且年近半百的老孤兒，一種酸楚凄清之感，怎不愴然而淚下！

我的故鄉是江蘇省東海之濱的一個擁有將近兩萬人口的大鎮——東臺縣安豐鎮。明正德間，王陽明高足弟子開創泰州學派的理學家王心齋（艮）先生；和明末清初，著有陋軒詩集爲王漁洋所推重的大詩人吳野人（嘉紀）先生，以及我的遠祖著有汲古閣詩存的沈亦季（聃開）先生，都是出生於此，所以自昔號爲魚鹽詩禮之鄉。距安豐之北約七里，名梁垜鎮，我祖母及我母的外家，均世居該鎮。兩鎮相去密邇，居民通常互爲婚嫁，多數有姻婭之誼。我幼時，常聽祖母提起，當初有媒人爲我父母撮合，曾經依照鄉間習慣，問卜求籤，籤上有四句詩，詩題是一齣戲目：「黃鶴樓赴宴」，當由一位長老詳解，說是吉利非凡，因爲我母姓趙，與詩題暗示趙子龍保駕之意相合，如果是別姓，就需要考慮，後來兩家婚姻就這樣決定了！事實上我祖母常引以自傲的我家這個八代書香的門第，自高祖而下，中落已久，其所以能漸漸重振起來，固由於我父早歲棄儒從商，辛苦經營，但也很得力於我母克勤克儉持家有道的幫助。因此，老一輩的親友看到我家日趨欣欣向榮，凡是知道我父母這段婚姻故事的，必然以此爲話題，作爲印證，一方面是欣羨，一方面又覺得有些不可思議似的。

我母和我父同是光緒九年生，稍後於我父幾個月，她二十二歲來歸吾父。那時候，我父是個窮秀才，我外祖趙公樸齋（文質）家世業農而又經商，雖是樸質家風，但境遇畢竟比較豐裕得多，但我母決不以此而驕傲，反而有一種安貧的識見，處之泰然！結婚以後，隔了五年才生我，嗣後即不育，而長我三歲的蘭姊，在我出生以前，已患痘早殤，所以我自幼便是無兄無弟無姊無妹的獨生寵兒。可是我母從小失恃，有其堅强獨立的秉賦，也有其超乎常人的遠大眼光，她決不以僅有一子而姑息溺愛，相反地管束得特別嚴厲。我偶有過失，即加笞責，從不寬貸，一切足以養成惡劣習慣的行爲，都隨時加以糾正。猶憶我七歲之時，某次隨伯父伯芙公在鎮上關帝廟遊玩，從鎮上檢到一枚當五十的大銅錢，回家奉母，自己甚爲得意，而我母默不作聲，祇是注視我面孔的顏色，當時家中人多，未加詰問；第二天早晨，我尚未起床，我母將房門緊閉，室中僅有母子二人，才以盛怒的辭色，嚴厲的盤問我，這枚大錢究從何處而來？我當然堅稱是拾來的，我母終不肯想信，我年幼頑劣，也就不免頂撞了幾句。我母始則疑我有偷竊之嫌，繼則看到我那樣的桀敖不馴，於是更加氣惱，用手狠狠的打了我幾下，我經不起打，放聲大哭，驚動戶外，而家人無法解勸，直等將我伯父請到，他負責證明親目所覩，這枚大錢是我從地上檢起的，我母才始釋然，將我放出，然而對我倔强的態度，仍是恨恨不已，便訓飭我如不悛改，下次還要重打。自後我犯有過錯，假使立即受到我母斥責，自覺問題尚小，設若我母一言不發，我就有一種預感，知道問題嚴重，中心惴惴，甚至事隔十天八天，一朝追究起來，總是逃不過去這一道難關的。因此，無形中逐漸養成我在一時衝動以後，能夠稍稍懂得一點省察克制的功夫，到現在還是受益不淺。尤其當我童年與鄰兒相爭，縱令有時其曲在別人而不在我，我母照樣對我責備甚苛，決不護短，免得助長我驕橫的習氣，這種嚴於責己寬以待人的道理，等到涉世稍深，也才慢慢領悟過來。

我母雖然不大識字，却喜歡聽彈詞小說，這份說書工作，大多在寒暑假時由我擔任，夜晚餘暇，一燈相對，我母一面料理針黹，一面命我說書，像「天雨花」、「再生緣」、「說唐」、「三國誌」、「紅樓夢」之類，都聽上好幾遍。每次她看到鄉間社戲，有關人物之忠奸，劇情之原委，都很了然，毋待旁人說明。她對於「天雨花」彈詞中的左維明，極爲稱讚其機智和治家有道，對於「紅樓夢」小說中的賈太君、王夫人之糊塗和溺愛不明，就頗不以爲然。我母常對人說：「我僅此一子，豈有不喜歡之理，但一定好好教導他成人，要讓他多出外歷練，增長見識，決不能留在家裏，成爲浪蕩漢，惹人恥笑。」所以，我小學畢業那一年春天，患了一場中醫名爲「流注」的嚴重外症，經我母五個多月的晝夜將護，換藥洗創，並和我父商量決定不惜重金延請城內名醫杜吉三和他的弟子莊蓬仙來家診治，始從死神手中奪回生命，而又倖免於殘廢。儘管病後身體尚未復原，我母仍毅然同意我往縣城初中讀書，毫不阻止；次年，我隨堂兄賢輔（夔龍）轉學至二百里外的南通省立第七中學，瀕行，我母叮嚀囑咐，送我出門，詞色之間從沒有顯出捨不得我遠離的意思，以免增加我依戀之情。自是以後，由讀書而做事，一年中總是離家之日多，回家之時少，每次外出我母表面力持鎮靜，走後才吞聲飲泣，悶悶不樂者數日，及至歸期將屆，必親自準備我平素所喜歡的菜餚，以饗遠道歸來的遊子。我母督教雖甚嚴厲，而內心實則慈愛異常，比諸古之賢母，當亦無愧。近人梁任公、張季直、曾慕韓諸先生在他們的著述中，都說是幼年得自母氏的嚴格教訓。我迄今庸碌無成，何敢望梁、張、曾諸先生，然而我却萬分榮幸的，我也同樣有一位偉大的母親！

我父十七歲失怙，便開始負擔家庭生計。二十歲，應院試，以全案第六名入縣學，李宗師殿林保送其赴揚州儀董學堂肄業，因祖母年老及家貧而止。不久，清廷下詔廢科舉，想進南京兩江師範，仍以經濟困難，未能如願，祇好在家設塾授徒及執教於善善小學，先後將近十年。我四歲開始識字，即由我父教授；六歲入塾，我父邀集友好特從縣城合聘一位著名老秀才蔣輯五（仁瑞）先生來鎮授讀，作爲我的啓蒙師。十二歲改入高等小學，我父抽暇爲我講解左傳，第一篇「鄭伯克段於鄢」，至今猶留給我極深刻的印象。我父讀書記性特別好，也頗喜涉獵八股時文以外的各種書籍。其藏書中如綱鑑易知錄、御批通鑑輯覽、廿二史札記，我在小學時即喜歡翻閱，以後能稍有點歷史素養也許就得力於此。

我父應試時，已改試策論，題爲「宋仁宗詔羣臣言時政得失論」，他從宋仁宗的仁厚有餘剛武不足做立論重點，加以發揮，在全塲應試千餘人中名列第二，是他生平最得意的一篇文字，老來還能記誦其大意，藉此指示我作文的方法，我自然聽得津津有味，也從這裏畧以窺知我父早年確有經世致用之念的。民國成立以後，始無意於功名進取，不得已而隱身於商業，在這方面發揮他果决的性格和綜覈的才能，使家境日臻豐裕，然實未展其抱負於萬一，而把他有志於貢獻國家社會的希望，全盤寄託在我的身上，佇盼我能有成就。我父生性剛直，正義感極强，往往面折人非，但說過了也就算了，從不心存忮刻，和人斤斤計較；故看起來，似乎非常嚴肅，使人生畏，而實則宅心忠厚，多以恕道待人；他早年出身寒素，自奉極儉，但對於負困窘迫的人，無論識與不識，常常就其力之所及，予以接濟，並不吝惜金錢。我十歲以後，每年隆冬歲末之夜，隨着我父攜老僕徐樹林一人，帶着錢米分送鎮上近郊的貧戶，總是敲門而入，丟下即走，我父決不欲人家知道是他所爲，也從不向人提起，其推己及人而又無好名之心，給我以很大的啓示。

我父對我期望甚殷，從我所喜歡看的書籍以及所寫的一些零碎文章，知道我的志趣所在與政治信仰，有若干想法和他的見解相近，所以，就無條件信任我。我年少好事，在學校裏是活動份子，不知世途嶮巇，一味勇往直前，以致受到不少的蹉跌，在高中及上海光華大學快要畢業的時候，即曾兩次被開除學籍，而多少都牽涉一些政治因素在內，我父知道此中癥結，過錯不全在我，便勉勵我不要因挫折而灰心，應該堅强起來，我母曉得我受了無限的委屈，也不忍對我加以斥責，反而多方安慰我。後來我又遠赴山東鄒平，千里迢迢，想進梁漱溟先生主辦的鄉村建設研究院，已經准許報名及參加口試，結果還是爲了沒有一張大學文憑而被阻於門外，我少年氣盛，便留下一封很不客氣的信給梁先生，廢然南返，梁先生接到我的信，馬上覆我，說是「吾未敢薄待足下，何足下言之深而責之切也」，歡迎我再去，而我已意興索然，祇好謝謝他的好意。這一年，我忍受世俗的譏嘲和白眼，安心在家，買了許多書，閉門自修，我父特集句手書一聯，以作箴勉：聯云：「素位而行；得時則駕。」使我在萬分頹喪之餘，感到人世間畢竟還是親情的溫暖爲最可貴，於是在第二年我又鼓足勇氣，要求到日本去讀書，我父照舊爲我多方籌措學費，毫不阻攔，這樣我才能在抗戰前夕，勉强在形式上完成了明治大學的學業。我父眞是我生平的唯一知己，不只是普通倫常的父子之親而已。沒有我父對我絕對的信任和堅强的鼓勵，我是經不起命運之神的無情折磨的。

我母逝世以前，我父和我曾陪她遊過兩次杭州西湖，她對風景名勝都非常依戀，我父也性喜遊覽，每年因商業上的關係，總要在江南各地留連一番，所以從沒有一種安土重遷的觀念。我母逝世以後，喪葬既畢，我父知道我決不願常耽在家裏，而我的家鄉事實上也無法安居，鎮上固然是敵僞横行，四郊的游雜和共軍也是其勢方張，我父彷彿有預感似的對我說：「世人積財原爲子孫計，今世亂方殷，多財轉爲子孫之累。我半生心血所掙得一些基業，自我創之，自我棄之，實無足惜，若爲此身外物而株守勿去，適足以召禍。汝能自立，相信可以維持一家生活，我更無所顧慮！」於是我父盡棄所有，聽從我的主張，隨處轉徙，幸賴我妻章萃勤儉淡泊，安之若素，雖處極度艱困中而毫無怨尤，因之，在流亡生活中，我父尚能保持與兒孫團聚之樂者數年。從這點看起來，我父的遠大識見是令人非常佩服的。

國家經過多年的變亂，社會秩序，家庭倫常，均已遭到澈底破壞，失去正軌。人與人之間，祇講求利害一致，鄙棄道義，不值半文錢，而一般的家庭的父母不知所以教其子女，子女亦不知所以孝其父母，更是通常習見之事。我行年五十，細數生平，受諸父母之教訓，可謂得天獨厚；而我於父母生前竟未能盡一日孝養之責，我母葬於故鄉，荒烟蔓草，已十餘年未掃，我父骸骨，尙寄厝於蕭寺之中，何時歸葬，亦難逆料。終天之恨，無可彌補！爰作思親篇，以誌吾痛！

（作者附註）此文係十五年前的舊作，曾用爲拙著「現代政治人物述評」增訂本的代跋，本刊編者垂青此文，爰遵囑畧綴數語，以爲追隨「大人」行列之前奏。　雲龍識於汲古書屋時爲民國第二癸丑四月二十四日

馬君武·謝无量·馬一浮

·林熙·

三十年前中國學術界有三位名人，他們學術的成就未必低過胡適之，但却未能如胡之「名滿天下」而又「蜚聲國際」，所以到今日已不爲大多數人所知了。這三人是馬君武、謝无量、馬一浮，他們是極知己朋友，遠在七十二年（公元一九〇一年）前，他們在上海合辦「繙譯世界」雜誌，竭力介紹西方文學。後來他們分道揚鑣，馬君武的興趣轉到科學方面去，但對教育文化，並沒有放棄研究，並且又從事政治活動。謝无量則名士習氣極重，從事教育著作工作。馬一浮一貫研究學術，至老不倦。三人的思想生活不同，馬君武的社會關係，比較廣泛。謝无量什麽事都無可無不可，閒來吟詩寫字，玩玩骨董，甚至沉迷賭博。馬一浮未到中年就留了一部大鬍子，學者氣氛濃厚，道貌盎然，好像時時刻刻都準備入文廟兩廡「吃冷猪肉」似的。三人都好寫詩，馬君武的詩比較有時代思想，謝无量的詩是詩人之詩，馬一浮的詩多含哲理，一般人多不容易領會。他們也工書法，馬君武是運用石門頌筆法寫石門銘，謝无量是得力於鍾太傅，馬一浮是融合褚遂良與章草，各有自己的風格。三人的治學與個性，雖各相異，但彼此氣意相投，情誼深摯，至老不衰，故可以合而談之。

馬君武

日本人園田一龜在四十年前寫的一部「新中國人物誌」，在當年是一部名人傳記中頗爲人重視的作品，他把馬君武和張其鍠二人說是「廣西政界之逸材」。理由是在北洋政府統治期間，廣西人之能任內閣總長者，只有馬君武一人。他又評述馬君武有云：

馬君武廣西人，本名和，一般皆以君武呼之。夙留學日本，爲京都帝國大學出身之工學士。其後留德國五年，受工學博士學位。辛亥革命時，爲廣西代表，赴南京，盡瘁於臨時政府之組織。南北統一後，當選參議院議員，爲國民黨之重鎭。民國二年春，隨孫文訪問日本，當時曾主張中日產業同盟。二次革命勃發，歸廣西謀再舉不成，乃亡命日本，繼赴德國，居留三年。五年春渡美，與黃興共經日本歸國。袁世凱死後，再出席國會，極力反對對德宣戰。國會解散後，任廣東兵工廠總技師。九年十一月，于孫文之下就廣東軍政府秘書長。十年十月，陳烱明攻畧廣西後，被任爲省長，及廣西組織事務處，又兼攝軍務，掌握廣西之全權。十一年五月，陳烱明在廣東失敗後，其在廣西之軍隊亦同時退出，君武遂不能保其地位，乃解職而去廣東，以後久居閒地。十四年冬，許世英組織內閣，突然代表國民黨而任司法總長，此爲廣西人最初入閣之內閣總長。十五年三月，于賈德耀內閣任教育總長，四月，內閣瓦解，遂同下野。

園田一龜所寫的，雖有若干錯漏之處，但大致上尙不離譜。馬君武做廣西省長，確實是中國政治界中另有一格，因爲在他之前做省長、民政長、巡按使的一省方面大員，多數是官僚出身，甚至是招安後的綠林「豪傑」，但是以大學畢業又得到博士學位而做省長的，馬君武是第一人，第二人就是伍廷芳。不過，這兩個省長都是孫中山開府廣州時所特命的，並非中央政府委任。

馬君武的一生，有幾件較爲突出的事，除上述以博士當省長外，在科學方面，他是中國留歐學生中，得德國工學博士第一人，在政治方面，由康有爲立憲派轉到孫中山革命派幹部的第一人。辛亥革命期中，廣西人參加臨時政府高級官吏第一人（任實業部次長）。

馬君武年少時的家境並不很好，他一生的成就，全靠自己苦學用功得來。九歲那一年便死了父親，母親年青守寡，盡心教養，供給他繼續求學。他未出國留學前，在國內讀書也艱苦奮鬥了十年。十一二歲時，他就喜愛讀歷史和歷代各家詩文集，浸淫于古典文學，開始學寫詩。當時有個龍伯純告訴他康有爲的讀書方法，大大地啓發了他，有一年他已十五歲了，寄居在外祖父陳允庵家中，陳家藏書極富，讓他盡量翻讀，加以既知讀書之法，就埋頭埋腦，夜以繼日的用功，如是者兩年，他的古文學畧有成就，舊學根底也稍穩固了。

在十七歲前，他是受私塾教育的，到了十七歲，他考入體用學堂，才學習算學、物理，算是在受新教育了。光緒廿六年（公元一九〇〇年）他二十歲了，覺得光是死讀書是不成的，現在時局混亂（因義和團運動，又有八國聯軍打北京），應該到外洋見見世面，就跑往東南亞一帶游歷了一個時期，回國時順路往上海，結識了很多朋友，和馬一浮、謝无量出版雜誌，介紹西方文學就是在此時。不過他在上海的時間不很長，二十歲那年的冬天便往日本留學。這時候，梁啓超在日本辦「新民叢報」，馬君武因爲私淑康有爲，與梁啓超誼屬同學，所以在「新民叢報」寫稿最多，梁往澳洲游歷時，他還代理編輯職務。

馬君武在日本求學，完全靠賣文及朋友資助，才能完成學業。光緒三十二年（一九〇六年），他在京都帝大畢業，返國後，在上海的中國公學教書。不久後，兩江總督端方忽然下令捉拿他，說他是革命黨，圖謀不軌。這倒也是事實，因爲馬君武在日本時，同盟會恰好組成，他是第一次加盟的，故此回國後，當然也暗中活動，努力推翻滿清統治了。這時候，曾做兩廣總督的岑春煊正在上海閒居，對於這個廣西後輩很是賞識，知道他有難，就資助他到德國留學。他本有日本帝國大學的學位，所以很容易進入柏林大學攻讀冶金學，尚未完成，中國已發生變化，辛亥八月武昌起義，馬君武連忙回國，參加政治工作，緊緊地追隨着孫中山先生。到民國二年癸丑（一九一三年）二次革命失敗，他又再度往柏林大學攻讀，到一九一五年獲得工科博士學位。從他離家鄉外出求學時起，一切費用都是靠朋友支援，部分靠賣文的收入。他一生可說盡瘁于教育，從事教育比他從事政治的時間長得多，他從日本回國就在中國公學當教員（胡適之是他的學生），後來又當過北京工業大學、大夏大學、中國公學、廣西大學的校長。

馬君武是一位學者，雖然中國同盟會在東京成立時即參加革命，同盟會總章是由他起草的。但他的個性，似不適宜做政治活動，還是從事教育、譯著工作，較有成就。民國十年（一九二一年），他任廣西省長，因爲陳烱明的粵軍在廣西把持軍政，使他感到異常棘手。省議會又常向他提意見，他也不會弄手段去應付。有一次他大發脾氣，在一件公文上開頭幾句他寫着：「君武罪孽深重，不自殞滅，禍延廣西……」這可以反映他內心的憤慨，和環境惡劣的情況了。他通曉英、德、日語文，而中文的水平尤爲湛深，因之著作譯述，比較熟練。他譯著有關科學哲學的世界名著十餘種，多由上海中華書局出版，計有「女權篇、物競篇、天擇篇合刻」、「自由原理」、「一元哲學」、「社會學原理」、「物理原始」、「人類原始」等書，此外還有其他政治、經濟、動植、理化、文學等書若干種。孫中山先生英文稿的「建國方畧」一部分，是由他譯爲中文的。他下筆很快，當他做廣西省長時，省政府的財政科科長是何品良，何君對我說：馬君武白晝辦公，晚間就在省府公署樓上住宿，往往寫作至深夜，其時南寧城外還是反動軍的勢力，有時鎗聲四起，他一點也不驚慌，埋頭埋腦的譯書，只見他左手拈着一枝烟，右手執筆，望望原文，即寫在原稿紙上，同時還悠閒地和何君聊天。（何品良是廖仲愷的內姪，廖承志的表兄，剛從東京帝國大學農科畢業回國，就跟着孫中山、汪

為馬君武所傾倒的桂劇名旦小金鳳演「拾玉鐲」

精衛、廖仲愷、馬君武往南寧，成立廣西省政府。何君于一九五八年病歿香港。）恭維君武的人，說他能手、腦、口、耳、目五官同時並用，文思敏捷，在中國譯述界極少有人繙譯科學作品之日，而馬君武能有這許多譯著出版，竭力提倡，在學術上是功不可沒的。

胡適是努力提倡語體文的，甚至寫張便條也用語體文字，而他老師馬君武所有寫作都是文言的，直到晚年，才畧用語體，大概到此時他才覺得要適應潮流吧。

他的舊體詩寫得還過得去，譯外文詩則喜歡意譯，最著名的一首詩是譯法國文豪囂俄「重展舊時戀書而作」一首了。詩云：

此是青年有德書，而今重展淚盈裾。
斜風細雨人將老，黃卷青山總是虛。
百字題碑記恩愛，十年去國共艱虞。
茫茫天國知何處，人世倉皇一夢如。

這首詩無論在情感、形式上都是適合中國人口味的，如果不說明從外國譯過來的，我們還以爲是中國人寫的詩呢。馬君武是個感情豐富的人，料想他下筆譯此詩時，一定也淚涔涔而下的，我每讀此詩，也會眼睛濕潤起來。

另有一首「思慈母弟妹」，也是我認爲是他的至情的作品，這首詩不僅充分表現他深愛他的慈母和弟妹的感情，同時也寫出他的身世之感。詩云：

旅館夜夢醒，心寒呼慈母。萬里別家愁，念年育兒苦。荒村隱茅屋，雪深今幾許？家貧耽遠游，兒罪不可數。他鄉知交稀，乞米恐無處。含淚別母去，出門何茫茫，國仇未能報，母恩未敢忘，九歲阿爺死，教養賴阿娘。同胞凡五人，追憶惻肝腸，三弟命最短，七日葬北邙；次妹頗敏慧，得病亦尋常。家貧無醫藥，坐視爲鬼殤。長妹有暗病，其命遂不長。次弟生九歲，讀書盈半牀；夜深不肯睡，一燈聲琅琅。一夕得喉疾，哀哉醫不良，倏忽爲異物，早慧竟不祥。弟死後五年，阿兄適四方。弟墓無碑碣，踐踏恐牛羊！

馬君武的弟妹四人，都因爲家貧無醫藥而致早死，只剩下他一個忝爲長兄的人，其家庭骨肉間的遭遇太可悲了。這首詩哀感動人，讀之令人淚下。但奇怪，這樣好的詩反不「膾炙人口」，而那兩首「哀瀋陽」諷刺張學良只顧跳舞不管「東師入瀋陽」一直爲人「傳誦」至今！（其實當日軍攻入瀋陽時，張學良正抱病在北平的協和醫院，根本就未見過什麼人叫胡蝶，而他的前半生也不認得胡蝶。馬君武這兩首詩，後來上海的「良友」畫報曾以原跡印出，傳到外國，華僑無不切齒張學良，欲食之而甘心，其實非信史也。）

馬君武參加革命團體雖很早，但對什麼中央執委、監委等黨官，素來不肯幹。一九二七年後，國民黨北伐告成，國民黨改組，他沒有參加，等到廣西省政府聘他爲廣西大學校長時，恰值國民黨舉行黨員登記，他也循例往登記。他在登記表上的「何時入黨」一欄，塡寫了「中國同盟會總章起草人」，在「履歷」欄寫了「中華民國臨時政府組織大綱起草人、第一次選舉中華民國大總統十八省代表十八人之一、首任實業部次長、第一屆參議院議員」等等。黨部的幹事說他所塡的不合格式，要他重新塡寫。馬君武聽了勃然震怒，大罵你們這些小孩子只是靠黨吃飯，不知黨史，實在荒唐。他越罵越氣，把表格撕毁了。這個小黨官倒也不甘示弱，認爲你馬君武雖然是國民黨的元老，但元老有功於黨是一件事，塡寫表格又是一件事，你不依照格式塡寫，就是不合規則。於是雙方爭吵起來，各說各有理。後來由黨部的高級黨官出來勸解，他還是大罵，甚且連那個黨官也被連帶罵幾句，然後悻悻離去。他走後，黨官對那些幹事說：你們千萬不可得罪馬先生，他是黨國元老，而今不做實際政治工作，而俯就地方上一個大學校長，不能行其志，脾氣自然壞了。

黨老爺開罪了馬校長，從此之後，凡是各級黨部有文件寄送大學或他個人的，一概原件退還，與黨脫離關係。在李、白主政廣西時，南京的政令在表面上說是可以到達廣西的，但一紙公文到省政府之後，就要看它對於廣西有利還是有害了。廣西大學是當年黃紹竑一力主張創設的，首先由他撥出公帑一百萬元爲開辦費，而聘請馬君武也是他一力主張的，他認爲馬是廣西的第一個出洋留學的學生，中國的第一位德國工科博士，除了他之外，沒有別人有足夠的資格做這個校長了。當時黃對馬君武表明廣西對南京的立場，所以凡是南京教育部來的公文，廣西大學照例看情形如何而敷衍之，至於黨部方面來的，不論中央黨部、省黨部，馬君武都相應不理，弄得這批黨官也無如之何。

廣西有一個時期，機關、學校等，都要實行軍事訓練。表面上是訓練全省皆兵，抵禦外侮。實際上是待時而「討伐」南京。那些軍事教練，目空一切。有一次，廣西大學學生軍訓，臨時增加課程，與原定課程表發生矛盾。馬君武親到操場，叫學生散隊，回教室上課。因此與教練發生衝突。馬問教練：「我是國家任命的校長，校政由你擺布，抑由我領導？你說！你說！你說！」教練垂頭喪氣的轉去向李宗仁、白崇禧、黃旭初們滙報。廣西三巨頭當然要給面子與馬校長，又要尊師，結果就把這個上校官階的教練調走了。

馬君武雖然是廣西人，但他對廣西的軍人、黨官們沒有一些好感。他在民國十一年（一九二二年）夏間在貴縣所遭遇的事，終生不會忘記。就是他做廣西省長時，與家眷隨員等在貴縣東下途中，遇到桂軍俞作柏部所襲擊，不特所携帶的公私錢財、衣物、軍器和詩文譯稿，盡爲俞部搶掠，他的如夫人彭文蟾且中彈斃命，他本人也染了一身的血，這是他生命史上永不能忘懷的一段苦難。從他後來經過原地所寫的詩，抒情狀物，悽愴悱惻，可見其痛苦了。詩云：

驀地槍聲四面來，一朝玉骨委塵埃。
十年始灑墳前淚，萬事無如死別哀。
海不能填空有恨，人難再得始爲佳。
雄心漸與年俱老，買得青山伴汝埋。

馬君武生平軼事頗多，現在畧寫其較有趣味的如左。

他的生活很儉樸，卸除廣西省長後，不久就在上海附近的吳淞楊行鎭，買了一塊土地，修築兩三間屋子，從事農業生產，鋤地、下種、澆水、施肥、收割等，親自勞動。後來先後當了大夏大學、中國公學校長，每周要到上海市區處理校務和授課，坐的是三等火車、電車。身上穿的是土藍布大褂，或是脫了色的黃斜紋布制服。不識他的人，有誰知道他是得了眞材實料的博士，當過總統府秘書長、省長、總長、大學校長的高級知識分子呢。

有一次，朋友約他在上海逸園吃晚飯。一九二八、二九年時期，逸園也算得是個十足洋化的高級大飯店了，凡出入該飯店的中西「上層人士」，多是穿着齊齊整整的時式西裝，全部英語對白的。獨有馬君武還是穿着他的破舊斜紋制服，昂然入座。侍者和四座的「貴賓」，無不以詫異的眼光望着他，奇怪爲什麽老板讓這個土頭土腦的鄉下佬來此摩登地方吃「番菜」呢？隔座幾個德國男女，用輕蔑的口吻，嘰哩咕嚕互談他的衣裝鞵脚，不斷地加以冷笑，還說他穿的這樣怪相，眞是破壞了「高貴環境」的氣氛。馬君武是精通德國語文的，初聽時只覺得好笑好氣，後來竟忍不住，衝口一連串德國罵回頭，警告他們不要撒野，這個地方是中國地方，只不過暫時租與洋鬼子，土地權仍是中國的，你們在這裏作客，何以輕視主人！上海的中西「高級人士」多不懂德國話，只見他們互相罵到火熱，恐怕鬧出事來，有些怕事的先溜走了，領班侍者也忙去通知經理多方勸解，馬君武便把幾個老番的荒唐混帳，指着那個經理又罵了一番，弄得那批德國人狼狽地逃竄了。

馬君武並非一個自奉儉約而對友朋吝刻的人，他個人的生活費用得很省，但朋友有什麽金錢上的困難，只要是正當用途，他是毫不猶豫地傾囊相助的。他在上海時，所住的楊行鎭是鄉村地方，交通尙稱方便，但有時他到租界上辦事情，晚了不便回楊行，就往往在旅館的朋友房間借宿，朋友要另設一張帆布床給他，他說：「不必，爲什麽要多費一兩塊錢呢？這張沙發椅很舒服，我可以安睡一晚。」第二天他睡到八點多鐘才起床（本來有早起習慣，因爲同朋友談天談到半夜，朋友還熟睡，他不想驚動主人），叫茶房弄碗兩角錢的蛋炒飯，就算一頓。但他却喜打小牌來消遣，當他離開大夏大學時，移居法租界的倍開爾路，常約二三知己打馬將，打到高興時，一直到天亮還沒有倦容。這時候，他的生活小有變動了，偶然也和朋友去舞塲玩玩，穿的還是一領土布長衫，冬天則加多了一頂家人用羊毛絨編織的風帽在頭上，看起來仍舊土頭土腦，十足一個鄉下紳士模樣。

民國廿二年（一九三三年）後，馬君武在廣西的時間居多，這時候他已經五十多歲了，算是步入晚境，但還興致勃勃，賞識女伶。近三十年，常見有人寫他和桂劇名女伶小金鳳故事，各家所述不同，但以文言出之而又風趣、蘊藉的，無如故友徐亮之一文了。亮之時居李宗仁幕府（其後爲機要秘書，一九六六年在香港謝世），所見所聞，比較眞切，今錄其文如左：

馬君武博士耆年碩學，海內知名，一度出任廣西省長，晚歲則專力教育。……雅好桂劇，至認小金鳳爲義女。小金鳳于桂劇坤伶中，色不如小飛燕，藝不逮如意珠，顧一經品題，聲價十倍，一珠一燕，黯然無色矣。而君武居恒非鳳不歡，每登山臨水，或廣座華燈，鳳所在即君武所在。博士遲暮，以是消閒送老，計良得也。年前桂當軸以君武鄉邦先進，因爲築室桂林榕湖之濱，用示崇德尙賢之意，而榜其門曰：「以彰有德」。君武顧而樂之，亦自撰「種樹如培佳子弟；卜居恰對好湖山」一聯，並省府所贈扁勒諸石。詎勒石後，扁上「有」字，則爲人塗去其中兩筆，易爲「以彰冇德」。聯則爲人增添八字，易爲「春滿梨園，種樹如培佳子弟；雲生巫峽，卜居恰對好湖山」。蓋「冇」兩粵讀若「冒」，訓無有；而所謂「雲生巫峽」，則以君武所居正遙對城外「特別區」（妓館）。所謂「春滿梨園」，尤直指暱鳳故事，洵謔而虐矣！仇慶雲在桂時，其相人高者取值二十元，下者僅一元。一日，君武往相，仇摩已，索值二十，君武故難之。仇作色曰：「君過去主持一方，今日名滿天下，鄙人唯索二十，何相欺爲！」君武不覺悚然。次摩鳳，君武給之曰：「此弱息，煩君善相之。」仇畧一摩，對曰：「此相鄙人僅索一元，不敢多。」滿座皆驚笑，君武不勝愧怒，黯然挈鳳逝。

故友馬夷初先生叙倫，也是馬君武的老朋友，在北京同時服務於敎育界中，一九四〇年八月一日，馬君武在桂林逝世，叙倫先生時居上海，作文記君武數事，甚有趣，錄如下：

馬君武死矣。三十五年前，余佐鄧秋枚治「政藝通報」於上海，君武與馬一浮邀余同遊西湖。時值暮春，自上海乘輪船至杭，君武一浮同寓於門富橋河下一過塘行中。時杭州唯有爵祿客棧較大，其他皆逼窄不堪居也，次日買舟至茅家埠，遇雨，君武一浮遂宿雲林寺，余獨歸。轉眼三十餘年，一浮避兵入川，君武還廣西，長廣西大學，不通音問。君武長余四歲，一浮長余二歲，彼時朱顏綠鬢，各自負以天下爲己任。乃一浮尋即自匿陋巷，日與古人爲伍，不屑世務。君武西游，留學於德國，及歸而與政，然所成與余相若，實皆未可以爲有利於天下也。辛亥之冬，與君武晤於民立報館，時皆訪于右任也。十五年前復相見於北京，君武少年，風姿昳麗，至此憔悴非復當年之俊矣。君武少孤，事母孝，然有斷袖之癖。唐桂良語余，君武之董君，君武市婦人服，使夕而衣之，儼然處子也。君武初在上海時，每與國是之會，其演說輒有三件事，每拳而初申小指，繼以無名指，再申將指，數而說之，余屢試不爽也。

以上兩則記事，似乎都說馬君武好色，而唐桂良說他好男色，則未知可信否？唐與馬君武同在日本留學，兩人亦舊友也。（唐是烈士唐才常之子，一九五五年一月，在香港逝世。）好色本是人類的正常表現，「知好色則慕少艾」，孟子已說過，並沒有說人不可好色，只是要好得要有「規矩」而已。馬君武二十歲到廣州學法文，這時候，廣州有個富家小姐張竹君，年少貌美，正在博濟醫院學醫，常在教堂講基督教道理，馬君武見了大爲傾倒。竹君先與富紳盧賓岐之子少岐相好，少岐要往日本留學，父母不肯，竹君乃助以旅費，始能成行。後來竹君與少岐日漸疏遠，但還未至絕交，暑期回國時，見馬君武常向竹君獻殷勤，知道他有意「問鼎」，居然有不許旁人闖入之意，對馬君武幾欲飽以老拳。馬君武也不甘示弱，以爲盧少岐視竹君如「禁臠」，眞正豈有此理，立即寫信向竹君求婚，張答以「抱獨身主義」。馬失望，旋亦赴日本求學。竹君番禺人，後來移居上海行醫，並創辦醫院，她眞實行獨身主義，晚年常邀馬君武至其家中聚餐，一九六六年，她已八十二歲了。

上文說馬君武在日本時，投稿「新民叢報」最多，劉成禺說他投那麼多稿去，是有一個很有趣的內幕故事，原來梁啓超怕稿荒，羅孝高對梁說，馬君武好色，可用女色引他多寫，于是孝高化名女子投稿，梁在文後加編者按語，大贊此女有才有色，說得天化亂墜。君武果然中計，頻向新民叢報的人打聽這個羽衣女士是誰。羅孝高說是他的表妹，不日也到日本留學。你的文章她很欽佩，我可以介紹你們通信，以文會友。君武大喜，忙揮筆寫出律詩七首，託羅孝高寄她表妹，以示仰慕她的才學之意。羅又僞作表妹復信，向馬大灌米湯說什麼最愛他的大作，請他多多向「新民叢報」投稿，君武信以爲眞，果然勇猛作文源源寄去「新民叢報」，從此該報不會有稿荒之患了。（羅孝高單名一個普字，順德人，麥孟華的妹夫，也是康門弟子。在日本早稻田專門學校肄業，爲中國第一個在早稻田大學學生，曾任廣東財政廳長。）

羅孝高意猶未足，又假造「表妹」的信，說她某月某日到橫濱，請「表哥」約了馬君武到碼頭接船。馬君武樂不可支，便和羅孝高約了相會的地點，屆時一起同往接佳人。羅到橫濱後，立即另租一旅館房間，不與馬君武見面，君武以爲他把表妹收藏起來，不許他們相晤，四處打聽羅孝高行蹤，結果找到了，登門索女，聲勢洶洶，非馬上一見女面不可。到此時，羅孝高不能再瞞下去了，只得和盤托出。馬君武無可如何，大罵一頓，悻悻而去。日本留學界引以爲奇談。

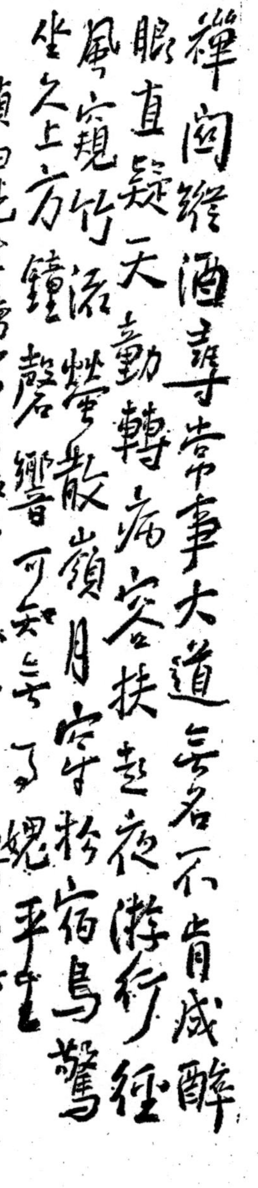

謝无量詩字

謝无量是中國文壇一個怪傑，他對中國文學很有研究，但他却很佩服馬君武能冶歐亞文學于一爐。

一九六四年十二月七日，謝无量在北京逝世，享年八十歲，比馬君武多活二十四年，此時馬一浮已八十四歲了。无量原來的單名一個「蒙」字，當他和馬一浮主編「繙譯世界」時，兩人還未到二十歲的青年，故謝无量又改名「沉」，後來都不用，用无量二字。他原籍四川梓潼縣，清光緒年間，他的父親在安徽、浙江當縣官，因此家住蕪湖，他出生在蕪湖，到宣統元年（一九〇九年）父死後才和他的弟弟希安回到四川。

、蔡元培在上海南洋公學（後來改用南洋大學，再改交通大學）當教習，特班（即師範科）中有學生名謝沉，就是謝无量。和謝同班的高材生後來較有名的，記得有數人：邵力子、黃炎培、李叔同（即後來的弘一法師）、胡仁源（民國十五年三月，馬君武辭教育總長，胡仁源繼任，又做過北大校長）、項驤（財政次長）、王世澂（國會議員）、洪允祥（寧波文學家）。謝无量爲了自修，到杭州去住了一個時期，每天到文瀾閣翻閱四庫全書，把中國當時視爲瓌寶的經史子集大略讀了一遍，打下了基礎。後來又到北京譯學館求學，進一步研究學問。

當他在北京讀書的時候，恰值四川提學使趙啓霖在成都籌設存古學堂，遠巴巴的寫信到北京請學部左丞喬樹枏（四川華陽人，喬大壯之父）推薦一位學問淹通而又懂得當時所謂「新學」的人做監督（即校長）。喬接信後，認爲謝旡量最適合不過，就介紹他去担任。那時謝不過是一個二十三歲的青年，在譯學館讀過兩年書，新舊學都比在南洋公學時精進了許多，只是他旣無半點功名（秀才、舉人沒一個，又非留學生），姓名又陌生，趙啓霖是翰林出身，是不大瞧得起非兩榜的人物的，對這個乳臭小兒，未免有些懷疑，到底是否能盡職，一方面寫信去北京問喬樹枏，但這方面謝旡量已經到了成都，就要上任了。喬回信給趙啓霖說：「老兄要的是眞才還是庸才，有秀才舉人的未必學問好過他呢！我敢担保他一定勝任愉快的。」

喬樹枏的復信尚未至，趙啓霖同謝旡量縱談三日之後，便知道他並非凡品了。存古學堂的學生，都是四川各縣的秀才、監生、舉人，年齡從二十多歲到四十歲不等，一般都比監督爲長。且須國文有根底，品行端謹無嗜好者，方得錄取入學。謝旡量自己担任國文一科，並且兼授理學一科，上課之時，口講指畫，滔滔不斷，無不明其源流，指其趨向，不止學生翕服，亦使成都一般老輩爲之驚歎。五四運動後，「隻手打倒孔家店」的北京大學教授吳虞，年紀比謝旡量大，也是當時的高材生。（吳虞字又陵，他的「吳虞文存」，爲研究五四運動的人所必讀的。一九四九年四月，在成都病死）辛亥革命後，存古學堂與國學館合併，吳之英、謝旡量、劉師培担任正副館長並主講。

關於存古學堂，倒也有一個很有趣的故事，可順便一談。監督謝旡量年紀旣輕，又無「學位」，於是校中師生背後皆呼之爲「小謝」。學生旣多是秀才、舉人的鄉紳，入校後要受校規約束，行動多感不便，又嫌學制七年過長。有學生某甲，改作杜工部詩云：

存古學堂何處尋？楊侯故邸柏森森。
後園小謝自春色；隔壁老張空好音。
三頓頻煩司事記；七年辜負秀才心。
假條未遞身先出，長與羅監在扯襟。

第二句指校址爲道光間封昭勇侯的楊遇春故宅。第三句「小謝」指旡量。第四句指學生張某，晝夜誦讀，書聲琅琅，聲達戶外，同學常立其宿舍旁，聽其抑揚頓挫之音，謂較自讀尤爲得書中神髓。第五句指每人伙食，以頓計算，食滿一月總收費。第六句指學期過長。末二句指校規凡學生外出，必先寫請假單呈學監批准，持假單交門首稽查，返校時再取回請假單，呈學監，計時銷假，學生甚不習慣，謂這點點行動自由都沒有，故多不請假而出，爲稽查所阻，常與羅時憲學監爭吵。川語謂爭吵爲「扯筋」，「襟」叶「筋」也。

旡量天姿聰慧，讀書過目成誦，下筆極快，正如古人所說倚馬千言可待，不過他的生活却很隨便，名士氣十足，從舊社會說，是有晉人風度，在今日來說，生活不免過于散漫自由。他生平著書十多種，一天可寫一萬多字，下筆即寫，從不起稿。作品多屬整理文學遺產方面的，皆在中華書局出版。就記憶所及，有「中國大文學史」、「中國六大文豪」、「中國婦女文學史」、「詩經研究」、「楚辭新論」、「朱子學派」、「佛學大綱」、「詩學指南」、「詞學指南」、「實用文章義法」、「實用美文指南」、「駢文指南」等。其中那部「中國大文學史」傳說還是他花幾天功夫寫成的。他著的書，我一部都未讀過，內容如何，價值如何，我不敢說，不過花幾天時間便可以寫一部學術著作，才人之筆，自然不凡，但未免太過急就，而有粗製濫造之嫌了。

謝旡量的學術著作，我不敢妄評，但他的詩，則在近代詩壇中有極高的位置。宣統元年（一九〇九年），他由蕪湖返川途中，寫了一首八百多字的五古給馬一浮。這首詩，後來陳獨秀把它登在「新青年」，并附跋語介紹，特別推許。文云：

文學者，國民最高精神之表現也。國人此種精神，委頓久矣。謝君此作，深文餘味，希世之音也。子雲、相如而後，僅見斯篇，雖工部亦祗有工力，無此佳麗。謝君自謂天下文章，盡在蜀中，非誇矣。吾國人偉大精神，猶未喪失也歟，于此徵之。

辛亥革命期間，謝旡量在四川，到民國初年才出川，先後在上海中國公學、昆明東陸大學、廣州中山大學等担任文學系教授。中間又在廣州大本營當秘書、監察院監察委員，晚年在成都大學教書，一九五二年後，在北京人民大學當教授和中央文史研究館副館長。

旡量爲人豪邁瀟洒，從他寫的字和詩，便可見其性格。他的書法是從漢魏碑板出來，但又不囿于漢魏書家的筆法，自己創出他的風格。當他在南京居住時，求他寫字的人很多，家裏滿堆着大大小小的各種各式紙張。他寫字并不講究紙筆墨的，禿頭筆、羊毫、狼毫一樣的寫，好紙劣紙也不拘。像他這樣有名氣的書法家，倒也不擺架子，什麼人求他寫字，他都答應，從不訂立潤格，阻人「雅興」。四十年前我在上海和他同去都益處川菜館赴宴會，賓客中什麼人都有，他喝過了一兩斤花雕後，已有醉意，人們就圍着他，請他寫字。于是你也一張，他也一張，有些貪心不足的人，有了一張還求多一張，他照樣笑嘻嘻的不拒。這一段時期，他寫的字從不蓋印章，下欵往往寫「梓潼謝旡量」，有時簡直寫「謝旡量」三字。有人對他說：「寫字寫畫不蓋印在作者名下，就好像美人有目無眉，大欠姿態了。」他說：「字畫如果要用印章來證明它的眞僞，或用來增加它的優美，本身就有問題了。」他這樣說法，雖有他自己的理由，但如果一幅字加上一顆刻得很好的印章和鮮紅色的印泥，豈不是紅花綠葉，相得益彰嗎？一九三八年他在香港時，爲人寫字，還是照例不蓋印，雖然他身邊有好些個名家所刻的印，他也懶得用。有一次我特地唸出他在二十多年前所作的一首詩，請他寫一張條幅給我，他馬上寫了，我拿出楊千里新爲他刻的一方印，請他蓋上，他并不反對。（現在將這幅字刊載于此。詩題是：「山寺夜坐命酌，示祥上人」。）他晚年在北京時，還是有很多人慕名來求他寫字，死前三年，爲病魔困擾，精力已大不如前，手腕有些發抖，因爲寫字太吃力，已經盡量減少爲人作字了。

謝旡量有兄弟數人，其中一個名叫希安，清末在吳淞中國公學讀書，與旡量返川後，不知如何忽然剃髮出家，有人說他是受了謝旡量研究佛學的影响的。希安從四川入雲南，後來轉入西藏到印度，最後在緬甸定居下來，潛心修養，成爲高僧。一九三七年抗日戰爭後，謝旡量對于右任說：他的弟弟在南洋，他可以到緬甸一帶鼓吹中國抗戰，并宣慰僑胞，鼓勵他們出錢出力。于右任很贊成此舉，便設法弄了一筆公欵給他做旅費，大概有港幣一萬二三千元左右。他到香港時已是一九三八年初夏了，他詩酒風流，兼往澳門賭場報效，不到兩個月，所携旅費已盡，南洋之行當然不能成事，從此流落香港，每日到摩囉街的古玩店品評書畫，見有合意的古玉，必傾囊購買。有一個時期，窮到連吃飯也成問題了，但他老先生不以爲意，自然每日有人請他上館子，當時在軒尼詩道大佛口有一家川菜館，和華人行八樓的大華飯店（張竹平創設時，是川菜館），常有他的踪跡。後來欠債太多，他又愛長洲風景之美，就搬去長洲住了幾個月，楊千里寫詞賀他移居，有「頭銜新署謝長洲」之句。下一年，于右任知道他在香港種種豪邁行爲，替他說了許多好話，才把他弄囘重慶的。

我和謝旡量不算深交，在上海、香港兩度見面的次數合計起來不過十次八次，并未見過他的賭品，據說他「賭德」極好，而且極有風趣。他的鄉後進金滿成（與張競生、陳毅同在法國留學，「性史」第一集中的小江平即金君也）于一九四八年主編「國民日報」副刊，張競生寫信給我，叫我爲金寫稿，我往報社訪他，談得很暢快，不免問起謝旡量的消息。他說：「你未見謝旡量的豪賭吧，我說給你聽，這是很好的文人軼事資料。俄國的妥夫綏夫斯基，我國的梁啓超，都喜歡賭兩手，不足爲奇也。」以下是金滿成所說的故事。

抗日戰爭前數年，謝旡量以監察委員身份而住在上海，當日上海輪盤賭很有名，法租界福煦路一百八十一號的那一家，尤爲「蜚聲國際」。旡量往博，每博必輸，已成習慣。有一晚，他已經輸清光了，還捨不得離坐而去，忽見隔鄰一個女子面前的籌碼很多，他老實不客氣，順手牽羊，拉了幾個來下注，仍然敗北，他又再抓幾個丟下去，又是被「殺」，而謝旡量面不改容，好像不足爲小姐可惜的。那個女子覺得奇怪，世上怎有此等毫不客氣的人，初時還以爲他是賭場的拆白之流，打算要發作幾句，但細看此人面貌氣度，又不像下流之輩，忍不住問道：「先生您貴姓？」謝旡量一心只顧在輪盤和籌碼上，沒有答她。她又再問：「先生貴姓？」旡量頭望他處，淡然答道：「謝旡量。」那女子一聽「謝旡量」三字，連忙改容道：「啊，是大詩人謝旡量先生，久仰得很！」說罷，便把面前所剩的那些籌碼，盡供詩人賭注，旡量當然更不客氣了，賭個痛快，全部輸光爲止。原來這位貴婦，久慕小謝之名，今日賭場邂逅，得瞻風采，就拜謝爲師，跟他學做詩了。這是四十年前上海賭場「佳話」。

謝旡量在南京做監察委員，常到上海租界消遣，當然以一百八十一號爲其最大的目的地。他到後，住在旅館，不到兩天，便把所有的錢都輸光了，還欠下了旅館一大堆賬。這麼一來，他苦惱極了，沒錢可賭還不打緊，欠債不還對委員的名譽是不大好的。只好硬着頭皮打個電報給做行政院長的老朋友譚延闓，叫他滙錢救命。譚最賞識他的才學，更喜歡他的瀟洒豪邁的作風，馬上電滙了五百塊錢給他。一九二九年時候，這五百大洋的購買力是很高的，他收到後，又心癢癢的要往賭窟消遣了。他的朋友們勸他不好再去報效了，還清了債，趕快囘南京才是。他也極以爲然，還清旅館的帳，又買了即晚囘南京的夜車票，就同朋友們往酒家買醉。他一看這時候不過六點，夜車要晚上十一點才開，時間還有三四個鐘頭，這麼長的時間，往何處消遣才好呢？萬般皆下品，唯有賭錢高，袋中還有二百六十餘元，不如仍到賭窟去觀光觀光。便很不好意思的對朋友們說：「吃飯後，我還是要到那邊看看。」朋友們知道那處地方是對他不利的，多多錢都不夠輸下去，勸他不可去，但他一定要去看看，結果朋友們不再阻止，但提出一個條件，「去看看」是可以的，却不能帶了錢去，這樣就不怕會輸了。笑話，入賭場不帶錢，難道又一次有「艷遇」嗎？爭論一下後，雙方定了條件，錢可以帶，但不要全部帶去，只帶六十元，輸完爲止，這叫做有節制。

到了一百八十一號，這位「大書家」今兒變成「大贏家」了，不到十分鐘，他已經贏了三百多塊錢，賭運亨通，把以前兩天所輸去的全部收囘，總計一下還要贏了九百多塊。他越賭越旺，興致越濃，轉眼間已贏了千多塊錢了。朋友勸他就此收手好了，他那裏肯聽，仍然大大下注。但不到十分鐘，他的賭運轉了，賭場老板行了贏運，我們的大詩人打囘原形，仍做他的「書家」，連帶來的老本六十元也一齊輸去，血本無歸。

謝旡量心有不甘，要囘旅館拿錢來趕注，這囘朋友不能阻止他了，就是譚院長出馬，他也未必肯聽。他終于去拿了所剩的二百元，趕囘一百八十一號，作悉索敝賦、孤注一擲的豪舉。不消說，又是全軍覆沒，這樣，也就興盡賦歸，忙叫了一輛出租汽車到旅館取了行李，趕到北站，還差十分鐘火車就開行，到家時，連幾毛錢黃包車錢也要家人同他拿出來。

又有一次，謝旡量住在上海中央飯店時，與旅館的執事人老范同是賭友，因此兩人交誼很深，特准他拖欠房金伙食。一日，謝旡量又大敗，即對老范說，明日替我備一席豐富的酒菜，除了今天諸友之外，還要約了某某等（皆上海一時名流）來共飲。老范照辦。怎知第二天下午，他已靜悄悄的到南京去了。到時衆賓不見主人謝旡量，臨時只好作聚餐辦法，分担酒菜各費。

謝旡量天姿極高，可惜就是太過自恃聰明，不肯自强不息，又放縱玩世，以致學殖荒落，成就不大，這是極可惋惜的。他和馬君武的性格不同，晚年所走的學術途徑亦不同，但兩人的交情却不變。一九三九年旡量在香港時，君武在桂林，不知聽誰人說旡量已死去，君武即寫詩三首，在報上發表。過了一年，君武病逝，其時旡量已回成都了，即寫七絕三首，航空寄到香港給亡友陸丹林，轉給君武家屬。詩云。

未死潘安叨致誄，平生劉治竟先亡。
萬里悲風桂林路，絲竹絃歌俱斷腸。
憶昔琵琶湖上游，漫踏櫻花獵菌秋。
跋扈飛揚問誰是，蝦夷扔臂下神洲。
有事輸人不自憐，久憑懸記蓋棺前。
如君少可偏相與，頭白浮沉兩少年。

三人中，最先死的是馬君武，並且年紀最輕，還未到六十，其次是謝旡量，再次是那個「頭白少年」馬一浮了。于是我就接下去談馬一浮。

馬一浮

馬一浮是浙江紹興人，講紹興話而帶有頗重的四川口音，據說他幼年時代曾跟父母住在成都很久。浙江大鄉紳後來做過浙江都督的湯壽潛很賞識他的文才學養，選之爲婿。傳說結婚後不久，湯小姐就死了，此後他就一直沒有續娶。（另一說，他倆結婚後不過幾天，她就去世，故此杭州人相傳他還是童身，故能「成道」云云）。他從少年開始，即好讀書，不論古今中外各家各派的文史哲的書，都喜歡涉獵，曾一度往日本留學，但不久即往德國。

馬一浮的知識很博，但是主要的是學宗程朱，精通佛典，寫作詩文，多含禪理。交友很嚴，如馬君武、馬叙倫、謝旡量、沈尹默、蘇曼殊、諸宗元、李叔同、彭遜之等，都是他早年研究學問的朋友。他一生致力張橫渠的學說，不止研究而且身體力行。教育當局也知道在杭州有一位講理學的馬一浮先生，便提議創設一間書院，聘他做院長，書院名稱和地址，由他選定，這是一九三九年的事。

這個時候，馬一浮正在廣西宜山的浙江大學教書。他平時對于在大學教學生，認爲不合「古義」，常說：「古聞來學，未聞往教」。不錯，這是七八十年前私塾時代和書院時代的教學辦法，只有學生上門聽課，沒有老師到學校去教書的，二十世紀三十年代就不該有這樣的思想了。現在馬一浮聽說有書院之設，正合他的理想，何况行政院給他的電報有「白鹿餘風，重見今日」等語，使他得行其志，何樂不爲。于是爲書院命名「復性」。

馬一浮精書法，早年得力于褚遂良，融合章草，又用功漢隸，自成一個面目，但不輕易爲人揮毫。他晚年寫字，還定了一些條件，即不相識的或沒有介紹的不寫，來文不寫，指定字體的不寫，祠墓、碑志、壽序、壽聯、市招、徵壽啓及訃告題簽等不寫；書畫碑帖拓本或原跡，無論古近，概不加題。限定時日或逢着風雪昏雨時都不寫，要稱兄道弟的不寫。從這些可以見他對于書法重視與矜持了。抗戰後，復性書院遷往杭州，他一度爲集欵修墓，公開賣字，自撰小啓，很有意義。文云：

四方士友，謬重拙書，展轉徵求，不容遜謝。暮年事此，比于執御。恒苦目力不給，思焚筆硯，藉息諸緣。徒以先塋碑碣未樹，分當自竭筋力，稍易匠作之資。苟遂斯志，無所復須，永當輟筆。從此世間事相，始必有終。今告友朋，從此日起，期以一年，將斷茲役。過此以往，吾書不可復得。如或見齒，請毋後時。虫禦木以成文，何心涉有；息飛空而滅影，瞬息不留。本此益人之功，敢希好我之過。……

文詞古樸，可見他的舊文學造詣。從此他爲人寫字就不題上欵，所持的理由是：「求書者多索題上欵，昆弟之雅，昔唯限于通家；先生之稱，今乃施之行路。既嫌濫附，亦病不誠。自茲以後，一律弗題上欵，猶爲不失于義，請勿以此見責。」

馬一浮在死前數年，白內障眼病很重，兩眼昏花矇矓，寫字也很不方便，有時勉强寫信，每字也在二寸左右，春蛇秋蚓，歪歪斜斜。一九六六年春間，邵潭秋在超山觀梅，寫了幾首詩，一浮一時興到，和了一首，今錄于此。

泮奐真游入詠新，衆香國土接嶙峋，欲迴縞夜千岩雪；幷作煊天滿眼春。畏壘窮居能致穰，藐姑獨處自凝神。故知當境拈提好，玄要如何舉似人。

（題款作「蠲戲老人瞑書年八十四」。一浮中年後字湛翁，晚年號蠲叟。）

他的詩不像馬君武、謝无量的寫得自然流利，但深含禪理，非一般淺學的人所能欣賞。現在我又錄他早年的一首于此，使讀者在欣賞之餘，比較一下。

蒲車束帛數經過，滄海明珠費網羅。陶市金夫追范蠡；漢廷法吏擅蕭何。雕鷹夜掠青燐道；駿馬春嘶白玉珂。見說蛾眉工自媚，承恩近御六宮多。

老年之作，與少年的不同如此。一九五三年後，馬一浮出任浙江文史研究館館長，一九六七年逝世，年八十五歲。昔年三少年，以馬一浮年歲較大而最後死，經師多享大年，亦以其見道之深也。

馬一浮為老友王邈達著「漢方簡義」署耑

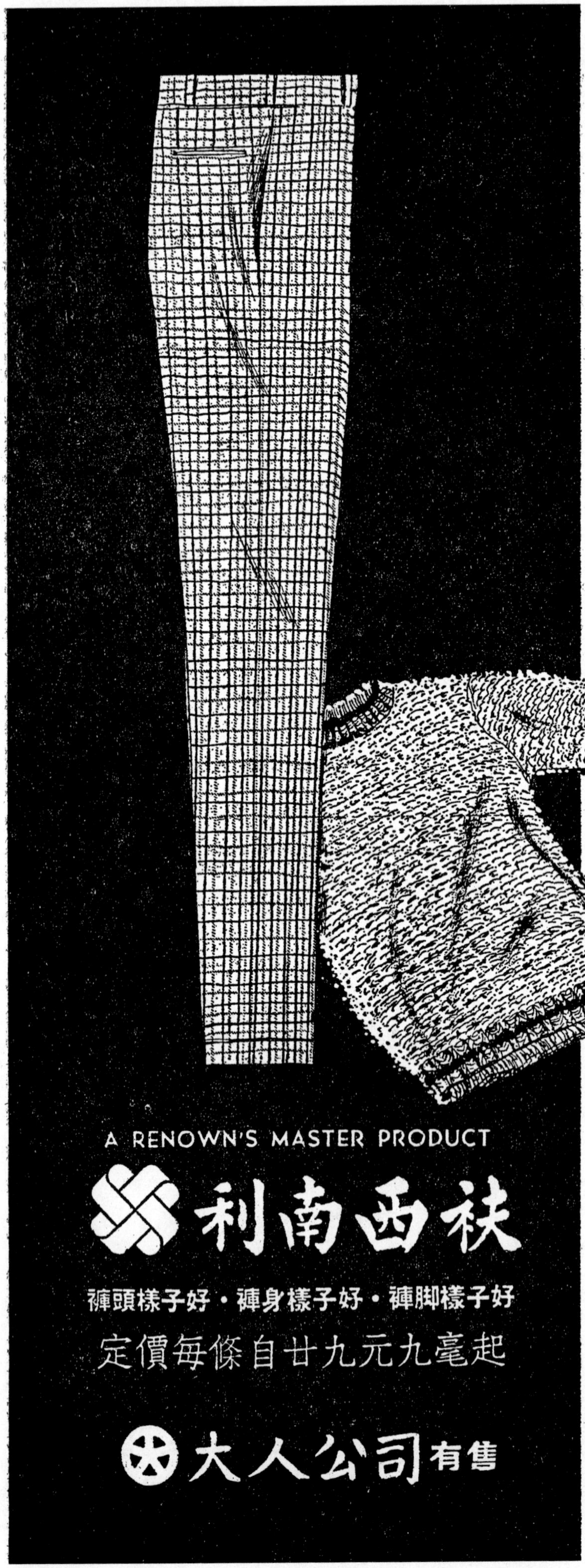
A RENOWN'S MASTER PRODUCT
利南西褲
褲頭樣子好・褲身樣子好・褲脚樣子好
定價每條自廿九元九毫起
大人公司有售

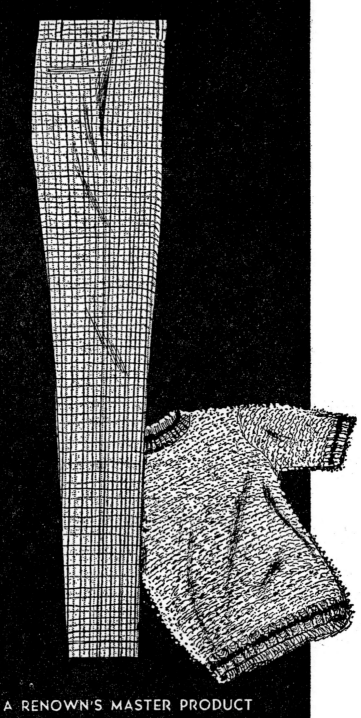

香港舊事錄

·上海移民·

英國統治香港以來 英軍曾經撤退兩次

英國統治香港，到今年一九七三年已有一百三十二年的歷史，統治過程，大部順利，但英國在香港的軍政力量也曾有過兩次被迫撤退。爲大衆所習知的一次是在一九四一年十二月廿五日，日軍攻佔香港，英國投降，英國在香港的統治權中止了三年零八個月始行恢復。前一次是比此更早一百年的一八四一年二月二十日，令人發生興趣的是兩次英國兵力從香港撤退時間，剛好相差整整一百年。

一八四一年是英國佔領香港的第一年，是年一月二十五日，英國軍隊在香港島登陸，昇起英國國旗，宣佈正式佔領香港，並鳴砲向維多利亞女皇致敬，但清廷未予承認。

隔了不到一個月，在二月二十日那天，鴉片戰爭的序幕揭開，英軍要去進攻虎門，但是兵力不敷分配，便將這時香港島上的駐軍掃數調走。爲了島上無兵可守，恐遭海盜或滿清水師所乘，就索性下旗撤走！將香港島暫時放棄，並將島上的英國商民一起遷到大嶼山西北面的沙洲島暫住。直到三月六日，英國進攻廣州獲得勝利，迫滿清官員在廣州訂立城下之盟，凱旋歸來，才又在香港島上重行昇起英國國旗。算起來這次英國放棄香港島，爲時僅半個月。

英國最初佔領香港島，是在鴉片戰爭爆發以前的事，當然談不到南京條約的存在。這是一八四一年一月二十五日的事情。由貝爾訖爾艦長所率領的英國海軍測量艦「琉璜」號，駛駐香港海面，在今日香港島的西環石塘咀登陸，隨即樹立旗桿，昇起英國國旗，並鳴砲向維多利亞女王致敬，算是官式登陸，正式佔領了香港島。

在這以前，英國海軍和商船水手雖然經常在香港島上岸，但那是私人遊覽或暫住性質，不是官式的佔領，這一次却不同，乃是正式將香港島置於英國國旗保護之下了。

由於第一個正式登陸香港島的英國官員，是那艘測量艦的艦長貝爾訖爾，登陸的地點是在西環，因此今日香港西環一帶，有許多地名是紀念他的。早年的香港華人師爺將貝爾訖爾譯成了廣東音「卑路乍」，所以西環至今還有卑路乍街，又有卑路乍砲台（今已拆除）都是紀念此人的。

卜公碼頭紀念卜公 任內也曾發生大事

中環海傍有一個「卜公」碼頭，於一九六五年拆卸重建，「卜公」兩字，外省人咬音不準，常把它聽成或讀作「北角」碼頭，以致引起誤會，時有所聞。

該碼頭位於中環海傍天星碼頭之西，與皇后碼頭齊名。「卜公」兩字是七十年前的一位港督ＢＬＡＫＥ爵士的華文譯名，這碼頭是用來紀念他的。他的任期是一八九八年十一月到一九〇三年十一月。

大家知道，英國在香港的統治範圍是逐漸擴展的。先只是香港本島，繼是九龍半島和昂船洲，最後才包括新界與離島。清廷將新界租與英國的期限九十九年，係自一八九八年七月一日起計，消息傳到香港是那年的六月十一日。

新界北部以深圳河爲界的界線，遲到一八九九年三月十四日才由雙方議定，界線確定之後，英方準備正式接管，但新界居民對接管一事殊有反感。據卜公在一八九九年四月一日向倫敦報告，派赴新界接管的英國官員，時時受到當地居民的反對與恫嚇，並數度發生衝突。

首次武裝衝突發生在大埔，當時的警察總監梅氏（半山梅道即係紀念梅氏而命名）在大埔興建一座臨時警署，當地居民，以建築地點有礙風水爲理由，表示反對，工人也跟着停工。初時梅氏不肯讓步，後來才同意遷往別處。但是工程依然無法展開，梅氏乃趕返港島向港督請示，同時留少數警員看守作爲臨時警署的蓆棚。但等他當天下午再回到大埔時，途中受到攻擊，他遞信卜公，說是要堅守蓆棚到黎明爲止。

卜公聆訊，即派兩百名部隊增援，可是當軍隊到達大埔時，梅氏和他的部下，已退出蓆棚，據守了另一個山頭。

當時氣氛緊張，附近村民也都動員起來，同時，因海關問題未解決，清軍仍留駐新界。

卜公旋通知兩廣總督，決於四月十七日下午一時正式接收。四月十四日，輔政司兼登記總署署長駱克到大埔安排接管，發現秩序不寧，空氣緊張。第二次，卜公派警察廿五名、香港團隊一連前往大埔。到達大埔時，發現臨時警署的蓆棚已被搗毀，附近山頭中國軍隊已將炮口向準備舉行接管儀式之處瞄準。

四月十六日，卜公派英艦「好嚮號」載了一批正規軍在吐露港登陸，登陸之前，先由英艦發炮掩護，儼然正式開火模樣當英軍佔領山頭後，英軍司令加士居和輔政司駱克才到大埔舉行升旗禮。

後來爲了紀念卜公的功績，建築郵政總局對面新碼頭時，乃以卜公爲名，以誌不忘。

新界獵虎確有其事 警方擋案記載甚詳

新界出現虎踪之說，時有所聞，最近三十多年來，幾乎每兩三年即傳一次，但終未証實，一般相信若非誤傳，即係謠言。但新界曾經出現過老虎，並且最後卒被生擒活捉，實係確有其事。該項紀錄至今保持於警方檔案中，並有文字紀載其經過如下：

一九一五年三月九日，市區內盛傳一名歐籍警長在新界被一頭老虎抓至重傷。

此一驚人消息係由新界粉嶺方面傳出。至同日稍後時間，遇虎消息的詳情方漸見明朗。

據報，首遭虎襲的高卓警長傷勢十分嚴重，他的一隻手臂折斷，背部及兩側亦鮮血淋漓。

稍後，一名印籍警員律且星又遭老虎撲倒地上，咬至斃命。

事發前兩個月，一度傳出粉嶺至上水之間一處發現老虎脚印。據說該處林木茂盛，老虎容易藏匿及覓食。

但是由於市民一向對老虎出沒的新聞嗤之以鼻，故對上述傳聞毫不在意。

某星期日，據報曾有兩名華籍村民爲虎所襲而受傷，但一般人皆以爲杯弓蛇影，他們認爲襲擊該兩名村民的，可能是一頭瘋狗或大野貓之類而已。

奉命出動捕殺該頭野獸以安定民心之高卓警長及警員賀蘭士，亦與時人一般見識。因此，他們只携帶輕型武器，高卓警長所携武器是一枝普通鳥槍，而賀蘭士帶的是一枝小口徑左輪手槍。

他們到達現場附近時，由村民帶領到老虎最後出現的一處小樹林搜索。

最初未見該處有任何動靜。正當高卓警長步入小樹林時，一名村民抓起一把泥土，向林中擲去。說時遲那時快，一頭野獸突然大吼一聲，猛力抓着高卓警長的雙肩，把他撲倒地上，以致他的手臂折斷。要不是警員賀蘭士於千鈞一髮之際，奮不顧身，趨前連發數槍，則情形更不堪設想了。

事實上，用小型的左輪對付這頭兇猛野獸是無濟於事的。不過，該頭猛獸亦因此而放開高卓警長，暫時迴身走避。

村民當時大驚失色，四散奔逃，只留下兩名印籍警員，上前救助高卓警長。

此時，助理警司布寧咸亦已接獲電話報告，得知該項消息，隨即率領一批警員趕往現場。

他們立即將高卓警長救起，由專程火車載至九龍，然後渡海送入國家醫院。惜高卓警長除折斷手臂外，背部及肩部多處亦受傷極重，終於三日後不治逝世。

另一方面配備充足武器的警務人員繼續努力尋得該頭猛虎與之搏鬥。該頭老虎可謂兇猛異常，雖已被若干發槍彈命中受傷，但仍躍出虎穴，向印籍警員律且星襲擊。

由於猛虎之來勢甚兇，印籍警員律且星躲避不及，卒被壓倒地上動彈不得，任由猛虎抓噬。

最後，獵虎隊採取短距離圍攻戰術，猛虎終於不堪圍擊倒地不起，印籍警員此時亦已喪生，其後，遺體與死虎一併運返九龍。

死虎的體積如下：全長八呎六吋，高三呎四吋，掌闊六吋，前腿一呎五吋，頭部（兩耳間之闊度）二呎六吋，腰部三呎一吋，重量二百八十九磅。

事後捕獲之虎經過科學加工，至今保存於荷里活道中央警署內。

渣甸洋行歷史悠久 經濟關係根深蒂固

現在銅鑼灣最熱鬧地區的百德新街及其附近，十多年前還是渣甸洋行的倉庫。渣甸洋行的英文原名是『渣甸與馬地遜公司』，兩人是百年前廣州十三行的英國商人領袖，他們與鴉片戰爭有密切的關係，關於這點，一九三四年出版的渣甸洋行年史，曾有叙及。

渣甸原業醫，全名是威廉·渣甸，一八二零年自英國至印度，任東印度公司船上醫生。一八七二年加入一間最早期對華人貿易的麥尼力公司，同時被派到廣州，並取得澳門及廣州的居留權。占士·馬地遜也是麥尼力公司職員，後來兩人合作組織了「渣甸與馬地遜公司」，數年之後，就控制了廣州英商貿易額的三分之一，並擁有七十五艘船隻。馬地遜退休回英，任下議院議員，但此人雖曾在廣州及澳門久住，却從未到過香港。一八四三年鴉片戰爭結束後不久，渣甸死於倫敦，享年五十九歲。

馬地遜的全名是尼古拉斯·占士·修打蘭·馬地遜，後來獲封爲爵士，一八一三年到加爾各答，在他叔父的商行裏做事。據說他因爲有一次奉命送一封信給一艘出洋的船，但忘記了，到該船開行後才發覺，而這封信又極爲重要，因此他被叔父申斥一頓，要把他趕回英國，後來他受了一個船長的勸告，認爲到廣州有發展機會，乃於一八一八年到達廣州。

馬地遜在商戰中頗有奇謀，當時在廣州的英商，全部受東印度公司的管制，不得私自進行貿易。馬地遜却神通廣大，在一八二三年活動到了一個職位，代理丹麥駐廣州領事，因此就不受東印度公司約束，用丹麥商人的名義，自立門戶，發展對華貿易。

馬地遜亦在鴉片戰爭結束後不久退役返國，渣甸死後由他繼任議員，渣甸洋行在銅鑼灣一帶廉價購置的倉地，當時都是由他策劃的。後來於一八五一年獲封爲爵士，死於一八七八年。

渣甸和馬地遜的後人，對香港關係亦極密切。馬地遜的姪兒亞歷山大·馬地遜，做過渣甸經理——一八八三年後封爵士。渣甸的姪兒大衛，渣甸，一八三八年就到中國，後來曾在本港任立法局議員，近來常聽人說起的威廉加士域，就是大衛渣甸的姊姊的孫子。加士域的兩個兒子，戰後還在香港，現在天星碼頭的鐘樓，便是他退休回國前捐贈的。

香港之經濟發展，與渣甸洋行有不可分割之關係，何東爵士早年即在該行任低級職員，管理食糖業務。任職未久，他的才幹即爲董事會所賞識，迭予拔擢，三年間，被昇爲渣甸洋行保險部香港代理。自後何東爵士更加奮發，爲渣甸洋行建下不少勞績，迭升至總買辦，並任該職六年，與渣甸洋行關係，前後維持達六七十年之久。

鳴砲報時一百餘年 早已成爲香港一景

「渣甸鳴炮」始於一八四三年，歷史可謂相當悠久。鳴炮儀式，原本是午間進行的，但每逢除夕與新年交界的子夜，爲了迎接新的一年，照例也來一次鳴炮儀式。

「午炮」的故事，要溯至一八四二年，遠東最大的貿易機構渣甸洋行，將設在廣州及澳門的總部遷來港島東角的那一段時間，當初的那尊大炮即安置在海傍五十二號地段。

施放午炮本來是一種報時訊號，多年來已經成爲香港歷史的一部份。新海傍道的修築時，爲了使這項獨特的儀式得以繼續，港督會同行政局同意，在毗連避風塘渣甸洋行起落貨物區附近的銅鑼灣新填地撥出一·四四〇方呎左右的地方，以供此用。

香港開埠之初，海盜橫行，渣甸洋行自備武裝快輪，於銅鑼灣今日東角海邊下錨，補給物資，當時渣甸大班進出本港港口之時，該炮例必鳴炮數响示敬。相傳百年前某日，一艘乘載着剛到任的皇家海軍高級長官艦隻緩緩進入港口，另一艘渣甸快艇亦同時入港，並且超越了前者，駛向東角，這時候渣甸洋行那尊大炮循例向他們自己的快艇鳴炮致意。

大炮轟完之後，在海軍船上的高級長官大感詫異，並且對於向商船鳴禮炮而漠視他所乘的艦隻這一點大不以爲然，於是登岸即向香港政府投訴，同時要求渣甸洋行對此舉因有大不敬之嫌，必須加以解釋。

有一百餘年歷史的渣甸午砲

沒多久，英國維多利亞女王頒下御旨，命令鳴禮炮的儀式應該終止，經過渣甸當局解釋，政府方面同意那祗是無心之失，並且規定以後只准每天中午燃放一次，藉以報時，其他時間不得任意放炮。

渣甸午炮祗在二次大戰時候停放了一段時期，此外便百多年如一日，每日中午鳴放一次。不過，現在鳴發午炮的渣甸炮已不再是百多年前的炮了。

原來的渣甸炮是一門在炮口入彈藥的古老大炮，使用了差不多一個世紀（一八四二年至一九四一年）但該炮在日本佔領香港之後即被移去。

日軍撤退後，渣甸公司極力設法找回這台炮而沒有成功，皇家海軍有見及此，送了一門可發六磅炮彈的大炮給渣甸公司，時爲一九四六年。

皇家海軍從海軍船塢的地庫起出了大炮，渣甸花了一年時間把大炮安置好，到了一九四七年八月卅日才恢復午炮，那天正是香港重光的紀念日。現在渣甸午炮已成爲香港歷史傳統的一部份了。

東區名園西環太白樓 當年香港兩大遊樂場

北角有一個明園，西環有一個太白樓，在數十年前，這兩處地方，都是香港著名的遊樂場。當時香港有四大名園，「名園」是其中之一。在此以前，那地方是墳場，數十年來，三拆三建，不勝滄海桑田之感。

名園的確實位置，是在今日北角名園東西街之間，據老香港所知，港島自渣甸倉以東，半世紀前都是墳地，今日的名園西街更是荒凉不堪，英皇道對落便是海灘，渣華街一帶是塡海地。

一九一四年第一次世界大戰爆發，香港商場比較活躍，有人在這幅墳地上動腦筋，斥資建造名園。這時，地價每呎不過港幣五仙左右，商人買了一大幅，批明九九九年期，接着便動手掘墳地，移棺木，栽花種草，依山建起了亭台樓閣，從外國辦來一批機動遊戲和獅子、老虎等動物，成爲最新式的遊樂場。據到過名園的老一輩的人說，園內還有許多玩的東西，有酒菜飯食供應，園林一角可以擺露天酒席，大宴親友。電車公司特別闢一條名園線，直抵門前。

但在一九二五年後，名園已任由荒廢，到一九二九年，羅明佑創辦聯華影業公司時，看中名園舊址，認爲可以利用原來建築物拍片，將它租下。一九三〇年，聯華影業公司在名園開辦演員訓練班，第一批學員有後來的導演李鐵，明星吳楚帆、黃曼梨等。後來名園業權落入盧根之手，盧根擁有九龍平安戲院及香港新世界戲院，當時有戲院大王之稱。不久，盧根破產，名園被封，園林再度荒蕪。

一九三六年，名園一度改建爲一家規模很大的製罐廠，戰後，名園西街一帶繼續荒蕪，山腰及芽菜坑一帶，成爲木屋區，而且發生多次大火。今日的芽菜坑仍舊木屋林立。一九五二年間，最後一次大火，木屋居民被徙置。在名園舊地西邊開闢了一條街，就是現在的名園西街。

太白樓的名氣，當年比名園還要响亮。依山而築，富於園林之勝，內設酒樓，名士風流，常於該處飛箋召妓，吟詩擊節。此外更有亭台樓閣，人工湖沼及小型戲院等等，規模之大，設備之佳，在當年香港遊樂場所中首屈一指。太白樓位居半山，從山脚到山腰，石級頗高，太白樓備有專轎，迎送賓客，每次收費一角，但來賓只付五仙，另外五仙由園方津貼。整個遊樂塲佔地二百餘萬方呎，爲富商李寶龍由其父親李陞遺下物業之一部份，李寶龍闢爲花園，有與衆共樂之意，李陞雄於投資而熱心公益，今日西環的官立李陞小學，就是爲了紀念他而設立的。

許多年來，太白樓是一個住宅區的總稱，這裏包括紫蘭台、李寶龍樓、青蓮台、桃李台、學士台等。一九三七年抗戰初期，住在那裏的朋友都集中於學士台，其中有葉淺予、戴望舒、張光宇振宇兄弟、丁聰、穆時英、王道源、劉邦琛、朱旭華、陳娟娟和她的外婆。學士台在太白樓最高處，自薄扶林道步下二三十級即到。

當時住在這裏的朋友們，多少帶點臨時避難的心情，後來抗戰全面展開並延長，各人乃作久居之計，穆時英首先於香港淪陷後返滬，卒遭非命，王道源於日軍攻港時降敵，參加日本報導部工作。其餘都一直住在香港，於香港失陷後，間道返國，先後抵達桂林重慶等地。

最近，忽興重遊之念。經過二三十年之久，薄扶林道環境經已大變，找了許久才找到那時須轉兩個灣便可以直至大道西的石級。一路步行而下，發現該處原有的樓宇已陳舊不堪，沿石級擺滿了大牌檔和攤位，舊時風光，蕩然無存，而變化得最厲害的當然還是人事，屈指一數，至今仍在香港者，不過兩三人而已。

時間超過四份之一之一世紀，許多事情在記憶中都已有點模糊，但有一點却十分淸晰，那就是當年我一口氣可以從電車站奔上學士台，中間不用停頓，到時不會喘息，而現在，這已不是我而是下一代的事情了。

五十九年前之香港 共有汽車八十九輛

一九一四年間，全港只有汽車八十九輛，目前已經超過了十萬輛。

什麽時候香港有第一輛汽車，歷史文件上並無紀錄。據香港英僑德比眞演說掌故稱，他於一九〇六年自英旅港，見當時的歐籍大班皆坐私家馬車。大約一九〇九年間，才有第一輛汽車出現，歐籍牙醫羅保是該車主人，羅保住在般含道英皇書院附近，經常到銅鑼灣的馬球塲玩球，於是，這部奇形怪狀的汽車，便不乏機會吸引居民駐足圍觀。

又據古老傳說，香港的第一部汽車，實爲華人朱大少所有。朱爲廣東新會人，其父爲西關首富，經營菸業起家，舖在廣州杉木欄。朱大少銀錢來得方便，時下玩藝樣樣學會，一九一〇年左右，復慫恿其父向外國訂購汽車一輛，意欲在廣州駕駛。

但當年廣州尚未開闢馬路，在石板道上行車頗爲困難，朱大少興起，竟親赴香港試車，他本人沒有學過駕駛，好在當年人疏車少，懂得開動之後，便在跑馬地區練習，居然不到一月，出入市區，與電車鬥快，見者無不嘖嘖稱奇。尤其是汽車由華人駕駛，印象更爲深刻。因之，古老傳說，朱大少之車，是香港第一輛汽車。

由於羅保的汽車及朱大少的汽車出現年代難求準確，孰先孰後，無人分曉。更妙的是，何以兩部汽車竟從未碰頭，於是有人說這兩架汽車其實只是一架。但有人以爲朱大少的汽車可能一試之後便離港，未爲外籍人士注意。但在華人方面，對華人駕駛的汽車印象深刻，不易遺忘，所以兩說並存。

繼上述二車之後，一九一一年，港督盧押的座駕車亦由倫敦運到，是爲全港第三輛汽車。一九一二年，全港汽車增至十二輛，外籍車主佔多數，其中一輛爲太白樓東主李寶龍所有，李住堅尼地道，每天駕車到西環太白樓，仍有不少人駐足觀望。

一九一三年間，除私家車外，貨車與公共汽車亦出現港島。是年，香港大酒店首先開辦中區至大學堂線公共汽車，其他各線亦有商家先後承辦，直至一九三三年六月，中華汽車公司始獲得香島巴士專利權。

血淚當年話報壇

——追憶抗日戰爭中上海新聞界一幕鬥爭史——

・張志韓・

我在昆明期間，經常須和各方面接觸，有一家雲豐造紙廠，由於是供給我們報紙的唯一來源的造紙廠，他們的紙質比了重慶的土報紙好上幾倍，比了外國的白報紙，仍要相形見絀，但在戰時的大後方，已算是此中翹楚。可是他們的紙價，也相當高貴，雲南也有土報紙出產，但要派人去呈貢、霑益等處收購，運輸不便，成本也不便宜，於是大家都靠雲豐紙廠供給。這家紙廠的經理褚鳳章，爲人也很誠懇，祇是生意人的目的，是賺錢，他對昆明的幾家報社，表面上很優待，總照定價打上八折，但規定一個限額，每月依量提貨，不能稍有超出。其時我們的中央日報，銷數天天在漲，原來限額，委實不夠，我和褚廠長時常爲了這個問題而往復商談，請他放寬限額，他也儘量幫忙，由於當時報社經濟較爲寬裕，甚至可以預付定金，讓報紙存儲有幾個月的預定數量。大概在民國卅二年左右，中央當局，有鑒於後方物價，漲得太兇，於是製定一套平價方案，除了責成地方當局，嚴厲執行，還特別組織了一個經濟督導團，派出大員，負責督導。昆明是大後方物價最高的區域，地方情形，也較特殊，所以中央派出的督導大員，特選出當時名列社會賢達的褚輔成與王雲五分任正副團長，威風凜凜，駕到昆明。雲南省當局對於當時物價，也感頭痛，所以在中央派員前來之時，非常合作，煌煌禁令，一律不得漲價，誰知第一個胆敢破壞當時物價管制者，却是這家雲豐紙廠，這家紙廠的褚經理，便是這位督導團長褚輔成的大兒子，事之矛盾，令人匪夷所思。紙廠漲價，第一個首當其衝的便是幾家報社，事關經濟命脈，報社同業立時召開緊急會議，要請這位褚團長予以解救，這位褚老先生，居然一副官派，他身負平抑物價的重大使命，那天居然爲他兒子的紙廠，大事辯護，他根本脫離了他的使命範圍，弄得幾家報社負責人，乘興而去，敗興而還。昆明的物價，最初懾於中央嚴令，大家還有所顧忌，可是雲豐紙廠此時可以首先加價，無人指責，於是大家相繼效尤，等到這個督導團成功覆命而去，市上物價早已不復屬以前面目，這眞是一個大諷刺。褚輔成現已作古，王雲五健在如昔，想當年，他身居副座，在昆明東奔西走，自詡他的雙腿是十一號跑車，非常靈活，不像褚團長有省府供給的有汽車，氣派一絡。經此一番接觸，我深深感覺所謂社會賢達者原來如此，而中央與地方間平日有許多隔閡，因素至多，其間人爲的原因，恐怕要佔最大的比例。其時又適逢中央當局任命陳誠爲遠征軍司令長官，駐節昆明，駕到之前，昆明人士，不論是外省的或是本省的，文的或武的，甚至經商的，做工的，他們都說九千歲將來，市面將大受影響，他們所說的市面，祇單單屬於酒樓茶肆以及各種娛樂場所而言，我當時不知他們所指的九千歲爲何許人，及至追問根由，他們才講陳氏是當今政壇第一要人，地位之高，祇要再加千歲便是萬歲，誰敢觸犯了他，準會吃上大虧，果然當時昆明市上，紙醉金迷的囂張風氣，改善不少，而且不單是屬於中央系統的文武人員，深自檢點，連一些雲南當地人物，也謹愼小心，不敢妄動；陳氏當年，不過身負遠征軍使命，但他駐節昆明，也使地方風氣爲之一變，於以見爲政之道，繫之於人，操守嚴正、執法不私者，不肖之徒，未有不望風而逃。我更清楚記得，陳氏到了昆明以後，他住在翠湖旁邊一幢小洋房中，簡樸無華，和普通宅第一般，沒有一些威靈顯赫的氣派，沈昌煥做他的外文秘書，每星期陳氏總要抽出餘暇，和地方各界人士見面，昆明幾家報社的主持人，每月也和他見上一二次，談談時局，互相討論，有時他備一些簡單酒席，決不超過六菜一湯，他還說是豪華盛宴。他某次談到當年的委員長，有時請屬下吃飯，最多不過四菜一湯，委員長自己食量不大，應宴的人，當然也不敢狼吞虎嚥，所以事後都要另行補充，所以他的六菜一湯，自覺已非常奢侈，這是小事，因爲我寫到昆明情形，偶然憶及一鱗半爪，以誌不忘而已。

逢時不必多戀棧　好花開處掛冠歸

在昆明這一段時期把我在重慶所過的緊張而不愉快的生活一掃而空，體重也由一百十九磅而逐漸恢復，中央日報的業務狀況直線上升，尤其廣告之多，出於意外，因爲此時，商業繁榮，達於極點，日寇的空軍，偶然向滇西或是昆明進襲，總被陳納德將軍統率的飛虎隊殺得大敗而遁，美空軍其後把飛虎隊改編爲十三航空隊，其建制已正式屬於美國空軍，因此人員器材，大量增添，昆明的呈貢機場，動員了幾萬人工，日夜趕建，很快完成，把當時的昆明，點綴得熱鬧非常。報紙上不但商業廣告相當擁擠，尤其那些商車告白，特別增加，所謂商車也者，乃是一輛貨運汽車，由一個走單幫的司機自行駕駛，或是一家公司，擁有幾輛或十多輛貨車，經常行駛貴陽重慶甚或滇西一帶，這些人物，都是一代天驕，爲大後方最吃香的豪客，有許多年青漂亮的女子，他們不願嫁一個將軍或是部長，最歡迎的便是這些駕駛員，千萬不可叫司機，他們認爲這兩字意存侮辱，所以非稱駕駛員駕駛長不可。因爲商車生意好，於是乎商車的買賣特別多，他們這一出一入之間，必須把駕駛牌照等等正式過戶，才可另行換領，但手續上必須登報公告，以昭鄭重，中央日報叨了這些光，商車廣告最多最擠，甚至有時要壓後一二天才能刊登，現欵交易，且無折扣，財源廣進，日進斗金。我對重慶中央日報挪用生活補助費，不但不以爲念，甚而對雲豐紙廠加價，由於他們把按月限額取消，反可大量預訂，甚而中央到昆明推銷美金公債，向各行各業派銷，我以中央日報居領導報紙地位而照額認購，使庫存中還增加了一筆外幣，這些大手筆，完全屬於公家所有，我不過躬逢其盛，代爲處理而已。但當時心中忽然產生一種感覺，以爲眼前的中央日報，似乎形勢大好，欣欣向榮，但側目而視者，亦因之而大有人在，如當地的雲南日報，爲標準的省府機關報，有鑒於中央日報之業務狀況而急起直追，他們第一步便是擴充雲南印刷廠，這是專門承印雲南日報的印刷機構。另外則地方有錢人士，正在籌備一張光明日報，據聞幕後爲當地財閥，更有一張掃蕩報正從桂林遷來，一個小小昆明市，已有四張報紙，不能算多，也不能算少，如果再加兩張，形勢一定要有所變化，而且本來的幾張報，大家都能互相合作，言論也相當謹愼，有了新的報紙，他們爲了爭取讀者，自然要招兵買馬，廣攬人材，以當時的昆明而論，左派文化人相當活躍，但他們的範圍祇限於一些刊物方面，報紙上則在嚴密防衛下尙無發現，說不定新辦的報紙會給他們獵獲地盤，肆其搖唇鼓舌之能，而中央日報和其他幾張報紙，如果仍是一副保守狀態，勢將難以招架，要改革嗎？談何容易，一副舊班底，大家同甘共苦，黽勉從事，自然不能隨便更張；但補充新血，延攬人材嗎？則原來編制，豈可任意擴張，所以做公家事，便有這種困難，使我深感當時盛況，業已開到荼蘼，我已使這一張報紙脫穎而出，不愧同業間的領導報紙，也使它賺到爲數相當的錢，甚而重慶中央日報還挪用了許多錢從不歸還，居安思危，如果以後增加許多勁敵，事業趨於下坡，則我將何以善其後，我到昆明等於出兵打仗，許勝不許敗，一旦出師不利，大敗而歸，我無背景，更無靠山，豈不可怕，於是乎浩然有歸志。正在此時，接到重慶中央宣傳部一位老友來信，他希望我馬上飛一次重慶，理由是昆明中央日報大賺其錢，人人眼紅，以爲足下從此發達了，好多人正在打主意，現在已計劃把昆明的中央日報改爲獨立經營，名義上不必屬於重慶中央日報，這本是一個形式上的變換，因爲昆明中央日報向來獨立經營，重慶中央日報總社從未加以干涉過，但虎視耽耽的聰敏人士發明了一種內外互調的新制度，要把在重慶以外各處的中央日報社長調取到中央宣傳部服務，另由部中派人接替遺缺，倡議這個名目的言論非常官冕堂皇，據說由於這些身負宣傳重責的人員，離渝日久，難保不與中央的立場脫節，希望藉此讓他們熟習一下中樞的一切。至於久處部中的這些京官們，他們祇知道等因奉此，應該讓他們實地瞭解辦理地方報紙的業務，以後重行返部，不致隔靴搔癢，好一套又堂皇又漂亮的理由，業已醞釀成熟，他們的正式目的，却是對付足下，希望你火速前來，也許可以打破他們的野心。

公欵十萬受重託　市儈從中耍花槍

這一個突其來的音訊，在別人聽來，也許大吃一驚，在我則正中下懷，適可藉此引退，而且一些也沒有遲疑，即刻具呈向中央宣傳部稱病辭職，天知道，我身體很好，但除了稱病找不出別的理由，辭呈寄出，全身輕鬆，除了報社中極少幾個人外，其他職員甚至所有同業及朋友，直到中央社發出電訊說我辭職照准，但又調我爲宣傳部的專門委員，大家才奇怪不置，問我好端端爲什麽要稱病而去？事實上我此時除了囑咐社中同人，把交代手續，早日辦理清楚外，甚至我住的高家花園宿舍，也已立即搬出。因爲昆明中央日報，在郊外的黃土坡，有一幢房屋，本來作爲疏散之用，因爲此時昆明已無空襲之患，偶然逃警報，大家已不足爲奇，蓋美空軍力量大增，日機好久無法入侵昆明上空，連滇省全境空中也都安然無事，黃土坡這間疏散房屋，早已空閉，我爲了讓新來接事之人，可以立刻住到宿舍，所以遷地爲良，不願爲一己的方便而霸佔着。同時前來接我這個職務的，又是上海時代的一個老報人錢滄碩，曾担任民國日報編輯和中央社上海分社主任，戰時在重慶中央社爲編輯主任，此君爲老黨員，又在上海黨報工作甚久，中央社在滬設立分社，又是他一手創辦，資格之老，不愧報界耆宿，不過他後來由上海調往南京中央社，戰時遷到重慶，依然原人原事，憑他資歷，旣屬該社元老之一，早應升爲總編輯，偏偏來了一個陳博生，使他鬱鬱不得志，我去昆明之後，陳博生辭去中央日報社長，除了參政員一個職務之外，依然是中央通訊社總編輯，這時中央宣傳部已由張道藩做部長，馬星野由中央政校新聞系主任而轉任中央宣傳部的新聞處長，他拉得錢滄碩做該處的科長，又把中央社的編輯副主任趙漠野做副科長，錢滄碩所以參加宣傳部，因爲他對中央社一職，早已味同嚼臘，趙漠野和他兩人，向來一桌辦公，也是該社老人，平日牢騷滿腹，氣味相投，此時同去宣傳部工作，總算仍和新聞界沒有脫節。當錢滄碩奉調前來昆明時，我已一切準備就緒，一應移交手續，立刻辦理清楚，他和我在上海時早已相熟，我把他視作前輩，此君三杯下肚，和我無話不談，始知他之辭去中央社工作而進入宣傳部，事先曾有默契，允許他先行屈就科長，作爲過渡，待有機會，給他外放。當時心目中有三處中央日報，可以挑選，其中之一爲我所主持的昆明中央日報，另一處爲湖南邵陽的中央日報，更有一處是貴州之江中央日報，因爲這三家中央日報的編制都是分社，如果由宣傳部改爲直轄，就可名正言順，由部另行派人。等錢滄碩來到昆明，和我見面之後，十分了解，其間又發生了意外枝節，險使我身敗名裂。原來昆明中央日報屬於重慶中央日報所轄，也是南京中央日報一脈相傳，因爲當時南京撤退之時，中央日報的員工器材，逐步內遷，最初想在湖南立足，因爲戰事關係，一遷再遷的到了邵陽，決定留下一部份在那裏成立報社，其後又有一部份遷往昆明，所以也在昆明成立了一家中央日報，這樣一來，連了重慶中央日報鼎足而三，南京中央日報一系化三清，都是南京的一些老員工，再加上當地和其他各處內遷的報社，共負仔肩宣傳國策。至於之江那家中央日報，則爲貴州中央日報之分支，一切用人行政，向由貴州方面負責，中央方面從不過問，所以原來想把這三家加以改組的計劃，祗是縮減爲二，但最後又因爲湖南邵陽，形勢吃緊，該報本身，能否站得住很成問題，也無人願去冒險，所以大家祗着眼於昆明，他本來未曾作此想望，祗是幾個人擬具計劃，而且要做得名正言順，非常動聽，所謂內外互調的名目，猶在研討階段，誰知部中忽然接到了我的辭呈，大家反而覺得出於意外，不知如何却把這個任務交給了他，未免使他非常慚愧。我見錢滄碩說得如此坦白，馬上告訴他我的辭職的確出於誠意，否則如圖戀棧，我還可靜看變化，實際上我遞了辭呈，早已遷出原來宿舍，甚至交代手續，在足下未到之前，早已全部辦妥，祗須逐一點收無誤，我的責任便了，立刻飛返重慶，希望足下憑了新聞界中幾十年的老經驗，把昆明中央日報更加發揚光大，這是我衷心的願望。錢滄碩見我這樣說，知道我對他並無不快，爲了拉攏感情又聘我做該報的顧問，月薪千元，在當年也算一個數字，還慷而慨之的由報社出資替我買飛機票回重慶，免得我自掏腰包。臨走之時，特地要我幫忙做一件事，替他携帶公欵十萬元，去重慶託人替中央日報買土報紙，可惜這個使命失敗了，由於我所託的這位朋友，把十萬元取去以後，事隔多時，還沒完成使命，其後險致發生大事，這位朋友和錢滄碩不但相熟，而且他們又是同鄉，他當時身任一家大銀行的印刷所經理，所以對於採辦紙張，向有專人負責，託了他更有一個好處，因爲十萬之數，當時也是一筆大錢，在重慶買紙，需要去市塲收購，時有時無，時多時少，收購之後，也得有處存放，這朋友的印刷所自然有堆存紙張的棧房，託了他買，又可集中在他紙棧之中，以便僱車起運，我以爲當時想得非常週到，一切也隨時與錢滄碩通信聯絡，可是這位朋友拿錢以後，竟然按兵不動，三番四次追問，總說貨源短絀，尚未收購齊全，我對此君，最初完全信任，從未稍存疑念，不過總覺他遲遲未能辦妥，未能把錢滄碩託我的使命完成，感覺不安，直至某一天深夜，我在重慶的家中，忽然中央宣傳部一位老科長突然來訪，據說我所購昆明中央日報的紙張，已被國家總動員會的經檢大隊查封，不覺使我大爲駭怪，一經對證，則赫然爲這個印刷所經理的紙棧之中，一些不錯，此事關係重大，急得衾夜從重慶市的兩路口家中，摸黑遠去郊外的化龍橋，因爲這個經理，他住在山上的銀行宿舍之中，我還得爬上石級，一路查問到從未去過的這位朋友家裏，他早已知我來意，先要我不必驚慌，然後承認代購之紙業已被封，他說祗要我證明確係託他代表昆明中央日報所購，便會平安無事，至於我問他究竟何時購買，爲何買到之後，從未通知，他支支吾吾，未作答覆，這個案件，經過一個相當時間，方行解決，其間我和錢滄碩之間，也爲此事，頗不愉快，好在我自始至終磊落光明，他交給我的十萬元滙票，我到重慶，便交付這位拍胸担保代爲採辦的朋友，至於這位朋友是否利用了這十萬元大做生意，或是囤紙居奇，這是他的私德，不幸而我所託非人，有此變故，要是當年我稍有私心，甚而與這個朋友互相勾串，豈不爲此而身敗名裂，世途險惡，友道凌夷，這個朋友後來雖身居高位，貴爲一個大機構的副秘書長之尊，我見其人，敬鬼神而遠之，現在呢他已死了。

返渝倖得新職務　閒雲野鶴一身輕

從昆明回重慶，承荷中央宣傳部特別關照，給了我一個專門委員的名義，自愧學無專長，膺此閒缺，可以不必辦公，一樣照領薪水，那時的宣傳部長張道藩，照例應當拜見一下，這位張部長，和我握手見面，第一句話即贊我在昆明把中央日報辦好，開了黨報賺錢的新紀錄，所以他一定會過一時期，負責派我去別一黨報，重負新命，這一套親熱而謙遜的言語，出於一個部長之口，聽來自然非常舒服，可惜自此以後，我和他從無接觸，我也厭倦了替公家做事的辛勞困難，我無背景；祗因在抗戰時期日僞侵佔下的上海，冒險犯難，盡其國民一份子之職，更因爲大美晚報同人，被敵僞殺死的達五人之多，叨了這些微功，在重慶和昆明兩處的中央日報，做了將近兩年工作，當時也有人暗中不服，認爲這小子何德何能，竟蒙中央如此看重，在我而言，則深感責任繁重，時虞隕越，尤其在重慶中央日報任內，身經平生向所未歷之苦難，到了昆明，總算不負所期，把一張地方性的黨報，辦得相當像樣，但另有人硬說在我未去之前，詹文滸已整理得有聲有色，我對此從不爭辯，事實上當我接事之日，這家中央日報的賬面上還有赤字，由於詹文滸與當時昆明交通銀行經理吳任滄，他們是老友，更是上海中美日報的密切同事關係，准許中央日報可以透支，所以詹文滸在經濟方面，未遇絲毫困難，後來我把負債償清，每月幸有盈餘，中央監察委員會的兩位查賬大員，看到收支狀況，也詫爲奇跡，而當查賬之時，我也曾把一個報社的秘密賬戶，向他們報告，因爲我接事之後，一度接到一家銀行的通知單，戶名「中報記」，賬上已無餘存，却有若干收支數字，但遍查報社賬冊，則並無此紀錄，詢問所有經理部職員，或說乃屬社中曾關印刷部門，替人承印，頗有所獲，但因負責總務的人已辭職而去，負責會計的一位小姐，又被詹文濬調往重慶，既然無法查問，我亦不願多事，但既有中央派員查賬，我爲責任起見，免得將來被人牽涉，自須據實報告，總算這兩位查賬大員不願多事，置而不問，但有人爲詹文濬吹噓游揚得過甚其詞時，未免使我非常反感。我和詹文濬，在私交上並無一些不愉快，他去昆明，我在重慶，有時信件來往，互相商討，他因爲前任移交，尚有積欠，因此大事追比，甚而認爲其中顯有弊病，力主嚴查，此事在我到職之日，尚未水落石出，我不得不省覽全部卷宗，並與有關的幾個人切實查問，始知舞弊云云，未免言過其實，而經手人把發行和廣告費挪移私用，確有其事，而當時的主持人朱文浦，則因身兼另一家省營印刷機構的總經理，疏於監督，致有此誤，經我派由會計人員，與他們把昔日賬目，逐一核對，積欠數字，全部明瞭，乃限令他們分期歸償，一面詳文報部，總算解決，當日詹文濬對人對事，極爲嚴明，但他走了之後，我所發現的一項中報記戶名，則始終沒法追查，更由於經手人均已他往，終於不了了之；順便值得提的，這位會計小姐在我們當時的中央日報，也算漂亮人物，她是滇西的擺夷族女子而且文君新寡，詹文濬非常賞識她才能，因爲其時文濬兄眷屬仍在滬上，他孤家寡人，夜來多暇，還親自教她英文，不但他去重慶，把她也調了去，甚至後來勝利返滬，榮任新聞報總經理，又把她調去新聞報供職。那位在昆明中央日報替文濬兄辦總務的曹君，勝利後也隨到了上海新聞報，用人唯才，而且相輔相成，文濬兄的確是一個幹才，難怪他在勝利後的上海，意氣風發，同業側目，他的許多長處，的確爲我所不及也。

一度推却新任命　亦曾婉辭去延安

從昆明回重慶這一段時期，我似乎淸閑了，去不去辦公無所謂，時間也沒有限制，不過我是一個忙慣了的人，還是每天去宣傳部，最初等於新聞處的行走，當時新聞處長馬星野，辦得有聲有色，他也給我在新聞處安了一個座位，我可以經常接觸到他的一些新措施，舊日新聞處的老同人不多，馬星野帶去許多中央政校新聞系的出色人材，像李荆蓀、凌遇選、陳裕清，都是一時俊傑，尤其李荆蓀和凌遇選，等於馬星野手下兩員大將，以後馬星野開府南京做了勝利還都後的中央日報社長，甚至東遷台灣，李凌兩君，出將入相，如果一個出任總經理，則一個必做總編輯，他們互相輪流對調，彷彿也是以前中宣部的內外互調制，現在凌遇選在美國舊金山做黨報社長，聽說因爲虧蝕過多，也已功成身退，李荆蓀則二年前在台灣爲了共牒案而身繫囹圄，我和他們當時相處得很好，有時感覺錢滄碩在昆明和我所說的話，未能全部相信，不過我當時去了新聞處一個時期，便逐漸疏遠。梁寒操接長中宣部以後，一度任命我做國民圖書雜誌公司的總經理，此事先未經我同意，而推薦我的則爲當時的圖書出版處長徐義衡兄，也是我在上海早已相熟的朋友，這個圖書出版公司，照例由出版處監督，因爲主持人並不稱職，所以由義衡兄建議由我繼任，祇因我對中央公職，的確毫無興趣，而且又知道其中又有一些人事上的微妙關係，我何必捲入漩渦，所以拿到了聘任書，自己去見梁寒操，請他收回成命，梁氏也是一個書生，他聽我陳說覺得非常有理，不但准如所請，後來索性把這一個機構撤消，此事我很愧對義衡兄，在我而言也是行我心之所安而已，附帶直得一提的，自我從上海到了重慶昆明前後三年多的時間，除了在重慶中央日報和昆明中央日報供職之外，這個國民圖書雜誌公司的職務，雖蒙通過發表，並未接受到職，此外我還有一項業經內定而未敢接受的工作，說來使人不信，大家當記得國共和談，在民國卅年以後當時頗有眉目，不但中共軍隊，接受中央編制，甚而延安等處共區，也可經由中央派人治理，原有共黨官員，也由中央加委，此項協議，當時已獲通過，甚至毛澤東亦親來重慶，大打交道，一時團結空氣十分濃厚，當時國共兩黨表現非常親密，甚至表示雙方言論一秉大公起見，既在重慶可以容許共產黨之新華日報公開發行，爲何延安方面未有中央日報，於是而有中央決定派員去延安成立中央日報之議。但人選方面，一時難以決定，某日深夜我正在重慶中央日報辦公，社長陳博生忽然與我談及此事，據說中央方面，很希望我能前往延安，出任中央日報社長一職，雖則何時成立，尚未決定，但大勢看來，當不在遠，希望我對於此一任務，加以考慮。這一個突如其來的消息，使我非常驚訝，想我在上海，本來無黨無派，而今流亡到渝，猥蒙中央德意，派我充任中央日報總經理之職，自顧輇材，已難勝任，幸而上面有社長陳博生主持一切，我可以秉承意志，應付艱鉅，但仍覺得頗感吃力；一旦要我遠去陝北，和共產黨打交道，而且這等於另一國家，到別國還有國際公法和外交慣例，可資保護，去共黨區域，如果雙方一反臉，這個問題就大了。我剛從敵僞區域吃盡大苦而來，那時到中央日報不過三四個月，決不願再作長途跋涉之行，所以託陳博老替我代謝中央德意，萬萬不敢接受，陳氏也知道此一職務，對我而言，確非所宜，所以他代我婉轉辭却，後來聽說中央又徵詢了兩位報界朋友的意見，一個是潘公弼，一個是王新命，公弼先生和我一樣，辭不肯就，祇有王新命先生却大有興趣，一諾無詞，雖然此事最後胎死腹中，根本沒有成爲事實，但國共重慶和談聲中，有此小插曲，知者似乎不多。

曾爲房事麻煩甚　要與袍哥打交道

從昆明回重慶，我遭到了一種最大的麻煩，爲了住屋問題和一個當地的袍哥小領袖發生糾紛，打架告狀，前後將達一載，最後是和平解決，大家握手言歡，但接着日本投降了，和這個由寃家而變成朋友的人物不再見面，此事說來，也算抗戰期中一幕悲喜劇。因爲戰時的大後方到處鬧屋荒，我們這些從脚底下去重慶的下江人第一件事當然是先謀一個居處，我初到重慶，獲得了吳紹澍照顧，他特地租了一幢細綁樓房招待我們這些流亡朋友，甚而香港朋友也沾了光，其後由昆明囘重慶，當然要自己想辦法，我有一個親戚，當年由我推薦在國庫署供職，事先由他安排我在江北岸一個朋友家中，分租到兩間房屋，一切設備很不錯，祇是來往重慶市內，需要經過那裏的朝天門，上上下下許多石級而後渡江去北岸，朝天門是揚子江嘉陵江會合之處，所以水勢很急，因爲我每天需要渡江，確實不便之至，有時和朋友談起，他們都勸我在重慶市內，另覓居處，但此事說來容易，事實上非常困難，中央通訊社的記者沈善宏兄，他和我相交頗篤，由於他的夫人熊嶽蘭女士，在我供職重慶中央日報時她是採訪記者，更有同事之誼，偶然沈兄聽到我有覓屋之事，他忽然提起就在中央社附近有一幢小樓，上下共住四伙人家，其中一伙主人最近調去陝西，留下眷屬未走，正想把房子出頂，不過這幢房屋，業權屬於一個當地的四川袍哥所有，但房屋則由樓上下四家住戶所建，蓋因日機大轟炸時，原來房屋被炸倒燬，業主無力量重建，乃由四家住戶，自行出資，重行蓋造，但這個業主當他們重建以後，依舊按月收租，不過雙方曾有約定，嗣後房客如有搬遷等事，儘可向新房客收回建築費用，業主除收取舊租以外，決不干涉。善宏兄告我此中情節，特別說明這位業主，乃係當地袍哥，手下也有不少弟兄，怕他言而無信，另生是非，我當時既急於覓屋搬遷，也不問後果如何，第一步先去和這家出頂房屋的女主人接洽，這位女主人姓鄧，她做事相當乾脆，她說的頂費也不算多，並且可以出具證明，詳細註出此屋如何重建的經過情形，她這一戶的居處在樓上，比鄰的另一戶姓王，寧波人，爲中央銀行的司機領班，樓下兩戶，原與鄧姓在同一機構供職，一家姓曾，一家姓楊，都是道地公務員，我和他們接洽一過，他們都歡迎我搬入居住，而且爲了他們自己本身的權益，都認爲鄧家出頂，天經地義，並無不合，如果業主前來麻煩，他們都願挺身相助，於是我和鄧家辦妥手續，甚而鄧太還陪我去拜見這位業主晉大爺，此人當時絕無異議，我也安心搬入，誰知過了不久，此人忽然上門迫遷，要我即刻搬家，一無商量餘地。我當時問他遷入之前，曾有接洽，爲何未有反對，此時則橫生枝節，是否另有企圖，如果目的要想乘機加租，則有商量餘地，但決不可以迫遷爲要脅，這位晉大爺他也自知加租所得無幾，所以一口拒絕，非要我早日搬走不可，我見我無理可喻，拒絕談判，他便憤然離去。却於第二天的下午，帶了幾個菜塲小販，洶洶然奔上樓來，要把所有傢俬什物，用武搬走，這眞是使我傷透腦筋，自己也不知何來的無名火突然上升，站在樓梯上一夫當關，把這些衝上來的小販，一個個推了下去，大概我居高臨下，所以在打架上佔了便宜，也許這些四川小袍哥，都是鴉片煙癮很大的人，個個骨瘦如柴，上來的四五人給我一個個推得跌跌撞撞，無法衝上，站在樓下的幾個也望望然不敢上前，而這位晉大爺原本他站在樓下，發號施令，氣概非凡，此時見計不售，祇能大聲叫嚷，一時路上站滿了許多人觀看，又剛巧碰到我的原介紹人沈善宏兄，駕返中央社，親眼目覩這一幕鬧劇，他替我報告了警察局，把我們雙方由警察傳到上清寺警察第四分局訊問，至於那幾個打手，早已溜得無形無踪。雙方到了警局，自不免各有理由，聽憑處斷，我除了將租屋經過撮要報告之外，並把以前鄧家給我許多證據提出，於是警察局認爲這位晉大爺出爾反爾，而且率領打手，擾亂治安，把他先行拘禁，警告他除非自認錯誤，可以按照違警法先行拘禁幾天，這位晉大爺倒也能屈能伸，在警察局內，馬上低頭認罪，而且寫下悔過書，請了保人，要求免予拘禁。我記得這個上清寺分局的局長名李飛龍，他辦妥此事之後，認爲已告解決，不會再生事端，誰知晉大爺雖然不吃眼前虧，他却另想別法，告狀告到了警察總局。那時的重慶警察局長徐中齊，素有鐵腕之稱，馭下也嚴，這個晉大爺不但告了我霸佔民屋，還告那位分局長李飛龍欺壓良民，任意禁閉，這還了得，當時的重慶號稱陪都首善之區，絕對不容許官民之間有此紛爭，所以他馬上要第四分局，詳報經過，而且又傳詢我們當事雙方，前去問話，經過這一番手續，這位徐局長又調查清楚了這個姓晉的做人行爲，他要司法科秉公裁決，於是這個晉大爺倒霉了，白白被警察局關了一個短時期，再度出具甘結，以後永不與我麻煩。照理這個糾紛應當解決了，但這個袍哥偏有一套糾纏不清的本領，他忽然又請了一位傅兕麟律師，向重慶地方法院正式起訴，要從司法方面和我力爭到底，我對此人，眞也無可奈何，幸而杭石君兄此時由江西上饒，前來重慶，而且正式掛牌做律師，我自然由他幫忙應付。石君兄他是清紅兩幫都有相當地位的人，他向我說，在法律上當然不會敗訴，但我們異地客，最好不必和人結怨，而且這個晉某，既是當地的江湖人物，如果找到一個相熟朋友，和他打打交道，說不定大事化小，小事化無，也不必面紅耳赤，公堂相見。

川中豪傑田德勝　出頭替我作調人

我認爲石君兄這番勸導大有道理，此時阮清源兄適由前方奉調返渝，他當時自蘇嘉滬忠義救國挺進隊司令而晉升爲該軍的副總指揮並兼代總指揮，到了重慶，另膺新命，忠義救國軍總指揮一職已由馬志超將軍出任，清源兄的新工作地點，與我住處相近，我的情形，他也很清楚，我告訴他石君兄勸我的一番道理，他說此事易辦，囑我去臨江門找金玉波，這位金先生正是負有聯絡重慶那些江湖人物的使命，由他設法必可妥善解決，我也不清楚金君究係何方神聖，但覺此公溫文爾雅，並無一些江湖氣味，不過他府上出出入入的人物看來都像俠義中人，我拜訪金君，陳說來意，他便替我介紹了重慶一名江湖大英雄田德勝，原來此人在洪門中身居領袖地位，的的確確的是仁字社中的龍頭大哥，據說洪門幫派分爲仁義禮智信，雖然一脈相傳，但各社的人物，以仁字爲高最尊，而參預仁字社中的，都是那些川中朝野名流以及地方上頂尖人物，田德勝不但身居仁字社的老大哥，其餘的義禮智信等等幫派，也對他相當尊重，一致服從，所以他的一言一動，袍哥們無不恭敬聽命，絕無異言。我的問題如果由他出面調解，保證迎刃而解，化干戈爲玉帛。金玉波君當時替我找了一位部下，此君即爲田德勝的秘書，因爲田老大在社會上既屬響噹噹人物，但本身窮得要命，偏偏骨頭奇硬，從未因爲他身踞老大哥寶座而作威作福，向下面有所需索，他和我見面時，也說上無一片瓦，下無一片土，生活十分儉樸。由於田老大的確非常清貧，所以由金玉波方面每月資助他一些生活費，並派這位部下做他的義務秘書，每日替這個老大哥處理日常事務，遇有紛爭之事，也由這個秘書秉命辦理，或由田大哥親自出馬，我這樣雞毛蒜皮之事，因係金玉波關照，所以田大哥和我見面交談明瞭梗概之後，特地囑咐這位秘書通知那個姓晉的前去看他，姓晉的當然不敢違抗，如命往見，由田大哥一番勸誡，此人諾諾連聲，全部接受，田大哥並命他火速撤回訴狀，免生枝節，他也一口應允，於是田大哥又叫那位秘書通知我和他相見，除了將姓晉的業已表示和平相處外，田大哥更宣揚了他們幫會間的一套大道理。他說：當時這姓晉的見他之時，他便曉喻他一番做人的大道理，尤其我們是講江湖義氣的人，四海之內皆朋友，一個人走到客地，做地主的總要禮讓三分，好好招待，何况現在國難當頭，大家爲了民族仇恨，遠走千里，來到重慶，我們當地人更應寄予同情多方照顧，反過來說，他日抗戰勝利，我們川中人士，也不免東游京滬，自然也會有人歡迎接待，人情來往，江湖道義，今日敬人一分，他年人敬一尺，豈可貪利忘義，令人恥笑。他又說我田某人多承弟兄愛戴，友朋照顧，江湖溷跡，從不肯以大壓小，欺善怕惡，祇因年事已高，未能執干戈以衛社稷，但對川中子弟，總勸他們效忠國家，團結奮鬥，什麽是團結，那就是我們所有的中國人都作爲自己的親兄弟一樣看待，現在大敵當前，自己弟兄，更不可意氣相爭，破壞江湖義氣，我對晉某人這樣說，今天也向張先生剖解一番，希望你原諒，這位晉某是我們的小兄弟，此後盡釋前嫌，做一個好朋友，人生何處不相逢，也算我姓田的給你們解除了這場糾紛。我聽罷這位田大哥這一番微言大義的說話，不單感激他替我消釋嫌怨，也佩服他身爲幫會大哥而具有民族大義的崇高美德，眞是從心坎裏產生感激，雖然這位晉某，當時對田德勝陽爲服從，事後仍未撤消控訴，他請了傅况麟律師，當時在重慶頗爲有名，據說也是他們袍哥地界的一位大哥，第一審由杭石君兄替我出庭辯護，前後開了兩庭，法庭還傳了其他鄰居出庭作證，初審結果，晉某敗訴了，可是他眞會搗蛋，繼續上訴，我又要跑法院做被告，第二審我請了周寒梅兄替我出庭辯護，記得很清楚，第二審的法官是由一位很漂亮的女推事主審，她問話簡單明快，一庭訊結，晉某人又敗訴了，總算謝天謝地，這一次官司打得他心悅誠服，眞的和我握手言歡，南人不復反矣，我按月繳租，他按月收取，不打不成相識，眞的變成了好朋友。不過由於這一場糾紛，使我覺得所謂江湖戒律，在那個時候似乎也已不生效用，憑了田德勝在四川幫會間的崇高地位，對於這個兩路口的小袍哥，竟沒有一些統馭勢力，也許我不清楚他們的內幕幫規，於今相隔將近三十年，事過境遷，也不知道這一幢發生糾紛的房屋，是否存在，不過我對這幢房屋的記憶，則始終不能泯滅，它位於兩路口要衝的中一支路旁的一條小路叫兩浮支路，當時的蘇聯大使館就在附近，卜少夫兄與我望衡對宇。而附近有許多大機關，像教育部、財政部、糧食部等均在附近，去上清寺國府路也不遠，許多中央機構都在上清寺，中央宣傳部中央黨部相距密邇，偶然去辦公或是看朋友方便已極，我雖爲這幢房屋而鬧出許多波折，但總算我在重慶安定了一個時期，以迄回上海爲止。使人遺憾的，曾爲我出庭辯護的周寒梅律師和那位仁字社大哥田德勝，聽說都在共軍到重慶以後，慘遭殘殺。更想起周寒梅兄，他原是上海的老朋友，抗戰初期，童行白做上海市黨部主任委員，寒梅兄爲書記長，不時冒險犯難，和我們秘密接觸，其後市黨部委員杜剛在上海被敵僞暗殺於一個醫院中，童行白等無法在上海立足，於是派往海外。太平洋大戰爆發，周寒梅兄從菲律賓歷盡艱險，回到重慶，中央追念勞績，派他在中宣部的三民主義研究會做專員，他便在中宣部背後小坡上，搭了一間草屋，一家大小安居在內，我偶去中宣部，總要去他府上聊天話舊，誰知這樣一位好好先生，結果之慘竟如此。更有一位爲我介紹田德勝的金玉波，他在抗戰勝利之後，竟與戴笠將軍由濟南飛返南京時，一同葬身於南京戴山，這也是一次空中大慘劇，在國民黨而言，也是抗戰結束後的最大最嚴重的損失也。

當抗戰勝利的消息傳到重慶時，我祇聽到中一路上，人潮洶湧，滿街擠滿了人，許多美國大兵在人潮中伸出兩指作V字狀，口中大喊頂好，有的竟然僱到黃包車，請車夫坐在車上，由他拉着跑，但路上人擠，也無法跑得快，引人拍掌大笑，我第一步先去中央社證實了勝利的消息，而後跑去宣傳部，這時候整個山城已是鞭炮之聲，震耳欲聾，所有全市的男男女女，眞是一片歡聲，快樂得眼淚盈眶，心情在無比的興奮中又夾雜着無盡哀怨，八年抗戰，總算有這樣的一天，甚而我們走在路上，也自覺人高三尺，氣概軒昂，我們中國人眞的站起來了。（七）

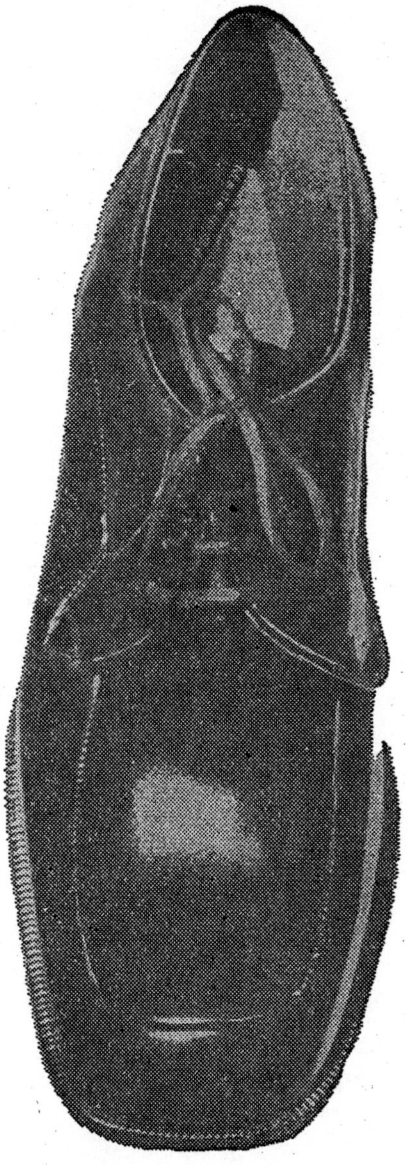

藝文雅集圖記

·葦窗·

此圖攝于民國二十年（一九三一），參加者多半是戲劇界、文藝界人士，其中僅有兩位是銀行家，但也和戲劇界有極密切的關係。現在說明自右至左，其一如下：陳墨香，他是荀慧生的編劇人，也是王瑤卿的好朋友。其二王瑤卿，名旦角，人稱通天教主。其三余叔岩，鬚生泰斗。其四林素珊，當時爲戲曲學校副校長，也是校長焦菊隱的夫人。其五後立戴黑眼鏡者爲徐凌霄，評劇家，別署凌霄漢閣。其六齊如山，戲劇家，梅蘭芳編劇人。其七周作民，金城銀行創辦人。其八溥侗，行五，號西園，別署紅豆館主，戲劇家，與溥儒（心畬）、溥儀（宣統）爲兄弟行。其九金仲蓀，號悔廬，戲曲

學校第二任校長，程硯秋編劇人。其十曹心泉，內廷供奉，崑曲名家，丑角曹二庚之父，爲當年音韻科權威。十一李石曾，戲曲學校首任董事長。十二程繼仙，名小生，程長庚之孫，俞振飛、葉盛蘭之師。十三梅蘭芳，伶界大王，攝此影時，他已在上一年從美國演出回來。十四程硯秋，四大名旦次席，戲曲學校第二任董事長，是年冬，程即赴法考察戲劇。十五王紹賢，鹽業銀行總經理，本刊上期所載，當年陸素娟的後台老板，即是此君。梅劇團赴美演出，他在經濟方面也曾盡力支援。十六焦菊隱，李石曾之甥，留學法國，研究戲劇，當時爲戲曲學校首任校長。攝影地點即在北平戲曲學校，牆上還掛着「校務長室」的牌子，此圖當與戲曲學校的發展有關，也是二十年代文藝界一幅有紀念性的照片。

新人物畫家黃胄

蔣慧山

中國的人物畫，在三代以前就有了，起源可早得很。即漢代的人物畫，至今我們還可以在石刻上看得到其遺跡，足證當時的畫家已有卓越的成就。晉代顧愷之的女史箴圖，現仍陳列於大英博物館中，且不管摹本與否，那種春蠶吐絲飛動的線條已足令人意為之消。但說實在話，到了近代，人物畫漸呈衰歇的現象，而能其事者愈來愈少了，眼看將有難以繼響之憂。本來，人物畫在技巧上是比較繁難的，如得不到正常的延續，有力的鼓勵，人們勢將避難就易，誰還樂意來作人物畫呢？

直到抗戰期間，一些畫家因有向邊疆一帶旅行的機會，於是競相繪寫邊疆上的風土人物，人物畫遂得擺脫古裝仕女和道釋人物的題材，而呈現一種新的氣象，這便是新人物畫的開創。而更早以前，陳師曾撰「中國人物畫之變遷」，早已預為之言。他說：

「現在有人說西洋畫是進步的，中國畫不是進步的。我却說中國畫是進步的，從漢時到六朝的人物畫，進步甚速，自六朝至隋唐，也有進步可見。不過自宋朝至近代，沒甚進步可言罷了。然而不能以宋朝到現今幾百年間的暫告停頓，便說中國畫不是進步的。譬如有人走了許多路，在中途立住了脚，我們不能以他一時的止步，就說他不能步行。安知中國繪畫不能於最近的將來又進步起來呢？所以我說中國畫是進步的，但眼下的中國畫進步與否，尚難為切實的解答罷了」。

果然，憑陳師曾的一雙烱眼，遠在四十年前，即具有此等卓見；但等到這些新人物畫的崛起，可惜他已不能及身見之了。

這一類新人物畫家，近年已曾發現了幾個，其間最傑出的是一個黃胄。（辭源：胄，稚有切，音宙，戰時所著之冠，以禦兵刃者。）他才情橫溢，他意氣風發，一時如彗星般光芒四射。但不幸竟以某種原因，被貶為「三家村黑畫家」，從此在世間一度失去了他的踪跡。但他作品尚有若干流傳，「石在，火種是不會滅絕的」！站在純藝術欣賞者的立場，我對於今後中國新人物畫的發展，還是抱着無限樂觀，不盡期待。

藝術變格

在此，先從中國人物畫變遷的歷史來說起：在中國古代繪畫中，向來以人物畫為主，山水畫為輔，兩晉六朝的幾個大家如衛、顧、陸、謝、張，都以為人物畫為主，所繪有帝王、將相、宮女、道釋等。直到唐朝，人物畫亦仍佔優勢。閻氏一家、大小尉遲，以及吳道子等莫不以人像為代表作，但五代以後，山水畫既蔚然盛興，人物畫從此大大衰落。宋畫評家郭若虛就說過當時實況：「若論佛道人物、仕女、牛馬，則近不如古。」但這時還有李龍眠在人物畫上發出最後的光芒。宋以後，山水畫儼然成為國畫的主流，人物畫却漸漸有式微之勢了。

再就南宋繪畫風格看來，山水中的人物比例，姿態，動感仍能强調，似乎依賴着畫中人物來擴大其畫面的深度。夏圭、馬遠的山水人物畫即可拿來作證。而況還有梁楷、牧谿等的寫意人物之相繼出現。梁楷、牧谿的人物畫，奔放而有法度，簡畧而能傳神，是一項大胆的藝術變格，給予後世以一定的啓發。

謝赫六法，說明以氣韻生動為首，於人物畫尤為重要。早在晉代的顧愷之，已著有傳神之論。而更早以前，淮南子首先指出：「畫者謹毛而失貌。」顧愷之即繼之而引申道：「凡生人亡有手揖眼視而前亡所對者，以形寫神，而空其實對，荃生之用乖，傳神之趣失矣。空其實對則大失，對而不正則小失，不可不察也。一像之明昧，不若悟對之通神也」。從他的「傳神」觀點看來，脫離對像，「空其實對」，固然無的放矢，是一個大缺點；但有了對像，觀察得不準確，「對而不正」，不能深入到對像裏面去發掘對像的精神實質，還是一個大缺點。所謂「傳神」，說穿了，便是怎樣才能把一個人內部世界的生命感情强烈地寫出來。

對於這「傳神」的美學觀點，有一個故事可為之作證：唐代韓幹與周昉，是同時有名的大畫家，他們一起給郭子儀的女婿趙縱畫像，大家認為兩張畫都很像，但無法說出那一張更好些。後來還是趙夫人做了結論：「兩畫皆似，後畫者佳（周昉）。……前畫者（韓幹）空得趙郎狀貌，後畫者兼得趙郎情性笑言之姿」。這個故事就足以說明「傳神」比「寫貌」更重要。

在此，再看南宋梁楷的寫意人物，便可說是一項藝術變格。那些帶些抽象意味的代表作，所謂「草草減筆」，其手法是速度的描寫，而在形體上又作高度概括。著名的梁楷㘉「潑仙人圖」

，祇把大筆渾灑幾下子，但濃淡乾濕，墨色俱全，又可能是很快地一揮而就。至於「太白行吟圖」也只寥寥數筆，很突出的畫出了李太白瀟灑出塵之致，長鬚皓然，寬袖飄拂，看上去也眞有幾分仙意似的。其後牧谿和尙又繼之出現，據圖繪寶鑑說：「皆隨筆點墨而成，意思簡當，不費粧飾」。他性情英爽嗜酒，頗與梁楷相似，其畫風也與梁楷彷彿。他畫的「水墨觀音圖」，與「母子猿圖」，都是墨色蘊藉可愛之作。即到了元代，還有一個顏輝，他所寫的人物，「筆法奇絕，有八面生意。」我在日本飽看了他們所藏的梁楷牧谿眞跡，已嘆其傳神之妙；又在大阪冷攤上偶然發見破殘不堪的顏輝人物畫，筆意豪壯之外，還經過了水墨的烘暈，看來具有凹凸陰陽的質感，這種描繪方式，確是可說有「八面生意」的。但我懷疑他已多少受了西洋畫法的影響所致。

一直到了明代，中國人物畫才顯得眞的沒落了下來，在唐伯虎和仇十洲筆下，就不再有古代的恢弘氣象可尋，他們所寫的仕女，一變而爲一種小眉小眼的作風。這種作風，幾乎整個籠罩了淸代，已如水流花謝，春事都休！這樣消沉了三四百年之後，中國的新人物畫，直到了近年，在徐悲鴻、葉淺予等輩的提倡之下，纔產生了第二代黃胄之流，又可說是一項新的藝術變格。其畫法是中西合璧，往往先有了西畫素描根底，再運用毛筆宣紙，把西法的優點汲取過來，消化在中國人物畫的創作裏，也等於滲入了新鮮活潑的新血輪，頓時使人耳目一新！

黃胄作畫時之神情

創作三新

黃胄的畫，被當世的人們譽之爲「三新」，那就的：人物新，意境新，手法新。

他畫的主要是人物畫，無論他畫的是維吾爾族少女，哈薩克牧人，或是江南的農人，以及農村姑娘，他們的一喜一怒，一舉一動都給了畫家以創作的素材。這些人物的精神面貌充滿着鮮明的時代感情，民族風格，看來在紙上奕奕如生。

正如中國人物畫的傳統一般，一個相同的題材，在同一個畫家筆下，可以翻來覆去地畫，通過不斷的再創造，愈畫愈多，愈畫愈好。鄧拓在文章中就贊美過黃：「……這些畫的筆墨流暢，線條明快，人物活躍，精神昂揚。可以想見作者構思成熟，縱情揮毫，一氣呵成，因此才有如此生動的效果。」

黃胄，河北蠡縣人，一九二五年出生，他從十二歲起，就愛作畫，十四歲正式從師學畫，不久，又拜在徐悲鴻門下，專學西畫人物素描。徐悲鴻是一個熱心誘導後輩的老畫家，他一見黃胄悟力很高，在其不斷請益的過程中，便對他指點了一些水墨畫的訣竅。人所共知，徐悲鴻專門畫馬，後來黃胄却以畫驢子成名。他畫驢子，不管是臥的，站的，跑的，正面的，還是側面的，畫來都十分活躍生動。傳說黃胄整天溜躂在街上觀察驢子，並時常伸手伸脚學這畜牲的動作表情，甚至還在喉嚨中嗚嗚地學驢子的叫聲，這樣居然把驢子寫得擬人化了，自然而然臻於那麽出神入化的境界。有人還誇張他的寫生技法，比之徐悲鴻更有靑出於藍的地方。

蘇東坡題吳道子人物畫，其中有「出新意於法度之中，寄妙理於豪放之外」二句，頗值得玩味。作畫固貴有新意，新意要不離法度；風格可以豪放，豪放之外却要讓讀者感到餘味無窮。黃胄的畫，看起來酣暢淋漓，實則不失其嚴謹，大胆落墨之中，又結合着精心雕琢，論其藝術風格，無形中與過去的梁楷、牧谿之流遙相呼應，不謀而合。

毫無疑問，黃胄人物畫的成功，除了新人物，新意境外，特別有新手法。在畫的整體上，黃胄很注意位置、動勢、氣氛等等的描繪，特別强調散整、疏密、遠近、虛實的構成。用筆當粗放處，他決不停滯猶疑，常常是闊筆縱橫，以求整體效果的生動。另一面，在細節刻劃上也毫不放鬆，對於臉部表情，手的某些細微動作，都刻劃得細致入微。因此他的畫，既能從大處看去一眼就把人吸引住，但也不妨湊近細看，耐人品味。

儘管他反覆描繪着同一題材的時候，但決非機械地拷貝而已，例如「少女騎驢」這一類題材，畫過不知多少幅，但每幅總是大同中求小異。或雖小同而大異，他畫任何人物，有時雖係複製，但多少添了些新鮮的感受，一派生機，充滿詩意。甚至畫邊疆風俗的習慣，叮噹的環佩，鮮艷的民族服飾，細看起來，一幀有一幀不同趣味設計。（本刊四十期刊載：黃冑畫：少女趕驢圖）

你瞧吧，在山巒重疊，風雪交加的邊塞下，馳躍着紅衣的騎士；月明之夜，有牧羊女在低低吹簫；在年青的母親給孩子喂奶的畫上，透過花叢，有一頭大的和小的毛驢依偎着；早晨在河邊梳洗的時候，一羣大雁飛過來問好。這不就是所謂「詩中有畫，畫中有詩」，有意强調景與情的結合嗎？

約在十五六年前，鄧拓曾一度主持過榮寶齋的業務，複印了不少黃冑的畫。

那時黃冑還不過三十歲出頭，爲什麽他的畫能夠達到如此成熟的程度，而且還不斷地在求進步呢？這可說黃冑本人是一個了不起的天才畫家，他既依靠生活實踐做爲創作的源泉，又要通過自己勤學苦練掌握繪畫的基本技法，這樣才能在藝術上推陳出新，絢爛多采。

畫「百驢」圖

對於人物畫以傳神爲不二法則的說法，唐代張彥遠予以更明白的解釋：「顧愷之曰：畫人最難，次山水，次狗馬，其臺閣一定器耳，差易爲也，斯言得之。至於鬼神人物，有生動之狀，須神韻而後全。若氣韻不周，空陳形似；筆力未遒，空善賦彩；謂非妙也。」作畫僅求形似與賦彩，那還是低級的手法而已，例如近代的月份牌畫之類，沒有靈性，沒有神韻也就談不上藝術製作。因之，新人物畫的製作有人提出：必須在形式上要求象徵與强調的手法，而在內容上又非講究意象與情趣不可。

中國畫最要緊的是，基本上能夠掌握了筆墨技巧，線條。一筆寫下去連綿不斷的線條，是構成畫面的重要條件；然後不妨參西洋煊染之法。所謂新人物畫，一定要在中國畫技法的基礎上，經過消化之後，再運用煊染方法，不然的話，衹是生搬硬套，就未使中國畫全盤西化了。說到黃冑的人物畫，其可貴處即在筆中有墨，墨中有筆，雖採西法，仍帶傳統，不失爲一項富有民族風格的藝術製作。中國畫本來是象徵性的，畫人物要在流動中取姿，在含蓄中暗示；但如稍加煊染之後，面部的氣色明暗，衣紋的轉摺飄動，其神韻氣象，更能顯得突出。黃冑的畫，便慣於如此運用恰當。有時他也採取漫畫式强調誇張的手法，如主體的人物較大，而傍側稍爲縮小，務使主題因之鮮明突出。

至於意象情趣之於內容，新人物畫也儘可以充份表現。未來，中國古代人物畫，舉凡社會現象，人類生活，何一不能選爲題材；衹是後世模寫之作多，創作之功少，於是題材脫離現實，泥古不化了。所以新人物畫的題材範圍，必須比之前人更爲廣泛，而且也就無一不入畫，無一不生動。這在足跡踏遍新疆、西藏的黃冑筆下，所寫邊疆人物風光，倍覺精彩，一九五九年所作「洪荒風雪圖」，在一片風雪迷茫之中，幾匹駿馬馳騁前進，充滿着矯健而輕捷的神氣，無論在立意，構圖，用筆各方面，都不失爲一個驚心動魄富有藝術感染力的傑作。

提到黃冑，人們印象最深刻的，還是他畫的驢子。他用墨筆畫驢子，也眞算得上拿手絕活，看來只淡墨一團，再加兩筆耳尖，便能把形神躍然紙上。但正由於這點，後來他還不幸被冠上了一個「驢販子」的惡名。據說，有某博物館要他畫一幀驢子的畫，他竟遷延了三年也沒有繳卷，可是，他曾在鄧拓的家裏，一個晚上一口氣就畫出了一幅「百驢圖」，因此在對他作人身攻擊的時候，便列爲罪狀之一。這幅「百驢圖」在外間從未見過，只說明畫家在一時靈感放射之下，儘可以解衣磅礴，痛痛快快寫出那些大場面大堆頭的畫。可惜的是，類似「百驢圖」大堆頭大場面的畫，在黃冑尚未大量產生之前，他本人已遭了厄運而又銷聲匿跡了好多年。據消息說，他今年是四十八歲，還與關山月、李可染等輩一同健在無恙，且正在合作一些大畫之中，但至今我們還沒有寓目過呢。

本來，人生朝露，而藝術千秋，儘管一個畫家的生命完了，或當時把他名字抹煞了，無論如何，藝術作品還是可以幾千百年的流傳下去，而永恆地垂諸不朽。曹丕論文這麽說過：「……年壽有時而盡，榮樂止乎其身，然未若文章之無窮也！」不也就是指出創作不朽的意思嗎？

現在，一個天才畫家如黃冑，即使衹活了三四十歲便告消失，但他那麽光輝的藝術成就，已遠勝於活到一百歲而一無成就之流有餘。至少，在我看來，今後中國新人物，將由此而開創新局，且發揚光大了起來。日本藝術批評家金子筑水，在所著「藝術之本質」中明白指出：「藝術由時代所產生，更進一步去創造時代，這是藝術家了不起的本領。藝術家一方面根據一定的時代精神去創造作品，而又在此作品中，顯示思想上特殊的傾向或潮流，使一代人類翕然風從，這就是藝術創作的要義」。

像這樣天亶聰明、靈光四照的創作天才，也許亘千百年而不一見，使歷史上留下一片空白；但苟有其人，才氣縱橫，破空而出，那就足以「推倒一時豪傑，開拓萬古心胸」，值得我們爲之大書特書。寫完黃冑這篇，令我緬想古代的天才畫家顧愷之、吳道子、以至梁楷、牧谿幾位，各各有其千古不朽的創作流傳下來。當世果眞還有這樣的大手筆大才人繼續出現嗎？則雖執鞭之士，吾亦甘爲之了。最後套兩句陳師曾的話：「中國畫是進步的！」「安知中國繪畫不能於最近的將來又進步起來呢？」

原稿
缺頁

原稿
缺頁

原稿
缺頁

原稿
缺頁

原稿
缺頁

原稿

缺頁

原稿

缺頁

原稿
缺頁

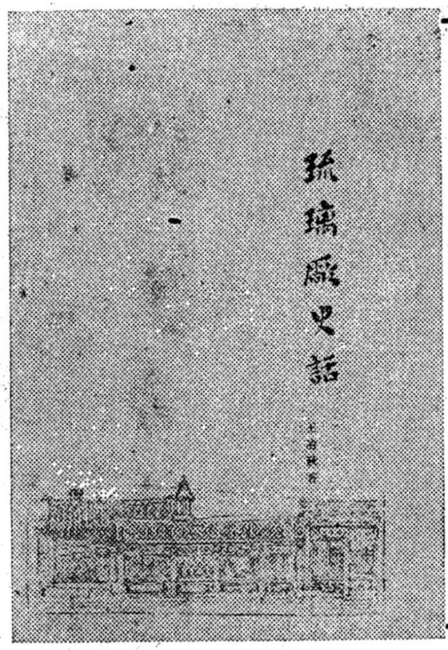

王冶秋著「琉璃廠史話」封面

琉璃廠和榮寶齋

·鄧拓·

到過北京的中外遊客，大概都知道這裏有一條古老的文化街，名叫琉璃廠。

爲什麽琉璃廠會變成文化街呢？這個變化經過了三個歷史時期。

當公元一二七七年，元世祖忽必烈剛剛統一中國的時候，山西潞安府有一個姓趙的人家，爲了發財的目的，把他開辦的一座琉璃窰，搬到當時元代的「大都」，就是現在北京城的附近。他在城西郊門頭溝的一個村莊建立了琉璃窰。後來這個村莊就叫做琉璃渠村，這個琉璃窰却變成了元代政府的官窰。當時城裏用的琉璃瓦和其他琉璃製品，都要從城外運進來。

公元一四〇六年，即明成祖永樂四年開始興建北京宮殿以後，明代政府鑒於門頭溝的琉璃窰離城太遠，城內宮殿建築所需要的大量琉璃瓦供應不便，於是又在北京城南門外的海王村，另設一座琉璃廠，名爲內廠，比門頭溝的外廠規模更大。

到了公元一六九四年，清代康熙三十三年，因爲京城宮殿大體修建完成，只要留下門頭溝的琉璃窰，就已經足夠供應宮廷的需要，於是海王村的內廠就被取消了。從此以後，海王村琉璃廠舊址才逐漸改變面目，終於形成了一條文化街。

最初描寫這一條文化街情形的，是清代乾隆二十三年，即公元一七五八年出版的一部書，名爲「帝京歲時紀勝」，作者是北京大興縣的潘榮陛。他在「琉璃廠店」的一則記載中寫道：

琉璃廠在正陽門外之西。廠制東三門，西一門。街長里許，中有石橋。橋西北爲公廨，東北樓門上爲瞻雲閣，即窰廠之正門也。廠內官署、作坊、神祠之外，地基宏敞，樹林茂密，濃陰萬態，烟水一泓。度石梁而西，有土阜高數十仞，可以登臨遠眺。門外隙地，博戲聚焉。每於新正元旦至十六日，百貨雲集。燈屏琉璃，萬盞棚懸；玉軸牙簽，千門聯絡；圖書充棟，寶玩塡街，更有秦樓楚館遍笙歌，寶馬香車遊士女。

被紅衛兵打成黑店的榮寶齋

從這一段記載中，我們不難想見，當時琉璃廠還遺留着原先取土燒窰的「窰坑」，並且日漸形成了一片烟水，點綴以石橋、土丘，似乎別有風光。至於這裏的圖書、寶玩，以及其他貨物，僅僅是在春節期間才集中出售，平時却很不熱鬧，固定的書舖等也還不多。

但是，爲時不久，在乾隆三十四年，即公元一七六九年，有一位著名的藏書家李文藻描寫琉璃廠的情形，就有很大的改變。他在「南澗文集」的一篇「琉璃廠書肆記」中，列舉了三十一家書舖，還有出售古董、法帖、字畫、印章、眼鏡、筆墨紙張等等各種文化用品及其他有關的商號。可見那個時候，這一條文化街已經相當發達了。到乾隆三十八年，公元一七七三年，清高宗網羅天下文士，編輯四庫全書，開設「四庫館」以後，琉璃廠文化街就更加繁榮起來了。

清代學者翁方綱，在「復初齋詩集」的一則注釋文字中寫道：

乾隆癸未，開四庫館。……每日清晨，諸臣入院，……午後歸寓，各以所校閱某書應考某典，詳列書目，至琉璃廠書肆訪之。是時江浙書賈，奔輳輦下，書坊以五柳居、文粹堂爲最。

他特別着重介紹當時的書店，這是有道理的。因爲書店歷來是琉璃廠文化街的主要組成部分。這些書店中，曾經出現了一些「專家」，他們熟悉圖書資料和各種版本，往往成爲許多學者和著作家的助手和好朋友。比如這裏提到的「五柳居」和「文粹堂」等幾座書舖，在乾隆年間就有老陶、老謝、老韋，還有其他幾位被稱爲「曉事」的人，對於許多學者的研究工作，都曾有所幫助。

比如，那位老韋開設了「延慶堂」書舖。從李文藻的文章中可以看出，老韋是非常熟悉版本目錄學的專家，在十八世紀的六十年代，這個七十多歲的老韋，有一天遇見一個窮苦的學者周書昌來買書。老韋知道他因爲買不到宋代學者吳棫的「韵補」而苦悶，就向他介紹康熙年間的學者邵長蘅所著的「韵畧」，並且向他說：「韵補的材料，全都吸收到韵畧中了。」周書昌後來研究的結果，完全證明老韋的意見是正確的。還有許多例子，這裏不可能一一列舉。但是，我想應該提到一九五九年逝世的原「通學齋」經理孫殿起老先生。這位從書店學徒出身的人，寫下了「販書偶記」、「清代禁書知見錄」、「琉璃廠小誌」等好幾本可貴的資料，受到現時許多學者和文化工作者的歡迎。從上面這些例子看來，從古到今，琉璃廠文化街，對於我們祖國學術的發展確實是有相當貢獻的。

不但這樣，在中外學術文化交流的過程中，琉璃廠文化街也曾發生過重要的作用。

朝鮮十八世紀中葉的著名學者洪大容，在公元一七六五年，即清代乾隆三十年，隨同朝鮮使節團到了北京。他在琉璃廠買書的時候，認識了中國學者嚴誠，談論天文、歷史、社會問題等，建立了親密的友誼。後來嚴誠死在南方，洪大容聽見嚴誠的死訊，從朝鮮托人寄來一篇非常沉痛的哀辭，恰巧在嚴誠逝世二周年的日子寄到嚴家

三家村黑畫家黃胄

黃胄是鄧拓反黨反社會主義美術綱領的忠實執行者。他經常和鄧拓密切合作，從反革命的政治要求出發，用黑畫配鄧拓的黑詩，對黨對社會主義進行惡毒的謾罵和污衊。例如當一小撮右傾機會主義分子刮起「三自一包」的黑風時，黃胄積極配合，拋出了描繪「自由市場」所帶來「歡快」氣氛的「趕集圖」（後來作賊心虛地改名爲「載歌行」）。鄧拓在這幅黑畫的題詞中，就叫嚷這是「一股春風」，「生活而今勝舊時」，大肆攻擊人民公社制度。黃胄在他的許多黑畫中，竭力歪曲黨的政策，肆意醜化革命人民和解放軍戰士形象，攻擊人民軍隊。例如他的以平息西藏反動農奴主叛亂爲背景的「送子投誠圖」，畫的竟是西藏勞動人民向解放軍繳槍投降，將我軍解放百萬農奴的正義鬥爭，污衊爲鎮壓西藏人民的行動。

黃胄畫得最多的是「毛驢」和「少女」。他企圖用那些游手好閑、飛眼吊膀的醜惡形象，來代替我們社會主義社會裏勤勞勇敢、樸實健康的各族勞動人民和革命戰士；用那些歌舞、綉花、梳洗、喂奶等個人身邊瑣事，來排斥我們熱火朝天的鬥爭生活；用剝削階級色情、頹廢、甚至歇斯底里的精神狀態，來對抗無產階級崇高、豪邁、意氣風發的革命感情。這個「文化奸商」對革命工作毫無感情，對他的主子鄧拓却拚命巴結，曲意奉承。有一次，他所在的工作單位——中國人民革命軍事博物館要他畫一幅抗日戰爭時期革命根據地人民用毛驢爲八路軍送給養的畫，他三年也沒有畫出來。可是，他在反黨份子鄧拓家裏，一個晚上就畫出一幅「百驢圖」長卷，獻給他的主子。這個「驢販子」的毛驢，不爲革命馱公糧，只爲反革命運黑貨。

黃胄在解放前就參加過三青團和國民黨，積極發展反動組織，進行反共宣傳，對黨對社會主義有着刻骨仇恨。他的品質也是極端卑劣的，不僅畫驢騙錢，還進行投機倒把活動，伙同鄧拓之流販賣古字畫，非法牟取暴利。大量確鑿的事實證明，曾經喧噪一時的所謂「名畫家」黃胄，是「三家村」黑店的一個忠實走狗，是混入革命部隊的反革命分子，是一個唯利是圖、五毒俱全的「驢販子」、「文化奸商」。

原載一九六六年九月十日人民日報

。當時的人稱頌他們的友誼，叫做「洪嚴生死之交」。

另一位朝鮮的學者朴齊家，兩次到北京，都去琉璃廠買書。他第二次到北京的時候，是公元一七九〇年，即乾隆五十五年，中國學者孫星衍正好住在琉璃廠，校勘「晏子春秋」。他把自己書齋的名字名做「問字堂」。朴齊家到琉璃廠的時候就近去看孫星衍，並且親筆寫了「問字堂」三字匾額，送給孫星衍。當時與朴齊家同來中國的，還有一位朝鮮學者柳得恭。他在琉璃廠「五柳居」遇見了中國著名藏書家黃丕烈，建立了友誼，彼此經常通信。

一八五八年，清代咸豐八年，朝鮮進士任慶準，在琉璃廠遇見中國作家史夢蘭，結爲朋友，感情很好。第二年任慶準派人再到琉璃廠，買走史夢蘭著的「全史宮詞」數十部。其他類似的例子還有不少，並且也有別的國家來中國遊歷的許多客人，都會在琉璃廠文化街留下了他們的足迹。這些事實可以說明在過去幾百年間，中外文化交流的關係，有不少是經過琉璃廠文化街而實現的。

不幸的是，琉璃廠文化街和中國整個國家的歷史一樣，經歷過一段悲慘的命運。一八六〇年英法侵畧軍攻陷北京，後來清朝政府簽訂了北京條約，承認了帝國主義的許多特權。從那時起，琉璃廠文化街也不可避免地蒙受了污辱，逐漸帶上了濃厚的殖民地化的官僚買辦資本投機壟斷的商業色彩。在這裏曾經出現過刧掠中國歷史文物的帝國主義文化特務，出現過許多勾結帝國主義盜賣祖國文物的奸商，出現過弄虛做假敲詐勒索的無賴之徒，把琉璃廠文化街的風氣完全敗壞了。清末光緒年間李若虹編的「朝市叢載」中，有一首打油詩寫道：

唐宋元明樣樣陳，滿墻字畫盡名人。
由來俱是擣持貨，不必深追問假真。

越南少女　黃冑作

這雖然僅僅說的清末的情形，而且僅僅說的字畫一個行業的情形，但是，也可以表明清末以來整個琉璃廠文化街的壞風氣，曾經發展到多麼嚴重的地步。（下畧）

（註）「榮寶齋」是琉璃廠著名的美術出版單位，它所生產的木板水印繪畫複製品，向來爲中外美術界人士所讚賞。由於這些美術作品多以花鳥魚蟲、仕女爲題材，毛澤東集團就把「榮寶齋」視爲「修正主義的溫床」，並在「文革」運動中唆使紅衛兵毀掉所存的美術作品，又將其改名爲「人民美術出版社第二門市部」。「人民日報」曾經有一篇清算「榮寶齋」的文章說：

榮寶齋是個黑畫店，幾十年來盤剝勞動人民的血汗，爲資產階級小姐少爺太太老爺服務，爲封建地主闊老闆少服務，爲資產階級反動學術權威服務。一句話，就是不爲社會主義服務，不爲工農兵服務。反黨反社會主義反毛澤東思想的黑帮頭子鄧拓就是你們的大老板，老主顧！黑畫家、「驢販子」黃冑也是你們的後台，你們這裏已經成了黑帮畫家的交易所了。我們就是要把榮寶齋打個身敗名裂！

來鴻去雁

韋千里

（覆馬來西亞夏子涉先生）台造：甲寅、乙亥、乙巳、乙酉。木多，生於亥建，有如三春之條達，而嫌尅洩之火不夠。過去運途，崎嶇不平。去年今年，勉强之至。明後年，更見辛苦；家庭亦多事故，六十三歲起，老運亨通，六載繁榮，名利雙收，有勝於少壯多矣。

× × × ×

（覆星加坡岑耀先生）台造：庚辰、壬午、庚辰、癸未。夏金，有水有土，不怕火尅。最喜逢木（有木庶有財），所以明年甲寅，後年乙卯，飛黃騰達，祗此兩載，足以奠定基礎矣。四十一歲庚申年，驚變百出，損失非鮮。四十二歲以後，都是「以逸待勞」之局面。

× × × ×

（覆九龍唐文山先生）台造：己卯、丙寅、壬辰、庚子。寅卯辰東方一炁，秀氣畢現，大智慧，大聰明，如能養其氣，藏其鋒，斯更第一流人物矣。遲婚爲妥，但亦不致遲過明年，有好妻子。大發展在於三十七歲至四十二歲，大自在爲四十七歲至五十七歲。

× × × ×

（覆香港陳家如小姐）台造：乙酉、庚辰、辛亥、己亥，精華在於日時兩亥，女命用傷官，事業有成，婚姻不滿，茲尚待字閨中，明年必締絲蘿，但寄望勿太高，蓋婚後生活，極其平淡。三十歲至三十五歲，如努力於事業，大名厚利，足慰生平。晚來子息大好，個個出色成材。

× × × ×

（覆香港老元法先生）台造：乙酉、丙戌、庚午、庚辰。秋金有火，桀桀大材。現運不俗，但卅五、卅六、卅七、卅八等年，磨折重重，一身以外無長物。三十九歲至四十五歲，爲復興時代，亦爲鼎盛之秋，加以努力，自然名揚利足，如其遠行，更卜滿載而歸。

× × ×

（覆九龍楊幼龍先生）先生高年而體弱多病，深以壽元爲慮：按台造，庚戌、己丑、庚寅、戊寅。金得土培，更喜寅戌之中皆藏火，如能葆嗇精神，七十八十不爲奇也。明年後年，不妨小本經營，必操勝算。六七、六八、六九之年，尙有可圖。七十歲己未年，急流當前，退也宜勇。

× × ×

（覆九龍吳德言先生）台造：己巳、丁卯、乙亥、乙酉。建祿用食神，惜乎一生無好運，既已置身教育界，雖不能發財，却可立德立言，（不宜投資經商。）查五十四歲至五十九歲之戌運，予取予求。茲雖言之過早，正可見晚景之不薄也。今明後三年，乏味之至，切莫妄動。

× × ×

（覆九龍連炳權先生）台造：戊子、庚申、壬申、辛丑。金水兩强，木火缺如。大名「炳權」，一木一火，恰到好處，不必擅改。妻宜虎馬犬羊（勿以馬命冲鼠而不取），二十八歲或三十歲，定可完姻矣。運程了無精彩，短中取長，則以廿八歲、廿九歲、三十歲，流年奇佳，當有所獲。五十九歲行丙火大運，一鳴驚人，但已垂垂老矣。

× × ×

（覆美國三藩市金先生）台造：癸亥、丁巳、己酉、辛未。官殺未透，缺少魄力。四十一歲以來，所獲不足。明年大好，後年大壞，忽起忽落，最難應付，寧可保守，切勿好高騖遠。承問美國與巴西孰善，此乃不成問題，五十九歲以後，行運大好，固無往而不利也。

× × ×

（覆香港張明麗女士）台造：戊子、丁巳、丁巳、戊申。火旺如荼，多少恩怨多少淚，戀愛與婚姻，困擾多矣。不如潛心學業，努力經營，以事業之成功，壓倒鬚眉，亦足以自豪也。四十歲後，一路好運，榮華到老。

× × ×

（覆九龍黃觀明先生）台造：己卯、乙亥、甲戌、乙亥。造化元鑰云：「十月甲木，比肩多，不能不有庚金。」今既無庚，用戊中丁火，小名小利之命也。三十五歲行申運，初雖失利，終必爭雄。四十歲行辛未兩運，平坦之途。五十歲庚午十年，乃如畫龍點睛，可以破壁而飛，是大成，而非小就也。

× × ×

（覆荃灣馮先生）先生年僅弱冠，下問事業如何。按台造：己亥、戊辰、辛未、壬辰。土重埋金，以屬木之工商業，最合理想，木能尅土之故也。尤宜離鄉背井，東行最佳。妻財子祿，均在遠方。三十五歲行申運，即已躊躇滿志矣。妻宜虎兎，子息，一枝挺秀而已。

× × ×

（覆香港盧泉先生）台造：丙戌、辛卯、己卯、甲戌。殺重身輕，幸有丙印化殺生身，將來必爲一界之權威。但忌水財，所以貴而不富也。五十歲前之運途，尤見財之短絀。五十歲後，丙申十年，事業登峯造極，財用裕如，但仍未能稱富耳。

× × ×

（覆官塘馬通先生）台造：壬申、己酉、甲

戌、甲子。八月甲木，申酉戌全，秋木更衰，喜火制金。過去都金水運程，何善可言。今年癸丑，仍爲晴雨未定之天。明年甲寅有動，動則必勝。四十四歲至四十八歲，富於實際之財。五十五歲至六十歲之寅運，亦屬多采多姿。

× × ×

(覆香港劉瑤女士)台造：庚午、己丑、壬午、辛亥。財官印全。乃三十九歲行來乙運，諸般不利，僅以身免。今年行酉運，雖勝一籌，仍多委屈。四七、四八兩年，另有良緣(恐非故劍復合)，勿失交臂。兒女良莠不齊，大傷腦筋。

× × ×

(覆美國紐約沈坤炎先生)台造：庚申、癸未、己丑、乙亥。一般命學家，均謂旺土喜水，我亦云然。但查子運，蓋頭爲戊土，子水深受壓力，與過去之亥水運，大相逕庭矣。今年行己運，亦難樂觀，在美國，或去巴西，無甚分別，以客觀條件之利害，作爲决定可也。晚來丑運，爲北方之土，尤以六一庚申、六二辛酉、六三壬戌、六四癸亥等年，不脛而走，直上青雲。

× × ×

(覆官塘韋明先生)台造：丁亥、丁未、乙卯、己卯。木火通明，富命也。經營屬土屬金之工商事業，所發尤豐。但在三十五歲之前，不宜投資。三十五歲至四十五歲，乃爲黃金時代，插柳成蔭，非關人力。婚姻複雜，兒女難如理想，享不到家庭幸福，爲可憾耳。

× × ×

(覆九龍伍啓榮先生)台造：戊子、甲子、壬申、壬寅。水歸冬旺，因有戊土，不能作「從旺格」而論，然則水旺如此，自用戊土制之，所憾少火，土乏資生。明歲起，年運一路木火土，乃爲發軔之始，六載努力，業茂基榮。直至四十四歲之辰運，申子辰會水局，打擊非輕，甚而生命有問題。

× × ×

(覆九龍任倩茹女士)台造：乙酉、丙戌、壬戌、辛亥。時落辛亥，辛爲壬水之源，亥爲壬水之祿，壬雖失令於九秋，仍可任財任殺。婚姻事業，兩全其美。但高飛之運，起自明年三十歲，故以遲嫁爲宜。事業大利，屬木屬水，子乃貴而不多。

× × ×

(覆倫敦周永年先生)先生就讀於倫敦大學，專攻商科。但查台造：庚寅、庚辰、癸巳、壬戌。癸巳日爲財官並美。巳中庚金正印兩透，將來騰踔於政途，政治遠勝於商業，曷不早爲綢繆。妻大賢淑，子亦俊秀，家庭温暖，有足多焉。

× × ×

(覆官塘葉翠萍女士)台造：丁亥、丙午、庚辰、戊子。官殺混雜，子午作冲，婚姻欠美滿，夫子不得力。二十九歲至三十九歲，酉運庚運，軒然大波，內外不安。四十四歲起，一路好運，愈老處境愈佳。

× × ×

(覆九龍劉煌彬先生)令郎家駒命造：戊戌、癸亥、辛卯、壬辰。壬癸辛三奇，財星較旺，幸有戊戌兩印，昂藏千里駒也。「家駒」二字，名實相符。經營貿遷，埒美陶朱。尤以三十歲至四十歲，稱雄闤闠，有財有勢。妻宜虎馬犬，否則無子。

× × ×

(覆香港陳女士)台造：庚寅、戊寅、甲申、己巳。地支寅巳申，無論得意或失意，總是動盪不安，俗所謂「勞碌命」也。幸日主，財，殺，均得祿，勞而有功。蓋夫榮子秀，本人財業，亦屬不凡也。但查三十歲至三十五歲之亥運，切不可經營商業，否則全軍盡墨。

(覆九龍諸兆輝先生)台造：庚辰、己丑、丙辰、庚寅。丙火生丑於月，爲寒濕之土所晦，全賴時下一重寅木生扶。三十歲以來，壬運五年，辛苦極矣。大得意在於四十五歲以後，數十年得心應手，自然腦滿腸肥。目前如欲轉業，乃以屬木屬火之生涯爲宜。

× × ×

(覆九龍陳良洪先生)台造：己丑、丁丑、癸丑、戊午。土雖多而不畏，丑中藏有金水也。五行缺木，以致火無所資，全局寒冷，斯乃可憾。明年元旦，交甲戌兩運，甲爲陽木，戌爲燥土，大有展布矣。生平僅此十年爲精彩，蓋三十六歲之後，無一美運，謹守已成之局，至要至要。今年欠佳，即小買賣，小投機，亦絕對不可爲。

× × ×

(覆越南陳政典先生)台造：壬午、甲辰、己酉、乙亥。旺土喜水，海員屬水，可爲也。如帶金屬尤妙。三十九歲以前，一路火土運，一籌莫展。生平得意之途，乃爲三十九歲至四十四歲之申運，及五十四歲至五十九歲之庚運，但以其中流年而論，申勝於庚多矣。妻宜猪猴。

× × ×

(覆香港盧德興先生)台造：戊子、己未、戊戌、乙卯。土重如山，乙卯兩木，不克制土，惜少金之洩土。童運不惡。茲行酉運，明後年有良機。三十歲至四十歲，運善則年蹇，年善則運蹇，浮沈不一。四十歲以後，癸亥甲子，廿年發達，何愁名之不成，利之不就哉。婚姻多變，子息艱難。

× × ×

(覆香港王韻眞女士)台造：甲申、癸酉、辛卯、丁酉。金旺用丁，其實精華在於甲之資丁。三十一歲起，好運接軫，美景如花，第一婚姻順利，第二兒女成長，第三事業進步，惟財則不甚富裕，而無可奈何者也。今年仍多不如意事。

× × × ×

（覆九龍吳魯先生）台造：壬戌、乙巳、己丑、丙寅。火已炎，土已燥，需要金水，透水而未透金。過去酉庚兩運，（四十一歲至五十一歲）應有生色。茲行戌運，捉襟見肘。五十六歲行辛運，先難後易。六十一歲行亥運，名高利阜，吉慶大來。

× × × ×

（覆九龍劉碩齊先生）台造：丁丑、癸丑、丙辰、丙申。命甚駁雜，總以少木之故，栗六無成。今年癸丑，還是滯而不通，三十八歲至四十三歲，六載崛起，自非吳下阿蒙矣。五十八歲至六十三歲，雖無大得意，亦有小稱心。

× × × ×

（覆九龍李道慈先生）台造：戊子、丁巳、乙未、庚辰。雖然五行全備，乃無病無藥，平穩之命也。妻賢子孝，妻配猴命更佳，後年婚事諧矣。今年有利可圖。明年損失不貲，大忌投機賭博。三十歲至四十歲。運程最佳，山前山後皆平坦，江南江北總是春。

× × × ×

（覆九龍潘迎芬小姐）台造：庚寅、丁亥、乙亥、癸未。水泛木飄，幸有丁寅未，而木火有根，精明幹練，巾幗英雄。官星無力，將來夫爲庸碌之輩，但伉儷情深，正亦無礙於夫婦之道耳。行運大都平淡。三十六歲至四十一歲之申運最差，煩惱頻仍。四十六歲至五十一歲之未運較好，喜出望外。

× × × ×

（覆九龍馬生先生）台造：丙寅、乙未、壬寅、庚子。金水不敵火土。四十五歲行來亥運，粗具規模。今年癸丑，還有進步。四十九歲起，連年蹇滯，愁中病中。五十五歲行子運，後來居上。六十歲行辛運，亦足以保泰持盈。惟六十一歲丙寅年，困於病魔，痛苦纏綿。

× × × ×

（覆九龍任介中先生）台造：壬辰、庚戌、丙午、甲午。壬水偏官，坐於辰上，一將當關，萬夫莫敵。大利於軍伍，政治次之。八字虎虎有生氣，但行運祇二十五歲至三十五歲，大權在握，生殺予奪。三十五歲以後，宦海風波，急流勇退，庶幾無官一身輕。

× × × ×

（覆九龍許創南先生）台造：丙戌、庚子、丁卯、庚子。冬月丁火，臨於絕地，幸而干有丙火，支有卯戌，以爲生扶。大名創南之「南」字甚佳。如「創」字易以「昌」字，則更妙矣。二十九歲前，一無所成。二十九歲起，良機巧遇，紛至沓來，財業婚姻，皆成於意外。四十三歲行辰運，爲一大關。

× × × ×

（覆馬來亞萬里望宋中興先生）來函祇寫乙巳年，未寫歲數，想係六十九歲之乙巳，台造乃爲：乙巳、己卯、辛酉、己丑。雖然乙卯兩財當令，乃五行少水，巳酉丑刼比成局，一生多翻覆，財來財去，自憐自笑。明後年盈財鉅萬，七十二歲丙辰年，七十三歲丁巳年，尤爲出色。

× × × ×

（覆香港張晉羣先生）台造：甲寅、甲戌、甲申、己巳。三甲一寅，木多而不旺，節逾霜降，寅巳戌中有火調候，可喜也。四十六歲以來，運途半明半暗。今明後三年，還是患得患失，徒勞而已。六十三歲丙辰、六十四歲丁巳、六十五歲戊午、六十六歲己未，此四年轟轟烈烈，時勢英雄，勿以年邁而灰白首之心。

× × × ×

（覆九龍曾細俤先生）台造：乙亥、丙戌、甲申、庚午。節近立冬，甲有寒氣，自用丙火食神。乃屬智識份子，而非宜於權衡子母、行商坐賈也。今爲未運最後一年，流年癸丑，不能從心所欲。四十歲行壬運，瑕瑜互見。四十五歲起，堂堂大道，坦坦亨衢，十餘載大名大利，始終勿替。

× × × ×

（覆菲律賓林漢士先生）來函稱四十八歲六月十六日生，但時辰不明，恕難推算。

× × × ×

（覆香港陳占日先生）台造：壬戌、丙午、丁巳、壬寅。因有兩壬，不能作「炎上格」而論，乃火旺水涸。四十三歲至四十八歲之戌運，吃虧多矣。去年壬子，恐家庭多故。今年癸丑，忙來有功。五十三歲行亥運，流年都不利，徒呼負負。五十八歲行壬運，熱鬧山陰道，名利應接忙，取之不盡，用之不竭。

× × × ×

（覆星加坡蔡逸如先生）先生專問「戌」運（六十九歲至七十四歲）如何。按台造：甲辰、丁卯、庚申、丙子。金鈍木强，運喜土金生扶，戌爲燥土，一不利也，流年大都木火，二不利也，從愼爲佳。惟今年癸丑，濕土培金，不可爲而可爲，一秋一冬，大放光明。

來鴻去雁

來鴻去雁來信過多即日起停止收件暫告段落未覆之信將由韋千里先生直接函覆韋氏寓所香港英皇道五洲大厦七樓A座

望平街憶舊

史量才死後的申報

胡憨珠

申報自史量才死後，銳意改革，在民國二十五年七月粵變事件解決以後，同年九月，廣西省亦在黃旭初、李宗仁、白崇禧三巨頭會商下，歸政中央。申報乃派了原籍廣東的鄺笑庵到廣西担任特派員，向國人報導廣西新貌，住在桂林樂羣社。李宗仁和鄺笑庵一見面，立即垂詢申報館主史量才之死，可見此事正是當年轟動全國的一件大事。

西南歸政後派員特訪

在民國二十五年秋的七月，當陳濟棠的粵變事件解決後。蔣委員長偕同居正、朱培德等一班黨國元老，蒞臨廣州視察平定後的粵省政治局面，並由中央政府任命黃慕松爲廣東省政府主席。就於是年九月，違離中央政府有年的西南方面黃旭初、李宗仁、白崇禧等三位政治巨頭，有鑒於中日風雲日趨緊急，國難迫切，甚於燃眉，更以有粵變事件的前車可鑒。於是，黃等爲之憬然憬悟，幡然改圖，立即歸政中央，慨示赤忱，擁護國策大計之旨。須知向來申報當局對於業務方面的經營方針，專以善事報導國內外的政治新聞，見稱於世。雖經前歲該報館主史量才之死的喪亂，哲人其萎，領導頓失，然而乃子史詠賡與館中經編兩部的三五元老重臣份子，並未有因此而稍輟其努力，疏懈其銳志。更且份外的繼續奮鬥，對申報的充實內容，妥謀革新，經之營之，不遺餘力。例如每年紛遣特派員到各重要的外埠，分頭採訪新聞，撰寫特稿，作有系統的報導，是可爲例證之一斑。就在民二十四年的一年中，申報便先後與中國科學社合作編輯「科學週刊」，與北平通俗教育會合作編輯「通俗講座」，與上海醫師公會合作編輯「醫藥週刊」。此外，並特約專家撰寫星期論文，凡此種切措施，皆爲史量才死後的申報所改進沿革與演變的事實情況。

又如自民二十五年起，申報館的現任當局將「申報月刊」改爲「申報週刊」發行隨報附送，定價每年祇收一元。據館方宣稱：該「申報週刊」內容的豐富遠過於其他刊物，擁有全國不少智識份子的讀者，其銷數之多，一時無出其右云云。至於「申報年鑑」祇連續出版三年，計爲民二十二年，二十三年，二十四年，並還記得最後一次申報年鑑的殺青之期，爲是年的四月二十七日。自然對民二十五年的「申報年鑑」其將與世人永遠成爲如獲麟後的絕筆春秋了，但不過令人對之不無有人亡政息之感的。曾記得該年鑑主編人張梓生在二十四年「申報年鑑」序文的末段，對他館主史量才有一段哀傷的悼詞，其悼詞說：「申報年鑑之創刊，乃館主史量才先生所以紀念申報創刊六十週年者也。史先生領袖輿論，置身社會，其熱誠邁往，久爲全國人士所欽仰。前二次年鑑之編刊，恃史先生之指導督責，始克粗具形式，不爲大雅所譏。即今茲第三次之編纂，大體一秉成於先生，今書已告成，而先生竟不及見矣。此不僅同人之悲，想全國人士，亦將爲之扼腕長太息也。謹以此第三次申報年鑑，紀念盡瘁文化事業之史量才先生」云云。

及至西南歸政中央政府的電訊消息，遞送到申報館的時候。先爲趙叔雍與馬蔭良所見，他倆相率認爲桂省歸政中央政府後的眞情實況，料必爲每個國人所亟欲知曉的一則重要報導。因爲，這是政府所定先要安內，後再攘外的決策，現在兩廣局面，已告平靜統一。萬一敵方還再步步進逼不捨，我方忍讓到最後關頭，在被逼壓至無可奈何時，發生對敵抗戰情事，則政府可無南顧之憂了。只是當時申報的採訪部主任一席，自民二十一年夏季康通一因病去世以後，此席虛懸無人繼任。及史量才被狙亡故，趙叔雍所任申報館總理室的主任秘書一職，實在無事可爲。他的賦性是個喜動不好靜之人，凡對外，有重要社團組織和軍政各界的招待讌會等事，總由他代表出席。同時對內，館中若有重大新聞事件的線索發見，他亦會自告奮勇的調兵遣將指揮外勤記者的同事們從事採訪。因此，他在申報編輯部裏，雖無採訪部主任的名義，却有採訪部主任的實權。是以那天的夜間，他看到了西南歸政中央的電訊以後，便即向馬蔭良提出主張，說是本館應該特別派遣一名外勤記者趕赴廣西，看看歸政後的桂省政情形如何。

馬蔭良也即接口答說：「叔雍先生，你說得正是準對之極，因爲我也有作這樣的忖想，那我們可說所見畧同了。但不知所要派遣到廣西去訪察政情的特派員，在你的心目中，認爲我們館中的採訪部裏，有那一位外勤記者先生，爲最勝任愉快的適合人選呢？」一向以來，趙叔雍對採訪部同人，唯一的比較上，似乎對金華亭最有好感，而所留的印象也最深刻。所以他聽得馬蔭良的說話以後，不假思考，隨口答稱：「我看就派遣金華亭去廣西跑一趟罷！他的工齡已經十年以上，工作成績也不差，那該是最適合的人選。」原來金華亭的進入申報館，時在民國十年的前後年間，他與張寄涯、孫恩霖、錢華、顧昂若等這班外勤記者人員。絡續經人介紹入館任職治事，專門承担採訪政治新聞，當以他最爲活躍，而工作成績，也較爲優好。尤其在民國十六七年之間，國民革命軍北上挺進討伐北洋軍閥政府之役。他與新聞報的顧執中，時報的金雄白，時事新報的葉如音，各代表報館任當隨軍記者。此爲上海四大報館對採訪政治新聞的競爭，與探聽軍事消息的鬥爭，當爲最最激烈的熱鬧時期。同時也展開中國戰爭史上自有設置隨軍記者歷史的首頁紀錄，確爲新聞事業史上有值得一記之價值。

可是這次上海四大報館對北伐戰役中，所競爭戰地新聞的最後結果，金華亭所代表申報，固沒有若何特殊的優良成績出現。但在你追我趕，大家力事競爭局面之下，申報所報導的新聞消息，尚算不落人後。馬蔭良對人事的衡量比較正確，是以他對派到廣西去的特派員認爲以編輯部中的鄺笑庵爲最合適的人選。所持理由第一合適的條件因爲鄺是廣東人，條件之二，鄺是多年來從事於華南地區的新聞工作者，條件之三，鄺所認識的政要甚多。尤其是三項條件中，當以第三項條件對鄺爲最有利，因爲所認識的政要們，大多數籍隸兩廣。這是他的出身地區適宜和工作歷史關係，則成爲任何人難與爲爭的事實問題了。何況近幾年來，由鄺採訪所寫的新聞事件，都可以爲他難與爲爭的事實問題作證的。如果派遣了金華亭前往廣西，担承此職，必然的就會發生「人生路不熟」的感覺。則他對此行的任務工作，是否能達到順利成功的目標，能否爭取得美滿勝利的果實，却都在未知之天，那何必舍近就遠，坐失有利的機緣呢？

一向有關申報編輯部的大小事情，可行與否，都要張蘊和作最後的決定。尤其是史量才死後的申報，張蘊和已成爲一身繫申報安危的重要掌舵人，凡有事越發要取決於他，作爲定例。不知趙叔雍意在尋張蘊和的開心呢？還是要辨證自己的觀念錯誤？當他把西南歸政中央的電訊稿紙交到張蘊和手上時，先在稿紙後背寫了金華亭、鄺笑庵二人名字。隨後說出本報應該派人去廣西，看看歸政後的省政情況，訪察所得以便本報向國人作清楚報道。趙叔雍徵得張蘊和的同意以後，隨手把電訊稿紙翻轉，接着向他說：「蘊老，你看這兩位人選中，是由那一位到廣西去最合適？」張蘊和於注目一看之下，就舉起他手中的紅墨水筆一聲不出地在金華亭的名字上邊，加了一直的紅槓子，以示一筆勾消之意。再舉其筆指點着鄺笑庵的名字說：「是他去的好，因爲他對兩廣人士相識的多，定有意想不到的效率。」就是這樣的，決定了鄺笑庵於西南歸政中央後獲得有作廣西之行的機緣。

廣西三巨頭關切申報

當其時，上海到廣西去交通工具，所有建設，尚未達到完滿快速之境。惟一希望的行程迅捷，旅途縮短，那祗有從上海趁乘輪船到廣州，而後轉乘飛機到廣西。當年申報特派鄺笑庵去廣西訪察該省的省政情況，爲了新聞報導爲了爭取時間，就是遵照此路線成行的。據說當時鄺笑庵爲要爭着先鞭，恐落人後，因此，他不但即日乘登海輪趕赴廣州，而且馬不停蹄似的搭乘西南民航公司的「啓明」號飛機至南寧。所以他成爲桂省與中央政府復合以後，特派記者到廣西去的第一人，這是他的朋友王志聖於乍見面時所告訴他的一句話。原來鄺笑庵於南寧機塲步下飛機，僱車乘坐，逕赴樂羣社作下榻居住之謀。蓋因這所樂羣社乃是廣西省政府所主辦的，專爲接待因公來廣西的中西各界外來賓客的招待塲所，其內部設備佈置，頗似上海「三東一品」的大旅社式樣。與機場距離，約爲車行二十餘分鐘的時間，不過在鄺笑庵乘車到樂羣社去的途中，却有一事令他觸目驚心的。那是一路之上，凡民居屋外的牆壁間，遍貼着廣西各界「歡迎上海申報總編輯陳彬龢先生」的口號標語。因以各色彩紙書寫，極盡其繽紛五色、耀眩眼簾之能事，却也使他有上海人俗語的「清早起碰見隔夜人」之感。

在樂羣社裏，鄺笑庵就遇見他朋友王志聖，所以王志聖說他是特派記者到廣西來的第一人。誰知他正自怨自艾於來遲一步，却落在陳彬龢之後。因此，他即囘說：在路上看見貼滿了廣西各界歡迎陳彬龢的口號標語，這外來報界人士的榮譽該屬於他而不是我。王志聖忙作解釋說明道：「那是你老兄誤解了，你同彬龢先後到廣西來，其間有時代不同，局面異殊之分的。當他來時，遠在一個多月以前，桂省局面還是處於違離中央政府時代。現在你來，正是桂省局面已處於歸政中央政府、上下一心的復合時代。我說你是外地特派記者來廣西的第一人，語意所指，涵義的所在，那是以違離與復合的不同時代，異殊局面作爲分界線的，你說我的話說得是不是？」原來王志聖係浙江省的杭州人，過去時期他向在上海滬西方面教育界及社團組織之間，是個極活動份子。性好交友，待人熱情，在桂省違離中央政府以後，他以桂籍朋友的汲引，前來南寧工作，負責處治社團方面事務，浮沉數年，交識兩廣各界的朋友不少。非但人地兩熟，而且路路皆通，說句時髦的名詞稱謂，他儼然成爲廣西省政府不居名義的公共關係人員了。

王志聖於談話中，知道鄺笑庵此來廣西的工作任務，那是訪察歸政後的政治情形。但是如要訪察治政，該從廣西三巨頭的李宗仁、黃旭初、白崇禧三人開始。於是便自告奮勇，把他安頓於樂羣社居停問題解決以後，即陪同他往赴第四集團軍總司令部。謁見司令長官李宗仁、李宗仁當在會客廳接見，並先向鄺笑庵開口問說，有關於申報館的一事。一是他問說館主史量才究竟被何人暗殺斃命？二是他說出申報總編輯陳彬龢於月前曾到南寧。鄺笑庵當時所答的話，相當靈活得體，也是非如此答話不可。他對李第一事問話答說「敝館主史先生被遭暗殺事件，情節複雜，申報館內人員，至今尚未詳悉兇手爲何人」。他對李第二事的回說：「申報總編輯張蘊和先生，始終未曾離開上海一步。剛在南寧市上的各馬路間，看見有歡迎陳彬龢的標語，亦正引以爲非常奇異」云云。雖是寥寥幾句回話，未曾作明顯的攻擊，但一切眞相已被揭發得無所遁形了。

由於鄺笑庵與李宗仁作過一次深長交談，經瞭解軍事情況以後，便即興辭退出第四集團軍總司令部。因時間尚早，於是繼續往訪省政府黃旭初主席，仍由王志聖伴同前往。黃主席立即延見於省府會客室，當賓主握手覿面之初，黃氏於禮貌上雖對申報即寄以深切關懷，先行開口予以存問。但所問的，只是關申報的營業現狀而已，絕口不談史量才之死的那件血淋淋慘案。顯示文人的政治生活，祇着重注意於和平方面的治政情形，怕言血腥氣味的情事，究竟有別於軍人的政治生活了。既而則雙方的談話中心，牽引到桂省的建設問題上邊。這對於處身省府主席地位的黃旭初而言，正可說是他的對工應工之事，自然大有可談。於是，他就滔滔不絕地談說桂省的各項建設，凡訪者涉及某一項建設的問題作問，他就某一項問題的詳情作答。

最後到了鄺笑庵問無可問時，便憶想起上海國聞通訊社主持人胡政之曾對兩廣地理形勢、經濟概況所作的批評之話。蓋在以往某日，胡政之對鄺說過這樣的話：「廣東民衆富庶而廣西貧乏，廣東地域腴大而廣西瘠小。」所以他此時就將此兩語，話說給黃旭初聽，作爲談話眞空時間裏的墊補資料。而後再綴以他自己的意見言辭說：「誠如胡政之所說的評語之話，是則桂省地方的各項建設。雖在黃主席的殫精竭思，盡瘁其勞的積極進行，但猶恐不免因地瘠民貧，而遭受牽制呢。」可是黃旭初既不諱言廣西地方的貧困，亦不僞示假充富有。祇輕描淡寫地說了一句：「窮人會作窮人的打算」的那句至理名言，作爲向訪問者解釋疑念的答覆之話。此亦顯示黃旭初是一位誠實忠厚之人，使往訪的鄺笑庵對他，由衷的致以無限的崇敬之心意。

次日的清晨，鄺笑庵在王志聖伴同之下，又去訪謁第四集團軍參謀長白崇禧於其私邸。在他邸中的廳室所見，除簡單粗糙椅桌數事以外，並無若何室內飾物的陳設，更話說不到什麼華麗與舒適問題了。白氏對往訪者的談話，其話題體系，那是以桂軍於民國二十二年（一九三三年）自武漢違離中央，退回廣西故土的經過事實情形說起。以至在桂省辦理民團爲止，却是話說得清清楚楚，交代得明明白白。尤其是他對於民團的組織開始，與其訓練成就，認爲是件成功之事。也認定將來國家若遇有外患的侵襲的時日，這個民團組織必可收爲衛國保家的效用。

據說那次白崇禧與鄺笑庵的談話，歷時九十分鐘之久，他之所以有如此的興奮談話，意者，當民十六年時，白氏以國民革命軍東路軍前敵總指揮的職級身份克復上海。後來於數月之後，他又處身於滬甯鐵路的車廂裏，親自指揮在龍潭地方，與渡江而來的北洋軍閥孫傳芳作戰。盡二日夜的鏖戰結果，殺得孫傳芳僅以身免，大敗渡江逃去。而他自己亦挾其戰勝之餘威，復又率師北上挺進前往指揮作戰。可是當他在這段留駐滬地期間，與上海各報的外勤記者處得感情非常和諧而親密。眼前前來到訪他的正是上海的申報記者（筆者按：當時申報當局每日去老龍華跑前敵指揮部新聞的，乃是由康通一親自出馬），可能他沛充的念舊情感，油然興生，有如重見故人之慨。自然，他是絮絮而道別後情，就不自覺的說的話多，而忘却時間的久長了。由此可見廣西的李宗仁、黃旭初、白崇禧三巨頭，對於申報甚爲關切之一斑，其實呢也是申報的歷史關係使然。

鄺笑庵在南寧居留數日，都由王志聖爲伴作嚮導，參觀不少新建設，也遊覽許多舊景物。在此居留期中，粵籍政要甘介侯自廣州乘輪遵水道溯江而上，抵達南寧作客。同時，久寓此間的劉蘆隱，目覩政治組織體系的西南政府，已告解散。劉蘆隱乃於此時，却要離開廣西地區，擬作「鶴盤遠勢投孤嶼」的高飛遠去之舉。那他是取道龍州，出鎭南關到越南，而後再乘海船，遵海而南的往香港作隱居。因爲此故，李宗仁、白崇禧與廣西教育廳長邱昌渭三人作東道主，特在總司令部設筵歡宴。應邀之客，計爲甘介侯、劉蘆隱、鄺笑庵、以及留法歸國學生某君等，名之爲「送往迎來之會」。就在這歡宴席中，甘介侯於酒酣耳熱之際，戲稱白氏爲「小諸葛」，一時閤座之人聞言，都爲之莞爾，相與作會心的微笑。

後來世人多以「小諸葛」爲白崇禧的花名相戲呼，不知此花名題取的來源却出之甘介侯的嘴裏。而爲之作宣傳廣播的，那是申報上所刊載的一則花邊新聞的小專電。原來鄺笑庵自到南寧以來，每日將訪察所得的廣西治政現狀，凡重要而有時間性的以專電拍給報館發表以外，其餘槪留作爲逐日長篇的通訊資料再記述成文，付快郵遞送。據傳說鄺於是日因鑒於宴會席上所發見的一幕賓主歡笑之事，他於宴罷歸去。在撰寫重要的電文後邊，添上一條「甘乃光戲稱白崇禧爲小諸葛」的短文，一併拍發給報館。不知那一位編者湊趣，把僅僅數十字的一則小電訊，特用花邊四圍成框，排放在要聞版裏。見者都覺得非常有趣醒目，但見披露以後，從此白崇禧的「小諸葛」花名不脛而走，人多知曉。可見申報的宣傳效用，其政治性的比之商業性的更爲强大有力呢。

陳彬龢去廣西的前因

陳彬龢怎爲到南寧去？他去南寧的目的何在？他到了南寧以後有些什麼收穫？因爲當其時兩廣省府政治中心的領導人物，不但違離南京的中央政府；並且於是年（即民國二十五年）六月，粤桂的軍隊居然作聯合行動的西進，迫近湘省的衡州。更不但於同月中，粤桂組織獨立軍事委員會，並且早已揭示組織西南政府，正是滿缸渾水，一片濁流。就在如此渾濁景況出現之時，陳彬龢恰巧前來華南地區，出賣其風雲雷雨。但不過若要作詳盡確實的解答，該從申報館主史量才生前在世的時候，被當前環境壓迫到他忍淚將陳彬龢解職說起。

如所衆知，陳彬龢延邀得一班著名的思想左傾文人與前進份子，代替他爲申報撰寫社論的幕後捉刀人，終於獲罪於南京國民政府方面。從而在一種罪歸申報的自然傳統定例之下，申報當局被政府的政治壓力所加，不敢抗爭，祇得將陳彬龢革除職位離去完事。陳彬龢被這一個打擊所受，造成了樹雖未倒，猢猻已散的悽涼局面。當時由他秘密專爲招待幕後捉刀人吃喝歡聚而設的一所花園洋房，頓告人去樓空，無形解散。是以從此時起，直到他遠走兩廣，而後再轉赴香港之前爲止。在這段的時日期間，陳彬龢就搬到愚園路某里居住，他在住室門上，還釘了一塊長方型的黑底白字洋鐵皮的招牌，上邊緜寫着「日本研究社」字樣，原來他以研究日本問題與東北問題爲對外宣傳的職業招牌。並且還發刊各種小册子，作爲「日本研究社」的研究日本問題的著作成書，以示其自命爲「日本通」的徵信物證。當時抗日空氣，甚爲濃厚，故購讀他「小册子」的熱心人士尤爲衆多。可是他所發行小册子的售價定例，非常微妙，凡購讀者是必須要先付預約費十餘元。但小册子的書末，不印定價，亦不分册另售，只備印有書名目錄一紙。紙上滿印對日本所研究的問題一百個，故名之爲「日本問題研究叢書」，成爲整套的書册。換句話說，那即是一個問題一本書，仍等於說明每本小册子的售價爲一角幾分錢，算不得是書價昂貴，這也是吸引購讀者衆多的當然因素。

但是該「日本研究社」僅僅出版了兩種關於研究日本問題的小册子，便告無形停止，成爲無疾而終的短命刊物。而所收取十餘元的預約費，則被他無聲無臭，不問不聞的完全乾沒了。如若有人爲他這筆所呑沒的預約費，做一個詳細調查，統計紀錄的總結算，其數字之大，定可驚人。好在我們中國人的民族性所禀賦，多是生與俱來的是仁厚敦樸的自然天性，而後天所受的傳統教養，又多是忠恕溫和的道德觀念。試問有誰願意挺身而出，任做出首檢舉罪行的告訴人呢，大家都認爲多一事不如少一事，上一次當學一次乖，自認晦氣算了。但在當時的生活程度低賤，幣制價值高貴，這十餘元的一注損失，不能說是微末細小。是以也有幾個於心不甘之人，不免因此指斥聲討陳彬龢的這種行爲，不過人們的指斥聲討，只是指斥聲討而已，對陳彬龢本人說來，並不發生一點什麼的憬悟愧怍，警惕儆誡的效果作用。即使對他是當面予以指斥聲討的話，相信決不會有面紅耳熱的情狀呈現的。

「日本研究社」所已出版的兩種小册子其研究問題的那是兩種內容。一是爲研究日本皇室系統的考證問題，另一是考證日本名臣豐臣秀吉的事蹟問題。這兩者雖則皆有關於日本歷史方面過去的史實，但非眼前中日風雲的萬分緊急，亟待謀取妥善合理的解決辦法問題之嚴重迫切可比，正是不研究它也罷。

陳彬龢自從失去申報職業以後，立即創辦「日本研究社」，藉以作爲他的新職業，而且想出這個出版日本一百個問題的研究叢書，吸收預約費，終因他命好運高，不但是所謀皆遂，而且也所願皆償。尤其是他奢侈舒適的生活所過並不因失業而有所削減，仍然遊樂於燈紅酒綠之中如故。在此期間，又給他想出一個生財之道，那是他出版了一本「陳彬龢言論集」，是蓋由他藉以申報館主筆的名義作號召，自然其聲名相應甚盛，一時購讀者甚衆，而他囊中的錢鈔當然的也「麥克」「麥克」了。原來這本「陳彬龢言論集」那是他以「養媳婦」式的身份進入申報館，任做特約社論撰述時的作品。其實眞正執筆的作者却不是他而是那班赤色份子的幕後捉刀人。毋可否認，這班人個個都是名家，學則各有優良擅專的勝長，識則各具高深特殊的經驗。他們各憑着自己的學識和思想，就題撰文，隨時論事，正的是篇篇佳作，語語驚人。只是幕前人的讀者何知，總認爲申報上的社論文章，盡出於陳彬龢一人之手。於是他的聲名遂洋溢於國中了，名利雙收，「勞」享其成。在此所謂「勞」也者，就是指他每晚親送社論文稿到編輯部交給張蘊和之謂。大概他爲了紀念其奔走之「勞」，故將剪貼留存的所有代製品申報社論，彙集出版這本「陳彬龢言論集」。他之所以出版此書，原本爲了應付預約購書的讀者們要取新書不得的搪塞對策。藉口出版之新書甚多，才把「日本問題」的排印工作押遲下來，不信便有即將出版新書的校樣爲證云云。一般良善的購讀者，眼見新書的校樣，無詞以難，只得快快離去。萬想不到這本「陳彬龢言論集」出版，不但帶給他一筆不大不小的財富，而且還帶給他到香港來創辦「港報」的機會。這不是他的命好運高又是什麼？（四）

粵曲星腔創始人小明星

一代藝人：小明星

·呂大呂·

粵曲重腔，在粵劇界中，凡是有名氣的無不自有其唱腔。數十年來，遠的有朱次伯、千里駒、白駒榮、薛覺先、馬師曾、廖俠懷、上海妹。近的有新馬師曾、紅線女、芳艷芬、白玉堂、何非凡、任劍輝等。他們在粵劇界有地位，而他們的唱曲，都自成一家，後學的各有所宗，一開喉，便知道他是唱上面那個人的腔，

不僅戲人各有他們自成機杼的腔口，凡是行歌的而又成名的，也一定有他獨特的腔。所謂行歌的人，有瞽姬，有瞽師，有音樂家也有歌伶。瞽姬中的玲好、朱家翠燕，瞽師的盲德，他們的腔也很有名。音樂家中以梁以忠的「解心腔」、鍾雲山的「骨子腔」爲最著。女歌人稱歌伶，也稱女伶，這其間也有不少獨特的腔口，張月兒的「鬼馬腔」，胡美倫的「滾花」都爲人所樂道，但無過于以「星腔」著譽的小明星。

在歌伶界中，小明星真可以稱得上「一代藝人」。她紅顏薄命，雲英未嫁便「星殞五羊城」。在她的生前，她的「星腔」風靡一時，所有音樂界、文化界中人都對她稱道不已，便是粵劇界也極其推許。稱她的腔，爲空前未有，後期更爐火純青，唱來似不食人間烟火。行歌所至，聽歌的勢必座爲之滿，而當她一曲高歌時，儘管如何多人，也都鴉雀無聲，如痴如醉的全神傾聽。她死後更了不起，穗港澳遠至廣州灣也爲她開追悼會，各地報章都爲她出紀念特刊。好幾個在歌唱界有名氣的，都爲她撰曲歌唱來追悼她，統名「悼星曲」，這真是空前絕後的事。

小明星死了差不多三十年了，現在歌唱界還不少唱小明星腔的，她的唱片成爲珍藏唱片。懷念小明星的歌迷，至今還對她的歌唱沉醉，還對她的早死唏噓嘆息，像她這樣，真堪稱是「一代藝人」。

對這樣一個「一代藝人」懷念、哀悼，甚至是景仰崇拜的人，在今日的香港，還有許多。本篇之作，想當然爲人所欲知。其中一二軼聞，則又爲極少人所悉，這便更值得一記了。

本是寒家伶仃女 小小年華學歌唱

小明星是廣州河南一貧家女，姓鄧，小名蕙蓮。由于一雙眼，圓圓的，自小便給人叫她做「大眼女」，後來却簡稱她一個「女」字，固然在她的街坊，相識她的人都以一個「女」字叫她，便是後來在歌壇，和她相識上時間久的人，不是叫她「阿薇」，便叫她「阿女」。

「阿薇」便是「曼薇」，是她行歌時初露頭角的名。她本名蕙蓮，一個替她撰曲的人王心帆，替她改上了這曼薇的名。從此凡是識得小明星的人都知道「鄧曼薇」是她的姓名，「阿女」是小名，蕙蓮這個名反而沒而不彰。

小明星是三水縣人，和畫人鄧芬同鄉。她自少喪父，依母而居。母排行第六，人稱她爲「六嬸」。寡婦孤女，自然生活窘苦，但雖困苦，一樣供女讀書。

小明星年紀小小，却對歌唱特別有興趣。有有一個賣白欖的人，常常在她家附近賣白欖唱歌，唱的是一支諧曲，名「發瘋仔中狀元」，又名「發瘋仔自嘆」。小明星很喜歡聽這支曲，久而久之，她也會唱了，而且唱得很傳神。

由于她家畢竟是貧家，有人就勸六嬸，何不叫女兒拜師學曲，使她學成一二支曲出唱歌壇。幸而唱紅了，就無須捱得這樣苦了。這話使六嬸聽了意動，便悉索敝賦，拿了錢去讓女兒學歌。

教她唱歌的師傅姓葉，名貽蓀。她最初是學唱「大喉」。她聰明，很快便能唱兩支大喉曲，一支是「岳武穆班師」，一支是「五郎救弟」。學會這兩支曲，葉師傅認爲她唱得不錯。當時歌壇正盛，她很快就出唱歌壇，由于年紀小，便改上了「小明星」這個名。

唱過了幾遍，許多人都覺得這個年才十二三的小明星，唱得好。居然一個月有好幾晚唱出，也居然拿了唱歌的錢來奉母。

她覺得唱大喉總不外大紋大路的唱，不可能有什麽運腔。這時瞽師盲德，有一張唱片名「玉哭瀟湘」，已成名曲，而盲德唱來「九曲十三腔」，跌宕得未曾有。小明星心焉嚮往，她得了「玉哭瀟湘」的原本「今夢曲」，便仿着盲德的唱法，以平喉來唱，更稍稍改變了盲德那種「盲公腔」，唱來自覺更爲動聽。當即在歌壇唱出，一唱便驚動菊部，使周郎稱絕，從此小明星改唱平喉了。由于沒人撰曲，她只能唱盲德的「玉哭瀟湘」，另外一支曲，這便是她自少聽慣，耳熟能詳的「發瘋仔中狀元」。由于她的一串歌喉好，又能唱出有點兒自成一家，在歌壇不少人注意她了。

梁以忠教以新聲
王心帆贈以新曲

當時音樂家梁以忠在廣州，常常在家開歌唱會，招集音樂家、歌唱家到她家裏玩一晚。有人對他說出歌壇近來有一個年輕的新人，名小明星，唱的腔，頗爲動聽。問梁以忠聽過了沒有？梁以忠說是沒有聽過她的曲，却聽過人說她。便請這人把小明星請來，在他這個歌唱晚會中唱出，好得聽聽她的歌聲。

小明星對梁以忠早仰大名，聽到了請她參加這一個歌唱會，自然很高興的前去。當晚她唱了一枝學自盲德的「玉哭瀟湘」，使梁以忠頗爲稱道。

此後，他們常時會見面，彼此熟了，小明星對于唱曲的如何運腔，她不斷的研究，因而常常向着梁以忠請教。梁以忠也就知無不言的悉心指點。但小明星唱來唱去也無非這幾支曲，深知要創新腔，非有新曲不可，便時時希望有人能夠爲她撰新曲。

她的希望沒有成空，她獲得如願以償了。有一個在機關任事，而又爲報紙副刋寫文章而頗有名氣的人，姓譚，筆名「刀仔」。他常常作顧曲周郎，對這藝壇新血十分欣賞，認爲假以時日，多唱新曲，這一個小明星一定會在歌壇中很了不得。他曾經對着小明星鼓勵，那日，小明星爲了他是文化界中人，便請他介紹個人替她撰一兩支新曲，刀仔答應了，一想便想到了王心帆來。

王心帆是報人，也是個編劇家，是個編劇家當然是個撰曲人了，是個報人，他撰的曲一定會典雅，這正是適合小明星那把帶有幽怨的聲唱出。刀仔更知道王心帆是個古典文學甚有修養的人，只要王心帆肯答應爲小明星撰曲，他一定可使小明星在唱腔中更能發揮。

當下他就去找着王心帆，一說起來，王心帆正是對小明星的歌聲韻味欣賞的人，同時他正以小明星沒有適合她唱的曲引以爲憾，聽到了刀仔的話，他即不加考慮的答應了刀仔。

王心帆第一支替小明星撰的曲，曲名是叫做「痴雲」。這支曲是小明星第一次以新曲在歌壇唱出，也可以說是第一次創出了她的星腔的唱法。原來這一曲「痴雲」，和一般的曲不同，第一是全曲很長，長近二千字，要唱足一個鐘頭，有多。第二是這曲的詞句很特別，一段「二簧」，有長句，有短句。初起的一二句，長得很，第三四句，便突然轉爲短句，此後却長短參差。這樣一支曲，曲固然不易撰，唱更不易唱。但小明星却唱通了，就憑這一曲痴雲，便立刻唱紅起來。

當小明星得到了王心帆這支曲時，她爲此曲細細研究，深覺這樣長短句參差，確是不容易可以唱，却是深愛它的詞句香艷典雅，怎麽也不能刪去它半句。不刪便要照唱，照唱又不能協調。因之拿着這曲反覆推敲，不想反因此而創出了一個新腔。憑這個新腔來唱出，對于這樣一支長短句參差的曲，完全解決了。而且覺得她這個新腔，正要有這樣參差長短句，才會唱得好。便爲這支曲苦心孤詣的研討了好一個時期，認爲可以新曲新腔同時唱出了，便在一個晚上在一處歌壇來唱出。

這支曲，起首是兩句「打引」，跟着是四句「詩白」。那兩句「引」是「蓬萊無路海無邊，織女佳期又隔年」。兩句「引」一說，當堂使聽歌的人呆住，爲的她對這區區十四字，聲曳得長，婉轉得妙，和梨園任何戲人的「打引」有着不同的腔。全曲唱下去，其中一段「南音」，更是和一般戲班的唱法有異，那種跌宕法，比起了盲德唱「今夢曲」中的幾支曲還要跌宕有致。及至唱到了「二簧慢板」，長到無可再長的兩句，和忽然轉變的幾句短句，以後又長短參差互用，眞的是唱到出神入化，豈獨聽曲的周郎聽到他們如醉如痴，便是拍和音樂的也聽到神往，更增加了他們的拍和興趣，而成爲牡丹綠葉，相得益彰。

就在這支曲唱過，她的唱腔的別成一家，奠定了「星腔」這個名稱了。一曲「痴雲」唱起了她，她自然認爲王心帆是她的恩師，自然是央求王心帆替她繼續撰著新曲。王心帆給她撰的第二支曲是「人面桃花」，第三支是以蘇曼殊事跡撰成的「恨不相逢未嫁時」，一路下去，「故國夢重歸」、「杜鵑紅」、「慘綠」等不下四五十支曲之多。

一個撰曲人而可以爲一個歌伶撰了差不多五十支曲來給她唱，這眞是絕少有的一回事。故小明星終其生對王心帆敬佩，她常常說，沒有王心帆的曲就沒有星腔，沒有王心帆就沒有小明星，可見她對王心帆的尊重。

不過，小明星對于她的星腔成就，也有多少是得力于梁以忠的，梁以忠爲了幫助小明星的腔韻自成一家，他曾苦心教小明星學唱「粵謳」，他認為小明星的腔如果能夠帶點「粵謳」味，這就更為動聽。

「粵謳」又名「解心」，是道地的、古老的廣東民間歌曲，介乎「揚州」與南音之間。梁以忠的曲極有「粵謳」味，因之給人稱他唱的曲為「解心腔」。梁以忠教過小明星取「粵謳」的韻味來運腔唱出，但又叫她不要太多用，多了便俗，結果小明星的腔恰到好處，這是梁以忠之功，合王心帆與梁以忠二人，她才會有這成就。

對曲藝忠誠嚴肅　一生中多人贈曲

小明星的「星腔」成就，一般來說，她的聲線圓滑，音色甜美而曼妙，而為人又認眞冰雪聰明，却不知小明星對于研究曲藝，是無比的忠誠，無比的嚴肅和無比的勤力。她要研究一句曲，往往廢寢忘餐，吃飯、洗澡、入洗手間，也念念不忘。

對于一支新曲，主要是先來弄通了這曲的主題思想，曲詞的字句，掌握了曲中人的感情，然後又在行腔、韻味、咬字、露字上再大大的下一番功夫。如果曲中有一二字，她認為唱來會「拗口」，便出盡方法來唱到它流暢。如果遇到意境晦的，便又設法使它突出。還有，她常常為一支新曲除了自己鑽研外，還虛心請教她所崇拜的音樂家。她認為可以唱了，便得請音樂家拍和，一再試唱，唱到音樂家們都一致認好，她然後才來正式在歌壇唱出。

就為了這原故，「星腔」便得跌宕而流暢，曲中的詞句無論如何艱深，由于她唱來感情流露，而使到形象鮮明，感染力强烈。像這樣的唱曲，這樣的運腔，在藝壇中可以說是沒有第二人。

她的「二簧」，有一個腔，是星腔的最獨特處，這便是二簧下句最後的兩個字。假定這兩個字是「風韻」，他的唱法，如果用「工尺譜」來譜它，這便是「六尺反工尺上合尺工六尺反工尺上」。只兩個字，却轉成這樣的腔，眞的是動聽得很。却是當她第一次唱出時，竟使到所有拍和的音樂家，在依着她這新腔「過序」之時弄成撞了板。原因她這個腔，唱來是「三叮一板」，而當時的音樂家「過序」却只能譜成「六尺反工尺上合尺工六尺反工尺上乙上」，這便玩出了「四叮」了，這當然變了「撞板」。

這只是第一次的事，後來彼此共同研究一番，結果便獲得解決，由此可知小明星的創腔新奇的地方。

這個腔既然是二簧下句的最後兩個字，自然是每支曲也會有，而小明星發明了這一個腔後，凡唱二簧下句最後的兩個字都用這個腔，現在凡是唱小明星腔的無不如此。一聽到人唱出這樣一個腔時，便知道他唱出是小明星腔了，究竟小明星這個腔是怎樣來的呢？說來很妙，她是從一支英文歌曲得來的。這支英文曲名是「BROKEN VIOLIN」。

由此而知道，小明星這個人是如何的聰明？她讀書不多，雖然她後來也對文學有興趣來學習，也曾臨過「張黑女碑」，但只是中文，對外國的文字當然不懂得，結果却能從英文歌曲中學到一個腔而成為星腔，不可謂不奇。

他好幾次試過為了一句曲而在浴室中洗澡時想出來的，她一面洗澡一面唱，左度右度，終于度到好為止。更經常躲在洗手間，坐在抽水馬桶上經過一二小時才出來，出來的時候，這句曲詞的運腔是度好了。

藝名小明星的鄧曼薇全身照片（王心帆先生藏）

曾經有人在小明星唱出新曲的時候，他取笑小明星說：「你這枝新曲，唱起來好是一件事，但我說你是『臭磞磞』的。」小明星漲紅了臉問他此話怎講？這人道：「你至少在厠所度過幾個鐘頭。」小明星才明白他是說笑，也就不免對他一笑。

小明星的曲多得很，她由「痴雲」一曲起唱紅，直唱到她的一生完結，單是王心帆撰曲，她唱的已經有幾十支。加上了吳一嘯的曲也不少。另外還有好些人為了喜聽她的「星腔」而撰曲給他，此中就不少有名氣的人。所知有鄧芬畫人的曲，南海十三郎的曲，蔡保羅的曲和胡文森的曲，一個個都是為了興趣而撰來贈給她的。

鄧芬是嶺南畫人中出名的，他能倚聲，徐柳仙唱的「再折長亭柳」便出自他手。那年鄧芬識到了小明星，知道小明星是三水縣人，鄧芬也是三水姓鄧的，便認了小明星為妹，為小明星撰了一曲，曲名「遊子離歌」，小明星也會唱過。

南海十三郎是江太史霞公的第十三哲嗣，有文名，曾爲薛覺先編過戲，很賣座。他撰曲清新典雅，他欣賞小明星的歌喉，也曾撰了一曲贈給小明星，小明星也有唱，可惜這支曲名却忘記了，南海十三郎現仍在港，不知他記得記不得？

葉紅影是詞人，也曾爲小明星撰了一曲，曲名「冒襄懷舊」，說冒辟疆懷念董小宛故事，小明星也唱過。

胡文森是音樂名家，他拍和過小明星多次，極欣賞她的星腔，便爲她撰了一枝曲，曲名「風流夢」，小明星也唱過。

蔡保羅是個年青人，精樂理，小明星的第一個戀人便是他。他爲小明星撰了一支曲，曲名「孔雀東南飛」，居然署名爲「薇郎撰」。歌壇印曲詞派送顧曲周郎，也就印着「薇郎撰」這三個字。人們然後知道小明星是有了愛人，這是小明星初懂得戀愛的時候。小明星對于他，也承認他是「薇郎」，却不想後來小明星就爲了他而受到愛情的打擊，小明星的肺病，也是由他而起，這又是後話了。

薇郎是個負心人
爲戀陳郎曾自殺

小明星的第一個愛人便是這個一曲「孔雀東南飛」的蔡保羅，她爲了蔡保羅年青而喜研究樂理，便把多年的積蓄拿了出來給他，送他到外國學音樂。她希望蔡保羅學成回來，成爲眷屬後，會對她的藝術上有幫助。却是蔡保羅回到來，竟然對小明星極其冷淡，把小明星的愛完全拋棄，小明星受了這個打擊，她曾經爲了這件事而吐過血。

幸而經過一個時候，她給好些友好的關懷、安慰，說她還有高堂白髮，愛人負了心，應該忘記了他，以老母爲重。她才聽從人們的勸導，眞的把這負心人忘記得一乾二淨。主要她這時有一個女友林妹殊（女運動家，女畫人，現在大陸。爲七人畫會之一。），和她特別要好，特別照顧陪伴她，她才容易把這創鉅痛心的事丟開。

但小明星是個薄命的人，她爲了蔡保羅的負心而吐過血，經過了一個時候，她又爲了愛情而自殺，雖然得慶更生，也可見她在愛河上面是如何的反覆。

她的一個愛人是姓陳的，是當時一位大書家陳宗虞之弟，她們雙方都有着眞愛情，已經到了訂婚結婚的階段了。却是陳家是大族，是閥閱世家，爲了小明星是在歌壇歌唱的，因而不贊成，不許這姓陳的和小明星結婚。

小明星爲此而感覺到她的命太苦，就在一個晚上仰葯自殺。幸而早發覺，終于把她從鬼門關上挽回。而且這事也沒有傳出去，因而知道的人幷不多。後來這姓陳的一直也伴着小明星，雖然是有情人無法得成眷屬，但始終也是一對有情人，形影不離，直至他爲家庭所逼，終于和別人結婚，他才沒有和小明星往來。

小明星就這樣一世，一直也是個雲英未嫁身，後來，她浮沉情海，心灰意冷之餘，也曾想過要嫁王心帆。

就在一次敘會中，當時的張雪英（馮寶寶後來的母親）、王心帆都在座。大家說起了關於小明星的婚姻大事，張雪英替她很惋惜。小明星忽然笑着對王心帆說：「不如你和我結婚罷。我們過着共同生活，將來我教曲，你撰曲，何等的好？」王心帆還未答她的話，張雪英就在旁邊連聲讚好。她問王心帆？王心帆只是笑，且笑且道：「阿薇是知道我這一輩子也不結婚的。要是我肯結婚，我已經結了婚十多年了。」

原來，王心帆是個一生也是王老五的人，他從不作家室之想。（現在他在香港，已經七十七歲，還一直也沒有結婚。）因此他對小明星這話，只是當作她說笑，毫沒有考慮過。而小明星也知道得王心帆很清楚，她說這話，說過便算了。

結果是王心帆現仍健在，小明星却是雲英未嫁身先死了。

陳協之卽席揮毫
陳維周欲立爲妾

小明星最紅的時候，也正是陳濟棠被稱爲「南天王」的最紅時候。這個時候，西南政府是個偏安之局，粵人安居樂業，物價又平，娛樂事業蓬勃而繁榮。歌唱界爆出了小明星這個人物，使當時的歌壇成爲娛樂事業重要的一環。小明星的星腔，風魔了許多人，連西南當局的重要人物也對小明星聞名聞聲。

當時的黨國元老陳融（協之），在東山築有「融園」作寓公，縱情書畫，不問政事。他聽到了小明星的聲名，也聽過了她當時所灌的幾張唱片，認爲星腔確有其獨到之處。便約了小明星到他的融園去見面，也約了幾個音樂家來拍和，請小明星在融園爲他高歌一曲。

小明星知道協老是政界藝苑有名人物，他的詩和他的書法，名重一時，自然樂于應命。一曲歌罷，陳融爲之擊節嘆賞，認爲她創腔新奇，得未會有。一時興起，便爲小明星卽席揮毫，寫了一幅中堂和一副對聯贈給她，陳融爲歌唱界贈書的，當以小明星爲第一人。

在西南政府時代，陳濟棠這位南天王的兄長陳維周是個炙手可熱的人物。陳維周便是月前在港急病逝世陳樹渠博士的父親，這一位炙手可熱的大紅員，也曾和小明星有過一件不尋常的事，幾乎使陳樹渠有個庶母是小明星，這便是陳維周當時曾經想盡法子，要以小明星作爲他的小星。

陳維周是個老尙風流的人，他有個俱樂部，經常弦管絲竹，响個不停。他知道了歌壇中有個小明星，却以幷未得聆小明星歌唱爲憾。那日，他和一個銀號老板說起來，這個銀號老板是識得小明星的，他說他可以請小明星來俱樂部唱一晚「燈籠局」，陳維周好不高興，卽託他去進行。

這銀號老板果然邀得小明星到陳維周這個俱樂部去，當晚就一連唱了幾支曲。

陳維周覺得小明星的歌喉運腔，眞的堪稱是此曲只應天上有，人間那得幾回聞。更看到小明星這楚楚可憐的樣子，深覺如果在他的金釵中有個小明星，才是不枉此生。便在當晚過後，他特別約了這銀號老板相見，把這件事對銀號老板說出來。

他說出了他很愛小明星的歌喉，但不容易時時聽到她爲自己歌一曲，除非使她作爲小星才可以。他問銀號老板，小明星已經結了婚沒有？聽到了銀號老板說出了小明星還是個雲英未嫁身，便道：「這就好得很，你替我去撮合，她要什麽條件，我也可以答應她。現金要多少，要幾多物業，只要她提出來，我這裏馬上照辦。總之是量珠以聘，要怎樣也可以，你替我進行。」

銀號老板自然樂于去撮合，他找着了小明星的母親六嬸，先對六嬸遊說一番。六嬸自然意動，便來對小明星說了，說她行歌了許久，只是得到了名，可沒有得到利，說她也應該找個歸宿。更說出了她給蔡保羅的負心遺棄，姓陳的又爲了家庭關係而無法和她結合。現在這個陳維周，他是總司令的兄長，是個「一字並肩王」，又由着我們要怎樣條件也可以，如果嫁了他，母女可就平地上青雲了，這番話，倒說得小明星不知如何是好。

小明星曾經把這件事對王心帆說知，也曾對她一個深閨密友林妹殊說過。王心帆沒有怎樣表示意見，他只嘆息着說出了一句「薄命憐卿甘作妾」的話；林妹殊就極力反對，說她有上了這樣的聲譽，怎可以入侯門爲小星？林妹殊說的都是振振有詞的理由，使到小明星對這件事不加考慮。事實上小明星聽到了六嬸和她說，她只覺得對母親的願望有考慮，她要和王心帆、林妹殊商量的，也無非是爲了這個罷了。聽到了王心帆這句極有含蓄的話，和林妹殊這樣振振有詞的侃侃而談，她可拿好了主意了。

六嬸畢竟是愛女的，實實在在也覺得如果要她深入侯門作妾，這也委屈了她的一生，聽到了小明星說出來的一番話，也就不作什麽主張了。結果這銀號老板費盡了舌敝唇焦也不成功，他只好去回覆了陳維周。

小明星（中）和林妹殊（右）王心帆（左）在粵秀山所攝

陳維周對這件事只引爲憾事，他幷沒有仗着他的勢力來壓迫小明星。但他一想到要有一個能歌唱的人作爲他的小星，便非達到目的不可。所以他終于娶了一個在戲班當「花旦仔」的爲妾。這個「花旦仔」是當時報界耆宿孔仲南（別署酒中溤婦，著述甚多）的女兒，倒也是當時的一段佳話。

穗起歌價走香港 港起歌價返廣州

小明星在歌壇雖然紅透了半邊天，但她在穗港兩地的歌壇也曾遭遇過極不如意的事。

當她在廣州唱到最紅時，她覺得她的歌價，許多年也是這樣，以這時的聲譽地位，和多年前比，完全有着極大的距離，她這時是唱到那處便旺到那處的，已經替茶樓和歌壇着實賺了不少錢了，還維持着過去的價錢，這是不公平的，便在一個時候提出要起歌價。

本來這是合理的要求，但做生意的人是只顧賺錢，不會講理的。他們爲了這件事，幾處歌壇聯合來應付小明星，用杯葛的手段來對付小明星，以爲他們聯合了杯葛小明星，小明星是逼得要就範的。小明星對于這個，她很憤激，一怒便離開了廣州到香港去。

小明星來到香港，在香港的歌迷來說是一個喜訊，歌壇也迅速抓着她，小明星便在香港立刻打穩了基地。但在這時候，小明星還是一樣的孜孜求學。香港不少音樂界老前輩，她就從徐桂福學揚琴，要做到在歌壇上一面打琴一面唱出。

却是奇怪得很，小明星對歌唱這樣聰明，學琴竟然不能獲得成就，結果她就放棄了自打揚琴自唱曲的念頭了。

在香港經過一個時候，由于香港的物價上漲，生活程度日高一日，小明星又是認爲非起價不可。那裏知道她在穗要起價觸礁，在香港要起歌價又是觸礁。結果又回廣州，這是因爲廣州長堤的怡香茶樓，答應加她的歌價使她回去的。

以小明星星腔的號召力，竟然兩次起歌價也都這樣的不愉快，人們就認爲小明星畢竟是個紅顏薄命的人，因之歌藝有這樣的成就也會遭遇坎坷。她在事業上是如此，在婚姻上也是如此。有人更歸咎她所唱的曲，沒一枝不是悲雲的，這自然影响到她一生的命運。

當王心帆替她撰「秋墳」時，她在廣州唱出。由于這枝曲的悽怨，而小明星却特別唱得好，才唱了不久，便給唱片公司請他灌音，唱片的銷數很高，一時無兩，甚爲哄動。當時一位中大教授，在詩壇有名的朱子範曾經說過：「好是好了，我就嫌它不祥。」這也是小明星所唱曲大都是悲雲的一證。

事實上小明星的人生觀也是很悲觀的，識得小明星的人也知道。她唱的這許多支曲，除了最初在歌壇唱出的「發瘋仔中狀元」是較爲輕鬆有趣外，其餘眞的是無一支曲不是凄凄楚楚、慘慘悲悲的。在人們說過她生平唱曲影响了她的一生命運不歡後，她也想有一支能夠唱來輕鬆一點的曲。當時有曲王之稱的吳一嘯，便爲她撰了一支「多情燕子歸」，總算是在她所唱各曲中比較沒有凄慘衰雲的一曲。

不少名曲成唱片　粵劇電影亦改編

歌伶中擁有最多曲的要算小明星了。單是王心帆一人就不下替她撰過五十支曲唱出，吳一嘯也在十支以上。其餘以一曲贈她的也不少，她都一一唱過，沒有一支人家費了心撰給她她却不唱的。說她是擁有最多曲而又唱出最多的，倒是千眞萬確的。

她每一支曲也經過一番功夫才來唱出，因之小明星就可以說是一生都爲了曲藝。但她却有代價，幷不虛擲。由她的名曲而灌成唱片的很不少，由她的名曲而改編粵劇，改編電影的也有，現在且把它寫出來。

她最先唱王心帆曲的是「痴雲」，最先灌成唱片的也是「痴雲」。由于曲太長，全文近二千字，唱出達一句鐘有多。唱片公司就揀了她最唱得精彩的一段「南音」來入碟。雖然只是一段南音，也要刪了其中的兩句，一張唱片才能容納得下。後來「秋墳」灌片了，好幾枝王心帆的曲像「歸來燕」、「風流夢」也都灌成唱片，吳一嘯的「多情燕子歸」也是她的唱片中的一張。

她的「秋墳」一曲，何非凡曾拿來改編過粵劇演出。她的「多情燕子歸」改編了電影，由她的最知己拍檔小燕飛主演，其中一個鏡頭是由她在銀幕上唱出「多情燕子歸」一曲。一個歌伶，而會有這許多唱片，她唱的曲會改編粵劇，改編電影，可以說不作第二人想。

從來女歌伶唱的曲，無論怎樣，戲班中人很少讚好。爲的戲班唱的曲是要爽，歌伶唱的曲總不免調子不夠爽朗。但小明星的曲，却有不少大老倌稱道。而且還有一位名伶學過她的星腔，他把星腔融會在他自己的唱工中，憑此而另成一種適合于舞台唱出的腔。

這位名伶，便是今日的慈善伶王新馬師曾，新馬師曾爲童伶時，他是唱馬師曾腔的，但很快便改變了，一變而爲學薛覺先腔。他聽到了星腔，認爲很好，便悉心研究，使他自己的腔唱來帶有小明星的神髓。有個時候，新馬的唱工，所佔星腔的成份較多，這是他初加入覺先聲的一年。後來又逐漸改變，不斷的改造而成爲今日的新馬腔，但懂得音色的人，還是認爲新馬腔確是受到了星腔的影响而成的

一曲秋墳成絕唱　可憐七月落薇花

小明星在廣州淪陷後攜母來了香港，她的歌運更紅，但由于她對曲藝的研討，始終還是這樣的忠誠嚴肅，她日日度曲，夜夜唱曲，太勞了。加上不如意事常八九，便染上了個肺病，咯過幾次血，有時咳起來，吐出來的痰也有血絲。她自己知道，她是染上了個遲早會發的一個不治之症。

這時王心帆、吳一嘯兩位「曲人」也在香港，他們看見小明星經常帶着點病容，而且日瘦一日，大有病骨支離之勢，不免時時也替小明星憂心，但只是憂心，却愛莫能助。

在香港一個時候，日軍發動大東亞戰爭，香港淪爲日治，留港不少人紛紛離開香港歸鄉。梁以忠和張瓊仙一雙夫婦要走到自由區去，準備找覺先聲劇團來謀生活。他們臨走時到灣仔道的小明星家和小明星道別，他叫小明星也得在短期內離開香港轉到大後方去，說可能在自由區中勉强還可以歌唱維持生活的。却是小明星就答了他幾句話，似乎這幾句話就像是遺言。

大約小明星自己知道她自己的肺病已深，她這時正臥病在床，聽了梁以忠的話後，便道：「我唱了十多年曲，唱到現在才會有不少人欣賞，但恐怕現在是唱不了多少時候了。」自然這句話是表示她無可能去自由區那裏來唱歌度活，梁以忠聽到她這樣說，爲之黯然而別。

這眞的是遺言，說過這話幾個月，小明星眞的香銷玉殞了。

香港是十二月淪陷的，她一直留在香港來養病，直至第二年，她的病稍有起色，這才作離開香港之計。這時候的小燕飛是在澳門，由于香港的淪陷，澳門成爲畸形的繁榮，因此小燕飛屢有信來叫小明星到澳門去，而她的離開香港，便攜母先到澳門。

在澳門見到了小燕飛，她和小燕飛聯袂在澳門的國華戲院登台唱曲。唱期是七日，由于特別旺台，院主要繼續，却是小明星這時又吐血，但沒法子可以推却續期，結果又續唱了五天。

唱完了國華這十二天期，得到了點錢，便從澳門回到廣州去，希望在廣州可以休息養病，却是回到廣州後，爲了環境，不得不扶病出唱，她出唱的歌壇是欒欄路的添男。

過了一個時候，她在添男唱的是「秋墳」，唱曲時已感不適。結果就倒在歌壇上，從此一代藝人，眞的一曲秋墳成絕唱了。她死時是舊曆七月十四日，新曆八月廿四日，差一天是盂蘭節。但這是秋天，她的新墳就眞是個「秋墳」了。

小明星一死，藝壇震驚，全廣州市的人也爲之哄動。她生平的閨中密友林妹殊，爲她撰曲最多的王心帆，立刻替她奔走身後。遺體送到粵光製殮公司，然後在殮後葬五層樓後面的一幅義地，遺像是安奉在大佛寺裏。

奇怪的是小明星生前許多傾服她的人，但送殯的却只得三個人，一個是林妹殊，一個是王心帆，一個是名喚雷宏强的人。（現在港聖保祿書院爲教授）。

小明星葬後不久，發覺這一幅義地太濕，便由林妹殊出資把她遷葬小北佛塔崗那裏，距離「金嬌墳」不遠的一個地方，而且發起爲她築墓，總算是林妹殊對她的一番心事。

大小報出紀念刊　省港澳開追悼會

這時候，王心帆是在粵聲報主編事，他便爲小明星在粵聲報出了一個「悼星專刊」。其他省港澳各報也跟着紛紛出特刊來紀念這一代藝人在曲藝上的如何偉大。

除此之外，廣州、香港、澳門，甚至自由區的廣州灣也紛紛替她開會追悼。廣州是在「大東亞遊樂塲」舉行，由易劍泉主理其事，十分隆重，香港是在當時易名「明治劇塲」的皇后戲院舉行，澳門是在國華戲院，極生榮死哀之能事。

林妹殊曾爲小明星刊行一本「小明星女士紀念特輯」，她自己寫了一篇幾千言的文字來追悼，寫得情感洋溢，題目是「雲英未嫁身先死，長使故友淚滿襟」。

名歌者唱悼星曲　詞人出悼薇詞集

爲了紀念，追思小明星，不少撰曲人特爲此而撰曲。這些曲通通由小明星生前崇拜她、或曾執弟子禮的名歌者主唱。她們紛在省港澳的追悼會中唱出來。這幾支曲有人刋印出曲集，稱爲「悼星曲集」。

這幾支曲，一支是吳一嘯撰的，題爲「七月落薇花」，開首兩句「詩白」是「一曲秋墳成絕唱，可憐七月落薇花」。首次是在香港的小明星追悼會，由李少芳唱出。後來常有在歌壇聽到，以有「歌壇玫瑰」之稱的梁瑛唱得最多。而且小明星死後多年，許多歌壇聽曲的人，常常點唱這支曲，可見小明星感人之深。而事實上吳一嘯撰這曲也特別的感情流露，爲許多「悼星曲」中最佳的一曲。

另一支常在歌壇唱的「悼星曲」是「藝海星沉」，是由李少芳唱，又一支叫做「南國星沉」；而何麗芳唱的一枝却是「星殞五羊城」。無論那一支「悼星曲」，唱的都是星腔，這固然以此紀念這星腔創始人的小明星，事實上這幾個歌者她們平日也是唱星腔的。

就在這時候的刋物，倒有不少是專爲紀念小明星死後而出的，就中一本叫做「悼薇詞曲集」，最值得一說。

這本「悼薇詞曲集」爲線裝書，用玉扣紙印成，古色古香。篇首一闋「金縷曲」，作者署名耐冷樓，他是個詞人而醉心于星腔的人，現在香港設帳教授填詞，時有廣告刋在報端。

悼薇詞曲集全書都用楷書字排印，獨篇首的「金縷曲」却是製版的，相信這是耐冷樓主親筆書寫的字。這首金縷曲寫明「題愛薇軒悼薇詞曲集」，全文如圖：

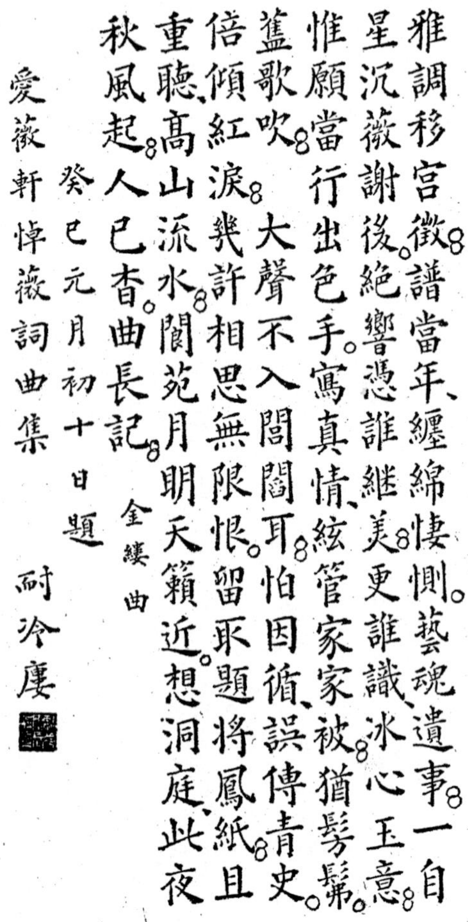
雅調移宮徵。譜當年、纏綿悽惻。藝魂遺事。一自星沉薇謝後。絕響憑誰繼美。更誰識、冰心玉意。惟願當行出色手。寫真情、絃管家家被。猶髣髴。蓋歌吹。　大聲不入閭閻耳。怕因循、誤傳青史。倍傾紅淚。幾許相思無限恨。留取題將鳳紙。且重聽、高山流水。閬苑月明天籟近。想洞庭、此夜秋風起。人已杳。曲長記。

金縷曲

癸巳元月初十日題

愛薇軒悼薇詞曲集　耐冷廔

「悼薇詞曲集」篇首「金縷曲」

以下全書刋的都是詞和曲。刋印這書的是愛薇軒主，她名羅愛華，是小明星的女歌迷。她出這本詞曲集不是在小明星死後印出，而是在小燕飛爲小明星主演了一部「小明星傳」的電影後，她根據了電影的故事，遍訪小明星生前的贊友之後，才來編印的。書中不少是代小明星的贊友、有關係人來作詞悼小明星。甚至「擬代鄧曼薇女士之母親追悼曲」也有，可謂別開生面的紀念小明星的一本刋物。

所知這位羅愛華女士是住在澳門的，她家裏有一個軒名「愛薇軒」，可知她對小明星是如何的傾慕。

她編這本詞曲集，全部文字用的是詞或曲，第一篇「鶯啼序」是一首長詞，以詞來譜出小明星可歌可泣的遺事。第二篇是「鄧曼薇女士曲傳」，是以曲來傳小明星，眞的是妙筆。

其餘當時所有的「悼星曲」，它也轉載，而書中所有的「擬代」之作，有「陳君」和「蔡君」，他們都是小明星某一時期的戀人，其他可能都是和小明星有着深切的友誼關係的；獨惜沒有「擬代王心帆」和「擬代林妹殊」之作，和小明星生前關係最密切的人，實在應推他們兩位。

總之小明星這一代藝人，在歌唱界中可以說是前無古人，後無來者。她對曲藝的忠誠和嚴肅，她的虛心學習，她對她所敬佩的人的誠懇，對學習她曲藝的人那種態度，都不是一個已成名的歌者所有的。她的徒弟是陳錦紅、李少芳、梁瑛，其中眞眞正正由她耳提面命來教授的是陳錦紅，梁瑛只可以說是她的再傳弟子。陳錦紅現在香港，沒有歌唱許久了。奇怪的是她絕口不談小明星，人家問到她，她都推得一乾二淨，說是完全記不起了。她本來是和小明星拍過照，和存有小明星照片的，但都一張無存。可以說小明星的星腔是有傳人，却是還存着小明星一份感情的，從陳錦紅來看，可以說是沒有了，這眞是值得惋惜概嘆的一回事！

在「大人」雜誌接到兩位海外讀者的來信，指名要我談小明星，我和編者笑說：題材是好題材，事情也義不容辭，若是按書畫家的潤例，點景可是要加倍的呢？

馬場三十年

老吉

「土王子」這匹長壽馬，我在上文提及了牠，而且向牠的第一個騎牠的騎師洪燮康伉儷，取得一張在一九六一年贏頭馬時，由牠的第一位主人鄭耀駒兄拉頭馬進大門的照片，製版刊出，這是值得我感謝的。對於「土王子」的一切，因爲牠在港賽跑十六年，上陣不亞百餘次，如果場場都要寫出，當然無此必要，而且也嫌「王大娘脚帶」，太長了，因而我祇揀牠的可以一講的場合，纔提出來談一下。

「土王子」是香港有史以來賽馬史中，唯一能賽跑到十六歲而仍能在退休以前最後一次上陣，還在第六班跑一哩路程能獲得亞軍，然後在這一季退休。如果當局再放寬牠跑一或兩年，這匹鐵馬一定尚可勝任的。

馬會一位幕後工作人朱榮君，他騎師室服務了三十五年，馬主的綵衣，就是他的出品，這裏刊出我訪問朱君的片段。

「土王子」在六一至六二年度，共上陣八次，到季尾的最後一次賽馬，仍在第二班中，因已有五次未得位置，此賽跑一哩，負磅則已由一三九減至一三三，五次未得位置而當時的讓磅員李清中校一定不讓牠降班，而且這一次負一三三磅，對上一次也是負一三三磅，照計一三三磅是當時最低的磅位，普通沒有位置就可以降低一班，大約李清中校確有目光，因而不讓「土王子」降第三班，而要牠再跑一次，看清楚是否眞眞不濟，我一直對李清中校的配磅與讓磅和升、降班的處置，傾心佩服，因爲他對這一項專業，確乎有獨特的目光也。

此賽因祇有一場第二班馬出賽，而且對上一次此班馬的一場六化郎四十碼有十四匹馬上陣，同時還有一場一哩一七一碼長途也有六匹出賽，於是這一回的一哩，便祇有七駒上陣了。

馬迷們的目光，也不會十分錯了此馬，既然再執轡，當然仍有許多馬迷們對牠下注，結果第一大熱門馬是林國强君騎的「喜寶馬」，有近五萬獨票，第二熱是布林利君騎的「西施」，近四萬票，「土王子」第三熱門，三萬二千多票，因爲出馬少，陳杰騎的「從心所願」負獨票最少都也有九千六票，總票數有十八萬五千多，每張五元，等於九十二萬多元，這數目比之現在每塲的五、六十萬元還多，何以故？現在加多了連贏位，雖然是每票十元，比五元加了一倍，却因爲連贏位派彩多，而且有時候第一、二熱門跑出來，雖是第一、二熱門，却也有三十至四、五十元派彩，於是乎每塲賽馬，變成博獨贏票的人少而博連贏位的多，所以，現在的獨贏票售出總數，連十一年前的六二年份都不及，無他，當時尚未有連贏位與當日孖寶舉行之故也。

此賽的結果，大熱門「喜寶馬」跑第四，二熱門「西施」跑第三，三熱門「土王子」跑第一，冷馬「從心所願」則跑第二，可惜當時沒有連贏位，否則至少派幾百元。

一分四十三秒的的時間不算錯，「土王子」映相贏了「從心所願」一條頸，獨彩派廿四元四，第三的「西施」，負磅一五〇出閘又包尾，後上不及跑得第三，但已輸了四馬位了。

「土王子」在六一至六二年度，就祇贏這一塲尾塲頭馬。

一九六二至六三年，「土王子」又大出風頭，上陣七次，竟然贏了三次第一，一次第二與一次第三，這一次與上屆不同，上屆尾塲跑頭馬，這次却是尾塲無位置，原因是負磅一四九，太重了。

李清中校在這一屆的調整班次，特別之至，照計，「土王子」上屆尾在第二班負一三三磅跑了第一，可是再編班却將牠降了一班，變成列入了第三班，可謂便宜之至，這大約是李清中校對拼搏馬鼓勵之意，不過，頭一次在第三班上陣，當然要負一五二重磅，而且這一次也跑一哩，也却因重磅而變成九匹馬中的第五熱門，而且頭馬「勤王」在好

騎師綵衣、帽子顏色式樣、由新馬主向馬會取得此圖後，寫明一切交回馬會，如無相同或混亂，經馬會董事會批准後，即交朱榮君縫製。

地上做出的時間是一分四十五秒，比「土王子」在上屆尾贏馬的時間慢了兩秒，不過，凡休息暑假之後，馬匹再出賽，時間一定比較慢，而跑到季尾，則一定特別快，這倒是一直如此不變的現象。

此後牠連中三元，贏了三次頭馬。

第一次在六二年十二月一日，在第三班負了一五二重磅跑一哩，這是「土王子」最擅長的路程，同場有十駒，因為重磅，所以不是大熱門。大熱門馬是郭子猷騎現在已榮任了馬會董事李福和兄的「及時」，有四萬多票，「土王子」祇有三萬一票，二熱門則是梅道登的「小天使」，這一場賽事，「土王子」在直路上，洪燮康出盡了九牛二虎之力，終點到不必勞動電眼，鬥勝了「小天使」一條馬頭，獨贏派彩廿七元正，時間是一分四十三秒三，「及時」大熱門落第。

贏了這一場，還是不升班，這一回李清中校太鼓勵拼搏馬了，隔了一個多月到二月九日，「土王子」出六化郎四十碼，負磅一五四，比上次祇加兩磅，當然是全場九匹中最重者，短途原本不是「土王子」的好戲，加之又負重磅，二熱門梅道登的「從心所願」（此馬與現在的「盈餘」、「出術」同主，都是宏記公司梁耀老先生的寶駒，原本在第一班中，也曾喧赫一時，此時已開到荼薇，十二歲老馬了，牠是在是屆跑完之後退休的），負票五萬弱，而大熱門則是蔡克文騎的「大胆」，有五萬二票，「土王子」祇有萬七票耳。「大胆」與「從心所願」三駒，幾乎一同衝線到終點，經電眼映相，然後分出「土王子」輸給「大胆」一頸，却贏了「從心所願」短馬頭。

但，賽後亮紅燈了，洪燮康控訴「大胆」，在未到終點前擠迫「土王子」前進。

當時已有巡邏電影，董事會競賽小組詢問雙方口供，再放電影察看，發現蔡克文與「大胆」確有擠迫「土王子」情形，於是控訴成立，再亮綠燈，頭、二馬對調，變成「土王子」第一，「大胆」第二，獨彩派出了五十七元的冷門，當時的馬評人與馬迷們認為「土王子」上賽贏馬不升班，此次祇加兩磅，李清中校有偏見，等這一場如此緊湊的賽事跑過後，纔覺得李清中校鼓勵拼搏，確有分寸。

朱榮、黃麗賢夫婦工作圖。（在一九五四年，他們夫婦正為當年「滙豐」總經理端納君縫製新號衣）。

可是「土王子」贏了此賽之後，又不升班，再隔三個星期，在第三班仍負一五四磅出一哩一七一碼爭「鐵行杯」，因為這是週年大賽的第一天，六三年新馬登場，有「騎師杯」、「鐵行杯」與「西洋會杯」三項錦標也。

一哩一七一碼又不是「土王子」的拿手路程，加上負了最重磅，大熱門當然輪不到牠，此賽的大熱門是陳杰騎的「黑旋風」，負票三萬六，「土王子」祇有萬三票，輪到第五熱門。

這一場賽事，「土王子」與二熱門柯倫騎是「新翼」又經力戰同過終點，結果又要煩勞電眼映相，「土王子」又贏了短馬頭，小洪與馬主鄭耀駒，捧杯拍照，「威水」之至，獨彩又有四十八元九角，贏馬又贏錢了。

「鐵行杯」由鐵行輪船公司送出，直到現在仍有，得此杯的馬主與騎師，鐵行的大班，還要擇日在該公司屬下的大船上舉行午餐慶祝，由馬會董事與高級職員作陪，是一項殊榮，所以每到週年大賽跑此賽時，我們中國馬主似乎隨隨便便，而外國馬主則當作一件大事，可惜外國馬主的馬匹，贏得此杯的不多耳。

鄭棣池君騎的「人造衛星」，在這一場跑第三，落後四乘，鄭君於一九六一至一九六二年度起，參加本港馬會為紅牌騎師，是年度共出場三次，第一次上陣是六二年四月廿一日復活節賽馬第一天第一場紅牌生賽，第六班六化郎即四十碼，鄭君騎唐文亮兄的「龍驃」，（現在的名駒「虎驃」也是唐兄的愛駒），當時紅牌生未贏過頭馬者還可以讓五磅，鄭君初出，即跑第二，僅輸一頭，第二次上陣是隔了不到一個月的五月五日，鄭君騎「邏輯」，在第四班出紅牌生賽跑半哩一七一碼，即以第一熱門放到贏頭馬，季尾再出一次第五班一哩騎「美靈登」（與現在的「凱靈登」同馬主，是其時夫婦）落第後，即休息渡暑假。鄭君到六二至六三年度因騎技不錯，便有大把馬騎，是年度共得頭馬十二次（頭九次跑畢便畢業升爲黑牌大師傅），二馬十三次，三馬十三次，落第則有五十六次，以一個紅牌生上季祇出三次而第二屆便有這許多上陣次數，也可見他以後之成爲冠軍騎師，决非偶然。

「土王子」得了「鐵行杯」後，已完成了連中三元，當然要升上第二班了。

一九六三至六四年度，「土王子」全季共上陣七次，在第二班中，因一路都要負一四〇以上重磅，（大約是李清中校見牠一負輕磅便贏馬，所以不肯再鬆手了），因而祇跑了兩次第二，一次第三，可是所得獎金七千五百元，自己食自己以外，還可以替馬主賺了三千多元，這七場馬，騎師除了洪燮康之外，還有林國强、唐宏洲、蘇國仁等。

六四至六五年度又是走下坡，是季一共出場七次，祇得了一個第三，却跑了三次「梗頸四」，這一季的騎師分別由郭子猷、唐宏洲、岑敢常、彭利來等執轡，因爲在六四年暑假中舊馬主因牠屢出無功，便以鉅金讓與大馬主我們的行家成報社長何文法兄，何兄當時已豢有「光亮」、「再得」、「寶城」、「喜力加」、「即勝」、「骰博」、及「必達」等七駒，每年所得獎金，總有七萬元以上，除了開支，總有幾萬元可剩，比存欵在銀行裏收息好得多，何兄的大公子何國英君，也就在這一季加入爲紅牌騎師，這個計劃眞不錯，以後小何逐步逐步可騎他父親名下的馬匹，贏馬就比較上更可靠更有把握，何兄的馬匹當時完全養在蘇芬諾夫馬房中，（直到現在未變動）「土王子」原本也在蘇馬房，鄭君要出讓此馬，何君肯以重金買進，當然他先得到了老蘇的指示，此後此馬再爲何君賽跑了六季到七零年暑假被迫退休，這六季之中，得獎金有六萬元之多，可是奇怪得很，牠轉到何氏旗下之後，跑到退休，計共得了八次第二與八次第三，却祇在六五至六六年度第二季爲何氏効力跑過一次頭馬，而且爆出了大大冷門，因而，何氏旗下養了此馬，六季之中，却祇拉了一次頭馬，我與何兄通過電話想要這一張拉頭馬照片，可是何兄養馬太久太多，拉頭馬照片多到無其數，可是這張照片無法尋得到，所以祇能付之缺如了。

講起這一次頭馬，時在一九六六年一月一日元旦賽馬，也是馬會當時的第五次賽馬第一天的第三場，「土王子」降至第三班，由去年毒馬案主角彭利來執轡，跑的路程是「土王子」所不擅長的半哩一七〇碼短途，負磅最重，是一五〇磅，當時此賽分爲兩組，這是第一組，一共十駒上陣，大熱門是梅道登的「泰來」，負票近五萬張，二熱門是羅倫的「雪蹄魔」，（羅倫當時還是練馬師羅達尼的東床快婿），三匹冷門馬，依次是邱達禧的「天才」四百廿七票，麥美倫的「嘉驪霸」七百卅六票與彭利來的「土王子」一千一百九十七票。

這一次「土王子」發老威，一開閘便放在前頭，就此一路放到終點，大熱門「泰來」落第，二熱門「雪蹄魔」負一乘半跑第二，還有一匹施露華騎師冷門「蘭花」跑第三。

當時已有「當日孖寶」，而且還是第一場搭第二場與第二場搭第三場一共有兩場，（後來因爲售票技術上麻煩，現在祇有第一搭第二場了），「土王子」獨彩派三百八十八元正，當日孖寶第二場頭馬是鄭棣池騎的次熱門「奔」，搭第三場「土王子」派彩五千四百九十七元，連贏位因爲「雪蹄魔」太熱，祇有七百六十三元，不及兩張獨彩票。

這一場賽事的時間是五十八秒四（好地），可是第七場第二組的頭馬顏同珍兄的「山茶花」（麥美倫騎，也是放到，也是冷門，獨彩派九十七元半），時間却是五十八秒正，如果「土王子」「編在第二組，便贏不到頭馬，可謂數奇之至。

「土王子」贏了這一場頭馬之後，一直到七零年五月退休前，再也未贏過頭馬，最後一次上陣，在第六班中出一哩，由少主何國英世兄執轡，還能跑第二，時間估計一分四十三秒另，（頭馬鄭棣池君「神采」，「土王子」祇輸一乘半），仍有相當水準，可惜馬會當局格於條例，這匹十六歲老馬就非退休不可了。

「土王子」總計爲第一位馬主鄭耀駒君得獎金八萬八千五百元，爲第二位馬主何文法君得獎金六萬元，跑了十二年共得獎金十四萬八千五百元正，這個數目，到現在牠認了第二還沒有第一，可是現在獎金大大增加，因而這個紀錄就不難在這一兩年中，可能爲他駒打破了。

現在要講一位在馬會騎師室中，服務了三十五年，由助手做到「亞頭」的朱榮老弟了。

各位看跑馬，除了馬匹號數之外，當然一定看到五顏六色的彩色號衣，（簡名綵衣），現在無線電視，賽後紀錄片用了七彩錄映，綵衣的顏色，更是鮮艷悅目，須知，我們看全程賽馬，跑到對面，就算用望遠鏡，一看綵衣就知道馬名，比看掛在馬鞍上的號布容易得多，而且綵衣是代表馬主的衣服，除了同主，每一匹馬的馬主祇要不與別的馬主的綵衣相同或容易混亂之外，一位馬主在一有新馬或購入舊馬之後，第一重要的便是做七彩號衣。

看看這各式各樣的綵衣容易，可是將各種顏色拼凑起來而縫製成一件綵衣，工夫就非一朝一夕所學得成的了。

朱榮君眞有頭腦，在卅多年前，一件綵衣，馬主定了顏色，馬會方面便要寄樣子到英國去定製，金錢與時間，兩皆不便，朱榮腦筋一動，便想起由他來採各方之長而改良其短處，自己動手代做綵衣。

於是先試做了一兩件樣子號衣，給董事們考慮，手工裁剪好，價錢便宜，時間又快速，這脚生意，董事們便批准由朱榮專辦，於是乎 Chu Wing Racing Colours 的招牌，便堂而皇之的掛起來了。（三十六）

南樓記困

・大方・

本篇題名為「南棲記困」，係追憶事變以後，外省人南來香港之始，一段拓荒性的艱苦過程。同時也表達出廿二年前香港社會關於衣食住行的一般生活情狀，上期文字內，已談過了「衣食住」的三項問題，這裏再來談談本人對於行的方面的一些感想。

港九交通素來發達，陸上到處有電車和巴士，水上則有渡船，費用很經濟，電車三等收一毫，巴士分段也收一毫，兩毫子可以直達終點，渡輪三等同樣收一毫，時常乘頭等艙渡海，自己儼然是紳士身份。港九節儉人士，嘗有這樣一個口號，叫人不要輕視一毛錢，他們說：「沒有一毫子是無法過海的」，這雖是一句笑談，但一毫子畢竟是一個小數，人們決不致為了一毫子而焦慮，基此理由，身居香港的人，對於「行」的問題，似乎不會有何困難的。不過上述情狀，祇是就一般普通人士而言，其間也有例外者，便是像筆者那樣以文字為生的執筆朋友，由於生活方式近於糜爛，致使對交通費用方面，同樣也發生了問題。

乘電船偏多妙句・遇名雌誠打通宵

無可諱言，我們這班朋友的唯一短處是身為寒士而享受慾特高，並且不甘寂寞，每天一定要尋一些飲宴和娛樂的節目。記得我初蒞香港時，上海一位末代的花國總統惠然老九已先我而至，她帶了兩個養女住在北角，我和老友沈秋雁兄常到她家裏打牌。惠然很好客，家裏不斷有朋友來往，往往打牌的祇有四人，吃飯時却坐了一桌，惠然總是取出洋酒，盡情招待。這一場牌局，照例要打到午夜一二時纔結束，散塲歸去，住在附近的沒有什麽，我住在九龍郊外，忽忽趕回去，這一筆交通費，便大有問題。

距今十餘年以前，往來港九的渡輪，普通至夜間十二時為止，星期六和星期日，纔延遲到一時，逾時必需乘電船過海，港九習慣，稱之為嘩啦嘩啦，這大概是一種象聲的名詞，因電船行走迅速，開動後發出衝風破浪之聲，遂有嘩啦嘩啦之號。那時我的歸程費用，自北角乘的士抵卜公碼頭需五元，乘電船渡海需三元，再自尖沙咀乘的士至牛池灣寓所，需五元五角，一次行程達十三四元之巨，打牌贏了無所謂，輸了則感到非常肉痛，因為那時候的十三四元，足夠一個人兩日的生活之需。

不過乘電船的代價雖需三元，那是屬於專放，如果不重要，可以在碼頭等齊了六人，開行一次，每人祇需五毫，筆者平常渡海，也總是五毫子的常客。

記得有一次，我又在惠然家打牌，到達卜公碼頭，見一個時裝少婦先在那裏候渡，看面貌似曾相識。過了一回，沒有其他渡客，我說不必再等，我請你渡海好了，於是我們一齊渡海，順便在船內聊天。她問我為何這麽晚？我說打牌，她說大概是輸了罷？我說不錯，並且輸得很慘，這位小姐聽了，忽然對我發表了一段宏論，却是勸勉之詞。她說：「上海人南來幾乎都是難民身份，謀生已極不易，賭錢更應切誡，也許你不在乎輸錢，但賭輸了是沒有人同情你的，應該聽我的話，從此戒賭。」她談到這裏，忽然自報姓氏，她說：「我叫一線天夏瑛，在石塘咀凱旋舞廳伴舞，你與其打牌輸錢，何不到凱旋來捧捧我的塲呢？」我說敬謝勸告，有機會我一定來捧塲，至此我們抵達彼岸，彼此揮手而別，遺憾的是我雖答應過赴凱旋去捧塲，但事實上非但一次沒有去過，並且從那時一別，迄無再見機會。這位小姐有一對迷人的雙目，笑起來雙目合成一縫，因有一線天之號，我覺得她的本性非常忠厚的，感念她勸我戒賭之情，我曾做了一首律詩，以記當時情況。詩題是：

渡海遇一綫天夏瑛

偶教共上渡頭船，美目曾傳一綫天，孤艇殘宵成邂逅，綠波清語共纏綿。已傷搖落為遷客，莫漫蹉跎誤妙年，我正漂零君未嫁，也應同病與相憐。

在那個時期，我對舊詩荒疏已久，並且很少做律詩，上述一首詩，當然做得不好，但這是一種記實之作，以乘嘩啦嘩啦為題的詩，過去似乎沒有人做過，却也可稱自我作古，因之不計工拙，錄之作為紀念資料。不想從這一首詩，引發了我的詩興，自此每逢和小姐渡海，都會寫上一二首詩，聊以遣興，腦海中至今猶記得的，有偕李湘蘭渡海，及與黃夢茵夜渡各一律。分誌於後：

偕李湘蘭渡海

五年長守旅情孤，一舸真同泛五湖，郎早白頭猶顧曲，妾方碧玉已將雛。天涯王粲空餘淚，陌上羅敷自有夫，良夜清尊成悵望，還衝雲水入歸途。

李湘蘭有一種嫻靜之美，對人沈默寡言，出身甚好，南來香港之始，她已有丈夫和孩子，迫於生活，獻身於夜總會唱歌，她是老友周世勳的義女，周有個別號叫白頭周郎，他要我筆下捧捧她，上詩作於一九五五年間，當時我的生活環境還不惡。自此以後，漸入窘境，連夜渡的機也會減少了。所喜李湘蘭退出歌壇甚早，像她這樣一個良善的女人，實在不適合在風塵中打滾，我時常祝福她能急流勇退，聽說她至今能過着安穩的生活，不禁為之慶幸。

與黃夢茵夜渡

薄醉能教步伐狂，舞餘襟袖尚留香，起看仙袂飄飄舉，坐對清宵細細長。殘夜遊園驚短夢，疎星映水泛歸航，此時真有離鸞恨，何處溪邊問孟光？

黃夢茵是湖北一個閨秀，生平幻想着明星之夢，南來後，糊裏糊塗的嫁了男星李英，李待她不好，不久便操分飛之劵，她本是一位坤票，青衣唱得很好，離異後，便以交際花姿態在都城酒樓獻歌。這位小姐性格老實，同樣不適合歡場生活，因此我曾勸她從早尋求歸宿。那晚我們在都城席散後，又去參觀了名噪一時的花園飯店，隨後再乘電船歸去，自此不大見面。一晃數年，我忽然在馬路上碰到她，布衣素服，脂粉不施，穿了一雙方頭的平跟鞋，完全是工人模樣，我問起近況？她說：脫離歌台舞榭已久，現下在一家橡膠廠內任管工，生活倒也安定。我聽了這情形，表示快慰，我認為一個人無論男女，不宜久溷風塵，絢爛之極歸於平淡是對的，何況歡場中人，五年便是一世，因此，使我對上述兩位老實小姐，能提早的退出歡場，認為實屬非常明智之事。

贈李黃渡海之作，大都寫於一九五五年前，此後生活更入困境，除去自己必要之需外，又得每月籌一筆家用，不必要夏瑛勸我不要賭錢，自已也已到達無力賭錢的境地了。那時候惠然老九的寓所，從北角遷到了銅鑼灣，我雖然去過幾次，却沒有打過一次牌，可知我的經濟狀況每況愈下，同時惠然的遭遇更差，她的兩位養女先後離她而去，她情緒惡劣，更患上乳癌之疾，這位花國元老不久便離開人世，使我們失去了一個良好的聚會所在，至今想起，輒為黯然。

交女友易如借火．乘單車險過剃頭

在我贈黃李的詩句中，雖然即景生情，却也頗多憶內之意，譬如「五年長守旅情孤」，即是指出客舍五年中，不曾有過對不起太太的情事，又譬如：「此時眞有離鸞恨，何處溪邊問孟光」，更指出自己是個孤家寡人，而發出了憶婦之念。坦白的說：我不是什麽柳下惠，足以坐懷不亂，但我很反對亂世男女的近乎濫交，我相信如要太太做節婦，則自己一定要做個義夫，於良心纔無內疚，我堅持此意，卒使相隔七載的破鏡，得以重圓，將次破碎的家庭得以團聚，雖屬命運，有些也屬於人為。

記得有一次韓菁清女士忽然和我談起，她說許多執筆之士都有女友，却沒有聽到你有什麽桃色新聞，何不交個女朋友以遣寂寞，我說：我的條件不夠，韓說：這不是理由，有若干文友，條件都比你差，但都有豔遇，在香港交女朋友，可說是易如借火的。我說：那也不盡然，朋友們都有豔遇，因為他們都比我年輕，我老了，又無財產，沒有一些可取處，別人易如借火的事，在我來說則難於登天，祇好不作此想了。韓聽了我的表示，不再置辯，祇是付諸一笑，我則堅持這一原則，居然省却好多麻煩，一值到達內人重來香港為止。

在惠然老九逝世以後，我很少打牌節目，自維經濟狀況，已無力打二三百元一局的牌，偶然消遣，也不過打打二三十元出入的小牌而已，更有一種麻煩事件，每遇打牌或遊宴節目，總得提早於晚間十二點以前歸去，錯過這時間，巴士停駛，回去非乘的士不可，所耗代價將及六元，這一數字，那時候可以吃兩客大餐，自然捨不得輕易用去。忽然有一次因消夜過遲，失去坐巴士的機會，正在彷徨無計，却見道畔有人，和一駕單車者講價，那種單車，尾部裝上一塊木板，可以坐一個人，也是一種代替交通的工具。我見了大喜過望，試與論價，藉知在半島酒店門首，搭單至牛池灣約需一元三角至一元五角，如在普慶戲院門首，則祇需一元，這一數字，是我的經濟能力可以負担的，頗喜在交通方面的困難問題，獲得解決。那一晚，便以一元五角的代價，初次嘗試乘單車尾歸去，翌日且做了一首記事詩以詠其事，題曰：

單車尾

未忍閒拋的士錢，單車歸去也堪憐，此情祇合晴和夜，最怕風狂雨驟天。

乘單車尾的原意，祇在省錢，其實，值月明風定之夜，乘單車讓他慢慢地駛去，頗有悠然自得之樂，唯一顧慮，是行至半路而風雨侵臨，則未免大煞風景了。

又有一次在普慶觀金素琴的「生死恨」，散場後，附朋友車至九龍城，再乘單車尾歸去，這次情況和上次不同，燈昏路滑，風雨撲人，眞担心駕車者一失足，我會從車上摔下來，幸爾那次未遭意外，風雨也即停止，平安返寓，過後我又做了一首詩為記，詩題是：

重乘單車

又附單車尾上歸，斜風細雨撲征衣，驚心路滑燈昏下，失足還愁惹禍機。

一個人往往會存着有恃無恐的心理，即如我發現可以乘單車尾歸去後，便又恢復了夜深歸去的習慣，認為即使巴士停駛，也可改乘單車也。不過單車畢竟不及的士那樣便捷和安全，常乘單車，難免發生一些麻煩事件，以下所述，便是筆者乘單車所受不愉快的遭遇。

有一晚是颱風過港的前夕，我到深夜三點纔回家，照例由彌敦酒店門首出發，經過討價還價，言明車費一元二毫。

在歸途中已發現斷斷續續的風勢，但還不十分猛烈，舉頭望月，月色却被浮雲掩住了。車子在風裏進行，風片一陣陣掠過頭面，自己心裏發出幻想，香港是不會下雪的，如果也遇到下雪，則我這一番經歷，眞變成了風雪夜歸人了。接着行程越過了亞皆老街的大鐘，離九龍城不遠，忽然風勢增加猛烈，一陣風來，車身幾乎有搖搖欲倒之勢，速率也驟然加慢，這時我發現車伕是一個年青的瘦子，他的健康似乎並不比我為强，如果抵不上風力而車覆人翻，我們兩個都有同歸於盡的可能，想到這裏，使我在情緒上引起了不安。

自九龍城開始到達牛池灣一段，可說是很危險而又很辛苦的過程，那個瘦弱的車伕，不斷的和狂風爭鬥，已到了筋疲力盡階段，他為什麽要這樣的搏命，無非為了一元二角錢的酬報而已。想到這裏，使我在不安的情緒下，引起另一感想，我覺得自己很可憐，但那車伕則比我更可憐，世間可憐的人物實在太多了。幸而在半小時後，終於到達家門，我自動將車資增為一元五角，他沒有稱謝，祇作了一個苦笑，便在黑影裏溜走了。

時常乘單車尾歸去，終於有一次引起糾葛，那次講定的價格是一元三角，上車後，車伕一路和我攀談，我回說不懂廣東話，他又問我來了多久？我回說沒有多時，他以為我是初到香港的大鄉里，居然生了惡意，到飛機庫時，便停止前進，向我再度聲明車價，說當時雙方講定是三塊錢，這時四下無人，我不願和他爭辯，祇叫他繼續前進。

到達牛池灣巴士總站，離我家還有十餘間舖面的遠近，他叫我下車，並索三元車費，我推說身上沒有錢，要到家裏去取，他攔住了不放，於是兩個人吵起來，我們邊吵邊行，終於到達自己門首，一陣爭執聲，把左隣右舍的人，都在夢中驚醒，許多人評論之下，大家都認為車伕的態度可惡，他也自知理虧，拿了一元三角，悻悻而去。

在以上兩次乘單車的過程中，我對第一個車伕表示可憐，對第二個車伕則表示可惡，但分開來說，今昔相比，那第二個車伕，還算規矩的；當時香港治安，相當安定，人心大都不十分險惡，不敢胡作非為，如在今日，遇見這種惡劣的飛仔，他絕對不需和你講理，走到無人之處，祇要拔出一把小刀子，便可將你全身所有席捲而去，你也無如之何。想到這裏，不禁對那個車伕起了一種同情之意，但也發生另一感慨，感慨着在這短短數年中，香港市況由冷落變作繁榮，人們的生活是轉好了，奇怪的是人們生活雖然轉好，而人們的道德却喪失了，社會風氣既極度不良，人們心術的險惡，更是變本加厲，誰實為之？孰令致之？寫到這裏，惟有慨歎。

一個將近聖誕節的晚上，我和幾位老友在酒樓小飲，座有劇作家吳鐵翼兄，我和他談起乘單車尾的幾則故事，他聽了很不以為然，着實勸了我幾句。他說：「君子不立於危牆之下，我曾幾次看到有人從單車上摔下來！」我聽了鐵翼兄之言，對朋友善意深為感動，從此提早了夜歸的時間，也避免了乘單車的事件，並寫一詩以誌感謝，詩題為：

簡吳鐵翼

冬來始覺轉新涼，物候偏教異故鄉，小飲還宜招舊友，片言深誠立危牆。時逢聖誕書頻寄，身在天涯業更荒，不再單車歸去晚，怕看涼月暈昏黃。

開書場大風掃興，做宵夜小姐捧場

回顧初蒞香港的五六年間，光靠寫作不足以維持生活，不得不別營一些副業，藉資挹注，可是我們這班朋友，要想做一些正當業務，既無資格，又無關係，同時也缺乏商業經驗，但環境所迫，一定要弄些工作做做，藉以貼補開支，不得已而求其次，祇有做一些「野雞」生意。所謂「野鷄」，那是一種上海俗語，係指不正當性質而言，如「野雞包車」，「野雞客人」等等，筆者在求財心切下，數年間也嘗試過幾種近乎野雞性質的生意。

那時香港石塘咀舞廳的生意，漸趨黯淡，中區和九龍方面都新開了幾家中型舞廳，眼前設在九龍西貢街的萬國舞廳，最早名為碧雲天，係一個川籍軍人鄭石筠所創辦。他中年禿髮，我們都叫他鄭光頭，他雖屬軍人，却喜與文士交往，他喜愛讀我的作品，和我便成為很好的朋友。莫要小看這一家小小舞廳，裏邊很產生了幾位不平凡的小姐，諸如小雲雀顧媚，曾在那裏獻歌，又如成愛倫和金娜，文筆美好，號稱舞塲才女；最幸運的則有袁小珍和蕭中兩位，不久即下嫁了滬籍的旅港巨商，在當時來說，這家舞廳的小姐，陣容堂堂，因之生涯鼎盛。

一般舞廳生意都在夜晚，白晝則塲地空置，鄭石筠頗思加以利用，和我談起，不妨做一些臨時生意，也可作我一些生活補助，我聽了自是贊同。經過一陣考慮後，由我向鄭君拿碧雲天日間的塲地包下來，在茶舞時間，嘗試做一種評彈（即說書）的生意。

說書，是我國江南一種民間藝術，發源於蘇州，雖然歷史悠久，但因這是一種地方性的娛樂，除了江南人以外，欣賞者不多，香港是廣東人的天下，事變以後，外省人大量南下，但能付出時間與金錢去欣賞說書者，究屬少數，致使在以往數年中，雖也有人幾度開設書場，卒因生涯清淡而關門大吉，鄭石鈞以朋友交誼，義務借給我場地，不必支付租金，採用提取利潤的辦法，同時對藝員方面，採的也是拆賬制。如此一來，我不必付出什麼資本，營業方面，估計也無什麼危險性，我認爲不妨一試，又恐獨力難支，更拉了老友胡憨翁爲我助陣，經過一番奔走和唇舌，居然籌備就緒。藝員方面，談妥了四檔節目，第一檔是虞家棟、楊掌珠的彈詞開篇，第二檔是嚴誦君的「落金扇」，第三檔是高平子的「今古奇觀」，第四檔是吳玉蓀的「白蛇傳」。開幕那天又拉了幾位女歌星主持揭幕典禮，居然搞得似模似樣，也賣了一個滿堂。我和憨翁不禁沾沾自喜，以爲前途必有好景，在生活方面，定能得到一些幫助，不想第二天開始，颱風羅比小姐突然光臨，天文台七號風球高掛，不僅香港聽客無法渡海，即是住在九龍的人，也杜門不出，風勢一連數日，我的書場也是一連數日門可羅雀，雖然在四五日後，天氣轉晴，但這場風勢，拿藝員們和聽客們的興緻都打倒了，業務一蹶不振，勉强支持了一個月，終於關門大吉。

我所安排的四檔陣容，吳玉蓀、嚴誦君屬於職業藝員，在上海時都曾享過盛名；祗有高平子和虞家棟、楊掌珠是業餘性質，爲了那時謀生不易，虞家棟曾拜吳玉蓀爲師，學習彈唱，想憑副業謀取一些收入，高平子的情形也是如此，他本是小開階級，平時喜聽評話，南來後生活困迫，便從業餘而走上了職業之路，在這種情形之下，想見當時外省人在港謀生，非常艱苦，即如筆者和憨翁搞這所畸型性質的書場，金錢方面雖無什麼損失，但精神方面，則損失頗大，求張良拜韓信的結果，所得祗是曇花一現，舊遊歷歷如在目前，人事方面，則已大大的更易了。諸如高平子，原名范春生，係上海法界聞人范回春的兒子，也是筆者少年時代的朋友，他本擅說三國志和水滸傳，改說今古奇觀，是出於我的請求。及後書場結束，他覺得留滯香港不是辦法，決計遄返大陸，走的時候，我曾替他籌劃一筆很小的川資，一別多年，雖乏消息，在我的意念中，仍私心祝他故人無恙。

吳玉蓀在當時已年逾花甲，垂老投荒，心境自極惡劣，加上環境不如理想，不久即得癌疾逝世，而最不幸及慘酷的遭遇，要算那位虞家棟了。一天報上刊登一則本港新聞，銅鑼灣勝斯酒店發生一宗命案，一個住客醉後，爲人用亂刀刺死，甚至刺得面目模糊，兇手不知所往，那個死者即是虞家棟，相識朋友讀了這一消息，都十分驚訝，猜不出虞君致死之道，隔了十餘天，海裏浮起一個屍首，懷中藏有遺書，書中自認他是殺害虞的兇手，這一幕兇殺案，憑了這一紙遺書，纔揭開眞相。

遺書中透示，殺人者和虞家棟鬧同性戀已有多年，其後虞娶妻生子，他大爲反對。忽然一次，他買跑馬票中了一個入圍奬，他要虞家棟拋却妻子，和他遠走高飛，虞當然不肯，他在妬恨交織的情緒下，動了殺機，於是將虞騙入酒店，用酒灌醉，加以殺害。事後，他覺得本人不能出頭露面，也無什麼前途，便以跳海一死了事。

香港社會的離奇複雜，可稱是人海萬花筒，虞家棟事件，產生於高平子離港以後，高平子說的是今古奇觀，如果他不離港而仍在港操說書職業的話，則以虞家棟事件採入書中，可稱今古奇觀的大好資料。惜乎高平子走了，這些故事祗能供筆者的回憶資料，至今碧雲天書場的有關人物，都已謝世，祗我和憨翁及嚴誦君猶稱强健而已。

九龍白加士街的名園老正興，筆者初來香港日，即時常就膳其間。積久，和主人柴乾良成爲朋友，那時名園老正興生涯鼎盛，柴君以盈餘之利，拿一開間擴充爲雙開間，他想兼做一些消夜生意，他明瞭在報間執筆之士，和舞星歌星比較相熟，拉攏顧客似也方便，他和我商量，提出合作辦法，我便去拉了羅賓漢報的徐鎮南君協助。

和老正興的辦法，也採拆賬性質，規定在消夜時到來的吃客，每人加收茶資一元，這一元便爲我和徐君兩人所有，如果弄得好，每人每夜，也可分得數十元，這雖是不化資本的生意，但却是出賣交情的生意，也可說是三百六十行以外的最新奇生意。開幕那晚，居然裙屐如雲，情况不惡，我至今猶記得那晚來賓中，有號稱舞國才子的章鄰仙小姐，她特地過座來和我握手致賀，除了口稱恭禧外，更說了一句「大展鴻圖」。這一句賀語，使我聽了眞有些啼笑皆非，雖然對方的祝詞出於誠意，但我明知這種野雞式的畸型生意，有何發展之可言，聽了別人的祝賀之詞，祗是徒增溷哨而已！在宵夜結束後，仍乘單車尾歸去，途次有感，寫了兩首詩爲記，詩題是：

答章鄰仙

書生未許學陶朱，自向牛灣感索居，忽憶紅妝持贈語，祗慚無計展鴻圖。

約伴多君玉趾勞，夜光杯映紫萄葡，憐余歸去單車尾，露重風寒月正高。

名園老正興之局，既是所謂野雞生意，當然沒有持久性，做了一個多月，便宣告散場，這時又使我感到無事可爲之苦。我那時每每出去吃游擊飯，除向九龍城吃常餐外，更常去鑽石山吃牛肉麵，那裏有一家以四川風味爲號召的麵店，生涯甚盛，主持人是一位唐小姐，親自料理店務，並聘一趙小姐佐理其事，唐趙二女皆年青貌美，吸引不少顧客。我在鑽石山吃麵的機會多了，和唐小姐成爲相識，又寫過兩首記事詩，題爲：

麵家雙艷

風味川中大可誇，雲吞和麵好生涯，唐娘畢竟多才思，壓倒臨邛賣酒家。

趙家少女更多姿，正好盈盈二十時，親自當爐還掌櫃，一雙同是可人兒。

苦無內助開麵館·生財乏道做跑街

我見了四川麵館生意興隆，非常羨慕，想起自己過去搞的那種書場和宵夜等等，寄人籬下，終不是辦法，遂想自己也開一家小麵館，弄得好，也可作爲久長之計，於是到處奔走，找尋埸地，奔跑數日的結果，了解到開一麵館也非簡單之事。第一點，房子頂費和室內裝修生財等等，要化很大一筆錢，不是我當時的經濟力量所可勝任；第二點，即使資本方面可以解決，但內部主持乏人，也很難達到成功階段，基此理由，使我不得不知難而退。一天我又到唐小姐店裏去吃牛肉麵和粉蒸排骨，觸景生情，做了一首打油詩以誌感慨，詩題爲：

川籍好妻房

雞牛排骨雜肥腸，和粉蒸來味更香，欲向牛池開麵館，恨無川籍好妻房。

筆者欲開麵館不成，心中懊喪。一天，一位老友黃君，拿了一張報紙，指着裏面一則小廣告給我看，刊的是「打麵機器出讓」，黃君說開麵館比較複雜，賣麵條則很簡單，退而求其次，你不如把那機器買下來，利用自己的房子，做好麵條出售，也許有薄利可圖，我也覺得不妨試試，循址前往，出讓者是一位朱君，他所以要出讓機器，主要是沒有什麽生意，我們一度洽商後，獲得一個解決辦法，由他打好了麵，我幫助他向各菜館推銷，每一斤麵，我提取一毫子的利潤，於是當時的雪園和名園老正興、知味觀等，都曾用過我的麵條，生意好時，一天也有十餘元的收入，這一項小到不能再小的生意，差不多也做了一年，一直做到朱君遷去台灣爲止，我見香港難於發展，便也去了台灣。

一九五七年春，大陸方面展開所謂大鳴大放，網開一面，有許多人成爲漏網之魚，內子也是其間之一，適我從台灣歸來，內人提議自己搞一家庭手工業，以免寄人籬下之悲，我們合作進行，漸漸規模粗具，成爲出口生意，一晃十餘年，情形尚稱不惡，生活得以平穩解決。

總計我的一生，從來沒有做成一樁順利的事業，在上海時如此，來香港後也是如此。直到內人南來，開始同搞手工業，在客地墾荒，反能進入穩定階段，至今我們的事業，雖不能稱爲成功，却也不算失敗，今後仍需藉此微業，謀取生存，惜乎自創業之始，我已年逾半百，至今垂垂將老，對事業前途，已乏奮鬥勇氣，能夠吃一口安穩飯，免去凍餒，也就算了。

回顧我們這一代的過程，遭遇着空前的劇變，所有經歷既可說多災多難，也可說多姿多采，香港尤其是人海萬花筒，如果要寫一些生活回憶，不要說什麽浮生六記，即使是百記千記，也是無法寫盡的，但沈三白的原著，祇有四記爲止，其他兩記，據說是後人仿著，是否如此，正不必加以考証。筆者生當亂世，託迹殊方，文章方面，不想和沈氏較其短長，但見聞和經歷方面，要廣濶得多，實非沈三白時代所可相提並論。所恨筆者近年文思淘盡，已缺乏壯年時那份才氣，不想多費筆墨，便也依照沈氏原著，至六記爲止，異日有緣，或遇到特殊遭遇時，也許可以繼續執筆的。（全文完）

……新浮生六記之六……

川劇的譚梅

·白周·

譚鑫培（一八四七——一九一七）
康芷林（一八七〇——一九三〇）
梅蘭芳（一八九四——一九六一）
周慕蓮（一九〇〇——一九六一）

康芷林和周慕蓮，有「川劇的譚梅」之稱。從他們兩人對於川劇的貢獻來說，這個稱謂並不算過譽。

康和周不但曾經長期合作（兩人都是名班「三慶會」的台柱），而且還有師生關係。兩人在藝術上都有革新創造的精神，像大名鼎鼎的「情探」，就是由他們唱紅的；而「情探」的前身，則是一齣情節比較簡單的戲。兩人在藝術上都有很高的成就，康甚至被目爲「聖人」——這有兩方面的含義，一是指他品德高尚，一是指他的藝術造詣已達到爐火純青，因此又叫「戲聖」；周則被譽爲「表情種子」，這說明他是如何善於表達人物的思想感情。

先談康芷林。他是川劇小生的全材，文武崑亂不擋（關於崑曲，我看過他的「紅梨記」「醉皂」），並且擅演鬚生（例如「別宮出征」的蕭衍、「殺狗勸妻」的曹莊），還能演紅生（例如「下河東」中的趙匡胤）。

他能戲極多，有不少是精品，然而最有名的，還得數「八陣圖」。

八陣圖

看這齣戲的時候，我還在幼年，還得說明在先，我看的已經不是全豹。「八陣圖」分「探營」「困陣」兩場，康芷林那時已在晚年，精力有限，偶爾露演此劇，總是由武旦玉飛瓊反串前陸遜，演「探營」一場，康扮演後陸遜，接演「困陣」一場；我看的一次就是如此演法。另一次，則是看了「探營」的一個片斷：舞劍，這是典型示範性質。

陸遜在戲裏不戴帥盔，戴紫金冠，不紮靠，穿箭衣馬褂。劇情緊接火燒連營，陸遜在簾後高歌「本督追殺漢劉主」後上場，這位青年統帥挾戰勝之餘威，窮追猛打，「催坐馬來在魚腹渡」，先是充滿驕傲和自負，以爲必擒劉備無疑，後來不幸誤入八陣圖，左衝右突，苦不得出，于是戲來了。大致說來，這齣戲的表演有下面幾個重點：舞劍、耍翎子、抛紫金冠、耍水髮、丟卡子、（類似京戲扳「一字髈叉」），變臉等等。而這些表演都不是孤立的，它們與劇情緊密結合。其中特別膾炙人口的，是耍翎子和抛紫金冠。陸遜被困陣中，人困馬乏，既疑且懼，百感交集，這時頭上的翎子也搖曳生姿，左繞右折，變化無窮，甚至宛轉交織成太極圖。最後衝冠一怒，不用手扶，紫金冠自頭上飛去。還得順便交代一下這頂紫金冠的下落，它會自行飛到檢場人的手裏，不致有失；這雖然無關重要，但也可從側面說明康的技術的準確性。

康芷林（右）周慕蓮（中）演川劇「斷橋」

耍翎子

若干年後，那時康芷林早已逝世，我去訪問了和康同台多年的名小生蕭楷成，請教康是怎樣演出「八陣圖」的。

那饒有興味的翎子，自然成爲話題。蕭講了一個故事，很令人感動。起初，他對於康的「八陣圖」也是久已聞名，可是從未見過。後來和康同台演出，有一次康貼演此劇，他便帶着偸師學藝的心情，到台下去觀看。當演到陸遜困陣時，他發現康的動作好像有些吃力，但並不了解這些動作的目的性何在；這樣過了一陣子，他無意中忽然發現：康頭上的翎子已挽成了一個一個的太極圖，這才明白了康感覺吃力的原因，不由大爲佩服，同時又爲康的體力担心。

等到散戲後，蕭勸康說：「老師這樣高年，就是馬虎點，也過得去的。」康感慨地回答：「老弟，箭在弦上，不得不發。」這個意思是說：一個人學藝到了這個境界，就不由你不用。從這兩句話可以看出：康對藝術是何等忠實。

蕭還談到康在「八陣圖」中的化裝。他說：「他頭上打的這個結子（英雄人物的一種裝飾），還有水髮和帽子的戴法，都與衆不同。」無怪紫金冠拋得那樣乾淨俐落！而且總是準確地飛落到檢場人手裏。蕭楷成管這個叫「他的紫金冠會找人。」

韋陀眼

身子挺立不動，一腿踢起，高及于額，這個舞蹈動作，在川劇裏叫做「尖子」。康芷林的尖子最爲有名。相傳有這樣一個故事：

從前，四川某縣盛行唱戲，但各地戲班却視爲畏途，因爲那裏的行家既多，又極愛挑剔，演員稍一疏忽，便會被「罰戲」，（就是加演一本戲，不予報酬，作爲處罰）。據說，有一次，有位扮趙五娘的演員，在演「琵琶記」「剪髮」時，一個不留神，手腕上露出了一只玉鐲，於是台下嘩然，說趙五娘既然還有一只玉鐲，何不賣掉它來埋葬公婆，而要剪下頭上青絲呢？結果自然罰戲一本。因此許多演員不免具有戒心。

後來康芷林也到那裏去演戲，演的是「金山寺」中的韋陀。不想出場未久，台下便議論紛紛，原來一般演韋陀的，都要在額間畫上一只眼睛，表示他是「天將」，與凡人不同。而這天康偏巧沒有畫，只有兩只眼。這樣當然就會引起觀衆不滿，可是康在台上依然神色不動，等演到奉命降妖，念過「領法旨」，走到台口，喝聲「睜開慧眼！」一個尖子踢起，不偏不倚，正中額心，霎眼間，額上多出一只「慧眼」來。原來康在靴尖上預先畫好了眼睛，一踢印到了額上！這一來，把觀衆看呆了！一片議論，即刻變做了彩聲雷動。由這個故事，可以說明康芷林表演藝術的準確性。

程硯秋（右）與周慕蓮（左）一九三五在重慶

許仙鞋

還有一種雙尖子，就是左右足先後踢起。踢到怎樣的高度呢？且看康的「奪棍打瓜」（「白兎記」）。

康芷林在戲裏扮演劉智遠。智遠酒醉夜歸，聽說後園瓜精傷人，他便要去降服瓜精，他的妻子李三娘怕他吃虧，竭力阻攔，這就出現了「奪棍」的情節。這時劉智遠鬥志昂揚已極，康演到這裏，一個雙尖子飛起，竟從那條直竪的齊眉棍上躍過，姿勢洗鍊之極！優美之極！請想想，這達到怎樣驚人的程度！

尖子，是一種堅實的腰腿功夫。說到這種功夫，還可以看看他的「斷橋」。

康在這齣戲裏演許仙，當演到許仙被小青追趕的時候，康有一種舞蹈動作，表現許仙在極度驚恐下，失了常態，狂奔疾走。這時他的雙足連續踢起，看起來好像足不點地，同時身後褶子飛起，眞像是御風而走。

小青追趕許仙共有三場戲，最後一場，表現許仙被追得急了，竟把鞋子跑落。康的表演是這樣的：上場後用足一踢，把一只鞋踢起空中，然後接在手裏。接着跑完「三插花」，許仙還有個穿鞋的身段。但難就難在這裏：由於他驚駭過度，竟然屢穿不中，這樣一直要延續到白娘子把一句長腔唱完，而那另一條腿和上身却絲毫不動。這樣深厚的腰腿功夫，得來並非偶然。康以勤學苦練著名。聽說連平日洗澡的時候，也在浴室裏練尖子。

川劇「斷橋」中的小青與其他劇種不同，是由武二花扮演的，見附圖。

三變臉

變臉，是川劇的傳統表演藝術，也可以說是特技，對於表現人物，烘托劇情，有很大的作用。像「白蛇傳」中「紫金鐃鈸」的變臉，和「鬧齊庭」中公子昭的變臉，前者表現神將的凶獰，後者揭露人物的僞善，都可以說恰到好處。而追本溯源，這種精采的特技，也正是康芷林這位藝術大師的創造。

我在幼年時候，看過康演「三變化身」（「歸正樓」）。他扮演劇中的貝戎，這是一個行踪詭秘、神出鬼沒的人物。初出場的時候，是個大花面，綠面紅鬚，聲勢煊赫，似乎有滿台風雷。扇子一揮，一變而爲赤面無鬚，再變而爲「陰陽臉」（半紅半綠），三變而爲白面，接着丟卡子（膀叉），抬起頭來，竟又變做白鼻梁小丑，變化的乾淨、迅速，令人不可究詰，尤其是第一變，那滿口累贅的紅鬍子到那裏去了呢？至今在我還是一個謎。

後來有某小生要想壓倒康，貼演「九變化身」，但這樣做的結果，反而顯出了康的眞功夫。因爲康演這齣戲，本來是用火彩的，後來看見人家能九變，於是乾脆去掉了火彩，不用遮掩，乾淨俐落，而那位某小生呢，儘管多出了六變，却始終離不開火彩。

康還有一個絕活。他演「南華堂」的莊周，戲裏也有變臉，這次連扇子也不用，瞬息即變，乾淨極了。

文得好

上面畧談了康芷林的武工。至於說到他文戲，佳作也不在少。像「評雪」、「情探」、「刀筆誤」、「風箏誤」、「離燕哀」、「情天俠」、「三難新郎」、「桂枝寫狀」等等，都很著名，其中有的至今還是絕唱。

康的面貌稍爲清癯，因此最擅長青衫（窮生）戲。他扮演「評雪辨踪」中的呂蒙正，寒酸而不失書卷氣，在當年稱爲一絕。這齣戲，呂蒙正在「風雪滿山」的伴唱（幫腔）聲中登場，動作無多，不過是縮肩抖袖而已。但是，曾經有這樣一個說法，觀衆看了他這一縮肩，一抖袖，即使在六月炎天，也會覺得寒氣來襲，如對冰雪。從這個說法不難看出，他的表演是如何富有感染力了。

「情探」是他的名作，他扮演劇中的王魁，能夠恰如其份地表達出這一忘恩負義人物的內心矛盾。這裏只提一件事：王魁做了虧心事，內疚神明，夜不成寐，甚至還疑神疑鬼，睡而復起。一般小生演到這裏，有兩句唱詞是「睡定又還起，無風門自開」。可是康不唱「睡定」而唱「睡地」。爲什麼？想想就明白了：王魁既然鬧失眠，怎麼能說他「睡定」呢？而「睡地」，則是「「睡呀睡地」的意思，表示睡而未穩，正好刻畫了王魁的良心難安，輾轉反側。僅僅一個字，便有這樣的差別！

康演「戲叔」（「景陽崗」）裏的武松，潘金蓮撒潑，竟要和他比拳，這無論如何是不近情理的事，可是康加上一句台詞，便覺自然而有趣，這句台詞是：「好好，這是哥哥教你的！」可以設想：既然武二是拳脚大家，那麽武大難道就不會這麽一兩手？

兩幅相

再談周慕蓮。周先生是川劇旦行的全材，「四川梅蘭芳」的稱號，大致可以說明他的藝術才能和在川劇界的地位。他的學養深厚，極爲同行所推重。記得當我去訪問當時前輩小生中碩果僅存的人物蕭楷成的時候，他聽說我事先已和周慕蓮見過面就十分客氣說：「和瑤卿（周的號）談過了嗎？那我就沒有什麼可談的了！」可見周在同行中聲望之高。

康芷林（右）周慕蓮（左）合演川劇「情探」

周的名作極多。像他演的「情探」、「評雪」、「逼嫁刁窗」、「別宮出征」等等，都是一時無兩，而且有的至今還成爲絕唱。前面所舉的幾齣戲中，除去一齣「刁窗」，在「三慶會」時代，都是和康芷林合演的。他們合作的戲還有許多，如像「奪棍打瓜」、「殺狗勸妻」、「帝王珠」、「錦江樓」、「斷橋」、「偸詩」等等。這些戲有一個共同的特點，就是生旦並重，很難分誰主誰賓，他們的合作，稱得上「相得益彰」。而像「情探」那樣的戲，可以說是「雙絕」。

二十年前，我在周的家裏，見過他和康合攝的兩張劇照，一張是「評雪」（見前期），周扮的劉翠屏，儘管是布裙荆釵，但有大家風範；康扮的呂蒙正，端碗作潑粥狀。另一張就是「情探」，康扮王魁，周扮桂英，王魁的神情驕蹇中帶着慚悔，桂英在敘述往事，似乎正唱到「夢繞長安十二街」，這兩張照片是很可寶貴的。

功力深

周的唱腔脆亮柔婉兼而有之，咬字準確，稱得上字正腔圓。「情探」是絕唱，像桂英述說別後怎樣思念王魁時，這一段唱詞是：「自從別後，李花落，杏花開，夢繞長安十二街，夜深和露立蒼苔。到曉來輾轉紗窗外，紙兒、筆兒、墨兒、硯兒，般般都似郎君在，淚洒空齋！」周唱來千回百折。一字一淚。借用王魁受到感動後的兩句唱詞「嚦嚦鶯聲實可哀，宛轉悲懷」來形容周這段唱，可說絕非過火。

說到做表，還得舉這齣「情探」爲例。桂英初進王魁寢室，發現桌上放有一頂紗帽。這裏有一段啞劇形式的表演：桂英觸景生情，先是色然而喜，她爲王魁得中狀元而慶幸，同時更慶幸自己歷盡萬苦千辛，終於作了狀元夫人！可是慶幸未已，恍然記起，自己被休棄後，已經自縊而死，萬事皆成虛幻，不禁倒抽一口冷氣，欲泣不已。周的這段表演，恰如其份地掌握了這種心理變化的過程，因而也感人更深了。

潘金蓮新塑象

陳蝶衣

一：寫劇兩大心願之二

對於寫劇，我蓄有兩大心願，其一是「梁祝哀史」的改編，其二是爲「水滸傳」中的潘金蓮塑造新形象。

關於前者的改編方法，已在「梁祝哀史考證」一文中畧作闡述。（見上期本刊）關於後者，則因我曾做過實際的編寫工作，因此也不妨回溯過去，稍抒管見。

潘金蓮的故事首先見於我國古典文學名著「水滸傳」，完全是施耐庵筆下揑造的一個人物，不像梁山伯、祝英台那樣的府縣志皆有記載，比較信而有徵；這是兩者之間的差別。

施耐庵對於姓潘的婦人似乎懷有夙恨，「水滸傳」中除了潘金蓮之外，還有個潘巧雲，兩潘同被刻劃成爲「淫婦」。

「水滸傳」自第二十二回「橫海郡柴進留賓、景陽岡武松打虎」起，至三十一回「武行者醉打孔亮、錦毛虎義釋宋江」爲止，號稱爲「武十回」。其中第二十三回「王婆貪賄說風情、鄆哥不忿鬧茶肆」，第二十四回「王婆計啜西門慶、淫婦藥鴆武大郎」，第二十五回「偷骨殖何九送喪、供人頭武二設祭」，就是以潘金蓮作爲中心人物。在施耐庵的筆下，潘金蓮是死於小叔子武松之手。

繼「水滸傳」之後出現了「金瓶梅」，記西門慶家事，三個女主角是潘金蓮、李瓶兒、春梅，各掇取一字以爲書名；此外還有吳月娘、孟玉樓、孫雪娥等好些個渾家、粉頭作陪襯。潘金蓮在此書中又取得了重要地位，最膾炙人口的一回是「潘金蓮大鬧葡萄架」。

關於「金瓶梅」，明代沈德符所著的「顧曲雜言」有如下之記載曰：『袁中郎觴政以「金瓶梅」配「水滸傳」爲外典，今惟麻城劉延白承禧家有全本，因與借鈔，未幾時而吳中懸之國門矣；原本實少五十三回至五十七回，有陋儒補以入刻，無論膚淺鄙俚，時作吳語，即前後血脈亦絕不貫串，一見知其贋作矣。』此外又述及另一小說「玉嬌李」，指出此書即是「金瓶梅」之續，描寫武大在後世化爲淫夫，上烝下報；潘金蓮亦作河間婦，終處極刑；西門慶則是一騃憨男子，坐視妻妾外遇，以見輪迴不爽。

「水滸傳」的金蓮戲叔插圖

從「水滸傳」到「金瓶梅」「玉嬌李」，潘金蓮橫跨三部古典文學名著，可稱爲「不幸中之大幸」。所不幸者，即是「淫婦」的身份從此「鐵定」，再也掙脫不得而已！

二：戲曲中的潘金蓮

潘金蓮既已成爲話本小說中的重要人物，則寫入戲曲而成爲劇中人，自然也是順理成章的事了。

崑曲有「挑簾」「裁衣」兩齣，是較爲著名的潘金蓮主角戲。過去穆藕初在蘇州創辦「崑劇傳習所」，培植了朱傳茗、顧傳玠、張傳芳、王傳淞、周傳瑛、鄭傳鑑、華傳浩等一批人材，後來組成「仙霓社」，在上海「大世界」遊戲場演出，有時也貼演這兩齣折子戲。

「挑簾」「裁衣」是「義俠記」中的兩個劇目，曾收入「綴白裘」第四集中，原作不曰「裁衣」而曰「做衣」。在此之前尚有「戲叔」「別兄」二折。

「戲叔」一折，開頭如此寫着：

（貼上）

（縷縷金）痴男子假妝喬，我饞涎一縷怎生熬？

奴家一見了武二就看上了他，常把眼角傳情，話頭勾引，他却撇清妝假，只做不知。我今日浸得一壺涼酒在此。

待他今日來家後，用心引調，任從他鐵漢也魂消。須落我圈套，須落我圈套。

繼此之後，武松登場，潘金蓮用話套問，原作有如下的描述：

（古輪臺）我要問伊家，聞說你在東街，背地裏戀煙花。

（小生）嗳！那有此事？

王少堂說「武松殺嫂」的神情

（貼）你緣何不說知心話？何不攜來家下？

（小生）我是風虎雲龍，怎肯向平康走馬？

（貼撓脚介）叔叔！你在客邸孤單，少年狂放，只怕你心頭不似嘴喳喳。

（小生）我原非虛話。

（貼）我不信！

（小生）不信時，且待兄長還家，把咱行事試將來問他，可知真假。

（貼）休說那寃家。

（小生）呀！夫妻說什麼寃家？

（貼）這風流話若還知道，怎嫌他？

由以上的舖排可知，在戲曲作家的筆下，潘金蓮活脫仍是一個淫婦，與話本小說的塑象並無二致。

三：在評話裏也是淫婦

除了崑劇之外，另有揚州說書名家王少堂所說的「水滸傳」，因爲王少堂是揚州人，他說書時不用「蘇白」而用「揚州話」，這是與一般評彈不同之點。

我藏有王少堂口述的「武松」評話（「水滸傳」之一）上下兩冊；關於潘金蓮的部份，包括在第一、二、三回之內，所分之段落如下：

第一回：「景陽崗打虎」——（一）景陽崗打虎，（二）遊街尋兄，（三）武松任都頭，（四）金蓮戲叔。

第二回：「殺嫂祭兄」——（一）挑簾裁衣，（二）王婆勾串奸謀，（三）鄆哥敬鮮，（四）武大捉奸，（五）武大遭害，（六）何九焚柩，（七）月下傳刀，（八）武松回家，（九）王婆表功，（一〇）土兵詳夢，（一一）訪喬鄆哥，（一二）抓何九，（一三）陳洪擬狀，（一四）當堂鳴寃，（一五）備帖請鄰，（一六）殺嫂祭兄。

第三回：「鬥殺西門慶」——（一）鬥殺西門慶，（二）武松投案，（三）捉西門興，（四）陳洪辯罪，（五）武松起解。

從上面的分段可以看出，王少堂的揚州評話，只是根據「水滸傳」原有情節加以補充，衍成更詳盡的長篇故事。潘金蓮在整個故事中，仍是被作踐的不幸婦女。

王少堂是揚州評話藝人王玉堂之子，據「武松」評話的「前言」作者張青萍在文中指出：王少堂七歲起即隨父學藝，到一九五九年已有六十四年的藝齡。可知他是誕生於滿清時代的人，要他從傳統的評話中掙脫出來而賦予潘金蓮以新生命，那是不可能的事。

四：歐陽予倩首先翻案

第一個爲潘金蓮翻案，賦予潘金蓮以新生命的是具有「戲劇改革」熱忱、在「春柳社」時期即投身戲劇運動的歐陽予倩。

歐陽予倩一生改編過許多傳統舊劇，而「武松與潘金蓮」即是其中之一。關於這一個戲，歐陽予倩在他所著的「自我演戲以來」一書中曾兩次提及，原文如次：

『那時上海的新劇團還是戲劇協社比較活動點。田漢從「醒獅」退出來組織南國社，有如異軍突起，我參加了南國社，並在南國藝術學院担任過一點課。又曾在一次叫「魚龍會」的晚會上和周信芳、高百歲、周五寶等幾位演出了我所編的「潘金蓮」。（按：時在一九二六年）這要算我自編自演的最後一個戲。』

『當我決定不再搭班子的時候，還能和信芳、百歲合演「潘金蓮」是愉快的，「潘金蓮」是我自編自演的最後一個戲，也是和信芳、百歲同台合演的最後一個戲，很可紀念。這個戲把潘金蓮作爲一個叛逆的女性描寫，當時頗受歡迎。我們在南國社的「魚龍會」演出後，又爲伶界聯合會籌欵在大舞台演了一次。此後我短期間去跑了碼頭，演了我的幾個熟戲，也演了「潘金蓮」，因爲角色不同，那就差多了！回到上海，我便沒正式登台演過戲。』

我很僥倖，雖沒有趕得上「春柳社」時期，但歐陽予倩、周信芳、高百歲、周五寶合演的「武松與潘金蓮」，我却看到了！地點是上海的天蟾舞台。當時由周信芳飾武松，歐陽予倩飾潘金蓮，高百歲飾西門慶，周五寶飾王婆。

潘金蓮在劇中被塑造成爲一個叛逆女性，一些不錯。我記得非常清楚，最後一場是潘金蓮敞開胸襟，自願死於武松的刀下。周信芳飾演的武松，在手刃潘金蓮之時，念出了兩句蒼勁有力的道白，是：

『妳愛我，我愛我的哥哥！』

語畢，一刀刺下，潘金蓮瞑目受死，身子仆倒，幕落。

五：二「蘭」在銀幕上演出

再以後，就是「武松與潘金蓮」之搬上銀幕了！第一份看到的是上海新華影業公司出品，張善琨監製，吳永剛導演，金燄飾武松，顧蘭君飾潘金蓮，劉瓊飾西門慶。

此片完成公映時，曾發生了一件趣事，起因是排名之爭。其時金燄是上海電影界的首席小生，他要求掛頭牌，這事曾由吳永剛居間，徵得公司方面的同意。但新光大戲院門口的海報，却自作主張，將顧蘭君之名排列在第一位。這事引起了金燄的極度不滿，會同了劉瓊跑到戲院門前，把那塊廣告牌使勁扯下，砸成碎片。

這一小插曲，頓時成了上海各報的花邊新聞。在銀幕上飾演西門慶的劉瓊，因與金燄素日交好，這一回不幫潘金蓮，反而協助武松，一時遂引爲笑談。

周信芳歐陽予倩合演的「武松與潘金蓮」之一

搬上了銀幕的「武松與潘金蓮」，劇情與歐陽予倩在舞台上演出的並無差異，潘金蓮仍是一位叛逆女性，記憶中似乎編劇人就是歐陽予倩。

第二份在銀幕上看到的潘金蓮故事，則是南來後所見，「邵氏」在舊南洋片塲時期攝製，片名「金瓶梅」，王引導演，李香蘭飾潘金蓮，楊志卿飾武松，王豪飾西門慶，唐若青飾王婆，吳家驤飾武大郎。

此片雖以「金瓶梅」爲名，實際上仍是「水滸傳」的故事，劇中並無李瓶兒、春梅的戲份。

及至「邵氏影城」在九龍淸水灣道建立後，名導演岳楓曾擬將潘金蓮故事再度搬上銀幕，他心目中的潘金蓮，很想塑造成爲悲劇性人物，並且準備就商於尤敏，請她飾演此一角色。岳楓的提議，對我可說是「正中下懷」；因爲「影戲大王」張善琨生前，亦曾談及潘金蓮故事的兩項構想，我的腦海中先已有了些許概念。

這是我與岳楓初次合作，我編他導「燕子盜」公映以後的事；在一次晤談中他就商於我，提出了前述的計劃。我認爲：歐陽予倩的「叛逆女性」觀點，當年有其必要，現在則「時間性」已成過去。另行塑造潘金蓮的形象，「悲劇人物」應較「淫婦」身份爲更有意義，更具感染力。

在雙方同意的原則之下，我便負起了整編潘金蓮故事的任務，目標不僅在於局部「翻案」，並擬作澈底的「改造」。

六：我的改編劇本初稿

當時，黃梅調影片正在流行階段，因之，我着手編寫的「潘金蓮」劇本，也採取了「歌劇」形式。這裏，且將開始數塲的初稿錄刋於後，藉窺一斑：

〔序幕A〕

景：鄉間路上

時：日

人：潘金蓮、張大戶、轎夫家奴等。

（張大戶、潘金蓮分坐肩輿兩乘，在鄉間道上過。張在前，潘在後；家奴張三等數人隨行，O·S·合唱歌聲起：）

蓬門碧玉潘金蓮，
生長貧家嬌可憐；
她是：父喪未久母亡故，
加上了田租積欠一年年；
地主無情來催討，
不肯寬放一兩天；
她只好：賣身投靠當了鬟，
去到那：大戶人家聽差遣。

〔序幕B〕

景：街道、小巷、巨宅門口

時：黃昏
人：同上
（O・S・合唱，接上場：）
一霎時：走過長街轉小巷，
黑漆牆門到眼前；
金蓮她：身不由己進府第，
從此是：高門大户鎖紅顏。（門閉）

〔第一場〕

景：張宅後院
時：日
人：潘金蓮、張大戶
（金蓮汲水，Diss. 洗衣，Diss. 晾衣，張大戶掩至，戲蓮：）
（女聲合唱）汲水滿桶愁難洗，
洗清了衣衫淚霑衣；
衣衫掛在那晾竿上，
貧家的女兒苦在心裏。
（大户接唱）金蓮何必把眼淚擠，
自有我老爺寵愛妳；
祇要妳心口兩願意，
就不用：汲水洗衣作奴婢。
（金蓮接唱）主人奴婢判雲泥，
青天白日莫相戲，
倘然夫人來撞見，
挨打挨罵又是我晦氣。
大戶：嗳！傻丫頭，夫人她不會知道的，來！來！
（大戶強拽金蓮，金蓮掙脫，以濕衣擲向大戶阻其追逐，逃去，）
（大戶抱住被擲中的濕衣，作恨恨聲。）

〔第二場〕

景：張宅前廳
時：日
人：潘金蓮、張夫人、張大戶、張三、武大郎、婢女甲、婢女乙
（夫人坐在桌旁，婢女甲捧上一碟炊餅，乙隨侍在側；金蓮自後院慌張逃來，見夫人在，止步，急喘。）
夫人：（喝問）死丫頭，「蒼蠅掐了頭」似的，又不安份啦？
金蓮：（自辯）老爺欺侮我。
（大戶急步入廳，聞語大怒：）
大戶：這個死丫頭，衣服不好好的洗，淋了我一身水。
夫人：哼！小賤人，一天不打不罵，骨頭就癢。
（婢乙同類相殘，以雞毛帚授與夫人，夫人接，揮動雞毛帚，邊打邊駡：）
夫人：賤骨頭，不害臊！
（金蓮踉蹌逃避，仆倒在地，撫痛處，啜泣。）
夫人：再作怪，就打死妳這個賤人。
（大戶心疼，欲扶金蓮，但夫人手中雞毛帚一點，大戶又嚇得倒躲。）
夫人：哼！氣死我了！
（夫人唱）可恨賤婢太輕狂，
不打不駡週身癢；
穿了孝服進家門，
帶來了：年災月晦不吉祥；
如今妳：又把老爺來勾引，
難道想爬到我頭頂上？
妳若是：等不及春來過不得夏，
就替妳：找一個男人配一個郎。
夫人：不安份，就叫妳滾！
大戶：（着急）怎麽？要趕她走？
夫人：我不趕她走，她就要趕我走了！（回顧婢甲：）叫張三！
婢甲：是！（向廳外喚）張三，夫人叫你。
（張三在廳外，應聲而入：）
張三：來了！來了！
夫人：（吩咐）去把武大叫來。
張三：（遲疑）武大？
夫人：方纔不是買他的炊餅來了嗎？一定去得不遠，快把他追回來。
張三：（急應）是！（匆匆領命而去。）
大戶：（着急）把那個「三寸釘」叫回來，幹什麽？
夫人：哼！我就要「三寸釘」，釘住這小妖精，免得她再作怪。
大戶：這這這……這不是一朵鮮花插在牛糞上嗎？太可惜了！
夫人：太可惜？留下她給你受用？
大戶：不！不！不！
（張大戶正沒做理會處，張三已將武大帶到，推武大入廳，）

周信芳歐陽予倩合演的「武松與潘金蓮」之二

夫人：武大！
武大：（侷促不安）在！在！
夫人：賞你一房家小，你要不要？
武大：（手足無措）家小？
夫人：就是她！（指向金蓮；金蓮愕視，）（對武大）你帶她走。
武大：我……我不要。
夫人：（失笑）你不是不要，怕養不起，對不對？
武大：是！小人家道貧窮……
夫人：不用躭心，我贈你二十兩銀子做老婆本。
（合唱聲中，潘金蓮滿懷委屈，隨着武大而去：）

武大郎收受了老婆本，
帶了金蓮出門庭；
氣壞了：好色的張大戶，
便宜了：賣炊餅的三寸釘。

〔第三場〕

景：武大家內
時：黃昏、夜
人：潘金蓮、武大、鄆哥
（武大挑了炊餅担自外入，歇下担，金蓮隨入；武大相識之鄆哥，帶了詫異的目光挽着一籃水菓跟入。）
（武大拂拭椅子，請金蓮落坐：）
武大：大姐請坐。
（金蓮就坐，一肚子的委屈，頻頻拭淚，）
鄆哥：（問）到底怎麽回事？
武大：張大戶的老婆，把她許配了我，還給了我二十兩銀子。（銀包放到桌上，）
鄆哥：那不是喜事嗎？她……爲什麽哭？
武大：她不願意。（轉向金蓮）大姐，這銀子給妳；妳家住那裏，我送妳回去。
（武大把銀両推向金蓮，）
金蓮：父母雙亡，無家可歸。
武大：妳……妳沒有家？
金蓮：（頷首，歎息，看看鄆哥，又轉向武大：）你能夠不碰我，我就暫時住在你這裏。
（鄆哥乖覺，聞語後把武大扯向一旁，作耳語，授以計；武大領悟，走向金蓮：）
武大：（期期艾艾地）好！好！我決不碰妳，決不碰妳。
金蓮：一言爲定？
武大：一言爲定！祗是，孤男寡女住在一起，不拜天地，左鄰右舍要笑話。
金蓮：（不悅）要我拜天地，我就走！（站起欲行，武大急阻止：）
武大：大姐！拜天地是假的，做個樣子，給鄰舍看看，就不會有閒言閒語了。
鄆哥：（插口）有了夫妻名份，就不怕張大戶再來找妳麻煩。
金蓮：（認爲也對）好！說定了只做假夫妻，相煩這位小兄弟，做個見證。
鄆哥：我姓喬，小名鄆哥，以後你就叫我的名字好了。
武大：鄆哥是我的好兄弟，我們是從小就在一起的。
鄆哥：（笑）我看「揀日不如撞日」，今天就是個好日子，我替你們去買香燭。
武大：錢帶去。（從腰包掏錢，）
鄆哥：錢我有！（一拍腰包，歡躍而去。）
（時間到了晚上，案頭紅燭高燒，武大、金蓮交拜，鄆哥贊禮，鄰人在場觀禮，O．S．合唱代表心聲：）

（男）拜罷了天地拜祖先，
（女）龍鳳花燭要明鑒；
（男）烏鴉不敢和彩鳳配呀，
（女）今夜是只同居室不同眠。

七：故事要點的新設計

之後劇情發展的要點，設計如下：

（一）洞房花燭夜，武大讓牀與金蓮睡，自臥地舖。金蓮見武大信守諾言，爲人誠懇，深受感動。

（二）金蓮接受武大教導，學做炊餅；Diss武大挑起炊餅担子，出外營生，金蓮送至戶限。

（三）衆頑童尾隨武大，唱嘲笑巧妻拙夫之歌。鄆哥大抱不平，打退衆頑童。武大謝鄆哥相助，鄆哥悽然謂：將隨舅父赴陽穀縣謀生，減輕家中食指。

（四）鄆哥隨舅父赴陽穀縣，武大挑担送行，以炊餅贈鄆哥作乾糧，灑淚而別。（再一次强調兩個小人物之間的友誼。）

（五）三瓦兩舍浮浪子弟，藉口要買炊餅，上門調笑，金蓮深以爲苦。張大戶心不死，亦來與金蓮糾纏，被金蓮一頓搶白，將彼逐出；武大適歸，大戶遁去。

（六）武大食不下嚥，認爲此間已不可居，意欲他遷。金蓮躊躇，致慨於「到東到西都受欺侮，何處纔是安樂土？」

武大告訴金蓮：「鄆哥已去了陽穀縣，不如我們也搬去那邊住。」

（七）紫石街上定新居，假鳳虛凰變作比目魚；一牀布被配繡枕，顯出了金蓮也是神針女。兩口兒從此笑口開，安居樂業少顧慮；到晚上東鄰西舍邀請到，喜的是別後故人又重聚。（別後故人是鄆哥，與武大又在異地相逢了！鄰人之中有一老媪，則開設茶坊之王婆是也。）

再以後的故事發展是：

（八）武松打虎後被邑人尊爲英雄，抬虎遊街，與武大兄弟重逢，悲喜交集。

（九）武大迎弟至家中居住，金蓮以夫婿有弟如此，今後更不患受人欺侮，大爲喜悅，從此敬事武松，視爲親人，恃作護符。

（一〇）金蓮挑簾不愼，竹竿失手下墮，險些打中西門慶。金蓮的天然姿色，因此使西門慶見而垂涎。

（一一）西門慶以「業主」及「債權人」雙重身份，威脅王婆，定要她肩承穿針引線之責。王婆無奈，帶了禮物探望金蓮，代西門慶致意。金蓮推開後窗，指示王婆外望，遙見「貞節牌坊」一座，聳立隴岡之上。王婆喩其意，緊握金蓮之手，表示嘉許。

（一二）王婆回報西門慶，西門慶又生一計：假裁衣爲名，命王婆在樓房置酒，慰勞金蓮。西門慶至，金蓮無法迴避，勉强對飲，而酒中已下了蒙汗藥，金蓮暈眩，西門慶欲施强暴，金蓮駭極，推窗圖跳樓自殺，但終被西門慶制伏，於昏迷中遭受淫辱。

其時窗外大雪紛飛，遙見「貞節牌坊」之字迹已爲積雪所掩。（此即張善琨先生的構想之一。另一構想是：武大暴斃後，武松從一尊關羽像的面額發現血跡。附記於此，以見張大王生前之富於巧思。）

（一三）西門慶恫嚇金蓮，謂此後如不順從，將對武大不利。

（一四）武大返家，撞破姦情，西門慶起脚踢倒武大，武大因而咯血。

（一五）西門慶在王婆樓房重會金蓮，佯示悔意，以藥裹授金蓮，謂是專治內傷之良藥。（西門慶設有藥舖，故蒙汗藥與毒藥，得來全不費功夫）

金蓮救夫心切，不慮有詐，持藥而歸，煎成湯藥，餵武大服下，武大中毒暴斃。

（一六）武松奉公差遣，出門在外，直到任務完成歸來後，纔得悉長兄亡故，驚痛之下，追問病情，金蓮畏怯，不敢道出隱情。其後武松獲得鄆哥、何九之助，方始眞相大白，金蓮終於自裁以殉。然後武松在獅子樓上找到了西門慶，將西門慶摔死，爲兄嫂報了大仇。

「金瓶雙豔」中的潘金蓮（胡錦）李瓶兒（恬妮）

八：拯救工作未奏效

凡此種種設計，都是趨向於一個目標，即是說明：

武大、潘金蓮、王婆，同是被迫害者。罪魁禍首，只有一個身份是「土豪劣紳」的西門慶。

我的觀念是：潘金蓮、王婆與武大一樣，同是貧苦小百姓，同是人世可憐蟲，沒有理由要加罪於這兩位女性，逼使她們成爲被「否定」的反派人物。

改編潘金蓮的故事，是爲了要拯救這兩位可憐女性，使她們從侮蔑中掙脫出來，强調她們是權勢壓迫之下的犧牲者。

如此改編，我相信會更具感染力，更能引起觀衆的同情心。

但，我的此一改編方法，僅能獲得岳楓導演的首肯，而未能爲當時的「邵氏」製片部門所接受。

後來，銀幕上的潘金蓮一角，由號稱爲「最美麗的動物」之張仲文飾演，負責導演工作的是周詩祿（已故）。

另外，飾演武松一角的是張冲，飾演西門慶一角的是白雲。

劇情，自然是一仍舊貫。

潘金蓮，依舊是一個淫婦。

張仲文飾演的潘金蓮，服裝打扮彷彿是楊貴妃，完全不像賣炊餅的武大郎之「渾家」。

更遺憾的是：潘金蓮在銀幕上使盡了「渾身解數」，賣座情況亦不見佳，說明了這一次的製作，並未獲致成功。

最近，「邵氏」又有「金瓶雙豔」一片的開拍，由「金牌導演」李翰祥編導，故事採自「金瓶梅」，由來自台灣的胡錦、恬妮分飾潘金蓮、李瓶兒二角。

潘金蓮加上李瓶兒，料想「雙豔」亦即是「雙料淫婦」了！不過，李導演異於庸手，他的作品當能別出心裁，另有成就。

「淮南子」有如下之語曰：『夫欲治之主不世出，而可與興治之臣不萬一。以萬一求不世出，此所以千歲不一會也。』這說明了「際會」並非易得，「機緣」未可强求。潘金蓮的「際會」「機緣」，僅有扮演「淫婦」而已！好在藝術創造原無定則，正不妨見仁見智，各適其適。而我的潘金蓮新塑象，也早就閉置篋中，任由塵封，不再期待什麼「不一會」了。

好時派

Old Spice

「好時派」鬚後水
獨有高度爽膚作用，
香味清新。每次剃鬚後，
搽「好時派」鬚後水，
能令你整日容光煥發！

「好時派」鬚後水，
備有"原庄香味"
"檸檬味"，"香草味"
三種，任憑選擇。

SHULTON NEW YORK · LONDON · PARIS

「好時派」
男用化粧品，馳名世界
各葯房士多均有代售

總代理：克馬洋行
Tel. H-239155

我學戲的經過

白玉薇

在一個失眠的夜晚寫這一篇追述。像是好遠好遠的過去了，逝去的一切都已褪了色，模糊不清……那麼久了！我相信每個人都有他自己一段過去，現在我沉醉在這「過去」一段中……像是電影用慢鏡頭，銀幕放映着深黃或深藍色來追憶……追憶！

通天教主王瑤卿晚年攝于古瑁軒後立者為王吟秋

國劇是眞正代表國家藝術，有移風易俗的使命，而竟被些床頭、拳頭、打打殺殺等號召的影片，擠得連氣都喘不過來，當然由於時代輪子的推動、改變，以及戲劇圈內圈外的因素，不是我這支拙筆能寫得盡的。但我覺得政府應當提倡，保留「國粹」；像日本保留舞俑劇一樣，單由國家培養，由各大中小學校長、老師帶領學生，輪流觀摩這一深奧寫意的綜合藝術，一定要先培養觀衆，另方面演員自身也要爲藝術而藝術，研究出些東西，改良種種缺點，例如：經濟時間，引起觀衆共鳴，柔和音調，避免噪音、冗長、重覆……引發美感、興趣，最重要的是「合作」。

前段說過對國劇有愛好者，一定要長期薰陶、培養興趣才成，我對國劇愛好的淵源，乃是外祖父、舅父及媽媽都愛看戲，記得北平前門外華樂戲院，由高慶奎（老生）、郝壽臣（花臉）、李慧琴（青衣）等合作，我家是每個星期六的「包廂」長期顧客。

那時戲院內樓上前面一排是四五個座位隔成一小間的，名爲包廂，可容一家人，或請親友等看戲，訂最高票價，樓下是整排的長條櫈子；因有靠背，有點像教堂中的長椅子，每排長椅後面靠背是條長窄小桌，供後一排觀衆用的，顧客入座以後，由茶房砌好一壺茶，包茶葉的紙，摺成長條繞在茶壺嘴上，表示這壺茶品質的標誌，另外擺上黑白瓜子（黑的是西瓜子，白的是南瓜子）、蜜棗、五香黄花生米，邊吃喝，邊看戲（從前叫聽戲，因聽唱唸重於看表演也，那時人們好像見了面的寒喧都是：「近來做何消遣？」表示日子時光要來消遣打發，和現在時間不夠，忙忙碌碌剛好成對比。）看到一半戲時，賣滷蛋、油豆腐、奶酪小販不時送過面前，最令人叫絕的是「手巾把兒」，由茶房包了一大包很熱的濕毛巾，在戲院樓下最前角落，（也就是在舞台左或右邊）一擲拋到樓上另一角落另一茶房手中，後者再把熱騰騰的毛巾一條條遞送給需要的顧客，有些顧客用熱毛巾把脖子臉擦個痛快，媽媽曾在德國醫院做過護士，她禁止我們用，頂多是擦擦吃過東西的粘手而已。茶房謝過賞錢，再把用過的「手巾把兒」捲起一大包，仍是空中飛舞一樣，飛傳給樓下的茶房，從未聽說失過手。雖然那時看戲時花樣蠻多，可是當主角演唱時，台下鴉雀無聲，眞是全神貫注，像外祖父他們甚至雙目緊閉聆聽，用手敲着板像被催眠了一樣，尤其是在北平冬末第一舞台總要演幾場大義務戲，網羅了所有名伶，演出時，天氣嚴寒，戲院門口掛着兩盞大大的水電燈（現在台北中華路賣石榴的小水電燈，發出青藍光，不過那光度要比這大上百倍不止呢，特別亮，刺目），牆壁掛着一塊塊紅色木牌，大大的演員名字，並當晚演出的劇目，偌大戲院（可容數千人）顧客滿園，買站票的竟佔三分之一，而他們竟能站着看到次晨四五點，才散場，看戲的熱忱忘記「冷」和「累」，而且每次演出都是這樣盛況，甚至專程由上海、漢口、天津（那時交通還沒有現在方便呢）跑來看這場戲的。

我在北平東單三條法國人辦的聖心女校畢業後，由於興趣愛好，正巧我家女佣人的表哥在王鳳卿家做廚子，由她介紹拜王二爺的哥哥王瑤卿王大爺學戲。記得那時我家有七個佣人，一共薪水不到五十元（還都算是高薪），但我向王大爺學戲是月規六十元。三節（端陽、中秋、過年）、兩壽另奉六十元，此外請周長泰（程硯秋琴師周長華之兄，亦以拉胡琴爲業）給我調嗓子，每月十二元，常去學戲的有現剛從日本回來鈕先銘夫人——我們叫她楊二小姐、有漢口梅蘭芳之號的南鐵生、芙蓉草、程玉菁、華慧麟、張君秋的老師李凌楓等。那時我才十四歲，每日白天到乾麵胡同美國學校讀書，晚上由佣人（看門的）老蔡陪我騎脚踏車到大馬神廟（地名）王老供奉家學戲，每天王家還給老蔡開飯錢呢。師父被尊稱通天教主，是戲界之王了，像程硯秋、尙小雲及荀慧生……總之北平戲界名人，都常常去請教師父的。看見這麽多名演員，我眼睛都瞪圓了，那時章遏雲女士正紅得很，以四百大洋代價請王大爺排「雁門關」一戲，過後不久，章大姐就結婚而息影了。

另外戲曲學校學生，每晚乘大巴士（那時北平車子很少，戲校有部白色大巴士，眞是特殊呢），也去排「得意隊」、「雁門關」、「孔雀東南飛」，我自己是初學，師父教唱有時叫三哥——王幼卿——代教，後來索性叫我和戲曲學校學生一同學「蘆花河」，學了九個月，共學六齣戲，但沒有學身段，因爲我覺得和戲校同學一起學反而快，又有演出機會；可算是不花錢票戲，民國廿一年，記得我會以自殺來要脅媽媽答應我進入「戲曲學校」，校長焦菊隱——是黨國元老李石曾的外甥——副校長林素珊（是焦校長的夫人），二位很重視我這志願插班生，爲我取「玉薇」這名字的時候，還費了不少腦筋呢！（那時戲校女生最末一字都要用草字頭）全校排名是：「德、和、金、玉、永、昭、令、名，」結果只排到永字，學校就停辦了。

戲曲學校是北平唯一的戲劇教育學府，是清末八國聯軍庚子之役時，賠欵退回的一部份來建立的，一切設備、制度、師資都是特別優秀考究，校規極嚴，練功、讀書，進度是雙重的，幾乎是天天上課，沒有一天停頓過，學生入學時要與校方訂立七年合同；我因爲已在王家學過，所以改訂六年，合同期間，食宿都由校方負責，只有舊曆年底有三天假期，此外不准請假，每星期日上午可接見家長，星期三家長可送一次食品、衣物，但須經校方檢查分發。焦校長是法國留學生，曾有不少著作及翻譯作品，那時他年青，肯幹，不但爲國劇開拓了新的道路，也使每個學生至少受完中學以上的教育。同學中有的入學時沒讀過書，像侯玉蘭、宋德珠等，都要讀補習班，此外分成甲一、甲二、乙一、乙二、丙班，「甲一」算是最高班，女生中，只有馮金芙，是老伶工馮蕙林的女兒，退學下嫁名小生姜妙香，此後甲一班便只存下我孤單單一個女生了。同班有傅德威、李德彬、高德松、林金培等，甲二有李金棠、王和霖（電影「楊門女將」演佘太君王晶華的父親）李和曾、王金璐等。乙一有李玉茹、李玉芝、牟金鐸等。在淪陷時期，英文課被迫改讀日文，到如今片假名等我還很熟呢。其他課程與普通中學一樣，多一門國劇史及皮簧編劇法，我現在還清晰的記得編「鎖麟囊」一劇的翁偶虹老師給我們講「長恨歌」、「聞鈴」等文章時的神氣，文課我總是考第一名。

在劇藝訓練課程是更吃緊，早上六點起床鐘響，大家忙着梳洗，六點半喊嗓課，男女生各組分開在各院走廊（那時院子多而大，一層層建築物也大又多，）大概一公尺佔一個學生，每人面衝空間咦！（練立音）呵！（練張嘴音）吠（練舌音）拖長的喊，鍛鍊自己的聲帶，再念出生旦淨丑戲的道白，國劇有「千斤話白四兩唱」之說，可見唸白是很重要的，就是普通成了名的角兒，也是每天早晨都到天安門、天壇、北海公園等地「喊嗓」的。

緊接着第二堂課是「走脚步」，學生們仍是在走廊下，按照自己學的生、旦、淨、丑各行練走路——走脚步——以上兩堂課，有不少訓育處老師巡視着。大風、大雪是風雨無阻，冬天好冷呵！我們女訓育老師是德國留學生，姓陳，她是給荀慧生編劇陳墨香的小姐。另外練武功的不喊嗓子，他們或她們「耗頂」，是把身體倒豎起立，兩脚放在牆壁支持着，雙手伸直扶地，倒擊着軀體，因整個倒豎，每個學生臉像紫色猪肝，呼吸困難呻吟着，看武功老師在傍監視，耗完半小時，排隊輪流翻跟斗；雙臂練得有力支持，這門受罪的課程，因我入校時年齡較大，僥倖給免了，沒有領教過。

八點半下課有半小時吃早點，熱騰騰的玉米麵窩頭、稀飯、大漬蘿卜，自己可以加買各種油條、鷄蛋，尤其冬天，吃完身心都暖和了，那時毫不覺得苦！

在第三堂課前已由校車到前門外虎坊橋（早年劇藝演員多數住前門外）把老師們接來，分開生、旦、淨、丑各組，在大教室中兩端各設一桌，老師持戒尺（拍板用）坐桌後，學生圍攏，開始學戲，未分組的或是學武行的學生，「耗腿」把一條腿放在儘可能高的大長杠子上，（像練芭蕾基本動作一樣），半小時再耗另一條腿，耗完又排成大隊輪流由老師前走過「踢腿」，接着仍如是却改成「打飛脚」、「擰旋」……直到十二點下課，全體吃午飯！

在那時北平只有少數幾家電影院，「戲院」却是很多，而且家家客滿，士、農、工、商，尤其是學生們下課後正好趕上好戲看，不像現在，學生們提及看國劇生怕被人笑落伍守舊，因此戲曲學校、富連成等每天總是演白天戲，幾乎是場場客滿，聽戲也是「時髦玩藝」，在全盛時代的北平戲曲學校，眞是天之驕子。我們吃過中飯，由賀老師吹哨點名，前二三齣（分兩班車赴戲院）先去制服室換制服；夏日是白上衣黑裙，男生

在戲曲學校時代的本文作者

是白制服像海軍打扮，冬天是男生黑制服，女生藍上衣黑裙，外加合衫——合衫就是現在最流行的披風，分班去戲院上粧。等前齣戲完帶回些學生，再接走二班車學生，沒戲同學在校自修，晚飯大家同時吃過，上文課，科目與高初中學校相同。下課已體力耗盡，洗澡睡覺！有夜戲時則演戲及自修。

我在戲校雖受校長重視，但因天資差，雖用功但苦於沒有藝術天才，在王大爺家，是最好老師開蒙，但不會身段，第一次上台是「探母」的達婆，在蕭太后左右站班，和吳素秋演第一對，她在校名吳玉蘊，退學後反而成名——驚喜得趕快打電話叫媽媽請外公舅舅等來看戲。正式演戲是王家學的「二本虹霓關」的丫環，排身段時好困難，吳富琴老師耐着性一遍又一遍教我跑那個出塲，我是一點基本身段都不會，完全曬太陽運動員的姿式，演出更糟，因我在美國學校每天戶外運動，打球、轉盤繩、玩鐵環……，曬得我臉上擦不上粉；那時不懂用油彩，是用水粉，像冬瓜霜一樣，灰灰的浮在臉上，扮得那麼難看，以致同學給我取個外號叫「老太太」。我們的英文老師胡蒨，是師大八美之一，她教我研究化粧，花戴淡色……好不容易研究得進步了，發現唱起來常常不合調，本來校方發現身段不行，才只好派我演大段唱工青衣，好了！不合調多難聽，唱一齣「探寒窰」完全沒合絃，下台看沈主任板着面孔，心中好怕，練吧，每天早晨求一位胖胖的陳老師逐字逐句的反覆唱，用心聽琴音，再由他拖着長音的琴聲，我扯着嗓子跟，咬牙苦幹四年，好不容易找到調門，這才在一次機會中唱「探母」太后。記得實習處沈主任叫我單獨訓我「這次再不行，咱們就打入後隊了！」這次眞是用得上戰戰兢兢，如臨深淵，如履薄冰的那幾句話，扮戲勒頭太緊，在後台未上塲，噁心要吐，同學們好心給我吃仁丹，擦藥油，傍邊人說「她沒那命唱戲嗎！就算了罷！」那時眞應說「感謝主」，這塲戲還算成功，總算熬出頭了，也常演「孝感天」、「孝義節」、「二度梅」，那些唱工老戲，忽然晴天霹靂，嗓子啞了，一齣「雁門關」的碧蓮，啞得在台上連吃倒彩，當然又歇工了，那時我在同學中發育早，身材比較高，所以連宮女丫環都沒機會來不上；因爲宮娥得一對一對來，太高了就顯得不整齊，同學們晝夜演戲，我是晝夜自修。我又想不如研究表情，彼時校長換了金仲蓀，這位老先生却勢利得很，戲演得好的學生如侯玉蘭、李玉茹每天去他家吃飯，甚至他兒子娶了李玉茹的姐姐，我們這些不得志的學生，眞如打在冷宮。有一次我鼓足勇氣，去求校長給我個機會改演花旦，校長駡我不識相，不守本份……那時我只想自己堅持反對媽媽要來戲校，現在對不起媽，我一定「幹」，記得訓育處一位李老師說：「白玉薇若能成名，把我眼睛挖了去」，這位李老師不是討厭我，而是看我不識相，傻幹得可憐，但是現在我却想以我的奮鬥來教訓或者傳授給我的兒女，我知道天下無難事，只怕有心人！

自右至左：本文作者白玉薇在上海和梅蘭芳老師李世芳師哥合影

咬牙熬到畢業，學侯玉蘭師姐和人家掛並牌，自己挑班太費心、費事，要與社會接觸，一切都太麻煩。此後是李少春約我去上海天蟾舞台演出——正趕上一二八事變，我們唱陰陽戲，因晚上戒嚴，下午三點開戲，演到七點——每天演唱，這半條嗓子頂不住，臨時向小生高維廉、小丑慈少泉、二旦新麗琴等學花旦戲，就這麼一齣齣現學現唱，當然是李少春的戲好，賣座空前，一連演了一年多，偌大的天蟾舞台，每天客滿，回北平後再拜小翠花學花旦戲，拜韓世昌學崑曲戲。程硯秋是戲校校董，在學校時他親自教了我們很多戲——他是從不收徒弟的，我們戲校學生可沾了不少光呢！

上海再來約，這次仍和李少春合演，由天蟾院主顧竹軒介紹，正式拜梅蘭芳先生做老師。那時李世芳、言慧珠和我是每天在馬斯南路報到，名師倒是不少，但是舞台生活只過了六年，就因結婚而結束了，我在上海結婚時，梅先生還深深的爲我放棄舞台生活而表示惋惜！

舞台生活過去了，轉入家庭，有個忠誠的好丈夫，他愛家，含辛茹苦的把四個孩子忙大了，一個在海外深造，兩個大學快畢業了，小的也預備考大學，好像教養兒女這一階段也轉瞬要結束了。每當回顧，我不能確定剩下的有什麼，想起古人，惜時光不夠用，秉燭夜遊，他們還不是都過去了？兒女都孝順聽話，但大了也要飛走，剩下老倆口只感到「來日方短」！我現在是以教戲來打發時光，怎麼學來，怎麼教人。看「大人」雜誌，許多熟人寫熟悉事，感到古往今來像夢一般，何曾有夢醒時候？把舊日和新添種種歡樂愁怨，交織成人生，逝去了接上另一段人生，聖經上有句「虛空空空」，我發現自己畢竟也老了！

銀色漫談

「天下第一拳」打進歐美

·馬行空·

不久以前，聽見一位老行家說過這麼一番話：「國語片水準，當然還比不上西片，但是論拳脚打鬥，則西片又遠非國片之敵了。」聽到此話時，覺得老行家很有點自我陶醉的意思；我們的武打片眞的能勝過人家嗎？那麽，爲什麽國語片一直打不進國際市場裏去呢？

這話說過了沒有多少日子，就在最近，人們發現歐美的製片家以及片商們，紛紛到香港來「探盤」，而國片的歐洲版權費也在無形中逐步提高，再一打聽，原來我們的武打片已經不是昔年的吳下阿蒙了，有幾部還在歐洲大出鋒頭，引起洋觀衆們的莫大興趣，而且這一個趨勢，似有愈演愈烈的跡象可循，說不定有一天，國片就能取幾年前風行一時的意大利西部片的地位而代之（現在聽洋觀衆們說已經把我們的武打片稱爲「東方西部片」了）！這雖是一個過份樂觀的看法，但歐美人士的「東方熱」一天不退，國語片在國際市場裏的活躍能力也就一天不衰，這似乎已經是可以斷言了。

華納邵氏 攜手合作

四月初，「嘉禾」與美國片商合作，拿出一部李小龍的成名之作「唐山大兄」，在全美各大城市裏首輪上映。這件事情，醞釀已久，大概遠在二月底的時候，「唐山大兄」已經在美國發動了宣傳攻勢矣。「嘉禾」的對頭「邵氏」曉得了消息之後，自然未甘後人，於是與「華納」携手，搶先於三月底就推出一部「天下第一拳」，也是全美的首輪公映。國片竟然能在美國演出一場緊張激烈的「對台戲」，大概香港影迷們連做夢也沒有想到吧？

這兩部影片在美國市場上逐鹿下來的結果，還沒有傳到本港，暫時擱下不表。且說「邵氏」爲什麽單單選出一部「天下第一拳」到美國去與「唐山大兄」對抗呢？說來話長，此中自然是有原因的啊。

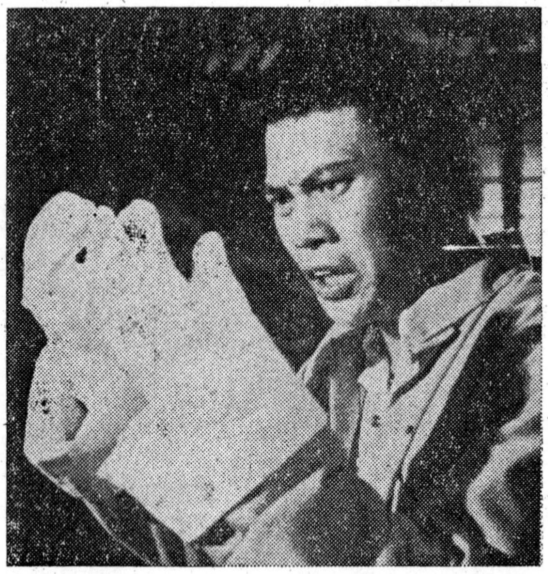
「天下第一拳」中的羅烈

邵逸夫的要想打入國際市場之雄心，動機發生於多年以前。諸位讀者想來還記得：邵逸夫親自携帶「武則天」的拷貝，還有該片的女主角李麗華，到康城去參加影展的那一次吧？從那時開始，邵逸夫夢寐不忘的就是要把「邵氏」出品給推銷到全世界每一個角落上去。但是，此一計劃實現起來，却也並不簡單，雖然「邵氏」已經盡了最大的努力，但國片的海外市場多年來始終未能正式打開。

也不用往遠裏說了，就說去年的這個時候吧。一部國語片拍成之後，偶而也有歐洲版權可賣，（當年影壇七公主之一女星沈芝華，就是專做這種交易的一員）但爲數極微，普通祗有數千美金而已，所以製片家也沒有特別注意及之，都抱有聽其自然的態度，能夠賣掉歐洲拷貝，總算是不無小補，萬一賣不掉的話，則似乎亦無關痛癢，祗因爲數字不大之故也。

從一九七二到一九七三年，物價飛漲，全世界皆然，而國片的歐洲版權，亦發生了逐步上升的現象，由最初的數千美金，上漲至一萬、兩萬，如果有辦法分別售出（以往是由外國片商一古腦兒把全歐洲給包得去的），據說可以賣到三萬美金，折合港幣十五萬有餘，對於獨立製片公司說來，已經是很不錯的一筆額外收入了。

最近，黃卓漢曾經開出一紙「第一」出品的歐洲版權售價單，請「嘉禾」代爲進行交易，計開：甲級片美金八萬元（即指王羽、陳星等所主演的片子），乙級片美金四萬元（普通一般的拳脚片），根據行家們的看法：這個價錢開得偏高了一點，大概黃卓漢是準備買方「殺半價」的，兩萬到四萬就差不多了。最近，星加坡嚴禁暴力打鬥片，差不多的都遭到了禁映的厄運，港台製片家們正在心痛萬分之時，突然又冒出一個歐洲版權來，論收入足以抵補星加坡方面的損失而有餘，眞正的應了一句中國的古話，叫做「失之東隅，收諸桑榆」了，於是大家額手稱慶，破涕爲笑，說起來也是今年國片界裏的趣聞一則。

然而，兩三萬元美金是大公司如「邵氏」或「嘉禾」等所不放在眼裏的，因此，他們念念不忘的就是組織自己的世界發行網，以免肥水流入外人田裏去（不受影片經紀人的剝削也）。到目前爲止，「邵氏」與「嘉禾」都有發行機構在倫敦，營業狀況，頗能使人滿意。以下我們先談起最早打開這個局面的「邵氏」來。

大約是去年的春季裏吧？「邵氏」曾經把倫敦畢卡狄里廣場上的一家影院給包下一個月，一共放映過四部國片，可惜生意並不怎麽理想，原因有二：一、那家影院雖是首輪，病於面積不大，座位太少。二、那四部「邵氏」出品，都是國語對白，英文字幕的，並沒有加配英語對白，使洋觀衆們看來感覺吃力，所以叫不進座來。總而言之：那一次的嘗試，不算整個失敗，但也沒有獲得太大的成功。

過後沒有多久，有一名法國的影片代理商人，把幾部「邵氏」出品帶到巴黎去放映。這次的影院，在世界著名的「香榭麗舍」道上，的確可以算得是第一流的高級場合了，所以營業狀況比前次在倫敦要好得多。可惜的是：好則好矣，距離理想仍遠，使邵逸夫感覺意興闌珊，喑嘆打開國際市場之不易。

那時間，就冒出來一家美國的「華納」，自告奮勇的要與「邵氏」合作，來推動國片的世界發行業務。說起來了；「華納」這家美國的大影片公司，對於國片好似發生了極高的興趣，與「嘉禾」李小龍合作，在香港拍攝「龍爭虎鬥」的是他們，代理「邵氏」出品發行全世界的又是他們，積極發展，爲其他荷里活大公司所不及，假如將來國片能在國際影壇上大放光明的話，倒不能不佩服他們有先見之明了。

「華納」是派專使到香港來向邵逸夫游說的，邵逸夫正中下懷，當然表示歡迎，但是在他聽到「華納」來使所提出的計劃之時，連我們這位「香港影業大王」也不禁暗暗吃驚。

原來「華納」的發行國片計劃是龐大無比的，他們準備動用二百萬美元的開辦費，來推動這一次「東風壓倒西風」的攻勢，可算得是大張旗鼓，不惜工本。二百萬美元折合港幣一千零三十萬元（時價），在「邵氏」說來，也不見得負担不起，問題是值得與不值得，當時使邵逸夫頗費躊躇。

「華納」的建議是：這筆開辦費用，由港美雙方各出一半，至於將來的收益，自然也是二一添作五，對半均分的了。邵逸夫在經過考慮之後，認爲費用過鉅，畧帶冒險性質，最好「邵氏」祗出資本五十萬美元，那就不妨一試。

那一次的折衝，結果如何？自然又是最高機密，外人無從得悉，不過「邵氏」與「華納」携手發行的計劃，到底是付諸實現的了。根據外界的揣測，他們的合作條件，不出下列的三種投資方式。

一：「邵氏」終於被「華納」說服，拿出美金一百萬元來，寧冒風險，也要一試。二：「華納」受到「邵氏」的影响，同意減低一半費用，雙方各出美金五十萬元，先作小規模的嘗試。三：「邵氏」出資五十萬美元，而「華納」則負担不敷之一百五十萬美元，到得結算盈餘之時，「邵氏」分潤總數的四分之一。不過這都是局外人的胡猜亂想而已，究竟內裏是怎麽樣的一種協定？恐怕也祗有邵逸夫一個人肚裏明白了。

由此觀之：無論什麽事業，如要發展，錢還是最重要的條件。假如「華納」的發行政策獲得成功，「邵氏」因之而賺到了滾滾而來的外滙，那就是因爲他們拿得出美金五十萬或一百萬的資本之功。像普通一般的獨立製片家，既然沒有那個自己發行的能力，也祗好眼睜睜的看着人家去發洋財的了。

羅烈汪萍揚威海外

「華納」與「邵氏」携手後的第一砲，就是把已經在倫敦映過而生意並不十分理想的那部「天下第一拳」，加配意語對白，送到羅馬去放映。這一遭，眞叫做「平地一聲雷」；那部國片受到意大利影迷們空前熱烈的歡迎，賣座之鼎盛，爲近期內所罕見！據傳：「天下第一拳」在意大利一口氣上映兩個月之久，收入總數，高達美金一百萬元！寫到此處，要請各位讀者特別注意：國片在外國受到熱烈捧場者，有史以來，以「天下第一拳」爲首部。國片在外國上映，售座紀錄能夠勇破美金百萬大關的，也以「天下第一拳」爲首次。國片將來如果能夠在國際影壇上耀武揚威的話，則「天下第一拳」自然居首功！總而言之：該片出其不意的打開了國片在歐陸上的新局面，是香港電影界本年份以內的一大奇蹟！

「天下第一拳」是一部什麽樣的影片？「邵氏」出品，韓國人鄭昌和的導演，男女明星羅烈、汪萍、王金鳳等的主演，去年夏季在香港放映，成績中上，從四月二十七日開始，映到五月十日爲止，兩週總收七十六萬一千餘元，在「邵氏」出品之中，僅能算是乙級片而已。然而，這一部並未受到香港觀衆重視的普通拳脚片，竟然能夠揚威異域，名震海外，成爲國片侵入歐美的「先鋒」，那是任何人所沒有想到的。按照迷信的說法：人之貴賤，全靠八字，而影片之叫座與否，似乎也與「命運」有關。一部「邵氏」傾全力來攝製的（同時也是導演程剛整整一年的心血）「十四女英豪」，經過歐洲片商的評判：好則好矣，但賣座恐不及「天下第一拳」那樣有把握，此話眞叫做不知從何說起了。

話說「天下第一拳」在羅馬大賺其里拉之後，「華納」果有辦法，立即把它配就英語對白，在英京利斯德廣場上他們自己擁有的一家首輪影院中重映。這家影院，座位既多，設備亦新，再加上「天下第一拳」在意國大捷的消息之刺激，使英國觀衆紛至沓來，有如過江之鯽，票房紀錄之美滿，與前次放映國語拷貝時期相較，直有天淵之別。這就証明了「華納」發行方針的初步成功，給予此地邵氏很大的鼓勵，所以當「華納」主張在美國本土上與「嘉禾」的「唐山大兄」決一死戰之時，邵逸夫馬上就同意了推出「天下第一拳」在全美搶先公映的建議。

在過去，洋觀衆們對於中國明星根本連一點認識都沒有。我們心目中的「偶象」，如李小龍也，如王羽也，如李菁也，又如何莉莉、甄珍、鄭佩佩也……雖說名氣响亮，但也祗限於東南亞地區以內而已。現在「天下第一拳」在外國爆出冷門之後，許多洋觀衆都對於羅烈和汪萍留下了很深刻的印象。有人講笑話：這麽一來，好像羅烈與汪萍能夠凌駕許多男女明星之上，成爲「邵氏之寶」了。

羅烈（左）講堂比武

這雖然是一個笑話，但也並非完全沒有根據。側方消息傳來：「邵氏」對於羅烈和汪萍的拉攏，已經在不聲不响之中加上一份力量了。汪萍是一名喜歡「跳草裙舞」的姑娘，以前「邵氏」還偶而要施以壓力，現在則採取放任的態度，由她「跳」去，不論她願意留在香港也好，願意到台灣去發展也好，祗要她繼續爲「邵氏」拍片，一切約束都可以畧爲放寬。羅烈雖然是與王羽等同時考進公司的武打小生，但近年來在「影城」以內的地位，好像畧遜於後起的姜大衛、狄龍，與陳觀泰似的，有時且以第二男主角的姿態出現（如陳寶珠主演的「壁虎」就是），說來並不算十分得意。現在經過「天下第一拳」的空前勝利之後，很顯明的是他的受重視程度已經無形中提高了許多。前一陣子，聽說要派他到歐洲去主演一部合作片，現在則被留在香港參加意大利片「四王一后」的演出，從種種跡象看來，羅烈從今年開始，正在走上另一步鴻運，好像是已經毫無疑問的了。

談到這部「四王一后」，也可以說是「邵氏」打開國際市場聲中的一件「副產品」。

最近幾個月以內，「影城」裏不斷的有外國導演與製片家的來訪，而邵逸夫的耳中也聽到過不少個合作拍片的計畫了，揭穿來講，差不多都是因爲「天下第一拳」賺了大錢，故而利之所趨，不遠千里而來。「天下的烏鴉一般黑」，全世界的製片家也一樣的想賺錢，要不是國片在海外能夠叫座，那些大導演與大製片們，連請都請不到香港來哩。

不久以前，「邵氏」派呂奇等一組到丹麥去，並且邀當地紅女星碧蒂杜芙在「丹麥嬌娃」裏演出，該片拍得「嘛嘛地」，但非常叫座，可見合作拍片事業正大有可爲。西德史葛特公司，也從這裏頭看出一個便宜來，向「邵氏」借用「影后」李菁，準備開拍一部「四季春」（暫譯片名），此事亦可能在今年夏季裏實現。這些都是一邵氏」積極於中外合作聲中的表現，不讓「嘉禾」與李小龍專美於前（港美合作的「龍爭虎鬥」早已拍得了）。前些日子裏，意大利片商與「邵氏」合作的一部「四王一后」，在香港閃電開鏡，更意味到今後仍將有類似的情形源源發生。誰都沒能想到，香港居然也會成爲一個小小的「國際電影事業中心」，但是否能夠維持長久，那就要看大家如何去努力了。

「四王一后」的出品人是歐洲最大電影製片公司之一的印第美電影公司，此次的導演爲意籍的羅拔天尼，主要演員有男星羅拔羅斯等三位。香港方面的演員，有施思（就是本片中的一后）、江玲、劉慧玲、佟林等，中國男主角原本是由狄龍担任的，後來因爲他無暇抽身，所以現在已經改爲羅烈了。

「邵氏」的男星衆多，爲何偏偏選中了羅烈？猜想起來，八成還是因爲「天下第一拳」在羅馬大賣其座的關係。中國明星能夠在外國演出了名，又能夠受到外國製片家的垂青，除去李小龍之外，羅烈的確可以稱得起是頭一份。

進軍美國　威風八面

上面已經提起過了，李小龍的「唐山大兄」四月初在全美放映，不想「邵氏」的「天下第一拳」搶得更快，三月底就在美國各大城市推出了，這就叫做兵貴神速，先下手的爲强。

「華納」的國片發行政策，在歐洲獲得了初步的成功，給予他們莫大的信心，於是輪下來就是大舉進攻，入侵美國的「决戰」了。「華納」與李小龍合作過「龍爭虎鬥」，曉得他的號召力量不弱，再說這是國片在美國全面獻映的首次，祇怕被「唐山大兄」先嘗得甜頭去，因此使出迅雷不及掩耳的手法，「偷步出閘」，在打對台的形勢之下，倒底佔了老大的便宜。

美國與香港的情形不同；一部影片，假使能夠站得住脚的話，說不定三個月五個月，一年半載的放映下去，所以這兩部國片的總成績究竟如何？目前尚言之過早。不過，最近根據「邵氏」與「嘉禾」所發出的消息，則雙方都宜佈勝利，好像國片在美國所受到的歡迎，比在香港還要熱烈得多，但願事實確屬如此，則此地的電影事業前途未可限量焉。

據美國權威的娛樂刋物「綜藝」週報所刋載，由三月二十一日至二十八日，一週內全美最賣座五十部電影的統計數字，其中有「天下第一拳」的輝煌成績，是如此寫下的：香港「邵氏」的「天下第一拳」，以六十九萬六千美元的紀錄高踞首席！前些日子在香港上映，而又極爲賣座的西片「海神號遇險記」，爲同期賣座的第二名，但總收入還不到一半，祇有三十一萬美元而已。

這個統計數字，是根據美國三大城市的總收入而列出的，但實際上，「天下第一拳」同時在四個城市上映；現在更不止了，所以更準確的數字，應該是八十八萬九千八百八十餘美元！一星期突破港幣四百五十萬的大關，那就不得了也。

該片上映的四個城市的詳細紀錄是：洛杉磯二十六家戲院，共收十九萬九千五百四十元。費拉德菲亞一家戲院，共收六萬三千零十九元。舊金山十一家戲院，共收七萬九千四百十三元。紐約三十七家戲院，共收五十四萬七千九百十六元。數字雖然可驚，但這祇是一星期的收入而已，今後尚不知有若干若干美元滾滾而來，「邵氏」倒也罷了，導演鄭昌和，與主演者羅烈與汪萍可是「無端端發達」！

「華納」爲了「天下第一拳」的獻映，在廣告上特別註明：此片爲「華納」公司慶祝創立五十週年榮譽發行的影片，並用中文標出「五指神功、難以置信、奇妙無比」等字樣，充份利用美國老百姓的「中國熱」心理，可謂噱頭出盡，不擇手段。

查「華納」乃是一家有實力、有歷史性的著名影片公司，他們此次不惜出動大量的人力與物力，來進行國片發行業務，不問可知，一定是「有把握而戰」的。筆者並未看過英文的「綜藝」，但以「邵氏」宣傳稿這種列舉事實，言之鑿鑿的態度看來，上面所報道的紀錄數字，倒似乎並沒有揑造誇張之嫌疑。如此說來，國片非但已經打進國際市場，而且還能以堂堂正正之師，雷霆萬鈞之勢，戰無不勝，攻無不克的獲得全面勝利！忝爲香港市民的一份子，對於港產影片這項了不起的成就，頗生與有榮焉之感。

再說「嘉禾」此次與美國「國家通用影片公司」合作，首先推出李小龍的「唐山大兄」在全美公映。這部「嘉禾」的鎮山之寶，在未曾打進美國市場之前，曾經耀武揚威於歐洲及中東，根據報道：「唐山大兄」在黎巴嫩一地，的的確確擊敗了强硬對手——美片「教父」，而且在「嘉禾」的海外發行部裏，還有詳盡的售座紀錄可查，諒非「車大砲」之語。

「嘉禾」的海外發行，也是早已就有組織的，支持最力者，爲星加坡「國泰機構」的副總裁連福民。他們在倫敦設有海外發行辦事處，並由英人麥克瑞主持其事，發動以來，成績斐然，據說在英、德、法、意、西、荷等國，都打好了根基，站定了脚跟，今後的開展，似有方興未艾之勢。可見大公司還是佔盡了優勢，不像一般獨立製片，祇能把歐洲版權賣給洋經紀們，當然要經過很重的一層剝削，能夠眞正到手的也就微之又微了。

「唐山大兄」在全美首輪獻映，是「嘉禾」另一個「拉長戰線」的先聲。合作者「國家通用」好像很有辦法，該片的大幅廣告已經在好幾個月以前，就出現於美國各大城市的報紙上了，並且宣稱要印四百五十個拷貝，以備全國聯映之用，聲勢好似又比「天下第一拳」大得多。（「天下第一拳」在美放映的拷貝是一百五十個）不管怎麽說吧，反正這次國片在美國的「對台」之仗，打得是有聲有色，熱鬧萬分，姑不論將來的勝敗優劣如何，祇看「交鋒」以前的列陣佈局，搖旗吶喊，我們隔着一大片太平洋已經感覺深爲過癮，想來美國觀衆們對於此舉的興趣，一定比我們還要濃厚得多了。

「唐山大兄」比「天下第一拳」要晚上半個多月，到四月十一日那天，纔首次與美國觀衆見面，但以穩紮穩打、步步爲營的方式來進行之，顯得十分謹愼，而且在戰畧上的計劃也是很週密的。四月十一日，美國德薩斯州、卡羅連那州、與肯薩斯州三地，首先上映「唐山大兄」，其中包括達拉斯、豪士頓（發射太空火箭的地方）等次要城市，從側方面看來，「嘉禾」很有「投石問路」的意思，那就是說：先在次要地區作出一次試探，看看觀衆們的反應如何，以備將來在各主要城市裏獻映時的準備與參考。

四月二十八日，「唐山大兄」的放映地區擴展至美國整個的西部與南部，消息傳來，觀衆的反應非常良好，各處的影院門首都有人龍出現。此一消息，大概可靠，因爲原定五月八日在紐約、支加哥等主要城市裏放映的計劃，突然提前了五天，好像來不及似的就在五月三日那天推出了。由此可見中南部的上座情形一定很滿意，所以纔能給予「國家通用」莫大的信心。

等「唐山大兄」出現於紐約及支加哥等地之時，「國家通用」此次的發行計劃也就算是整套完成，而該片的四百五十個拷貝也就分配到全美各地，作出一次盛大的聯映了。五月十二日，「唐山大兄」到了北部，在辛西納蒂、奧馬哈、紐華基等的工業城市裏放映，情况之熱烈亦不輸於東岸。因此，該片乘勝追擊，於五月十八日越過北部國境，正式開入加拿大，我們先不必查問票房數字，單看這個放映區域之廣大，就可以曉得「嘉禾」與「國家通用」此次的收益是如何之可驚了。

紐約是世界主要城市之一，而百老滙則是美國娛樂事業的中心，在那條聞名於全球的大道上，有一家最新型，最宏偉（四千多個座位）的影院，就是建成未久的國民大戲院了。無論美國的出品，或是外國的電影，要是不夠號召力量，等閒亦不能在「國民」上映。這次的「唐山大兄」，偏偏就被安排在那家戲院裏，可見其受重視之程度，實非普通一般之所能及。關於這一項榮譽，近來「嘉禾」中人都很感覺自傲的津津樂道，這也難怪，因爲有了「國民」的捧場，該片在紐約市內的叫座，是怎麽也不會發生問題的了。（註：「國民」位在百老滙區四十六街，距離全市最繁盛的「時報廣場」祇有數步之遙，也算是紐約的一處「地王」也。）

現在，「國家通用」一戰成功，穩操勝券，美國的其他片商們，自然難免見獵心喜，一窠蜂的動起國片的腦筋來，白白的便宜了「嘉禾」，無緣無故又另外多出一筆美國映權的收入。

這是最近發生的事蹟：美國有一家「豪馬克」影片發行公司，特派專人到香港來，向「嘉禾」洽商購買影片事務。他們的作風，與前面所談起的「國家通用」有別，專選「嘉禾」出品的乙級片，空運到美國去放映，主要的原因，就是避免與「唐山大兄」一級的猛片打對台也。這種政策，中國片商亦常採用，即俗語中所謂的「旁人吃肉我喝湯」，算計下來，倒也實惠得很。

「豪馬克」的中心發行地區，爲美國的極東北地區，他們擁有影院五十多家，還不包括加拿大境內的聯線在內，雖然不能與「國家通用」相比，但論起實力來，也可說相當之雄厚。他們此次向「嘉禾」購妥兩部影片，一是「鐵掌旋風腿」，二是「追擊」，消息傳來，前者已經由五月八日起正式獻映了，生意好得出奇，連「豪馬克」中人都大感詫異。「中國熱」啊「中國熱」，你可實在幫了國語片一次大忙也！

寫了半天，也許就有人要問了：你祇說「嘉禾」影片在美國如何如何之「巴閉」，爲什麽不見看你提出票房收入的數字呢？

關於這一點，「嘉禾」中人也有解釋：「國家通用」暫時沒有售座紀錄的報表寄來，原因有二，一是納稅的問題，在未能達到某一階段之前，實際數字不宜發表。二是統計問題，因爲全美收入最高的地區，自然是人口最多、市容最盛的紐約市，所以在紐約的映期尚未能告一段落之時，就算約畧的報出一個數字，恐怕也不能代表了眞正的準確性，不如留待日後發表，比較上來得妥當也。

附帶談起金瓶雙艷

「天下第一拳」與「唐山大兄」的捷報，很快的就傳到了香港，這一支强心針，馬上引起此地獨立製片圈內的騷動，請看最近兩個月以內，出現過多少家新公司？崛起了多少位新導演？又拍出來了多少部新片？人人都看着美鈔眼紅，好像發財機會就在目前似的。

歐美片商，購買國片時有三個條件：一要打鬥，二要打鬥，第三還是要打鬥！因此之故，香港影界裏响起一片的喊殺喊打之聲，拳來脚去，飛砂走石，人家出美金，我們玩命，倒也算得是公平交易。

像「天下第一拳」一類的影片，「邵氏」可以隨便的從倉庫裏搬出一大堆來，像李小龍主演的拳脚片，「嘉禾」現在手中就有「精武門」、「猛龍過江」，與「死亡遊戲」等三部之多（「龍爭虎鬥」的美國映權，按照合約爲「華納」所有，不計在內），當獨立製片家們忙得暈頭轉向，死去又活過來之時，「邵氏」與「嘉禾」可是胸有成竹，不爲所動。邵鄒二位老板在腹內暗暗笑道：「不用緊張，等我們賺足了，撈飽了之後，纔能輪到你們呢。」

何況，「邵氏」與「嘉禾」還可以駕輕就熟的拍攝拳脚片下去，祇要洋人們的「中國熱」不退，他們的生意絕對是源源而來的。獨立製片家們等於「瘸脚的驢子跟馬跑」，累死了也沒法取得「天下第一拳」與「唐山大兄」的有利條件，說來確屬十分可憐。

「天下第一拳」中的汪萍（右）與顧文宗（左）

就在「邵氏」的十座影棚裏，當然開打得十分火爆與熱鬧，可祇有李翰祥的那一組，竟然斯斯文文的拍起一部「金瓶梅」來，寫到此處，不免附帶的介紹一番。

要說李翰祥不會拍拳脚片，那是瞎話，但他近年來走上了遊戲人間、揮灑自如的路子，彷彿就懶得再去改變作風了。

有人如此批評：「李翰祥是高級的賣弄色情」，此話也有點根據。「賣弄色情」而冠以「高級」二字，那麽由他來拍「金瓶梅」的故事，可說是再適合也沒有了吧？

但是，李翰祥笑了，他說道：「告訴你一個秘密：『金瓶雙艷』是擠出來的，是在無意之中檢得來的，你不信吧？」

事實原來如此：不久之前，李翰祥剛剛拍完一部「風流韻事」，其中共有三段故事，都與「奇」字有關（自從「騙術奇譚」之後，李導演對

西門慶（楊羣）左擁右抱

於這個「奇」字痛下功夫，那倒也是事實）：一是「天下第一奇字」，講述的是唐太宗賺取王羲之「蘭亭」眞蹟的趣史。二是「天下第一奇術」，描寫的小神仙測字卜卦的奇談。三就是「天下第一奇書」，講的是「金瓶梅」如何產生的經過。在「風流韻事」的第三段裏，李翰祥抽出「金瓶梅」裏「蕙蓮」的一折，拍成香艷古裝片，自然新製了許多服裝，新搭了許多古色古香的古代佈景。

有那麼一天，李翰祥正在拍着「蕙蓮」之時，靈機一動，拍案而起，叫道：「既然有了現成的服裝與佈景，我爲什麼不乾脆接拍一部『金瓶梅』呢？」這就是「金瓶雙艷」的誕生，就這麼簡單，說出來都沒人敢相信。

然而，「金瓶雙艷」很快的就開鏡了，而且陣容堂堂，人才鼎盛，計有胡錦的潘金蓮，楊羣的西門慶，恬妮的李瓶兒，與陳萍的春梅等，出動了這麼許多位「大牌」，確爲李翰祥近作裏所罕見，哪有一點「擠出來的」或「檢得來的」跡象？

「金瓶雙艷」的情節很簡單，祇是講述潘金蓮、西門慶，與李瓶兒的一段「三角」而已。有人說：「那不是故事性太單薄了一點嗎？」關於此點，李導演又有宏論。

李翰祥的意見是：電影藝術發展到今日，所謂的故事性已經完全不重要了。主要的問題是：你如何向觀衆交代感情，如何使銀幕上的過程生動起來。他還舉例來說：「江南人士喜歡聽評彈，說書先生形容起小姐下樓梯來，能夠連講十天半個月，而聽衆們却感覺津津有味，樂之不疲，請問那裏頭可又有什麼故事？」講得頗有道理，但其中牽涉到導演的功力問題，在看過「大軍閥」、「風月奇譚」，與「北地胭脂」之後，也祇得由他去說响了嘴而已。

潘金蓮的故事，國片拍過不知多少次了，普通都是以「水滸傳」爲藍本，原因就是故事性濃厚之故也。李翰祥則偏偏與衆不同；在「金瓶雙艷」裏，雖然也有「挑簾裁衣」的塲子，但他却抹去了武松這一個英雄人物，而側重於武大郎死後，潘金蓮正式下嫁西門慶以後的旖旎風光。朋友以開玩笑的口吻說道：「你不拍景陽崗打虎，又不拍獅子樓決鬥，將來的歐美版權豈不是白白損失了？」李翰祥微微一笑，說道：「那是公司的事，我可管不着了。」

「金瓶雙艷」的成績如何？此時當然還不曉得，但看李翰祥那種滿有把握的神氣，我們又不能不信任他了。人言：李翰祥現在不是「搞戲」，而是在「搞人」！見到他的拉得住觀衆的本事之後，對於此說又不能不表示信服了。

朝氣蓬勃　氣宇軒昂

笑，充滿信心的笑；佩戴亞米茄電子表令你別具信心，有更完善的感覺。擁有一只亞米茄電子表，是閣下值得驕傲的一件事，因爲你作了一個精明的選擇，亞米茄之產品不但享譽全球，並且被太空總署指定爲登月探險之標準計時裝備，英法合作之「康確」超音速飛機，亦採用亞米茄爲重要計時系統。要達至完美的準確性是一件艱辛的工作，多年來研究之結果，亞米茄電子表之準確性已達到令人滿意的階段，表身纖薄，爲廣大人士所歡迎，亞米茄電子表之共鳴器爲特別設計，不但聲音柔和，並且提高其準確性，亞米茄電子表性能卓越，係　閣下最理想之手表，況其產量佔瑞士總產量之百分之九十三點七，這是多麼值得自豪呢！

ST198.003亞米茄電子天文台表不銹鋼表殼配皮表帶。　港幣895元

Ω OMEGA

亞米茄表　馳譽世界　一致推崇

抗戰時代生活史

——淪陷時期生活紀錄——

陳存仁

專載

抗戰時代的上海，七十六號魔窟天天用暗殺方式來消滅異己份子，每天早晨打開報紙一看，時常有『某人在某處被槍殺』的新聞，有人說笑話：『這一個政權的樹立，是用槍桿子打出來的』，所謂：『槍桿子上出政權』，實在一些沒有錯；不過，大家有一種感想：『別種政權的成功，都是用步鎗打出來的，而他們用的全是手鎗，却是以暗殺方式造成的。』

他們天天暗殺的目標，一種是國民黨遺留下來的政工人員，一種是不肯就範的新聞記者和一些手無寸鐵的文化人，他們開好名單，對這些人逐個殺掉。因爲當時上海的一般報紙，不問大小，幾乎張張都對汪派人物大駡特駡，駡得越兇，銷數越好，看的人也越痛快。

鎗殺方式，實在可以說慘絕人寰，而鎗殺的結果，往往更加深人民的反感，因此，他們就想出另一個辦法出來，一面開鎗打死人，一面又開出一張八十二人的『黑名單』來，公然將名單派給當事人，因而傳播得很快，於是好多報館，都提高警惕，大家在報館門口加築防衛設備，堆上沙袋，深溝高壘，有些加裝鐵門，有些做上一道鐵絲網，日夜派人看守，如臨大敵。

但是防衛工作，祇能防衛報館的安全，新聞記者出出入入還是隨時會遭到不幸，當然每一個被槍殺的人都有家室，即使新聞記者帶了被頭鋪蓋睡在報館裏，但是他們的家眷所在，他們調查

中美日報設在愛多亞路泰晤士報大樓門前防衛周密如臨大敵

得清清楚楚，家人還是有危險。所以這張名單發表後，名單中的八十二人，心理上的威脅，當然解除不了。

這張名單，他們又不斷的修改，一會兒八十三人，一會兒變成八十五人，當時我也看見過這名單，現在都不記得了。

最滑稽的是有幾個人，早已投入了他們圈子裏，像陳達哉早被他們收買，但是他爲了要保持原有的崗位，從中傳遞消息，以便掩護他的眞面目，誰知他已變了節。諸如此類的情況，當然不僅是陳達哉一人，因此更令到名單上的其他人物，危機四伏，威脅加深。

新聞界中人，硬骨頭的也不少，儘管一個個倒下去，他們還是拼命的駡，駡到汪派中人，恨之入骨，畢竟報館都設在租界，多少還得到一些庇護。

有些人看看風頭不對，陸陸續續的逃到後方去的，也有不少。我對新聞界中一部份人，雖然很熟，但總覺得我不是他們圈內人，所以上面所述的不過是一個輪廓而已。

擄人勒贖　市民震驚

汪政權開場之後，除了七十六號，還組織了和平救國軍的師部隊，有的稱第幾師，有的稱第幾十幾師司令部，這些師部並不重視於作戰，最主要的工作就是逮捕

反日份子與反汪份子，名目雖是如此，實際上另有一套，這一套就是變相的綁票行爲，說出來也是駭人聽聞的。

他們最初開場，就選定若干擁有鉅資的實業家，第一個就是五洲大葯房主人項松茂。他是做『固本肥皂』起家的，又兼『甘油』，甘油本是化學原料，也可以做火葯的一種爆炸原料，他們知道五洲葯房在虹口有一個附屬機構，尚未完全炸燬。一天，項松茂微服出行，走出租界毗連閘北的鐵閘，就被他們認出面目，綁了就走，從此，項松茂就杳無消息，不久，噩耗傳出，項松茂已死於非命。

接着就有許多實業家被綁架，像中國化學工業社的方液仙，公然在租界被綁，他稍加抵抗，就被他們鎗殺了。後來大家才知道這種綁架的事情，實際上是可以用銀錢贖出來的。

到後來，他們已不必再給人套上什麽抗日份子的帽子，誰有錢就綁誰，天天報紙披露出來，總有一二人被綁出租界之外，結果都是用鉅欵贖出來的。

這批綁匪和七十六號的打手，初時我不甚了了，不過，其中有一個人，既是七十六號中人，又是綁匪集團中一個首領，此人我是相熟的，就是林之江，我現在正可以把他一個人的事寫述出來，以概其餘。

我有一個時期很喜歡拍照，凡是攝影家多數相識，當然他們學習的是美術性的攝影，我攝影技術是不夠水準的。其中有一個諸暨人，叫作許炎夫，他是抗戰前市黨部的幹事，也是社會局某一科的科長，爲了大家研究攝影，就相熟了，許炎夫口才奇佳，擅于演講，說話聲音响亮有力，辦事也幹練得很，他出入時，常常伴有一個年齡相若的朋友，同樣講諸暨話，這人就是林之江，過去我雖見過幾面，但是彼此毫無印象。

自從汪派開市，市黨部的舊人全部倒了過去，那時許炎夫在內地，他被派秘密到上海，要他負責重行組織一個抗日性的市黨部地下本部。

許炎夫重來上海，沒有一個人知道，他扮成病人住到戈登路勞工醫院中。

說起勞工醫院的創立，是在一二八之前，有一個抵制日貨的時期，由各界人士組織了一個『抗日會』，商界中人最熱心，三星棉織廠張子廉是其中重要份子之一。他廠裏的一個職工，是一位行動人員，居然自己能製炸葯，到一間專售日貨的南貨舖去丟了一個，不但炸傷好多人，連他自己的臂部也炸斷了，報紙上大登特登，稱他爲斷臂英雄，後來行動越來越擴大，簡直到工廠、倉庫、碼頭上，對日本貨加以沒收，抗日會的聲勢一時震動朝野，政府當局迫於形勢，就令市黨部人員也參加在內，沒收的東西，最初祇有幾百幾千元，後來動輒幾萬元，不久，日本提出抗議，外交部就屈服了，即刻下令禁止沒收日貨的行動，但是沒收下來的東西，已接近一百萬元之鉅，這筆賬流言甚多，無法結束，結果由潘公展、吳開先、王延松等出面主持拍賣，把拍賣下來的錢，作爲建築勞工醫院的費用，就買了一塊地，蓋成了這間勞工醫院。

白龍山人王一亭

勞工醫院負責的一位西醫，名叫范守淵，他本來是一個國民黨的黨員，所以院中一切都得到市黨部的支持。

許炎夫住進了勞工醫院，本來一個人都不知道的，但是他的太太與諸暨同鄉稍有往還，不免透露了一些消息，林之江本來是他的隨從，知道了這件事，非但不念舊情，反而認爲是他本人立功的大好機會，他預先到勞工醫院四週察看，果然見到許炎夫太太時常送東西進去，但是勞工醫院房屋高大，四週都是鐵柵，一到了晚上，鐵門深鎖，任何人都不能隨意出入。

一天，林之江扮成一個重病的病人，蒙着被頭，帶着一個很大的衣包，由兩個人扶着他送進勞工醫院，說是有頭風病，常常跌倒在馬路中，醫生一時查不出他的病原，就讓他住院，到了深夜，他就偷偷的摸進許炎夫的那間房間，許炎夫睡得正濃，他就拔出利刃，對準許的要害，重重的戳了幾刀，許炎夫連聲息都沒有，就此一命嗚呼！

林之江設計得很週密，他在進醫院時帶去的衣包，內中藏有白布一匹，先把白布縛在三樓鐵欄上，縛緊之後，就把成匹白布拋出勞工醫院圍牆外，事後就沿着白布逃出勞工醫院。這件案子，當時報紙上登得很大，林之江祗顧立功，連同鄉老友都被他出賣了！

但是也有些人物，始終不屈不撓，無論怎樣威迫利誘，總是表示和他們不合作，最突出的一位人物就是王一亭。

王一亭是我家世交，以書畫名於時，數十年年前日本人到上海，都要帶一張王一亭的畫回去，否則，等於入寶山而空手回。後來上海一家日本人經營的最大輪船公司請他做買辦，他抱定一個宗旨，做生意無所謂。一旦敵我之勢形成，他就跳出圈子，避免捲入漩渦，而且和日本人講得明明白白，他絕不參予政治，日本人也拿他沒有辦法。

中日開戰之後，他既不逃，也不與日本人交往，日軍非但不威脅他，還百般的保護他，不許任何人對王一亭有所侵犯。

偽組織一開始之後，一張爭取名單中，就有王一亭的大名。林之江為了要爭功，竟然在日軍重重保護之下，突然進入王氏私邸，要他出面參加偽組織，王一亭悠閒得很，和林含笑傾談，林之江說：『你要不要看看我的槍法』？說時就拔出槍來，對準窗外的一棵樹，打葉，葉子應聲落地，打花，花也跟着子彈落地，當時在外面的日本軍人也看得呆了，而王一亭却面不改色，笑着說：『你的槍法很準，但你要求我的事，還得容我考慮考慮。』林之江衹好失望而去。

不久，王一亭患上了小便癃閉症，足部作腫，他因為與航業界相熟的人多，就偷偷的搭了英商的船隻，離開上海，到了香港，病勢加重，就死在香港，始終未曾屈服。

關於王一亭脫身離開上海的情況，傳說很多，我已記憶不起來；不過林之江用槍法威脅他就範的一幕，騰傳衆口，知道的人不少。

林之江不斷的到租界上來槍殺反汪份子，當時死在他槍下的不知其數，據我所知，租界上的某探長就是死在他槍下的。當時某探長戒備森嚴，而林之江於事後却還站在馬路中心笑容滿面，施施然離去，據目擊的人說：林之江打死了某探長之後，走的時候，手上還把玩着盒子炮，簡直無法無天。

綁票盛行　市民駭然

上海本來每年都有一二宗綁票案，此間稱為標參，做案子的人，大致分為兩幫，一幫是紹興嵊縣幫；組織比較散漫，一幫是太湖幫，首領名太保阿書，這些綁票案，都是把肉票綁出租界，藏在四郊，然後議價贖票，不過，這種情況幾個月也極難得一見的。

到了日偽時期，上海成為孤島，雖然租界當局到處設置鐵絲網、鐵柵，以及又高又長的磚牆，但是還有許多空隙，普通人不知道，那些為非作歹的人却輕車熟路，視若無覩。

日偽時期開始之後，綁票案大為增加，幾乎每天都有一宗，有時一天甚至有兩三宗之多，每天打開報紙一看，總可看到某人被綁，或某人在被綁時被打死的新聞，這種新聞使稍有聲名的人都驚心動魄。

我們中醫界的名醫之中，先後被綁的也有好幾位，別人我不詳知，祇談我的業師丁仲英老先生，他就在這時期被綁出租界，來信索欵三百萬元，丁老師雖然名聲很大，實際上他常做善事，一手來，一手去，並沒有多大積蓄，因此綁去之後，這筆贖欵無法應付，危險性是大極了。

因為綁匪對被綁者家屬不肯出錢把肉票贖回的話，往往會割了肉票的耳朵或手指，附在信內送到被綁者的家中去，要是仍然不加理睬，那就有被處死的可能，俗名叫作『撕票』。

丁老師的境況，我是知道的，經常收入和付出的錢實在不少，在收支比對後，存下來的欵項却是少到出人意外，三百萬元的討價，簡直無從談起，當時我對這樁事情的後果，很是担心，整整幾晚睡不着覺。

丁老師被綁之後，一直很少消息，祇知道藏參之處，曾經一再更換地方，多在郊區極冷僻的鄉下。在每次變更地方時，必然有一個匪徒和他同扣着一個手銬同行的。有一次，經過一座小橋時，仲師向來研究大力功，氣力大得很，在橋面一躍而投入河中，那個同在一起的匪徒，也跟着墜入河中，於是其他匪徒就想盡方法把他們兩人營救上岸，他上岸時就說：『我家決計拿不出三百萬元代價，所以不如投河一死的好。』因此，後來綁匪再送了一封信到丁家，說是丁老師是好人，自願減去二百萬元，祇要拿出一百萬元，就可以恢復自由。丁家見到這封信，還是沒有辦法，大家正在彷徨無計之時，忽然電話鈴响，家人去接聽，原來是丁老師自己打來的，說是：『已脫離匪窟，住在林之江家中，』於是全家的人，都歡天喜地，馬上趕到憶定盤路四十五號林家去探望丁老師。

那一次我也冒着險離開租界，進入歹土（按這時上海人稱滬西一帶為歹土，憶定盤路是歹土的中心點，）我到了林之江家中，門前掛了一方很大的招牌，寫着什麽『和平軍第幾師司令部』，還懸着兩面很大的青天白日旗，旗上有一條黃色三角形飄帶，門口衛隊極多，這個司令部是在一條弄堂底，在弄堂中密佈着許多便衣探子，我一見這般情形，正想轉身回家，可是一些便衣探子，覺得我形跡可疑，躊躇不前，就聲勢洶洶的問我：『你是什麽人，到這裏來做什麽？』我見到這情況，覺得非進去不可，就硬着頭皮說：『我是來探訪林之江先生的，因為有一位丁先生住在這裏，他是我的老師，所以我要來見他。』講完這句話，他們立刻改容說：『啊！原來你看丁老先生，那就跟我進去好了。』於是我跟着其中一個人進入林之江家中。

那時丁老師正在林家吃粥，見到了我歡喜得很，就和我介紹了躺在烟榻上的林之江，林之江很安閒的起身和我拉手，似曾相識的說：『請坐請坐，不要拘束。』其實我和他早已由許炎夫介紹過，但是我為了投鼠忌器，往事當然不提了。林之江橫臥在烟舖上和我談話，他說：『近來綁票的案子猖獗，當局密令叫我捉拿綁匪，我摸索到了丁醫生的藏票所在，帶了手槍隊去救出來，但是為了怕別人不諒解；那時綁匪有好幾幫，有時竟把肉票搶來搶去，所以要請丁醫生在我家中住一個月，對外宣稱丁醫生是我的遠親，以後就安全無事了。』

我聽他說話的口音，完全是諸暨話，心中正在想這種口音，我就感覺到和許炎夫一模一樣，不禁感慨萬千，心想你這個殺人王，連同鄉老友都殺死，還講什麽道義呢！

綁票之險　危及己身

那時節的綁票事件，越來越多，吾們中醫界祇有極少數人在被綁後掙扎逃脫，像現在香港的婦科名醫朱鶴皋先生，就是僥倖逃回來的一位，其餘的都用相當多的欵項贖身的。

我想有若干同業被綁者，論身價，還不如我，特別是我建築好了威海衞路二號的一座國醫大厦之後，更引起了各方面的注意，認爲我遲早要遭遇到綁票之禍。

要是一旦眞的被綁，房屋不能立刻變錢，家中貯的現欵又不多，那裏來的錢去贖身呢？想到這裏，時時不寒而慄，有些熟悉我實情的親友，好意來對我講，要我乾脆離開上海，遠走到後方去，免得惹出事來，無法應付。

我天天早晨讀報，總是見到某人被綁，某人又被綁了，一天兩三個人被綁是很平常的事，我當時心裏不免動搖，決意要避開這個危險地帶，免得心理上籠罩着一層恐怖的陰影，日日夜夜担着心事。

在「銀元時代生活史」裏我講起過，我曾經到過七十六號魔窟中去爲吳四寶醫病，在他病愈之後，我對吳四寶說過，以後有什麽事，最好請你到我診所來，我每來一次，心驚胆怕，實在嚇不起！况且你的部下衆多，姓張姓李，我也攪不清楚。吳四寶的外號叫做「開車四寶」，有幾分游俠兒氣味，很爽快一口答應我，後來他果然遵守諾言，有病時，到我診所來，由我給他開了葯方就走。

他的家人有病，幸虧都是住在租界範圍內，他往往用一張卡片，上寫「吳雲甫」三字請我出診，我也應允他。

有一次，他發來一張請帖，是憶定盤路狼山廟落成開光，邀我去觀禮和吃素齋，我正在躊躇，吳四寶的電話忽然來了，說是狼山老爺是我們南通人最崇拜的仙人，在南通隣近各縣，無其數的鄉人都去焚香膜拜。現在南市城隍廟都搬到法租界來了，所以我也立誓將我們家鄉的狼山廟也搬到上海來，現在廟堂落成，很是偉大，你應該來看看，我還準備介紹你認識幾個人，免得日後有人會動你的腦筋，對你是有利的。我把他的話再三反覆研究，倒覺得有走一次的必要。

我早已明白，這許許多多上海綁票案，無非是四幫人做的，一幫是打着游擊隊旗號的丁錫山，這一幫人在上海租界四郊地盤極大，所以多數綁票案都是他做的。一幫就是林之江做的，這一幫專綁租界上有名的紳商人士。一幫就是七十六號，他們的目標，都會被加上一隻抗日份子的帽子。另一幫是浙江嵊縣幫，這一幫本來是專幹這一行的，但是在敵僞時期反而不敢輕易動手，要動手還要先得到吳四寶的同意。

我知道了這種情況，但是何以林之江竟然會幫丁仲英老師脫離匪窟呢？這是有原因的，因爲林之江與丁錫山向來兩人積不相容，正在那時候，因爲綁票事件，鬧到滿城風雨，有人把這情況，告訴了汪精衞，汪就下一個手令給林之江，要他肅清這種案件，所以林之江就首先向丁錫山開刀，丁老師適逢其會，眞是最幸運的一人。

狼山廟開光的那天，我想中午時候去走一走，恰巧那天租界當局不知爲了什麽原因，突然宣佈戒嚴，把靜安寺路口的鐵絲網封閉，我就藉故不去了。

恰好那時節，吳四寶的嬸母病得很厲害，由我診視漸漸好轉，我就託他的嬸母帶信，說明我對綁票案怕得很，想離開上海不做醫生了。

隔了幾天，他的嬸母帶來一張請帖，具名吳雲甫，我知道這是吳四寶的官名，席設季雲卿住宅。這位季雲卿，本來是吳四寶的老頭子，因爲吳四寶知道我不敢出租界一步，所以就借季宅宴客。他的嬸母說，請的客人即是丁錫山、林之江一班人，他的宗旨，是要這班人知道你和四寶的關係，免得將來你有什麽被綁的事件發生。我見到這般好意，就答應去漏一漏臉。

到了那天，我約了姚吉光（他也是季雲卿的徒弟，是一個報人，人稱小爺叔）同去，到了那邊。已有十多個人在推牌九，滿枱都是黃金美鈔作注碼，吳四寶只和我點了下頭，姚吉光說：今晚這頓飯，非到十一點鐘是不會開席的，但是我們兩人蕩來蕩去也不像樣，我叫許義楨他們陪你挖幾圈花，也可以消磨這一段時間。（按許義楨是季太太金寶師娘的拖油瓶兒子，爲人很忠厚）因爲許義楨曾和人合夥開過中葯舖，對我的名字還熟悉，也很客氣。

這次宴會中，他們推的牌九，越推越大，滿桌雖是黃金美鈔，其實全是人家的性命汗血，推到十一點鐘，才暫告小歇，吳四寶大聲的招呼我入座，竟然要我坐頭位，各人坐下來之後，吳四寶爲我一一介紹，我也攪不清楚誰與誰？只知道丁錫山就坐在我身旁，我聽見他的大名，正好像坐在計時炸彈旁邊一般，深深的感到不安，吳四寶就說：「陳存仁不但是我在世界書局時代的老友，我前年生一場病也是他醫好的，所以請在座各位，對陳醫生多多照應。」說罷，他就站起來敬大家一杯酒，我也接着立起來還敬他一杯。吳四寶又要我和坐在我左右兩邊的人碰一下杯，這兩人一個是丁錫山，一個我記不起他的名字，總之也是計時炸彈之類的人物。那晚的菜餚很豐富，那些人只吃了四個冷盤和一碗魚翅，就紛紛回到牌九桌上去。吳四寶對我作耳語說：「你放心吃罷，以後担保你沒有事情。」從這次宴會之後，姚吉光便對我說：「老兄，你今天算是吃了一顆定心丸了！」

的確從此以後，不但我的心寧靜了不少，而且在淪陷八年期中，我不曾受到綁票的驚嚇。

幾年之後，許義楨常常到我診所來閒談，談起吳四寶已經被日本人毒死，陶雪生被日本人殺了頭，什麽人什麽人都不得善終。其中丁錫山的收場最遲，也死得最慘，頭顱掛在青浦的電桿木上。惟有林之江在勝利來臨時，他搭上了國民黨特務的線路，他知道許許多多漢奸的藏身之所，由他訪明避居之所一一加以逮捕，因此又立了功。此時又有人要林之江拘捕陳彬龢，他捏稱陳彬龢已逃往湖北某地，當局信以爲眞，便撥出一筆鉅欵，叫他到湖北去查緝，他把心一横，就帶了欵子逃到香港。

所以這一批綁票頭子，都沒有好收場，祇有一個林之江是死在香港的。

精神分裂　魔鬼纏繞

一九五〇年，我已移居香港，某日，在診病時，有一個面目黝黑形容憔悴的病人，到我診所來，他的後面跟着二人，他開口問我：『你認得我嗎？』我看了許久，我說：『我接觸的人多，一時想不起來。』他說我就是林之江。經他一提，我就想起了當時他在上海，殺過許多人，同時也做過一件好事，就是我的業師被綁票，是他營救出來的。

林之江坐定之後，請我診脉，同時以很沉重的姿態，等候着聽取我的診斷見解。經我望聞問切了許久之後，我坦白的告訴他：『你的身體已經非常虛弱，除了胃病之外，並沒有什麽嚴重的病症。』他告訴我說：『對的，經過了幾間醫院檢查過，証明我是沒有什麽病。』但是他自己覺得死期即在目前，要我救救他，我這時已覺到他的神情，是完全不正常。

他繼續說出，他天天被許多鬼魂所圍困，白天侵擾到坐立不安，晚上簡直不能入睡。我說：『世界上本來是沒有鬼的，這許多鬼怪情況，完全是你心理上的幻覺作用，祇要你振奮自己的精神，這種鬼怪是不足介意的。』他說：『現在的情況，就是無法振奮自己的精神，魔鬼終日追隨在自己左右，所以要許多人來陪伴我，否則一天也支持不下去。』他很坦白的說出在當年爲了消滅異己，每一天總要打死幾個人，這種暗殺工作，都是由他親自處理。他當時只爲了權勢與利祿，根本不信會有鬼魂來報仇的，殺人之後，毫無愧怍，而且覺得槍法越準，越是痛快。祇是有一次，槍殺了一名壯漢回來，便覺得這個面目可憎的鬼魂，一直追隨在他的身傍，已有七八年之久，使他終日惶惶然，後來眼見威脅着他的鬼魂愈來愈多，以至到今日這般地步。

我就解釋給他聽，在心理學上講，你殺人之後，親眼見到這個壯漢倒下去，當然是張口突目，咬牙切齒，滿身是血的恐怖情況，這片刻間的印象，深深印入腦海，是你終身消滅不了的。由這種印象的威脅，漸漸變成幻覺，在你的心目中就是鬼。這個鬼，可以終日追隨在你的身傍，令到你日夜不安，他聽了我的話，很是滿意。我對他所患的若干病患，開了一張藥方給他，他就走了。

次日一早，他又由他的家人陪來，他說聽了我的解釋，當時受到感動，但是一到家裏，腦中又亂想不已，自己無法控制，因此又見到了那個面目猙獰的壯漢的鬼影，簡直一夜不能入睡，越到深夜，越是駭怕，竟然有許多鬼魂，魚貫而入，對其身體上，作種種擊撞，淸晨起來，看見肌膚上果有不少青紫色的瘀痕，他說這種瘀痕，是否就是『鬼打塊』。我說這是你病久之後，氣血不調和，整夜受到恐怖心理的纏繞，由心理的影响，靜脉管膨脹，可能有這種現象發現的，於是我又爲他開了一張藥方。

林之江自己說出在那個時代，大約殺過兩百多人，到了香港之後，一直鬧着見鬼，朋友們勸他信佛，他就信佛，但並不能把圍繞他的鬼驅走。有人勸他皈依道教，滿室貼了符籙，初時也許是心理作用，能苟安一時，但過了幾天，又是擾擾如常。又有人教他信基督，他說祇在唱讚美詩的一霎那，腦海中可以略爲清淨，其餘的時間，都是魔鬼在打擊他，恐嚇他，還引誘他自殺，所以他完全失却了信仰。有一個時期，因爲許多不可告人的秘密湧塞在心頭，竟然自己走進天主教堂，跪地懺悔，把殺人的經過，坦白陳述，他說經過懺悔之後，心理上有片刻安逸，但是過了一時，又日夜鬧着鬼了！

他把這種經過告訴了我，我說宗教是一種信仰，你並不眞誠的信仰而要冀求庇護，這是不可能的，你現在因爲舊時作孽太多，心理上內疚重重，無法擺脫，於是造成了魔鬼纏擾的環境。初時不過是心理上的幻覺作用，久後變成錯覺作用。由於你身體日漸衰弱，精、氣、神三種力量完全消失，於是由神經衰弱，變成神經錯亂，再從神經錯亂變成精神病，又由精神病進展到思想崩潰，再由思想崩潰而成爲神經分裂。

什麽叫做神經分裂呢？就是你的精神狀態分裂成爲兩個人，在我和你講話時，尙能傾聽和瞭解我所說的話，一離開我之後，你就成爲第二個人，把我先前所說的話都付之腦後，所以你要對付這種情況，先要求身心正常，雖然你身體很虛弱，但是你要放棄現在的生活，另找一種勞動性的工作，用勞力來替代勞心。我舉一個例給你聽，有一個曾經做過省主席的人，因爲他的精神分裂，一腦子都是幻想，我勸他要用勞力來替代勞心，他對我的主張，完全同意，竟然穿了很舊的衣服，去當敲石子的小工，同一般勞工一齊工作，準時而到，準時而退，回家之後，疲乏不堪，倒頭便睡，如是者幾個月之後，便把他的精神分裂的情況，完全消失了。你現在過的不是正常的生活，一天到晚求醫問藥，或者用信教方式來消除你的心病，這都於事無補。他對我的說話，表示瞭解，後來他就沒有來過，不知道又在做什麽工作。

如是者，經過了一年光景，他的同鄉來說，林之江的情況已經較爲好轉了，有一天，他的家人突然出現在我的診所，要求我去替他看病，我說他患的是精神病，不是內科病症，不如進精神病院，我堅決不肯出診。他的家人說，他本來已好了許多，最近一月病情突然變化，生命垂危，明知不可救葯，無論如何，要我前去看一次，這一次看他的情況，那眞是不可收拾了。

這時林之江移住到一家天主教辦理的醫院中，醫院替他檢驗後，說他除了胃部不良外，並無正式疾病，要他趕速遷出。他堅持不肯離去，我見到他時，他說：『住在家中，實在被鬼魂侵擾得無片刻安寧，祇有住在這裏，鬼魂雖然仍不離左右，但比住在家裏平靜得多。』我說：『你又要鬼話連篇，庸人自擾』但是他認眞的說，最近一月來他所見的並非幻境，簡直全是眞實感。接着他又講出許多怪事來，他所感到最不可思議的，就是一次他在上海發令槍殺中國農民銀行職員一批人的內幕，當時他自己並不在塲，不料其中被殺的一個職員，竟是他自己的外甥，因此引起他已故的父親和母親帶着這個外甥來向他索命，這時他才知道他殺了他的外甥，此事本已過去多年，但是現在每天晚上就是他的父親坐在他的床邊，百般辱駡之外，教他從速自殺，他也屢次想自殺，但被家人所阻，所以痛苦萬狀。

我聽了他這番話，仍然告訴他，這是精神分裂的現象，要力事鎭定，修養正氣，來辟除邪氣，他坦白的說，他的正氣，祇剩一分，而邪氣竟高揚到九分，除了和你談話的片刻間，還可以和你對答之外，其餘時間我眼睛見到滿室是鬼。從前要閉了眼睛才能見到，現在白天張着眼睛也能看到，並且還看出許多鬼魂的身上，有纍纍的彈痕，而且還在流血。因此這般的生活，是一天也過不了。我聽見他的說話，感到他的精、氣、神，完全進入崩潰狀態，這就是精神病死亡的預兆，我只有安慰了他幾句，就告別了。

我感到這種症候，他自身體力衰敗時，確乎是他無法控制的。生理上即使沒有病，而心理上的幻變，更比生理上的疾病還嚴重；生理上的疾病，還可以用醫術和葯物來治理。心理上無窮的幻變，簡直是無葯可救的。世間原本無鬼，但是心境上自己造成了一個鬼域，從此他就被圍困在這個鬼域之間。既然他自己無法逃出這個境域，那末這種折磨，必定要使他走上死亡之途。

過了不久，有人來傳言，林之江在醫院日夜號泣。說是每晚被鬼魂所痛擊，疼痛非凡，次晨全身都是紫血塊，醫生認爲是神經痛和血管栓塞，他漸漸半身不能轉動，筋脈抽搐，言語模糊，舉止怪誕，兩目直視，一夜嘔血不止而逝。

關於這件事情，知道的人極多，雖然事情有些近乎迷信，但是他的死亡經過，却完全是事實。我覺得鬼魂之說，並無根據，可是因果之說，是很科學的，種什麼因，得什麼果，這是不可磨滅的『循環律』。

爲虎作倀　無惡不作

大小漢奸以外，還有一類人，其作惡的程度，更甚於漢奸，就是追隨日本軍人或憲兵左右的人員，大概一個是翻譯，兩個是跑腿。在未開戰之前，譯員多數是高麗人和台灣人，而跑腿的都是中國人，這種人靠着主子的聲勢，狐假虎威，無惡不作，市民見到這類人，眞是驚惶不已，但是他們自己都經營着一種副業，就是販毒。當時閘北警局和租界警局見到這種人，都視若無覩，即使加以逮捕，很快就會有日本軍政當局來保釋出來，所以他們的作惡，更是有恃無恐。

自從戰爭一起之後，高麗人和台灣人，已有供不應求之勢，於是就由那些跑腿遞升上去，這種跑腿智識程度極低，可是他們也會講幾句日本話，他們一旦得勢之後，更是如虎添翼，可以隨便指出一個中國人套上一頂抗日份子的帽子，就可以大敲其竹槓，諸如此類壓搾良民的事件，層出不窮，所以對這種人，我是避得越遠越好。

我在綁票的驚惶事件過去之後，自慶不會受到牽累，小心翼翼渡過淪陷時期的沉悶生活。不料儘管你潔身自愛，還是有一件極重大的麻煩，纏到我身上來。

我那時的新診所，設在威海衛路二號，這個區域舊稱『馬立師』，馬立師本來是馬伕聚集之區，此外，有許多梨園中的武行都住在這一帶。歷年已有一種馬伕集團的惡勢力存在。從前上海的特殊人物如馬永貞之類，都是這類脚色，所以打架開片，祇要馬伕幫出塲，便一呼百應，因爲跑馬廳的馬伕宿舍，就在我新診所的對面（跑馬廳邊門的裏面），所以這個地區，即使是梨園中的武行，也很少人敢在這個地區惹事的。

等日本陸軍接收跑馬廳，所有軍馬都在跑馬廳馬房中飼養，於是這一批馬伕，拚命學日本話，講得好的，就會被升任爲他們的譯員或是負責查案的跑腿。就因爲如此，爲虎作倀的人又多了一批，他們住的宿舍，一間間很小，日日夜夜有不少譯員和跑腿進入馬伕房在裏面賭牌九、賭紙牌，日本人爲了使喚便利，明知之而不加禁止，但是一到晚上十時，便不准他們賭下去。這種情況，本來與我毫不相干，壞就壞在我有一名汽車司機，視賭如命，因爲彼此對門鄰居，他好幾年來，晚間總是和他們在一起鬼混或賭博，所以他出入跑馬廳，是通行無阻的。

這個司機自從和這班譯員和跑腿們混在一起，他的性格也爲之一變，晚上總要玩到三四點鐘才回家，白天做事如同失魂魚一般。

有一天我勸他，他非但不接受我的好意，反而說出些很不中聽的話，說：『我和這班人交往之後，對你大有好處，因爲那些人可以隨便替你加上一頂帽子，你就沒有命了，如果我和他們相熟，他們是連一根汗毛都不會碰你的。』他這幾句話，簡直是有意的恐嚇我，要我對他屈服。

果然不久，他常常問我借錢，要是一次不借，他的面色立刻就變，完全是一派流氓氣息，我眞奈何他不得。

一天晚上，我正在樓上休息，聽見樓下人聲鼎沸，我走下去一看，大廳中竟聚着二三十個赳赳武夫，排起桌子來正在大賭特賭，這個司機還替我介紹一個人，說：『這是日軍翻譯某某某』，那翻譯點一下頭，說：『跑馬廳晚間不許賭，所以借你的客廳一用。』我明知司機引狼入室，以後的麻煩就多了，當時我只好無言而退。果然從此以後，我的客廳就成爲他們的賭場了，好好的賭，倒也罷了，有時他們還有許多賭博上的糾葛，大聲吵鬧，簡直不把我放在眼中，我對這件事，頭痛得很，常常失眠，深恐情形惡化起來，那就不堪設想了。

豈知事情竟然出乎我意料之外，某一天，在我們診時間，新成區警局局長偕同一個日本籍的副局長來看病，說是他們對漢醫漢方非常信服，所以特地陪他來診治。我診斷之下，認爲他是因飲酒過多，發生肝病，治療的過程最少要經過一個月，否則，就會轉變爲黃疸病，那個副局長聽了，認爲我診斷很準確，我和他約定每隔兩天來看一次，葯劑由我的配葯處煲了送去。

老百姓排隊領取戶口米

這位日本人來看病，連看了三次之後，他又介紹一個日本副局長，說：『這是警察總局的最高當局，名字叫作「烏刀」，他患的也是肝病，現已轉爲黃疸病。』烏刀能說幾句中國話，他看到我兩目皆赤，便問我：『陳醫生，你自己做醫生，怎麽兩目通紅也不醫一下？』我就說：『我兩目紅赤，是因連夜失眠，由於跑馬廳的下級人員，夜夜在我家通宵賭博，令到我不能入睡。』烏刀說：『這件事很容易辦，不過警察局管不着，因爲跑馬廳的首長，是隸屬於陸軍部的，我時常見到他們的長官，祗要輕輕鬆鬆的隨便提一句，這班人侵犯民居，深宵賭博，一定會嚴厲禁止的。』

果然，不到三天，這班人從此絕跡不來，我心想，烏刀的話生效了。

我的司機，白天裏也見到有幾個日本人來看病，只是不知道是誰而已，這兩個日本人來的時候，都是坐着大汽車，隨從的人不是軍裝，便是便裝，他也不知道這班人是何方神聖。

這樣一來，司機倒驚惶起來，對我的態度爲之一變，而且向我提出辭職，我正中下懷，表面上還加以挽留，但是他却苦苦哀求我多給他兩個月薪水，因爲他賭到債台高築，我就照他的意思，多給了兩個月薪水把他遣散了。

實際上，我對這一件事情驚嚇已經受夠了，夜夜失眠，這般迅速解決，大有如釋重負之感！

領戶口米　引起疫病

淪陷期間的上海，大家最關心的一件事，就是『米』，雖然當時有許多米舖還是有米出售，祗是米價根據單幫跑來的黑市價格爲標準，一月之中米價總要跳三五次至七八次，這個威脅對市民的打擊很大，所以有些食指多的人家，爽性自己去跑單幫，由租界四週的鐵絲網中鑽進鑽出，運氣好的人，能一路平安揹了米回家；運道不好的人，就會被站崗的日本軍人用鎗柄子打到半死半活，還要把米倒在地下，不許拾回一顆，但是跑的人還是不顧危險，成千成萬的到四鄉去搜求食米。最近的買米地點，就在徐家滙。

徐家滙一帶的買米市場

當局鑒於租界內人口日密，而米糧有限，收是沒有人跑單幫，米價還要高漲，影响幣値日益低落，因此又想出一個辦法，實行計口授糧，俗稱配給『戶口米』。

所謂戶口米，是按人口配給的，市民憑戶口証向當局所特約米舖購買平價米，這種米質類不一，有時是杜米，有時是碎米，還有時只配『六穀粉』（即粟米粉）。

老實說，米舖中以出售黑市米獲利較大，而且早晚市價不同，無非是天天漲，月月漲，賺到滿盆滿鉢，戶口米實施之後，大家有了基本的口糧，米價漸漸抑平，但是米舖對這個措施，內心並不歡迎，可是又無法拒絕。

起初，每一家可以由一人代表去領全家人的

口糧，後來，米舖認為計算困難，限定每人要自己憑戶口証領米。於是在領米的日期，人人都要一早去排隊，等候依次領米，有時為了有人爭先恐後，秩序大亂，在這種情形之下，旁邊監視着的警察，就用木棍打人，因此市民對領戶口米，視為畏途，但是又不能不去領。

從前上海秋冬春三季，天氣都很冷，大家祇好在天未亮時，穿着棉襖棉褲，帶着布袋去排隊領米，天寒或是有風還無所謂，最慘的是在下雨落雪之時，也一樣要站在西北風中撐着紙傘等候領米。

在這種情況之下，很多市民的健康就發生了很大的問題，夏季受暑發痧的多得很，冬季穿棉襖的人，多數會從人叢中感染到蝨子，這種蝨子，繁殖力極快，所以家家戶戶都鬧着蝨子之患。還有熱天的臭蝨，即是此間所謂『木虱』，臭蝨禍患還小，祇是令到人們不能安眠；最可惡的是跳蝨。

跳蝨本是斑疹傷寒的媒介，斑疹傷寒比普通傷寒劇烈得多，一經感染到此症，患者就會神志昏迷，熱度高到一百〇五度以上，病程到第十天時，即使加以救治，多數還是死亡，所以在這個時期，因斑疹傷寒而死亡的人，不知其數。

醫生見到這種病人也很駭怕，祇要病人身上有一個跳蝨，跳到醫生身上，也會發病，所以中西醫生因而死亡，也時有所聞。我有幾個最親密的同業，在短短的七八天中突然暴斃，這件事情令到我也驚惶起來，但又不能謝絕看病。記得有一個時期，特地穿着一件很長的雨衣，緊緊裹住全身，戰戰兢兢的為病人看病，但是心理上的威脅，還是驚到難以形容。（按斑疹傷寒，總是在戰爭糧荒期間流行，所以日本人的譯名叫做『饑餓傷寒』或『戰爭傷寒』，戰場上因此病而死的最多。）

戰爭初起時，蘇州有一位鄉紳張一麐，為人公正無私，他常在時局動盪中發表呼籲文章，都有相當力量，戰爭一起，他電請當局組織『老子軍』，他與一班老友，將不惜生命與日本人作一死戰，當局復電說：他的意義頗能鼓舞人心，但是目前還有許多壯士應付戰事，所以用不到組織老子軍。這消息一經報紙登載，讀報的人大為感動。

司法部長　死於跳蝨

張一麐有一個兄弟，名叫張一鵬，在北洋政府時代，當過司法部長、最高法院院長等職，居官廉潔，正直無私，到了淪陷時期，他住在上海公共租界靜安寺路一條弄堂裏，住所很小，而住在一起的房客，雖不到七十二家之多，但至少也有十二三家，夜夜吵得不能安臥，他清官做久了，一身之外無長物，就靠幾個司法界的後輩按月接濟。我認識他是由商務印書館黃警頑介紹的。他說：現在大家湊份子，按月對這位司法界前輩加以接濟。

第一次見面之後，我就請他和黃警頑一同到大陸商場飯店弄堂去吃飯，他很激昂的慨嘆着說：從前當部長、院長以及什麼什麼長，現在蟄居陋室，竟當起甲長來，眞是夢想不到！

有一天，報紙上忽然登載一段新聞，說是汪精衛召見他，並且簡任他做司法行政部長，不知怎樣的過程，他竟然落水了，從此以後，再也沒有見過他。

黃警頑曾經找到他，談過話，他見到黃警頑初時有些不好意思，後來他說：他和汪精衛約定，登台之後要設法釋放一批政治犯。所以他犧牲一切，毅然決然的當上了司法行政部長，期以半年，決不戀棧。

張一鵬就職之後，親自視察監獄，回家之後，忽然發起高熱來，經醫生診視後，斷為斑疹傷寒，一定是在監獄中染到囚犯身上的跳蝨所致。

當年張一鵬年事已高，經不起幾天的高熱，就痙厥而死。從張一鵬當上司法部行政部長開始，到病死為止，恰巧整整六個月，「期以半年」，一語成讖，天下巧合之事，無逾於此。（三）

AVANA

MADE IN ITALY

意大利特級男裝鞋

大人公司 平價市場 人人百貨 大方公司 來路鞋公司有售

大人

論天下大事
談古今人物

第三十八期

當時海上敵歌筵贈句曾教萬口傳今日樊川歎牢落杜秋詩好也徒然

絕響譚余迹已陳宗工今日屬誰家何當重聽珠簾寨靜聆營門鼓幾撾

丁酉春在香港右詩奉詒

冬輝仁嫂夫人用資噱粲 孤桐章釗

章士釗贈孟小冬詩

請參閱本期豐千饒特稿「章士釗及其南游吟草」

大人　每逢月之十五日出版
The Chancellor Publishing Company Ltd.
出版及發行者：大人出版社有限公司
督印人：王朝平
編輯者：大人雜誌編輯委員會
總編輯：沈葦窗
社址：九龍西洋菜街三號A 即彌敦道大人公司後面
電話：K八五五七三〇
印刷者：立信印刷公司 九龍新蒲崗伍芳街緯綸工廠大廈11樓
總經銷：吳興記書報社 香港租庇利街十一號二樓 電話：H四五〇五六一 H四五〇七六六
星馬代理：遠東文化事業有限公司 新加坡厦門街十九號 檳城查田仔街一七一號
泰國代理：曼谷青年文化服務社 曼谷黃橋東北路 五六六之七〇號
越南代理：聯興書報社 越南堤岸新行街二十二號
其他地區代理：
澳門：可大文具店　漢城：汎亞書籍公司
亞庇：利民公司　寮國：永珍圖書公司
千里達：中華公司　斗湖：光明書店
菲律賓：華安書局　菲律賓：玲瓏書局
倫敦：東寶公司　紐約：友聯圖書公司
芝加哥：杏林春　紐約：大方圖書公司
波士頓：中西公司　洛杉磯：永安堂
三藩市：新生圖書公司　檀香山：大元公司
三藩市：益智圖書公司　三藩市：文化商店
加拿大：香港商店　加拿大：新國華公司

章士釗及其南游吟草

——一本未曾公開的統戰詩稿——

・豐千饒・

一九七三年五月二十三日，一架專機由北京飛來香港，機中載的是九二老人章士釗（行嚴）及其子女隨從，新華社爲之發表官式消息，詳列名單，秘書、醫生、看護、女僕等，隨侍在側，左派政要空群出迎，於是謠言四起，說行老此行，乃是來與台灣進行和談，影响所及，甚至股票市塲也有人在談章士釗了，正是漪歟盛哉！

六月三日本港明報社論：「關於國共和談的謠言」：「……謠言之一說，章士釗來港，目的是爲進行國共和談，國民黨方面由張群來港會談。我們絕對不信有此可能，原因在於國民黨決不願和中共和談。……」其言誠是。但謠言之來也是有所本的，因爲新華社消息中說：章士釗來港前一日，周恩來曾往章寓送行，於是認爲此行茲事體大了！

章士釗自一九五七年離港北返以後，已經有十七年未履斯土了！但來香港「自由」一下，本是他的心願之一，況且他還有一着棋子留在香港，那就是他的如夫人，當年在平劇舞台上藝名雪明珠的殷德貞女士，始終未曾北返陪侍老人。所以章士釗特地選定於五月二十三日來香港，因爲五月廿五日正是這位章夫人的六十大慶，親率子女前來祝壽。老尙多情，也是這位孤桐老人的關心之處；章的原配夫人吳弱男女士，已於今春在上海病逝，享年九十歲。

大家所關心的是章士釗的健康情形：他下飛機時，雖然有輪椅可用，但據在機場目擊迎接塲面者說：「老先生是被人抱下飛機的。」

章士釗耳聾重聽，聾到完全聽不見。與人講話，祇限筆談，但又手抖，章本長於書法，康有爲曾語人：「行嚴於吾書有嗜痂之癖」，他寫的字具有帖意，有龍蛇飛舞之勢，見本期封面內頁其贈孟小冬詩，以後恐怕求不到啦！幸得隨侍他那位秘書王益知，善伺老人之意，可以幫不少忙。來港以後，醫葯不斷，主治醫生是李崧。

章士釗的女兒章含之，擅長外文，供職外交部，上次尼克遜夫婦訪問大陸，她就是三位傳譯員之一；還有兩位是唐聞生和沈若芸。她在送了她父親來港，爲庶母拜壽以後，已經離港北返。

章士釗遵醫囑，每天見客，以一位爲限；但欲寄老人以和談重任，似乎無此可能了！

章士釗在中共的地位特殊，最爲大家所耳熟能詳的一個故事就是毛澤東不得意之時，他曾贈以銀洋二百，又荐毛到北大圖書館李大釗手下辦事。所以章在一九七一年九月出版的「柳文指要」，扉頁上沒有印「毛主席語錄」，大陸人士無不驚訝！例如郭沫若的「李白與杜甫」，首頁就印上「毛語錄」，一致認爲行老是跟人家不同的。在一九七一年，用文言文印一部二千一百四十六頁的書，完全用三號仿宋體排印，十六開的版面，簡直可以說是除了毛澤東以外的一人而已。

但章士釗在「柳文指要」中還是提到了毛澤東，他說：

「柳文進程，初發於穆伯長之啓蒙工作，繼厄於歐陽修之韓李僞論，三厄於桐城派之齊壓班柳，駸駸年月，所涉不下千載。柳文重發光艷，殆起於一九四九年之大革命初期，倘無毛主席著作發揚，決不會有崇柳風尙。」

章士釗在「柳文指要跋」中又說：

「夫一九四九年，一劃時代之大革命，一切棄舊圖新，而文字勢不得不首先異軍蒼頭特起，立於最前一行列者也。十五年來，全國文家，以所謂古文格式從事撰寫者，幾於絕無而僅有，青青子衿，求其了解舊體文無所於滯，亦幾成爲斷港絕潢之無所出。於是吾之此一臃腫龐大之陳舊述作，分明一無價值，而視爲兩千年來傳統文學體裁之最終結穴，要不爲過。……若夫一九四九年開國以後則大不然。全國公私文字，一律以語體文行之，毛澤東選集成爲唯一典型，君師合一，言出爲經。……」

此跋成於一九六六年三月，他也承認十五年來祇有他這部「柳文指要」是用文言文寫的。事實上，指要上下兩部大量引用前人的文字，都是典雅的文言文，如果勉强改用語體文來說明，反而顯得不調和了。

章士釗的「柳文指要」，在香港所見的是一九七二年一月的再版本，但他在一九五七年曾由友人爲他印了一本「章孤桐南游吟草」，却始終未曾公開。有此一說，此詩稿曾爲周恩來所見，認爲「行老的詩是好詩，公開却不必了！」於是這本「吟草」胎死腹中了！印好了沒有發行，究竟這本吟草，吟些什麽？這裏可以提供全部目錄，並選錄其中幾首詩及故事。

「章孤桐南游吟草」共分三集，第一集曰廣州集，第二集曰香港集，第三集曰懷人集。

目錄如後：

廣州集

劉景堂序
趙叔邕來書
大同酒家會食後呈陶鑄省長
饒彰風約在太平館食燒鴿
陳寅恪以近著數種見贈，論「再生緣」尤突出，酬以長句。
和寅恪六七初度，謝曉瑩置酒之作，曉瑩寅恪夫人唐女士字，維卿先生（景崧）孫女也
廣州待美芳不至
杜國庠以先秦諸子論著見贈
街柝
病腰
六榕
凌晨從化道中
從化温泉

從詩中可知，章士釗一九五六年來香港，那時飛機自然不能直飛香港，而自從廣州來的，所以陶鑄在大同酒家請他吃飯，老人當筵酣睡，題詩酬答：

廣雅鎮南洋，張宴欵項城，舉箸輒睡去，項城奪帽行。開眼客杳然，主人心屏營，挽救已無法，以此成憤盈。南猿北乳虎，數歲交猙獰，軼事萬人傳，理致殊棘荆。或言壺公驕，本初原所輕，其實大不然，好睡豈佳名。人身非文章，難言老更成，病至失自控，一瞚萬象更。昭昭忽昏昏，孟子亦難明，杜公每自恨，老與醜交縈。古人重休致，老退理不爭，所以抱冰翁，不如蜀公榮。垂絶入京朝，一把酸淚幷，四諫已不見，童昏促殘清。抵死捄僨豚，渾忘昔杯羹，忠厚終一世，葷行高莫京。吾與僅一謁，適充子弟兵，百行無一肖，德業仰錚錚，獨至廣坐睡，吾有相應聲，此自緣老爾，白髮本公平。吾鄉長沙公，鋼成百鍊精，驟然施一顧，設鱠浩縱橫。吾亦偶暝坐，人語漸不瑩，持況南洋宴，賓主不同程。賓妄主絶憐，戒人勿我驚，生平此僅見，憊矣難爲情，留詩以解嘲，珠海涼風生。

老人倦極而寐，用張之洞故事，句中有「憊矣難爲情」，可謂善於解

埋頭著述的九二老人章士釗

嘲者矣。

陳寅恪著作等身，章與之惺惺相惜，不在話下。贈詩曰：

嶺南非復趙家莊，却有盲翁老作場，百國寶書供拾掇，一腔心事付荒唐。閒同才女量身世，懶與時賢論短長，獨是故人來問訊，兒時骯髒未能忘。

陳寅恪目疾未愈，故詩中有盲翁之喻，才女乃指「再生緣」中女主角陳端生。

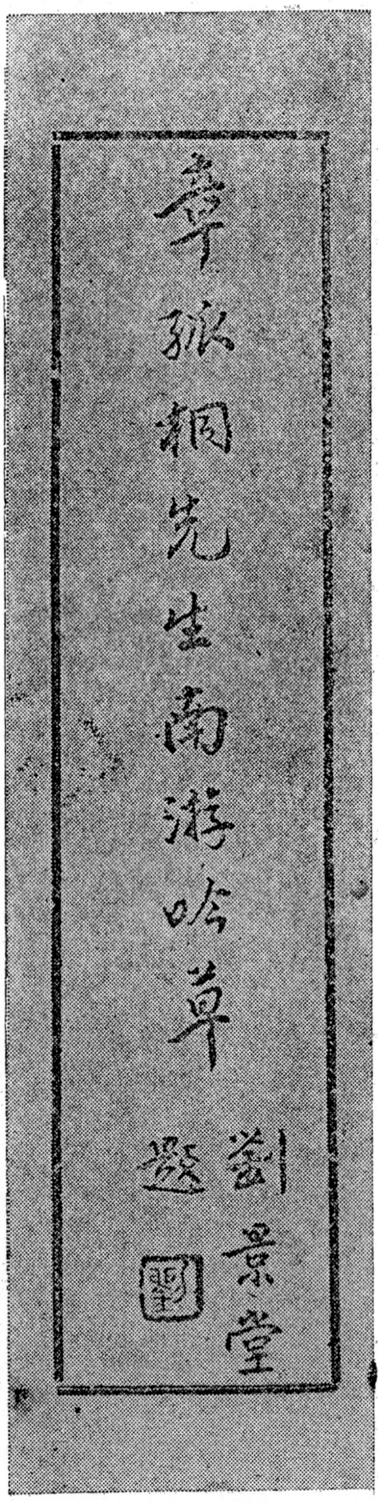

一本未曾公開的統戰詩稿——章孤桐南游吟草

香港集目錄

謝張向華
別劉顯丞
柬吳禮卿
丁酉元年
別陳光甫
題陳仲宏（毅）游玉泉山六言詩後
淺水灣
調趙叔邕三首
黃雨亭母柳太君苦節詩
爲劉伯端題滄海樓卷子
贈朱樸之
趙從衍席上作
此來
丁酉春二月，余滯留海南，同人有知余初度而讙噪者，詩以謝之
丙子秋，余將赴北平宋哲元之約，由滬啓行，郁曼陀親來阻止不得，因餞以詩。
事過二十二年，詩存靜遠堂集中。丁酉春，余游香港，陳百庸（凡）檢出此集見示，睹物思人，補答一律，殊不勝杜公追懷蜀州之感云。
贈袁仰安
得翊雲書，知病已痊可，復有編刊書集之舉，喜而有作，兼懷伯鷹
與徐伯郊
游車湖
關少達審余患痺，送肉桂鹿尾二品
贈費彝民
答叔邕
爲嚴欣淇寫橫幅
贈許頌輝夫人
爲周慰如題畫冊
與張稚琴
贈章劍慧
與張愼庵
高樓篇
再見吟示黃雨亭
潘氏女子貞則畫蟠桃壽父求題
楊畜香詩
吾所居閣上，與吳季玉寓樓相望，呼聲可聞，以車馳往，非半時莫達，因成此詩。
題周慰如畫竹
孤雁
答翊雲
爲李靜君夫人鶯遷作
爲張建南題黃賓虹畫
贈人兩首
贈吳紹璘
爲馮璧池題大千美人畫幀
古意八首
梓彝公館再宴集作
送東友由香港返國
青山飯店翻新，適余北轅待發，焯賢求書張之，爲書二十八字
澳門四絕句

題南海致麥曼宣論書法札後

南海書法高大要在結體結體胡自來漢魏湼池是平生石門銘上泝至漢隸
月臨碑一種其實無一似不似仍自臨問架要爭取漢法入眞書此老所心師
天資又卓犖遊刃見餘地閣帖本異流工夫不到此行草多俗筆先入難克治
杜公譽北海碑版照四裔南海亦不弱鄙下惜餘事曼宣乃女夫淵源當有自
耳提不盡聽問札憤所指從來愛康書嗜痂輒知止（南海每對人云行嚴於吾書有嗜痂之癖）夢同新聞
路海月託遙寄（民國八年吾寓新聞路岑宅南海寓辛家花園蹤迹甚密）

章孤桐南游吟草論書法

章士釗上次來香港，在一九五六、五七年間，作詩不少，近一百首。有許多人他都沒有見到，如張大千、張君勱、陳光甫等，但他在詩中都提到的，例如「張大千」一首末二句云：「此行須灑脫，祖道不須勞。」附註：「君由東京經香港赴南美，船祇暫停，闕爲面別。」答君勱長歌首二句即曰：「七年不見張君勱，一紙飛從美西岸。……」可見張大千、張君勱他都沒有見到。至於陳光甫那時在香港，但婉謝與章相見，於是章又有詩曰：「人之相知貴知心，見面與否乃餘事，我來七月未見君，外間咄咄稱怪異……」可畏者，老人之筆也！但章雖有筆如刀，但他的傍側有位友人吳季玉，對章陽爲恭順，但背後却將章日常生活談話，錄音後拿到台北去放給朋友聽，以爲笑樂。吟草中有「詩亡篇」，篇首云：「吾有詩託吳季玉寄于右任，季玉錄副寄去，而將原稿存置寓所，忽聞該原稿不翼而飛，頗爲好事者所訾議，吾恐久久失去眞象，爰以長句紀之。」詩曰：

天下幾人識翳子，我故知心勝知面，杜公送友東入海，海底珊瑚森可罥。當年意氣深見許，瞎馬盲人成突變，烟幕雞籠懸似

磬，風吹鹿耳過如箭。從來不聞公患聾，晚號聾丞付嗤點，草書當今第一手，素師擱筆定何見。我來隔海二百里，鄭重郵書託殷羨，兩篇長句我親裁，赫蹄曾致兒曹眩。化爲蝴蝶倏飛去，莊周說夢本無驗，秀才偷書不爲賊，却知間諜貴乘便。詩者心聲之餘事，心聲往往速於電，爾我情勢故宛然，影即不存罔兩現。只今四海翻前案，裝書也應不用綫，詩亡迹熄春秋作，禹貢九州終自奠。

其時，吳季玉常爲章安排宴會。某次，座有左舜生、李幼椿、劉百閔諸公，章忽問李幼椿曰：「曾記當年在法國吃乾酪上有霉點者，夢寐思之，乞示其名？」李爲寫出，立屬吳宅家人往購。筵席盛開，有扒翅甚美，衆賓紛下箸，而章獨食乾酪，津津有味，謂雖有扒翅，其美味尚不如朝思暮想之霉乾酪也。

章士釗少時，醉心康有爲的書法，「南游吟草」中，就有他「題南海致麥曼宣論書法札後」一首五言長歌，把書法的秘要，盡情宣揚。麥曼宣是康有爲的女壻，當年康南海寓上海辛家花園，就是新閘路附近，所以章詩有「夢回新閘路」之句。

題南海致麥曼宣論書法札後

南海書法高，大要在結體，結體胡自來，漢魏差池是。
平生石門銘，上泝至漢隸，月臨碑一種，其實無一似。
不似仍自臨，間架要爭取。漢法入真書，此老所心醉，
天資又卓犖，遊刃見餘地。閣帖本異流，工夫不到此，
行草多俗筆，先入難尅治。杜公譽北海，碑版照四裔，
南海亦不弱，鄴下惜餘事。曼宣乃女夫，淵源當有自，
耳提不盡聽，間札憒所指。從來愛康書，嗜痂輒知止，（南海每對人云行嚴於吾書有嗜痂之癖）
夢回新閘路，海月託遙寄。（民國八年吾寓新閘路岑宅，南海寓辛家花園蹤迹最密。）

懷人集目錄

懷于右任　又一首　懷白健生　懷許靜仁　懷張岳軍
懷何敬之　懷俞大維　懷王亮疇　懷錢新之　懷王雪艇
懷何雪竹　懷徐傅霖　懷莫德惠　懷張知本
懷趙夷午鍾伯毅　懷賈景德　懷胡宗南　懷熊天翼
懷蔣鼎文　懷上官云相　懷蔣夢麟　懷劉航琛
懷姚味辛　懷石鳳翔　懷吳開先　懷秦紹文　懷蔣素心
懷洪蘭友　懷程滄波　懷何競武　懷袁守謙　懷黃少谷
懷楊管北　懷陳芷町　懷蕭同茲　懷彭醇士　懷端木愷
懷王新衡　懷呂曉光　懷陸京士　懷李萬居　何焯賢跋

懷人集所懷的都是台灣政要，共四十一首、四十二人，但細加審核，却已死了一半，正所謂「訪舊半爲鬼」了！

謠傳張岳軍將來香港和章士釗和談，故選出其「懷張岳軍」一首作本文結尾，詩曰：

四十年過舊跡非，適然相逢海之湄，燕來幾度新巢定，（君曾語我集杜句作聯云：亂插繁花向晴昊，重來語燕定新巢，言下甚爲得意。）人在無妨野圃移。（君移寓上海亞爾培路新宅，余曾以翁覃溪所撰寫野圃記及余所自作之新野圃記奉贈，君裝池甚喜。）如子壯猷仍自展，祇今時難要同支，張公九尺饒蒼鬢，倘許料量似少時。

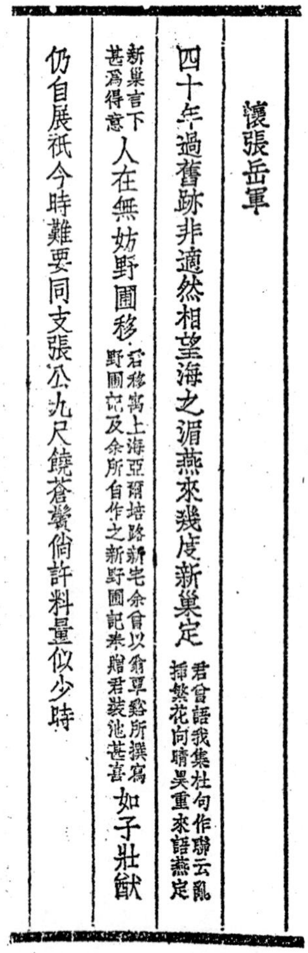
懷張岳軍
四十年過舊跡非適然相望海之湄燕來幾度新巢定（君曾語我集杜句作聯云亂插繁花向晴昊重來語燕定新巢言下甚爲得意）人在無妨野圃移（君移寓上海亞爾培路新宅余曾以翁覃谿所撰寫野圃記及余所自作之新野圃記奉贈君裝池甚喜）如子壯猷仍自展祇今時難要同支張公九尺饒蒼鬢倘許料量似少時

南游吟草懷張岳軍

大八小語

國共和談

傳章士釗來港與進行國共和談有關，此事殊不可信。理由有三：（一）人選不合，（二）時機未熟，（三）地點不當。

假使宋慶齡到巴黎，宋美齡也到巴黎，這時你不妨猜測，國共之間，可能進行和談。

照牌何用？

中共擬在香港設辦事處，英港當局深感進退兩難。

新華社與中國銀行，事實上都是中共駐港辦事處，掛照牌有掛照牌的好處，不掛照牌有不掛招牌的好處，中共一定要把照牌掛出來，其故何在？

缺乏誠意

中共體育當局，邀「台灣」乒乓隊伍前往大陸，參加在「北京」舉行之乒乓大賽。

稱「台灣」而不稱「中華民國」，稱「北京」而不稱「北平」，缺乏誠意，彰彰明甚。

西報之言

台北某西報建議：每月准許一千台灣居民訪問大陸，同時准許一千大陸居民訪問台灣。

這一千人的一來一往，至少比章士釗專機飛港有用得多。

上尉與上將

與英公主訂婚的陸軍上尉，查家世乃帝王後裔。該上尉於結婚後，其身份地位即將等於「上將」，而作爲女王「駙馬」，實際上也無異於做了半個帝王。

夫以妻貴

夫以妻貴，剛與安妮公主訂婚，菲臘上尉已被選爲最佳髮型男士。

我敢預言，今年聖誕前後，菲臘上尉已被册封爲菲臘伯爵。

副總督問題

香港輔政司出任英屬某島副總督，該島人口四萬。

有人奇怪四萬人口的小島設置副總督，四百萬人口的香港，何以反而無此必要？

慘絕塵寰

監犯在獄中自縊，留字於獄中壁上曰：「慘絕塵寰！」

值得注意的是，這四個字，指的是生前，而非死後。

又驚又喜

九龍四萬方呎一塊地，被中共駐港貿易機構以高價投得，超過底價近四倍。港府對此，又驚又喜，可驚之外，是否眞的可喜，值得慢慢研究。

音樂的魔力

西報載稱：大陸人民逃來香港，一部份係受輕鬆迷人之音樂所吸引。

如果對台灣發生好感，那一定是受了時代曲的影響。

計不及此

交通事務處長建議由外資接辦兩巴，理由是兩巴服務未臻理想。

目前最不理想的交通服務是小巴，爲什麽不先設法接辦小巴？

蕭芳芳與馮寶寶

蕭芳芳美國學成歸來，將爲本港無線電視効勞。

國語片有個蕭芳芳，粵語片有個馮寶寶，提到蕭芳芳，人們會想她底媽媽；提起馮寶寶，人們會想起底爸爸。

拍片與派片

某導演談稱：動作片在歐美大受歡迎，中國電影因此而有一線生機。

據說，拍片不難，可惜的是片塲似賭塲，派片甚難。

自動截線

電話公司最新設備，裝置自動截線系統。

重要的電話一定不會講得太久，絮絮不休的電話一定毫不重要。爲了減輕電話負担，我主張每次通話五分鐘，即行自動截線。

何不兩合一？

四月四日是兒童節，六月一日也是兒童節，前者屬於右派，後者屬於左派，因此無法統一合併。

五月第二個星期日是母親節，六月第三個星期日是父親節，兩者並無左右之分，夫婦爲一體，父母亦一體，爲什麽不兩合爲一？

放假兩天

日本家庭主婦，要求每月放假兩天。

香港有許多標準丈夫，他們也不過希望太太每月放假兩天而已！

・上官大夫・

父親節

贈鴉路恤
以表親情

多姿多采的鴉路運動恤

短衫袖
邊縫堅固不虞
鬆散
領尖稍長
衫鈕固牢不會
鬆脫

美國鴉路運動恤,欵欵精美,質料衆多,開領短袖,
裁剪稱身,穿着鴉路運動恤既清涼,又舒適,
無拘無束,胸懷開暢,是男士們最合時尚的衣着.
「鴉路」尚有KENT COLLECTION, COLLAR MAN,
GETAWAY, KNIT及MACH II 等各欵花恤
適合任何年齡及身材.

着美國鴉路恤,確高人一等!

P002

Arrow
成功人士的恤衫

記前輩銀行家陳光甫

李北濤

　鄉長陳光甫先生，早年赴美留學，飽吸新鮮空氣，清末回國，民初以八萬元之股本，創辦上海銀行及中國旅行社。部署一切，悉是新派，以其超人才智，知人善任，遂能使其事業，蒸蒸日上。中間遭逢國難，流離遷徙，赴美借欵，爲國宣勤，而六十年來，未曾脫離其事業之崗位。今年高齡九十有三，猶安居台北，主持行務，洵可謂爲銀行界之人瑞。筆者春間，偶隨友朋，作台灣之遊，縱覽名勝，寄情劇場，怕做過境蝗虫，遂未多訪親友。詎爲光甫先生聞知，渴欲一唔，承蒙張壽賢先生（航聯保險公司董事長）偕杜維藩兄，尋至寓所，同往陳府謁候。入門見其安坐椅中，兩足不能起立，多年濶別，相見甚歡，見面即對我說：「你的頭髮亦已白了」，大概以爲我尚年輕，見其說話低緩，神智尚清，絮絮談舊事，詢問許多老友狀況，太息言道：「老朋友越過越少了。」我問：劉竹君、貝淞蓀兩位先生經常來吧？陳太太答道：劉先生患中風，不能出門，貝先生亦現老態，年已八十一，說話重三倒四，說過即忘，上次陳先生過生日，他前後送了三只蛋糕，現在即將到美國去了。護士在旁，端茶送藥，我因問其飲食起居？陳太太說：照醫生所說辦理，不能停藥，飲食睡眠，不能有一定時刻，今天上午，尚神智不清，下午才好的。我勸其不時扶住人徐步活動活動如何？則笑答：「兩只腿不聽命令了！」尚不失其言談幽默之故態。話已談多，恐其勞神，乃起立興辭，尚承其堅欲移步門口，殷殷握別。

經此一幕，多友咸囑寫點陳老先生軼事，俾可明其成功之因素。今就記憶所及，振筆寫出一二。

陳光甫壯年時代

洋務人才隨處逢知遇

　陳光甫先生，原名輝德，吾邑鎮江人。在昔銀錢界之人才，以鎮江幫爲多，同氣連枝，互相汲引，因緣時會，人才輩出。惟陳氏則不然，乃係洋務出身。清季熟習洋務之士，大都成爲高官，或爲鉅商，可說是發達之捷徑。陳氏幼隨其父陳仲衡老先生往漢口經商，初在洋人開設之報關行學生意，晚間以學費二元補習英語，服務七年，皆以英語與洋東問答。所有海關手續、洋貨進口、土貨出口，乃至報關行有時須代客戶墊欵周轉等情形，無不熟悉。繼而考入海關郵政局，（其時郵局爲海關所辦，制度全是洋式）同事有楊敦甫、楊介眉二君，相交最契。上級全是西人，服務數年，所學所做，西人之生活習慣，服務精神，深入腦際，習成自然。故後來陳氏被人目爲外國脾氣，洋派作風，實基於此。

　後值美國在聖路易舉辦國際博覽會，向中國徵集出品，其手續由各地海關辦理，稅務司派陳氏辦理此事。陳氏岳父景老先生，在某大洋行爲買辦，與官場甚熟，湖北省參加博覽會有代表團，乃代陳謀得隨員之職，放洋赴美。所事既畢，得到湖北留學生監督之優待，給予津貼，留美求學。在賓夕凡尼亞大學之商學院畢業，幾年來一切費用，皆其岳父津貼，故陳氏對於前妻景氏夫人，畢生敬愛，至老弗衰。

　陳氏學成回國，兩江總督張人駿在南京開辦南洋勸業會，陳以留學熟手，受聘爲外事科主任。南通張季直先生則任該會之總審查長，最賞識會中兩位青年留學生，一爲劉竹君，一即陳輝德（光甫）。後來劉氏北上，入郵傳部任路政司長，歷任交通部各鐵路要職，成爲交通界之元老。陳氏後以銀行爲終生事業。會中同事，有同鄉唐壽民氏，幹練有才，二人結爲好友。

　清末，光復軍起，江蘇獨立，江蘇巡撫程德全被推爲都督，委派陳氏爲江蘇省銀行監督，後改稱總經理。陳氏隨邀唐壽民爲助，管理業務，又請舊友楊敦甫棄去無錫中國銀行之職，來江蘇銀行爲助，經營二年，成績漸著，乃政局忽變，程氏退休，陳亦辭職而去。

八萬元股本開辦銀行

　民國成立，局勢艱難，工商不振，金融無力，中交等公家銀行積習難改，各商業銀行組織不健全，且多屬錢莊改造。陳氏欲自辦一銀行，屏除舊習，實現理想。所困難者，招股不易，當時曾有過若干儲蓄銀行及保險公司，新張不久，即行倒閉，人們受害，不知凡幾，一聽到股份有限公司，即行搖頭。（中國向來合夥經營之事業，皆非有限性質）陳與諸友，幾經研究，決定招股十萬元，試辦一銀行，定名為「上海商業儲蓄銀行」。僅實收到八萬元，即行開業。其中半數，幸得李馥蓀介紹武進莊得之先生担任，後即推其為董事長。餘數由熟友分別認股，憶有黃靜泉（黃振東之父）、張鶴隱（前中央信託局副局長張納川之兄）、梁某（上海銀行房東）等人。後來發達增資，乃有王曉籟、孔祥熙、榮宗敬等多人加入。陳氏被推為總經理，隨將江蘇銀行之得力幹部，陸續邀來，如楊敦甫、唐壽民、金宗城、李桐村、李芸侯等，又有漢口舊友楊介眉，適自美國歐文銀行實習回來，亦被邀加入，分任經副襄理等職，羣賢畢集，大業乃成。

行址係租用寧波路九號，近四川路口三樓三底之屋，將其改造而成。右首統廂房，打通為一狹長房間，金宗城、李芸侯、唐壽民、楊敦甫等，依次前後列坐，其後為英文秘書伍克家，（川人，抗戰勝利後，擢升為總經理）再其後，隔有一小房，即為總經理陳光甫之辦公室，眞所謂蓽路藍縷以啓山林。開業之後，一切章則皆倣西式。櫃台手續務求簡便迅速，一掃國人慣有之因循泄沓，悉為顧客謀取便利。用新式會計，帳目公開。儲蓄方面，存欵一元，即可開戶。繼創「禮券儲蓄」「零存整取」等新辦法，吸引號召。中國銀行副理張公權首先以五萬元開往來戶，其他各銀行，及南通張季直先生之大生紗廠等，均有鉅欵「堆花」，由此，業務漸盛。彼時一走進上海銀行大門，見到各行員，多數西裝年少，穿梭肆應，朝氣勃勃，耳目一新。尤其各人稱呼，不似其他銀行之稱職銜，為某經理、某副理等，而一律皆稱先生。對於總經理，亦稱陳先生，高級行員，且多以K．P稱之，（K．P乃光甫二字之首字母，此亦西派，）其內部作風如此。

談到對外，其時銀行錢莊，對于外灘銀行往來，乃一件重大之事。所謂外灘銀行，乃指設在外灘之滙豐、麥加利、花旗、正金等外國銀行而言，此等外國銀行，雇有買辦，美其名為華經理，實則祗一接洽華人業務之營業員而已。中國人言語不通，手續不懂，不得不經過買辦，但此等買辦之大者，其氣焰甚了不起，如滙豐銀行對各行莊之跑街（營業員），只能由後門入內，與各老司伕雜在一起，到其手下帳房先生處，伺候良久，甚至大半天，所事方能辦妥。至于西人，如滙豐銀行大班，（即經理）簡直是上海金融界之無上權威，對于中國人，更不屑一顧。其時之上海大亨，多係寬袍大袖，隨地吐痰，所談無非聲色，毫無一點新知識，何能使人家瞧得起？只好讓買辦狐假虎威，上下其手。惟上海銀行則不然，初生之犢不畏虎，不理這一套，初不與外灘銀行往來。稍久，在公共場合，此等西人與K．P陳會見，偶一交談，便加青眼，由此論交，遂相契合，如有所需，電話接洽。所以銀行雖小，而新開不久，即可與各銀行大班直接辦理，此其特別之處。

初次識荆暢談新業務

我識光甫先生，在民國七八年之交。上海銀行羽毛早豐，鎮江設有分行，其經理為舍弟壽如，本係在南昌中國銀行服務，而由陳氏向該行經理王仰先（亦鎮江人）借用者。陳氏喜歡旅行，不時乘長江輪船，到各埠視察行務，總在鎮江盤桓。常晤聚者，我弟兄二人外，尚有羅雁峯先生。（名鴻年，英國留學生，曾為中國銀行總會計，後任財部次長，）陳氏酒後健談，每談鎮江租界海關之腐敗及錢莊行號之守舊。羅氏偶問上海銀行之新猷？陳答：近有兩事可告。一為「首創銀兩銀元並用」，大為便利客戶。蓋中國幣制仍不統一，係以銀兩為計值單位。而各地銀兩之成色重量並不一律，因而名稱亦各不同，政府標準，名曰「庫平」、海關標準，則曰「關平」、天津曰「行化銀」、北京曰「公砝銀」、漢口曰「洋紋銀」、鎮江南京曰「二七寶」，上海銀錢業又用「九八規元」為記帳單位。自外國鷹洋流入中國，標準劃一，人民樂用，清政府亦即在各省設銀元局或造幣廠，鼓鑄銀幣，於是銀元，大為通用，而習用之元寶、銀塊等，社會乃少見。惟上海市面往來，銀兩銀元，均須照「九八規元」折合記帳，則其間有兌換率，名曰洋釐，其值每日不同，由錢業公所掛牌公告，所以洋釐有差額，又須收客戶之手續費，故於商民極為不便。上海銀行首創二者並用，可以銀元記帳，亦可以銀兩記帳，悉聽客便，不必折算，有如今日香港之銀行可以港幣存欵，亦可以美鈔存欵，則客戶之洋釐及手續費可省，豈不便利。二為「注重貨物押欵」。中國以農立國，農產及手工業，所需資金不多，無須多與錢莊來往，縱有往來，數目不大，全憑個人之信用放欵。但自對外通商，貨物聚散，數量鉅大，所需周轉資金，隨之增加，中國人無此鉅金，又無營運經驗，坐讓洋商輸入大宗洋貨，購運大批土產。現在歐戰方停，新興工業商行漸有興起，零星少數之信用放欵，已不適用，且亦危險。故上海銀行特別注重貨物押欵，聯絡可靠堆棧，即憑棧單用欵。又如由此推展，舉辦貨運押滙、國外滙兌等，皆是新業務。我等聞之，自佩其見地之高。惟舍弟壽如則云，信用放欵，在現階段，仍屬需要。後來舍弟改入中央銀行，抗戰期間，任南昌中央銀行經理，南昌失守，撤退贛南，在衝繁疲難之新贛南，服務甚久。

辦吳淞國民製糖公司

民國十五年秋，我在蘇寧教書，并在省政府混一小差使。忽接陳光甫先生函電，促即赴滬一晤。乃乘夜車前往，原來係以吳淞國民製糖公司事相商。緣在上海吳淞有一製糖廠，名曰國民製糖公司，原係華僑粵人馬玉山、嚴直方所辦，政府為優待華僑起見，特准該廠出品免稅十年，以示獎勵。時農商總長為南通張季直先生，同時張兼任淞滬商埠督辦，意欲振興吳淞市面，乃令該廠必須設在吳淞，於是馬玉山、嚴直方即在吳淞蘊藻浜開闢馬路，購地建廠。裝置機器，并在南洋招募技術員工，未及開工，而資本已告罄，陷于停頓。乃有神戶華僑馬聘三先生，亦係吾邑鎮江人，做糖生意多年，來滬約同上海銀行陳光甫、金城銀行吳蘊齋，及糖商黃靜泉先生。（黃振東石屛昆仲之父），集資二百萬元，組織銀團，承租該廠接辦。中國人所吃之糖，大部分皆係日本台灣出品，合乎中國人之口味，乃擬聘用日本技師工友，來廠製造。而經理一職，因我係留日出身，能說日語，欲以相托。我聞言躊躇，因製糖銷糖，皆係外行，事關重大，何能接受。光甫先生剴切言道：糖爲中國進口貨之大宗，我有海關經驗，知之最詳，若能自己製糖，可堵一大漏卮，且有免稅特權，不難與之競爭。如說是外行，你可向日本多買些製糖書冊來研究，再請一專家來上海，向他學若干時，則即不是外行。此種費用，由上海銀行供給，將來上海廠辦得好，各業皆可興辦，這並不是空想。黃靜泉在座大聲說：你不必顧慮，製糖技術有東洋技師，銷糖有我，銀根有他們兩家銀行，還怕甚麽，人家留學生都是烏烟瘴氣，你這留學生何以這樣斯文，如老夫子一樣！如此我只好答應。這位黃靜老原是皖人，而久居鎮江，在鎮江發跡，故其哲嗣鎮東石屛兩兄亦可以算是鎮江人。黃靜老生得方面大耳，鼻直口方，口操皖音，聲若洪鐘，昔時祗有一件竹布長衫，來到吾鎮，專營北貨買賣。後來人頭漸熟，可與錢莊掉用數百乃至一千元之莊票，往往此票尚未用出，而手中之貨已報漲。如此輾轉，日漸小康；遂自設字號於鎮江租界，號名「元生東」，嗣後且在上海九畝地，成爲有名之大北貨行。頗聞黃靜老之發財，有許多奇蹟，如一次有大宗北貨，已裝津浦車，將由浦口轉運上海，中途忽遇孫美瑤在山東抱犢谷截車之案，津浦車斷，久久不決，上海之北貨，價格飛漲。忽有幫會大哥密報事已談好，津浦車指日可通。黃乃電滬拋售，果然，火車一通，貨價跌落，而黃之貨，則早以高價售出。即此一筆，盈餘不貲矣。

陳光甫（左）毛根韜（中）胡適（右）合影

次日，糖廠事算已談定，光甫先生約宴，在四馬路杏花樓，其時我難得到上海，杏花樓係廣東館子亦未光顧過，所上之菜，覺到特別，余隨口問曰：陳先生歡喜廣東菜？陳氏拍廣東堂倌之肩曰：不錯，這位就是我的老朋友。

製糖廠事，由此進行，日本技工來後，相處尚好，共同努力，次年初出糖，畧帶黃色而細軟，充份合乎市場銷路，不似香港產砂糖之白而成粒。果然，各糖商紛紛來謀經銷，同人咸感欣慰。不意是年，國民革命軍自廣東北伐，底定上海南京。廣西軍抵滬，李宗仁住在吳淞鎮，我以糖廠經理名義往謁，見其雙目烱烱，異常明亮，態度和靄，軍規亦嚴。逾日，有浙軍周鳳岐之隊伍，逕來廠中，態度橫暴，堅欲打開倉庫，口稱本軍到處備受歡迎，你們簡直是反革命，於是大演全武行。我只得掩護日本技工等，免致牽到外交，一同從後門逃出，由間道赴上海。從此偌大之國民製糖公司，竟以告終。

主持上海財政委員會

民國十六年，國民革命軍自廣東出師北伐，各省歷受北洋軍閥統治，久已民不聊生，革命軍到處受歡迎，一路摧枯拉朽，不久抵達武漢。此時最重要者，乃軍餉問題，適唐壽民先生以上海銀行分行經理任漢口銀行公會主席，籌劃接濟盡力協助，革命軍得以喘一口氣，各要人對于唐氏甚重其才，以後唐氏之飛黃騰達，即基于此。既而節節勝利，五省聯軍總司令孫傳芳敗退，即將底定東南。但財政困難更爲急迫，於是爲宣撫人心計，臨時政府特派吳忠信往上海聯絡，吳係前清時軍事大員，各方熟識，與陳光甫最契合，一經接洽，各界對于蔣總司令一致擁護，旋即進行籌欵，而三百萬元借欵成立，此則全係陳光甫努力之功。

國民政府尚未移寧正式成立，先發行二五庫券三千萬元，在上海組織財政委員會，廣爲勸募。聘陳光甫爲主任委員，錢新之、吳蘊齋、虞洽卿、顧馨一、王曉籟等人爲委員，顧詒穀爲秘書長。此會職責，專在向廠商行號及各財富，推銷庫券，得欵若干，隨即滙往軍次，不斷與軍需處函電往來。繼而顧秘書長另就江蘇銀行總經理，其遺缺由陳主委囑我繼任。我接事後，乃覺此會工作，頗不簡單。庫券推銷日久漸困難，前方軍需，待欵孔急，函電催索，應付維艱。周旋於官民之間，吃力而不討好。一日，前方軍需急電催欵，措辭不善，竟有限期滙到等字樣，陳主委大爲不悅，說我們不是他們的下屬。隨即電致蔣總司令，本會即行結束，盼即派員接收未了事宜。

國民政府在南京正式成立，陳氏財政部長之呼聲甚高，陳氏猶豫未決，適其尊翁在鎮江病故，陳回里治喪，再大局仍在紛亂，乃對於財長新命，決計不就。於是政府發表古應芬爲財政部長，錢新之爲次長，古氏因在廣東尚有職務，不能常在南京，遂由錢氏以次長代理部務。

新厦落成水災起謠言

上海銀行業務，日漸發達，遂在寧波路江西路口，自造大厦，建築瑰麗，裝修新穎。且有新式計算機，及最新式保管庫，全部係十多吋厚之鋼壁，庫門純鋼巨鎖，滬上人士，向所未見。落成之日，賀客盈門，各界人士各校學生，排日前往參觀，歷半月之久，此時上海銀行之聲譽，正如旭日中天，萬衆矚目。乃在民國二十年之夏秋，長江各省，鬧大水災，恰值英國宣布廢止金本位，中國內外債券，因之暴跌，人心惶惶。忽有謠言蠭起，集中於上海銀行。謂其漢口分行，水災損失數百萬元。（其實後來打聽漢口分行倉庫存鹽，水浸損失約二十餘萬元，）又云，總行債券損失數百萬元，乃紛紛來行提存，兩三星期之中，竟被提去約二千萬元。提去之欵，多改存滙豐銀行，滙豐大班亦爲驚奇，詢得眞情後，乃用實力援濟。又有同鄉楊管北君熱心，走告杜月笙先生，杜氏在總商會演說，爲上海銀行闢謠，於是，人心乃定，風潮遂息。自此陳杜二人，乃相結交，後復有陳氏私事，杜氏代爲解决，陳氏心感無已。杜氏後在愛多亞路創辦中滙銀行。開幕之日，上海銀行送銀五十萬兩，作爲「堆花」，存至一年，未曾動用，大爲中滙銀行生色。

奉派赴美談白銀問題

中央銀行成立，財政部長宋子文兼任總裁，陳健庵（行）爲副總裁，陳光甫、葉琢堂等銀行家及榮宗敬等實業家爲理事，唐壽民爲業務局總經理，朱博泉爲總稽核，陳澄中爲總發行。（後唐壽民以不嫻英語，改就交通銀行經理，由席德懋繼任業務局，）開幕之日，舉行儀式，主客致詞，吉語紛陳。惟陳光甫理事演說：畧謂中央銀行，乃銀行之銀行，我們需要已久，後又說：中央銀行，也應與政府分開，財政部長不必兼任總裁，方可各盡職守云云，一般人莫不佩陳氏之卓見而直率敢言也。有一年，宋子文將赴美商談借欵，在中央銀行召開理事會，宋氏報告，此行係政府需欵建設，須向美國商借，但不能借到現欵，只好借物資農產品，中國棉花小麥，生產不足，我想即借此兩樣，請問榮理事宜借多少數目？榮宗敬遽答：部長，越多越好，我的十幾家紗廠、麪粉廠，都可吃進。宋聞之大喜，到美國竟談成棉麥借欵美金五千萬元。在彼時價值五千萬美金之棉麥，其數量之龐大驚人，一口氣運來，廠家何能吃得消。於是市場震動，紗布麥麪，各交易所市價狂跌，由朝到晚，一路傾瀉，跌到未曾有之低價。許多工廠爲之擱淺，鄉下新花上市，新麥登場，價錢跌落，無人問津，穀賤傷農，即是此景，社會呻吟，報紙聲責。終於這位梯維宋，不從不從財政部長椅子上傾跌下來。

中日局勢，日見緊迫，不得不籌謀防衛，問題在財政經濟，國際收支，連年入超，海關稅收，華僑滙欵，均尚不足維持差額，計惟有在國際市場拋售生銀，換取外滙。其時歐洲市面不景，最大購銀國家係美國。我駐美大使施肇基向美磋商，日本人破壞中國金融，浪人私運銀洋出口，美國亦不滿意，乃對我寄予同情，允加援助。政府擬派王正廷赴美接洽，美國財長毛根韜向施肇基大使表示，並不需要外交家政治家，只需要一位練達之財政專家。我政府乃改提陳光甫，適毛之左右，有陳氏賓夕凡尼亞大學同學某，將陳氏之爲人，舉告毛氏，乃即同意，發出邀請電報。於是陳光甫以中國幣制代表團首席代表名義，偕同財政部次長郭秉文，中孚銀行協理顧翊羣，自上海啓程西行。結果，與毛根韜談判順利，頗爲成功，美國承購白銀七千五百萬盎司，另接受五千萬盎司，作爲二千萬美元借欵之担保。

此舉成功，各國驚奇。英國不甘落後，亦願助我改革幣制，隨派財政專家李滋羅斯來華爲財政顧問。此人後來助我政府施行法幣政策，方能抗戰維持八年。英國人在中國多年，總算有此公代中國做了一件好事。同時，日本則極嫉妒美國助我，其駐美大使公然對毛根韜說：中國人向無信用，君其留意！毛根韜說：密斯脫陳光甫是一位坦白誠實奮鬪成功之銀行家，我看不出他會不守信用。

二次赴美談桐油借欵

民國二十六年八月十三日，抗戰開始，滬寧不守，我等各銀行均隨政府西遷，由寧而漢。翌年，由漢而港，政府待至武漢危急時，遷往重慶。此時軍事而外，最困難者，莫如經濟，白銀已將售罄，外滙奇絀，通貨澎漲，幣值跌落，渝港電商，竟同煎逼。不久，交通銀行董事長胡筆江、浙江興業銀行總經理徐新六二公，應召飛渝，不幸殉難，我等心情，愈益沉重。一日，在皇后道上海銀行門口，遇見光甫先生，竚立畧談，見其面色晦滯，健康欠佳。翌日，到其府上問候，承告近患糖尿病及胃病，隨身帶藥物餅乾，一聲說餓，即須取食，不能担擱。因勸其暫宜靜養，不必再出遠門。

陳氏云：現在身不由主，只好到一時說一時的話。我後來方知其時陳已數接孔祥熙來電，又邀其赴美借款也。

此時戰事已甚吃緊，華北江南，早已失陷，武漢會戰，正在爭持。我國企盼外援，至爲迫切，駐歐美各外使，雖種種努力，難有效果。時適美國財長毛根韜赴法，我駐法大使顧維鈞與毛氏有舊，乃往訪談，探詢美國有無借款之可能性。毛即表示：此際不能給予任何承諾，但前曾與銀行家陳光甫接洽白銀問題，有過愉快之經過。如中國派陳來美，或可覓致農產品借款之途徑。顧氏即將經過飛電政府報告。同時，美國駐法大使亦電告華府，羅斯福總統素來同情中國，閱後，即命毛根韜研究此事。時有孔祥熙之友人卜克博士，常與毛根韜接近，即函孔氏，畧謂：美國政府中，有許多對中國好感的朋友，極願想法幫忙中國，毛根韜相信的人是陳光甫，現在速派陳光甫來談，是唯一的好機會。卜克博士曾任南京金陵大學農科教授，與孔祥熙、陳光甫俱熟識，陳氏即因卜克之關係，上海銀行在金陵大學設置農村合作奬學金十名，卜克對陳非常尊重，故發此函。

孔氏當然立即邀請陳氏赴美，并囑其携眷去美就醫，陳氏不容辭卸，乃即允諾，着手籌備進行農產品以何者爲宜。有美國友人相告，中國桐油屬於軍需範圍，是美國所需要，陳氏乃對桐油之產量運輸等，調查研究。旋即電召上海銀行工業部經理童侶青，自滬來港，共同商量。童氏乃紡織專家，在該行主持工廠紗廠放款，甚著成績，記憶力强，素來留心各省棉花及各農產品之出產額，能將數字背誦無訛。至是以三日三夜之功夫，擬成草案，桐油借款，配合生產，按期運美，分次償還。陳氏得此再與重慶數度計議，遂與席德懋、任嗣達等飛往美國。

陳光甫一行抵美，華府報紙即登出財長毛根韜將接見中國銀行家之消息。日本大使立即向國務院提出抗議，赫爾國務卿因之不擬接見陳氏。而且有孤立派及姑息分子，堅持中立法案，監視政府。陳氏乃與中美友好，多方協議，必須避免政治性，而以商業行爲出之。乃决定設立甲乙兩個貿易公司，甲名「復興商業公司」，設在中國，乙名「世界貿易公司」，設在紐約。甲公司專在國內收購桐油，運美售與乙公司，而由乙公司與美國進出口銀行，訂立貸款契約，由紐約中國銀行爲担保，使形式上完全成爲商業行爲。美國進出口銀行，屬于美國復興金融公司，其董事長瓊斯亦甚熱心幫助。原則既定，再將施行細則、桐油之品質標準、運輸祇有靠滇緬路等等問題，研究至再，中美雙方同意，始算議定。

美國國務院素來頑固，不願多事。赫爾國務卿又係胆小謹愼之人。毛根韜將此計劃請赫爾同意，赫爾不肯，反而向羅斯福總統說：此一借款，完全具有政治意味，并非純商業行爲。陳氏後來曾說：此時赫爾如此態度，又値武漢戰事危急，他極爲担心不能成功，幸得羅斯福總統氣魄極大，遇事英斷，反而催國務院財政部，速辦此事，方告確定。是年（二十七年）十二月，美國復興公司董事長瓊斯宣布，給與紐約世界貿易公司桐油貸款二千五百萬美元。至是桐油借款，乃告成功。

三次借款國內生異言

在桐油借款將談成時，我政府發表以胡適爲駐美大使。胡氏雖非職業外交家，而是名學者，外國人對于學者，甚爲重視，不像中國人把學者當作書獃子。據陳氏云：胡適之頗得羅斯福總統之好感，他常以學者態度，隨便說話，總統每優容嘉許。借款成功後，胡以大使名義，具函申謝，稱頌其於極危難時援助，有東方古聖賢之美德，羅總統爲之大樂。

不到半年，重慶來電，又囑陳氏向毛根韜商議，借一筆較大數目之款。陳氏連接數電，皆是此意，一而再，再而三，感覺爲難。乃與胡大使商量，胡氏先往國務院各方面試探，皆無用。陳氏退而研究用何物品抵押，想到我國之錫、鎢等金屬產品，亦係國防用品，必爲美國所需，當可作爲此次借款之抵押品，乃函國內擬具計劃。迨滇錫借款計劃擬就寄來，秋間歐洲大戰爆發，美國朝野緊張，不能開談。而孔祥熙密電如雪片飛來，日本進軍內地，侵畧愈亟，能否與毛根韜以私交相商援助。豈知此時中國人之聲譽，在美國進入低潮，使陳氏爲之心痛。相傳大後方達官貴人，富商巨賈，奢侈浪費，外人皆知，所謂「前方吃緊，後方緊吃」，美國人據以撰文指摘。又傳中國高官富商，在美國存款甚多，美國人說：爲何不動用此項存款？此種輿論，壓力强大，致陳氏與財政部屢次商談未得結論。

遷延復遷延，好容易等到桐油借款到期應還之首批桐油，如數運到，得到進出口銀行瓊斯之贊譽。大使胡適之即往見羅總統報告，並說：「中國對日本，决不講和（時有和謠）亦不投降，一定長期抗戰，如得美國援濟，最後勝利必屬中國，所談滇錫借款，懇求迅速决定。」羅斯福壯其言，允即關照毛根韜辦理。一方面，陳氏亦約毛根韜切實商談，畧謂：「中國抗戰兩年，拖住日本泥足，如何如何的艱苦困難，今已愈逼愈緊，美國再不援濟，倘日軍勝利，决非世界之福，現在我國雖極窮蹙，仍守信用，將應還之桐油運到，此次續談之滇錫借款，能不能信任我，速賜解决。」此一席話，言詞懇切，毛氏深爲動容，即說：「好吧，我答應你設法。」有此一言，即等于談成，陳氏喜極，起立稱謝，並謂：「今天是我五十九歲生辰，承允設法，實爲最佳之禮品，非常感謝。」毛亦極爲興奮，說既是生辰，爲何不與家人團聚？陳云：爲忙借款，日夜不寧，何暇再與家人團聚。毛即促陳赴紐約回家，並代定飛機座位，謂借款事彼當親自主理。陳氏吃了一顆定心丸，如釋重負，安然回家。

事後，陳氏與人談及此一段情形，尚嘅嘆言道：「彼時的罪眞不好受，重慶頻頻電催，我心如焚，但是你急，與對方無關，天天猜測對方之心理，留意其喜怒閒忙之情境，一有機會，即將開口，預先想好辭句，須使對方中聽，我們雖窮，人家是濶少，不關痛癢，要他高興，才肯幫忙，如輕易開口，他說一否字，一切都完。天天提心吊胆，好容易得了毛根韜這一句話，方才安心，他叫我回家過生日，我好比奉了聖旨回家過生日，眞可算是一個紀念。」

翌年即民國二十九年春，進出口銀行增資及借欵與芬蘭、中國，瓊斯在國會作証。忽有一議員說：中國信用不好，借欵不妥。瓊斯當爲中國辯護，並報告最近桐油借欵到期應還之數目字已如數還來，乃告通過。至三月，瓊斯正式宣布，滇錫借欵二千萬美元，借與中國。

大功告成，喘息方定，忽接孔祥熙來電，畧云：「美國借欵芬蘭，并無抵押，何以要我滇錫作抵？恐英法援例，望速商改善。」陳氏與胡適之均大爲詫異。陳氏尤加氣憤云：半年來，皆是談滇錫作抵事，今在談成之後，忽要改悔，成爲國際間大笑話。再調查芬蘭情形，原來芬蘭有關北歐安全，美國北歐移民極衆，在議會有發言力量，且助芬蘭，美國不易牽入戰爭，孤立派反對無力，中國已是破碎河山，何能相比，陳氏乃據以復電，并云：「滇錫作抵，瓊斯已在國會報告，國際援助，皆係互利性質，不同慈善布施，今事後翻悔，萬一借欵取消，則無法再談，弟失信事小，國失信事大，此後是否需要美國援助，務請審慎。」嗣又經幾次函電討論，孔亦不再持異議。

經此一大打擊，陳氏對于政府之無能，大爲灰心，借欵合約簽定，即行束裝回國，政府特設一貿易部，擬請其担任貿易部長，陳氏堅辭不幹。隨往雲貴，視察其自己事業（即上海銀行與中國旅行社）而去。

功成身退優游享大年

綜觀光甫先生，遇事能見其大，思慮總在人之先，是非利害，判斷分明，故其成功多而失敗少。但并不固執己見，能擇善而從。戰前我在江西路上海銀行與李芸侯兄飯後閒談。適陳氏推門而入，畧一招呼，即對李說：適才與西人某某吃飯，談好一筆某種生意，可以放欵六十幾萬元。李遽云：不行不行，這筆生意有某種原故，萬不能做。陳說：我已答允他們了，奈何！李仍說不行，如做的話，我們要受損失。陳氏偃坐良久，只好說：等我想法回覆他吧，言訖出門而去。我在一旁，不覺深佩此二公之民主作風。所以我說知人善任，能聽人言，是陳氏成功因素之一。

陳氏平素薄酒微醺，語喜幽默，但多含蓄，寓意深遠。在抗戰前一年，我等一同赴日本時，（吳鼎昌組織之日本經濟視察團）同人暇輒往中國菜館小吃。但當時東京之中國菜館，皆係小本經營，地方齷齪，器具不整，予人以不良印象。一日，正金銀行總裁兒玉謙次來約少數同人，到一家日本所開之中國菜館小酌，計有陳光甫、宋漢章、錢新之、周作民、唐壽民及我，餘爲兒玉等日本人。至則外表仍似日本酒館，進內則明窗淨几，室無纖塵，中國紅木棹椅，光潔可鑑，和服下女，小心伺應，菜亦可口，器皿尤精。大家吃得甚爲舒服。陳氏乃曰：你們知道新名辭「合理化」如何解釋？今天這一頓吃法，就是「合理化」。又以英語對兒玉說：我們中日兩國的關係，能做到像今天這一頓吃法，便是「合理化」，還怕不能携手合作嗎？衆人爲之鼓掌不置。

抗戰勝利，陳氏東旋，對於事業，猶具雄心。曾在美國與李馥蓀及美商合組一商業公司。對於上海銀行及附屬之公司、旅行社等，擴充改進，不遺餘力。乃自大陸變色，一切皆空，來到香港，事業心之高潮，已成過去，絢爛歸于平淡，兢兢然守住上海銀行，分設港台，仍然事必躬親，廉頗未老。平居對于身體健康，極爲當心，藥不離身，惟不相信中醫。楊管北兄曾以吉林參相贈，而置之不食。我有短文，登在報上係記我患鼻癰西醫不能斷根，賴中醫費紉甫先生（費子彬兄之令伯）醫好，又記楊研君兄代李瀰庵醫好攝護腺病。陳氏見之，對童侶青說我腦筋開倒車了，然而他晚年在台，亦吃中藥調補身體。對于藝術，甚有興趣，名瓷名畫，亦喜收藏，大會堂書畫展，時見其踪跡，胡惠春兄發起斂求精舍，徵集友好收藏，共同觀摩欣賞，陳氏欣然參加，而於此中得少樂趣。對于佛教，並無信仰，而常同吳蘊齋兄訪謁當代高僧倓虛老法師，請益求教。在上海時，偶亦看平劇，嘗偕夫人景氏太太同看「冬皇」孟小冬女士演「搜孤救孤」，大爲讚美，來香港後，老夫婦約宴孟氏多次，景氏太太與孟最談得來。又有一次，陳氏在童侶青家中晚宴，見一少年豪飲，倜儻不羣，陳氏問我，這是何人？我說他就是崑曲名家俞振飛，陳亟囑爲介紹，同坐一棹，暢談甚歡。

一九六八年，上海銀行香港皇后道舊址翻新，建成現在之巍巍大廈。陳氏特由台北來港，主持落成典禮，嘉賓如雲，頗極一時之盛。是年陳氏春秋八十有八，精神尙健，惟間有多年不見之老友，見面已不相識。

去年（一九七二年）六月十八日，香港雨災，旭和大厦整座坍倒，住客幾全部罹難，不幸上海銀行有九位重要行員，李世偉、姚天民、張澤民、顏培奇、劉敦强、盧煥儀、顧德祥、沈宗洵、侯繼雄九位亦在其內，浩刧空前，全港震悼。陳氏在台聞之，甚爲悲傷，如喪子弟，親函代董事長徐謝康先生，諄屬妥爲安排，對被難同人厚予撫卹，優待遺族。聞當九位同人住入該大厦之際，有九龍旺角分行經理王宗鎣君，亦曾申請加入，乃因陳董事長以其辦公在九龍，而住香港半山，每天出入不方便，未予批准。在當時，王君或許心中怏怏，又豈知竟救了他一條命，塞翁失馬，安知非福，古有明訓，正此之謂。於此又喜見我這位老鄉長之神明未衰，克享大年也。

李義山錦瑟詩新解

·陳定山·

星使追還不自由，雙童捧上綠瓊輈。九枝燈下朝金殿，三素雲中侍玉樓。鳳女顛狂成久別，月娥孀獨好同遊。當時若愛韓公子，埋骨成灰恨未休。

——李商隱和韓錄事送宮人入道詩

李義山這首詩，明裏說一個入道的宮人，暗裏實是指說着一件失戀的故事。尤其是「韓公子」三字要着眼。因爲「搜神記」裏有這樣的記載：吳王夫差小女名紫玉，私戀一個姓韓名重的人，但夫差不許她嫁，她就生病而死，死時化成一朵紫烟。後來韓重游學回來，彷彿看見小玉

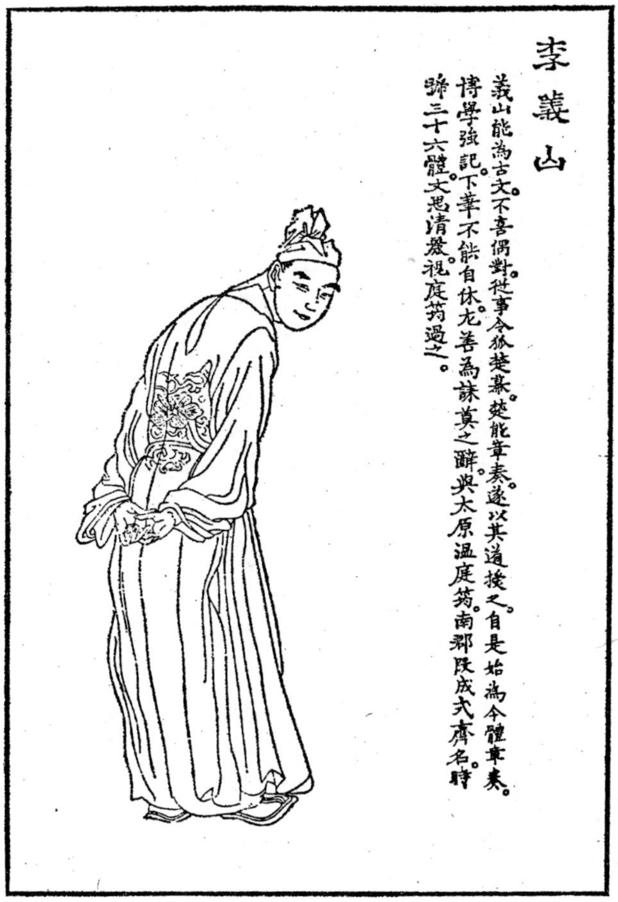
李義山
義山能為古文。不喜偶對。從事令狐楚幕。楚能章奏。遂以其道授之。自是始為今體章奏。博學強記。下筆不能自休。尤善為誄奠之辭。與太原溫庭筠。南郡段成式齊名。時號三十六體。文思清麗。庭筠過之。

李義山（商隱）像　清　上官周繪

在墓間向他作歌；『南山有烏，北山張羅；意願從君，讒言孔多；悲結成疹，歿命黃壚。』這「韓公子」就是指的韓重。但宮人入道與韓重有什麼關係呢？因爲這首詩題是：「和韓錄事送宮人入道」，韓重正是影射韓錄事，而這位韓錄事是李義山的連襟，也就是韓偓的父親韓畏之。

那末：這首詩是暗指韓畏之的失戀了！而失戀的對象，却是九枝燈下的宮人。專制皇朝，一個錄事要想去眷戀一個九枝燈下的宮人鳳女，恐怕有些不可能吧？那麽李義山這首詩也就有點費解了。

現在我大胆地提說一句：這「韓公子」明說是韓畏之，而實際是反喻自己。原來義山和畏之同是河陽節度使王茂元的僚婿，失戀的不是韓畏之，而是李義山，即作者自己。吳王夫差是指王茂元，小玉是指茂元的次女，正是韓畏之的愛妻，李義山的小姨子。送宮人入道，便是暗射小姨子的遣嫁。義山詩裏關於這段盪氣迴腸的戀情故事，不知寫過多少無題詩，却全是這首宮人入道的轉註。

要了解這許多無題的詩，却先要了解「錦瑟」那一首七律：

錦瑟無端五十絃，一絃一柱思華年。莊生曉夢迷蝴蝶，望帝春心託杜鵑。滄海月明珠有淚，藍田日暖玉生煙。此情可待成追憶，只是當時已惘然。

這首詩，歷來註家都把它解作悼亡，以爲瑟是二十五絃，劃斷便成了五十絃。於是斷絃成了悼亡的詩典。不知斷絃是漢武帝的故事，「漢武外傳」：『海獻鸞膠，武帝絃斷，以膠續之。』那斷的是弓絃，與錦瑟的琴絃無涉；義山用典，决不會如此勉强，而後人反成了錯引。

所以「錦瑟無端五十絃」，我的解說，便是指王氏一雙姊妹。按庖犧氏制瑟，本爲五十絃，後來剖成兩半，各二十五絃，是名爲箏。所以「無端五十」正是指錦瑟一雙。本爲同體所生，非形容姊妹而何？而姊

妹的年齡當然相差不遠，所以說一絃一柱思華年，由姊姊而想到妹妹，此詩只是追憶。「莊生曉夢」是說當年情事，「望帝春心」是說而今遠別；「珠有淚」是用「還君明珠雙淚垂」，說羅敷已自有夫，不能再種相思。「玉生烟」是指往事如烟，不堪追憶。一結更分明。

義山集裏的詩，前後非常淩亂，這是故意的，但我們仍能尋找他的線索。現在再找一首描寫他們初戀的囘憶詩——無題二首之一：

昨夜星辰昨夜風，畫樓西畔桂堂東。身無彩鳳雙飛翼，心有靈犀一點通。隔座送鉤春酒暖，分曹射覆蠟燈紅。嗟余聽鼓應官去，走馬蘭臺類轉蓬。

這首詩竟是一篇初供招狀！按義山釋褐秘書省，王茂元辟爲掌書記，得侍御史，故此詩言「蘭臺」。而上面六句全是囘憶在王氏甥館時期家庖宴樂。而此中有人，呼之欲出，却不是義山自己的妻子，而是另一個聰明絕頂、蘭心蕙質的她。隔着舊禮教的堤防，而隔座送鉤，分曹射覆，雖不遂彩鳳雙飛之願，却早有靈犀一點之通，所以接着有「來是空言」兩首定情的供狀：

來是空言去絕踪，月斜樓上五更鐘。夢爲遠別啼難喚，書被催成墨未濃。蠟照半籠金翡翠。麝薰微度繡芙蓉。劉郎已恨蓬山遠，更隔蓬山一萬重。

颯颯東風細雨來，芙蓉塘外有輕雷。金蟾齧鎖燒香入，玉虎牽絲汲井迴。賈氏窺簾韓掾少，宓妃留枕魏王才；春心莫共花爭發，一寸相思一寸灰。

按此詩共有四首，後面還有五律一首，七古一首，七古裏最明白的句子是：『溧陽公主年十四，清明暖後同牆看；歸來展轉到五更，梁間燕子聞長歎。』溧陽是梁簡文帝的公主，逼嫁侯景；此詩當是茂元次女下嬪畏之時所作，而與以前二首七律，一首五律同託名於無題，七律第一首極似「會眞記」的西廂景象，「書被催成墨未濃」，這期間還暗藏着一個紅娘，催着他的簡帖，才把小姐請來。起句「來是空言去絕踪」，是將一夜的情景始末，完全包括；次句便結束了如烟事散以後的悵惘情景；第三句倒接相會以後戀戀不捨的癡情；第四句再倒點千呼萬喚才請來的小姐；第五六句正寫相會，恰用「翠蠟」「繡被」做爲賦體，不再描寫情景，而情景自然銷魂蝕骨；末二句一直寫到別後更難再見的恐懼。這一首詩便是王實甫一部「西廂記」的藍本。第二首是再遇，和前一首不是一個日子所作，着眼却在「賈氏窺簾」「宓妃留枕」二句，窺簾是賈充女私奔韓壽的故事，是以賈充隱射王茂元；留枕是陳思王夢見甄后的故事，是以曹丕隱射韓畏之。所以這第二律竟是「送宮人入道」的姊妹篇，而尤其是寫得明白，寫得深刻的，則是「韓同年新居戲贈」一首：

籍籍征西萬戶侯，新緣貴壻起朱樓。一名我漫居先甲，千騎君翻在上頭。雲路招邀迴彩鳳，天河迢遞笑牽牛。南朝禁臠無人近，瘦盡瓊枝詠四愁。

「籍籍征西」是指王茂元，茂元封濮陽郡侯，會昌中，遷河陽節度使，討劉稹亂，屯軍天井。義山古詩有：『尙書文與武，戰罷幕府開。』正與末句相合。「新緣貴婿」是指韓畏之。此詩原題云：「韓同年新居餞韓西迎家室戲贈」，新居當是茂元爲畏之所設的甥館，故有第三、四句的艷羨。「一名先甲」是指義山自己，唐書：『進士試五策一經，經策全得者甲第。』明說我是進士前輩，而暗中便說我比你先爲王氏的僚婿，下句便接「千騎上頭」是羨妬畏之的後來居上。第五句「彩鳳」之鳳，便是送宮人入道之鳳，而第六句「迢遞牽牛」，即是指說自己，和「更隔蓬山」的劉郎、「當時苦愛」的韓重，完全是一個人。他還覺得說得不夠，而又舉出了南朝的禁臠。

禁臠是女婿的別名，後人用錯了才把他當做臠童愛妾使用。按晉書：孝武帝爲晉陵公主求婚，屬意謝混；袁崧不知，要想將女許與謝混，王珣戲云：『卿莫近禁臠。』原來花猪的項肉最佳，晉室南渡，公私交窘，只有帝王才有得吃這一臠項肉，故稱禁臠。

禁臠的意思既是指「欲近而不得」的女婿，今韓畏之既是千騎朱樓的貴婿，何必要使用「禁臠」這一個典故呢？原來這禁臠，他又是指的自己，因爲畏之相攸的時候，義山已賦悼亡，若使茂元愛才，則「大姨夫作小姨夫」即是詞林佳話。無奈天帝無情，遂使牽牛迢遞，銀河永隔，看人高起朱樓，千騎得意，而自己只如南朝禁臠一般，無人敢近。望着隔雨的紅樓，香羅的鳳尾，託詠四愁而已。故結句云：『瘦盡瓊枝詠四愁。』這「瓊枝」，我很疑惑是隱射那位小姐的閨字。江淹詩云：『願一見顏色，不異瓊樹枝。』但又怕畏之識出，所以拉上張衡的四愁。

再看他「鳳尾香羅」二首無題，完全是遣嫁時光的清狂惆悵：

鳳尾香羅薄幾重，碧紋圓頂夜深縫。扇裁月魄羞難掩，車走雷聲語未通。曾是寂寥金燼暗，斷無消息石榴紅。斑騅只繫垂楊岸，何處西南待好風？

這首詩是描寫小姑的上車將去，「羞難掩」是曾相識，「語未通」是無限離情，「曾是寂寥金燼暗」，一切往事的追憶，都已寫盡，「斷無消息石榴紅」，感傷嫁後的光景。而斑騅繫住垂楊，使我欲追難往。「西廂記」云：『馬兒慢慢行，車兒快快隨。』亦從此處悟得。

重幃深下莫愁堂，臥後清宵細細長。神女生涯原是夢，小姑居處本無郎。風波不信菱枝弱，月露誰教桂葉香。直道相思了無益，未妨惆悵是清狂。

這第二首簡直是說得很明白了。史遷的形容「離騷」，以爲憂憤呼天，疾病則呼父母；這一首詩，便有了離騷第二種神情。但他還以爲不夠直情逕遂的訴說，於是又來了一首「昨日」：

昨日紫姑神去也！今朝青鳥使來賒。未容言語還分散，少得團圓足怨嗟。二八月輪蟾影破，十三絃柱雁行斜。平明鐘後更何事？笑倚牆邊梅樹花。

這是一首寤寐思服、輾轉反側的詩。他假造了一個美滿的夢境，却處處用離別的字眼，自己點醒。昨日紫姑分明已去，今日何能再有青鳥使來。故用賒字，「賒」就不是實事了。來的並不是「車走雷聲」匆匆別去的小姐，而是「書被催成」的青衣小使。可是未曾容得一句訴說，她匆匆的又走了，你爲什麽不再捧着小姐來呢？稍得團圓也償了今生宿債。但這是夢，夢也是暫時得很，枕上的清狂，不過添了幾許怨嗟。這窗外的月，明明是十六夜的圓月，而我看來，却如破鏡。這箏上的柱，還像雁行的在飛，而她們姊妹却不知那裏去了。做夢吧，趕着這五更鐘定，再做個好夢吧。呵！來了！她正倚着牆邊的梅樹在笑呢！

這首詩，表面看非常直致，細細地味解，便覺迷離惝恍，又如一部「牡丹亭」，盡是杜麗娘尋夢的光景。

畏之娶後，義山便赴職四川梓潼，兩地相思，更無由遂。這些問題可以說都是「此情可待成追憶」的會眞詩，所以詩中多用蜀中故事。而可以証明義山悼亡，赴蜀的最明白的一首，則是「赴職梓潼留別畏之員

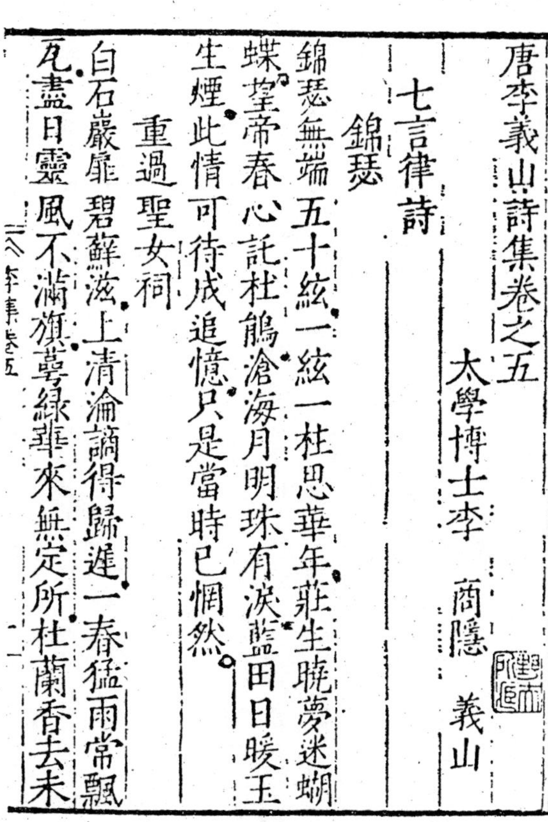
唐李義山詩集卷之五
太學博士李　商隱　義山
七言律詩
錦瑟
錦瑟無端五十絃一絃一柱思華年莊生曉夢迷蝴蝶望帝春心託杜鵑滄海月明珠有淚藍田日暖玉生煙此情可待成追憶只是當時已惘然
重過聖女祠
白石巖扉碧蘚滋上清淪謫得歸遲一春猛雨常飄瓦盡日靈風不滿旗萼綠華來無定所杜蘭香去未
李集卷五

李義山詩集　明代嘉靖刻本

外同年」詩：

佳兆聯翩遇鳳凰，雕文羽帳紫金床。桂花香處同高第，柿葉翻時獨悼亡。烏鵲失棲長不定，鴛鴦何事自相將。京華庸蜀三千里，送到咸池見夕陽。

這首詩並無多大意義，但証明韓李二人是同年，又是僚婿，和義山的悼亡、失戀赴蜀是很明白的。但他餘情難了，不久又做了「相見時難」的無題：

相見時難別亦難，東風無力百花殘。春蠶到死絲方盡，蠟炬成灰淚始乾。曉鏡但愁雲鬢改，夜吟應覺月光寒。蓬山此去無多路，青鳥殷勤爲探看。

人情易合者必易離，惟相見難，則別亦難，此情人之所以不同於薄倖。東風句極摹消魂之意，不但此際消魂，春蠶蠟炬，到死成灰，此情亦終不可斷。鏡中愁鬢，月下憐寒，又希望她善保容顏，不患無相逢之日。雖蓬山萬里，呼吸可通，但不知誰爲青鳥，替我殷勤一探看耳。此等詩，直截是寫男女至情，亦即天地間至情。頭巾先生定要將它變成高頭講章，說是寄託忠愛；應知世間鍾情人，才有至情，若無此情，又那裏來的君臣父子夫婦朋友？史稱義山「詭薄無行」，正是誤解無題。而一般高頭講章，又硬要將他解作「每飯不忘君」也是誤解無題。我只覺得他是至情至性中人，他有海枯石爛的情致，春蠶蠟炬的勇氣，他是中國的大情人，他沒有元微之那樣薄倖，他沒有法國拜倫那樣的風狂。所以我願意不避「武斷」「周內」的嫌疑，寫成此篇。現在我再舉出無題以外的一首，來做一個具體的證明，結束本文。「楚宮」七律云：

月姊曾逢下彩蟾，傾城消息隔重簾。已聞珮響知腰細，更辨絃聲覺指纖。暮雨自歸山峭峭，秋河不動夜厭厭。王昌且在牆東住，未必金堂得免嫌。

曰「月姊」，詩中人爲月姊之妹可知。傾城之美，當爲義山素所傾倒，而今日始償一見之願，所以一聽珮響，已知腰細，一辨琴聲，便識指纖。暮雨記相望之殷，秋河怨相隔之近，而我思伊人，伊人亦未嘗不在思我。王昌只在東牆，金堂咫尺，而月姊之嫌疑深矣。

其他如『小姑漸長應防覺，潛勸郎收素女圖。』『青女素娥俱耐冷，月中霜裏鬥嬋娟。』都是此詩註脚，索解人自得。

（蝶衣按）讀定山居士「錦瑟」詩箋，指出李義山無題詩係爲小姨而作，眞可謂之獨具慧眼，一語道破矣！其實義山集中，類此可尋之跡尚多，如「寄惱韓同年二首時韓住蕭洞」之一曰：『簾外辛夷定已開，開時莫放豔陽回；年華若到經風雨，便是胡僧話劫灰。』所謂「辛夷」，即「新姨」之諧音，馮浩箋釋亦已言之矣！又用「年華」二字，即後來之『一絃一柱思華年』也。之二曰：『龍山晴雪鳳樓霞，洞裏迷人有幾家？我爲傷春心自醉，不勞君勸石榴花。』所謂「洞裏迷人」，則引用「幽明錄」所記劉晨阮肇入天台山逢二女故事，正賴以影射王氏姊妹也。另有「離思」一首曰：『氣盡前溪舞，心酸子夜歌。峽雲尋不得，溝水欲如何？朔雁傳書絕，湘篁染淚多。無由見顏色，還自託微波。』馮浩箋釋曰：「首歎氣竭心酸，次謂不能追尋，已相離絕，猶何能更涉瀧江之意也。五謂音書不至，六點明湘中，結言雖不得見，猶欲通詞，言情與命斷，湘南病渴人，同一意緒。」其實詩中言「湘篁」，又是以娥皇、女英爲比，始終不能忘情於小姨也。此外「錦瑟」一詩之前，尚有「王十二兄與畏之員外相訪見招小飲時予以悼亡日近不去因寄」七律一首，亦極堪玩味，詩曰：『謝傅門庭舊末行，今朝歌管屬檀郎。更無人處簾垂地，欲拂塵時簟竟牀。嵇氏幼男猶可憫，左家嬌女豈能忘？愁霖腹疾俱難遣，萬里西風夜正長。』按：左思「嬌女」詩有曰：『左家有嬌女，皎皎頗白皙；小字爲織素，口齒自清歷；其姊字蕙芳，眉目燦如畫。』是又明指姊妹而言。妻舅、連襟招飲，義山託故不去，雖以悼亡日近爲言，正恐別有避面之因；蓋左家女弟，見亦傷心，所謂『相見爭如不見』也。萬里西風，便有「咫尺天涯」之歎，「夜正長」則言寧願鰥鰥不寐耳！凡此種種，俱可以抉千古之疑，息衆喙之爭。定山居士首窺其秘，乃能使謎語盡解，實爲一大快事。

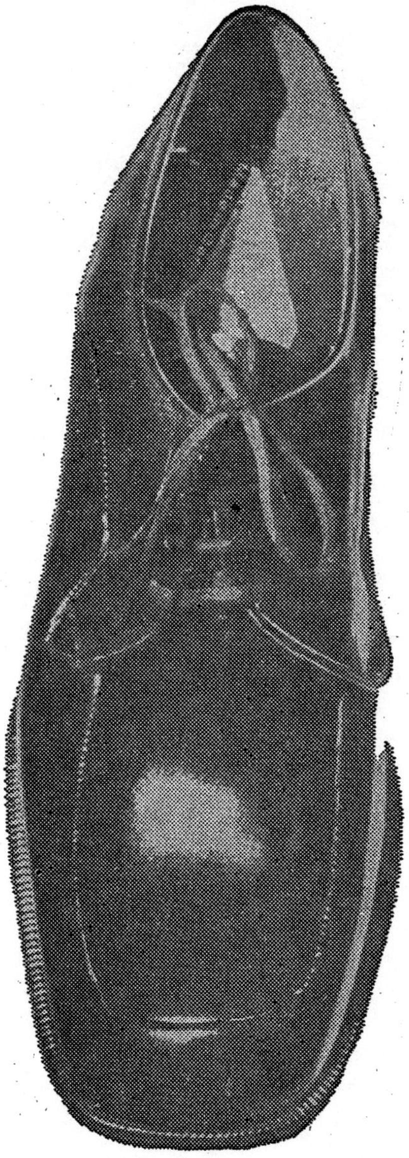

MANZ

MADE IN W. GERMANY.

sitzt wie nach Maß

MEN'S SHOES

大人公司 平價市塲 人人百貨 大方公司 來路鞋公司有售

政海人物面面觀

——陳濟棠、王陵基、陳 方、韓復榘——

馬五先生

陳濟棠（伯南）

陳濟棠廣東防城縣人，幼年入黃埔廣東陸軍小學畢業後，復肄業陸軍速成學校，旋赴武昌入陸軍預備學堂——即陸軍中學——蓋一職業軍人也。辛亥武昌起義，民國肇建後，陳回粵投身軍中見習，曾在陳銘樞的營部担任連長。迨民九陳炯明由福建率軍回粵驅逐桂軍，將原有由鄧鏗統率的支隊改編成立粵軍第一師，鄧任師長，陳可鈺爲參謀長，陳銘樞晉升爲團長，陳伯南即任陳銘樞所屬的營長。旣而鄧鏗被刺去世，由旅長梁鴻楷担任師長之職，時李濟琛供職北京陸軍部，陳可鈺與李係保定同學好友，乃推介李濟琛接任其參謀長，是爲陳伯南與李任潮結交之始。陳炯明叛變失敗後，粵軍第一師歸許崇智統率，越民國十四年許被迫離粵，梁鴻楷亦以違紀褫職正法，而由參謀長李任潮接任師長遺缺，乃擢升陳伯南爲團長，李陳關係更密切了。

未幾，國民政府成立，整軍準備北伐，李任潮所部擴充爲第四軍，共轄四個師，而以陳銘樞、張發奎、陳濟棠、徐景唐分任師長。民十五年北伐軍興，銘樞與發奎率部負弩前驅，所向有功，陳伯南與徐景唐兩師始終留粵維持地方治安，未預北伐戰役。李任潮以第四軍軍長兼國民革命總參謀長與廣州政治分會主席，擁着陳、徐兩師兵力，坐鎭粵垣，雄視西南，聲勢甚盛，粵省主席林雲陔備員守成而已。陳伯南雖久領師干，然缺戰陳陣之勇，民十六年八月初，共黨葉挺、賀龍等裹脅部衆在南昌暴動後，流竄入粵，陳濟棠奉命赴東江防堵，但共軍於半途遭遇錢大鈞部截擊後，繞道竄走粵閩邊境，折往海陸豐一帶，并未與陳師交手，故鮮戰績可述。

越民國十八年，因武漢政治分會主席李宗仁，違令改組湖南省府，派兵入湘追擊魯滌平的第二軍，中央罪及李宗仁，而李任潮挺身維護宗仁，認爲係地方事件，中樞不宜興師問罪，親往南京斡旋，即被軟禁湯山，另以陳銘樞主持粵政，而由陳伯南担任第八路總指揮，聲望日隆，儼然承襲了李任潮的地位，時民黨元老鄧澤如、蕭佛成皆在廣州，對伯南頗重視。迨民國十九年中原大戰甫結束，蔣總司令在前線通電主張召開國民會議，頒訂約法，然胡漢民先生以茲事體大，須經過黨的决議方能公開發表，認爲蔣先生以中委個人身份而直接通電全國，不無專斷獨裁之嫌，曾密函鄧、蕭與陳伯南等，申述所見，希望南中同志注意此事，因而外間乃有蔣、胡失和的謠言。中央曾派廣州中大校長戴季陶以來粵視察校務名義，澄清外間謠諑。陳伯南以地主身份，設宴歡迎戴氏，席間戴力言蔣、胡對國事并無歧見，蔣先生極尊重胡氏意見等語，蕭佛成倚老賣老，嗤然語戴云：「季陶，我們是幾十年的老同志，你在南京作官，我們不反對，何必對老同志說誑呢？」戴否認其言非眞，謂佛老誤信謠傳，蕭佛然從懷中取出胡氏原函擲示戴云：「你看這証據！」戴接閱胡函後，無辭以對，賓主不歡而散。後來蔣、胡二人在京發生衝突時，蔣對胡乃有「煽動軍人造反」之語，即指此函。

當李任潮被扣時，陳伯南以部屬關係，曾致電南京詰詢原因，經王寵惠、胡漢民等復電解釋即默然，而鄧澤如、蕭佛成諸元老亦未表示意見。蓋李主持粵事期間，黃紹竑之桂軍第十五軍常駐粵省協防，李對桂軍的給養與餉械，皆優厚供應，而薄待粵軍，粵籍軍人皆有怨懟之心，故對李之遇難，雖陳伯南亦淡然處之也。未幾，胡漢民幽居湯山事發，國府文官長古應芬即離京回粵，策動政變，陳伯南原係古之義子，當然唯命是聽，而廣州的「西南政務委員會」乃宣告成立，拒奉南京正朔，原任粵省主席陳銘樞被迫去職，即由陳伯南繼其職位。所以，陳伯南雖對北伐革命運動無戰功，而夤緣時會，專閫封圻，時勢英雄，可謂幸運也矣。

陳濟棠固非胸懷大志的野心家，唯迷信星相風水之說。當胡漢民自南京釋還廣州後，西南政務委員會有出兵北上之計議，而陳銘樞等奔走京粵間從事調停，以期戢止內戰。陳氏以乃兄維周精於人鑑術，曾派其代表本人赴京一行，名爲洽商和平，實則乘機與蔣公晤對，詳審氣色如何？維周還告乃弟，謂覘察蔣委員長氣色極不佳，爲時不久，將有災難來臨（厥後果有西安事變之災）。於是，陳乃積極加强軍備，蒐討軍實，宣告就任北征統帥之職，同時由粵方供應軍械餉糈，在廣西增設暫編師，派翁照垣爲師長，糾合前十九路軍的官兵兩團人作基礎，另招新兵一團，後來在北海發生民衆毆斃日本人事件，就是翁師以抗日救國名義，由桂馳來合浦縣釀成的。并斥資建設空軍，準備出師問鼎中原，旋因胡漢民去世，粵省所置空軍叛變飛赴南京，兩粵與中央和解，陳被迫去職，由其部將余漢謀繼任。陳主粵時，據堪輿家言，花縣洪秀全的祖墳地名「芙蓉嶂」風水特佳，卜葬其間者，後人將產生帝王將相，乃秘密設法徵購其大片土地，然諱莫如深，外間鮮有知者。唯香港小報「探海燈」記者蘇某諗悉其事，予以揭露，陳雖懷恨，亦無可如何也。

陳綜持粵政，歷時五載，頗致意於建設民生事業，初期派一留學西洋修習化工學的馮銳，從事製糖工業，因粵人皆購用海隅洋商產品，利權外溢，漏卮滋大。詎馮急於見功，竟從海隅私購製成品入境後，改變包裝，新印商標，冒充粵產銷售，黑幕迅被揭穿，粵人大譁，集謗於陳，詈為欺世盜名，陳無以自解，乃將馮銳槍斃，藉息衆怒，當時香港輿論界皆不直陳所為，指其師承曹操枉殺糧官以避自身責任的殘忍故智，殊非所宜。陳受此刺激後，即竭力籌建糖廠，實行自製，此外又陸續創設水泥廠與紡織廠，成績均可觀，如粵產五羊牌水泥，每年外銷不少，國內各省區亦多採用，而紡織業對粵人嘉惠孔多。陳以短短五年的時間，即有此數項輕工業建設，允屬難得，實為民國以來主持粵政的封疆大吏所未有也。

密邇廣州之大良縣境三角洲一帶，河流交錯，可通舟楫，乃商賈要道，然地方不靖，刧掠無常，始終未能平定。陳當政後，大力清勦，羣盜絕跡，商旅往來，匕鬯無驚，直至民國卅八年夏間，筆者自廣州赴大良游覽，曾在鄉鎮河邊之容歧鎮流連兩日，買舟浮江上下，暢行無阻，當地人士歷述當年「大天二」——粵語土匪之稱——橫行無忌，官府坐視不問諸情狀，全賴陳伯南顧念民生疾苦，積極清鄉，方有今日的太平景象，言下對陳深具去後之思，此係眞正的民意表示，亦即陳濟棠治粵之犖犖政績，足資稱道。

當李任潮脫出湯山囚所，遄返香港時，曾一度赴廣州晤陳濟棠，以陳原係自己培植的親信部屬，或可望重溫舊夢，然陳虛與委蛇，賓禮相待，李乃廢然回港，創立所謂「國民黨革命委員會」，從事反動勾當，陳更避之若浼。陳對李任潮之冷淡，固基於權利慾，自無揖讓之意，人情大抵皆然，亦因過去李厚待桂軍而薄視粵軍的宿怨猶存也。往後胡漢民回粵，領導西南黨政事宜，聲勢與環境關係，皆遠在李任潮之上，然陳亦採取敬而遠之的態度，此其用心，則在避遭南京當局疑忌，以免妨害前程，古應芬雖以義父之親，亦無從轉變陳的政權佔有慾，胡先生如不以腦溢血突告逝世，很可能與陳之間發生摩擦，而民國廿五年的兩廣和平協議，亦未能順利達成，殆可斷言。因此，胡派人士多對古應芬不滿，日後古去世出殯之際，據說胡的妻兄陳融曾以「今之良臣」一語作輓詞，意甚谿刻。陳氏固位怙權之術殊工，庸詎知變生肘腋，未幾即有空軍之變，而所部陸軍亦由上官雲相從中游說策動，表示携貳，實逼處此，不安於位，祗得掛冠下野了。

陳解除粵省主席職務後，有志開發海南島，中央亦認為適才適任，明令許可，旋對日抗戰軍興，無暇及此，陳僑居香港，悠然自得。既而日寇進攻香港，陳與許崇智異趣，蒼黃馳赴重慶，且以港幣三百萬元捐獻政府作軍費，表示報國之忱，中央嘉其忠義，特任之為農林部長，時值戰事孔殷，無從計及農林建設事宜，陳志不在祿，不久即告辭。民國軍人總師干而兼領方面政事，聚斂鏹貨以數千萬金計者，不勝枚舉，然如陳之能以大量外滙貢獻國家者，尋不出第二人，此可見陳立身行己之風格，固未可與一般軍閥同語也。陳在香港又斥資創辦教育事業，如德明中小學暨大學院

吳鐵城（右）與陳濟棠（左）（吳灞陵先生贈刊）

皆是，即珠海書院亦爲陳所首創，於今這些學校皆卓著成績，不負陳辦學初衷，他的兒女亦皆能恪謹自立，沒有趨入歧途，或游手好閒的不肖之輩。自大陸變色後，陳舉家移居台灣，仍思隨份報國，以堅晚節，然天不假年，溘然逝世了！

馬五先生曰：陳氏才僅中人之資，學唯兵間之事，性非驃悍驍勇之流，遭逢亂世，乘機崛起封疆，而能守之以約，持之以愼，不爲驚世駭俗之舉，而致力於利濟民生，發展產業，振興教育，以視一般驕橫恣睢、禍國殃民之軍閥人物，其功過得失爲何如也！

王陵基（方舟）

王陵基四川樂山縣人，滿清末年留學日本陸軍士官學校，畢業歸國後，在成都担任四川陸軍學校弁目班教官。適劉湘自其大邑鄉間來省垣投考弁目班落第，再考速成班，王係考試人員，瞧着劉湘的容貌謹厚，行動莊重，乃予收錄，王亦曾在速成班授課，然劉湘弁未直接聽受王陵基的課程，但感紉王曲全他入學的志願，仍稱之爲王老師，甚表尊敬。後來王曾任川軍第二師劉存厚的旅長，劉湘亦在存厚軍中担任營團長之職。

迨劉湘在軍中逐漸發展，位列軍長而雄據重慶時，敦請王爲軍部參謀長，除擘畫軍事外，常替劉物色政治人才，如劉航琛、盧作孚、何北衡等人，皆經王的關係而投入劉湘幕中，航琛尤與王交誼深切。民國十六年（一九二七年）國民革命軍興，劉湘拜受第廿一軍之命，坐鎮重慶，派王兼任當地警備司令。時共黨份子楊闇公等，夥同一般左傾知識人士，潛伏川中大事活動，於三月卅一日在渝市召集民衆大會，散發傳單標語，聲言打倒軍閥，而以劉湘爲對象。王甚痛惡，然在革命空氣濃厚之下，未便禁止民衆集會的正當行爲，乃密派便衣士兵，參加大會，觀察一切。旋有川省留日學生漆樹芬——畢業東京帝大經濟科——登台演說，痛詆中國軍閥勾結帝國主義者禍國殃民的種種罪惡，言詞激烈，且指明劉湘而攻擊之，台下便衣隊即以手槍將漆樹芬當場擊斃，併傷及三數在台上的同路人，秩序大亂，羣衆一哄而散。王以共幹楊闇公係幕後主持人，急派人搜索緝捕到案，明正典刑，共黨的梟張氣燄頓告止息，民間乃加王以「王靈官」之號，洎是巴蜀人士即以此綽號爲王陵基的代名詞，幾於家喻戶曉了。

王陵基雖係劉湘部屬，但劉無論在公開場所或私人言談中，總是稱之爲「王老師」，而不似一般軍事首長對部屬以其職銜相稱呼，如「王參謀長」「王師長」之類，因而所有在廿一軍服務的文武將吏，對王亦只稱「王老師」以示崇敬。自「三、三一」慘案發生後，王始終爲劉湘親信幹部，倚畀甚殷，平時居於軍事幕僚長地位，戰時每領兵出征，劉湘對他是言聽計從，禮遇優渥。王於留日時期即已加入革命黨，而其個性亦有恃才傲物的先天秉賦，再遇着劉湘對他經常事之以師禮，他在立身行己方面，即自然而然地表現着一種旁若無人的氣概，他亦沒有什麽劣跡供人指摘，在巴蜀社會中，我行我素，人們看慣了，固無所謂，然施之於川外的交際應酬場合，即扞格難通，且誤正事。

民國廿一年鄂省共禍熾烈，遍及鄂西與鄂北地區，武漢外圍亦頻傳警訊。中央軍事委員長蔣公在武漢設置「豫鄂皖三省勦總」，電囑劉湘出兵入鄂西協同清勦，劉派第四師長范紹增、獨立旅長劉光瑜率部入鄂，而以王陵基爲總指揮，駐節宜昌，負責進攻紅湖賀龍的大股共軍。王到宜昌宣告就職後，曾赴南京一行，晤及行政院長汪兆銘，即謂：「精衛，你們在南京搞些啥子名堂嘛！讓共產黨鬧到這步田地，太不像樣子。」一派老氣橫秋的態度，汪唯有笑謝之。旋王陵基由南京乘輪回武漢，同舟的旅客有何成濬、上官雲相、郝夢齡諸人，在大艙間共座品茗閒談，談到勦匪問題，王以其老革命黨人的口氣，左一句「介石同志」，右一句「介石同志」，議論滔滔不輟，此時黨政軍人士正倡導擁護領袖運動，凡在公共場所有人提到「蔣委員長」，大家且須起來立正，撞响皮鞋後跟以表敬意。何成濬等聞王稱「介石同志」，爲之踧踖不安，默不出聲而已。王抵漢之日，蔣總司令設宴款待，柬約某日午后六時聚餐，王以主客身份，準時到達，然蔣公適事忙尚在總部，招待員向王氏說明蔣總司令馬上就來，請王稍坐片刻，詎王拂袖而去道：「他講新生活，我更實行守時的新生活」。旋蔣公駕到，詢悉其情，即命副官以電話邀請王氏重來宴會，而王拒不應，說是「道謝了！」蔣心裏雖然很不愉快，亦未便說什麽，即與其餘的來賓歡宴終席。

王陵基回到宜昌防次後，武漢勦總電令他督率所部，限期進攻紅湖方面的共軍，毋得違誤。王復電云：

「漢口蔣總司令：東參電悉。川軍裹糧入鄂勦匪，補給困難，械彈尤缺，請先接濟軍餉一個月，以勵士氣，欵項朝到，川軍即夕發也。陵基江」（按係民廿一年九月三日）

電文的語氣與格式，皆非部屬對統帥所應有者。蔣公閱後大怒道：「我帶兵二十年，未見有如此跋扈的部下」，即電飭劉湘，將該總指揮撤職，解送武漢勦總軍法處訊究。何成濬聞訊驚震不安，急商同總部秘書長楊永泰，聯名密電劉湘，囑其復電遵辦，但乞交由劉依法懲處具報。劉電到時，何、楊再附簽呈，請蔣公允劉所請，如擬辦理，一場風波，乃告平息。筆者此時服務勦總秘書處，故悉其經過詳情也。王遄返重慶後，劉湘當然弁未予以懲處，蔣公亦置之不問。嗣後在鄂西前線的川軍，即由范紹增指揮作戰，范親臨前線督戰中，左腕膺受重傷，赴滬醫療月餘方癒，然已帶着殘疾了。

民國廿三年冬間，原在鄂北湘西的徐向前、賀龍兩股共軍，竄入川境通、南、巴一帶，駐防綏定的「川陝邊防督辦」劉存厚部不能禦，鄧錫侯、田頌堯軍亦潰敗，川中大震，劉湘乃派王率衆一師馳赴川北作戰，迭有斬獲。詎劉湘是時迷信星相術士劉從雲，凡出兵時間與作戰方略，皆先請示「劉神仙」決定，他人不能置喙。王聞之甚不以爲然，曾由前線致電劉湘，指斥劉從雲爲妖人，妄預軍國大計，後患堪虞，乞即驅逐，免誤大局，而湘拒不納，且復電囑王毋得干預統帥權，王憤而辭職，回到樂山家鄉隱居，亦不來成都與劉湘晤面。迨民國廿四年春間，川軍無力抵禦共禍，劉湘親至南京請中央派大軍入川進勦，纔將劉神仙斥去左右，并邀王出山相助，彼此言歸於好。

王陵基

對日抗戰軍興，劉湘率部出川担任第六戰區司令長官，以傅常爲長官部參謀長，而命王留守成都，料理後方軍事。未幾，劉病逝武漢，王請纓赴前方抗戰，俾盡軍人天職，中樞深爲嘉許。然劉所領第廿一軍正規部隊，皆已開赴前線，僅有保安團十二團兵力，留駐川省維持治安，王乃抽調八個保安團合組成軍，帶往湘贛邊區作戰，以功升任集團軍總司令，直至日寇宣告投降，王始終馳騁於湘贛之間，戰績卓著，中央論功行賞，授任王以江西省府主席，在贛主政年餘，聲譽亦不惡。越民國卅八年冬，大局逆轉，情勢危急，中央以巴蜀地位關係西南甚鉅，遷調王爲四川省主席。斯時巴蜀軍人熊克武、劉文輝、鄧錫侯等，或暗與共黨勾結，或首鼠兩端，昌言保境安民，王以硬派作風臨之，表示決不妥協，熊、劉等終不敢公然謀叛。迨成都棄守，胡宗南已赴西昌，王率領保安團三團向西康進發，行至川康邊境邛徠一帶，部衆譁變四散了！王祇好化裝微行至川南瀘縣城內，私訪舊友黃姓人家，有所商籌，闔人初以王係鄉愚，繼見主人特別禮遇，即夕將女兒所住的房間騰出，讓王下榻，乃感覺奇怪。王次晨即乘小火輪赴渝，擬潛行出川，黃家闔人曾將王來往情形對人敍述，爲共幹所知，逆料必係王陵基無疑，急致電沿江各地共軍，將是日由瀘縣駛往重慶的小火輪扣留，飭所有旅客登岸聽候檢查。火輪行至江安縣被扣，共黨先尋得當地一個曾在王幕中任職的人士，迫其隨同審視旅客面貌，該人不能抗拒，但謂如果王在旅客羣中，屆時他亦不便揚聲指出，僅點首示意可也。王平日經常鼻架墨鏡，且蓄短髭，此時已去鏡不留鬚，形如商賈，該人隨共幹走過王身前，微微點首，共幹乃指說「你就是王陵基嘛！」王初否認，共幹笑謂：「已經你的舊部在場認出，何必抵賴呢！」即押登原輪，轉解重慶訊處。王抵渝受訊時，對共幹聲稱：「成則爲王，敗則爲寇，事到於今，你們愛怎樣處置，悉聽尊便，何須多問耶？」對共黨所詢，概不作答，表示視死如歸的氣概。共黨將他送入集中營，而原任軍統局駐昆明調查站主任沈醉亦在其中，王瞧着沈每日埋頭勤寫自傳，哂然語之云：「寫啥子嘛！寫了還不是沒命，何用多此一舉呢？」王仍拒不撰寫，共黨亦聽之，唯每日强使勞役而已。迄今歷時廿餘年，王如未瘐斃獄中，行年已逾八十了。

王陵基爲人倔强而高傲，臨難仍不易其所守，充分表現着軍人本色，不愧爲忠貞愛國之士，昔人謂歲寒然後知松柏之後凋，王氏有焉。他平日領軍從政，遇事謇謇諤諤，有所不爲，既不上諂，亦不下驕，苟非劉湘之豁達涵容，王將沉淪草野，沒沒無聞，於以知劉湘的氣宇與才識，亦爲現代政治人物中之難能而可貴者矣。

陳方（芷町）

愚友字芷町，名方，姓陳氏，江西石城人。系屬書香子弟，生有慧根，秉性岐嶷而聰穎，幼讀詩書，領悟異常人，弱冠下筆成文，延譽鄉黨賢士大夫間，許爲才子。稍長，喜習書畫，書秀逸如其人，似黃山谷。晚年以繪竹蜚聲藝林，乃在中年後始濳修孟晉者。他受畢中學教育，投入南昌法政學校三年結業，慨然立志爭名於朝，遨游上海有日，旋北走幽燕，賃居北京江西會館。雖抱從政干祿的願望，然缺乏奧援，莫獲進身之階，客中落拓，生計維艱，常撰文投送報章雜志，博取稿費以補資用之不足。暇即趨蹌於琉璃廠書肆中，尤對圖章特感興趣；亦藉同宗之誼，結識京華名畫家陳半丁，往還不輟，頗措意於繪事。

民國十四年初，北洋賄選總統曹錕政府崩潰，段祺瑞出組執政府，召開全國善後會議，以舊國會議員粵人楊永泰（暢卿）爲善後會議財政委員會委員長，擬訂整理全國財務計劃，公諸報端，探詢輿論意見。陳曾撰長篇專論，檢討國家當前財政金融興革要點，揭載新聞紙上，楊殊激賞，派人向報社查詢作者姓名住址，訂期約晤。時陳年僅三十許，而儀表翩翩，談吐亦有致，楊徵詢財政問題，陳以其書生結習，侃侃然據述所見，楊甚嘉許，即辟爲財委會秘書。陳於公牘程式初不諳悉，然文思敏切，詞亦暢達，楊隨時予以指導，寖成熟手，楊倚畀維殷，獎掖有加。善後會議結束未幾，段祺瑞政府亦告崩潰，北洋軍閥戰亂不休。旋廣州國民革命軍興，原在北京的一般政客，皆紛紛南下，別謀出路，楊暢卿原係政學會中心人物，亦與革命軍方面有關人物黃膺白、張岳軍友善，乃携陳南行至滬，仍司記室之役。國民政府奠都南京後，楊受任為國民革命軍總司令部參議，常住白下，陳亦從之，賓主情誼日篤，楊不可一日無陳秘書，陳亦深感知遇，事之彌謹。楊才氣縱橫，有關時事問題，常對蔣總司令條陳擘畫，多中肯綮，甚受嘉納，執筆起草者，即係陳也。是時供職南京國府的國民黨老輩人，如胡漢民、古應芬等，以楊過去在護國與護法時期，曾奉戴岑春煊為首領，排斥民黨綦力，對楊殊不滿。繼而胡漢民幽居湯山，古與孫科等粵籍政治要人，皆南走粵，據兩廣宣言自治，與南京相對抗，楊曾奉命至香港工作，頗著績效，陳仍不離左右。

越民國廿一年（一九三二年）夏，蔣總司令設置「豫鄂皖三省勦總」於武漢，派楊永泰為秘書長，陳芷町任機要秘書。筆者適應湖北保安處長老友范熙績邀赴武漢一行，於偶然間省識楊秘書長，言談投契，他即挽我在總部秘書處服務，與陳同事，我和芷町論交，即自此始。

斯時湘人羅君强亦任秘書之職，我們三人年事相若，且皆好談論政治。黃昏時分，陳、羅每約我外出聚餐後，再赴舞廳娛樂，方知陳能飲酒，尤喜與舞孃相攸好，然我既不能飲，亦不諳舞技，專在舞榭擺測字攤，陳、羅皆笑我不合時宜。羅的酒量固不及陳，然二人好色程度却無所軒輊。是歲十月，我奉命出任鄂省第七區行政督察專員，其他的秘書處同寅亦多先後出任地方官或超遷職位。迨民國廿三年，羅君强擢任南昌行營第三廳代理副廳長職務（正廳長由楊秘書長兼），而陳仍居現職如故，深感失意，乃以母病呈請辭職歸侍母疾，楊洞悉芷町心理，不允所請。適筆者至武漢述職，在楊寓與陳共餐畢，楊語陳云：「我知道你有意從政，但就資歷言，僅能作行政專員。」隨指着筆者言道：「他是在任的行政專員，你問問他，那是多麼辛苦的職務，你受得了嗎？少安毋躁，我會替你想辦法的」。陳遜謝，興辭去。楊又對筆者說：「芷町最近向我發牢騷，要辭職回家，他怪我未給他謀一行政官職。但我認為他不是作官的材料，若讓他外放從政，對我大有損失，對他亦沒有好處。不過，人生在世活動，不為名，即為利，我既不能滿足他求名的慾望，將在利的方面，使其不愁仰事俯蓄之需，你可以把我的意思轉達他」。逾月我赴南昌行營出席十省區行政會議，晤及楊永泰，他笑語我道：「芷町現在的薪俸收入，比國府主席的待遇高多了（按國府主席俸給為八百元），他在勦總薪金每月三百六十元，我如數津貼他一份，最近又保薦他兼任武漢特稅處會計長，月俸八百元，會計長不須每天辦公，月終核閱收支表報，蓋個圖章而已。綜計這三項所得，為一千五百元有奇，不是比林主席更濶綽嗎？」洎是陳追隨楊于役記室，生活優裕，心安理得，唯有努力圖報，再不作轉業的企圖了。可見楊先生藻鑑人才的卓識，及其駕馭人才的作風，實在值得欣佩啊！

民國廿四年十一月，筆者奉檄調巴蜀工作，到成都與陳重逢。是時楊秘書長隨同蔣委員長方在峨眉山集訓川軍各中下級軍官，陳以客中多暇，常邀我赴成都陝西街「不醉無歸小酒家」進餐，小酌至微醺，再偕往酒家主人黃敬臨私寓茗叙，幾無虛夕。黃原籍江西，先人在川宦游，落業成都已數十年，其人於清末曾作吏，善寫工整小楷，每日必鈔漢書五葉，習以為常，亦精烹飪之術，對陳攀鄉誼，特示親近，陳以其為隱於市的讀書人，亦樂與交游，寖成知己。越民國廿五年，楊暢公轉任湖北省主席，陳為省府機要室主任，即醵貲約黃敬臨來鄂創設餐館，認為必獲鉅利，黃急將成都陝西街小酒家暨在少城公園所設「靜寧飯店」分別讓盤他人，摒擋一切，首塗赴鄂，迨行至重慶，而楊主席忽遇刺殞命，黃聞之頓足不前，老淚縱橫，廢然而返，陳亦無意於陶朱公之業了。

楊主席被刺後，據兇犯供出，教唆人樊其書現住貴陽省城某街某巷某號門牌，維時筆者隨重慶行營主任兼貴州省主席顧墨三將軍在貴陽于役，陳親撰長函，託貴陽特稅處長楊某乘飛機回黔之便，面交於我；懇囑轉請顧墨公務將樊犯拿獲，庶可澈究慘案眞象以慰死者。原書感慨悲憤，詞意蒼涼，具見其對故主的道義精神，令人盪氣廻腸，低徊不已。旋樊犯逃脫，我不便函告芷町以內幕情形，深覺有負故人之託，亦愧對楊暢公之知遇也矣！

楊逝後，陳受辟入蔣委員長侍從室任秘書郎，以其才華贍敏諳練，深得主任陳布雷賞識，相處甚洽。陳供職侍從室逾十年，平時對朋友很熱情，力所能及，樂予贊助。對日抗戰中期，賀耀組受命組織全國經濟會議，以陳兼秘書主任，派筆者為議事組長，我細閱該會組織規程，上自中央，下迄各省市縣經濟事項，皆在管理之列，然其職權只在建議而已。我視為大而無當、博而寡要的機關，必無成績可言，不想拜命。陳乃告語我，說經濟會議原係賀抄襲報章雜志有關戰時經濟問題的論文，對委員長迭上條陳，暢論戰時經濟的興革意見而產生的，他亦認為將來鮮有績效可期。最後陳囑我對戰時政治事項加以綜覈擘劃，列舉興革大端，條陳委員長，由他協商陳主任布雷，附以簽呈轉達，必蒙召見垂詢，有所任使，這比在經濟會議作議事組長，有意義多了。我笑謂此乃戰國策士之所為，自愧庸愚，不足語此，然老友關注之情，莫名感紉。蓋此時我賦閒流寓成都，芷町頗憐范叔之寒，故為我借箸籌謀，示其不忘舊交之深誼焉。

芷町潛心畫竹，肇始於四十歲以後，據葉公超——葉亦係躭於書畫的外交家——紀述其經過云：「芷町寫竹，始於抗戰初期，政府遷渝，時芷町四十二歲，某夕，芷町召飲齋中，在座者有彭醇士、鄭曼青諸子，芷町醉後，欣然命筆，寫垂竹一幹，自謂尚似文湖州，熟視之，嘆曰：非但不似文與可，實無一是處，誓今後日日寫竹……」後來陳氏自撰「寫竹篇」，更詳言之云：「畫竹一門，表面看去，似乎十分單純，等到動起筆來，倒也相當繁難。因爲竹的本體，看去大致相同，然而它的實質却是每竿有別……每一竿的老嫩高低，每一枝葉的陰陽向背，都要錯綜變化，不悖自然，而又合於眞善美的境界……記得我初學畫之時，是從兩種藍本入手：一是故宮博物院所藏印的吳仲圭教子竹譜；一是有正書局印行的柯九思竹譜。他們都是從書入畫，柯是用楷法寫竹，故其根竿枝葉，皆以凝重秀美見長，而用墨特爲腴潤。吳是用章草寫竹，故其用筆潑墨，特見雄渾恣肆。我從這兩冊中簡練揣摩，整整費了一年多工夫，纔畧有心得，同時更得鄭曼青、彭醇士的指點，領畧到筆法的運用……」——彭、鄭二人現時皆在台灣。

陳方於對日抗戰初期習畫，直至抗戰結束，歷時八載，但從未以繪畫示人，雖親近的友好，亦鮮有得其作品者。他於抗戰勝利還都後，用世之心益切，自信追隨最高領袖已逾十年，許多新進人士皆扶搖直上，位臻顯要，論資歷、勞績以至與當局的人事關係，自信均具有優越的從政條件，不時往來滬寧道上，有所活動。曾在上海結識名女人汪某，極示繾綣，適有唐姓船商因案引起官非，產業被扣押，唐諗悉汪孃與芷町燕好，託汪乞援於陳，得免損失。時本刊主編沈葦窗兄在滬上從事新聞業務，乃將此案經過原委，揭露報端，但未指出芷町，僅稱某局長而不名。陳閱及，即挽友人新聞天地社社長卜少夫兄代約葦窗晤面，賁酒論交，絕口不提唐商訟事，曠達不以爲忤，其生平對人接物的風度，多類是也。

陳問政的目的地，首爲其桑梓贛省，有意於方面之任，旋中央任命胡家鳳爲江西主席，他於邑不歡，認爲自己的資歷才幹豈在胡之下，論人事關係，且遠勝於胡也。未幾，中央復以一椎魯無文，軍階最高是營長，文職只作過重慶市長的軍人張篤倫，擢任湖北省主席，陳更覺有「不才明主棄」的淪落之感。迨陳布雷去世，陳即心灰意冷，不欲株守侍從之臣的職位了。

大陸淪陷後，陳携家避地海隅，乃以鬻畫謀生，蜚聲藝林。吳縣寫竹名家吳子深，慕名挽本刊主編沈兄介紹，與陳相見於其禮頓道寓所，適有僧人若瓢禪師在座，陳倡議彼與吳曁禪師三人，合繪蘭竹以貽葦窗作紀念，於義應由子深首先着筆，庶符禮貌，子深稍示遜謝，陳即援筆繪下兩株竹葉，充滿紙幅間，使吳無落墨之餘地，僅加繪石頭一方，另由若瓢上人繪蘭花於石上，最後陳又泰然題欵，其目無餘子的狂態，栩栩可掬。

一九五〇年中秋日，筆者走訪陳氏於其禮頓道三樓住宅，彼正揮毫暢繪墨竹數幅，置書齋几上，囑我擇其一以相贈，即題識云：「偶以豪放之意，寫君子之姿，適嘯岑道兄枉訪，見而喜之，殆與其個性有相契之感欵」，欵欵深情，彌足珍視。既而對坐品茗話舊，陳謂：「蔣經國氏昨日自台灣來，在舍間客廳上打地鋪寄宿一宵，今日別去了」。我問有何事商洽？答言蔣總裁有親筆函由經國面交，希望陳氏入台云云，即將蔣公原信示我，內有「盼兄來台共寂寞」之語，意極懇摯。我再詢以作何答復？彼將覆函底稿付閱，乃表示拒却，且有牢騷語，謂過去追隨鈞座任鈔胥之役，十有餘載，緜力已告竭盡，不復能效犬馬之勞云。當時我責其失態乖義，認爲此時此事，决非所宜，更非吾輩稍讀詩書者應有的立身行己之道，彼笑頷之，蓋其內心深處，仍以過去未遂從政之願，耿耿在懷不能忘也。越數歲後，陳以病舉家入台休養，受聘爲總統府國策顧問。一九五九年春間，我在台北客次，一日偶遇陳於一私家醫務所，他持杖蹣跚而至，覯面揚杖招呼，而語言模糊不淸，我大驚謂：「芷町一病至此耶？」彼含淚相視

畫壇七友自右至坐者陳方、馬壽華、陶芸樓、後立者劉延濤、張穀年、鄭曼青、高逸鴻、合攝於一九五八年

良久，不能出聲，我亦不禁凄然泣下，旋作無言之別，越歲後，即聞其辭世了！一代賢才，賫志以歿，而以繪事流傳於人間。設使芷町不涉足政壇，而專業於其天賦優異的繪畫之學，其成就決不止此，造物弄人，每每若是，蓋有莫之爲而爲，莫之致而致者，不僅芷町爲然也，豈勝慨歎！

陳氏晚年對畫竹積有深湛的心得，曾紀述「荒齋寫竹八法」，多爲前人所未發的精義，信可傳也。其說如次：

濃淡：「……大抵下層葉濃，上層葉淡，光使然也。前層葉濃，後層葉淡，距離使然也。新葉濃，老葉淡，生理使然也。新竿葉濃，老竿葉淡，年輕氣壯，年老氣蒼使然也。夏天葉濃，春天葉淡，竹三四月茁新葉，新陳代謝使然也。月下葉濃，日下葉淡，月光無反射，月景空明，是爲虛中實，日光反射是爲實中虛。濃淡要通墨氣，又非深淺二墨之謂，墨只二色，便是死相；一葉之墨，便可三數色，一叢之墨，何止數色？一竿兩竿，多至成林，墨色非千百變不爲功，要層層吻合，至於絪縕，至於元氣淋漓。……」

輕重：「輕重言手法也。取象至難，要在用力準確。……萬鈞之力只藉一轉動之俄頃得之。妙在輕以運重，下筆宜高活速；重以運輕，下筆宜低沉緩。否則輕手失之飄忽，淪爲側鋒；重手失之堆戳，淪爲板滯，此言力也。若輕重之狀，又難得形容適宜，一叢之葉下垂，其重若雲墜，一枝兩葉揚起，其態若掠燕。見其形而已，形中有神，不可不知。……」

疏密：「疏密自有原則，攢三聚五，一也；寬能跑馬，密不容針，二也。密不紊亂，疏不嫌少，密中有疏，通氣脈也；疏中有密，氣脈連綿也。……竹之變化視布葉，布葉變化視疏密，疏密運用適宜，寫竹可千變萬化矣。密之爲言，緊也；疏之爲言，暢也。加一筆能緊湊，減一筆能爽朗。故三筆之中，定見疏密之致，遑論叢乎？

參差：「參差之意至簡，論之最難着筆，予以爲用於點，曰錯落；用於線，曰參差。何謂參差？或人字，或个字，破一筆便是參差。……無規律之參差難爲，要富美感而有韻味。參差勿呈脫落，勿呈雜亂，欲牢不可拔，欲順理成章。……故寫竹葉，忌平行，忌排列，忌齊長齊短，忌齊大齊小，忌平頭。畫家素有取影之法，竹之生葉，本爲羽狀生長。非介字、个字、人字、人字之形，蓋經過投影而得之也。經過投影而成爲有規律之參差。……」

陳逝世倏逾十載，歿年不過六十五歲，他若不以酒色傷身，當不致早告萎化。他在舉家離港時，雖精力稍衰，然體氣尚無老態，我勸他如不爲稻粱謀，則一動不如一靜之爲愈，他却眈心香港安全問題，不願再作難民，一度，且有與張大千同赴巴西之議，最後溘逝台灣，得以歸正首邱，亦足以彌補其不見九州同之遺恨也矣！

韓復榘（向方）

韓復榘出生於河北省霸縣，世人多說他是由馮玉祥的陸軍第十六混成旅的伙伕改作列兵的。但據馮部老將領劉汝明的回憶錄說，韓係於民國元年四五月間，從北洋陸軍第二十鎭跟劉一同投到馮的「左路備補軍」（陸建章的部隊）第二營，先當連部文書上士，繼作班長的，當以劉說爲是。至於韓在二十鎭是否當過伙伕，那就未可知了。

筆者初次省識韓復榘是在民國十五年首夏，此時西北軍在南口跟張作霖、吳佩孚的聯軍進行防禦戰，鹿鍾麟以東路總司令坐鎭南口指揮作戰，西路防務由綏遠都統李鳴鐘負責，韓係李部的旅長。斯時代理西北軍總司令張之江，害怕山西閻錫山截斷京綏鐵路的馮軍退路，飭李都統派韓向方旅進攻大同鎭而佔領之。不知韓因何事故跟鹿鍾麟鬧別扭，軍次大同附近的孤山，不肯前進了，張之江的命令亦不聽，張因此曾在邊防督辦署曠地作禱告，大呼「上帝救我！」最後不得已，乃挽軍中貴賓李協和（烈鈞）將軍，赴孤山晤韓勸解（韓亦未聽從），我是李的秘書，隨同前往，因而見到他一面，以後即未曾再見過了。西北軍自張家口總退却到綏遠、平地泉一帶後，準備由五原進入甘肅。那時馮玉祥尚在莫斯科未回來，韓與石友三不願西行，率部投歸閻錫山收編——國民第三軍徐永昌亦同時投閻——既而馮回到了綏遠，決計入甘，又把韓、石兩部人馬號召歸隊了。

越民國十七年西北軍由甘、青、寧，經陝西出關，打到河南、山東，韓以戰功早已由師長升任軍長，且代理馮的河南省主席，繼又由馮提請中央，明令韓眞除豫省主席職位，馮對韓的信任，可謂突出矣。韓在開封秘密納了一個唱大鼓書妞兒作側室。這在西北軍是違背紀律的重大事件，當然瞞不了馮，是時馮的總部設在西安，他在紀念週會中曾對大家說：「咱們西北軍居然有人接了姨太太，好小子！」馮的性情，韓當然極瞭解，聞訊自感憂危，從此以後，每逢馮由陝晉京，或由京回陝，韓即以下鄉勦共爲名，離去開封，避不與馮晤面，同時別謀出路，暗向中央輸誠。這時候正是爲着編遣問題，內戰氣氛瀰漫，中央對於韓向方之來歸，求之不得。迨民十八年馮興師反對中央，韓即乘機率其舊部二十師，另裹脅張允榮的二十九師大部分人馬，宣告脫離馮軍，中央即任之爲山東主席，所部軍隊改編爲正式國軍兩個師，而以孫桐萱、曹福林分任師長。韓從此揚眉吐氣，開府封疆，不復受制於馮了。

韓在山東是一派「總督」的作風，接任主席伊始，即致電中央，請撤消魯省各級黨部和法院，概由省府管理，以一事權，且少糾紛，中央雖認爲荒唐，亦祇是婉詞解喻，未便加以申斥，他亦就隨時審訊民刑案件，任意判斷是非，只對黨務不甚過問，原因是完全不懂，但亦視黨部如無物。

他每次舉行省務會議，爲時不過十分鐘至一刻鐘左右，由他報告自己早已決定的事項後，不讓別人發言就宣佈散會，偶爾高興徵詢一下主管廳長的意見，亦如軍官對大兵的口胳，指呼姓名，如爲着教育問題，即謂：「何思源（兒），你有什麽意見嗎？」這是何到南京述職時，親口告訴我的故事。至於他隨便殺人，任意撤委縣長的奇情怪狀，世人談述已多，不復贅敘。但韓的軍閥作風，對山東人民亦做了一椿好事，即禁絕紅丸毒品是也。在魯省販賣毒品的，都是日本浪人，而以濟南城內的「商埠」地帶爲巢穴，因爲那兒是日本商店集中之所，成爲日本租界，中國的軍警不能隨便進去搜查的。韓以嚴厲手段禁毒，動則殺人，吸毒者在市上買不到了，即利用婦女小孩們進入商埠購買。韓廉得其情，派軍警巡邏商埠出入口，不論婦女小孩從裏面走出來的，一律搜身，凡是懷有毒品的，不但婦女沒命，即小孩亦馬上槍斃不貸。這樣一來，中國人再不敢到商埠去購買紅丸，日本浪人亦不敢到商埠以外從事兜售，紅丸乃告絕跡了。手段雖涉殘忍，貽惠亦復良多，「一家哭，何如一路哭」，此之謂也。

韓之背叛馮玉祥，直接原因是爲着納妾的事，實則馮平時那套駕馭幹部的方法，關係最鉅。當着多衆面前——尤其是有外賓在場的時候，每好折辱所部將領，表示他治軍的威望超羣。韓向方當了團長後，馮會在本軍官兵集會時命令韓道：「韓復榘（兒），把你的歷史對大家報告報告罷。」於是，從在十六混成旅當文書上士起，說到担任現職的經過情形，如某年因某項過錯被打軍棍或禁閉、或罰跪等情節，更不許有所隱諱。又如劉郁芬作了甘肅督軍，出發請訓時，當着若干貴賓面前，無故飭其跪下，經李烈鈞先生說情纔起去，這是筆者親見的怪象。似此蔑視部屬的人格尊嚴，濫逞淫威，稍有自尊心的人，誰能忍受呢？所以，韓之叛離馮，由來者漸，非偶然也。其餘的西北軍將領，一經離開馮玉祥，亦即永不回頭，可資佐證。

民國十九年中原大戰後，馮以敗軍之將蟄居山西有日，旋移住山東泰安縣境的泰山上，韓除却贈送一些生活費外，從未與馮晤面。迨「九一八」之變作，中央邀馮入京，共赴國難，馮乘火車過濟南，韓到站迎接，抱着馮哭泣一番，等於做戲，馮以爲韓悔悟前非了，入省府留宿一宵，與韓商談軍事政治問題，話不投機，次日即離濟南去到南京。既而馮被推任爲軍事委員會副委員長，認爲再起的機會來臨，密派其參謀長劉菊村（驥）分向各西北軍舊部將領游說擁馮，不特韓向方拒不接受，即當時駐防海州的梁冠英亦婉却不從。對日抗戰發生之初，宋哲元的第廿九軍駐在河北境內，與韓向方所部各師在同一防線上，中央乃派馮玉祥爲第一戰區司令長官，以爲可收駕輕就熟的功效，詎宋、韓皆不受節度，馮忿而要自殺，中央急命馮回京，另派程潛承其乏。

韓復榘

韓向方於抗戰未久，華北敵寇梟張之際，忽萌異志，暗作佈署，竟將部隊與軍實，陸續向西北漢中輸送，不悉用意安在，中樞急予制止。外間謠傳他曾納一倭女作妾，確否未可知，但其異動已昭著。據西北軍老將劉汝明回憶錄指出：民國十八年五月間，馮以對中央有所不滿，命將原駐山東河南的西北軍，撤至陝境潼關以西，而韓向方却要求撤到平漢路以南，最後韓即率部投歸中央了。他現時在對外抗戰之中，亦不遵從中樞最高統帥的調度，要把軍隊自由撤向西北邊境，除却志在保持實力這項愚闇的觀念外，似乎難以解釋。中樞自不容許他悍然違悖軍紀，下令懲處，適交由劉峙執行，唯韓在前線領軍作戰，必須相機行事，以免影響大局。最高統帥訂期在開封召開軍事會議，韓率衛隊一營赴會，正集議中，敵機忽來襲，警報聲作，會衆四散，劉偕韓同出趨避，劉謂彼有專車停在鐵路上，可以自由駛出，絕對安全，邀韓一道避難，韓欣然偕登專車，即向南急駛不停，韓詫詢之，劉乃提出最高統帥逮捕韓的命令，韓不能抗，專車直抵漢口，將韓交由憲兵押去看管，聽候依法究處。這段經過情形，後來我曾在香港時報的「新世說」小品文中敘述之，詎台灣方面有人認爲這對領袖的尊嚴有損，禁止「新世說」入台銷行。似此無知無識，連漢高祖僞游雲夢計擒韓信的歷史常識亦缺乏，究從那兒說起呢？

是時中央政府已遷移重慶，新頒戰時軍律，韓案由軍法執行總監部組織軍法會審，馮玉祥即推薦鹿鍾麟爲審判長，筆者在報上見此消息，笑語友人曰：「不用審訊，韓向方必死無疑也。」友人詰以何所見而云然，乃將上述民國十五年韓與鹿在南口戰役中鬧意見，以及十八年韓背叛馮的各項事實逐一指出之。結果韓在漢口正法，但其詳細罪狀始終未見公佈，然馮玉祥和鹿鍾麟可說是得報宿怨，大感快慰了。韓死後，他的部隊仍由孫桐萱、曹福林統率抗戰，亦著勳績，西北軍的士兵手臂間，常綴有「眞愛國、不擾民」的布條，可謂名副其實。即馮玉祥本人，除却常有怪言怪行表演外，他的愛國思想，亦係不容懷疑的。

韓復榘之身敗名裂，不獲善終，基本因素是知識譾陋，思想落伍，位居顯要而不知挽羅人才爲之輔弼，只是傳習着一些馮玉祥的作風，傲慢自專，驕縱莫戢。此不僅韓爲然，一般好搞政治的赳赳武夫，皆無二致。這是個人的悲劇，亦國家的莫大損害也。

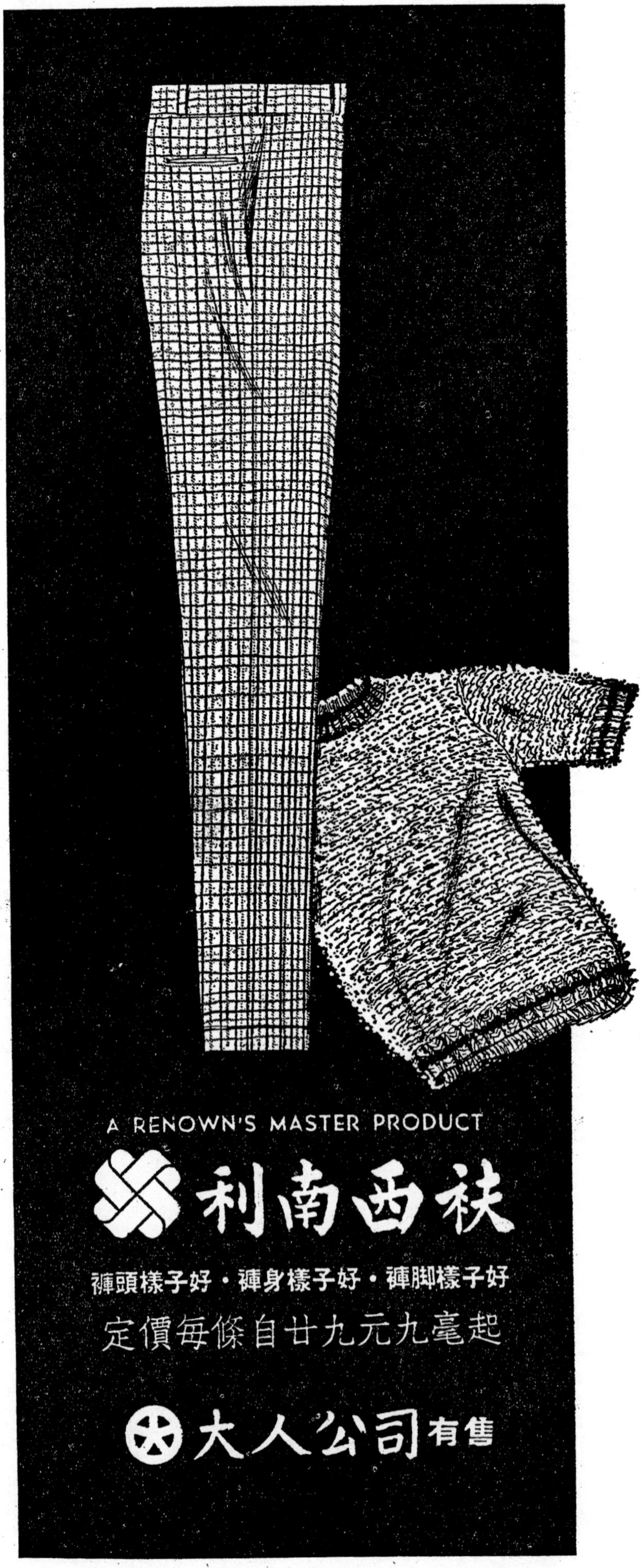
A RENOWN'S MASTER PRODUCT
利南西衭
褲頭樣子好・褲身樣子好・褲脚樣子好
定價每條自廿九元九毫起
大人公司有售

談曾胡左李

太平天國之亡，使曾國藩、胡林翼、左宗棠、李鴻章成為清代中興元勳，世稱曾胡左李。他們四位全都有過人之處，也難免有令人不滿之處，軼事叢生，既為名人，就值得一談了！

高伯雨

曾國藩是嘉慶十六年辛未（公元一八一一年）出生的，比洪秀全、胡林翼、左宗棠大一歲，比李鴻章大十二歲，小駱秉章二十歲，在胡左李中是大阿哥，故在掃平太平天國洪秀全一役中他是領袖他既有資格為領袖，當然就是當時的偉人了。舊日一般人都喜歡對偉人附會種種神話，歷代開基的君主，也製造自己的神話來號召民衆，什麽金龍化身之類，不一而足，就是成大功、享大名的人臣，也往往有人以神話附會之，如曾國藩巨蟒轉世，李鴻章仙鶴投胎，張之洞老猿轉世等，不一而足。

黎庶昌是很有學問亦講西學的一個高級知識分子，他所寫的「曾文正公年譜」，說國藩出生時，他的曾祖父竟希尚健在，那一晚他得一夢：

有巨蟒盤旋空中，旋繞于宅之左右，已而入室庭，蹲踞良久。公驚而寤，聞曾孫生，適如夢時，大喜曰：「是家之祥，曾氏門閭將大矣！宅後舊有古樹，為藤所纏，樹已枯而藤日益大，且茂矯若虬龍，枝葉蒼翠，垂蔭一畝，亦世所罕見者。」

夢見有大蟒頭擱在屋梁，尾蟠在柱，鱗甲閃閃有光，接着就產下一個麟兒，此兒必定能為曾家爭光，此乃祥瑞也，何况宅後還有古樹，藤覆樹上廣蔭一畝，非祥瑞應在此子身上而何？蟒是蛇類中的一種，據「爾雅」說，這種爬虫是蛇中最大的，故稱「蛇王」，今國藩乃蛇王轉生，必有封王的希望，貴不可言。國藩一身生癬，時時用手搔癢。到他做了大學士、兩江總督以後，顯貴了，當時有個在江西饒州府做知府的張澧瀚精於相人術，他為國藩看相，說他端坐注視，張爪刮鬚，是乃癩龍之相。龍乃象徵帝王，人臣是不敢有此相的，如有此相，必遭人主之忌，幸龍而癩，與眞龍不同，故國藩能克守官箴，如果不是癩龍，他便要自立為王了！

這種神話，在曾國藩生前死後數十年中，談其軼事者無不津津樂道，迂腐小儒，傳此猶有可說也，乃其子紀澤被稱為新學家，也不能免俗，他的祭父文有這幾句：

昔我高祖，夜夢神虬，蟠礎纏棟，夗蟺蚴蟉。佈駭未終，誕降吾父，卜云大吉，為王室輔，蒼藤獻瑞，重蔭終畝，大逾十圍，其占貴壽，貴則貴矣，壽止如斯，有徵無徵，天道寧窺！

他雖然對此祥瑞作疑詞，其實還是很重視，可見舊日知識分子深受迷信之毒而不自知。左、胡、李三人就沒有這種神話了，大概因為曾國藩是他們的領袖，本有封王之望而改封為侯者自不同耳。（據說咸豐帝見太平天國日盛，深為焦慮，曾說：誰能平此逆賊，將封以郡王。後來西太后靳而不與，僅封世襲侯爵，說者謂即封王，曾亦不敢受也。）曾紀澤尚是十九世紀末期人物，有這種論調，似乎還不奇怪，可怪者，二十世紀三十年代的新文學家郭沫若也附會神怪之說，一九三三年林庚白在上海晨報為文譏之，有云：附會神異，為封建社會文人之通病，資本社會無是也，逭論于共產社會矣。清詩人易順鼎，自言是張靈再世，其荒誕不經，識者哂之，而所謂飛熊入夢、媒蘭、夢吞月之類，載藉所徵，難以更僕，于此見封建社會與神異之關係。近讀共產黨人郭沫若所著『我的幼年』，其書名既失之雷同，又卷首有郭沫若母夢豹子，遂生沫若之紀載，余以為即有此事，似亦不宜筆之于書，蓋涉于神異說與英雄思想之病也。沫若夙以左傾聞于世，今其書亦不免此疵累，甚矣哉述作之難，而士大夫階級之終不免于書生結習矣。」所論甚正。今日郭沫若學問大有進境，當悔其少時之作了。）

胡林翼是書香世家，門第極盛，他的父親達源為嘉慶二十四年己卯恩科探花（歷官少詹事，降侍講）。他的岳父又是兩江總督陶澍（湖南安化人，謚文毅，為清代明臣之一。）李鴻章父親也是進士出身。在科名上胡李兩家比較曾家顯赫。國藩家世務農，三百年來，未有一個子弟以科名顯于世，他的祖父玉屏是個富農，父親麟書，算是讀書上進，只得一名秀才，並且考了十七次到四十三歲才得青一衿，已是老秀才了。國藩後其父一年中秀才，下一年而中舉人，在曾家看來，已是十分高興的事了，國藩當然不會因得一舉人而滿足，道光十五年入京會試，落第後，留在北京讀書，應明年的恩科會試，但也沒有考中。到道光十八年中了貢士，殿試列三甲第四十二名，賜同進士出身。他應會試時，名叫曾子城，字居武，合姓名與字，恰爲「曾子居武城」。旣通籍，他的座師朱士彥認爲鄙俗，爲之更名國藩。

胡林翼中舉人是道光十五年，後于國藩一年，但道光十六年即中進士，道光二十年國藩應散館試，授職翰林院檢討，林翼即以編修充會試同考官。這一年，又充江南鄉試副考官，已是一個紅翰林了（翰林以得試差遲速多寡而分紅黑。試差者，放各省主考也），在這方面，胡林翼都比曾國藩領先。

曾國藩（一八一一——一八七二年）（原藏故宮三所）

在舊日社會裏，很注重科名，也和今日人們重視博士、學士那樣有趣，尤其是官場中更爲重視，凡出身進士者，前途便有希望。國藩廿三歲中秀才，廿四歲中舉人，廿八歲中進士，成名之際，亦在英年，以窮翰林在京供職，交結有學問的京官與四方名士，如唐鑑、倭仁、邵懿辰、何桂珍、劉傳瑩、竇垿、陳源兗等交游，研究實學，漸有聲譽，已不是舊時埋首于八股文的迂書生了。科舉時代的讀書人，很少有實學的，一個正途出身的人，如果想得到豐富的學識，就要很年輕得到科名。因爲當時以八股文取士，讀書人日夜所研讀者是「時文」，實在無法分身去閱讀有用的書籍。（清初有一個名翰林，見人讀「史記」，詫爲未見，問作者爲誰？答以「太史公」。又問太史公是那一科進士？告以乃漢代之司馬遷，非近日之翰林也。乃取「史記」翻看一二頁，放下曰：「也不見得怎樣好！」）等到中了進士，不必再利用這塊敲門磚了，年青的人，如有志者，可以留心實學，一面做官，一面讀書（如張之洞廿六歲中探花），如其暮年登第，又無志向學，一心做官求出路，就很難得到學問了。國藩幸而年輕，在翰林院供職，不必負担家庭經濟（曾家本非富裕，麟書在鄉授徒爲活。國藩中進士後，回家省親，他的祖父對他父親說：「吾家以農爲業，雖富貴，毋失其舊，彼爲翰林，事業方長，吾家中食用無使關問，以累其心。」此數語見曾國藩年譜），所以他做京官十多年，未有家累。李鴻章中道光廿四年舉人，入京應試，其父文安，以國藩學問過人，因命鴻章拜國藩爲師受業，這正是國藩苦心力學、發奮淬厲之時。少年科第，對曾國藩大有幫助，事實甚爲明顯。

科舉故事，殿試一甲稱「賜進士及第」，二甲稱「賜進士出身」，三甲「賜同進士出身」。國藩雖得進士，而多一「同」字，認爲奇恥大辱，馬上捲起鋪蓋，準備回鄉，不想應翰考了（因爲中進士後，尙須參加朝考，從中選拔若干名，獲選者名爲庶吉士，就是半個翰林了。庶吉士讀書三年，經畢業考試，分別授以編修、檢討之職，名爲「翰林授職」，其他未能授職之庶吉士，則派往各部做官，或派往做知縣。所以朝考爲進士所必要一試的）。傳說國藩得三甲，幾欲自殺，經知友多方勸阻，始往一試，居然名列一等第三，道光帝親拔爲第二，遂得翰林院庶吉士。話雖如此，但國藩仍以「同進士」爲憾事。（有一說勸國藩應朝考者，乃其會試座師穆彰阿，穆有權相之稱，曾之得庶吉士，乃穆爲之盡力。這是大有可能的。）近數十年有些隨筆家寫曾國藩故事，說曾的幕客中有懼妾者，國藩謂之曰：「有一對很久都對不出，請你對一下如何？」那人說好的，曾曰：「代如夫人洗足」，那人對「賜同進士出身」。國藩大慚。幕客無意中觸其忌，即晚辭去。其實這是傳聞之辭，並無其事，因爲傳此故事者，在國藩未出生之前，已見很多人的筆記記載了。不過曾國藩是當年「名滿天下」的大人物，生平又愛說幽默話，人們就以此事栽在他身上，不足奇也。

閱五月十九日某晚報有一段說曾國藩改名及生癬事，國藩原名滌生，因自小全身有皮膚病，總是醫不好。中舉後，拜見主考，主考說你這名字不好，不如改爲國藩，字滌生。這也言之成理的。但國藩改名，是在中進士之後，其生癬也，則在三十五歲之時，這一年夏癬疾初發，時好時壞，到老年還被癬所困。致于改名一節，我倒想引一段筆記說明一下。江陰人金武祥「粟香三筆」卷七，有一則說：

寶應朱曼伯觀察，言其伯祖文定公士彥歷掌文衡，精於鑒人。戊戌會試，是爲第三次總裁，榜發，新貢士來謁，曾文正與焉。文正榜名子城，文定特異之，謂之曰：「子必爲國家柱石，惟子名引見時，恐難膺館選。我朝非翰林出身，不能早躋顯佚，大展經綸，盍更名乎？」文正請之。文定遂取「爲國藩輔」之義，囑更名國藩，文正旋以三甲進士得庶吉士。……文定旋即謝世，而文正更名之由，本傳、年譜多未載，文定子孫亦無知之者，觀察蓋聞諸合肥李傅相也。傅相尊人亦戊戌進士，官刑部郎中記名御史，傅相云：趨庭之際，夙聞此語，嗣入文正幕府，備詢其詳，先輩觀人，自有巨眼，究不知文正原名何以未宜耳。（金武祥于同治光緒年間，在廣東做官二十年，與汪兆鏞兄弟叔姪最熟，他活到一九二四年才逝世，八十多歲了。朱士彥字休承，號郁文，江蘇寶應人，嘉慶七年探花，官至吏部尚書。國藩成進士第二年的十二月，士彥死去，謚文定。）

左宗棠中舉人在道光十二年壬辰，早曾國藩二年，早李鴻章十四年，在鄉舉上可云早達，但會試則不如曾李之順利。不過左于鄉試時幾乎失去而又獲中。壬辰年宗棠與其兄宗植同應鄉試，宗植得中解元，宗棠之卷爲房考官批「欠通順」三字，沒有薦給正副主考，此種被擯斥之卷，名爲「遺卷」，照例已無取中之望，主考也不理這些遺卷的。但正主考徐法績早已奉到上諭，叫他留心搜尋遺卷，不可埋沒人才，因搜得宗棠一卷，大爲賞識，叫房考官改書批語補薦，房考官不肯，認爲這樣破壞成例。徐法績把上諭唸給各位房考官聽，衆無異議。于是拆卷，左宗棠被取中，爲是科第十八名舉人，後來左宗棠對這位徐座師有知己之感，到老還是懷念他，照應他的後人。可惜宗棠幾次上京會試，都沒有中式。後來的隨筆家又說宗棠在新疆用兵時，正在吃緊之際，忽然上書清廷，請准他請假回京應試，清廷怎肯讓他跑開，遂欽賜翰林，使他有機會入閣拜相，死後得謚「文」字。（清制非翰林出身的人不能入閣，庶吉士非入閣不予「文」字之謚。）這是不確的。同治十三年左宗棠已大拜，不過仍留任陝甘總督，以舉人入相，李鴻章稱他爲「破天荒相公」。曾胡左李四人，胡以早死未成大功，故無機會大拜。其間以曾國藩入相最早（同治元年爲協辦大學士，七年晉武英殿大學士），李鴻章次之（同治七年協辦大學士，十一年國藩死，晉武英殿大學士），而左較後，看來左在這方面「吃虧」了。但曾李僅爲使相，坐鎮巖疆，未曾一日居政府，有相之名，無相之權。宗棠雖是後起，然於光緒七年以東閣大學士入值軍機，雖爲時僅數月，即任兩江總督，但他做過眞實的宰相，行使相權，則爲曾李所不及，好像造物故爲此以補左之缺憾者。（光緒十年，左又再入軍機，亦數月即出。）

胡林翼比曾國藩早入翰林一科，又早得試差，可謂得志，但在這次試差中，他却受到挫折。原來道光二十年庚子（公元一八四〇年）鄉試，江南正考官放戶部侍郎文慶爲正考官，胡林翼副之。「清史稿」文慶本傳說：

典江南鄉試，以上下江中額有誤，又私携湖南舉人熊少牧入闈閱卷，議褫職。……（文慶字孔修，滿洲鑲紅旗人，道光二年編修，歷官侍郎、尚書、軍機大臣、武英殿大學士，咸豐六年卒，謚文端。）

文慶因爲私自帶人入闈閱卷有罪，而副考官胡林翼亦因失察而受拖連，得降一級調用的處分。翰林院編修官七品，降一級之後，便不能在翰林院供職，喪失了美好的出路。林翼家居無聊，又值喪父，回鄉守制。他的江南門生有數人集合了幾個頗爲富有的同年說，我們受兩位座師之恩，今日始能來京會試，現在兩位老師出了事，文老師不用說了，他是大臣，又是旗籍，向來爲皇上所重用，他很快就會爬起來，說不定三兩年後就恢復舊官。只是胡老師家非素封，一旦降職，要循資漸進，時間頗長，我輩受恩深重，不如捐一筆錢，來替老師捐個官職，向外發展。胡老師爲人能幹，在內既然不能展布，出外做州縣官，也有發達機會的，於是爲他捐一個知府。這便是林翼由京官改外官的緣起。（他降一級調用，降爲從七品的內閣中書），後來分發貴州候補，歷任安順、鎮遠、思南諸府，政績甚著，爲總督吳文鎔、巡撫喬用遷賞識，不斷密保，說他才堪大用，遂有聲於時。如果他安安穩穩在翰林院做他的文學侍從之臣，未經外官的歷練，是否能有日後的功業，此固難言，那麼這一次的降官，反而是成全了他了。

一九三三年我初到北平時，經友人介紹同一位老輩張二陵先生相識。張君的父親文林，曾在胡林翼、僧格林沁幕府，二陵先生于光緒末年亦久官刑部。他說世人皆知文慶以携人入闈文褫職，其實携熊少牧入闈者乃胡林翼，而非文慶。他們在江南典試期中，已成知友，文慶很賞識林翼的才畧，認爲這個青年將來一定是國家棟樑，林翼前途無可限量。此案既發生，林翼如受重譴，將必一蹶不振，誤了前程，不如成全他罷。於是自認是他帶人入闈，與林翼無干，故林翼僅得薄譴。文慶此種爲友犧牲，爲國愛才之誠，甚可佩。（按：「宣宗成皇帝實錄」卷三百四十三、道光二十年十二月十七日：諭內閣，文慶經朕派充江南正考官，理應嚴密關防，盡心校閱，輒敢私帶舉人熊少牧入闈，幫同閱卷，實屬違例，着即照部議革職。副考官胡林翼與文慶同在內簾，於熊少牧藏匿闈中，豈竟毫無聞見，既不據實奏參，迨經降旨詢問，又不據實回奏，該部擬以降調，咎有應得，着即照部議降一級調用，不准抵銷。

監臨官安徽巡撫程楙采、監試官江防同知周維新，僅止失察，着加恩改爲降二級留任，不准抵銷。」「清史稿」文慶、胡林翼本傳記此事，是根據「實錄」的，當然沒有記內幕之事。其實清代鄉試，主考官携人入闈幫同閱卷常有之，已成慣例了，只要沒有事情發生，任何人都不想引起文字獄的，故胡林翼敢於一試，碰巧此次安徽省取中的舉人名額中少中了一名，而江蘇多了一名，（江南鄉試包括江蘇、安徽、江西三省，即兩江總督所轄的區域，安徽巡撫便不得不把此事奏上，遂有此案發生。）

胡林翼通籍在曾國藩之前，但官運之享通則不如國藩。國藩於散館受職後，未十年即升至禮部侍郎，已爲國家大臣，而林翼還在貴州做知府，這是道光二十七年的事。到咸豐初年，曾國藩奉命組織鄉兵，成立他的湘軍，軍事上稍有規模，林翼則于此時爲御史王發桂所薦，謂其勦匪有成績，清廷就調他到湖北交湖廣總督吳文鎔差遣，並升他爲道台。林翼帶領貴州兵一千人出發，未到武昌而吳文鎔已敗死黃州，林翼一軍遂歸國藩節制，從此時始，林翼即爲曾氏的部將。國藩久聞林翼大名，見面後果不虛傳，即以「其才勝臣十倍」奏保，不久，林翼立有大功，升四川按察使，率兵圍攻武昌。但武昌地形險要，不易攻取，國藩特派羅澤南往相助。羅澤南與塔齊布爲曾軍大將，其時塔新死，羅復從胡，國藩孤軍屯湖口，極爲危險，但國藩不敢自私，只爲大局着想，毅然行之。其後羅澤南戰死，他的學生李續賓接統其軍。林翼會合水軍將領楊岳斌（其時尚名載福，同治元年避御諱改名）、彭玉麐各軍，同心協力，攻下武昌，林翼以功授湖北巡撫，其開府較國藩爲早矣。曾胡齊名蓋自此始，其時左宗棠、李鴻章尚未露頭角也。

國藩是主帥，林翼是他的部將，何以得任封疆反而會在胡後，其中蓋有原因，並非以功論高下也。咸豐四年（一八五四年），國藩嘗一度拜署理湖北巡撫之命，咸豐帝料他一定懇辭，又馬上下一道諭旨叫他不必署理，賞兵部侍郞銜，辦理軍務。當國藩懇辭之摺到京，咸豐帝批云：「朕料汝必辭，又念及整師東下，署撫空有其名，故已降旨命汝毋庸署理湖北巡撫，賞給兵部侍郞銜。」國藩奉到免署之旨後，謝恩摺謂：「前摺尙未賫到，即蒙聖意垂念，體邺周詳，免臣署理巡撫，俾臣內不虧于名教，外得效于馳驅，凡私衷不敢上達之隱，無一念不在洞鑒之中，感激涕零，莫可言喻。」原來咸豐三年六月，國藩之母江氏逝世，正在守制期間，不可以做實職的官吏，否則就有虧名教。此次命其免署巡撫，又賞給兵部侍郎銜，則以本年四月，有靖港之敗，國藩得革職處分之故。到咸豐十年，國藩始授兩江總督，而林翼以在鄂屢建殊勳，未得一任總督，以巡撫終，死後方追贈總督。這是在總督官職上胡不如曾之處。（曾胡左李，除胡外，皆官總督，且獲大拜，胡所以缺此者，則以大功未成，死得太早也。當時曾以兩江總督入閣，左以陝甘總督，李以湖廣總督，駱秉章亦以四川總督，人稱「軍功中堂」。）

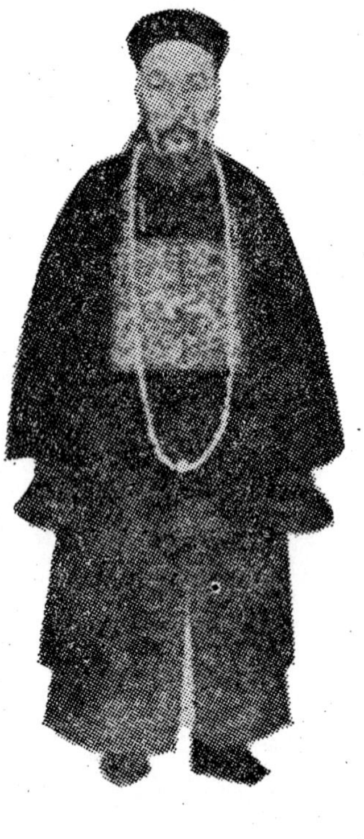
胡林翼（一八一二——一八公一）

不過，宮保之賜，林翼却早過曾國藩，咸豐八年攻佔九江，胡林翼與湖廣總督官文，同加太子少保銜，國藩則於咸豐十一年攻取安慶後，始加太子少保銜，但其時官文、胡林翼已晉太子太保銜了。（三公是太子太師、太傅、太保；三少是太子少師、少傅、少保，稱爲「宮銜」，以此爲青宮屬官。在清代此乃榮銜，並無實職。）同治三年，太平天國敗亡，國藩獲太子太保之銜，死後晉贈太傅，以林翼之功，不獨不獲三公，死後也不得晉贈太子太傅，則以原官巡撫，秩位卑於大學士耳。

胡林翼以貴州道員，不到半年就升爲巡撫，可稱峻擢，撫鄂七載，勛望久著，而終未得任總督，誠爲闕憾。咸豐十年三月，太平軍把江南清軍打到一敗塗地，攻佔蘇州常州一帶。清廷以兩江總督何桂清棄常州出走，革職拿問，清政府會議擬就曾國藩、胡林翼二人中擇一人繼任江督，結果因爲胡林翼坐鎭武漢，指揮軍事，不能一日離開，遂以國藩爲兩江總督。湖廣總督一向是滿州人官文（自咸豐五年四月任事，至同治五年十一月，爲曾國荃所劾，召京入閣辦事，在鄂凡十二年之久），以文淵閣大學士留任鄂督，暗中監視一班手握兵權的漢族大將的，在這時候，不便把他調走騰出鄂督之位以畀林翼，迷信的人就說胡沒有總督命，不甚過癮。

打仗是一門殺人學問，學問越精的殺人越多，又往往能打勝仗，古代的白起、王翦、孫武、孫臏，都是精通兵法的人，而孫子還著有兵書，故舊時中國的讀書人都喜歡硏究一下行軍之道，曾國藩亦起自書生，居然敢冒此大險，組織他的地方武力，稱爲湘勇，與太平天國百萬大軍對抗。曾國藩本無打仗經驗，他糾集的親友從軍，全部皆爲書生和農民。他一出馬同太平軍作戰，以未經戰陣，多失利，尤其是他所練的水師（即內江的海軍），第一次接戰，就在長沙附近的靖港大敗。

咸豐四年正月，曾國藩造成的戰船九十艘，舢板百五十艘，以民船改造戰船者數十艘，水軍五千人，陸軍五千人，配有大砲五百尊，子彈二十餘萬斤，軍械數千件，米一萬二千石，煤一萬八千石，鹽四萬斤，油三萬斤。合計員弁、兵勇、夫役共一萬七千餘人，軍容甚盛。黎庶昌所作「曾文正年譜」記此役，有說：

四月初二日，公自督戰船四十號、陸勇八百人，擊賊於靖江市。西南風發，水流迅急，不能停泊，爲賊所乘，水勇潰散，戰船爲賊所焚，或掠以去。公自成師以來，竭力經營，初失利于岳州，繼又挫敗于靖港，憤極赴水兩次，皆左右援救以出。而是日水師適破賊船於湘潭，連日報捷，軍勢稍振。……

這一仗，曾國藩敗得很慘，大火燒船時，軍士逃命奔走，極爲混亂，國藩仗劍立旗，逃者過此旗立斬，但軍士性命要緊，繞過軍旗走了。國藩大怒，投水自殺。爲什麼要死呢？他痛恨自己不會治兵，士卒偷生怕死，未能用命，這是他練兵的大失敗，非自殺無以對死難將士，更無以對皇上，所以他於咸豐四年四月十二日爲「靖港潰敗自請治罪摺」（此摺單銜所上，同日又有一摺「合奏湘潭靖港水陸勝負情形摺」，則與湖南巡撫駱秉章合上），沒有提到他投水被左右救起，但提他欲一死了事之心，今摘如左：

臣整軍東下，本思疾趨出境，乃該逆大舉南犯，臣師屢挫，鄂省危急不能速援，江面賊氛不能迅掃，大負聖主盼望殷切之意，清夜以思，負罪甚大，但思一死塞責，然使臣效匹夫之小諒，置大局於不顧，又恐此軍立歸烏有，我皇上所倚以肅清江面之具者，一旦絕望，則臣雖死，臣罪更大，是以忍恥偷生，一面俯首待罪，一面急圖補救。……一兩月間，水師尙有起色，但微臣自憾慮有討賊之志，毫無用兵之才，孤憤有餘，智畧不足，仰累聖主知人之明，請旨將臣交部從重治罪，以示大公……

自言無用兵之才，智畧不足，倒是曾國藩初出茅廬缺乏經驗的寫照。但經這一挫折，他親自體驗過現實情況，知道用兵之道何在，遂不斷改良訓練，靖港一敗，反而對國藩大有裨益了。

曾國藩投水自殺不遂，乃其幕客章壽麟（長沙人，字价人，後來官至知府）把他救起來的。十餘年後，壽麟感念前事，請人畫了一冊「銅官感舊圖」，徧請當代名人題詠，暗中寓有「不言祿，祿亦弗及」之意。曾國藩攻陷天京後，本人得侯爵世襲罔替之封，其部下將領幕僚，亦皆高官厚祿，只有章壽麟官不過知府，較之鮑超拯胡林翼於危，得子爵之封，不可同日而語了。李元度爲國藩門生，與章壽麟同在靖港水師中，目擊其事，爲此圖作序，有云：

江寧既拔，湘軍自將領以至廝養，並置身通顯，獨价人浮沉牧令間垂二十年，倘所謂不言祿，祿亦弗及耶？抑曲突徙薪固不得爲上客耶？……嗚呼！援一人以援天下，功在大局不淺，价人雖不自以爲功，天下後世必有知价人者，遇不遇烏足爲价人加損哉！

有很多人所題的文字，都說章壽麟救出曾國藩關係極大，如果沒有他「援手」，則天下事不可問了，但左宗棠的序文，卻不這樣想法，大有曾死有什麼關係，還有區區在，足以盪平寇逆呢。今摘鈔數段，以見左氏對此事的觀感。文云：

（曾國藩）集鄉兵水陸東下……規劃具有條理，卒克復江東枝郡，會師金陵。……顧初起之軍，水陸將才未集，閱歷又少，往往爲猾寇所乘，時形困躓。公不變平生所守，用能集厥大勛，中興事功，彪炳世宙。……（靖港戰事失利）公麾從者他往，投湘自溺。隨行標兵三人，公叱其去。章君瞰公在舟時書遺囑寄其家，已知公決以身殉也，匿舟後躍出援公起。公曾戒章君勿隨行，至是詰其何自來？答以適聞湘潭大捷，故輕舸走報耳。公徐詰戰狀，章君權詞以告。公意稍釋，回舟南湖港……公不死于銅官，幸也；即死於銅官，而謂盪平東南，誅巢馘讓，遂無望于繼起者乎？殆不然矣！……論者乃以章君手援之功爲最大，不言祿而祿弗及，亦奚當焉。余與公交有年，晚以議論時事，兩不相合。……

宗棠晚年，對國藩多微詞，但這篇文章則於曾死後十餘年所寫（時爲光緖九年，宗棠已七十二歲，二年後即謝世），對曾國藩雖有捧場，但仍保持他一向的態度，不肯對他稍爲降心，還明顯指出，此役即曾國藩死去，盪平東南，仍有我左宗棠在。

靖港大敗之後，曾國藩的智囊團有主張增加軍士人數始能濟事，但國藩大不謂然，他說：經此一敗，益信兵貴精不貴多之說。此言不失爲經驗之談。後來曾國荃包圍天京，恐怕手下的軍士太少，敵不過太平軍數十萬之衆，屢次請求增募軍士，方能成事。但每一次申請，國藩都不答應，兄弟間因此事曾發生爭執過。直到國荃攻陷天京，所部不過五萬人耳。李秀成應召回師救天京，以十倍之衆，環而攻之，曾軍不爲所動，太平軍無法攻破曾軍的陣地，引兵而退。自此之後，湘軍的士氣日盛，太平軍的士氣反而日餒，影響到後來百萬大軍瓦解，太平天國就這樣被曾氏兄弟打垮了。

天京被攻陷後，國藩大功告成，立即上奏清廷表功，然後又說曾國荃圍攻金陵二年，前後死於疾疫者萬餘人，死於戰陣者八九千人，又奏：「近歲以來，但見增勇，不見裁撤，無論食何省之餉，所吸者皆斯民之膏脂，所損者皆國家之元氣。前此賊氛方盛，不得已而增募，以救一時之急，今幸大局粗定，因與臣弟國荃商定，將金陵全軍，裁撤其半，鎮江馮子材之兵全行裁撤。……」未一月，又奏：「臣弟國荃病勢日增，請開缺回籍調理。」裁撤軍隊，此舉一半爲公，亦爲私。因國藩向來主張國家不能養兵太多（他在咸豐元年即上「汰兵疏」，謂「天下大患，一在國用不足，一在兵伍不精。近者廣西軍興，紛紛徵調，該省額兵，竟無一可用者，他省可推而知。

當此餉項奇絀，惟有量加裁汰，痛加訓練，庶餉不虛糜，而兵歸實用。咸豐帝見後大爲嘉許，召見他加以誇獎，謂爲切中時弊，不過要待廣西叛黨討平後始能辦理。）現在金陵既下，以裁軍爲要務，這是爲公。爲私，則以兄弟手握重兵，功高震主，大非持盈保泰之道，裁兵一半，即自己交出一半兵權，以安統治者之心，同時又叫國荃辭職回鄉養病。國藩老謀深算，善於保全功名，使皇帝對他不疑，反而更加倚重，比年羹堯之輩高明多矣！

曾國藩于功成之後，善處功名，但他初起兵將成功之際，却有執政大臣對他不利，幸得皇帝對他還算倚任，不致馬上有所行動。他當然也知有此事，所以金陵一下，忙不迭奉還一部分兵權。薛福成是曾國藩的門生，也嘗在曾氏的幕中辦過事，他所作的「記宰相有學無識」就說到這事，此文見於「庸盦文編」，說曾國藩在鄉間初起兵時，打了幾次勝仗，「文宗顯皇帝喜形於色，謂軍機大臣曰：不意曾國藩一書生，乃能建此奇功！某公對曰：曾國藩以侍郎在籍，猶匹夫耳，匹夫居閭里，一呼蹶起，從之者萬餘人，恐非國家之福。文宗默然變色者久之，由是曾公不獲大行其志者七八年。……」同一文中又說：「又有相國某公者，同治初元徵起，條議時事，詣軍機大臣請代陳之，其大旨謂楚軍徧天下，曾國藩權太重，恐有尾大不掉之患，于所以撤楚軍削曾公權者，三致意焉。軍機大臣見而哂之，由是不獲再用，但有旨暫權都察院事。」

這兩個宰相，一爲體仁閣大學士、軍機大臣祁寯藻（字叔穎，山西壽陽人，諡文端），一爲前武英殿大學士、軍機大臣彭蘊章（字詠莪，江蘇長洲人，謚文敬）。薛福成文中並沒指出他們的姓名，而于彭蘊章則後人皆誤爲翁心存，應爲糾正。四五十年前，廣東有一部很暢銷的書叫「近世中國秘史」，作者署名「捫蝨談虎客」（眞名韓文舉，爲康有爲大弟子，與梁啓超同赴湖南辦時務學堂的。他是番禺人，字孔菴，號樹園，一九四五年一月死於香港，年八十一歲。此書是收集他早年在「新民叢報」的文字，於光緒三十年在上海廣智書局出版的，書局亦保皇黨所設），轉載薛福成此文，按語謂「此相國某公爲翁心存」，其實非也。按之事實，與翁心存不符，而于彭蘊章則切合。彭氏於咸豐元年以侍郎直入軍機，咸豐六年十一月授文淵閣大學士，管工部。兩江總督何桂清是他一力保薦的，薛福成文中所云：「咸豐初年入政府，後遂爲首相，力薦何桂清資兼文武，必能保障江南」正合。翁心存於咸豐八年九月以協辦大學士晉體仁閣，管戶部，其入相後于彭氏二年，但翁未曾入軍機，不得稱爲首相。咸豐六年軍機領班文慶逝世，彭即爲軍機領班，至十年始罷直。同治帝登位後，起用舊臣，命翁心存以大學士銜管理工部，並在弘德殿授皇帝讀書，以師傅之尊，甚爲兩宮優禮，與「不獲再用，但有旨暫權都察院事」亦不符。彭氏再起，署理左都御史，同治元年以病辭職，是年十一月即逝世。

曾國藩出來辦鄉兵之時，左宗棠還未有機會大顯身手，而李鴻章于此時隨同鄉人呂賢基回鄉辦團練，賢基向咸豐帝奏稱李鴻章是安徽人，奏調同往。其時鴻章仍是翰林院編修，不過曾參與翰詹大考列二等末。而左宗棠則于此時歸隱梓木洞，則以湖廣總督張亮基降爲山東巡撫，頓失知己也。（張亮基以湖廣巡撫署鄂督，爲時甚暫）曾胡左李當太平天國建都南京之前後，在軍事、政治上皆未甚得意。

胡林翼起家貴介，娶兩江總督陶澍之女，相傳議婚之初，陶夫人竭力反對，但陶澍不聽她的話。到結婚之夕，四處找新郎不見，後來探知他在妓館買醉，連忙派人把他找回，新郎已大醉如泥，草草扶入洞房。親友賓客無不嘖嘖稱異，怎的新郎這時候還去同妓女胡鬧呢。陶夫人更是埋怨丈夫不該選他做女婿。陶澍百般勸解，並說：「胡家少爺將來是國家楨梁，前途未可限量，他的功名事業皆在老夫之上，夫人切不可小看他。他將來担當大事，一定不會胡塗的。少年縱情風月，爲常見之事，不足深責也。」

湖廣總督官文（原藏故宮三所）

胡林翼少年時好冶游，與曾胡同事的文人，常有記載，黃秋岳聞諸長沙方叔章，謂林翼在翰林院供職時，常與同鄉周壽昌冶游，被巡城御史所辱，其事甚趣。秋岳記之于「花隨人聖盦摭憶」中，今錄左：

吾聞叔章述文忠（即胡林翼）兩逸事，其一即爲文毅擇婿之始。文毅以給事中放川東道，還安化掃墓，道必出益陽。時文忠之父雲閣先生（達源）方入京會試，文忠隨其大父鄉間讀書，文毅肩輿小憩，從村塾間邂逅文忠，時甫八齡，即摩頂許爲國器，誌其姓名而去，後此遂相攸焉。其一爲文忠與周荇農逸事，善化周荇農先生（壽昌），以文章名世，相傳胡文忠入翰林後，在京常與荇農冶游，一夕就娼家，坊卒掩至，荇農機警，亟入厨下，易服而立，得免。文忠及他人並縶去，例司坊質訪，不敢吐姓名，坐是頗受辱，釋歸，即與苻農絕交，謂其臨難相棄。後此治軍，且不喜用善化籍，曾文正爲苻農屢解釋于文忠，卒不得大用。此葉與彬爲叔章言者。（筆者也認得方叔章，抗日戰爭期間，和他失了聯系。戰後聽說他已返長沙，十多年前才知他在一九五六年二月二日謝世。）

文中胡林翼二事，第一件可不論，但他怪周壽昌臨難相棄與後來不喜用善化縣的人，那就未免不明事理了。胡怪周相棄，這是他們兩人的「醜聞」，但却因此而遷怒于善化人，使若干善化人受到影响。

徐宗亮的「歸廬談往錄」，記胡林翼、李續宜、李鴻章事甚多，因爲他曾在這三人的幕府中做事，見聞較切。是書成于光緒十二年之前，是年自識謂：「冠後客游東南，兵事終始，見聞蓋亦多矣，閉歸里廬，故人後進，從而問訊，輒據几拉雜書之，遂以成冊。書中對于湘軍、淮軍的組織及情事頗有記載，爲絕好資料。其記載林翼自奉之厚與曾、左自奉之薄，有云：

文忠公（指林翼）少年有公子才子之目，頗豪宕不羈，改官黔中始勵志政事。軍興而後，益以名節厲世，頗似信國少保，然口體之奉，未能如曾左諸公嗇苦也。余從營英山，無三日不小宴者，末座叨陪，厭飫極精，外間遂有糧台供應日五十金之謠，其實非也。曾公蔬食自甘，幕府諸人咸以爲苦。左公則尤甚，遇士卒方食，即取匕箸同餐，盡飽而止。仁和范郞中嘗言：赴衢州請兵時，大風雪，左公布衣羊裘，坐夾帳中，白肉數片，雞子湯一盆而已。後經略西邊猶如此。

曾左皆出身貧寒家庭，從小就嗇苦，與林翼的環境不同，但他們三人都是自律極嚴的，胡林翼口體之奉，較厚于曾左而已。

前文嘗言清廷以官文爲湖廣總督，隱寓監視手握重兵的漢將之意。官文是庸材，但他是清室的奴才（先隸內務府正白旗漢軍。滿洲官員奏事，如係公事，稱臣，關于旗內的事，則稱奴才，此定制也，但滿員以自稱奴才爲榮，蓋欲躋身于奴才之列，與皇室有特殊關係耳。）當然爲清廷信任，胡林翼官湖北巡撫，正受官文節制，何況他又是欽差大臣呢。（天京既被攻下，曾國藩與官文兩欽差大臣會銜奏捷，官文名列曾國藩前，世人疑焉，以攻下天京，乃曾家軍也，即使會銜，亦應曾前官後。然兩人皆爲欽差大臣，時官文爲首輔，曾乃協辦，故應讓官居前）。此就體制論，「清史稿」官文傳謂「六月，克復江寧，曾國藩奏捷，推官文列名疏首。」此蓋美國藩之謙衷也。）「清史稿」，官文本傳謂：「然林翼非官文之虛己推誠，亦無以成大功，世故兩賢之。」又云：「初官文由荊州將軍調總督，凡上游荊、宜、襄、鄖諸郡兵事餉事悉主之，林翼以撫巡駐金口，凡下游武、漢、黃、德諸郡兵事餉事悉主之。南北軍各領分地，徵兵調餉，各有違言。武昌既復，林翼威望日起，官文自知不及，思假以爲重。林翼益推誠相結納，于是吏治財政軍事悉聽林翼主持，官文畫諾而已。不數年，足食足兵，東南大局，隱然以湖北爲之樞。」這幾句話說得還有道理。「清史稿」此段記事，有些是采自薛福成「書益陽胡文忠公與遼陽官文恭公交驩事」一文而來的。薛文說得更有趣。摘錄于此：

二公當湖北全境糜爛之餘，皆竭蹶經營，各顧分地，文忠尤崎嶇險阻，與寇相持，獨爲其難。督撫相隔遠，往往以徵兵調餉，互有違言。僚吏意嚮，顯分彼此，牴牾益甚。文恭于鉅細事不甚究心，多假手幕友家丁，諸所措注，文忠尤不謂然。既克武昌，威望日隆，文恭亦欲倚以爲重。比由荊州移武昌，三往拜而文忠謝不見也。或爲文恭說文忠曰：「公不欲削平巨寇耶？天下未有督撫不和而能辦大事者。且總督爲人易良坦中，從善如流，公若善與之交，必能左右之，是公不翅兼爲總督也。合督撫之權而辦賊，孰能禦我？」文忠亟往見文恭，推誠相結納，謝不敏焉。文恭有寵妾，拜胡太夫人爲義母，兩家往來益密，饋問無虛日，二公之交亦益固。文忠于是察吏籌餉，選將練兵，孳孳不少倦，文恭畫諾仰成而已，未嘗有異議。（官文字秀峯，死後謚文恭。以其在軍事中之重要將領，平定洪秀全，徵兵調餉，應謚文忠或文襄方合，而只得文恭，殆以其成功亦因人成事耶？薛文未言勸胡交歡官文者爲何人，今閱「歸廬談往錄」，始知爲寶慶知府魁聯也。）

王湘綺「湘軍志」及徐宗亮之「談往錄」，皆言官胡交好後，胡知官奢汰，乃以鹽厘月三千金充督署公費，又劃出荊州的竹木稅收由官派私人徵收，直接報戶支銷，故官文亦感胡之厚待也。至胡林翼爲官文寵妾的乾哥哥事，梁啓超于「新民叢報」記之甚詳，且亦有趣，錄如下：

官文恭有愛妾，常欲寵異之。……值妾生日，僞以夫人壽辰告百僚，擬待賀者至門，然後告以實爲如夫人也。屆期客羣集，藩司某已遞手本矣，閽者以實告，藩司則大怒，索回手本去。胡文忠亦至，詢其故。藩司曰：「夫人壽辰，吾儕慶祝，禮也，今乃若此，某朝廷大僚，豈能屈膝于賤妾！」卒索手本去。胡文忠從旁贊歎曰：「好藩台！好藩台！」語甫畢，竟自昂昂然傳「年家眷晚生胡林翼頓首拜」之帖入祝矣。當藩司之索回手本也，道府以下紛紛隨索者不少。及胡文忠以巡撫先入祝，則又相隨而入，官氏妾幾於求榮反辱，得文忠乃完其體面。妾大德之。文忠諷知文恭之愛而畏其妾也，歸署乃以夫人之意請官妾游宴，而先告太夫人善待之。官妾至，胡太夫人認爲義女，自是官妾兄文忠矣。文忠欲有所施設，慮官爲難者，則先通殷勤于其妾。妾乃日夜聒於文恭之前曰：「你懂得什麽！你的才具識見安能比我胡大哥，不如依着胡大哥怎麽做便怎麽做罷！」官輒唯唯，奉命惟謹。自此官胡交驩，而大功之成實基於是。

寫得有聲有色，興會淋漓，尤其是最後用幾句口頭語，更是傳神之筆。「清史稿」於官胡交歡一事，不便寫胡妾在其中，但史稿所說的亦可補薛福成、梁啓超二文之不及。如云：

當官文之在湖北，事事聽林翼所爲。惟馭下不嚴，用財不節，林翼憂之。閻敬銘方佐治餉，一日，林翼與言恐誤疆事。敬銘曰：「公誤矣，本朝不輕以漢大臣專兵柄，今滿漢並用，而聲績炳著者，多屬漢人，此聖明大公，剗除畛域之效。然湖北居天下要衝，朝廷寧肯不以親信大臣臨之。夫督撫相劾，無論未必勝；即勝，能保後來者必賢耶？且繼者或厲清操，勤庶務，而不明遠畧，未必不專己自是，豈甘事事讓人。官文心無成見，兼隸旗籍，每有大事，正好借其言以伸所請，其失僅在私費奢豪。誠于事有濟，歲糜十萬金供之，未爲失計。至一二私人，可容，容之；不可，則以事劾去之，彼意氣素平，必無忤也。林翼大悟。及林翼歿，督撫不相能，官文劾嚴樹森去之，而曾國荃又劾官文去之。官文晚節建樹，不能如曩時，然林翼非官文之虛已推誠，亦無以成大功，世故兩賢之。

官文雖庸才，但自己不如人，故能與曾胡和衷規劃，竟完成鎮壓之功，清室得此奴才，亦庸中佼佼者矣。閻敬銘勸胡林翼交歡官文，是因爲胡林翼因事欲劾官文也。據徐宗亮說：胡林翼有一次寫好奏稿劾官文十二項罪名，先命人以稿示官文，請他改過，但官文置之不理。其時，前任寶慶府知府魁聯因事被議，隨營效力，周旋於督撫之間，甚得人緣，說林翼與官文交好。魁聯又請官文先往拜候林翼，布其腹心，于是結爲兄弟，兩家來往，如骨肉焉。亦無言及官文寵妾之事。（按：官文實有一寵妾，同治初年，在湖北病歿，辦喪事一如一品夫人。）

林翼不止能虛心以事官文，亦能調和諸將。湘軍兩員海軍大將彭玉麐、楊載福不和，林翼往親拜之，使和好如初，以收同舟共濟之功。他交歡官文後，攬封疆全權，對曾國藩幫助極大。國藩督兩江，林翼勸他「包攬把持」，「放胆放手」做去，又爲之多所擘畫，故林翼死後三年，曾氏即成大功，國藩稱其「赤心以憂國家，小心以事友生，苦心以護諸將，天下寧復有似斯人者哉！」又說：「從此共事之人，無極合心者矣。」兩人交情之厚，於此可見。

曾國藩胡林翼對左宗棠均曾力薦，國藩曾疏請簡用宗棠，謂「左宗棠剛明耐苦，曉暢兵機，當此需材孔亟之時，或飭令辦理湖南團防，或飭赴各路軍營襄辦軍務，或破格簡用藩臬官等，予以地方，俾任籌兵籌餉之責，均候聖裁。無論何項差使，惟求明降諭旨，俾得安心任事，必能感激圖報，有裨時局。」宗棠之能獲大用，曾胡與有力焉。（上）

DIXIE PAPER CUPS

價格廉宜・使用便利

大人公司有售

悼念張雪門先生

徐訏

一九二五年或一九二六年，我還在中學讀書，同馮稚望君有點往還，稚望住在寧波試館，我常去看他。張雪門是他的朋友，我第一次會見雪門，也就在他那裏。那時候雪門大概在北大註冊部任職，一面在旁聽高仁山的教育學與樊際昌的心理學等課，恐怕有時他也寫稿子。那時他在晨報社出了兩本書，一本是關於童年生活的回憶，一本是短篇小說集。

後來稚望南行，不知怎麽一個機緣，我與雪門做了很有來往的朋友，他的年紀比我大，對我常常有很多的教益。一九二七年我考北京大學哲學系，那時北大有預科，預科可以直接升本科，所以本科招生所收名額甚少，記得那年只取八個人，發榜那天，我看到自己名字在裏面，甚爲高興。那時雪門已在孔德學校任小學部主任，孔德學校離北大很近，我去看他，他不在，但好像他已經知道了我考取了，寫了一封很誠懇的信向我道賀並給我鼓勵。

以後我們經常有往還，我不知道他那時的經濟情形如何，但有時候常到我的地方來調動，後來當我的家裏滙欵不濟的時候，我也向他借挪，那時候生活程度低，彼此金錢往來，爲數常常不過十元、二十元的。

雪門對幼稚教育一直有濃厚的興趣，他那時候曾經翻譯了兩本書，一本是蒙德梭利（Montissori）的教育法，一本好像關於福勞貝爾（Froebel）的。其中一本請周作人寫序，周序寄到時，他曾經拿給我讀過，裏面好像沒有談到書的內容，只介紹了張雪門在孔德學校裏的聲譽，當時北京大學名教授們如三馬二沈等的子女都送到孔德去讀書，現任港大中文系主任馬蒙，也是那時候孔德的學生，周作人的子女，也多出自孔德學校，所以孔德是那時北平很有地位的一個學校。

不知從那時開始，雪門到香山去辦幼稚師範，那時稚望又回到了北平，後來也到幼稚師範去教書，我們又常常在一起。

稚望是馬克斯主義的信徒，他同雪門思想頗有出入。在那個時期，我也讀了不少關於馬克斯、恩格斯思想的書，這雖是當時時代的風尙，而稚望給我的影響也是有的。

大學畢業後，我到了上海，後來到了歐洲，與雪門很少聯繫，一直到抗戰時期，我於一九四一年經上海到內地，在桂林又同他會面，他在一個很寬敞的廟宇似的房子裏辦幼稚師範，那年暑假，他約我同他一同去遊陽朔。

從桂林到陽朔，坐小船去，是三天；回來，因爲逆流的關係，則要七天，所以我們原定是坐小船去，搭公路車回來。但後來因爲我們正當要回來時，又碰見我們去時的小船，與船戶彼此相識，我們就搭了原船回來。所以我們路上就佔了十天。在陽朔大概也佔了十天，我們住的是雪門熟識的一個國民小學。廣西的國民小學那時都辦得很好，學生都要帶鋤頭來上學耕種。那正是暑假裏，所以沒有學生，也沒有教員，只有我們兩個人。雪門的一個幼稚師範的學生是陽朔人，所以常來一起玩。天氣很熱，我們就在急流的河裏洗衣服、洗澡。

這十天中我們過着很清靜的生活，緊張的戰爭氣氛也暫時忘了。但是那裏蚊子又大又多，歸途中我就患了瘧疾，沿途沒有金鷄納霜買，也沒有醫生可求診，在船上病了七天，到桂林才有朋友給我特効藥，我才好起來。

我到重慶時，雪門的學校也搬到重慶，我去看過他，在他那裏吃過一次飯，他也來看過我，後來我去了美國，我們又失去聯繫。

抗戰勝利後，我回到上海，一直到解放，稚望那時已經是中共的小要人，同我見面，我想雪門或者已經回到北京，問他有無碰到？他說沒有，因爲他也並沒有去北京。

我到香港有二十多年，也到過台灣多次，一直不知道雪門在台灣。一九七一年，偶然看到台北北大同學會的會員錄，發現了雪門的名字，我就寫了封信給他，得到了他的一封簡單的信，後來還得到他的學生一封詳細的關於他生活的信。他的信是這樣說的：

孟思：

我這樣叫您，恐怕您，除了我，已早聽不見有這一種稱呼了吧。我在重慶，是三十五年（中華民國）離開的，曾一度回到北平。因爲幼稚師範（帝王廟校舍）一時未能復員，台灣民政處正想辦兒童保育院（即育幼院前身），有人爲我宣揚，我也就應邀來台。來台原非久計，所以除帶了一個女孩，家人都未全來。從籌備開辦，一直到我病目退休，僅因事往南京去了一趟。四十二年三月一日留別育幼院同仁和諸家長，曾寫了一首七律，現在抄在底下，您看後不難推測情形的一斑。

「七年海外此棲遲，萬里空餘故國悲；老樹浮雲春寂寂，落花流水雨絲絲，夢迴小閣三秋病，愁絕蕭齋一夕詩，願爲兒童共珍攝，暫時相別莫相疑。」

退休後，地無久留之所，人有飛鴻之感，友好們爲我買了一塊地皮，蓋了三間房屋，我于四十二年年底搬了進去住。如果沒有四十九年的血管變硬引起半身不遂症，上次您來台北時，恐怕已經會見了。養病十年，目瞶耳聾，行動尚屬艱難，早晨由工人把我穿起來，扶到外室書桌坐下，晚上方才離開，然比一般患是症的，有全部喪失記憶或言語的尚較好。言未盡意，珍重萬千。

雪門

五月九日（一九七〇年）

一九七一年我被邀担任第十七屆亞洲影展的評審員，到了台北，原想影展過後去看雪門的，可是影展結束後，這裏校方事忙，就急着回來，原想寒假中再去台北，所以把一切未訪的朋友未辦的事，都擬延到寒假的機會。可是誰知這一回來，竟兩年都沒有去台北。

在上月底，我接到了雪門歸天的訃告，衷心起了說不出的悲傷，裏面還含有許多特別的感觸與悵惘。

雪門有兩個兒子兩個女兒，大的一子一女，是寧波舊式婚姻的太太生的。我認識的是他的第二個太太。聽說她是寧波一所幼稚院的教師，她與雪門戀愛，二人私奔到北京，後來他的兩個大的孩子也到了北京，我同他們一家都很熟，自然，那時那兩個小的還是很小。

我離北京後，後來知道雪門的大公子張香山到日本留學，現在知道他在北京任外交部的顧問。我想他們父子一定互相不知道彼此的情形。像這樣父子疏隔，骨肉離散，在現在的中國當然也是常事。

一個人活到了像我這樣年齡，對朋友的亡故的悲傷，已經不是新的經驗，但因爲每個朋友關係的不同，每次的感觸也常不相同。對于雪門這樣的老朋友，幾十年來，忽聚忽散，幾乎都是偶然的機緣。想到在陽朔國民小學中一同生活的十天的日子，實在是非常難得的回憶。他在那期中，好像整理一些文稿，暇時則讀我所寫的小說，我則除了看看書以外，沒有做什麼，但寫了幾首詩，其中一首是一九四二年八月十一日寫的：

燈籠

樹梢風聲如吟，
使我再無睡意，
于是我手提燈籠，
走到碧蓮峯底。
我看見萬種星星，
點點都是纏綿，
還有月光如蜜，
竟把山色塗遍。
後來白雲飛來，
星星化爲雨點，
它把山梢月色，
輕灑灰白河面。
怪你夜來貪睡，
辜負了風情雨意，
但因有燈籠在手，
竟把它當作了你。

詩不是寫實，但這裏的「你」，則顯然是有雪門的影子在裏面。抄在這裏，也算是我同他幾十年友情的一點點紀念了。

一九七三、五、一六。

望平街憶舊

史量才死後的申報

胡憨珠

陳濟棠在南天王時代，曾撥給陳彬龢港幣五十萬元，作爲創辦港報之用，館址在雲咸街一號，一切仿照申報，可惜維持不久，祇出版了五個多月，就宣告關門。但陳彬龢並未將報館結束，直等到史詠賡到香港，就將港報原址，做了申報香港版的大本營。上海申報停刊，先由馬蔭良之父馬超群在漢口出申報漢口版，甫及一月，便告夭折。

筆者在往昔的年月裏，對於這本「陳彬龢言論集」，曾在友人處的案頭約畧地翻閱一過。只是所翻閱的僅僅爲陳彬龢的一篇自序，就其自序文中觀察所得，却有四點事實概況，深印腦海，至今未忘。現在爲明眞相實情，爰作追憶如下：（一）是他叙說他於民國二十年（一九三一年）六月，應史量先生的延邀，爲申報撰寫社論。即於是年六月間與張蘊和會見，並說及當時張蘊和正值五十九歲。（二）是他叙說申報於民國二十一年七月突被武漢勦總，密令皖、鄂、贛、豫四省政府扣留，不許在該四省區內銷行。其後終於由中央黨部宣傳委員會示意申報當局，必要將陳彬龢等予以停職，方得將申報在該四省恢復行銷。（三）是他叙說由於申報當局經過交涉以後，方知申報被四省禁銷的原因，在於他所撰寫的一連三天刊載的「勦匪與造匪」的那三篇社論。（四）是他叙說：他於民國二十二年七月十四日起，即不再爲申報撰寫社論，是日所刊論文，當爲他離開申報最後的一篇文稿，並且說明他服務於申報館的時間，僅爲逾年而已云云。總之，就陳彬龢自序中所叙說之話，以上述的四點，似乎爲我觀察所得的較爲有重視性的觀感。而以第三點爲尤甚，蓋筆者的意念及此，當認爲史氏以身殉報遠因中的一個重要環節。

但不知當時陳彬龢的其心何居，竟將斷送史量才一條老命的三篇申報社論文章，編排在他言論集的第一篇，這連刊三天的「勦匪與造匪」的三篇賈禍文章是他對之，好像毫不悔禍；猜測他可能還有「所計之得者」的那些感受呢。直到民國二十五年的五月間，聽得朋友談起陳彬龢的近況，說他已經去了廣東。據說：因爲當時上海的生活環境，覺得對於他甚不相宜，情勢被逼迫到非離開不可的地步。最使他不能一日安居的，就是「日本研究社」的問題，實因他的「日本研究社」研究不出什麼日本問題來，除掉早已出版的兩本小冊子以外，從未出版過第三本。大概他一時收買不到有關研究日本問題的文章稿件，也許他可能一時碰撞不到對日問題有研究心得的譯作家，於是祇得作避地他遷之計了。

陳彬龢怎爲要到廣東來，這正是他聰敏絕頂之處。原來當此時期，廣東地方早已成爲陳濟棠清一色的天下，只要聽到他被人稱做「南天王」的名號，就可以想知。陳字伯南，在遜清時代光緒十三年（一八八七年）出生於廣東防城的一個沒落地主階級的家庭裏，所以他的父親陳謙受也是個讀書人，及至民國二年，他畢業於廣東陸軍速成學校的步兵科以後，即在地方軍隊中歷任排、連、營長等軍職。到了民國十一年時，他已任做粵軍第一師第二旅的團長，次年繼陳修爵之後，升充該旅旅長。在準備北伐前夕的時日，該第一師擴編爲第四軍，由李濟深出任軍長，他則隨之升任爲第十一師師長。當於國民革命軍出師北伐時期，他適奉命去蘇聯考察，未曾參加北伐諸次戰役。後來自蘇聯返國回粵，此時廣東軍隊擴編成爲三個軍，他竟安享其成的升任第四軍軍長。前邊連串所記述他的經歷，那該說是陳濟棠陞官圖上所留的一片紀錄而已。到了民國十九年以後，他却因緣時會，運來機湊，秉之利用着廣東的地理形勢。再配合以一班粵籍黨國元老的人事關係，與支援助力，因此他就駸駸而成爲廣東的實力派。在鎗桿子裏出政權的定例之下，於是他便抓着廣東的黨政軍三大權力，集中於他一人的手中。

陳濟棠一手操縱着三大權力，歷經年月七八年之久，皆得以隨事隨地的任心施爲支配一切。究竟他的權力强大到何等的程度階層，首先就只話說軍事方面的兵源與實力。是他擁有龐大數字的陸軍以外，還有海軍和空軍。尤其是空軍却擁有所編的四個中隊，軍用飛機一百多架，這空軍力量，僅次於當時南京的中央政府。其次，他在廣東地區，開辦了十多種類生產事業的現代工業，此外，還搞軍墾的拓荒、開礦、造林、畜牧、漁業等等。無不因地置宜，因人設事，但不過多少有些壟斷專利性質，也有些與民爭利政策，這是一般人對他的評說之語。總而言之，廣東全省的軍事、政治、財政、經濟等實力大權，完全掌握在他手裏，却是眞實不虛的事實。試想他既挾有充實强大的武力，又持有豐厚富庶的財力，却把黨權的尊嚴之色，於無形中漸漸褪去光彩。因爲那一班黨國元老輩，已沒有早年跟隨孫總理革命時代敢作敢爲的革命精神了，是以上也者做了他的伴食中書，次也者做了他的幫閑清客，下也者自然做他搖旗吶喊的應聲虫了。

可是南京的中央政府曾有好幾次要想向陳濟棠開刀，認爲芟除荆棘，免除後患，但是最後却不敢向他動手。就是因爲他利用了「國民黨中央執監委員會西南執行部」及「國民政府西南政務委員會」，這兩塊輝煌的招牌作爲他的擋箭牌。尤其是他利用了從南京湯山休養歸來的胡漢民一生爲人的方正聲望，與革命功業來掩護他爲所欲爲的幌子。更有古應芬力爲京粵雙方奔走作和平橋樑，因此，他越發不把中央政府放在眼裏，而政府當局對他亦無如之何。這樣的雙方藕斷絲蓮，既不合作，又不協調的僵持局面，延續至民國二十五年五月十二日胡漢民逝世以後。聽敏的陳彬龢就於此時，恰恰從上海到廣東來，當然他的對象即是陳濟棠。因爲此時陳彬龢來說，正是他佔得最最有利的時日機會，誠如一般的說他命高運好，來得湊巧。如果遲來一個多月的話，廣東政局就要發生動盪，日趨於不愉快的多事之秋了。例如陳的空軍中隊長黃志剛、黃居谷等駕駛七架飛機，投向南昌。又如陳部下的陸軍大將李漢魂、余漢謀等先後發出通電表示擁護中央政府。

接着所表現大軸子的大團圓結局戲，文戲唱的是南京召開二中全會，唐紹儀聯同孫科、羅翼羣等連署，提議撤銷「西南」的兩個機構，大會正式通過。武戲演的是由空軍司令黃光鋭在天河機場起飛，率領了一百多架飛機，北飛南昌，投向中央政府去了。如此這般的裏外配合，文武兼使的連串措施逼得陳濟棠感到這衆叛親離，難以濟矣的危局，已至末日盡頭，只有向香港一走了之。但是，政府當局還是給予他的南天王面子，最後要請他來扮演一齣「揹金榜」的收場送客戲，就是任命他爲國防委員會的委員。不過他以出國休養爲辭，不再結束登場，試想他只有短短一個多月的時日距離，榮辱之分立判，正令人興有邯鄲一夢、黃粱未熟的無限感慨。所以陳彬龢的前來廣東望門投靠，人們都要羨說他來得及時，趕上了這棵大樹未經斧斤的斫伐未倒之前。原來陳彬龢與陳濟棠過去向無一點淵源，目今亦無一紙要人的介紹書，純以上海新聞界名人的姿態身份，作毛遂自荐。而他所使用引介入門的一塊「敲門磚」，乃即是他一本代製品的「陳彬龢言論集」。因爲集中所有文字，沒有一篇不是抨擊政府，高唱反調，極盡其冷諷熱嘲，明譏暗駡之能事。於是陳濟棠就以陳彬龢認爲反蔣份子的同志，同時又錯認他是上海的申報館主筆，引起他對他想當然耳是個言論界的極高權威者的重視。因此，對陳彬龢的翩然前來，不但表示極盡歡迎，並且予以優事招待。

當陳彬龢勾留在廣州的時日，他所高唱的一派反調，他所大言的一番高論，聽得這位不識時務的陳濟棠感覺非常受用。是以日日都要聽聽他反政府的高調與不顧實際的濶論，引以爲樂。說是多聽了會對國是發生精神鼓舞的作用和功能。就因爲他們二人時常見面的關係，言來語去，意合情投。陳彬龢至此，認爲「機不可失」，便覷得一個進言的機會到來。從而向陳濟棠一力建議該在香港創辦一家大規模的報館，實爲當務之急。是他遊說辦報所持的理由，分成兩點，詳作解釋，倒也說得頭頭是道，具有誘惑性的高度力量。他對第一點的說法，則謂世界各國每個政黨的領導人，都有爲自己做宣傳工具的報館開設，作爲鼓吹政見、發揚黨義的宣傳機關，得以自由發揮，從心所欲。對第二點的說法則謂開辦報館的投資，實是提倡現代文化中的一門新聞事業，既是一種賺錢商業，也是一項正當事業。最後他說出經營報業的各種法門，例如怎樣使報紙的發行額增高，如何給廣告的收入數加多以及其他種種措施。凡話說到重要關頭與緊要環節之處，總必舉出申報館當年如何如何，史量才又如何如何，作爲他舉例正確的辯證法。聽得陳濟棠滿懷高興，立即慨然接納他在香港辦報的全部建議。說辦就辦，即在廣東省政府金庫裏撥出五十萬元港幣給陳彬龢，作爲他新聞事業的投資，在抗戰以前的港幣五十萬元，可不是一筆小數目呢。

陳濟棠投資香港辦報

陳彬龢獲得陳濟棠的這筆投資巨欵以後，並不就赴香港着手辦報，却去了廣西南甯。以其時考之，大概是該年七月月初間事，因爲七月一日陳濟棠利用「國民政府西南政務委員會」的命令，任命他自己爲「抗日救國軍西南聯軍總司令」。他於當天舉行自導自演自封自任的就職典禮儀式，當場宣讀他預先擬就了所要發出率師北上實行抗日的通電文稿時，據陳彬龢於事後告人稱說：他當時還前去參加做觀禮的來賓呢。可知廣東的整個局勢在那時期實在是非常平靜，安定如常，此所以他安心歡喜地有南甯之行。誰知他離開廣州以後，廣東政局就發生突變了，那是先由空軍首開變端，蓋在七月四日，黃志剛等飛去七架飛機。接着到了七月六日，又由陸軍獨立第二師師長李漢魂發出辭職通電，以電文中有「封金掛印，奉還大命」之句，這句「封金掛印」便成爲時人們的談笑資料。及至八日，原駐在贛南方面的第一軍軍長余漢謀從大庾嶺飛往南京，去參加二中全會，那是以行動來對陳濟棠表現變的意向。到了十四日的二中全會決議，撤銷西南的中央執行部與政委會兩大機構，並且連帶取銷第一集團軍名義。最後至十八日的早晨，空軍司令黃光銳與參謀長陳卓林率領廣東所有的一百多架飛機，全部離粵北飛。廣東政局的演變至此，對陳濟棠所擁有的軍事力量說來，便等於全軍覆沒了！

陳彬龢怎爲要作南寗之行，這可以理解他是對廣西新桂系的李宗仁、白崇禧、黃旭初三巨頭，也動着非份之想，猜測其動機的種因，可能他到廣東來投靠所遇陳濟棠是糊塗而好施的慷慨人，是以一經接談，巨欵立致。因此，他就錯把廣西的三巨頭，與廣東的一天王作對比，認爲他們三人的身價度量，縱不能與南天王相提並論，亦當等量齊觀。本此一點的心念動機，便毅然決然而有南寗之行。何況他在上海出發時，就以粵桂兩省所合組西南的政治組織，作他進軍的唯一目標。旣然在粵省獲得利占大有的結果，怎不趁此時機，再到桂省去活動一番，料必或有意外所獲。萬想不到他這次南寗之行的結果，恰巧成爲徒勞往返，多此一行。原來粵桂兩省，因地理形勢關係，貧富之間，便有遠距離的判分。就以組織西南政府一事而言，其行政與治軍的兩項經費，桂省還是伸手向粵省要錢作補助呢。所以在廣東他一開口就是五十萬，到廣西却不値半文錢了。

這次陳彬龢來南寗的身份，那是他借用了上海申報總編輯的名義，揚言專事訪問西南政府的政治情形。所以望門投刺，遍訪軍政各機關的首長官員，但是主客雙方只作禮貌上的進退周旋，並沒有什麽特殊歡迎的熱烈反應。對他這個來賓總算看在「申報總編輯」的這塊牌子份上，便由教育廳長邱昌渭發起領導，推動以教育界與商會爲主體，舉行一次南寗各界歡迎大會。是以全市區的街頭巷尾，牆間壁上，貼遍了五彩色紙的標語口號，這却是給陳彬龢的面子上佔盡一番風光。大概在實行黃旭初省主席所抱「窮人窮打算」的政策了吧？只因爲各方對他的反應冷淡，陳彬龢在樂羣社就留數天，覺得味同鷄肋，還是到香港辦報要緊。於是就悄然離開南寗，却不再在形勢浮動、局面特殊的廣州逗留，趕上廣九鐵路的火車，一溜烟地到香港來了。陳彬龢確屬是個人才，腦海間藏有許多計謀。更有說做就做的一股幹勁，與不怕失敗的那一份的精神勇氣。當前有巨欵在手，他的胆量越壯，幹勁越足，因此在短短兩天之間，已把報館的館址問題解決了。

陳彬龢所租定的報館房屋，那是座落在香港中區的雲咸街一號，乃係整座一幢四層樓的樓宇。當他認定此幢樓宇開設報館，其外表規模的宏大壯麗之處，堪與上海的申報相匹敵，這是他內心所感到第一件的快心之事。是以他在跑走遍了樓上下的相屋之時，早已把各層房室支配使用的安排計劃，決定了無形的原則藍圖。那他就是以地窖部份裝置印機，作爲印報的「機器房」，一樓作爲「排字房」與「鑄版房」，這是報館工務部中所謂最重要的三房。編輯部設在二樓，四樓闢作宿舍，祇留三樓作爲他自己辦公與會客之所。認爲如此內部所安排佈置，其緊密湊合處，當不輸於上海申報館之下。原來陳彬龢於決定辦報以來，一切的一切，皆以申報作爲比較的對象。因爲他心理上的幻想所指的標的，就是他所辦的報館，最低限度必要辦到同申報一模一樣。所以他對報名的題取，便叫做「港報」，在他幻想中以爲向來上海有你們史量才家的申報，現在香港却有我陳彬龢所手創的港報，不是成爲南北兩地遙遙對峙的兩大報館麽？

港報的籌備出版，因爲陳彬龢急於要使他的幻想計劃，提早變成事實，是以對於一切籌備中的購置工作和佈置工程，都是限期限日使之迅速完成，自然的所化代價，比較上要昂高一些了。好在陳彬龢的爲人，只要有錢在手，但求自我適意稱心，對錢財並不十分珍惜。據說當港報於試版之日，有人曾代作估計，陳濟棠所撥給他五十萬元港幣的資金，已經耗去三十萬以上。這所耗的錢財數額，耗於報館的備置印機鉛字等全部生財設備，以及樓宇裝璜、傢具置佈實用方面的佔三分之二，耗於他個人享樂生活方面的佔三分之一強。他自己住在堅尼地道的堅尼公寓，並且長期僱定了一乘由兩人掮抬的轎子，每日晨間從他的公寓中乘坐，抬到雲咸街港報館內去辦公視事。每天乘坐在肩輿中，總必左顧右盼，現出甚爲得意的神色。直到港報宣告停版，而他每日晨間仍自住宅乘肩輿到港報館去，並不有一天的休止。所以他對中環雲咸街的港報館址房屋，始終不曾向業主退租，對館中所有全部的機器生財，連同圖書雜物，一貫地作着妥事看守、善予保存的工作，並未動他遷的心念。蓋在當時陳彬龢的意思想念中，這是他手上所掌握運用的唯一資本，藉以等待遇上有意辦報之人，後來事實果然，在民國二十六年七七蘆溝橋事變發生以後，史詠賡奉母到香港來避戰禍。終於聽了陳彬龢的游說，遂有上海申報到香港來出版「申報港版」的事件發生。

至於陳彬龢所主辦的「港報」，其出版的生命力量，究竟延長時日得多久，實在說它的壽命，生得非常短促，僅僅出版五個多月，半年都不滿便遽爾宣告夭折了。

七七事變與申報演變

話說上海的申報館由史量才單獨負責出面，向席子佩手上接盤過來之日起，全部經營業務的總權力，都操在史氏一人的掌握中。其間歷程所經，正是萬般的艱難備至，千種的辛苦遍嘗。但終於他的時來運到，風雲際會，從此財源滾滾，如潮湧至，而史氏本身的聲望越大，地位越高，幾幾乎被躋登上了報業大王的寶座。不幸的是他於民國二十三年在滬杭公路上以身殉報爲止，這申報館始終是史量才獨資所經營的產業。畢竟繼承其業他的後人史詠賡，那是個大學出身的高級知識份子，高瞻遠矚，明白事理，瞭解於現代商業組織法規的原理。覺得經營新聞事業的這門生意，不是以生產營利爲目的之企業，不應獨資經營，遂於民國二十六年的七月一日爲始，宣佈申報館正式改組爲股份有限公司。依照國民政府頒佈有限公司法規的組織條例，應於股東大會成立的舉行第一次會議席上，當場選出董事若干人，組成董事會，接受股東大會所賦予的權力，行施確保股東利益工作。是以這次申報選舉由史詠賡、張蘊和、王堯欽、孫潔人、馬蔭良五人，出任申報館董事會的第一屆董事。而由獨資經營蛻變成爲有限公司的組織，史詠賡便順理成章而榮任爲申報館董事會的董事長了。雖然，這份董事名單，於一眼驟然看去，都是現任申報館高級職位的重要人員；除却後來居上的馬蔭良以外，個個皆屬勞績彪炳、功勳顯著的老年紀人。可以理解這次申報館的變更組織，那是做少主人的史詠賡酬庸扶保之臣的良好計劃。慨贈股份，利益溥霑，雖說紙上富貴，亦可畫餅療飢，總算博個皆大歡喜的高興事。但對申報館的演變說來，這該是史量才死後的申報所產生第一次演變。此後變的事情如風起，如雲湧，其將陸續而來，令人覺得申報館事如世事，同樣有白雲蒼狗、變幻莫測之感。

在申報有限公司成立後的七日，華北蘆溝橋的中日事變，突告爆發，凡此種種的戰訊頻傳，羽書競馳，嚇煞了上海一般富有的寓公、殷實的商民，紛紛遠逃港地，從而資金大舉外流。聞當時的史詠賡亦將一部份資財滙港，據說其數額爲美金五十萬元。並聞該項美金於滙到港地以後，即存放在滙豐銀行保險箱內，以期獲取安全保存。其間歷經日方發動南侵政策的太平洋戰爭，因以禍連香港，亦遭淪陷的厄運變局，中外人民同受日治的苦難虐政。直到抗戰勝利，日軍投降，於香港局面宣告光復的時候，史詠賡方從上海重來港地，探視他所貯存的美金，經此大時代的變動後，是否安全如昔。及至他開啓滙豐銀行保險箱，只見五十萬元的美金，竟然全部平安無恙，靜存箱內。猶記曩昔之日，吳嘉棠先生邀約午餐，座有曹聚仁先生及本刊主編，使我得以與史詠賡先生相逢尊前，共話前塵。他曾對筆者端莊正色說過這樣的一句話。他說：「是我一生只是使用着先父的錢」，這正是他「孝思不匱」的忠厚老實人，所說的忠厚老實話。

話說史詠賡當時將部份資財滙往香港以後，繼而率同家人作全部遷居港地爲良之謀。傳說中只有秋水夫人獨個兒堅拒不來，自願留在上海靜安寺路史公館裏，以看守家園房屋爲辭，否則史氏一家人，可以說是舉室以行了。秋水夫人之所以遲遲未行，拒賦登程，這倒不是她有所不愜於心之事發生，阻礙她來港的意念。因爲史詠賡向來對於他生母與庶母的奉養孝道，克盡子職，而且等量並衡，難分軒輕。是以他對他兩母既無親疏之辨，亦無嫡庶之別，但看他將所承受他父親所遺的財產，分給他兩位母氏一事，可知其賢孝的一斑。據說史詠賡對是項財產之分配辦法，擬定得相當的公允而合理。所鬪他以一部份奉給其生母的量才夫人，與另一部份奉給其庶母的秋水夫人，其財產的數目相等，毫無一些多少。有子如此，是則秋水夫人還有何求，大約她之所以不赴香港，實被她的嗜好所累。要知世人無問男女，一經患上了嗜好，便懶於行動，何況她從未曾出過遠門，就因爲秋水夫人的堅拒同行，史詠賡只得奉侍了他母夫人，偕同着他妻子朱夫人，以及他的妹妹等一行，趁乘外輪，遵海而南，來到香港定居。她們一家人全部卜居於銅鑼灣高士打道的灣景樓，不知如何量才夫人於客居數月後，突然患起病來，在理她的兒子、媳婦，以及女兒都在她身邊。其家庭團聚的天倫之樂，縱然旅居異鄉客地，毫不減少於在上海的本地故鄉。因此不知她患病的病源所自，終於延至「申報香港版」的出版面世後不久幾日，這位在鄉黨親朋間有仁厚老實之譽的史量才夫人，溘然在灣景樓上的寢室裏，與世成了永別。當時量才夫人的喪事，乃是在灣仔摩理臣山道的一家殯儀館裏治理，這家殯儀館就名爲摩禮臣殯儀館原爲西人所主辦的，故所舉行的喪禮儀式，與孝堂的飾終佈置，純屬全部西化。這家「摩禮臣」殯儀館爲當時唯一之最高級的殯儀館，史量才夫人的遺蛻，則於舉行大殮儀式之後。其靈柩就以該殯儀館所備有的一輛靈車移送往香港仔的「華人永遠墳場」安葬。該墳地的面積，計佔兩穴，在當時購價爲港幣六千元。是日舉喪送殯的來賓佔大多數的人士，爲「申報香港版」報館裏的全體同人，乃是由馬蔭良率領其事，極盡其哀榮隆重，風光浩蕩之至。

申報喬遷發行漢口版

再說上海租界形成孤島以後，上海的申報、大公報、晨報、時事新報等四家報館，遂於十二月十五日，同日宣告停刊休業。其中惟有申報與大公報兩家報館，早已有所準備，遷移至漢口出版計劃的設策。諒以該兩家報館當局有兩個共同的觀點：一是認爲此次對日抗戰不同以往的歷次戰爭。這次對日要作長期抗戰，爭取最後勝利，一洗百年來中華民族的國耻仇恨。但因爲此，則又非忍痛犧牲放棄所有濱海各省地區不可，包括中國第一商埠上海在內。

原來申報當局於「八一三」事變，一經爆發淞滬的對日抗戰事件以後，就作出部份遷移到漢口發刊的決定。並且立即着手籌備工作，所進行工作的第一着，即由上海趕緊運去漢口的爲印報機器一架，以及鉛字銅模等等，一切有關於排印報紙所需要器材工具。却做到了所需皆備，無物不全的完善美滿的程度，以期穩定印刷工務部的業務基礎。

就因爲籌備得早，趕運得快，所以在民國二

十七年一月十六日申報的漢口版，便出版面世了。而主持漢口版申報的全部任務工作之人，就是馬超羣。此人非別，就是馬蔭良的父親，也即是史量才的表姊夫，其人非常能幹，曾任時報館的經理多年，他的經理還是在黃伯惠向狄楚青接盤時報的時代做起，直做到他兒子馬蔭良從德國留學回來，進入申報館任職經理爲止。因爲當時此期間，做老闆的史量才，已將用人的權力操在自己手上。所以他把一手培植成功所心愛的表外甥馬蔭良，任當申報館的總經理，仍以忠誠老臣的王堯欽副之。同時，基於郎舅至親的戚誼關係，加以不願致楚材晋用的人才關係，所以他把這位老姊夫邀了回去，任做申報的南京分館經理。這種內舉不避親的行爲措施，對一個獨資經營的事業機構來說，非但受不到他人訾議指摘。只怕還被大家讚美這位老闆史量才的聰明睿智，知人善任，實非常人所能企及之處呢。這只却便是馬超羣與馬蔭良的賢父子兩人，同進申報館共事一主的事實由來。

歷經十年來的馬超羣因處身於時報與申報兩家報館之中，憑這點的經驗，對於經辦報業的諸業務已養成爲一個經驗豐富的內家。是以當「八一三」事變的淞滬對日抗戰爆發以後，申報經編兩部業務當局主要人物如張蘊和、王堯欽、趙叔雍、孫潔人、馬蔭良等舉行緊急館務會議。一致通過發刊漢口版的決議案，還附帶有交由南京分館經理馬超羣全部負責主持其事的決定。後來事實果然，馬超羣的是不辱使命，他於接到館中來函通知，詳告始末以後，便立即就近在南京出發。溯江而上至漢口，趕緊着手進行各項籌備工作，是以申報乃得以十二月十五日，宣佈停刊休業。時僅一月，即於明年一月十六日，居然在武漢方面發行其漢口版的申報了。雖然，申報在漢口恢復如常出版，但是，關於營業方面，非僅難達理想之境。甚至每天出版，即受有每天大蝕其本的威脅，這倒使馬超羣憂心如擣，寢食不安，如所皆知，經營新聞事業關於業務方面的主要收入，就是依仗廣告和發行。只因敵方飛機，天天作盲目瘋狂投彈轟炸，濫事殘殺無辜，製造廣大災禍。現在已把漢口商業中心的熱鬧地方，凡屬資本雄厚、貨物充足、規模像樣的商號行棧，不是關門停業，即是疏散搬走，那裏還有廣告可登、刊費可收呢？至於白報紙的價格飛漲，報紙售價反而低小，於是發行數額只縮弗增。如此這般，把維持出版報紙的兩大生命線，全被敵方的侵畧戰爭扼殺截斷。

因此，申報漢口版的發刊生命，計算它出版與停刊的時日，祇有一個月，其壽命的短促，恰同曇花一現。及至是年的夏季，大公報的三個主要人之一的胡政之到來香港，寄寓於堅道鄺毓秀家的樓上。據說胡政之此次親自來港的重要任務，那是擬欲租賃申報漢口版的機器生財，作爲大公報發刊漢口版之用。可是他向在上海，從未與馬蔭良見過一次面，談過一句話，說不上同業朋友的友誼交情。偏偏此一事件非與馬蔭良作面談不可，嗣經探聽之下，知道馬蔭良已經去了香港。所以胡政之緊緊趕來，但是仍需要熟朋友替雙方作拉攏介紹，此時香港版的申報已於三月一日發刊出版，鄺笑庵被從上海申報館調來港地主編「申報香港版」的本埠新聞版。這次胡政之抵港以後，就寫信給鄺笑庵約在堅道鄺毓秀寓中作叙談，自然，鄺笑庵遵約前往。經晤對詳談，得悉事實情形後，即如胡政之所囑，約得馬蔭良相見會晤當面商談。對於租賃申報存留在漢口的印機生財之事，竟然也是一拍即合。因爲馬蔭良是個忠忱衛報之人，在他計算下，覺得此事對申報佔有雙重利益。蓋以此後在支出方面，可免除貯藏看守的一筆用費，在收入方面，可月得數字頗鉅的一注租金。就是這樣的簽訂合約，於是大公報得能很快速順利的發刊漢口版。後來對日抗戰的局勢，漢口稍形吃緊，大公報就把印機生財搬遷到廣西的桂林，改出桂林版。

上海申報員工開大會

現今且繼續話說史詠賡在香港發刊「港版申報」之事。這個報紙的名詞稱謂，那是上海申報館同人們的口頭語，他們有時則簡稱爲「港版」兩字而已。按之實際則爲香港所出版的申報，該呼作「申報香港版」或「申報港版」，比較正實一點。且說史詠賡於七七蘆溝橋事變以後，即行舉室南遷到香港定居，他雖是舊組織的老闆、新組織的董事長。但是全報館的工作人員對他的離滬他去，並不關心重視，因爲他們自有一種傳統上的職業安全感。認爲只要編輯部的張蘊和、趙叔雍、經理部的馬蔭良、王堯欽，有這四人在館中，報紙照出，工作照做，別說史詠賡去了香港，即使他到了外國，對館中任何人部不會發生影響，感覺威脅。及至八一三淞滬事變以後，驀然間的霹靂一聲動地來，驚醒了這些安全夢裏人，那即是國軍奉命向西撤退，上海租界形成孤島。這且不算，接着不幸的威脅事情，直接臨到他們頭上，便是延至十二月十五日，館方突然宣佈停刊休業。尤其是同時馬超羣獨力所主持在漢口發行申報的漢口版消息相隨飛傳而來。當時上海申報館的員工們於聞訊之下，深恐漢口版的申報獲得發展以後，上海申報定必受其復版無日的影響。他們便也忖想着既然復工無期，勢所必然地要受到宣告解散的威脅，從而大家致有失業之虞了。於是，乃羣起反對，迭次舉行全體員工聯合會議，力向館方交涉。可憐此時此地的所謂館方代表人物，那就是張蘊和、王堯欽、趙叔雍、馬蔭良等四人。但此四人祇是職位較高的偶像人物而已，若論他們的實質能力，確屬像寺廟裏木雕泥塑的四尊偶像。所以大家每次向他們辦理交涉時，只覺這四人個個都是愁眉哭臉，無語答對。便會令這班前來辦交涉的員工見之，就想到他們「同是館中失業人，相逢何必復相逼」的可憐情形，大家頓起一片憫憐的同情之心，成爲乘興而來，敗興而歸。

料想不到爲日不多幾天，史詠賡又要在香港籌劃發行申報香港版的消息，突然傳到上海來了。因此，上海申報的員工們於聞訊之下，越法感覺增加了他們重大的危懼與恐慌，大家認爲漢口版和香港版的兩地申報，一經展開業務。愈使上海方面的申報復刊問題，其勢將越離越遠，其時日將越拖越亂。於是大家在警惕和震驚之餘，只得舉以「申報館全體職工大會」的名義，開會數次，共籌對策。該項大會召開的安排，大都全由排字房的工友主持其事，而也以他們的發言爲最多，言詞意旨亦最激烈。至於編輯部人員的言行舉動較爲以冷靜的神態出之，是亦知識份子的鼓舞工人當家之道了啊。在當時大會中所議決對策的要點，祇有兩項，其大概意思，計爲：（一）是所有在上海申報的供職同人，不論在任何部門工作者，一律不得應徵前往漢口或香港，參加漢口版或香港的工作。（二）是如有接受館中當局的調往漢口或香港協助漢口版或香港版工作者，當予嚴厲處分。

幸好馬超羣所主持發刊漢口版的申報，恰巧出版滿月之期。只因該漢口版天天蝕本，難於維持關係，壓迫到他無法應付，只得宣告停刊，但總觀漢口版申報的從發刊到停刊，對上海申報的職員與職工，確確實實竟無一人被邀前往參加工作。關於這一點，却不能不佩服馬超羣老誠持重，遠謀勝算，正不愧出身於望平街辦報內家。蓋因他極瞭解上海報業工友的技能高明，但他也深知對上海報業工友的應付不易，更何況在抗戰時代的兵慌馬亂之際，在在都會發生問題，因此他寧願採用「就地取材」政策。所以在「漢口版申報」館裏所有各部門工作的員工，他都是在漢口當地物色而來。好在於日出一大張的一份報紙，所需各部工作的員工不多，想不到採用這就地取材政策，却給馬超羣佔得大大的便宜與便利。

在漢口版的申報尚未宣告停刊以前時期，上海申報館中祗有一人，經由香港繞道乘坐粵漢鐵路的火車到漢口去。此人就是申報外勤記者金華亭，他在名義上那是啣館方之命，前往漢口視察漢口版業務狀況，並未參加漢口版任何工作。不過金華亭却於此時此地，恰恰與周佛海見面把晤，就顯得他的漢口之行，大有「燒香望和尙一事兩勾當」的嫌疑了！所知金華亭的中央宣傳部特派員這一差使，就是他此次在武漢相見的周佛海所委任，周在當時正是現任中宣部的代理部長，所以有此委任金華亭做特派員的權力。

且說馬超羣當將漢口版申報停刊休業事實情況，向上海申報館方寫信報告。作了個明白清楚交代，此項消息所傳，倒使上海方面員工們心理上的失業威脅，感覺減輕一半，但是時不多久，嗣又聞得香港方面傳來的消息，說是史詠賡在港地所進行的「港版」申報，組織已告完成。於是員工們又舉行一次全館人員大會以示繼續抗爭，但大會上的橫議堅議，商議不出較爲完善美好的對策來，最後的會議結果，祗有仍照前次的議決案辦理，就是重申不准上海同人前往香港爲申報香港版工作的這個決議。惟此先後的決議案件，編輯營業兩部人員，都對之不甚重視。因爲編輯部的人員中，大都有意轉入內地去參加抗戰工作。如果港版發刊，純以致力於文化上的抗戰大業爲宗旨的，則樂於參加工作，自所不辭。但是營業部的人員，大都與申報關係甚深，認爲申報的小老闆既向港版投資發刊，自應予以輔助，使其事業成功發展。這編輯營業兩部人員的意向，則爲工人方面所忽視，而他們祗以上海爲本位，復版爲前提。所以一般人的指說：他們議決的兩條對策，對前者的「團結力量」未曾一致，對後者的「壟斷人才」頗有實效。至於申報香港版如何佈置，又得下回分解了。（五）

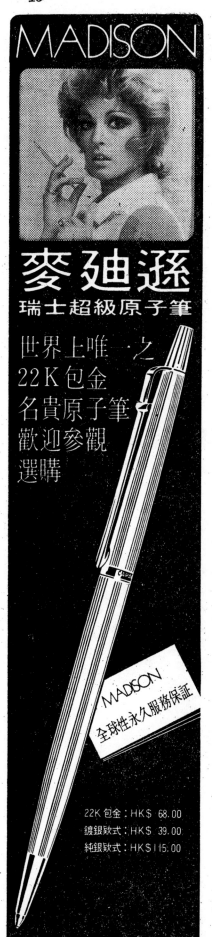

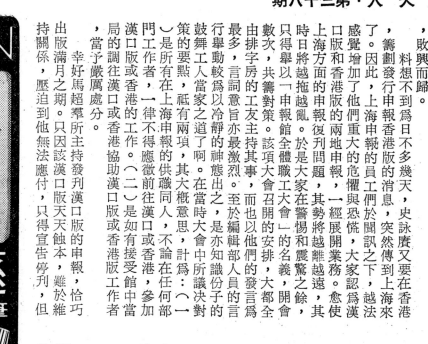

Pellet

MEN'S SHOES
MADE IN FRANCE

法國比麗

男庄鞋

大元公司　大人公司　平價市場　人人百貨　大方公司　來路鞋公司有售

香港舊事錄

·上海移民·

九龍年租五百兩

大家都知道，香港係於鴉片戰爭之後，清廷與英簽訂南京條約而割讓，九龍則係後來由英國向中國政府租賃，當時議定每年納租白銀五百兩，但後來在一次北京的會議後，滿清把九龍交給英國，就連每年五百兩白銀也省掉了。

在一八六零年以前，九龍尚未成為英殖民地的一部份，在這中間的十九年；香港是一八四一年割讓給英國的，九龍在那時的英女王維多利亞來說，是一件煩惱不安的事。據昔日的一份文件說：九龍那時是一個「無法無天」的地方，歹徒渡海到香港做世界，常對英國子民造成嚴重的傷害，九龍是賊人及不法之徒的藏身之所。

據那些上世紀的文件記載說：也就是這些賊人的不法行為，使到當局不能容忍，因而英方向滿清皇帝遊說，簽約租給英國，鑑于事實，滿清皇帝無可選擇，尤其是那時鴉片戰爭之後，中國打輸一場仗。

但是那時的英政府同意向滿清皇帝付給九龍的租欵，並且商定了每年五百兩白銀，不過滿清皇帝收取九龍的租金時期很短，祇付了八個月後，英國要求在北京舉行和平友好會議，提出要求取消租借，及要中國把九龍交給英國。

那個文件的記載說：滿清皇帝的討價還價地位，是處於下風的，廣州亦被英軍進佔，皇家海軍亦開到內河，清帝只好同意了。

九龍的二千英畝土地，經過了一百多年以來，已發展為一塊很旺的土地了，經過填海，面積更大，而最妙的是僅付過八個月的租金，共四千兩白銀，計下條數不過是幾元一英畝的土地，而不久以前，在九龍旺角出售一片土地，價值是港幣一億三千萬元。

吉慶圍古老城牆

來港的遊客所喜歡看到的主要事物有二，一是現代香港都市風光，二是古色古香的東方情調與中國風貌，二者之中，尤以後者為重要。

他們最感興趣的是搭乘一艘中國式的帆船，前往香港仔吃一頓海鮮，或者深入新界中心，向遺留在現代生活中的我國古代城堡村落探幽，而在新界的一切名勝古蹟中，最富於傳奇色彩與歷史價值的，則莫過於錦田的吉慶圍。這個古意盎然的中國城堡，至今仍舊保持着十八世紀的古風，也正因為如此，它成為了外來遊客訪問新界第一號勝地。

追溯歷史，錦田本是新安縣境內古老的村莊之一，從江西遷居來的鄧姓族人，在宋朝已經在這裏立村莊，從事耕種。最初，由於這村落位居岑山脚下，取名為「岑田」村。「岑」字含有山下的田地之義。後來因為一片錦繡，已經不再是山下新開闢出來的瘠田，於是又改稱「錦田」。

錦田村原分為南北兩圍，「吉慶圍」和另一座「泰康圍」都屬於「南圍」。吉慶圍初建於十五世紀的明成化年間，最初是沒有圍牆的。今日所見的那一圈圍繞房屋的高圍牆，是滿清康熙初年所建。當年這一帶經常受到從海上和陸上的盜匪刼掠，吉慶圍的鄧姓族人就集資建築了這一堵高大的圍牆來自衛。

圍牆的主要出入門口，裝上了兩扇鐵門，鐵門設計得相當堅固而且美觀，兩扇之間用鐵環互相聯結構成的，不僅足以防禦盜賊，而且後來還發揮了保鄉保土的特殊功效，至今許多遊客，還喜歡在鐵門前攝影留念。

一八九九年春天，香港政府根據一八九八年與滿清所訂立的所謂「拓展香港界址專條」，宣佈自深圳河以南至今日九龍界限街的廣大土地為「新界」，並實行派兵前來佔領。世代在這裏安居落業的錦田鄉民，眼看自己的廬舍產業就要被侵佔，他們便憑着吉慶圍的高大圍牆和那道堅固的鐵門，力事抗拒。英兵一時不能進入，束手無策，後來由香港當局要求兩廣總督派兵前來接收，向錦田鄉民勸解，吉慶圍的鄉民才停止對抗，打開鐵門。不料那兩扇鐵門竟就此被拆了下來，並且當作「勝利品」刼運回英。

向英倫索回鐵門

吉慶圍居民失去了這一對護城的鐵門，一直耿耿於心，屢次要求索回，不得要領。直到一九二四年，吉慶圍居民舊事重提，向當時的香港總督史塔士要求索回，史氏向倫敦請示之後，一面調查這對鐵門的下落，一面暗示錦田幾個姓鄧的「鄉紳」，正式出面遞了個「呈文」，要求「發還」。經過一番佈置，這一對鐵門終於在英國愛爾蘭鄉下尋獲，運回香港交還，作為一種友好的表示。

關於此事，英人愛倫·索爾倍克曾有如下的記載：「錦田是新界最古的鄉村，建立於一千多年以前。直到現在為止，他們的許多小屋都用堅固的高牆圍繞保護着，居民僅憑了兩道小門和外界溝通。居民都是本地姓鄧族人的後裔，他們在英國人不曾來到這裏以前，早已在此居住。

在一八九九年四月，這地段由滿清政府租給英國，用以擴張九龍殖民地，英國人進入這地帶時，遭遇居民的武力抵抗。當軍隊包圍錦田這古老的村莊時，他們發現這用高牆圍繞着的部份，鐵門已經關閉起來，實行阻擋他們。當他們攻入這村莊以後，便將這兩扇美麗的鐵門拿走，作爲一種報復。

新界恢復和平已經二十五年，錦田的居民已願效忠英廷，著名的鄧族的現存領袖隨時都準備協助官吏執行很複雜的職務。於是在一九二四年，由錦田村的鄉長呈文給港督，請求發還鐵門。英國政府立刻就以最誠懇的態度來處理這件事。

康熙初年所建的吉慶圍城牆

廣泛的搜尋鐵門終於開始，它們被運回香港，在一九二五年五月二十六日的下午，這一對錦田的古鐵門，由香港總督莊嚴的交回給歡樂感激的鄧姓人士。」

吉慶圍的歷史故事，大致如此。但是現在前往遊覽的人所感覺興趣的，已不是它的歷史背景，而是它的古趣迷人。

城堡是四方形，四週都有一條空地，看得出是當年的城河，整個城堡被圍在城河之內。由城堡正門入內，有一條大路直通到底，所謂大路，其濶不過六七呎，沿着大路，左右是一條條密密麻麻的小巷，小巷裏住滿着人家，屋矮而且簷樑相接，使人聯想到舊小說中所謂飛簷走壁，確非誇張。城中居民，多作農舍裝束，而有古意。老婦特多，其年輕一代，想已遷居市區謀生。

香港旅遊協會，早已把吉慶圍列爲遊覽新界旅程中主要項目之一。一九六五年二月，旅遊協會開始在吉慶圍門口牆上設一濟貧箱，籲請遊客到此觀光或攝影，每人最低限度捐欵二角，作爲圍內慈善福利基金。

海心廟蕩然無存

九龍有一個海心廟公園，於一九七二年六月廿八日落成開放，座落於土瓜灣落山道靠海的一邊，到九龍碼頭的巴士，十之八九都經過這個公園；主要取材於舊日離岸數十碼的海心廟所在地，由幾塊巨石組成的一個小島，經過填海加工後而成。公園內有兩個足球塲，一個籃球塲，都在塡海部份。另有一個公厠，一個小食合作社。原來海心廟所在地，大致保存舊日風貌；其間著名的一塊魚尾石，有三四人高，闊約十餘尺，在幾塊大石鼓之間，頂端兩邊突出，中間作半月形凹陷，狀似倒插魚尾，大概因此得名，上有篆體「魚尾石」三個字。

海心廟公園面積不算大，它的特色是近海，空間廣濶，所以雖然附近工廠大廈鱗次櫛比，但經常有海風吹送，空氣清新。魚尾石對下近海處，一塊原浸在海水中巨石被用作地基，建成一個中式涼亭，每天早上總有許多晨運男女，來此早操或做其他運動。老一輩的人每來到這裏，都不免有滄海桑田之感。據說舊日魚尾石之下有兩個小廟，供奉何方神聖則不得而知，總之是水上人家經常去參神的地方，如今廟宇不復見。有兩位街坊說：以前該小島所有不少樹木，夾着矗立巨石，風景奇麗，如今經過加工建石塡海，樹木經過去蕪存菁，又加上石級及高柱街燈，變成了另一種面貌。

以前海心廟旁有一名街頭攝影師，專爲拍拖男女拍照，生意甚佳，可見遊人之多。那時由九龍鬧市到海心廟就等於到新界郊外旅行一樣。

當日海心廟離岸數十碼，潮退時可以由岸上走過一道木橋，潮漲時就要搭水上人家的搖艇過去，來回每次收費五仙，好像在元朗要由山背村搭渡過南生圍一樣。由魚尾石至岸上的中途，有另一塊巨石，則有潮籍人士在巨石下經營海鮮檔，甚似近年的鯉魚門。近來海心廟已不在海心，而且所謂廟也者，已經沒有廟了。

梅窩橋收費五仙

以前去梅窩或銀礦灣旅行的人，大概都會走過一頂木橋，這座木橋是外地通往梅窩的唯一孔道，也是全港獨一無二過橋要收「買路錢」的木橋，此橋因打風損壞，幾經重建，直到前幾年才建了一座混凝鋼筋新橋，由南約理民官伉儷剪綵，並舉行通過儀式以爲紀念。

橋當然是新的好，但那條別有風味的小木橋，令人另有一種懷念。舊橋並非名勝古蹟，亦無特別可以供人欣賞之處，長不到三丈，寬不過四尺，橋面用破舊的木板拼在一起，有岌岌可危之勢。

橋頭豎着一塊木牌，上面寫着過橋的律例：「往來出入，利便客商，每次過橋，五仙計算，善舉攸關，請爲見諒。」下署梅窩鄉事委員會示。木牌旁邊站着一名收費員，背着帆布袋收錢，執法如山。

這是很久以前村民訂下來的規矩，凡是從木橋走過的，必須付五分錢，不管你每天經過多少次，村民拿這筆收入作村中的福利經費，醫療所、學校，甚至修築道路，都從這筆收入得來，該橋係由該村鄉事委員會管轄。

一九五〇年木橋還未誕生之前，村民是靠「橫水渡」出入的，那時灣邊無路，距離稍遠，「橫水渡」的收費每次一角五分，後來鄉民感到用「橫水渡」不便，建議興建木橋，到一九五〇年三月一日，木橋的承建和收費由生利貨艇的船主以二千七百元投得，他以簡單的木材建了一條跳板式的小木橋，過橋一次的費用便是一角，這時仍然有「橫水渡」和他競爭。

一九五六年，木橋由一位姓盧的村民以七千元投得後，便把它改建成後來的形式，而收費也減爲每次五分，由於收費廉宜，「橫水渡」無法競爭，「橫水渡」就從此成了歷史名詞。

歷來舊橋非竹即木，平時過往尚算安全，惟一遇颱風則甚爲危險，過去多年來，已數度爲颱風所襲及山洪冲毀，鄉會有鑑於此，乃請當局撥助欵項，另建三合土新型開合橋，以謀永久而策安全，此議獲得南約理民府支持，由港府接納建議，建設計劃，終告實現。

新橋係用三合土鋼筋結成，橋面頗寬濶，可容汽車行駛，橋面中間並設有電動之開合口，以便船艇通過，頗爲新型，在港九新界之大小橋樑中，尚屬初見。

該橋特裝之開合口，不特船艇過往便利，在近年兩次風暴發現時，出海之本區及各灣船艇駛入涌內避風，該橋開合口乃大派用場，而港九遊客前往旅行者，利用該橋作爲攝影背景亦大不乏人。同時，該橋乃進出梅窩交通孔道，今後風雨山洪之威脅，從此永遠消除。

調景嶺的英文名

香港的調景嶺，英文叫作 Rennie's Mill，意即雷尼麵粉廠。調景嶺自被來自大陸的難民集中居住自成村落之後，聲名大震，「雷尼麵粉廠」也跟着因此而名聞遐邇。

雷尼本是加拿大人，落籍美國，全名叫作弗勒地・雷尼。他於五十餘年前來到香港，在現在叫作調景嶺的一個荒涼的漁村裏開了一間麵粉廠，收買農產，代磨麵粉，對於當地農村經濟，頗有貢獻。但爲時未久，雷尼即告逝世，他的死因，始終傳說不一，有的說他是自殺，有的說他是被謀財害命，雷尼後人至今堅持他是被害死的。

據到過香港的雷尼二世說，直到現在爲止，雷氏家屬堅持不信當年雷尼係自殺，並且對於此一傳說表示强烈反感。據他們家人說：老雷尼是被人溺斃的。

傳說中的老雷尼自縊身死之處，是在將軍澳岸邊，也就是現在靈美肺病院的舊址。據雷尼二世的一個父執告訴他，那時他叔父很有錢，並且時常有錢帶在身邊，因此觸發了人們對他謀財害命的動機。那位父執清清楚楚的說：「老雷尼是被麵粉廠工人同謀溺斃之後，又重新把他撈起來，扮成像在麵粉廠裏自縊而死的。老雷尼死後，他的全部錢財一無所見，這足以証明老雷尼之死，必與他人謀財有關。」

雷尼原爲加拿大一大族，老雷尼共有兄弟三人，經商世界各地，甚爲活躍。在雷氏家族中，弗勒地・雷尼的不明不白的死去當然是一大悲劇。至今雷尼家屬每年仍在美國聚會一次討論家務問題，兼爲老雷尼的不幸收場，紀念誌哀。雷尼二世今年七十二歲，老雷尼若在，年齡當在九十以上。一九七〇年之春隨美國退伍軍人團訪港之便，雷尼二世曾往調景嶺三次，訪問當地居民，但已經沒有一個人知道這件五十年前的舊事，可是雷尼麵粉廠之名，却因調景嶺而名聞全球了。

麵包也有搶購潮

麪包在香港，是米飯以外最普遍的糧食，價廉物美，到處有售。由於麪粉質地關係，大陸上的人初來到香港，認爲這裏的麪包，潔白幼細，香味芬芳，吃起來根本不用塗什麽牛油菓醬。

可是你們或者不知道，這種價廉物美、到處有售的麪包，在香港也曾發生過搶購潮，時間在三十二年前的十二月間。

一九四一年十二月八日，日軍侵畧香港，啓德機場炸彈一响，便引起了搶購糧食的風潮。我記得當日整個上午，家人都忙於搶購柴米油鹽；我則竭我當時所有的現欵，前往牛奶公司購牛奶、白糖、咖啡以及一切罐頭食品。那時所有的店舖都已關上了一半門，但奉政府之命，不得停止營業或提高售價。所有港九商店門市伙食，差不多都於當天搶購一空。以後陸續供應的當係自倉庫中搬出，存量雖頗不少，但因來源斷絕，求過於供，售價不斷上漲；而麪包則簡直瀕於絕市。

九龍漢口道從前有一家名叫「咯欽哥」的俄羅斯餐室與麪包店，它的俄國菜向稱港九第一；那間店舖於太平洋戰爭之前即已存在，主人是個白俄。他於戰爭爆發後，不顧一切，每日下午依然供應出爐麪包一批，公開發售。附近居民熟知其事，每天下午許多人在店前群集等候，排隊輪購。由於數目有限，規定每人只購一個，售價五角，以當時物價而言，當然已經比原來貴了不少；但因他處無售，而戰時糧食價值，遠在金錢之上；所以立即成了搶購對象，附近居民都把輪購麪包當作日常工作之一。以我家而言，連我自己在內，每個人都不肯放棄這個機會，每次捧着一個噴香的麪包回家，有一種說不出的高興。

香港之戰，半月即告結束，一個月後，市上其他店舖，也逐漸都有麪包出售，但均偷工減料，難與「咯欽哥」相比，售價亦漫無標準。至此，一般人對於「咯欽哥」的商業道德與服務精神，乃益覺其難能可貴。而此情此景，雖三十多年後，仍在我腦中留着不可磨滅的印象。

茶樓食肆在中環

我國向有食在廣州之說，香港九龍地近廣州，流行所及，茶樓酒家之多，亦爲全國之冠。目前香港食肆以銅鑼灣最爲密集，九龍則以尖沙咀和旺角爲最多，但在距今四十五年前却以中環、上環大馬路一帶最爲熱鬧。

單在威靈頓街就可以數得出好幾家茶樓茶館，與鴨巴甸街接近處，有「一品陞」茶室，以點心出名，對面有一家「冠南」茶樓，巧製中式牛扒，隔鴨巴甸街則有「三多」（即現在的襟江地址）。三多茶樓的隔鄰，又有一家叫作「福祿園」的小吃店，它的鴨腿麵異常可口。那時候整條威靈頓街祇有一家西餐館，店名稱爲「嘗新」，專供好動用刀叉人士享受。

位於鴨巴甸街與皐利街兩條斜路各設有小食舖，專售粥品與粉麵。一家叫作陶志園，主顧多街坊熟客。現在大華國貨公司舊址爲高陞茶樓，它的前身是馬玉山公司，地下爲糖菓餅乾公司，樓上二三樓爲馬玉山茶樓，每天出售的鷓鴣粥頗有吸引力，每碗售價二毫，其時小西餐室的全餐亦售二毫，而求過於供。除了鷓鴣粥外，雞包與蠔油叉燒包也獨創一格。馬玉山是華人在香港第一家使用美國收銀機的商店。

至於最早的高陞茶樓，則在今灣仔英京酒家舊址，樓高四層，我一九三七年到香港時所上的第一間茶樓便是高陞，那時點心每碟五仙，茶價各樓不同，地下每位二仙，二樓三仙，三樓四仙，以四樓五仙爲最貴。

在電車路，有一家陶陶仙館，算是最高級茶室，設備效法廣州十八甫的上流茶室，一味名震港九的「韮茶盒」是百嘗不厭的精品，這是洋行階級與銀行界人士的食店。

同文街口近大道中處有一家「燕賓樓」，晨早以生滾粥類著名，牛肉炒河粉鑊氣之佳，味道之美，亦屬不同凡响。

荷理活道近樓梯街有一家只在樓上的食肆，店名「萬馨記」，街坊菜式樣樣精美，但外賣生意比上門更多。向西行去有一家專賣生魚葛菜湯與龜苓羔的「一樂軒」，每日劏金頭龜百數十頭，只獨沽兩味解毒清凉的利口腹的食物、藥物。更有一店名「陳財記」的小食肆，以裹蒸粽馳名。再過一些則有一家甜品店「會元樓」，專售桑寄生蛋茶、蓮子羹、紅荳沙、杏仁茶和燉雞蛋，五樣東西都是一角幾分一碗的甜品。

吉慶圍鐵門前兩鄉婦

聽明人不復存在

太平洋戰前香港中區之高級咖啡座，可分兩類，告羅士打、香港酒店、牛奶公司餐室與聽明人爲一類，加拿大、ＡＢＣ與安樂園爲另一類。

其時加拿大、ＡＢＣ均在皇后戲院對面，兩間舊安樂園的地址則與現址相同，他們都是「餐室」，而以咖啡茶市尤爲熱鬧。一九三七年時的茶價是紅茶咖啡每壺一角，西餅亦然，散餐每道三角至五角，全餐每客一元。加拿大、ＡＢＣ與安樂園顧客之主要不同是，前者多洋行職員與慘綠少年，後者爲省城（廣州之別稱）與澳門來客和較爲舊式的本港人士。

告羅士打與香港酒店茶座分屬於上述兩大酒店之餐廳部門，洋派人士都喜歡在那裏茶酒小敘，因爲交通方便且亦較具氣派之故。牛奶公司餐室爲牛奶公司所設，餐室在閣樓，樓下是門市部，具有推銷與宣傳的雙重作用。其中祇有聽明人是間獨立的餐室與酒吧，但不稱餐室而稱「咖啡室」。

「聽明人」咖啡室係自其英文原意譯出，音譯則爲「威士文」，以一頭貓頭鷹圖案爲商標，勸人對於這現實世界，以一隻眼開，一隻眼閉的態度去觀察，一切不必太過認眞，頗有諷世之意。店址位居連卡喇佛地牢，從大門進去須下十七八級的樓梯方達，佈置、燈光、用具、食物、招待均佳，而以氣氛情調爲尤勝。

那時候我在中環辦公，下午必飲咖啡，而十次中有九次必是聽明人。當時的咖啡是每壺四角，與告羅士打、香港酒店、牛奶公司同價，比加拿大、安樂園等高出數倍。

至今爲止，我依然覺得這個地方是香港最佳的咖啡座，坐在那裏一杯在手，於低語談笑之中聽鋼琴獨奏，抬頭看高於牆壁的窗外的行人道上漫步而過的人影，有夢與詩的情趣。但一變再變，「聽明人」在香港已不復存在了！

吳湖帆江深草閣圖

蔣慧山

在中國繪畫史上，山水畫一向佔有崇高的地位，不論造境與寫境，無非屬於畫家理想的創造。宋韓拙山水純全集有云：「夫山水之術，其格清淡，其理幽奧，至於千變萬化，象四時景物，風雲氣候，悉資筆畫而窮極幽妙者，若非博廣學識，焉得精通妙用歟？」明查伊璜且進一步說：「畫家而不善畫，則空千古之缺處，蓋畫醒時之夢也。夢雖無理，而却有情，畫不可無理，必不可無情，是其妙處也。故非多讀書，負上慧，能作奇夢者，不可望涯矣。」這樣說來，作為一個中國山水畫家，就非有負上慧，能作奇夢的天才不可。但天才又談何容易！

吳湖帆（一八九四——一九六八）

本來，中國山水畫可說是一門博大精深的學問，論其意境神韻與筆墨技法，確也非等閒可以辦得到。它不僅與詩文書法融為一體，寄托遙深，而且與傳統的老莊哲學思想又復脈息相通。從其線條的輕、重、疾、徐，疏、密、粗、細，水墨的濃、淡、枯、潤之中，且可看出六法中的氣韻生動，亦即藝術高度的理想境界，進而表現出作者的人格思想與才華學養。

試把中國歷來大畫家的眞迹掛在你面前，你一眼就會被它的意境神韻所吸引，可以深深吟味，而百讀不厭。尤其是宋元人遺下來的山水畫，看來都可說出乎畫家理想的創造，其作畫的態度，固不僅僅以模仿自然的形式為滿足，而是以寫意抽象的意識技巧，充份發揮其思想感情的重點，故不論尺素丈匹，都能獨創機杼，自成一格。何況中國山水畫的另一特色，便是書法線條的運用，自古以來，畫家們都能寫得一手好字，將書法中篆、隸、行、草的筆法引用到畫面中去，尤屬抽象藝術之上乘。近代歐洲藝壇，自印象以至抽象，也漸漸走上中國畫簡單線條的路子，并開始用水墨講筆觸，不過他們對於中國書法所知有限，只能僅具皮毛而已，實無法與中國畫家比擬。最近，有人指出：倘以西洋畫的觀點來評論中國畫，殊有欠公允的。實實在在，中國畫的脚步比之西洋畫，早已跨前了二三千年之久。

祇是，正因為中國畫的格調高雅，意境深遠，而使人感到高山仰止，不可企及，於是，近世此道漸見僵化了。不少人局限於臨摹抄襲一途，始終陳陳相因，如同印刷機的出品，因此創作靈感的源泉漸形枯竭，犯了形式主義的錯誤。殊不知所謂傳統，正需要不斷求變創新，石濤即云：「君子借古以開新也。」其奈多數迄不悟此何？現在，在這些保守性的芸芸畫家之中，要提出一個吳湖帆來，他這人可以說「學博識廣，精通妙用」的一個，而今，仍經得起時間的考驗，正不妨重新予以評價一番。

蘇派領袖

按諸歷史的變遷來考察，假使以一九〇〇年為起點，亦即清代光緒廿年以至民國初年，全國經濟文化的重心漸漸由南而北，上海地區一帶集中了若干職業性的畫家，賣畫自給，往往就不得不稍投時好，以博潤資。他們的畫風或趨於柔媚華麗，或劍拔弩張，不免形成了所謂海派的作風。但其間人才輩出，而吳大澂儼然是其中領袖人物之一。吳大澂字清卿，晚號愙齋，因為曾做過吉林防邊使、廣東巡撫、會辦北洋軍務大臣，又以金石考據和收藏聞名。就其藝術造詣而言，他的字以篆書最多，連寫信也都用小篆，又工篆刻，因獲得周代愙鼎，故以愙齋自號。同時他又以山水花卉畫問世，創辦萍花社書畫會，與吳昌碩、陸廉夫、顧若波等輩，都是朝夕過從論文談藝的友好，當時在中國藝壇所發生的影响力量頗為重大。而後來的吳湖帆，就是吳大澂之文孫，故可謂為家學淵源有自。

吳湖帆，原名萬，別署醜簃，又號倩庵，其畫室自題為梅景書屋。江蘇吳縣人，生於一八九四年，卒於一九六八年，享壽七十有五。他的一生，生長於簪纓閥閱之家，收藏既稱豐富，又兼對於詩文書法，無一不精通妙用，因此他儼然是近世上海派或「蘇州派」的領袖人物。

湖帆的畫，不拘一派，而得力於董其昌較多。其實也可以說，他的畫就是所謂南北宗的大結合，以元人的筆墨，運宋人的邱壑。因此他的畫面結構，獨近於李成、郭熙，但又畧似黃子久，吳仲圭的筆墨韻味。看來他畫的山水，設色清麗，烟雲泉石，浩蕩生動，令人有一種新鮮和諧的感覺。當時一般批評，認為這便是所謂「蘇州派」，而主要係唐伯虎的一派相傳下來，極盡「蘇派能事」。

李寶泉「中國當代畫家評」，有關吳湖帆的評語，便是如此。他原文說：

吳湖帆是蘇州人，而他的作風也幾乎可以說完全來自一貫的「蘇派」。但中國畫上的「蘇派」與「吳派」，是有所不同的。「吳派」的來源，是由於反抗「浙派」，其代表者為沈石田等，「浙派」的代表者為吳小僊、戴文進等。「吳派」的作風，是承襲中國畫的所謂南宗，而「浙派」的作風，則承襲的却是由北宗而院體的作風。所以中國畫上的「吳派」，是與「浙派」的對峙而來。至於「蘇派」，則其存在的原因，是為了同所謂「松江派」之對峙。「松江派」的代表是董其昌等，「蘇州派」的代表則為唐寅等。「松江派」作風注重的是神韻，「蘇州派」作風所注重的是技法。「松江派」是絕對代表南宗的，「蘇州派」則是南北宗折衷的作風。但蘇派與宋明院畫不同之處，則先者是偏重於南宗，後者則偏重於北宗而已。吳湖帆的作品，所以是「蘇州派」系統，就為了他的作風是完全承襲唐寅的。在用筆上往往有南北宗混合而偏於南宗之處，他畫面上的特點，就是能在秀逸的風趣中，更具有緊密、精緻等表現，這要是在畫史上的系統上觀察而加以評語時，則可以「蘇派能事」一言以盡之的。

李寶泉這樣說法大致不錯，蘇州派似乎得一「巧」字，自唐伯虎以後，明清兩代中蘇州出了不少畫家，都是一脈相承，淵源有自。一直到了清末，吳秋農、顧鶴逸、顧若波、陸廉夫的筆下，都多少有些類似靈巧的氣息，同時也不免於甜熟艷媚的味道。即以民國以後的所謂「三吳一馮」而論，他們的作品就都逃不出這一例子。三吳者，吳待秋、吳湖帆、吳子深，一馮者馮超然。這是當時競傳人口的一種口頭禪。而今看來，吳待秋祗學了王麓臺的一部份，山水全是堆砌而成，遠不如他的父親吳伯滔有創造性；吳子深筆墨相當厚潤，而稍嫌其拘謹；馮超然也不脫畫家甜熟的積習，始終自囿於摹古的框框而已。其中，還是以吳湖帆的成就最為高明，也最經得起考驗，當世自有公論，不須絮煩的。

葉公超「六十年來之中國繪畫」一文中，他便指出：在民國二十年左右，在上海的畫家中，吳湖帆是一位突出的人物。……大家都知道他是家學淵源，而且家裏富於收藏，所以他的環境可以說相當理想。他的着色山水，尤其是泉石和他的雙鈎墨竹頗為一般所稱許。他的長處就是生動渾厚而雅。他能融化幾種山水的傳統而成為自己

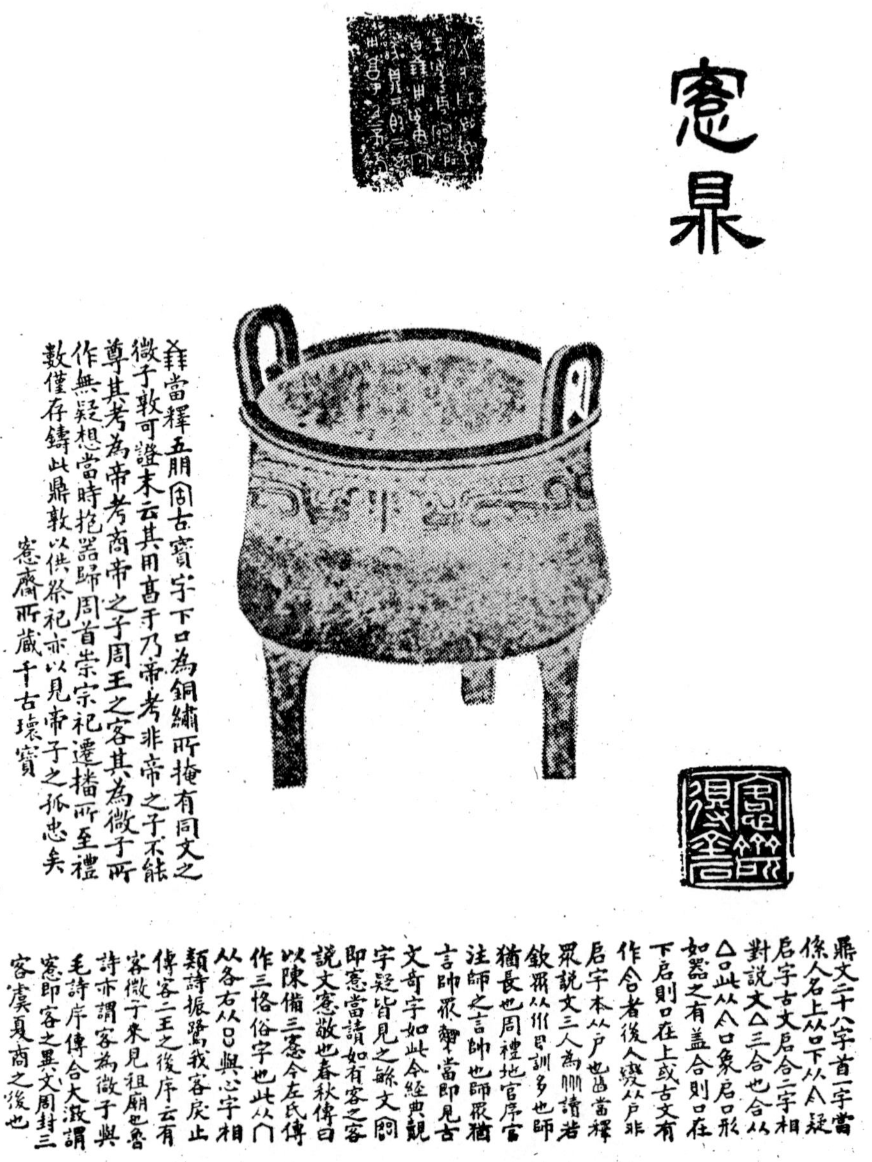

吳湖帆傳家之寶　今歸上海市博物館

的筆墨。他早年受文衡山、王廉州的影響。中年短時期寫石濤，但沒有石濤那樣放恣。……」由此看來，吳湖帆學畫的過程，雖然走的還是傳統的保守路線，但并不像一般僵化了的山水畫家，祇死死地刻板摹仿而已，他懂得那麽轉益多師，抽繹了各家的優點，而確立了自己一項面目。他學過石濤而沒有石濤的放恣，正由於他的性格謹飭，不似石濤之狂放，故作驚人之筆。大體說來，不論吳湖帆學過文衡山、王廉州、石濤，以至唐伯虎諸家技法，但在他筆下，可以一下子貫通南北，借古開今，實不愧有大家之稱。

民國三十三年梅景畫笈出版，陳定山、陳子清合撰了一篇序，對於吳湖帆的繪畫藝術揄揚備至。原文有一節這麽說：「……夫宋元以來，以書畫絕詣，領袖羣彥，一代豪俊，無出其右者，於元推趙子昂，明中有沈石田，明季爲董思翁，嗣後無聞矣。畫苑寂寥，將三百年。湖帆以公孫華胄，興廣武之嗟，容極精思，洞遠藻鑒，二十年間，質文數變，獨樹一幟，卓然大家，可以冠冕時流矣。……」這或許尚不算過譽。

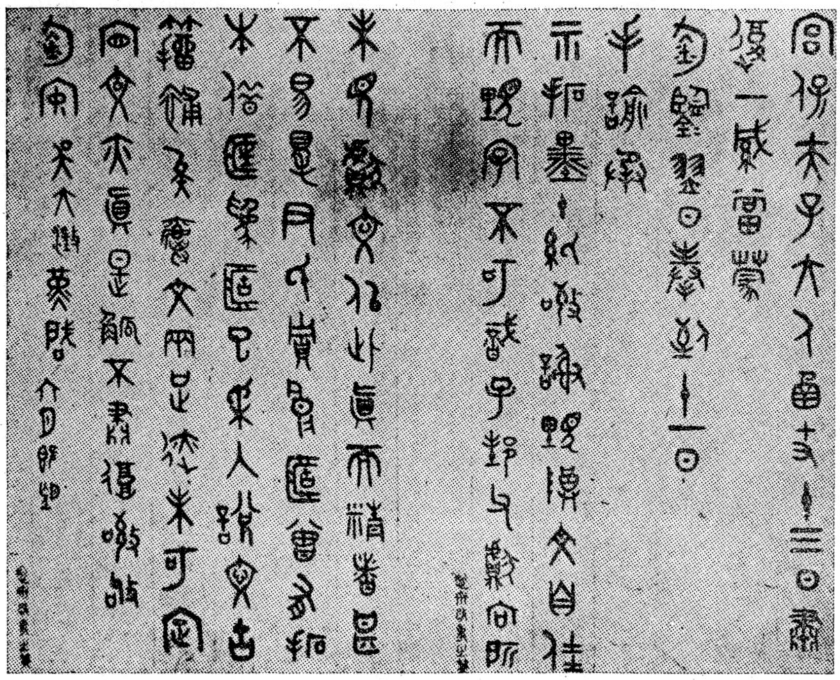
吳大澂致潘伯寅篆書函札

枕中之寶

關於吳湖帆的身世，暨他與吳大澂的祖孫關係，陳定山知之甚稔，曾在「春申舊聞」中述及：

「……愙齋無子，故嗣湖帆爲孫。居蘇州十枝巷，湖帆娶潘文勤公女孫靜淑爲婦，其外舅華亭沈樹鏞，以董其昌『寶董室』玉印，及董臨淳化閣十卷，以爲奩贈。湖帆得之，遂自名寶董室，畫亦學董。至滬時，即寓嵩山路，自號嵩山居士，畫名鵲起。初愙齋未第時，亦嘗在滬鬻畫，九華堂寶記至今藏其潤例。及開府征倭，建大將軍纛，與畫家陸廉夫、顧若波，朝夕演射於轅門之下，是年甲午而湖帆生，故立爲公孫。……湖帆篤於情，夫人亦工畫，花鳥尤精。嘗臨王酉室長卷，卷長，幾經數月，不能完工。湖帆頗爲之點染，自以爲鷗波韻事相仿，門人聚觀，比之寒山千尺雪。摹卷未終，潘夫人忽得末疾，一夕腸痛，適畫玉白蓮花，擲筆而歿。」

這篇生動的文字，把湖帆與他夫人潘靜淑兩人唱隨之樂，寫得活靈活現。潘靜淑死後，湖帆自號倩庵紀念她。又把她作的千秋歲詞，刊印了單行本。其中「綠遍池塘草」句，極爲吳霜厓（梅）所欣賞，譽爲「清籟」。至於她畫的花卉傳世雖不多，淡墨寫意之筆，雅韻欲流！

湖帆悼亡，曾作金縷曲詞，詞曰：「綠遍池塘草，過清明妬春風雨，春殘人渺。無可奈何花落去，腸斷離情難道，忍檢點零星遺稿，一念相思更番讀，惹傷心更把心縈繞，千萬語，總嫌少。危樓半角斜陽照，問從今怨懷孤憤，何時能了？雙眼淚痕乾不透，去去尋思悽弔。料地下應知余抱。指望虹橋橋邊路，歎青青一例年年掃，非痛哭，即狂笑。」情見乎詞，傳世之作也。

我與湖帆平生僅有一日之雅。有年他從上海返蘇州故鄉省親，在京滬火車中覿面，他衣履整潔，頭髮梳得光可鑑人，是一位典型江南紳士，態度又相當溫文儒雅。其後一同在木瀆石家飯店進鲃肺湯，又驅車去看了清、奇、古、怪、四株千年漢柏，一路談笑風生，印象中其人自有一種光風霽月之美。但因當時湖帆聲名太大，而他作畫習慣又是那麽五日一水，十日一石，能事不容相逼促，人們輕易求不到他的畫。後來，承他冋上海書贈了一副對聯寄來，他的書法，從瘦金體中蛻變出來，却能愈寫愈挺拔，似乎比了一般流行書家來得「渾厚而雅」。

在梅景書屋弟子中，王季遷兄居其首，他追隨湖帆約廿餘年之久。但後來談起，有一件非常遺憾的事，他一直沒有見過老師當衆揮毫的場面，其實任何人也都如此。原來湖帆平生有一怪癖，即作畫時向來不肯被別人看到一眼。當他每次作畫時，非挨到夜半人靜的時分，獨自一人緊閉了門才能揮毫。每作一幀畫，也好像一個苦吟的詩人一樣，日夜推敲，慢條斯理地磨練了出來。一幀「巉巖雲瀑圖」，就掛在他畫室的壁上達三年之久，經過千錘百鍊之後，才算殺青。

這樣「慢工出細貨」，大概出於湖帆的性格帶些內向之故，同時，他一絲不苟刻意求工的認眞態度，也是歷來畫家所罕見。他常常表示：「每一幀畫，也就是自己本人的精神血脈代表作，絕不能粗製濫造拿出去，等到一拿出去，也就收不回來了，那時便將悔之莫及！」

記得已故的金石家趙鶴琴，在香港覓了一幀吳湖帆的早年設色山水，認爲不可多得，特地寄給湖帆要求加點一下。誰料寄去年餘後，才又寄回，拆開來看，滿幅重塗了不少濃墨，與花青赭石顏色。附上湖帆的來信大意說：「頗悔其少時之作」，他自己愈看愈不對勁，所以加染了幾層，等於重畫了一幀，由此可見其作畫認眞到如何程度。

記得吳湖帆五十歲生日，王季遷等徵集其師歷年名作五十幅，印行「梅景畫笈」，倩葉遐庵題簽，並題「烟雲供養」四大字。又並撰一短序，開頭就說：「湖帆畫名久震海內外，人多疑爲耆宿，不知齒固未也。年五十……」其內侄潘承弼序中有云：「丈世蔭清胄，淹雅才思，丹青熏習，腹笥經綸，而其淵覽好古，多聞强識，舉凡鐘鼎之欵識，書畫之譜錄，上下數千年，勾稽抉摘，若數甲乙，若倒囊庋，海上藏鑒家莫不奉手而請益。篋衍既富，手摹心追，垂三十年，而畫名震東南；屏跡滬濱，優閑歲月，從游門牆者，戶屨日滿，畫苑壇坫，宜道廣而不孤矣。」

這就是說，湖帆不但本身是卓越的畫家，且是個出色賞鑒家。對於各項考據，都下過功夫，其收藏之富，也堪稱舉世罕有其匹。據說梅景書屋所藏名迹中，文沈仇唐以至四王吳惲，約有數百件之多，沒有一件不是眞而精的絕品。單是唐伯虎的山水人物有好幾幀，直到晚年才公開與朱省齋寓目。至於吳仲圭的漁父圖，是傳世的梅道人佳作，且一度有珂羅版複印本出現。其中更著名的，是元代黃公望的富春山居燼餘本子，又名剩山圖，尤爲無上劇迹。曾爲沈石田、董其昌等先後收藏，旋爲吳問卿藏品，臨終囑擬投火以殉，爲其侄從火中取出的。其起首一段本寫城樓睥

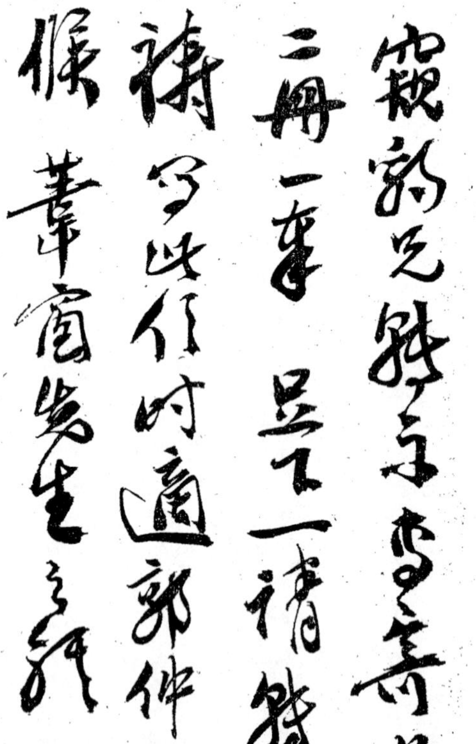

吳湖帆致本刊編者小箋

睨一角，却作平沙，禿鋒爲之，極蒼莽之至。所存峯巒破石，與故宮所藏眞本原是接連在一起的。湖帆得之，不勝喜慰，因此他晚年的作品中，也在有意無意之中，多少吸收了黃大痴的一種蒼莽荒寒的筆意。

但據陳定山說：「湖帆枕中瑰寶，却是一卷元人李子雲的維摩說法圖，李子雲是元代學郭河陽的一個高手，這一卷也是李的孤本，湖帆就用李子雲的石法，而參以石濤的松樹和泉石，再加上廉州大青綠的着色，而造成了今日的吳湖帆。」李子雲的畫確乎世所罕覯，大致神似郭熙一流的格局。定山這段掌故，無疑地，是他的第一手資料，必有所見而云然。這樣說，湖帆之學李成、郭熙，還是從元代李子雲、明代唐伯虎的畫裏間接啜取到了第二手的滋養料呢。

梅景畫笈

對於吳湖帆的山水畫，時人多給予好評。「中國歷代畫派概論」中，談到民國以來畫派的動向，其中特別指出：「現代畫家，能有創作新意，而又合乎古人法度者，厥推二人：吳湖帆、張大千。湖帆從董香光入手，上追宋人，得郭熙三昧。其用筆蒼潤，設色穠秀，又近趙子昂，但其結構取材，無不從自己匠心而出。……」這便是評論其作品之中，仍有自己藝術特徵的存在，並非全入古人範圍，在保守之中還有創新。在此，就拿吳湖帆五十歲時，門下弟子將其所有精心的代表作印成「梅景畫笈」作爲例證。

梅景畫笈中，所有五十幀作品，約有半數以上，我曾見過它的眞迹。因湖帆的作品產量較少，凡每一幀新作問世，當時即爭相設法傳觀。在我看來，這些山水畫無一不章法謹嚴，神韻飛動，且又不論繁簡皆妙。說穿了，「筆筆是自家寫出，亦筆筆從古人得來。」易言之，筆筆從古人得來，亦筆筆從自家寫出。類此精金美玉，乃提煉化成。或則像一首晶瑩的詩，或則像雋永的小品文，或則洋洋灑灑如長篇大論，又無不條理清晰，靈氣四溢。

宋代郭熙「林泉高致集」中，曾經提到爲什麼文人都喜歡山水？他說：「君子之所以愛夫山水者，其旨安在？丘園養素，所常處也，泉石嘯傲，所常樂也，漁樵隱逸，所常適也，猿鶴飛鳴

，所常親也，塵囂韁鎖，此人情之所常厭也，烟霞仙聖，此人情所常願而不得見也。……今得妙手，鬱然出之，不下堂筵，坐窮泉壑，猿聲鳥啼，依約在耳，山光水色，滉瀁奪目，此豈不快人意，實獲我心哉！此世之所以貴夫畫山水之本意也。」不錯，吳湖帆即爲熟識畫論、深通畫理之一人，至少，這部「林泉高致集」的理論，通過他本人的妙悟，已能擷其精義，印證自然，而靈活運用之。

中國畫本來是一項創造性的藝術，畫家不祇以寫實爲滿足，本身且賦有改造宇宙的權力，那些可以删減，那些可以誇張，祇消掌握了其中竅要，在筆下畫起來，到處從心所欲，比之眞實的事物，更精粹，更集中，更有概括性，更具有動人的魅力。因此湖帆的山水畫，就可說自己匠心畫的是理想中的山水罷了。在此不妨舉例如次：

「梅景書屋圖」是湖帆自寫自存之作，這幀正不過是他浪漫的夢境之一。在萬枝梅花雲蒸霞蔚之中，一間書屋，一對男女幽侶，就算他與潘靜淑兩人化身。上下那些岩石，那些流泉，是學的唐伯虎筆法，鬆秀而自然。另一幀替顧衡如畫的香雪海圖，畫面更簡潔，遠近梅花且以烟雲遮隔，是他追憶幼年看到的「一蒲團外萬梅花」再加以概括化。爲王季遷畫的「千岩萬壑」，是仿元四家趙松雪、高房山、錢玉潭、盛子昭之筆，妙在筆墨融會貫通，而能形成多樣的統一。「古木寒泉」和「松泉觀瀑」兩橫幅，樹石籠以淡烟，其法出於郭熙，正是他出色當行之作。贈雙照樓一幀「清眞詞意圖」，畫的江南楊柳烟景，題句：「强載酒細尋前迹，市橋柳下迷人家，猶自相識。」畫中扁舟載酒，此情此景，呼之欲出。

佚宋詞痕卷一
吳梅景書屋
墨淺愁深
浣溪紗 江深草閣圖
五月風生小閣寒。去年酬唱倚闌干。幾番相對笑言歡。
綠草池塘詩意思，黃梅時節雨辛酸。落花無奈倍悽然。
蝶戀花 對雪
佚宋詞痕題江深草閣圖

畫笈中第十九幀「江深草閣」（見本期精印插頁）亦係湖帆自存之作，畫傍鈐「吳氏某景書屋圖書印」印，這是有關他家珍藏字畫的記號。畫中的長松，係學韋偃畫馬鬣式的松針，筆法磊落振動，而無一敗筆。楊柳則是趙大年法，柳葉流利自然有致。草閣之中，一人倚欄看瀑，意態悠閒。他自題：「此六如居士臨李希古本也」。郭熙嘗謂畫山水要令人觀之如眞臨其處，起思行、思望、思居、思遊之想。但古往今來，眞能達到這樣境界者，實不多覯，而唐伯虎氣韻超逸之作，確乎具此妙諦。五百年後，才又有一吳湖帆與之繼承衣鉢，由於彼此天份氣質上有其共通點之故罷！這畫之上角，蓋有「靜淑心賞」一印，隔歲湖帆悼亡之後，又加題浣溪紗詞云：「五月風生小閣寒，去年酬唱倚闌干，幾番相對笑言歡。綠草池塘詩意思，黃梅時節雨辛酸，落花無奈倍悽然。」詞與畫的意境打成一片。昔人所謂泉石膏肓，烟霞痼疾，必須情感移人之深，始克臻此。又清人論詩：「詩人萃天地之清氣，以月露風雲爲其性情。月露風雲之在天地間，俄頃滅沒，惟詩人之詩能結之於不散。」這幀畫之流傳到今天，也就是證實藝術不朽一個最好的解釋。

湖帆筆下，描寫廬山的景色最是一絕。那幀著名的「巉巖雲瀑圖」，畫中巉巖峻嶒，松藤糾曲，遠近的瀑布奔騰其間，有一派又雄奇又荒寒的氣氛。這幀畫自題云：「用范寬李唐法，寫造化之境，或與思翁而後異趣耳。此丙子舊作，及癸未秋末完卷，中經歲月，可知心緒歷亂。……」但我認爲這幀氣韻生動，倒是該屬湖帆平生第一傑作。（圖見「大人」第三期）明李日華云：「點墨落紙，大非細事，必須胸中廓然無一物，然後烟雲秀色，與天地生生之氣，自然集中筆下，幻出奇詭。」這樣作畫聽其自然態度是對的。

其後又見到他題「錦繡奇峯」云：「丁丑八月十二日，作此圖未竟，翌晨擬設色而門外人聲鼎沸，因滬北戰端已啓：……爰乃擱筆，無心潤色矣。……」又：「戰事迄今三年許，依舊未息，援董文敏山村清霽圖之例，先題欵於紙端，以贈邦瑞我兄，潤色畢工，請俟異日，識此爲券。」「賸水殘山八載中，迷天霜霧掩奇峯；滄桑未及銅駝刼，錦繡重開煥若虹。此畫自丁丑八月十二日，擱筆至今，已八載矣。歷經離亂，未涉刼灰。乙酉八月十日，欣聞戰禍弭平，盛世重見。邦瑞親家携示續成，以符宿願。時九月二日也，湖帆快懷重識。」觀此，湖帆作品之精嚴，確是到了一筆不肯苟且的地步。

據說，郭熙作畫的習慣亦然如此。有一時委棄不顧者，動經二三十日，是意不欲，即不必强思。這樣一水一石，經過端詳審度，非靈感湧到，不肯落筆，也就是把它冷一冷的意思。結果呢，終而會得到「默契造化，與道同機。」在這樣的人生氛圍中，繪事中的山水又爲能不造其極！

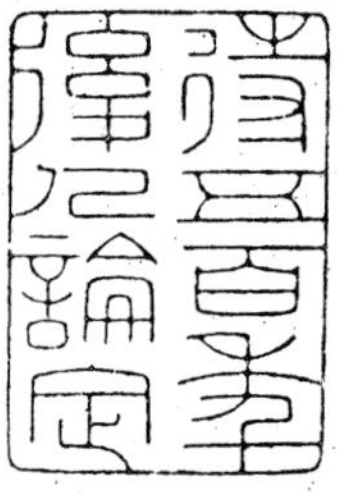
陳巨來為吳湖帆刻印

得一雅字

山水畫既是理想的創造，畫家必須把題材精加選擇，決定一個主題之後，而這主題又必須突出，始可以入畫。郭熙又說：「千里之山，不能盡奇，萬里之水，豈能盡秀，太行枕華夏，而面目者林慮，泰山占齊魯，而勝絕者龍巖，一概畫之，版圖何異。」畫山水不是畫地圖而已，是需要其人「負上慧，能作奇夢」才好。梅景畫笈中，還有兩幀以廬山爲題材的，其一，「庚辰春暮效唐子畏筆，寫松風雲海圖」，其構圖頗別緻，高崖上喬松如虬，而其中空白處甚多，隱約有遠山，淡極欲無，如雲如霧，這還不是寫出了廬山眞面目！其二，「五老峯圖，爲朱省齋作」，是一小横幅，近景山石上叢生着蒼松，遠景則爲羅列如棋的五老峯，一片濕墨，水暈糢糊，杳杳冥冥，莫非畫境。匡廬本爲我的舊遊之地，五老峯也時在夢魂中，見到此幀小中見大，頗能深得吾心，不禁嘆造化神妙，乃非湖帆高手不能奪之。

「山水原是風流瀟灑之事，與寫草書行書相同，不是拘攣用工之物。如畫山水者，與畫工筆人物工筆花鳥一樣描勒界畫粧色，那得有絲毫趣味？……」明唐志契繪事微言，即認爲作山水畫非要求其放筆寫意一些不可。其實畫人物花鳥松竹之類，又何嘗不是同一道理？一般守傳統講功力的畫家，作畫時又往往失之太拘謹，太刻意，動輒畫得密密滿滿，多而且悶，我個人對此類死畫始終不感興趣。湯顯祖論文也兼論畫有云：「……文章之妙，不在步趨形似之間，自然雲氣恍惚而來，不思而至，怪怪奇奇，莫可名狀。蘇子瞻枯木竹石，絕異古今畫格，乃愈奇妙，若以畫格論之，幾不入格。米家山水人物，不多用意，略施數筆，形像宛然，正使有意爲之，亦復不佳。」文人畫所以勝於畫家畫或畫匠畫，其分別處，文人是以自己的思想爲中心，而不是服從他人或市井的功利思想。這樣，文學與藝術才有活潑的生命。

因此，對於湖帆筆下偶作寫意山水，題有「米畫與米書本一鼻孔出氣」之言，是引以爲然的。尤其「遠山近水漫塗抹，鐵幹虬枝儼行立」那一幀，畫來老筆紛披，墨汁淋漓，已到了「如蟲蝕木，偶然成文」的境界。因爲，湖帆平時的畫，我總覺得他太修飾，忒到家了，很少有這樣草草不經意之妙。其實他既長於書法，而筆又挺健，復掌握了各種皴法，儘可以亂頭粗服，隨意揮灑，還怕什麼？山南論畫云：「用墨之法，忽乾忽濕，忽濃忽淡，有突然一下處，有漸漸漬成處，有淡蕩虛無處，有酖浸濃郁處，兼此五者，自然能具五色矣。」相信凡屬氣候成熟的畫家，當能臻此化境。

在此，恕我不能不說實話，中國畫最高的表現，乃是筆墨流露出來的靈性，以及高逸的氣氛，所以評畫的標準重點在於雅與俗之別。明屠隆說：「徒竊紙上形似，終爲俗品」，而黃山谷又强調「惟俗不可醫」。其實不是不可醫，只是醫俗爲甚難之事，還得長期從心內修養做起，從讀書變化氣質做起。一個畫家單憑功力，單靠技法是不夠的，最要緊的是，勿忘加深其內在精神的涵養。古人說：「三日不讀書者，便覺面目可憎。」是故畫可以不畫，書是不可不讀的。

湖帆的好處便在一個「雅」字，他之爲人，無愧爲「涵脈經史，見識高明，襟度瀟落，望之飄然」的一種風範。儘管他晚年爲環境所厄，所作反而顯得退化，但綜觀他其一生大多數作品，夠說是「渾厚而雅」，值得我們珍視的。

「梅景畫笈」中，除山水外，墨松與墨竹都瀟灑不俗。墨松「翠幄仙姿」，一老幹祗横出二三株，即奇崛如蛟龍破空而出，誠所謂：「射較一鏃，奕角一著，勝人處正不在多。」至於墨竹，雙鈎的固其專長，而純水墨的也擅勝場。幾年前，還見過湖帆替葦窗寫的一幀墨竹，筆筆挺拔，而不失厚重之感。另外又見一幀墨竹，一枝濃墨，一枝却全用淡墨，看來寫胸中的逸氣，自有高度的表現。

此外湖帆的寫意沒骨荷花的是一絕。他在四十歲時開始畫了第一幀，題曰：「此湖帆之創格」。又云：「縱筆賦色，一氣呵成，覺古人無此格也。」其得意可知。我個人也有些喜歡它的一種清腴靈秀之筆。惲南田稱贊唐伯虎的水墨花卉「如號國夫人馬上淡妝，以天趣勝」，正不妨移贈之。

創格兩字，湖帆平生是夢寐求之，念念不忘的。本來，飽覽古人眞迹的他，吸取了不少先進技法，但又無時無刻不想從自己匠心而出。祗是，晚年的生活圈限制了他的進步，缺乏主宰一切的條件，創格嫌其不多，終於無法全部完成他理想的峯巔而已。

若問中國山水畫理想的最高峯巔是什麼？也就是莊子所謂精神與天地往來的「天人合一」境界。湖帆似已達到此境界，惜不能起湖帆於地下而問之。湖帆晚年致力於詞，曾手寫「佞宋詞痕」六卷，如題「江深草閣圖」之浣溪沙，即見於書中卷一。又嘗倩陳巨來爲刻「待五百年後人論定」一圖章，今日看來，似乎不必再待五百年後，已可以爲之論定了。

原稿
缺頁

原稿
缺頁

原稿
缺頁

原稿缺頁

原稿
缺頁

原稿
缺頁

原稿
缺頁

原稿
缺頁

徐鋆及其「辛丑日記」

——有關袁世凱巡撫山東時的史料——

沈雲龍

民國三十六年秋，筆者供職滬上，時勝利復員未久，海上居，大不易，故鄉不靖，舉家轉徙，流寓蘇州，蘇滬相距咫尺，週末假歸，每至觀前舊書肆瀏覽。某日，偶獲「辛丑日記」手稿殘本一冊，毛邊紙綫裝完整，大小畧如今日之卅二開本，計一百頁，每半頁印紅色十行，留天地甚寬，有似舊式帳薄。作者僅於封面署名「詵鄲」，係光緒二十七年辛丑宦游山東省垣時所記，然無由知其姓氏，姑購置行篋，留供檢閱。三十八年春，避秦渡台，捆載書籍，携以俱東。惟所居湫溢，斗室逼仄，無可整理排列，類多原封冷藏屋隅者達十餘年之久，竟未全飽蠹魚，誠屬大幸！

迨至民國五十五年十月，台北文海出版社以編印「近代中國史料叢刊」相囑，爰出所藏假之景印，「辛丑日記」亦其中之一。因更就作者所叙里籍及科第兩者詳考其姓名，始於民國二十二年孔昭晉等纂修之「吳縣志」選舉表中得其梗概。該表列有「徐鋆，字子丹，（光緒）十九年癸巳舉人，二十年甲午進士，官內閣中書，山東知縣。」雖甚簡畧，但與日記所述完全吻合，而「子丹」與「詵鄲」同音，尤可確定作者爲徐鋆無疑。按甲午係恩科，據「增校清朝進士題名碑錄」，徐鋆中是科三甲第一百四十三名進士。會試總裁爲高陽李鴻藻，嘉定徐郙、錢塘汪鳴鑾、茂名楊頤；殿試閱卷大臣爲張之萬、麟書、李鴻藻、翁同龢、薛允升、唐景崇、汪鳴鑾、志銳；是科得人甚盛，三鼎甲爲通州張謇（狀元）、茶陵尹銘綬（榜眼）、長沙鄭沅（探花）。其同榜進士若二甲之李家駒（正黃旗漢軍）、梁士詒（廣東三水）、劉廷琛（江西德化）、關冕鈞(廣西蒼梧)、陳昭常（廣東新會）、熊希齡（湖南鳳凰）、王照（順天寧河）、沈雲霈（江蘇海州）、林炳章（福建侯官）、劉錦藻（浙江烏程）；三甲之趙從蕃（江西南豐）、桂坫（廣東南海）、孫同康（更名雄，江蘇昭文）、謝遠涵（江西興國）、汪康年（浙江錢塘）、王瑚（直隸定州）、江春霖（福建莆田）等，或顯達於清末民初，或以學術文章見重當世，俱爲近代史有關之重要人物。

徐氏日記殘本，起辛丑四月十四日，迄十月三十日止。其時正值庚子拳亂，八國聯軍入京，慈禧太后偕光緒倉皇奔陝之後，李鴻章(少荃)奉詔議和，袁世凱（慰廷）巡撫山東之際。時徐氏以進士即用知縣分發山東，尙未署缺，寓居省垣，任臬署清訟局委員，臬司初爲胡景桂（月舫），繼爲尙其亨；又兼濟南府署發審局差，及校閱府試暨尙志堂、濼源書院等處之卷。故於其折獄、衡文記之特詳。是年五月，世凱丁生母劉氏憂，（其本生父名保中，嗣父名保慶，曾官江南鹽巡道，嗣母牛氏），詔命給假百日，在署成服，由藩司胡廷桂（鼎臣）護撫，假滿後照常治事。世凱懇請回河南項城原籍營葬，亦未獲准。其上諭先後載清東華錄：

「五月乙丑朔，諭：袁世凱現丁降服憂，理應守制。惟山東地方伏莽甚多，交涉尤關緊要。袁世凱撫東以來，辦理一切，均臻妥協，正賴該撫妥籌全局，以清時艱，袁世凱着賞假百日，即在撫署穿孝，假滿後改爲署理，照常任事，用副委任。山東巡撫着胡廷幹暫行護理，遇有要事，仍着袁世凱妥爲商辦。」

「五月己巳（初五日），諭：袁世凱電奏懇請回籍營葬，情詞哀摯，具見孝思。惟山東地方緊要，關係全局，該撫勢難一日暫離。務當勉抑哀思，用資坐鎭。一俟大局定後，再行賞假回籍營葬。該撫之母教有義方，朝廷甚爲褒許，該撫更當感激奮發，移孝作忠，共濟時艱，以副倚任。」

按世凱於甲午中日戰敗後，奉詔治新建陸軍於天津小站，嶄露頭角，嗣以戊戌告密之故，即已簡在后心。翌年十一月，即由直隸按察使擢升山東巡撫。及拳亂發生，清廷曾有獎勵各省拳民焚毁教堂之詔令，世凱本欲奉詔遵辦，以幕友徐撫辰（字紹五，湖北人）之力諫而翻然改圖（見吳永：「庚子西狩叢談」），遂護洋人而剿拳匪，且盡驅之以入京畿，山左人民，獲以安定，世凱亦因是竟得盛名，清廷益加倚信，雖母喪亦不許其開缺回籍。當世凱服喪之初，徐氏適先在貢院閱府試考卷，至端午節前一日事竣出院，其日記云：

「五月朔，午後，聞撫憲袁老太太仙逝。閱濟陽、章邱等各屬卷，至黎明始睡。晴。」

「初二日，卯初刻畧睡，至辰正刻起，又閱卷。午後，又將卷料理，至申初刻請假出院。……回公館，換紗袍褂，然後到院。其時申正刻，司道已到，同人麕集。（鈕）觀堂、（程）少陽、（梁）咸宇、（王）翊卿及余五人。公備祭筵四事送進。頃之，同人依次入吊。余先回貢院，繼而觀堂回，知慰帥行接三禮，出轅門時，大哭盡哀。……晴。」

「初四日，終覆合屬文童作文半篇。巳正刻，太尊備席以勞閱卷諸君。席散，閱卷三十本。是日，各卷歸太尊自定前十名，不送余等總校也。同人相繼出院，歸寓後，倦極，未他往。晴。」

「端午節，辰刻赴東司賀節，局友到者四五人。今日爲新任藩台胡鼎臣方伯廷幹到省，同人均出郭迓迎，而余以校閱困乏未往。酉初刻，恭悉憲駕入城，駐節貢院，因上諭袁〇〇令百日後照常辦事，山東巡撫着胡〇〇護理，故以貢院作行轅，體制較宏濶也。晴。

「初十日，本日寅刻，藩憲胡鼎臣方伯接護理巡撫印信，僅遣人掛號而已。午前，到瑞蚨祥買洋灰摹本一丈五尺，每尺銀四錢，以備與禮堂諸君公送袁憲老太太之用。……晴。

「六月初十日，……黃沚薌來，以託寫袁憲老太太輓聯送來，但改易處不愜意，伊亦悔之。……晴而熱。

「十一日，辰刻，到沚薌寓，託伊重寫聯語，此非至熟之人，不能如此。午後，沚薌以聯語携來，遂飭人送至院上。聯云：

母道自千秋，非徒四世五公，史光前烈。
民心欽至孝，遂使二州十郡，節罷端陽。

「七月望日，黎明起，乘輿到關廟，擬站藩台香班，比到，則已拜畢將出矣！因而前到文廟，以爲護院尚未來，或趕得上，則又拜畢，與之遇於塗，只得到護院行轅小憩。少頃，知袁慰帥處因中元節同人均去，在老太太靈幃行禮，亦去，徘徊久之。護院以次上去，行禮畢，余等亦磕頭而出。至大堂，則有席預備，凡吊者均有分，乃與秦子丹、梁咸宇、曹紹英及不識姓名兩人同席，席散，……回寓。」

「八月初五日，辰刻赴院，係袁憲老太太彙吊之期也。行禮畢，凡知縣班均由知賓者邀赴御碑亭前棚廠內坐席。余覺體不舒，僅啄一梨。席散即回寓，蒙被而臥，始覺右邊睪丸偏墜如鵝卵。」

「初二日，竟日仰臥，亦不思食，寫字邀姚南泉來診。適伊送袁老太太之殯，甫歸，倦甚，不能來。今日聞袁老太太靈車，由東縣巷直北，折而西，由後宰門逕出西關（眉註：暫在中州鄉祠安殯），一路設祭者凡數十起。有前候補府降調府經李君發臨，在後宰門關帝廟隨班設祭，猝然僵仆，舁歸已氣絕矣，年僅四十八歲，慘矣哉！」

以上節錄徐氏日記所載有關世凱在撫署治喪，省垣屬僚奠吊情形之一斑，不僅爲罕見之資料，亦可觀彼時官場之禮俗，繁文縟節，至爲愼重。

依舊時儀制，督、撫及藩、臬兩司，每月均定期接見屬吏及候補人員，名爲「衙參」。若逢朔望，則率屬至文武廟拈香，候補人員亦須站班傳見，見與不見，殊無定規，候補人員則每藉此冀獲上司賞識，往往或能補實缺，或得兼優差，故視爲奔競之最好機會，按期必往，不以爲苦。徐氏以知縣在省候補，自亦循例參謁，其在日記中，頗多此類記載，如云：

「五月十八日，辰初刻，謁護院（按即胡廷幹）。自初九日起至今日約去九次矣！候至巳初刻，幸而接見。與洪卓珊等六人，內有買君汝賢、線君全，均係冷姓。護院謂買姓甚稀，且吾河南（買係河南人）向不聞此姓。買君稱：左傳公子買戍於衛，後因以爲姓。又詰線君，則稱是漢軍旗人，護院謂既是漢軍，則當有本姓，答稱本姓是幸，然不能如買之數典矣。問余縣局有無薪水？司局公事繁簡？余答稱：縣局有薪水一份，司局另有津貼。縣局每日有案數起，司局現無京控案，故公事不多。其餘問答寥寥。……（眉註：廿二遇買君，詢知號希賢。余問其「公子買戍於衛」事在何年，彼稱襄公二十二年，歸而查之，未見其文，究不知在何年也？）」

「二十日，辰刻，赴貢院，照例五、十牌期稟安，並站司道班，至則寥寥數人，云是止轅，乃偕藍云屏赴藩署，適第一排接見，乃與云屏及壽光縣田君恂等續上手版，繼而田君等第二排傳入，余之手版未下。頃之，單邀入北花廳接見，余謂或有密諭，乃僅泛問數事，並談起伊老太太在籍病嗽，手足時腫時癟，余急思假旋省視，而今又仍令署篆（按即胡景桂以臬司署藩司）云云。及出，遇同寅，則以爲一人單見，必有好消息，咸相問訊，此官場之態，殊可笑也。」

「七月初四日，午前繕履歷一份，因調署首府徐友梅太尊世光（按即徐世昌之弟）將次蒞任之故。……」

「初五日，辰初刻，赴藩署稟見，與倪丹臣（按即倪嗣沖）、周慕喬、徐步青入見。丹臣回緝捕營公事，餘人皆照例問答數語。返寓，……午飯後，乘輿到縣局，將昨日案內之王三當堂交保。於是出東

徐鋆辛丑日記原書題簽

闈圍子門接新太守徐友梅太尊，約酉刻光景，憲節見臨，叩接如儀。凡遠近迎迓者約六七十人，此亦大丈夫得志於時者之情狀耶？……」

「初七日，卯刻赴府署，業已接篆，寅僚分班入賀，隨遞履歷，均不受，其儀一如叩賀年節，不坐，不送茶，行禮畢，即送出。所以然者，因候補人多，若逐日接見，勢必積延，無期見完，不如趁此廣見，以後屬吏便可免穿花衣，不遞履歷，亦上下交便一法也。……」

「十七日，辰初刻，稟見本府徐太尊，與繆東麟及佐班三人同入見，蒙詢科分，觸動伊春明舊恨，云曾五度禮闈不售，并考謄錄亦不取。按太尊此言，因抱慚於昔日，實吐氣於今朝。太尊蓋由壬午舉人起家，今春補青州府，半年中調補首郡，亦得意之遭際也。……」

「二十三日，辰刻，謁署藩憲胡，與楊某、程某、童某、耀庭、震青同入見。蒙諭：首道吉觀察極佩服足下，目爲粹然儒者。及退出，耀庭以此相謔，余謂做官而有此稱，即忠厚無用之別名，非佳考也。……」

此可謂李伯元著「官場現形記」之外一章，作者及身親歷，對上司之偃蹇無聊，驕矜自滿，語極含蓄。所堪注意者，他日入民國煊赫一時之安徽督軍倪嗣冲，此時已爲世凱之屬僚，其爲擁袁稱帝之死硬派，實淵源於此。其次，世凱練兵小站時，即以徐世昌會辦參謀營務處，關係極密，及袁撫魯，徐弟世光以舉人起家，洊升至青州知府，未半載，即調任首郡，亦出其兄之奧援，居然沾沾自喜，傲視兩榜出身之候補知縣，毋怪徐氏日記之皮裏陽秋也。

其後，世凱百日喪假滿期，復行視事，曾出省巡視河工（時章邱、惠民縣境內兩處黃河大隄於六月潰決，總司河防之臬司尚其亨曾受降二級調用留工自贖處分，護撫胡廷幹以到任未久，寬免議處），并先後舉行課吏館及山東大學堂考試，均親自主持，前者徐氏以候補知縣報考，後者則命其子應試，日記云：

「八月十二日，卯刻，慰帥百日期滿，遵旨接巡撫印。胡鼎憲交卸護院印，接藩司印，其署藩司胡月舫廉訪則交卸後，請假省親，然後赴湖南臬司任。余蒙月憲優眷，以病竟不能往謁，歉仄之至。…………」

「十九日，辰初刻，赴藩署，因奉傳閱尚志堂卷。……蒙接見長談，方伯云：我此番在湖北，張香帥（之洞）背後只評謂胡某不外一舊字，然我連舊字亦不敢當。大凡可稱舊者，必實有舊之學問，舊之根底，乃可稱舊。但現今動曰維新，我以爲新必從舊做出云云。談畢，將卷携出令帶回詳閱。……」

「二十三日，未赴司局，專心閱卷。午後，余梅村及黃沚蘭陸續來，因明日慰帥親臨課吏館考試需次人員，偕余到館看視情形。其時申刻光景，知院上已提報名冊去，凡州縣一班僅十六人，而甲班僅王子賓一人。繼而陳笑山來，謂頃見首府，竭力慫恿伊應考，因甲班人太少，則於慰帥面子不好看。余梅村與余遂亦報名焉。」

「廿四日，卯刻起，沚蘭、梯雲來，署坐後，偕赴館中。辰刻，慰帥親臨，委藩台在大堂點名，州縣一班凡二十二人，蓋昨晚續報名者又六人；佐班凡六十餘人。頃之慰帥親書題紙凡八題，……註明不能全作者听，即作一二藝者亦算完卷。余作洋務題一策一論完卷，已署繼燭。其時同人已走十分之九，梅村甫上卷，不知其何時寫畢也。此次考試坐號桌號櫈，且地又逼仄，似非待官吏之道，嗣後似可不必去。」

「二十七日，……到縣局，據幼農說：聞余梅村前日八藝全做，今補荷澤縣矣。然是日梅村與余同座，余交卷時，僅見其做兩藝，且一字未上卷，何以能八藝全作？據曹紹英說：係做四藝，紹英係館中委員，且與梅村同年，其說當可信，今補荷澤，適逢考後，外人遂以此傳會耳！……」

「二十九日，午前無事，午後到局，知慰帥定於明日辰刻赴河工查勘。」

「九月朔，未明起，稍吃點膳。天平明，即赴文廟站胡藩憲班，憲駕到，已辰初刻，事畢，出西關，在圍子門外八蜡廟伺應憲節，已初刻，望見旌旄在先，行者步隊百許人，繼後則馬隊，均排隊而行，其馬均高大雄壯，聞係新從外國買來者。馬隊過後，紅傘一柄，憲駕即到，降輿答禮乃行。身穿素布行裝，不鳴鑼，不設儀仗，此奪情權宜之時，各事均從權也。（眉註：慰帥看公事圖章，係用藍色，即用上諭『移孝作忠』四字。）於是回城。……飯後，到縣局。在局時，聞慰帥到洛口，本坐船赴中下游勘驗河工，忽稱風逆，諭令縣中備車。檜舲說：此行意不全在河工，聞有別事，借此掩人耳目，或赴上游查何觀察昭然與提調許太尊互訐之事。」

嗣世凱以惠民縣境漫口堵築合龍，奏准開復河工人員尚其亨等處分，即於初七日自工次回省，州縣往接差者三四十人，徐氏亦趕出東關郊迎，敬接如儀。初十日，課吏館發榜，計超等取六名，特等十四名，壹等五十六名，不列等十三名，徐氏列特等第一，但未參加覆試。至十八日，山東大學堂招考，徐氏派有監場差使，其日記云：

「十八日，辰刻起，遣龍兒赴課吏館應大學堂招考學生之試，送考僕人郭元回，知撫憲親臨點名。余方擬赴司局，忽首縣來知照，今日考大學堂派有差使，遂命輿趕往，至則門已扃矣。據郭元說：送考

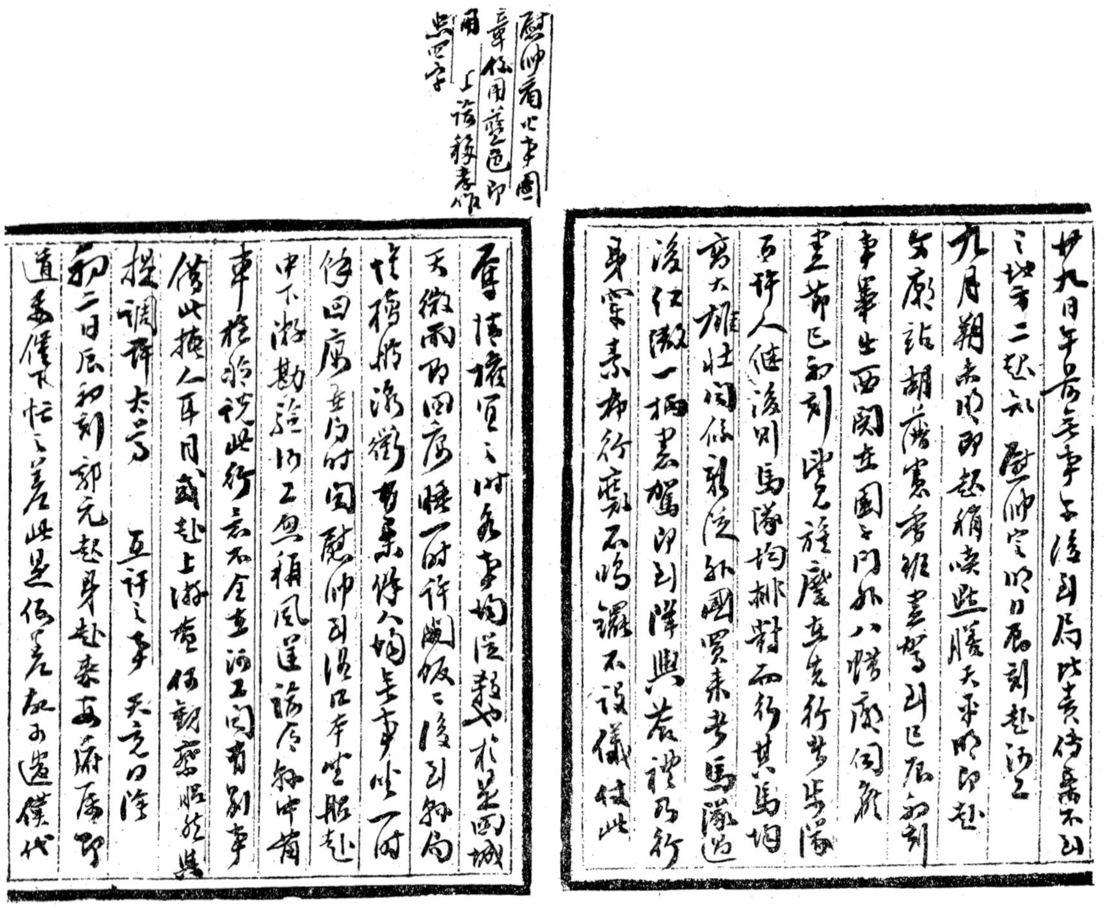

辛丑日記原稿一頁

時遇縣中陳師爺，曾向說余派有差使，乃郭元回廩，竟不一言，其昏瞶荒唐，令人可恨！若早說，則尚趕得及也。於是在館之西首舊居停處，候至未初刻，放頭排，中丞出來，余搶門而進，見耀甫，始知派余梅村、陳震青、郭星石及余四人監場，於十六日撫轅懸牌，而號房竟未知照。此事一誤於號房，再誤於郭元，可恨之至。今日體未大愈，至放三排，同明首府，先行出來。考學生之題，凡七藝。四書：游於藝；易經：日中爲市；書經：敬授人時；詩經：牖民孔易；春秋：郯子來朝；禮記：敬業樂羣；均作解一篇。自十餘字至數十字爲一藝。又漢武帝通西域論。龍兒於二排交卷，僅作四藝，其牖民孔易、敬業樂羣兩題，竟不得解，可見平日不用功矣！可歎可歎！」

「二十四日，赴道署。獲接見，銷差回廩。本日大學堂發案，與考者二百九十餘人，計取一百二十人。外籍取六十人，正四十，備二十，龍兒備取十六。……」

「二十六日，午前無所事。龍兒於辰刻赴大學堂覆試，首府與洋教習赫斯並座點名。……」

「三十日，午前碌碌無所記，午後到縣局問案兩起。本日，大學堂覆試案發，本籍正取四十，備取十名，外籍亦如之，較正場又剔除二十名，龍兒列正取第十一名。……」

「十月朔，赴院，無一人，以慰帥因奪情廢朔望稟謁禮，改於初二、十六爲衙參期也。又到藩署，則人頗擁擠，但有公事者見，無則不上手版。乃到大學堂謁李叔堅（于鍇），獲晤談，知慰帥擇初三日親臨，率同各學生行開學禮。……」

「初三日，辰刻，龍兒赴大學堂，慰帥親臨，率領各學生行謁聖禮畢，各學生復行參謁撫憲以下各官禮，并行謁師禮。……午刻，余到司局。開飯後，到縣局。……回廩，知龍兒在學堂籤掣文字五號房，準明搬舖蓋入內住宿。……」

先是清廷懲於拳亂重創，銳意維新，曾於是年七月十六日自西安行在下詔廢八股，專試中國政治史事及各國政治藝學策論，并停止武生童考試及武科鄉會試，并命各省設立武備學堂，以儲將才。八月初二日，復詔令切實整頓京師大學堂（戊戌變法時設立），着各省所有書院於省城均改設大學堂，各府及直隸州均改設中學堂，各州縣均改設小學堂，并多設蒙養學堂，其教法以四書五經綱常大義爲主，以歷代史鑑及中外政治藝學爲輔，着各該督撫學政，切實通飭，認眞興辦。世凱奉詔，率先籌辦大學堂，延聘外國教習，招考學生，并向清廷奏報開辦事宜及試辦章程，擬先於省城立學堂一區，分齋督課，先從備齋、正齋（按即等於預科、本科）入手，俾初學易於速就，漸有師資，再行次第推廣，其教規課程參酌中西，而諄諄於明倫理，循禮法，尤得成德達材本末兼資之道（見東華錄）。清廷據奏，經於十月十五日將世凱原奏幷單開章程，通行各省，立即舉辦，毋許宕延。蓋各省對教育改革，興辦學堂，尙多瞻徇觀望，獨世凱能開風氣之先，即知即行，其明敏幹練，自非尋常督撫所可及。

時適辛丑和約，由慶王奕劻、李鴻章與十一國駐京公使於七月二十五日簽訂，慈禧太后偕清帝遂於八月二十四日自西安啓程回京，九月二十七日行抵河南省開封府屬之滎陽縣駐蹕，是日接京電，李鴻章病逝，其遺缺直隸總督兼北洋大臣，清廷即詔授袁世凱署理，幷調張人駿（安圃）繼任山東巡撫。世凱旋即於十月十一日交卸，在張未到前，仍由胡廷幹護理，逕赴直督新任。其離任情形，徐氏日記云：

「十月初十日，辰初刻，上院，今日係皇太后萬壽，慰帥以奪情從政，不預大典，司道拜牌後，休息。至巳刻，絡續到來。明日，慰帥交卸撫篆，此爲五、十牌期之末一期也，故各官均來參謁，州縣中惟外縣現任接見一排，計十人，余等惟稟安而已。……」

「十一日，卯刻，張燈赴藩署伺候，護院胡鼎憲接巡撫篆，州縣到者約二十餘人，向例接篆後，屬僚依次入賀，此次則槪不接見。又凡護院必將布政司印另委人署，此次則撫、藩二篆，由一人總持，殆所謂文無定格耶？余等俟事畢，天始明，到袁帥轅看視，已整備隊伍車輛作行勢。余等又到東司稟見，候久之，無消息，繼知袁帥已喊伺候，乃將手版撤下，即聯輿出西關，至十王殿候送。至巳正刻，憲駕等敬送如儀。凡州縣送者約七八十人，內有遠送至齊河者，亦實繁有徒。現任官司道送至距城十八里之飲馬莊，府縣送至齊河。余回城後，……到局無事，檜舲、芷蘭、梓淵僉謂撫院遷空，盍往入內一玩，走至大堂，詎門者云：太太尙在內，於是嗒然而返。凡事不可冒昧，愼之愼之！此次袁帥眷屬均暫寓此間，大約俟履直督任後，布置楚楚，然後接眷。其來東省也，亦未帶家眷，越半載後，憲老太太始到，此殆伊之一定章法歟！」

所敘世凱交卸撫篆，雖甚簡畧，似尙少有紀載，而其時官場之送往迎來，州縣之奔走趨蹌，幾以伺候上官顏色爲日課，則歷歷如繪。此種陋習，即近代官場亦相沿不變，熱中利祿者，或且以爲今不如昔，讀此亦大可引以解嘲也。

徐氏於世凱撫魯期間，以分發知縣，需次省垣，身兼折獄、衡文兩差，雖非「紅員」，亦屬「能吏」，其於審判幷未受過嚴格司法訓練，然對所謂「刑名」之學，似亦頗爲究心。茲據其日記，擇錄一二，藉知其時審判及檢驗程序之矜愼，以及律例之謹嚴，徐氏悉心推敲，未可槪以草率視之，如云：

「五月十三日，……到縣局，訊結龔福泰、朱長發互控案，龔朱氏由首事等具保領回，交與伊夫龔福泰，此時該氏竟號泣不肯去。此案龔福泰已四旬，該氏年僅二十，且姿首楚楚。龔福泰以打鐵爲業，於光緒二十四年臘月，出財禮百二千，憑媒娶該氏爲妻，三年之中，相安無事。於今二三月間，忽誆該氏到城，令伊投靠人家，遂於西更道段姓家內，賃屋一間，屢次逼勒賣姦，後經氏兄朱長發查知接回。龔福泰胆敢反噬朱長發接回送往他處賣姦，即將朱長發揪扭到案，朱長發呈訴前情，而朱長發係是優伶。此案初入手時，必謂其在朱西更道事，自是架砌，及研訊龔福泰，堅稱朱長發到伊楊家莊接回。嗣因龔福泰狀貌不善，反覆哄誘，竟吐出西更道一語，於是層層研詰，而朱姓所訴各節，竟不虛誣。因將龔福泰掌責百下，飭令候邀伊莊首事到案具保，將伊妻保去。乃退堂，適見耀甫，以此案請教，彼云可斷離。余以提訊龔朱氏曾否與人成姦，則稱雖被男人逼勒，尙未賣過姦，未便遽爲斷離。今日見該氏痛哭下堂，殊爲不安。歸寓，查律例，則載本夫抑勒妻妾賣姦，離異歸宗，是耀甫究竟老吏，悔不聽其言。然輯註則又有抑勒未成，仍不斷離之語。此案龔朱氏既稱尙未與人成姦，則正與抑勒未成之例合。惟楚楚嬌娃，折磨於獷悍之手，不能爲之超脫火坑，終是余暗懦之過也。……」

「十三日，巳刻，耀甫來邀問案，即到局，係南關地方張順呈報南關紅廟空場，有無名男子在廟之台階上仰臥身死，口有白沫，似是服毒身死。即提訊該地方大畧情形，乃歸寓。未正刻，縣中轎馬來，即出城相驗，其屍約二十餘歲，仰面合面均無傷痕，口邊白蛆攢集，屍身有布搭連一個，內裝當票八張，有二張是外縣，餘均是本城年月，最近者爲四月十七日，是此人非外籍初到之客。其身穿白布小衫，藍布鞋襪俱全，是爲下一等人無疑。其屍拳臥廟之石枱上枱，離地四五尺許，何以服毒後，必仰攀而登，覓此死所？又據地鄰周姓供：昨日二砲乘涼，尙未見此事，今晨開門，始見有屍首。然則謂其生時仰登，今天明已死，現夏夜甚短，不過二更餘時，計其仰登之時，必毒已大發，何得再能仰登？默揣情形，恐是移屍避禍。惟十指甲靑黑色，自是烟毒症據，若追問根由，亦唯將地方答責而已，何從究出頭緒？驗畢，到局，坐一時許，回寓。……」

此外，徐氏日記中，於朋僚彼此之酬酢，社會經濟之風尙，飲食餚饌之研求，以及召妓侑酒、雀戰消遣等等，亦均有紀載，凡此，俱足以反映拳亂後山東一隅之安定情狀，大有泰山崩於前而其色不變之程度，甚具史料價值。日記似不止一册，而屢經喪亂之餘，僅此殘編，獲以流傳，亦殊令人感喟不置也。

徐悲鴻 蔣碧微 廖靜文

滄海客

徐悲鴻已逝世了二十年之久，「大人」刊過兩篇回憶他的文章，令人棖觸前塵，感慨無量。對於這一代大師的繪畫藝術，已有專家爲之論定，恕我勿再贅述。祇是，他生前在婚姻上戀愛上，頗多恩怨是非的傳說紛紜，莫衷一是。他與前任夫人蔣碧微，究竟因何故而感情破裂宣告離異？他與後任夫人廖靜文，又究竟如何結合？其身後情況又究竟如何？在此，手頭都還有些可以證實的種種資料，所以有意要把徐悲鴻、蔣碧微、廖靜文這三個名字連串在一起談談，也許不失爲藝苑逸聞罷。

徐悲鴻晚年穿上解放裝

說起來，徐悲鴻與畢加索，兩人的遭遇情況倒有些彷彿。記得有一位佛朗索亞·姬羅女士，寫過一部「我與畢加索一起生活」，此書出版後，畢氏發覺對自己聲名不利，便訴諸法律，要求禁止它的繼續發行，可是，法官却認爲該書無傷大雅，未准所請。另一位便是蔣碧微女士，寫了「我與悲鴻」、「我與道藩」上下三冊自傳，也引起世人的矚目，而其反應也頗不一致。這兩事東西遙遙相對，一時輝映，可不是巧合之至！

祇是，碧微的自傳問世，悲鴻則已墓木久拱矣，當然他在地下無法有所申辯了。忝屬老友，不能不爲之說幾句公道話。關於碧微的部份，即根據其大作可以一一引申；關於靜文的部份，本來資料不多，幸而陳之初先生自星洲寄來她前後寄他的信稿，其中可資參考，相信不至於使本文形成「一面倒」。

平心說，大抵徐悲鴻之爲人和性格，既具多方面突出的特徵，亦復變化多端，令人離於捉摸。有其明朗的一面，亦有晦澀的一面。有人舉例數項：「服父喪，白布鞋裏却穿雙紅襪」。「在宜興城內外兼授三間學校的課，來回要走三十里路，但過家門而不入」。以至慧山先生回憶文中，提及北平警察普查戶口那天，悲鴻竟大發雷霆等情，即可知平日精神頗呈不平衡狀態。所謂「應毋庸議」，「獨持偏見，一意孤行」，這種夫子自道式的自我標榜，正說明其不近人情之處，但若吟味其弦外之音，却有一身傲骨，不屈不撓之概。

不幸的是，徐悲鴻既如此，而他的對手蔣碧微亦復如此。本來一對人人艷羨的佳偶，結果却凶終隙末，變成了一對怨偶，所以在徐的身後，猶復對其罪狀那麽擢髮難數、罄竹難書似的。

棺材逃婚

且說徐悲鴻與蔣碧微第一次邂逅，是在民國五年，他到上海拜訪宜興同鄉她的父親——蔣梅笙先生，一見面便留下良好的印象。他對蔣家非常親切隨和，她父親作一首詩，他會擊節稱賞，她母親燒一道菜，他也會誇讚一句「天下第一」，所以闔家喜歡他，不久並變成家中的一份子。可是，蔣碧微這位十八歲的少女，早已許配查紫含其人，臨時她被悲鴻打動了芳心，居然來個私訂終身，最後偷偷搭上去日本的博愛丸，留書詭稱厭世自殺。結果蔣家祇得向查家通知，說是女兒得了急病，不治而已死亡。特地買了一口空棺材，裝些石塊，暫時瞞過。民國初年，一般人還很守舊，何况蔣家又是書香門第，這件事漸漸被人拆穿了，鬧得滿城風雨，譏評四起，誰都知道實際上蔣碧微已跟人逃走了。

第一次歐戰發生，悲鴻在日本不很得意，即由康有爲介紹到北京，去拜訪北京大學校長蔡元培，請爲他開設了一個「畫法研究會」。當時狄膺（君武）是學生會總幹事，乃一活躍份子，爲之多方揄揚。剛巧梅蘭芳在紅氍毹上大紅特紅，羅癭公特請悲鴻畫了一張「天女散花圖」，從此其藝術才華，漸爲世人所知。

歐戰終結，悲鴻準備以官費生資格赴法留學，先去了上海，見到哈同總管姬覺彌，慷慨地送了他三千元程儀。碧微這時跟悲鴻聯袂而去的姬覺彌見到她很年青，而具有圓姿替月之美，還稱讚過她：「好一位福相的徐太太」。

悲鴻碧微到了法國，住在著名的拉丁區，戰後巴黎食品缺乏，天天把馬肉當牛排吃。有天悲鴻去羅佛宮看畫展，身上衣服穿少了些，中途又碰上一場大雨，就此寒氣侵入胃部，病了很久。這樣在巴黎住了幾年後，悲鴻刻苦學習，從素描已進而爲油畫人像，且爲當代寫實派大師達仰所賞識。這時國內藝文勝流負笈歐洲者甚衆，他們別開生面的組織了一個「天狗會」，公推謝壽康爲老大，徐悲鴻爲老二，張道藩爲老三，邵洵美爲老四，軍師是孫佩蒼，郭有守被派爲「天狗會行走」。而碧微則爲會中唯一女性，被戲稱爲「壓寨夫人」。這一陣的生活，可以說是輕鬆愉快，一天要坐好幾次咖啡館，大家幾乎座中無她不歡。

到民國十四年，悲鴻碧微兩人，在歐洲已撐過了六七年光陰。國內政局動盪不安，留學生官費停發，大家狼狽不堪。由駐巴黎趙頌南總領事的介紹，認識了福州望族黃孟圭，亦即黃曼士的令兄。這時曼士在新加坡華人社會裏，名氣響亮，很有地位。孟圭便把實情函告曼士，覆信是請悲鴻去新加坡替幾位僑領畫像，於是碧微暫留在巴黎，跟李璜先生的胞姊李琦女士等，共同縫衣維持生活。有次碧微病了，病中衹想喝一碗蘿蔔燉肉湯解饞，吃了湯以後，結果病也霍然而愈。後來，她一個人啓程赴新加坡去看悲鴻，誰知悲鴻却又先回了上海。她再追踪到上海，住在霞飛路新居，長子伯陽誕生，大開湯餅筵，一時賀客盈門。

這時的碧微也眞躊躇滿志，她說：「如今悲鴻已是一位聲譽鵲起的畫家，身體健康，精力充沛，他就像一位精神抖擻的鬥士，站在他未來康莊大道的起點，用他這支如椽畫筆，闢出他的遠大前程，那時，我將分享他的成功果實，並且爲他驕傲。」

筆者與悲鴻伉儷識面，亦在此際。悲鴻才三十多歲，確也風度翩翩，胸前常打一個黑蝴蝶結，據說有次還把碧微的絲襪權充領結。而碧微當年更是婀娜多姿，神采飛揚，粉靨鮮艷像桃子一樣，悲鴻屢次拿彩筆寫入畫框之中。這時一對佳偶極盡唱隨之樂，見者無不羨爲神仙眷屬。

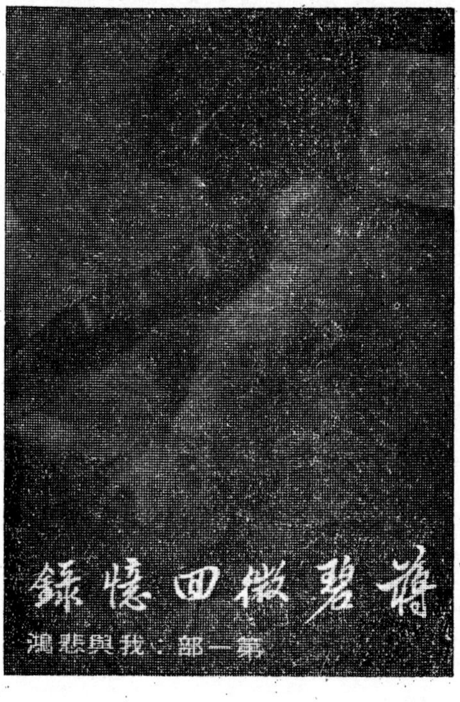

徐悲鴻筆下的蔣碧微「蔣碧微回憶錄」封面

師生戀愛

但曾幾何時，這一對佳偶竟一變而爲怨偶，不斷地吵起架來。原來，悲鴻担任了中央大學藝術系主任，忽鬧師生戀愛，新聞傳遍遠近。碧微從廬山返京的當晚，悲鴻即坦白承認，他最近在感情上有了波動，他很喜歡一位在他認爲天才橫溢的女學生，她的名字叫孫韻君。

有一天就在悲鴻畫室之中，碧微一進門，一眼就看到兩幅畫：一幅是悲鴻爲孫韻君畫的像，一幅題名臺城夜月，畫面是悲鴻和韻君，雙雙的在一座高崗之上，韻君項間有一條紗巾，正在隨風飄揚，而天際一輪明月皎然，這意境美極了。碧微便悄然一手取了回去。

從此，引起了悲鴻情感的橫決。漸漸的，他終於無法克制自己，任由氾濫的情感一天天的發展，到了最後階段，「自以爲是」的觀念牢牢掌握了他，他不覺自己的心理和行爲已變得十分離譜，而碧微除吃醋撚酸，竟別無他法。

悲鴻向來有一項譽人癖，他發現了什麽人是天才，照例必捧足輸贏。對於孫韻君，既是他的學生又兼愛人，逢人便宣揚她的天才智慧了不起。由於他自己既毫不隱諱，好事之徒再加以渲染附會，轟動一時的花邊新聞，便在南京朝報上再三刊載出來。被吳稚暉知道了，他老人家搖頭太息，寫了一封長信給悲鴻，諷勸他懸崖勒馬，善爲自處。信中畧謂：「尊夫人儀態萬方，先生尚復何求？……倘覺感情無法控制，則避之不見可乎？……弟家中亦有黃臉婆，亦頗自足，使弟今日一摩登，明日一摩登，伺候年輕少艾，吾不爲也。……」

從此，徐蔣兩人雙方的冷戰與日俱增，同床而已異夢。中大藝術系的學生，也一度貼滿標語，大意說，「老師只教孫韻君一個人算了，」全班同學如同「陪公子讀書」而已，對悲鴻顯然表示不滿。不久，爲了中國書畫在巴黎舉行展覽會，政府又派悲鴻赴法一行，碧微也跟在一起去，一般人認爲或有彌縫過去裂痕的可能了。

誰知一到法國，有一回請國際友人吃飯，地點是借留法畫家常玉（四川人，居巴黎已五十年）的工作室，當碧微和常玉一同出去購辦菜肴未歸，他打了半天的門，裏面毫無回音，竟醋意薰天，錯怪自己太太和人有什麽曖昧，一怒之下，跑回自己住處，緊鎖房門，睡了整夜的覺，置自己邀請的賓客於不顧，害得碧微和常玉去應付那尷尬的場面。這場誤會，蔣碧微在她的回憶錄中都盡情描述，似乎令她一直耿耿難忘。

從歐洲回國以後，考試院長戴季陶爲他倆洗塵，在席上忽問悲鴻：「你有這麽理想的一位夫人，爲什麽要取名悲鴻？」回答是：「我取這個名字，是在認識碧微以前。」後來戴季陶就在碧微的紀念冊上，畫了一幅「松柏長青圖」，居然很生動有神，足證此公對繪畫也有一手，不過不爲人知罷了。此後，徐蔣二人，又訂期談判離合問題，悲鴻祇帶點感傷的說：「我知道，能夠娶到你這麽一位太太，我應該滿足。但是你未免遇事過於挑剔，使我無法應付。」這也是實話。

實在，蔣碧微也是「天性剛烈，女生男相」的一個人，往往爲了一些芝蔴綠豆的事，便非與悲鴻鬧盡蹩扭不休。例如他坐火車時把孩子買了三等票，她就一路吵。誠如她說：「這許多莫名其妙的事，沒有人可以理解，而他却是一樁一樁的做去。彷彿冥冥中有魔鬼在支使他，一直要做到我們的感情全部破裂爲止。」其實，誰都可以看出，其間感情所以全部破裂的原因，無非是兩人的性格決定了自己的命運而已。

而況，此際碧微對於張道藩，却漸漸有了好感，她認爲：「張先生是一位很重感情的朋友，我們在柏林相遇，巴黎聚首，以至於同時住在南京，平素交往密切，一旦遠離，能毋依依！……」直到後來，她與悲鴻離異之後，與道藩果然非常融洽投契。原因是道藩的性情，確乎比悲鴻要「溫柔敦厚」得多，處處肯忍讓她。在她的筆下，「我與道藩」寫得儼然細膩瀟洒之至，也許是當局者迷罷？在別人看來，可又不是那麽一囘事了。

徐悲鴻筆下的廖靜文

且說抗戰發生，悲鴻遷居到了重慶，「光第」佈置了好好的家，碧微竟又斷然下逐客之令。此後愈演愈烈，雙方又在報上登出廣告，聲明脫離關係。當年鶼鰈雙雙，一起亡命東京，想不到而今却又落得如此悲劇的收場。

而事情的演變往往出人意外，後來，孫韻君以家長反對，結果並未下嫁與徐悲鴻，所謂駝子跌交，兩頭落空了。有次，悲鴻因爲要赴美國去舉行畫展，又寫信邀請碧微同行相助，也許正是復合的一線朕兆，但碧微對之，絕不肯接受，且斬釘截鐵，堅決肯定地拒絕了，甚至說出了即使將來睡到了棺材板上，也不能忘記的沉痛語。「一事不遂，終身不忘」，這還不是她自己的性格決定自己命運又是什麽？

悲鴻有一封信，寫得也很沉痛：「碧微女士慧鑒：汝傷痕太深，有如銅鏡破碎，不能再治，我自知每次見面，必致汝增加憤恨，抑吾並知關於我之一切，亦令汝厭惡。我之於汝，將成一魔，便令吾自責，亦徒然也。吾此往當力知自處，然此半關命運，非全屬人事。……」同時附上了一筆錢，直到最後，他倆的簽字離婚儀式，由沈鈞儒證明，悲鴻携了一袋一百萬塊錢的鈔票，和一卷沒有裱過的畫，並包括若干齊白石的贈畫在內，纔了却這一段孽緣。

對於蔣碧微「我與悲鴻」那篇，一般人的看法，正如薛慧山先生「也談徐悲鴻」中很公允地指出：『……兩人的恩怨是非，旁人無法置喙。其中對畫藝述及很少，而一片勃谿之聲，充滿紙上。但同時拜讀了她寫的「我與道藩」，令人感到女性的感情微妙，愛憎過於分明。據我所知，道藩固是一個溫文可愛的紳士，悲鴻也不見得眞是寡情薄義之徒。其間釀成悲劇的主因，是彼此個性都相當强烈，誰也不肯忍讓誰。……』這些話倒是一言中的，兩人的反目與離異，確實應該各負其一半的責任，凡熟知內幕者，都該深韙其言。

送舊迎新

在悲鴻晚年的得意作品上，往往題欵有「靜文愛妻存」的字樣。那就是他的後任夫人廖靜文女士，是湖南籍，大概比悲鴻年輕了二十多歲，人也長得相當漂亮。悲鴻還幾次替她作了畫像，看來面型很甜，且多少帶些靈氣。我在北平第一次見她的時候，即爲之一楞，她可不就是年輕時的蔣碧微和孫韻君兩人的綜合體嗎？

廖靜文是怎麽一個來歷？民國三十二年，悲鴻專程再到桂林，登報招考中國美術院圖書管理員，規定只收女性。筆試由其學生張安治主持，口試由悲鴻親自評審。報名者多達五十餘人，最後便錄取了一個十九歲高中程度的廖靜文。

當時廖靜文因不滿他父親所娶的後母，離鄉謀生。她應徵投考，目的在得到免費赴重慶的機會。上火車的時候，她的行李即由悲鴻幫她提着。而到了重慶，住入中國美術院不久，兩人便公開同居。據蔣碧微的描述：「悲鴻一向不善於處理生活，凡事雜亂無章，靜文大概是年紀太輕，也不懂得如何料理，因此他們的生活起居便更亂了。他們床上墊稻草，稻草不曾紮束，東一根西一根的掛着。帳子是黑黝黝的，因爲沒有帳鈎，所以帳門永遠不開。枕頭被褥更是狼藉淩亂，從不鋪叠。最妙的是牛奶用鍋子熱，端上來連杯子也沒有，兩個人輪流的捧着鍋子喝，鍋子的四週還被柴火燒得一片烏黑。……」

這描寫或許不算過份，因爲後來在北平所見到的悲鴻臥室，似乎也整潔不了好多。悲鴻因早年勤苦，中年虛弱，身上既有胃病，腎臟又不行，漸漸影響到心臟，最後更形成了血管硬化。吳稚暉老先生聽了，喟然太息，他曾向蔣碧微說：「這叫做一樹梨花壓海棠，只怕一壓就壓死！」究竟怎樣也很難說了。

因兩人隨便同居，毫無保障，廖靜文提出要求悲鴻正式結婚，並登報聲明一次。於是貴陽的中央日報，再度出現這則廣告：

「悲鴻與蔣碧微女士因意志不合，斷絕同居關係已歷八年，中經親友調解，蔣女士堅持己見，破鏡已難重圓，此後悲鴻一切與蔣女士毫不相涉，茲恐社會未盡深知，特此聲明。」蔣碧微見到別人寄給她的剪報，眞是氣得發昏，在一個集會裏發表了這一段談話：「……徐先生的舉動不但輕率，而且缺乏常識，他令我最氣憤的是，第一次為了追求孫韻君，片面刊登啓事和我脫離關係，如果那一次的啓事具有法律効力，他又何必再登第二回？如果第一次的啓事不能生効，那再登一百次也沒有用！可恨的是，他連這種最簡單的法理都不懂。」難怪那時的教育部長朱家驊也說悲鴻恐怕是有神經病了。而他與碧微所生的女兒麗麗，寫信教訓老子道：「爸爸，我要問你，為什麽你每次追求一個女人，就要登報跟媽媽脫離一次關係？假如你還要追求十個女人，你豈不是還要登十次報嗎？」

此際的悲鴻，受盡刺激，亟思有家室安定下來，所以不惜接受一百萬塊錢、一百張畫的條件，藉此送舊迎新，一了百了。勝利後回北平，廖靜文已懷了孕，先後生一男一女，悲鴻則於民國四十三年九月，終因病深不救而逝世，得年五十九歲。

撒手塵寰

由於大陸變色，北平易手，在一塲天翻地覆的變亂中，作為藝術家註定了命運要遭殃。雖然悲鴻很被重視，却免不了因此加重了他的負荷，日以繼夜的不停的趕畫，因此他因高血壓已臥倒床上，忽然又因腦中樞血管受損而致半身不遂。此時遠在新加坡的老友陳之初先生，即收到廖靜文親筆代替徐悲鴻寫的一封信云：

「之初先生：去年夏天，曾承先生數次致函外子，並惠寄任伯年畫照片三次，均已收到。外子自去年五月因高血壓臥病，至七月廿日深夜突因腦中樞血管受損而致半身癱瘓，當即送往中央人民醫院治療，情況極為嚴重，有廿餘日不進飲食，經過許多專家會診始漸脫險，已於上月月底出院返家。現仍遵醫囑臥床靜養。外子病中，曾屢囑靜文寫信給先生，靜文因受刺激太重，神經緊張，且因日夜看護外子，極感疲憊，故延至今日，方得握筆，抱歉萬分，敬請先生原諒。外子囑將下列數事奉告先生：(一)先生曾寄款囑外子代購任伯年畫，因未見到佳幅，該款暫存銀行。(二)上海有某人收藏任伯年畫甚多，已託人前往攝影，如有精品，當即與之商購。(三)外子病癒後，當繪『懶貓』奉先生。(四)先生寄來之三次照片，以最後一次最佳，其中尤以紫藤一幅，不僅是任伯年的傑作，堪稱古今繪畫之奇珍。外子因左邊肢體尚嫌軟弱，行動仍不十分方便，不能親自寫信給先生，想先生當能原諒。此間已降雪，正歲暮天寒之際。謹遙祝　先生健康。徐廖靜文拜上，一九五二、元、七、悲鴻附候」

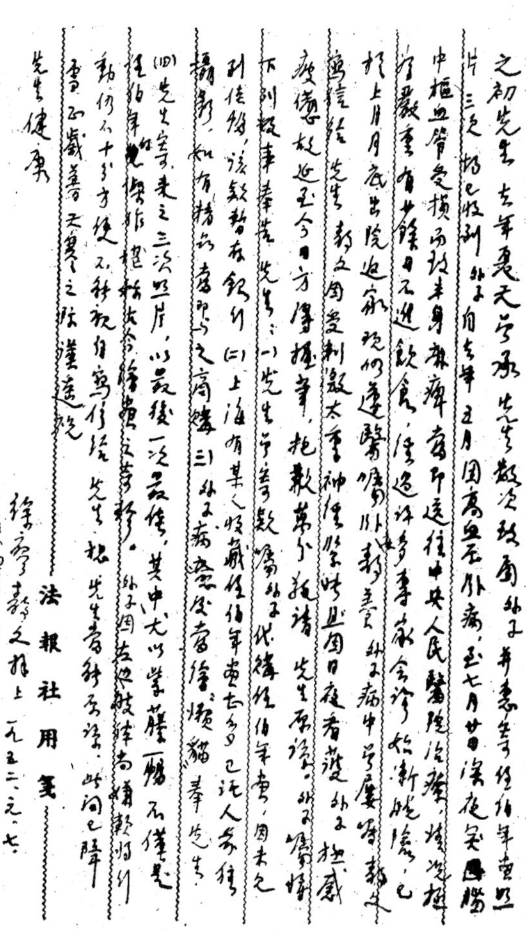

廖靜文手札之一（陳之初先生藏）

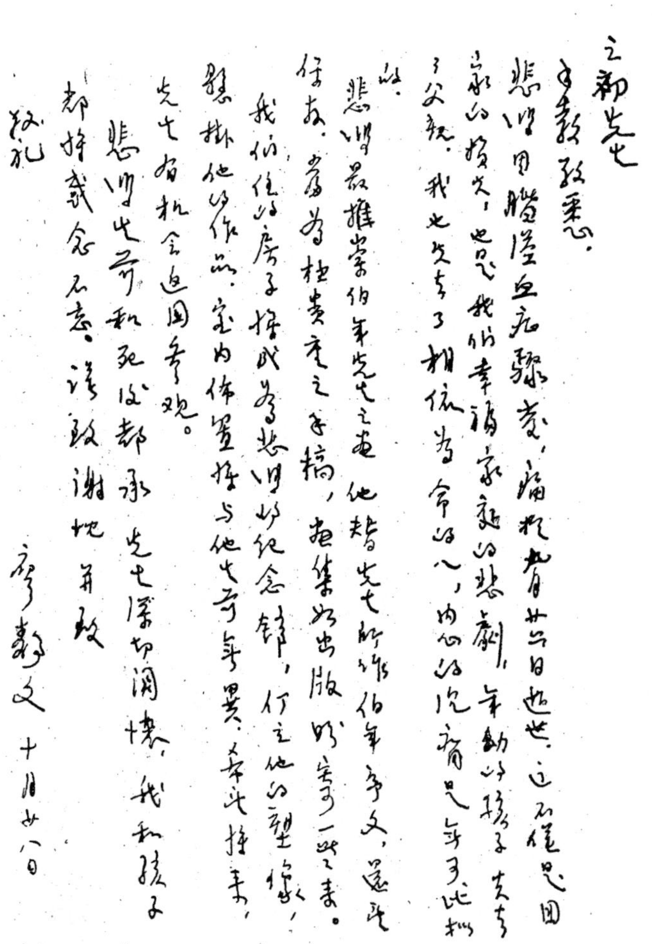
之初先生：
手教敬悉。
悲鴻因腦溢血症驟發，搶救無效，於九月廿六日逝世，這不僅是國家的損失，也是我們幸福家庭的悲劇，年幼的孩子失去了父親，我也失去了相依為命的人，內心的沉痛是無可比擬的。
悲鴻最推崇伯年先生之畫，他對先生所藏伯年手文，還託保存。尤為珍貴之手稿，擬集好出版時寄一些來。
我們住的房子將成為悲鴻的紀念館，佇立他的塑像，懸掛他的作品，室內佈置將與他生前無異，希望先生有機會回國參觀。
悲鴻生前和死後都承先生深切關懷，我和孩子都將永念不忘，謹致謝忱並致
敬禮
廖靜文　十月廿八日

廖靜文手札之二

此後，悲鴻逝世，靜文又把悲鴻臨終前所撰的遺稿——任伯年畫序（見卅六期大人雜誌）寄給陳之初先生，並附函云：

> 之初先生：手教敬悉。悲鴻因腦溢血症驟發，痛於九月廿六日逝世，這不僅是國家的損失，也是我們幸福家庭的悲劇，年幼的孩子失去了父親，我也失去了相依爲命的人，內心的沉痛是無可比擬的。
>
> 悲鴻最推崇伯年先生之畫，他替先生所作伯年序文，還望保存，當爲極貴重之手稿。畫集如出版，盼寄一些來。我們住的房子將成爲悲鴻的紀念館，樹立他的塑像，懸掛他的作品，室內佈置將與他生前無異。希望將來先生有機會返國參觀。
>
> 悲鴻生前和死後都承先生深切關懷，我和孩子都將感念不忘。謹致謝忱，並致敬禮。
>
> 廖靜文 十月廿日

看廖靜文的信上的書法，相當流麗，可知她也多少有些文化，不輸於蔣碧微。蔣碧微學過鄭文公碑，廖靜文筆下似乎也近於泰山金剛經韻味，且與悲鴻的字體署有神似之點。

接着，陳之初先生郵寄任伯年畫集與廖靜文，又收到兩次回信，內稱「悲鴻雖死猶生」「很敬重先生這樣熱愛藝術的精神」等語。看來廖靜文對於徐悲鴻，却也一直琴瑟和諧，伉儷情深。時光悠忽，等到又隔了十年之後，她撫育遺孤，含辛茹苦，在其再致陳先生信中，讀者即不難由此而知道悲鴻身後的情況。原信云：

> 陳之初先生：韓槐準先生轉來先生寄贈黑布一匹，深感故人情誼，不知何以爲報？
>
> 時光流逝，悲鴻辭世瞬將十載，故園草木依舊，而物是人非，倍增悽切。所幸小兒女已漸成長，男兒今年十六歲，就讀中央美術學院附中，專習繪畫。女兒今年十五，入中央音樂學院附中，專習鋼琴，兩人俱能勤奮、節儉，此可告慰悲鴻於地下者，想亦爲先生所樂聞。
>
> 先生如需北京何物，請來信告知，當爲購寄。匆匆即祝 健康，並問闔府安好。
>
> 廖靜文五、二

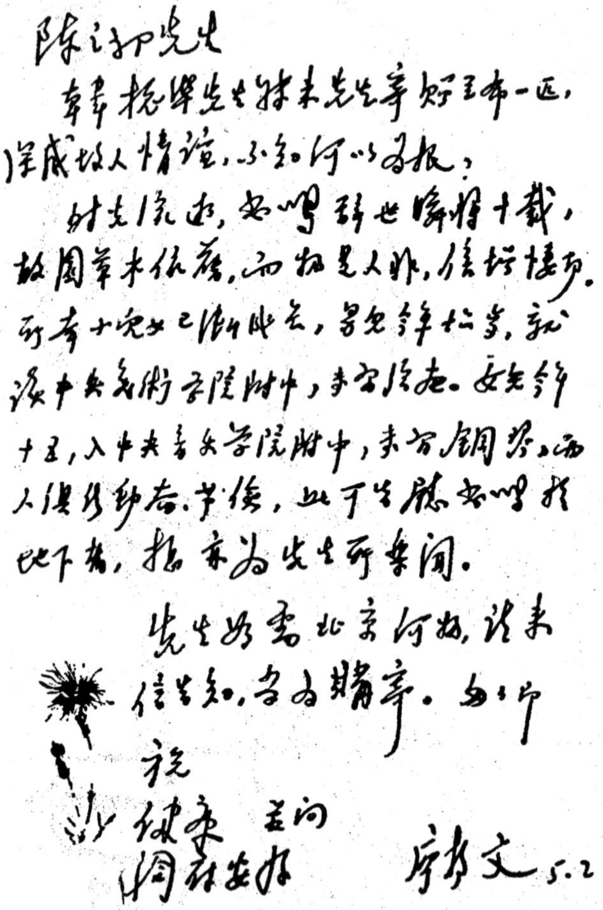

陳之初先生
韓槐準先生轉來先生寄贈黑布一匹，深感故人情誼，不知何以爲報？
時光流逝，悲鴻辭世瞬將十載，故園草木依舊，而物是人非，倍增悽切。所幸小兒女已漸成長，男兒今年十六歲，就讀中央美術學院附中，專習繪畫。女兒今年十五，入中央音樂學院附中，專習鋼琴，兩人俱能勤奮節儉，此可告慰悲鴻於地下者，想亦爲先生所樂聞。
先生如需北京何物，請來信告知，當爲購寄。匆匆即
祝
健康 並問
闔府安好　靜文 5.2

廖靜文手札之三

現在把這些信製版刊出，藉此可知故人有後，堪以告慰。而徐悲鴻、蔣碧微、廖靜文三人之間這一重歷史公案，也該已到了「曲終人散後，江上數峯青」的一天了。

「名人」林海峯家世

·大方·

圍棋在我國的歷史和地位

詩畫琴棋，在我國素推爲高深的藝術，有着悠久的歷史，尤其是棋，發明得很早，博物誌：「堯始創圍棋，其子丹朱亦善奕，旋入於沉迷，後世乃以爲不肖」，根據這一記載，我國在五帝時代即有圍棋，不過那時下棋規例如何，初不可考。接着左傳也有棋的記述，襄公廿五年疏載稱：「棋者、雙方以所執之子，圍而相殺之，故謂之圍棋」，及後，棋道漸漸昌明，優秀的棋士輩出，隋唐間，且陸續有專書問世，隋誌載當時流行者，有「棋圖」、「棋勢」等書，後均散失未能傳世，但知當時棋局，縱橫各十七道，合二百八十九道，黑白子各一百五十枚，見邯鄲淳所著的「藝經」，唐以後，棋局又變爲縱橫各十九道，合爲三百六十一道。

「藝經」是一部記述棋道比較完善的書，其間不僅列有棋藝，更注重棋品，所列棋品有九種：（一）入神、（二）坐照、（三）具體、（四）通幽、（五）用智、（六）小巧、（七）鬥力、（八）若愚、（九）守拙。

「藝經」問世後，棋壇風氣，漸注重於品格，南北朝時，梁武帝好奕，南史柳惲傳，嘗有這樣一段記載云：武帝使柳惲品立棋譜，登格者二七八人，惲爲之判其優劣，著「棋品」三卷，惲自己列爲第二名。

宋代開始談棋的作品更多，有張擬之以「棋經」十三卷行世，推爲巨著，南渡國手劉仲甫，著「棋訣」一卷，分爲四篇，一布局、二侵凌、三用武、四取捨，並附「論棋雜說」一篇，頗爲傳誦。至元代，有宴天章所著「玄玄經」，但流傳不廣。有清一代，推范西屏、施定庵、梁魏今、程蘭如爲四大家，其間，唯施有著作傳世，施作名曰「棋理指歸」，述初學入門及布局之法，極爲詳盡。

圍棋在我國並不受人重視

圍棋在我國雖發明很早，但其作用並不廣大，一般來說，圍棋流行於士大夫階級間，祗供他們茶餘酒後消遣之用而已。久而久之，成爲有閒階級的專利品，失却原有精深和益智的意義，因之雖有國手，也並不受社會重視，使有心人士爲之歎息！筆者對圍棋是外行，關於棋藝和棋壇掌故，都欠瞭解，惟知圍棋自清代末年至於民元的一個時期，情形漸入於消沉階段，在見聞中，很少著名的棋士發現，偶或有之，多數依附於權貴或富商之門，成爲一種幫閒人物，即使棋藝出衆，以言棋品，自不能稱爲上流。

記得筆者少年時，相識中有一位好友張葱玉，他是南潯富商張石銘之後，據他談起，他的先人好奕，家裏有許多門客，一部份屬於棋士，這些棋士別無工作，祗是在東主空閒時陪東主下棋，他們都是半職業性，雖然他們的生活，並不全部依靠奕棋方面的收入，但在當時社會歛財不易的環境下，善奕之士，能藉棋藝以博一部份收入補貼家用，也屬未可厚非之事。

葱玉又言：往昔一般棋士，依附於權富之門，是沒有固定薪水的，他們想獲得額外利益，便不得不別出奇計，唯一辦法便是博采。所謂博采，也即是說在棋局終了分出輸贏後，由負者奉獻若干金給勝者爲酬。民國時代生活穩定，故當時賓主間的棋局博采，普通祗是兩三枚銀元，高至五元，已爲異數；若一局而博十元者，則爲很少發現之舉。事實上一般奔走權門的棋士，他們的棋藝，都比東主高明得多，但他們表面非常自謙，承認本人棋藝和東主祗在伯仲之間，平常彼此對局，也互有勝負，使東主相信自己棋藝不會比對方遜色，於是在必要時，彼此便以博采來增加興趣。博采經過，必然是這種現象，博二三元，棋士會有意輸給東翁，但博五元或十元，棋士拿出眞才實學，東主便非敗北不可；可是他會對東主這樣說：這棋局原本是東翁勝利的，但你下錯了一子。我能取勝，並不是藝術高明，祗是手風較好而已。東主信以爲眞，便會經常地和棋士對奕下去，終於墮入棋士圈套之中，但這是當時社的風氣如此，爲了生活，不擇手段，又何能責怪棋士們的棋品不高。說也可憐，我國過去所有才藝人物、大都處境貧寒，棋士如此，詩人也是如此。記得隨園詩話嘗有這樣一首詩云：「昨夜檐前起北風，舉家憂急飯籮空，阿娘勸子休啼哭，爺有新詩上相公」。詩人既如此之窮，棋士也不例外，爲了窮，藉技藝博取一些收入，該是値得原諒的，無如國人過去，素抱勢利的眼光，並不重視才藝之士，因之，過去雖有傑出的棋士，也得不到社會人士所尊敬，使棋藝前途，遂也失却發揚光大的機會。

無可諱言，就各種學術的硏討而論，我國要比日本遜色得多，日本對各項技藝，都設有專科硏究，柔道、劍道之外，餘如插花、園藝、茶道、牆飾等等，在爭競的風氣下，均有高深的成就，尤其是圍棋，日本朝野均認爲這是一種崇高的技術，政府大力加以提倡，一個高明的棋士，受到各階層人士所敬，一局名家對奕的棋譜，行銷數百萬份，那是極普通之事。棋士們生活優裕，不必爲衣食而辛勞，祗知盡力硏習棋道，因之日本棋藝，一向遠比我國人爲高，許多年來，從未見國人能戰勝日籍高手者。直至民元以後，吳清源以獨特才調，一鳴驚人，創出我國棋士揚名扶桑三島的空前紀錄，足稱我國棋士在海外唯一揚眉吐氣之事。後此二十年，林海峯異軍突起，同樣以絕頂才華，以棋技稱雄於扶桑三島，是爲吳清源後的唯一傳人，也可說是中華棋士能以棋藝蜚聲海外者，一個繼往開來的異士。

林海峯家世及其家庭狀況

林海峯，浙江鎮海人，父名國珪，曾任職東南長官公署，旋去台灣，改隸彰化銀行任事，故留台居住很久。中日戰起，局勢丕變，林氏不願捲入政治旋渦，携眷還居海上，林氏爲日本通，當有人促其出任某項要職，林氏不願爲僞官，堅辭不就，故在那一個時期，家庭生活非常清苦，但林氏淡泊自甘，頗爲相識者所稱道，及勝利以後，始舉家重赴台灣，任某一方面職務。

林母名洪毓賢，美而誠厚，育子女四五人，長海濤，次林芳，又次爲海波、海達，皆早夭，海峯爲最幼者。筆者與林氏有着葭莩之誼，論輩份林夫人毓賢，係內人的表姑母，但因時值亂離，過去很少晤聚機會，故筆者生平未嘗見過林氏，僅毓賢姑母，則曾有一面之雅。

那是在抗戰初期，內人養第一個孩子，遇到難產，進入上海法租界的伯特利醫院，我聞訊趕到醫院時，毓賢姑母和另一親戚莫若君女士，已先我而至，她們在院陪了內人兩個通宵，直到孩子平安墮地後，纔相率離去。這一場面，至今記憶猶新，而毓賢姑母對內人的一種照拂之情，常使我永銘心坎，惜乎林氏夫婦在勝利後舉家又去了台灣，相隔不久，夫婦同因肺疾，先後病逝於台大醫院。林氏存年六十三歲，洪夫人存年祇卅八歲。二二八事變時期，內人因尋訪其兄長，曾一度趕赴台灣，不圖林氏夫婦業已逝世，使內人乃有緣慳一面之恨，至今想起，輒引爲遺憾。

林海峯習藝經過及其婚事

民國卅五年三月，林國珪氏舉家遷台灣，海峯即在台灣就學，功課以算術較優，其他亦普通而已，惟對圍棋則悟性特高。林氏好奕，與親友對奕，海峯從旁觀戰，每多出奇制勝之着。旋與親友奕，其技術竟駕親友而上之。識者認爲其富於奕棋天才，得當時圍棋協會之協助，送往日本棋院正式習棋，時爲民國四十二年，海峯才十歲。以天才卓越，進步甚速，十三歲獲升初段，十八歲獲升六段，其成就超過當時日籍高手藤田悟郎，使圍棋史上出現新的紀錄，也使一般人認爲奇迹。從此海峯棋藝進展一日千里，短短數載內，即榮獲本因坊和名人，海峯嘗以師禮事吳清源，吳對林的棋藝亦時加指導。

林海峯及其兄林海濤姊林芳合影

海峯長兄海濤，曾在台大土木系修業，旋赴日任東京中央信託局辦事處高級職位，蟬聯幾達十年，今該局改組爲信昌貿易株式會社，海濤辦事勤奮，爲局方信賴，至今仍任原職。海濤爲人賦性忠實，有不屑求人的習慣，海峯因平常收入較好，婚前即曾以所蓄買一房子，婚後擬另卜新居，準備將舊宅贈與乃兄，但海濤不受，他說：雖然海峯是我兄弟，但各人財產要清楚地分開，我決不能無功受祿。最後結果，海峯將該宅定一代價，由海濤出資購買下來，才算合理解決。由此推想，可見海濤是一個相當老實和固執的人。

海峯的新夫人黃蘭娣女士，也是浙江人，先世旅日甚久，成爲日本的老華僑，她和海峯是大坂華僑中學的同學，由戀愛以至結合，經過一個悠久時期，終於愛情成熟。一九六八年十一月，雙方在台北訂婚，當時台灣國府要人，參預典禮者甚衆。及七十一年十二月，海峯與黃女士大喜之期，海峯性好寧靜，不願鋪張，二人遂偕往關島結婚，成爲一時佳話。

海峯之姊林芳，現留台任景美女中教師，其夫張國良，則爲農復會高級職員，結婚有年，已有三個孩子，一家過着很愉快的生活。林氏諸子女，惟海濤至今仍是獨身，林芳心中，常以幼弟已結婚，而乃兄之未能早日成家爲念，但婚姻是不能急就的，故海濤的對象，至今猶在物色之中。

前年春間，筆者曾一度遊東京，因海濤獨身，故曾有數天住在海濤家裏，深受他的欵待。今年秋節，筆者夫婦可能重遊東京，那時，如果能喝到海濤的一杯喜酒，使我們痛痛快快的熱鬧一場，該是多麼高興之事。

血淚當年話報壇

——追憶抗日戰爭中上海新聞界一幕鬥爭史——

・張志韓・

但一陣興奮過後，我們將作如何打算，却又籠罩心頭，難得解答，人人有此一想，人人有此難題，勝利了，我們可以苦盡甘來了，我們可以回上海了，但我們如何走呢？我的人口還算簡單，夫婦倆和一女兒，一家三口，總得有個準備。不單我們老百姓爲了這問題而大費思攷，政府當局，更是千頭萬緒，要安排這一個突然來臨的局面，我們也不去研究大問題，上海人總關心上海方面的消息，從芷江初步接觸的受降準備進而南京的正式受降，上海方面，已發表了錢大鈞的市長，吳紹澍爲副市長兼社會局長，其他各局主管也都是一時之選。

當時想回上海的人，眞是成千成萬，大家都想即刻動身，但交通工具這樣困難，復員的省市如此之多，許多身負使命的軍政首長，他們如何啓程，還得政府統籌辦理，因爲上海是第一個重要都市，所以政府特別優先安排，美軍當局所派出的許多飛機中，大部份屬於調配在上海方面，我總算獲得和上海各局的首長，分乘十多架軍用機由重慶直接飛滬。當時舊上海新聞界同仁中，和我同時由渝飛滬的有大公報的李子寬等好幾位，飛機從重慶的市驛機場起飛，我一大早帶了一隻箱子到飛機場，只見很大的機場中已有好幾架飛機等待出發，機場大，飛機停得很遠，我又不知道應當搭乘那一架的機，踉踉蹌蹌的歪着身子把箱子從地上拖着跑，幸虧一個美國空軍幫忙，他輕輕提起箱子抗在肩上，左手又把我一個頗大的手提旅行袋提在手中，要我跟着他快跑，到了停機坪，才見許多人正在紛紛登機，據說有的還是昨夜趕來，在機場露宿一晚，他們深恐錯過這個千載難逢的機會，不知何時始能離開重慶，於此想見當時這批流亡客急於歸去的心境。使我臥寐難忘的，我今獲得機會遄歸上海，但我的妻女，則仍棲息重慶，還沒有替她們作出安排。臨行前夕，我的女兒婉莘，正在發高熱，她們也知道我此行關係重大，所以壓抑離愁，强顏歡笑。我到滬之後，祇能一天一封信，有時一天兩封信，從未間斷，多方託人設法如何讓她們早日歸來，至少經過了三個月左右，才由友人黃祖耀兄替我在財政部的一批還鄉眷屬中，編派在中央印鑄廠的船隊，由渝東下，她們總算從巴峽而巫峽，由漢口而南京，到了南京，我已派人在下關碼頭迎接，改搭京滬車返抵上海，一個小家庭總算又團聚了；但她們談起溯江東下時的險狀，船上的擠迫，旅途頗苦，祇是此行係屬返鄉，所以心情尙算開朗，祇是我妻韓文秀不幸而過度辛勞，患上不治之症，最初不知她病情何在，一次次以爲小產，在上海還請教了幾位有名的婦科醫生金問淇、李元善等，他們也祇作小產看待，我妻身體素健，從未因此病倒，直待卅八年由滬來港，還是每隔二三月總要經過一次小手術，最後被一個醫生查出患了致命的子宮癌，他保證可以由他動手術割去子宮，把病根拔除，我妻也毅然接受，誰知就這樣斷送了她的生命。我妻十九來歸，患難相從二十載，當我在大美晚報工作時，她時常要東搬西遷，逃避匪僞踪跡，又要饋衣送食，兼顧我的生活，一路流亡去渝，餐風宿露，寢不安枕，勝利返滬，總以爲可以過些太平日子，又誰知曇花一現，轉眼又成流亡難民，埋骨異鄉，魂歸何處，涉想至此，不禁潸潸淚下。

從重慶回上海，在我恢復報人生涯中一次兩次的遭遇莫名其妙的風波，美國的國務院曾向我們外交部提出抗議，說我盜竊了他們美商名義，在上海擅自復刊中文大美晚報。後來他們自知不合，悶聲不響之外，又有一個美國人利用新聞威脅，說我盜用了華美晚報名義，要來上海和我打官司。最妙的還有一位民社黨首領張君勱，爲了一幢房屋，他竟公然向國民黨抗議指我利用權勢，侵犯了他的再生出版社租權。還有一次和當年上海的左派聯合晚報，大打房屋官司，他們出動了四個名律師，其中三位是當年的風雲人物，一個是史良，一個是韓學章，一個是沙千里，另一個則爲老友路式導，四位大律師在法庭上和我唇槍舌劍，在庭下又握手歡談，使我的復員生活在緊張忙迫中又出現了刺激與多姿多采的花樣，其事奇妙之至，不得不再從重慶東歸之日談起。

重慶人天外飛來　副市長地下鑽出

當我們所搭的美軍飛機從重慶的市驛起飛之後，因爲中途需要加油，所以第一站在貴州的芷江機場降落，大概在那裏躭擱了一小時左右，才再度逕飛上海，我那時一心只想早日看到上海故鄉的劫後景色，所以沿途並沒心情瀏覽機窗外面的情形，不過當起飛大概半小時左右，忽然覺得這架飛機掉轉回頭，重返歸程，心中不覺大訝，而且又重返芷江機場降落，既沒有人說明是何原因，也沒有要我們跑下飛機，祇見幾個美空軍在飛機上四週察看，後來爬上機翼，見他們查到上面一個加油的油孔，沒有蓋上，於是知道毛病所在，趕緊把油蓋旋緊，他們才鬆了口氣，始行繼續東飛，這樣一躭擱，我們到達上海，已在下午四時半左右，可是眼見故鄉已在脚下，飛機却在上空，左盤右旋，足足兜了將近一小時的圈子，才得慢慢降落，蓋因那一天江灣機場到達的飛機太多，必須候指揮塔逐一指示，分別降落，我們的飛機到得較遲，所以降落亦晏。飛機着陸了，但見機場上簇擁了一大堆人，大家都在高聲歡呼，跑出人叢，已由上海市黨部和青年團的專車，送我們到福州路的都城飯店休息，那裏據說是專門招待復員來滬的上海各機關重要人員下榻之所，我既非市府人員，當然不便分享這一份優待，雖然招待者十分客氣，要我住在那裏，我還是一輛三輪車，把行李和我送到跑馬廳畔的大中華飯店，自己開了一個房間，作爲下榻之所，這便是我這個從天上飛下來的重慶人，到達上海的第一天。他鄉游子，一旦歸來，只覺城市如舊，面目依然，祇是自己一副土包子的行狀，一身卡嘰中山裝，算是我最漂亮的大禮服，我的老家在浦東，天色已晚，我不明地方情形，也無暇打聽問訊，第一件事便是和吳紹澍聯絡，他在勝利後特地請錢市長要我搭機返滬，他此時正是上海第一紅人，一身職務之多，等於集黨政軍一切大權於掌握之中，我稍事休息，便和他通了一個電話，他一聽到我已到上海，馬上要我留在旅館，說一刻鐘內，可以派車接我去他家中住宿，他住在以前的法租界巨潑來斯路的鶴園弄口附近，另有一幢在巨潑來斯路最著盛名的大住宅，是潘三省的寓所，此時已爲中央的一個機構佔用，直至吳國楨到上海，吳指名要把該處作爲市長官邸，所以這個機構才鶯遷別處。當我會晤吳紹澍時，祇見他住所內擠滿了人，樓上樓下，人來人往，鶴園是一個靜靜的衖堂房子，祇有幾份住戶，但此時衖中排滿汽車，連巨潑來斯路上，也汽車成行都是來拜訪吳紹澍的，可見此公當時風頭之健，聲勢之盛。我和他見面之後，叨在老友，用不到如何客套，他也不作轉彎抹角之詞，第一句話要我着手恢復大美晚報，他說「你們這張報紙在抗戰中出力最多，犧牲最大，勝利以後理應首先出版，讓大上海的人民知道你們歷刼歸來，重與全市人民站在一起，你祇要召集舊人，計劃復刊，其他方面如要我從旁襄助，一切唯命是聽」。他說得這樣懇切，這樣豪爽，使我當時難以置答，因爲這是一個難題，大美晚報爲美國人的產業，我們當時雖然九死一生，爲國家民族冒險犯難，替該報名揚四海，也賺了大錢，但如要復刊，理應由該報館老闆出而主動，此時該報的主人史帶遠在美國，留在上海的人，已往在敵僞佔據期中，不知如何局面，目前已告勝利，該報是否另有負責之人，我完全不知道，所以吳紹澍的一片好意，我祇能表示研究攷慮，因爲自己心中實在並無把握也。當天晚上吳紹澍陪我去看蔣伯誠、趙志游等幾位在抗戰中留滬的重要份子，以前都是地下人物，會面時偷偷摸摸，現在天日重光，自然親切愉快，歡忭不勝。河山無恙，我已歸來，我之去也，如喪家之犬，如漏網之魚，我之歸也，鄉音未改，寒酸依然。吳紹澍要我立即復刊大美晚報，我則心中一再考慮，需要想出一個萬全辦法，使大美的令名，既可保持，而別人對之，又無話可說。在苦思焦慮之中，於是而有「大美夜報」之出版，當時我招集舊日同人，以及許多和我患難相共的工人，他們有的改行別業，走單幫的，拉塲車的，也有從商的，做小販的，形形色色，不一而足。聽說我籌備復刊，不得已而改名爲大美夜報的經過，自然一體贊成，別無異議。同時我也打聽了一下過去大美晚報的人事浮沉，據說以前的總經理勃羅司，被日軍關在集中營後，早已死在獄中，他的漂亮太太，不知去向。當時英文大美晚報的總編輯奧普，亦因在集中營吃盡苦難，因營養不良而雙目失明。至於中文大美晚報威海衛路的原址早已給業主收回，改作別用，當年我們費盡心血買來的一架印報機也已給幾個不肖職員，當廢鐵盜賣，屍骨無存。至於英文大美晚報和大美印刷所，則已恢復業務，但主持之人，素不相識，自然也不需要與他們接觸。我與舊日同仁，決定了大美夜報的名稱，但報館設在那裏，印刷設備當然沒有能力置辦，甚至連購買報紙的錢也尙須籌措，可是吳紹澍說這些你無須躭憂，因爲他此時手上有兩張大報，一張屬於國民黨的正言報，一張是屬於三民主義青年團的青年日報，他說青年日報的社址比較大，可以撥出幾間給我做大美夜報社址，此外該報有兩架捲筒機也可撥出一架給我使用；至於紙張印刷，容易得很，紙張由我向青年日報暫借，將來再行歸還，，印刷也可由該報代勞，祇須計算工人薪水以及油墨等等費用，決定一個價錢，隨時結算，於是我們的大美夜報正式出版了。謝天謝地，上海人對於我們的出版，反應熱烈，可以從每天超過五六萬份的銷數見之。第一天的發刊詞我們開宗明義的聲述同人們都是以前在中文大美晚報冒險犯難的一羣，今日之發刊，應該是舊日大美晚報同人的精神復員，但這一張報紙已非美商剏辦而爲我們中國人自己的心血所灌溉的園地，誓當繼承昔日的正義立場，爲國家，爲民族盡其國人一份子的天職。同時爲了紀念昔日死難同人，把首三日的發行所得，悉數捐獻給爲抗戰犧牲的烈士遺族，其中除了張似旭先生家族遠在美國無從聯絡外，其他如朱惺公、程振章、李駿英、趙國棟，當年爲敵僞所殺害，吳中一曾爲大美早報總編輯，因日軍進佔租界避難西行，在將到屯溪途中患病身亡，另有一位趙文元，也是大美早報同人，則於報紙停版後直抵大後方，死於昆明中央日報任內。凡此舊日同人，不幸均作古人，追念昔日同舟之誼，將售報所得，分貽諸君家屬，亦表示我們後死同仁在報紙復刊後的一種表示，同時並分別與他們的家屬晤面，我遇到已故李駿英兄的夫人，特別問她我到渝之後，曾爲她向中央具領撫卹金一萬元，其時滬渝滙兌困難，曾拜託楊管北君設法滙寄，因爲李駿英的胞妹爲楊管北元配，抗戰時因楊君另有新寵因此離異，但李駿英與楊管北私交頗篤，不因這一婚姻糾紛而疏遠，可惜當時楊管北所說的滙水折算，要打一頗大折扣，我便致函李夫人，詢伊如何處置？當年李夫人回信給我，說李駿英有一位胞姪政道，正在昆明西南聯大攻讀，他的母親也陪了兒子在昆明，希望我把這萬元卹金，轉滙昆明給李政道母子兩人做生活費，她則可以向李駿英的二胞兄李駿康支取，這樣可以兩無損失，也少却了許多麻煩。李駿英夫人告訴我此欵早已妥收，我也算了却一件心事，這位李政道便是在美國和楊振寧共同獲得諾貝爾奬金的著名物理科學家，他們李家的子孫都以道字排名，李駿英的三個兒子我記得他們的名字是宏道、致道、立道。

一炮而紅遭大忌　重重刼難不斷來

我們出版的大美夜報，眞的一炮而紅，半由於讀者的推愛，半由於消息報導，準確而快捷，尤其當時許多肅奸消息傳播最速，這個時候上海人莫不重大注意，我們把一個個被指爲漢奸的重要人物捕入牢籠，爭先發表，不單是陳公博、周佛海、褚民誼等，如何落網被捕，像上海人最熟悉的袁履登、聞蘭亭、林康侯等也相繼進了提籃橋監獄，這種消息，把上海人期待已久認爲總有一天會出現的大消息突然宣佈，有的拍掌稱快，也有的搖頭嘆息，而我們的這份夜報，眞是賣得乾乾淨淨，因爲並非自己的印報機印刷，要添印，別人家的工人早已走了，我無權要他們另行設法，類於這種的情形非常多，我一方面固然相當高興，許多同事也以爲可以立定脚跟，打下基礎，誰知此時別家早報忽然刊登一則外國電訊社來自美國的消息，據說美國國務院爲了有人在上海盗用大美晚報名義，擅自發行侵犯他們美國公民的權益，向我們的外交部提出嚴重抗議，這當然是對付我們的一段新聞，在我而言，當時已覺得非常可笑，因爲我們出版的是大美夜報，一字之差，難道他們瞎了眼沒有看清？我們的發刊詞中，當時也說明這是我們中國人自己的事業，根本無需利用美國人的名義，何來侵犯權益之有？而且抗戰前的中文大美晚報當時雖由美國創辦，但它沒有向中國政府註冊立案，聲明這專用的權利，即使別人另出大美晚報，他也無權干涉，難道這四個字便是他們的永遠資產，他人絕對不可引用；此外，我們自己籌錢，自己出力，根本沒有動用昔日大美晚報的一草一木，更何來侵犯他們的權益，美國國務院憑他們的商人一面之詞，也不調查清楚，以一個政府的尊嚴，動輒向別人交涉抗議，我對此一消息，當時一笑置之；至於我們的外交部，當時如何答覆，自然無從知悉，不過有許多人爲我躭心，因爲我們政府的一些權要們懼外心理，由來已久，而且我們這一張報紙因爲一舉成功，當時也不免招人嫉妒，所以有人便勸我應當善爲處理，向中央方面解釋一下，免得糊裏糊塗的無故犧牲。但在我而言，總以爲今日之下，我們已由戰敗國而躋身四强之一，政府當局，再不會像已往的屈辱外交，動輒低頭屈膝，何況我們祗是一張區區晚報，自己既無不當之處，政府當局，自不能光憑美政府的一紙抗議，橫加處分，何況他們抗議的是大美晚報，我出版的是大美夜報，河水不犯井水，何必大驚小怪？我以坦蕩之心出之，偏是有人甘心媚外，他們覺得我這大美夜報既然引起了美國政府的誤會，如果不給美國人一些面子，總覺有礙邦交，不是辦法，於是想出了一條妙計，編出了一套理由，認爲凡屬復員地區中出版的報紙，應以舊日出版復刊者爲限，所有新創報刊，一體禁止發行，這一個新例，或許是專門對付我這張大美夜報而頒發，或則爲當時各大城市由於勝利復員，民心振奮，所以新出報紙有如雨後春筍，以上海一地而言，已有好幾家新的報紙爭相發行，業務都很發達，像替我印刷的青年日報，便是其中之一。中央日報也由屯溪遷來上海出版，這張報紙在抗戰時期的上海根本沒有，由於太平洋大戰爆發後，馮有眞以安置上海撤退報人的名義，奉准在屯溪辦了中央日報，抗戰既告勝利，這張報紙當年既以上海撤退報人的名義而創辦，遷滬發行，似亦名正言順，他們距離上海較近，所以很快便在上海復刊，但中央方面這時既以復員地區祗准以舊日原有報刊恢復出版的限制，這張在上海出版的中央日報，自然要立即停版，命令到達上海，此時中宣部派在上海的特派員是詹文澘，他拾到鷄毛當令箭，便一紙公文，分函一些在上海新出版的報紙，當然包括我的大美夜報及中央日報在內，限令函到之日，立即停版。

大美停版華美繼　柳暗花明又一村

當時像青年團所辦的青年日報，也是承印我大美夜報的首先遵令停版，中央日報和我覺得我們的情形不同，當時未予接受，詹文澘幾次三番的和我以及馮有眞見面，他一面孔中央大員，要我們遵照辦理，否則實行封閉，我問他要停版的原因，是否爲了美國方面的抗議，他說不是，完全因爲過去上海沒有大美夜報，所以不合目前出版條例。但我又問他，以前的大美晚報，本由美國人出資創辦，但其後敢與敵偽正面鬥爭的，完全是我們中國人，被敵偽一個個殘殺和拘捕的，也是我們中國人。中央叠次嘉勉我們秉承國策，忠於國家，目前抗戰勝利，國土重光，我們感覺不再要憑藉外國人的勢力在國內作言論宣傳，同時爲了保持已往大美晚報同人壯烈犧牲的光榮精神，又不願在外人卵翼之下，所以由同人們自行刊行大美夜報，既可繼承過去之精神，盡其言論報國之天職，又可使死難諸公的往績，仍能深印讀者心頭，因此從權達變，以大美夜報四字應世，此與一班新發刊之報紙，性質絕不相同，豈可因中央一紙通令，强使我人停止出版；況我等在出版之初，即已向社會局及市黨部等分別登記，且均呈報中央有案，政府機關絕未以我人不合法令而不予准許，今日之下，忽爾命令停版，天理國法人情，不得其平，甚而使人誤會，我們之所以停版，實由美國一紙抗議書所致，我等顯因侵害美國商人之權益而被政府處分，此一問題，更令我人難以接受，如果足下決定封閉，則一切由君處理，敝報同人難以默爾而息。而中央日報之馮有眞，自返滬以後，早與詹文澘不睦，蓋馮在昔亦爲中宣部駐滬代表，此時既爲中央日報社長，復爲中央社上海社主持人，詹文濟時時以特派員身份妄想向馮以大帽子高壓，豈爲馮有眞甘心接受，兩人早已積恨在心，目前詹文濟竟限令中央日報停版，此對馮而言，豈非重大打擊，甚至使馮無面目在上海立足，因此與詹文濟拍桌大罵，甚至揎拳勒臂，頗有打架可能；我在當時，總覺爭執並非辦法，反而插手勸解，大家暫時息爭，一場吵鬧，雖告段落，但此事顯然尚未結束。詹文濟事後再三央告，要我接受停版，並云中央對兄必然有安排，如果足下之大美夜報，不肯服從，則馮有眞之中央日報，更將振振有詞，不肯接受命令，所以他要我接受勸告，以便全力對付中央日報云云。我對詹文濟此種妙計，知其用意所在，但亦諒解當時政府方面，確有苦心存在，則以各黨各派，此際正利用勝利機會，紛紛在各大都市，計劃在報紙雜誌方面，樹立他們的宣傳攻勢，以爲此後政治鬥爭之資本，所謂復刊報紙，祇准以舊日發行的爲抵制之策，當時而言，似乎是一種不得已的應付方法，但這樣的因噎廢食，開始時却打擊了我們的一片雄心，儘管詹文濟如此說，我仍是相應不理，而馮有眞方面，則壓力愈來愈重，因爲他以中央日報爲名，自然要受中宣部管轄，此時詹文濟自知不能對付馮有眞，祇有要求中宣部直接發令非要馮有眞停版不可，於是馮有眞便和我商量對策，我說「中央的這種決策，既然非貫澈不可，我的這張大美夜報，看來已成夭亡之局，目前拒不接受，委實是滿腔悲憤的表示，由於青年日報等已實行遵命停版，我們兩家如果孤軍奮鬥，無異螳臂當車，但你們的中央日報，以堂堂黨報名義，也要遭此處分，未免令人產生另一種感覺，據我觀察，我們的政府對人處事，情感成份居多，而朝令夕改，更是不足爲奇，足下爲了這一張報紙而單獨在滬堅持，究竟不是辦法，惟有自己去重慶據理力爭，或可把此事挽救過來。」馮有眞原是滿腔怨憤，感覺無路可走，聽我勸說覺得尚有道理，於是他突然西飛重慶，爲他的上海中央日報進行力爭，我與詹文濟則雙方協議，由我出版到一個階段，讓廣告和發行收入，可以不受損失，宣告停版，就這樣把一張大美夜報，曇花一現，短命而終。別的重慶人，從天上飛到上海，房子條子車子等五子登科，我則打了一陣敗仗，莫名其妙的吃這大虧，心情抑塞，萬念俱灰！此時吳紹澍也曾爲我據理力爭，可惜他也無能爲力，於是又爲我安排退路，他說：社會局中的一個單位，原由名導演費穆做處長，但費穆因爲志不在此，業已聲請辭職，他已計劃由我繼任，可以暫時放棄報人生活，在社會局幫他負責這一部門，作爲過渡，對於辦報之事，大家仍可從長計議，自然不會令你失望。所有報館同人，也都搖頭太息，怨聲載道，忽然一紙電訊，由中宣部發來，要我出版華美晚報，出乎意料之外，正是：山窮水盡疑無路，柳暗花明又一村，這是中央給我的一種恩惠嗎？我却要鄭重考慮，然後再作決定呢。

史帶重臨上海地　指我奪妻笑煞人

從重慶返上海，我匆匆啓程之前，早知道中央方面，已在密切安排如何應付上海、南京、北平、天津等各大都市的報紙復刊問題，其中包括接收當地的許多大報，因爲在中央而言，凡是在淪陷區中敵僞卵翼以下的報紙，不論其性質如何，均作逆產看待，此時許多懷有大志之人，早已奔走門路鑽頭覓縫，希望能夠掌握一份全國最好的報紙，或是派去辦一份中央日報，當我臨行前夕，還有人勸我何必匆匆去滬，我自知何德何能，不敢抱問鼎一臠之想，此時主管中宣部的爲吳國楨，我向他告辭時，他也覺得意外，他說「你去上海，還是以告假爲名，比較合式」，所以我到上海，尚有專門委員的薪水可拿，直到我妻女離渝爲止，這個職務，方才告一段落，我妻我女，也賴此收入，在重慶得以無生活之憂。當我在上海出版大美夜報時，航寄到渝，使陪都朋友看到雪白的報紙清楚的印刷，眼睛爲之一亮，則因數年來在大後方習慣於灰黃色的土報紙，印刷模糊，兩相比較，自然不可同日而語，我曾接到很多朋友從重慶來信向我稱頌道賀，可憐我這一份璀燦光榮的一幕，僅僅一個短時期，便告結束；但此中尚值得一記的，則爲中文大美晚報的美國老闆史帶，在美國國務院向我們提出抗議之後，他也兼程來滬，要親自處理誰人侵害他的權益了，當然他在上海擁有不少事業，大美晚報僅爲其中最小的一個單位而已。史帶其人，我昔日在中文大美晚報工作時，見過兩面，他是大老闆，我們是小職員，平日他的辦公處在友邦和美亞保險公司內，依稀和他晤面兩次，第一次在開辦之初，他和當時的報紙主持人石克雷同來，握手而已，一瞬即去。第二次則爲張似旭接手之後，史帶和他的姊姊，前來訪問，亦祇匆匆一面，握手問好，以後上海局勢日緊，史帶亦即去美，此番日本投降，上海重光，史帶是在上海發跡的人，他的大部財產，都在上海，東來目的，當然在親自處理他所有一切事業，關於中文大美晚報，祇是附帶的一件小事而已。但他到了上海之後，他亟亟的希望和我見面，他當時住在華懋飯店，我還記得他約了美亞保險公司的朱孔嘉君，我則和昔日大美晚報負責會計部門的杜炳昌兩人同去，杜君便是曾被汪精衛七十六號特工總部一度綁去後來又釋放歸來的餘生者。史帶和我握手問好之後，第一句話很風趣，他說我搶了他的老婆，他以大美晚報比作他的老婆看待，說我出版了大美夜報，等於搶去了他心愛的老婆。因爲當時我們的大美夜報，正當形勢大好之時，他希望我依舊和他合作，並說他準備大幹一番，已請了胡適之的兒子和徐新六的兒子共同幫忙主持。關於胡、徐兩君被他羅致一事，我也已早有所聞，原來徐新六的兒子是他乾兒子，史帶當年來滬之初，徐新六曾幫過他大忙，他爲報答知遇之恩，所以徐新六雖死，他要幫助他的後人在社會上立足。至於胡適之的兒子，當然他希望靠了胡氏的聲名，可以給大美晚報的地位更加發揚光大。史帶是生意人，處處不脫商人本色，但我聽了他一番勸導之語，却並不領情，第一句便指出他張冠李戴，指鹿爲馬，我說大美夜報與大美晚報名稱根本不同，我當然沒有搶你老婆，所以過去你們美國國務院提出抗議之舉，我早已知其荒謬而一笑置之，何以足下到滬之後，尚未自知其非，這一點我叨在過去賓主關係，不得不鄭重聲明，希望閣下注意。史帶聽我如此云云，他還是振振有詞，自覺並無不合，他說大美晚報也好，大美夜報也好，總而言之，有了大美兩字，便等於搶了他的老婆，在他而言，不得不據理力爭。我見他如此說法，不覺爲之失笑，告訴他如果爲了大美兩字，你都要爭爲己有，則上海有許多以大美爲名的店舖很多，像大美皮鞋店、大美理髮室，甚而按摩院、小舞廳，都有以大美爲名者，豈不盡爲足下鬥爭之對象，於是史帶也不禁輾然失笑，他說我們不必爭這點了，他希望我仍爲過去的大美晚報効力，不過他又補上了一句話，他說所有昔日舊人，除了我一人以外，聽說其他同人，都已做了漢奸，所以不能錄用。此又爲我前所未聞之事，大概他獲得報告，有人盜賣了中文大美晚報的印刷機，使他疾首痛心，損失重大，而當時和我同去的杜炳昌君，正因此事而被人攻訐，杜君本來和我同去，是希望史帶依舊錄用，但史帶則始終未與一言，此後杜君亦不再重返大美工作。朱孔嘉君此時也曾從中調解，他懇切而言，史帶是一個最重情感的人，他對足下既如此器重，希望經過此番談話之後，加以考慮，接受邀請，仍爲賓主如故，這便是我和史帶在勝利以後的一次接觸。當時雖作後約，但我則始終未予答覆，而今史帶已作古人，年前香港曾有追悼會舉行，友邦和美亞保險公司負責籌備追悼會的人，會希望覓得當年出版的中文大美晚報，讓人家看到這一張在抗戰時期與敵偽鬥爭的刋物，也是史帶當年事業之一，他們問我有沒有留存？以便借去一用，遺憾得很，我卅八年匆匆來港，誰有心情携帶這種不急之物，難得他們還想到這一張報紙，不過我想起在勝利以後史帶和我見面時，除了要我停刋大美夜報並再替他籌劃恢復中文大美晚報外，他絕未談起當年爲這一張報紙而死難的幾位同人，或許他以爲他們的死，是爲了我們國家，與他的美商報紙並無關係，好在我們這些殉難的先烈家屬，並未對這位在上海發了大財的美國老闆，寄以任何希望，其他一些刼後餘生的同人，也不願再在美國老闆旗幟之下討生活，這種情形，可以從復員後的上海，再無一張美商招牌的中文報紙出現，由此也可知抗戰時期所以有這許許多多的洋商報紙，也是環境逼得我們無可如何，大家報國有心，將就一下來對付敵人漢奸，耿耿此心，固昭如日月也。

我和中文大美晚報的一段歷史關係，隨抗戰勝利而結束，因爲我覺得以前之所以在這家美國人刱辦的報紙下討生活，完全囿於環境，應付敵人，現在國家抗戰勝利，凡屬國人應當自己奮發圖强，再不能憑藉一塊洋商招牌，站在新聞戰線上和同胞見面，但報紙名稱之所以稱大美夜報者，無非表示我們這一羣工作者仍爲昔日中文大美晚報之舊同人，此外更含有紀念抗戰時被敵偽殘殺的五位殉難同人，所以出版時早就開宗明義的正式宣言，祗因史帶不明就裏，鬧出外交上笑話，而我們的政府玩弄手法，以別種方式要我停刋，但其後又要我復刋華美晚報，其事之奇連我這個當事人也莫名其妙。但我會捫心自問，如果我的大美夜報，不因史帶的抗議而停刋，在別人心目中，總不免因「大美」兩字而含有影射因襲之嫌，停就停吧，並不足惜，其後命我復刋「華美」，站在國人立場，反覺冠冕堂皇，心理上較爲尊嚴，所以當時史帶請出胡適之和徐新六兩人的兒子，想再在上海大幹一番，更要我重返舊巢，在他麾下做事，祗有敬謝不敏；所可惜者，史帶的宏圖壯志，竟爾無疾而終，中文大美晚報從此不再和國人見面，而我的華美晚報，則着手籌備又繼大美夜報而出版了。

返滬復刊大困擾　華洋糾紛一齊來

這算是我從勝利返滬以迄民國卅八年春末南來香港的整個生活史，現在想起來，也覺災難重重，風波疊至，我雖小心翼翼，苦心支持，可是橫逆之來，令人意想不到，而另一回合的糾葛，則又是一個美國人對我發動進攻了，此人即爲華美晚報初刱時期的一個舞場游樂經紀宓爾士，他在美國和史帶一樣的利用新聞攻勢，說有人在上海竊盜了他所辦華美晚報的名義而私自出版，他不但要請他們的外交部提出抗議，更要親自來上海交涉收回，追償損失，自有那些美國新聞機構替他大發宣傳消息，妄想以宣傳攻勢，嚇倒我們，也自有我們那些不明事理的同業，替他義務登載，一些幸災樂禍而心存妒嫉的同業，以爲又有好戲可看，殊不知我對此事，祗是付諸一笑，因爲史帶和我的胡鬧，早已揭穿了他們的淺薄無聊，而這個以前華美晚報所僱用的發行人宓爾士，我們訂有合約，他既非股東，何來財產，而且聘約訂明，他既已受僱於華美晚報爲發行人，再不得出任其他與華美無關的任何新聞機構兼職，否則即屬違約，但此君其後又另任中美日報發行人，我們念在同一陣線的新聞事業，曲予隱忍，未予計較，誰知他大發謬論，論其身價，更不足與史帶相較，但其用意，當然有其目的與打算，所以我又須注視我們的政府，我們的外交部，會不會又給美國國務院提出一紙抗議而嚇倒，會不會另耍花樣，再要我這張華美晚報中途夭亡。此外，我又須翻出華美晚報當年和這個宓爾士所簽合約，加以研究，必要時和他在法庭相見，大打官司，我這一種待機應戰的決心，候了好久，總算我們的政府對此不聲不響，也不知美國國務院有否再提出抗議，而這位宓爾士也終於大駕來滬了，奇怪得很，此人對我根本毫無舉動，甚而來無影，去無踪，究竟他何時離開上海也無人知道，所以這第二回合的外交行動，我原以爲也許大動干戈的，竟能兵不血刃，無形消解，出於意料之外。事實上，在我箇人而言，對於這位宓爾士先生卻頗具好感，因爲他在昔雖在娛樂界討生活，但本身非常忠厚老誠，甚而在做了華美晚報發行人之後，有時拖欠他薪水很久，他也並不窮凶極惡的追討，有一次七十六號曾丟了一個炸彈在他的泰晤士報大樓的寫字間內，炸燬了一塊大玻璃窗，他也泰然置之，不以爲意，他戰後重來上海，如果不是另有所圖，忝屬舊交，還應當倒屣歡迎之不遑呢！

第三回合的難關說來更使人不信了，爲了華美晚報的一幢房子，竟和人興師動衆，鬧上警備司令部，吵到警察局，行政訴願由上海市政府到行政院，法律解決則官司打到最高法院，還牽涉了民社黨的黨魁張君勱，他竟向國民黨中央提出抗議，說我恃强霸佔了他們的宣傳刊物再生社的社址，欲加之罪，何患無辭，我對於這位張君勱先生眞是河水不犯井水，兩不相關，何以他橫肆誣衊，委實莫名其妙，而這幢房子的來龍去脈，在我依法依理，清清楚楚，想不到引起幾年糾紛，化去我不少金錢和氣惱，甚而投荒南來，此事還未終結，此亦勝利後上海之怪現象，而今舊事重提，還覺萬分忿慨。事情是簡單不過的，因爲我返滬以後，最初出版大美夜報，社址暫假北河南路的中華日報舊址，當時該處已爲青年團主辦之青年日報所接收佔用，我們的社址即附設在該處，印刷也請該報代辦。其後復刊華美晚報，則因原來社址已被左派的聯合晚報，先期向朱作同的遺孀租用，甚而那架輪轉捲筒機也包括在內，因此復刊之初，原來社址，無法使用，等於無家可歸，祇得仍在北河南路原處把大美夜報四字改爲華美晚報，可是後來中央准許民國日報復刊，把青年日報原來接收的僞中華日報房屋生財，全部劃歸民國日報，我自然要遷地爲良，不可再事戀棧，可是要找一處合於報館使用的房屋，却也相當困難。

官司打得一團糟　最後牽涉張君勱

事聞於敵僞產業處理局長劉攻芸，對我相當同情，因此囑咐我自己物色一幢已被處理局封閉的原來日商所佔用的房屋而當時尙未啓封使用的，可以具文該局，聲請准予租用，祇要別無糾葛，他當樂予批准。我得到劉局長的關心協助，於是經由廣告部沈慕俠兄的奔走，覓得泗涇路一所三層洋房，本爲日商清和洋行店址，此時鐵門深鎖，前後門均貼上敵僞產業處理局的封條，經予查詢，該處原爲比商魯義士洋行的產業，依據當時處理敵僞房屋條例，所有敵僞原來佔據或租用的房屋，必須經由處理局依法處理，尤其所存物資，已屬國家所有，任何人不得擅自佔據或移動，所以這幢房屋，自遭封閉，內部物資，依然堆存，而原業主亦無權過問。我打聽清楚之後，便具函敵僞產業處理局，要求准許以華美晚報名義，由處理局啓封將遺存物資搬出後，准予合法租用，處理局接到請求，調查屬實，立即批准，並定期派員啓封，搬去清和洋行剩餘物資，此事辦得清清楚楚別無糾葛，想不到在處理局通知我會同前去啓封時，忽然有一個愍不畏法的人，自說自話，撕去封條，搬去物資，竟堂而皇之的住了進去。誰都知道這是觸犯政府法令，罪名相當嚴重，於是進行查究，由當時的警備司令部行動大隊，把那個私擅入屋的人犯周公悅，予以拘捕；處理局再通知比商魯義士洋行，准我訂約租用。像這種處理方法，當然一秉大公，毫無偏袒，而那個姓周的被拘之後，自知不合，具結釋出，而處理局亦念他無知，對擅移物資、私撕封條之罪，不予追究。這種寬大的作風，想不到給這個姓周的認爲政府懦弱可欺，他利用關係由黃浦警察分局長黃東昇，要我的一個職員前去談話，說我們不應該租用該屋，脅令具結遷出，這個職員胆小如鼠，給他一嚇唬，竟莫名其妙的屈從了。那天剛巧我有事外出，等到獲知其事，不覺大爲訝異，何以警察局會插手干涉這一糾紛，於是我當天晚上找到警察局長宣鐵吾的府上，要他主持公道。總算宣鐵吾持正不阿，馬上拿起電話找黃東昇，責備他何以干涉到職權範圍以外的事，切誡他不可多事，並向我保證警察局決不過問。可是那個姓周的後來又向淞滬警備司令部告我一狀，那時由稽查處長程一鳴負責處理此事，某一天他約了我詢問此事經過，座上還碰到了警察局當時的刑事處長後來升爲副局長的張師，原來張師和姓周的是小同鄉，我當時把此事的前後經過述說一番，並强調姓周的胆敢撕毀政府封閉的敵僑商店，更搬去應當沒收的物資，敵僞產業處理局不予根究，已屬大幸；至於我們華美晚報，和姓周的根本不發生任何關係，完全按照法令手續做事，何得謂爲恃强霸佔，程一鳴聽了點首稱善，張師也聲明不願再行聞問，於是姓周的這一着又失敗。但此人是善訟者，此處碰壁，又向市政府作行政訴願，奇怪得很，那個不大管事的副市長何德奎，竟會看到這件公文，他約我去談話，說我不合法，我懶得和他講，告訴他要是我不合法，那末其錯在於敵僞產業處理局，要是不合法，這個姓周的可以撕去國家堂堂正正的十字封條，搬去敵人物資，這算是合法的。兩人這場對話，當然不歡而散，這件公文，何德奎沒權作主，他還要簽請市長吳國楨最後決定，吳國楨當然會查詢始末，便批駁了這個姓周的訴願，於是姓周的又去行政院告狀了，我自然又要破工夫去行政院解釋，宋子文院長又把他批駁了。他此路不通，又去法院告訴，一審敗訴，再訴高院又敗訴，他情急無奈，自己向我苦苦哀求，願出三十根大條解決此事，希望此屋由他使用，官司打得一團糟，我竟遇見了一個如此健訟之人！（八八）

現代男仕們
喜歡用資生堂ＭＧ５
男用化粧品，只有Ｍ
Ｇ５能令你儀容出衆
，瀟洒動人，充滿男
性魅力·

MG5

SHISEIDO
資生堂化粧品

下列公司均有出售

總代理
大昌貿易行有限公司
電話：H234111內線236或237

香港：
大人公司
平價市塲

九龍：
大元公司　平價市塲　大有公司
大人公司　人人百貨公司

013

大千居士林清霓合作山水畫

林清霓的山水畫

・傅抱石・

中國畫在僵化的型式裏面，至少苟安了兩百多年，它給我們的印象僅是白的紙塗上水墨（或淡彩）題字蓋章，裝成可以懸掛的東西。

因爲如此，中國畫頗不易談了。近年以來，畫壇的熱鬧，打破了若干人牢固的藩籬，我們一方面很欣幸這現象之難得，另一方面，也相當嚴重的感覺這現象副作用的潛移滋長。自然——許多特出的畫家，正以崛起於這畸形的時會，更覺深足珍貴。

我認識林先生的畫，已有多年。今年三月廿五日美術節，我入城參與大會，和喬家賢兄忽看到正在裝裱中的山水多幅，據刹那間的直覺，好像畫面的一切，卻對我繾綣有情似的。接着又在中華全國美術會主辦的美展，讀到他的力作。

所謂畫，不能不從事傳統的發揚或新天地的開創，倘若畫面上沒有動力，總不會令觀者感興趣的，就大處言，山水分合，樹石安排；從小處言，一草一木乃至一點一劃之微，均莫不有恰到好處的所以然。石濤上人所說「透過鴻濛之理，堪留百代之奇」，就是說明這恰到好處的一種境地，一種富有動力的境地。

林先生的畫令我驚訝的是他能以圓熟的筆墨表達水和色的意境。我不願意過分誇張這一點對於畫面的重要性，然而這一點非負上慧的畫家是不會把握的，缺了它，整個的畫面必將毫無可取。

我們應爲中國畫的將來祝賀，抗戰而後，不少精彩的貢獻，實是過去所難能的，像林先生即是我心目中的一位。現在大家呼號着要變呀；要反映時代呀；尤其對於專畫山水的希望更切，這當是不容懷疑的眞理。同時，我相信，藝術將永遠是藝術，一個畫家的勞作。並非簡單，若要求他們捨棄成功的一面，是藝術上不可比擬的浪費，眞正留心中國文化的朋友，均會斟酌的注意一下吧？

我並不希望林先生改途易轍，可是我希望他更進一程的擴展並充實已有的業蹟，藝術永遠是藝術，它需要時時灌入新的血液，活潑新的生命，縱然一生專畫一株松樹，這松樹也是有它應有的眞價的。

林清霓三十年前，旅居重慶，名畫家傅抱石劇賞其所作山水畫，因撰此篇以贈。林氏頃訂於六月十五日至十八日，假座香港大會堂二樓低座展出其近作。

嚴獨鶴與周瘦鵑

陳蝶衣

曲中誰唱感恩多？遐想當年捲白波；
閱盡廢興華表鶴，胸前矢患近如何？
——嚴獨鶴先生上海

江南一別嶺雲遮，不見吳趨隱士家；
祇有芸輝長在憶，籠階豔說苦情花。
——周瘦鵑先生吳門

「快活之鶴」——嚴獨鶴

嚴獨鶴先生主持新聞報副刊「快活林」筆政，人稱「快活之鶴」。

獨鶴先生名楨，字子材，獨鶴是筆名，浙江省桐鄉縣人；在新聞報担任副總主筆職務，（總主筆是李伯虞，筆名浩然。）兼副刊主編。他每天照例寫「談話」一篇，刊登於「快活林」版面的首要地位，語多詼諧而不忘言責，蓋無異於東方曼倩之譎諫也。至於私底下，也同樣的善於談論，雄健風趣兼而有之，確是名副其實的「快活之鶴」。

我於十五歲的那一年進入新聞報，佐家大人司筆札，供職於推廣部，閒暇之時曾嘗試塗抹，爲「快活林」寫些短文及趣味性的「小專電」（署如上官大夫在本刊所寫的「大人小語」）之類。越數年調職，改隸編輯部，負責校對工作，與獨鶴先生方始有了每晚見面的機會。

「快活林」每天刊出諷刺畫（早期尚無漫畫之名）一幅，由馬星馳執筆，署名一個「星」字；這位老先生是山東濟寧人，寄籍上海，單身一個，別無親屬，長年住在一家小客棧裏，除了善畫之外兼亦工書；新聞報廣告版的許多廣告木刻，多數出於他的手筆，因此他還兼了廣告校對主任一職。此老染有阿芙蓉癖，體弱多病。當時我少年好弄，偶然也仿效此老的畫筆，——最簡易的是「字中嵌字」以寓諷刺的一種，作爲投稿，在「快活林」刊出。後來每逢星馳先生請病假，獨鶴先生不是請丁悚（人稱「江南老畫師」，漫畫家丁聰之父。）代筆，便是命我濫竽充數。

代星作畫·請鶴證婚

我爲「快活林」作諷刺畫，用的筆名是「癸弓」二字。（後來星馳先生病故，纔由楊清磬與丁悚輪流作畫，而以楊畫所佔之次數爲多。）

除此之外，獨鶴先生還曾是我的證婚人；我於二十四歲的那一年，與陽羨（宜興）名畫家朱蓉莊先生長女朱鬘，在上海遠東飯店舉行婚禮，共請了兩位證婚人，一位是戲劇界前輩鄭正秋，另一位就是獨鶴先生。證婚人而請兩位，在當年是創舉。

獨鶴先生除了主編新聞報副刊「快活林」之外，（註：抗日戰爭發生後，「快活林」即改名爲「新園林」。又：新聞報增出「新聞夜報」，先生又兼任總主筆，及副刊「夜聲」之主編。）並曾徇世界書局之請，担任「紅雜誌」周刊的「編輯主任」名義（執行編輯是施濟羣），該刊創始於民國十一年八月，結束於民國十三年七月，

丙午年的歲暮，（即民國五十五年，公元一九六六年。）我一口氣寫了二十四首懷人詩，第一、二兩首即是爲嚴獨鶴、周瘦鵑二位前輩而作。其時一鶴一鵑都還沒有下世，但已得悉獨鶴先生患癌症未痊，久在病中。瘦鵑先生則經歷了「紅衛兵」之亂，亦飽受驚恐，情懷伊鬱。由於萬里睽隔，緘札難通，懷人詩寫就後也只好閉置篋中，未敢付郵。

嚴獨鶴先生的癌症，我比之爲「矢患」，是看到「張氏家傳」有如下一則記載：「禧，字彥祥，除敦煌令，嘗有鶴負矢集禧庭，以甘草湯洗之，傅藥留養，十餘日瘡愈飛去。月餘後，鶴啣赤玉珠二枚，置禧廳前。」因引以爲喻，猶冀先生能醫療得痊也。但爲時不久，即有噩耗傳來：先生終以癌症不治，在滬逝世。

共出一百期。之後改名「紅玫瑰」，繼續發行，仍由獨鶴先生担任名譽編輯，執行編輯則換了趙苕狂。

「紅雜誌」創始第一期，獨鶴先生曾寫了一篇「發刊詞」，原文如下：

雜誌發刊，何必有詞？今有詞焉，亦不過如說書之開場白，唱戲之引子耳。試問雜誌之可以命名者多矣，何獨取乎「紅」？或曰：國旗五色，首冠以紅，斯「紅雜誌」，將以鼓吹文化，發揚國光也。然而茲事體大，非吾人所敢吹此牛也。或曰：紅運大來，舉世所喜，斯「紅雜誌」，將集名小說家之著作，異軍突起於雜誌界，大走其紅運也。語雖有當，猶近於夸，尚非吾人所敢吹此牛也。或曰：紅，色彩中之最富麗者也。吾國社會習慣，於喜事必尚紅，曰維紅乃吉，斯「紅雜誌」，殆將借吉祥文字放一異彩，以博社會人士之歡迎也。是說也，庶幾近之，然猶未也。紅者心血，燦爛有光，斯「紅雜誌」，蓋文人心血之結晶體耳。以文人心血之結晶貢諸社會，文字有靈，當不爲識者所棄也。英國有小說雜誌，曰Red Magazine者，紅光爗爗，照徹全球，今「紅雜誌」之梓行，其或者亦將馳赤騮、展朱輪，追隨此外國老前輩，與之並駕齊驅乎？

這一篇發刊詞寫的雖是文言，但通俗易曉，已有白話文氣息。文中並以「吹牛」爲言，也語帶詼諧，不脫「快活之鶴」的本色。

獨鶴先生除了寫過無數短篇小說之外，並兼有譯作，蓋先生亦精通英文者也。長篇小說則僅有唯一的「人海夢」一種，最初發表於施濟羣、陸澹盦合編的「新聲」雜誌，之後又在「紅玫瑰」連載，曾出版單印本，但始終未完篇。

「人海夢」內容一斑

「人海夢」採取吳敬梓的「儒林外史」體例，以描寫社會及學校方面的情況爲主，也反映了當時舊家庭對於女學校的看法，頗多諧趣之筆。獨鶴先生曾兼執教鞭於女子中學，小說的題材大抵即是由教學而得。

這裏，且抄錄「人海夢」小說的片段，藉窺內容之一斑：

……壽卿忽然皺着眉向國雄道：「你這芷芬姊姊近來很染了些文明習氣，一切言語舉動，未免就失了舊家風範。從去年起，一定向我鬧着要進學堂。我再三不允，禁不得你嬸娘也幫着攛掇，我被他們纏得沒法，纔把他送到附近毓秀女學校裏去讀書。這一讀書，更不得了，好好的一個閨秀，完全變成個女學生的派頭，有時還講究什麼唱歌體操。聽說年底放假時候，開了個什麼游藝會，他還夾在裏面演說；演說還不算，到後來又使起刀來。你們看，這還成何體統！回家後，被我着實的教訓了一頓，說你這個樣兒，拿刀弄杖，難道要去做武旦麼？他倒格外回得我好笑。他說古來女人，也有習武的，梁紅玉桴鼓助戰，花木蘭代父從軍，難道不是個榜樣麼？我便罵道：這真是放屁，並且是臭而不可聞也的屁中之屁。梁紅玉雖說是個女英豪，但他究竟是個什麼出身，女孩子家豈可以他爲法？至於代父從軍，更是笑話。別說現在朝廷有道，四鄰輯睦，海宇奠安，決不會再有烽煙之警。就使一旦有事，自有那精兵虎將去抵擋，那裏用得着我們這種文人，要你這個小女兒代我從軍，真真是胡說亂道！他受了我這一頓罵，纔俯首無詞。總之，現在男學堂裏已經逾規越矩，却還要鬧出什麼女學堂來，真是不可爲訓者也。」壽卿嘮叨了一大篇，國雄、溫如都不敢答言，只呆呆的聽着。還是錢氏笑道：「罷了罷了！酒也夠了，菜也完了，老爺也別再之乎者也了，就叫他們拿上火

最近，偶然去往一間裱畫舖，看到一幅尙待裝背的畫梅，上有題句，是錄自周瘦鵑先生的一首七絕；其後有跋，提及瘦鵑先生，赫然有「墓木已拱」四字，因知這位紫羅蘭盦主人，亦已與世長辭。數日後以此訊告諸友儕，纔間接得悉了一些瘦鵑先生遭逢橫逆的眞實情況。

張景陽雜詩十首，中有「人生瀛海內，忽如鳥過目」之嗟歎。一鶴一鵑兩位前輩，亦如曹丕致吳季重書中所悼傷的連輿接席之侶，已「一時俱逝」，眞成了「鳥過目」了。我與獨鶴先生曾共事多年，並飽聆其緒論。而與瘦鵑先生亦嘗屢共文酒之會，每承以末座黃裳見許。前輩風儀，常縈腦海；交遊之迹亦不乏足述者。因就記憶所及，濡我之筆，撮要成篇，以誌悼念。

——癸丑端午節前一日，蝶衣序於翠華園之花窠。

鍋來吃飯罷。」（第二回：「捽酸文腐儒談女教，裝濶氣畫軸署官銜。」）

與獨鶴先生同時的著名小說家畢倚虹，曾爲「人海夢」寫過一篇序文，以自己的「人間地獄」小說與「人海夢」作比擬，有曰：『……「人間地獄」雖無主人翁，而自身亦書中主人翁之一，以此因緣，不免着象，主觀的觀念亘乎其中，客觀的興味未免減少。獨鶴之「人海夢」，則自身處超然之地位，筆底具靈妙之境界，文章無迹象，乃成佳製，此不可及者又一。今人漸知小說家非可倖成，讀萬卷書，行萬里路，下筆始能有神。……』

畢倚虹所著的「人間地獄」，是黃昏瞑寫，倉猝屬稿，每晚趕出一千字付排。而獨鶴先生的「人海夢」，則每作輒奮筆寫萬言，一氣呵成，詞源滔滔，如傾三峽水，故畢倚虹自認爲不可企及；雖是謙詞，亦屬實情。

一段戀情·目覩經歷

關於獨鶴先生中年悼亡後，與北里紅倌人雪兒的一段戀情，我曾目覩其經歷。這是前輩生平唯一的羅曼史，值得一記。

獨鶴先生之與雪兒相識，要遠溯過去，從一個聚餐組織「狼虎會」說起。

「狼虎會」自民國六年開始，至二十六年爲止，曾先後持續了二十年之久。所謂「狼虎」，蓋指「狼吞虎嚥」而言；這個聚餐組織，是由陳蝶仙（天虛我生）、李常覺、周瘦鵑、丁悚四人發起，之後陸續加入的有嚴獨鶴、王鈍根、畢倚虹、江小鶼、楊清磬、任矜蘋、周劍雲，都是文化界藝術界的知名人士；還有陳蝶仙的公子小蝶，即是今日的定山居士，後期也成了此會的中堅份子。

當時「狼虎會」的會員，以專吃「小館子」爲主，目的只在謀朵頤之快，本無「開筵坐花」一類的豪舉。其後因獨鶴悼亡，奉倩神傷，便有幾位會員提議，把聚餐會搬到會樂里的紫瓊、雪兒妝閣去舉行，好讓獨鶴也得以稍開眉鎖，畧寬懷抱。

紫瓊排行第九，是上海的北里名花之一，與雪兒雙懸豔幟，誼若姊妹。定山居士所著的「春申舊聞」，書中有如下的描述：「紫瓊眉目飛揚，十分儁美；雪兒則守禮含羞，終日手不釋卷。」我沒有見過紫瓊阿九，但雪兒則每當侍奉獨鶴先生之時，我亦往往在場，可作劉禎之平視；確如定山居士所言，是一位標準的靜女，見人只是靦然而笑，不肯輕於啓齒；宛然是「板橋雜記」中的馬湘蘭、李香君一流人物，而不像是十里洋場的鶯鶯燕燕。

只是這一項提議，獨鶴雖表示了無可無不可，結果却因江小鶼的反對而取消了！終於選定了二馬路飯店弄堂裏的一家同華樓，作爲聚餐地點，而採取「飛箋召花」的方式，邀請北里嬌蟲到來侍酒。這一種方式北方稱爲「叫條子」，上海則習慣稱爲「叫堂差」。

飯店弄堂的吃食館子，向無「局票」設備。楊清磬自告奮勇，到四馬路去買了十幾張梅紅單帖，回到同華樓之後由畢倚虹與楊清磬分別執筆，在梅紅單帖上寫上北里名花的芳名及地址，立刻叫夥計派人送出。

當時所徵召者有號稱爲「小四金剛」的張素雲、蔡紫紅、芳卿、雲蘭芳；號稱爲「五虎將」的高第、葵雲青、琴寓、徐弟、鏡花樓。此外楊清磬又替獨鶴叫了雪兒與紫瓊；江小鶼則叫了雅秋小妹妹。（雅秋小妹妹與紫瓊、雪兒同張豔幟於一個門戶，紫瓊、雪兒居樓下，小妹妹與其姊雅秋老四居樓上。）

這一晚，由於同華樓上有着這麽一個自來所無、熱鬧非凡的琴樽之會，一時絲管嗷嘈，笑語並作，便引動了無數閒人，造成了樓下觀者成市的局面，當時盛况，以視古人之「旗亭賭酒」，蓋亦並無多讓也。

一見傾心·隨擺花酒

獨鶴先生素向伉儷情深，從不涉足歡場。他的夫人是以病肺不治去世，中年悼亡，情懷自甚落寞。朋友們替他「叫堂差」，他也只是姑妄許之。不料是夕與雪兒初次會面，即一見傾心，在笙歌如沸中喁喁細語，雙方似乎都有「相逢恨晚」之概。到了次日，「狼虎會」的朋友們就接到了獨鶴在雪兒妝閣設宴的請客帖。

在北里設宴，厥名謂之「吃花酒」。花酒吃過，便成「相好」。經過了這次的「杯酒聯歡」之後，兩下裏的感情進展得很快；有一處地方，是這一雙有情人經常會晤的所在。

屈指算來，這已是四十餘年以前的事。那時候上海著名的「一品香」旅社，在樓下開闢了一間舞廳，名爲「桃花宮」。我友周世勳，應邀主持「公共關係」的工作，在「一品香」旅社的二樓開有一個長房間，作爲會友的所在；我與丁悚先生，同爲其間的常客，幾於無日不到。新聞報編輯部的幾位同人，亦聞風而至，經常在此聚首，常到者有余空我、徐恥痕、蔣劍侯，獨鶴先生也是其中之一。

獨鶴先生一到旅社，便由世勳兄代寫「局票」，通知雪兒來會。其時我以慘綠少年一名，周旋於諸位前輩之間，所謂「小時了了」，倒也增加了不少見識。而獲覩富有林下風致的雪兒與獨鶴先生的耳鬢廝磨之情况，亦在此時。

雪兒雖然溷跡風塵，馳名花國，却是個弱女子、病美人；並且和獨鶴夫人一樣，同是肺病患者。獨鶴先生每與雪兒挑燈夜談，叙述爲夫人調麋量藥的往事，雪兒往往沾巾助泣，悲不自勝。

這樣經歷了一段時期，雪兒因觴政繁忙，疲於奔命，體質愈益衰弱；到了深夜，總不免掩唇而咳，雙頰紅得像抹上了一層胭脂；甚至咳到後來，還唾中帶血，這也就是病又加深的徵象了！於是在夜深人靜之時，雪兒偎倚着公畢後趕來侍疾的獨鶴，不免墮淚如霰，委宛地說出了訣別之詞，許下了來生之願。

一番誓言，使獨鶴先生深爲感動。有一天晚上，趁着雪兒閉目睡去，便下着決心，悄悄對紫瓊阿九說：「雪兒的病，看來一時難好，我想娶她囘去，讓她好好的調養。」紫瓊聞語，旣驚且笑，對獨鶴先生說：「儂發痴哉！一個病人，儂討轉去做啥？」

雪兒睡去，原是假寐養神，並未入夢；這幾句背後商量的話，被雪兒聽得一明二白，也不免由衷感而隕淚，於是過不了幾天，便毅然撤去豔幟，除下牌子；接着，二人的結婚喜柬亦隨即發出，有情人終成眷屬；我也曾登堂拜賀，喝到了他們的喜酒。

作了嚴氏婦之後的雪兒，幸賴醫學昌明，肺病有了特效藥，病體居然日漸痊可；這其間夫婿的殷勤調護，自然也耗費了不少心力。我在避地南來之前，曾一度往訪賢伉儷，見到雪兒夫人已面團團如喜姑娘，不再是弱不勝衣的病瀟湘了。

參加星社·累共遊宴

「狼虎會」的聚餐組織，我因年少，趕不上厠身其間。稍後另有類似形式的「星社」，則我已承范烟橋之約，成爲社員一份子。獨鶴先生則是較早應邀參加者之一。

「星社」的原始發起人是趙眠雲，民國十一年八月成立於蘇州，初期僅作不定時的茶叙或餐會，社員限於蘇州的幾位作家。其後陸續擴展，到了民國二十六年，「以文會友」的地區已由蘇州移至上海。

魏紹昌編纂的「中國現代文學史資料叢書」甲種：——「鴛鴦蝴蝶派研究資料」一書（上海文藝出版社一九六二年印行）中，關於「星社」的部份有如下之記載：

『民國二十六年在上海漕河涇冠生園，豫園，半淞園等處聚餐，最後一次在「正誼社」，統計先後參加的人又有許月旦、包天笑、許息盦、孫籌成、張善孖、陳迦盦、丁慕琴、（按：即丁悚）趙苕狂、顏文樑、陸澹盦、馬直山、施濟羣、錢詩嵐、易君左、高天棲、芮鴻初、尤彭熙、謝閒鷗、黃白虹、陳聽潮、張枕綠、錢釋雲、俞逸芬、吳吉人、沈秋雁、朱其石、周雞晨、陸一飛、鍾山隱、郭蘭馨、范繫千、徐𥥍秋、毛子佩、陳蝶衣、范叔寒、金寒英、姚民哀、方慎盦、吳蓮洲、柳君然、蔣蔣山、凌敬言、應儉甫、張一敬、張碧梧、張舍我，朱大可、徐恥痕、薛逸如、唐大郎、鄭過宜、金健吾、錢瘦鐵、江小鶼、任樂天、劉春華、楊守仁、胡叔異、丁翔熊、丁翔華、黃覺寺、顧肖虎、陶壽伯、匡雄勛、楊清磬、朱庭筠、陳巨來、楊家樂（女）；恰巧合成一百人，決定不再發展。抗日戰爭起，也無形解散。』

所謂「恰巧合成一百人」，是指原始社員趙眠雲、鄭逸梅、顧明道、屠守拙、孫紀于、范君博、姚蘇鳳、范烟橋、范菊高等九人，以及陸續加入的嚴獨鶴、周瘦鵑、江紅蕉、蔣吟秋、朱楓隱、程小青、徐卓呆、徐碧波、程瞻盧、陶冷月、顧誠安、趙芝岩、黃轉陶、黃若玄、黃南丁、尤半狂、尤次範、尤戟門、范佩萸、楊劍花、周克讓、陳蓮痕、吳聞天、金芳雄、孫東吳等二十五人，包括在內而言。

其中新聞報同人之參加「星社」者，有嚴獨鶴、徐恥痕、周雞晨、馬直山與我，共是五人。所有在冠生園、豫園、半淞園、正誼社諸處舉行的聚餐會，我亦無役不與。當年的澄觴滿酌、歡晤愉心之盛況，彷彿猶歷歷在目。

收錄雙霞姊妹爲義女

「星社」社員之一的馬直山，是獨鶴先生的外甥，也是新聞報採訪部的外勤記者。有兩位自北方南下的評劇（一名蹦蹦戲）女伶朱寶霞、朱紫霞姊妹，曾由馬直山介紹，拜在獨鶴先生名下爲義女。朱氏姊妹在大世界游戲場演唱過一段很長的時期。獨鶴先生爲了照顧這兩位乾女兒，常與二三友好，去往大世界顧曲捧場。一雙姊妹花獲得了這樣一位文壇巨子的撐腰，以及義父朋儕的廣爲延譽，遂亦聲名鵲起，紅極一時。

我爲懷念獨鶴先生而作的篇首絕句，有「感恩多」「捲白波」之語，即是指上述的側帽聽歌一事而言。唐代李羣玉詩有曰：「惟有管絃知客意，分明唱出感恩多。」白居易之詩有曰：「酒盞省陪波卷白，骰盆思共彩呼盧。」「唐音癸籤」謂：「捲白波，白居易云：飲酒曲也。」獨鶴先生的風流韻事，除了與雪兒的戀情之外，就只有收錄朱寶霞、朱紫霞姊妹爲義女這麼一樁了。

「自由之鵑」——周瘦鵑

周瘦鵑先生曾主編申報副刊「自由談」，人稱「自由之鵑」；與「快活之鶴」分庭抗禮，並稱爲一時瑜亮。

「自由談」創始於清宣統三年即辛亥年七月初一日，第一任編輯是王鈍根，此後數度易人，計有吳覺迷、姚鵷雛、陳蝶仙、陳冷血等四位，相繼主持輯務。至民國九年四月一日起，始由瘦鵑先生接掌，一直延續至民國二十一年十一月底止，纔交卸輯務，改由黎烈文負責編輯。稍後，申報又另闢一副刊曰「春秋」，仍延請瘦鵑先生主持；但瘦鵑先生不久即自上海移居蘇州，將發稿工作委託了黃寄萍，編輯的名義已成了「遙領」性質了。

紫羅蘭花·情有獨鍾

瘦鵑先生名國賢，少年時曾就讀於上海的民立中學，在學生時代有過一段纏綿悱惻的未了戀情，後來先生所寫的許多哀情小說，即多數以此一段「苦戀」故事爲骨幹。先生在花卉中酷愛紫羅蘭，因名其居處曰「紫羅蘭盦」，並先後主編過「紫蘭花片」及「紫羅蘭」兩種雜誌。後來他買宅於蘇州之王長河頭，亦以「紫蘭小築」爲名。關於瘦鵑先生對紫羅蘭花的情有獨鍾，在他自撰的「一生低首紫羅蘭」一文中，曾縷述其事曰：

『……紫羅蘭產於歐美各國，是草本，葉圓而尖其端，很像是一顆心；花五瓣，黃心綠萼，花瓣的下端透出萼外，構造與它花不同。花有幽香，歐美人用作香料，製皂與香水，娘兒們當作恩物。此花雖是草本，而葉却經冬不凋，並且春秋兩季都會開花。（中畧）考希臘神話，司愛司美的女神維納絲（Venus）因愛人遠行，分別時淚滴泥土，來春發芽開花，就是紫羅蘭。我曾詠之以詩：「娟娟一圃紫羅蘭，神女當年血淚斑；百卉凋零霜雪裏，好花偏自耐孤寒。」我之與紫羅蘭，不用諱言，自有一段影事，刻骨傾心，達四十餘年之久，還是忘不了；因爲伊人的西名是紫羅蘭，我就把紫羅蘭作爲伊人的象徵，於是我往年所編的雜誌，就定名爲「紫羅蘭」「紫蘭花片」，我的小品集定名爲「紫蘭芽」「紫蘭小譜」，我的蘇州園居定名爲「紫蘭小築」，我的書室定名爲「紫羅蘭盦」，更在園子的一角疊石爲臺，定名爲「紫蘭臺」，每當春秋佳日紫羅蘭開放時，我往往痴坐花前，細細領畧它的色香；而四十年來牢嵌在心頭眼底的那個亭亭倩影，彷彿就會從花叢中冉冉地湧現出來，給予我以無窮的安慰。……』

文中透露的「一段影事」，即是指學生時代的「不了情」而言。

瘦鵑先生除了先後主持申報副刊「自由談」「春秋」的輯務之外，還曾主編過許多定期刊物，計有大東書局發行的「游戲世界」「半月」「紫蘭花片」「紫羅蘭」（月刊），良友印刷公司發行的「良友」，九福製藥公司出版的「樂觀」，以及東方圖書出版社發行，與嚴獨鶴聯合主編的「中華」圖畫雜誌等等。在現代文學中成了一個派系的「禮拜六」，初創時由王鈍根、孫劍秋主編，後來中途停刊，五年之後恢復出版，瘦鵑先生亦曾應邀主持輯務，並在復刊號中發表了「周瘦鵑心血的宣言」一文。

此外，瘦鵑先生又曾徇先施公司之請，担任了「先施樂園日報」的名譽編輯，執行編輯則是潘霜痕。我之結識瘦鵑先生，即是始於爲「先施樂園日報」撰稿時期。

退居吳門·小築幽棲

先施公司是昔年上海的四大百貨公司之一，屋頂部份闢有游戲場，稱爲「先施樂園」，發行小型日報一種，主要是刊載樂園各劇場的演出節目。另有副刊，則刊載小說及游戲文章之類。我在少年時期第一次執筆爲文，就是發表於這份「先施樂園日報」。

日子既久，我無形中成了該報的特約撰述。於是有一天，便接到了該報的一份請柬，使我有生以來參加了第一次的文酒之會，得以會見了張是公、劉恨我、竹林隱者等好多位同文作家，以及執行編輯潘霜痕。是日之宴，瘦鵑先生亦以名譽編輯的身份翩然蒞止，作了賓中之主，主中之賓；我乃獲親謦欬於杯酒之間，遂了識荆之願。

民國二十二年，我在上海創辦「明星日報」，有一個長篇連載章回小說，篇名「沉醉東風」，採取集錦方式，每一回請一位名作家担任執筆名義，以資號召，而實際上則是由我的鄉先輩漱六山房主人張春帆先生（「九尾龜」小說作者）一手包辦。第一回由嚴獨鶴先生出面，第二回輪到周瘦鵑先生，其時瘦鵑先生已退居吳門，過着隱士生活，我便袋着張春帆先生捉刀的「沉醉東風」第二回原稿，乘着火車作了一次蘇州之行，親訪先生於「紫蘭小築」。

「紫蘭小築」門上四字榜書，集的是北宋詩人黃庭堅之字，木刻陰文，髹以綠漆。有女傭應門，我道達來意後立即延我進入客廳，然後瘦鵑先生出見，歡然把晤之下我說出了專誠拜謁的原因，並呈上了小說原稿，請先生過目。先生認得出春帆先輩的字迹，連聲道好，約畧看了一遍，隨即把筆署名，表示允准，接着便引導我參觀園中花木，一一爲我指點解釋。

首先映入我眼簾的，自然是列於廳外階前的紫羅蘭盆栽，不下十餘盆之多，這是「紫蘭小築」的主花，而我也恰有紫色之癖好，自不免要多看幾眼。所以我在懷人詩中，有「籠階豔說苦情花」一語。紫羅蘭是維納絲女神眼淚滴下之處所茁長，曾見先生撰文自述，故以「苦情花」爲言也。

義士梅的一頁滄桑史

除了紫羅蘭「主花」之外，瘦鵑先生與林和靖同有愛梅之癖，園中所見，有「梅丘」又有「梅屋」，種有梅樹甚多，並且種類不一，而先生最寶愛的則是盆栽的「義士梅」。關於得梅經過，先生在「記義士梅」一文中，曾作了如下的記述：

『……有一天見護龍街的自在廬骨董舖中，陳列着好幾盆老梅，內中有一株，鐵榦虬枝，更見蒼古，似是百年以外物，那時正開着一朵朵單瓣的白梅花，很饒畫意。我一見傾心，亟欲據爲己有；誰知一問代價，竟在百金以上，心想平日賣文爲活，那有閒錢買這不急之物，只得知難而退。後來結識了主人趙培德，相見恨晚，常去觀賞骨董，說古論今；有一次偶然談及那株老梅，據說是從山塘五人墓畔得來，培養已好幾年，好似義士們的英魂憑依其上，老而彌健。他見我對於這老梅關注有加，願意割愛相贈。我因趙君和我一樣有和靖之癖，不願奪人所好，因此婉言辭謝。過了兩年，趙君去世，而老梅却矯健如常，由一位花丁周耕受培養着，每逢梅花時節，我還是要去觀賞一下。不料「八一三」日寇陷蘇，周的園圃遭刧，他也鬱鬱而死；這老梅輾轉落入上海花販陳某之手；那年年終，和其他盆梅陳列在南京路慈淑大樓之下，將待善價而沽。我得了消息，忙去問價，竟要索一百二十金，這時我恰好給人做了一篇壽序，得潤筆百金，就加上了二十金，把它買了回來。十年心賞之物，終歸我有，有如藏嬌金屋，歡喜無量。』

這一株盆栽「義士梅」得歸掌握之後，瘦鵑

先生曾賦詩十首以寵之，詩曰：

鐵幹虬枝繡古苔，羣芳譜裏百花魁；
託根曾在五人墓，尊號應封義士梅。
嵌空刻骨老彌堅，花壽綿綿不計年；
却笑孤山無此本，鯫生差可傲逋仙。
幸有廉泉潤硯田，筆耕墨耨小豐年；
梅花原比黃金好，那惜長門賣賦錢。
十載傾心終屬我，良緣未乖慰平生；
何當痛飲千鍾酒，醉傍梅根臥月明。
玉潔冰清絕點埃，風饕雪虐冒寒開；
年年歷盡塵塵刦，傲骨嶙峋是此梅。
晴日和風春意足，南枝花發自紛紛；
閨人原識花光好，佯說枝頭滿白雲。
叢叢香雪白皚皚，照夜還疑玉一堆；
骨相高寒常近月，縞衣仙子在瑤臺。
傲雪傲霜節自堅，花開總在百花先；
珊珊玉骨凌波子，離合神光照大千。
無風無雪一冬晴，冷蕊疏枝入眼明；
麗日烘花花骨暖，海紅簾角暗香生。
萍飄蓬泊在天涯，春到江南總憶家；
梅屋來年容小隱，何妨化鶴守寒花。

我拜訪瘦鵑先生是抗戰以前的事，這株「義士梅」尚未歸屬紫羅蘭盦。並因時非寒冬，也沒有見到園梅着花的情况；但其它的松、柏、杉、楓、槐、柳諸樹，以及枇杷、玉蘭、石榴、木犀、紫荆、紫藤、紅薇、白薇之類，或花或果，却都曾次第賞覽，看了個飽。

先生的藝花之勤，也曾見之於詠吟，以下的四首七絕，就是藝花實錄的代表作：

不事公卿不辱身，翛然物外葆天真；
長年甘作花奴隸，先爲梅花忙一春。
或象蝤蟠或虎蹲，陸離光怪古梅根；
華堂經月尊彝供，返璞還真老瓦盆。
刪却枝條隨換土，瓦盆培養莫相輕；
殘英霑袖餘香在，似有依依惜別情。
養花辛苦有誰知，雨雨風風要護持；
但願來春春意足，瑤花重見綴瓊枝。

惜花心事，四詩已概括盡之。而起首的「不事公卿不辱身」七字，亦足賅先生之生平也。

盆梅先萎・閨人繼歿

「七七」及「八一三」事變次第發生，瘦鵑先生懼日寇之侵擾，曾一度離開「紫蘭小築」，一家大小九口，會同東吳大學的幾位教授並眷屬，避兵於皖南黟縣的南屏村。直到抗戰勝利後，方始結束流遷，重回故居。

在避難於南屏村的一段時期中，瘦鵑先生曾寫下了不少憂國傷時的詩詞。他回到蘇州以後的第一件傷心事，便是發覺寄存於黃園中的「義士梅」盆栽，已因失於灌溉而枯死；先生只好像「千金市駿骨」一樣的把枯株捧回了「紫蘭小築」。幸而此梅生前，曾有許多名畫家如鄭午昌、王師子等爲之寫生，主人翁猶能展卷相對，從畫幅中看到「氣得江山助，心還鐵石同，」（葉恭綽題詩）的義士狀貌。

第二件傷心事是瘦鵑先生的夫人胡鳳君，因積勞成疾，不治而逝世。「自由之鵑」與「快活之鶴」一樣，遭遇了中年喪耦的鼓盆之戚。先生子殤（因騎單車不愼，墜池溺死。）於前，婦亡於後，情緒惡劣，於斯爲極。鳳君夫人既歿，先生營奠營齋，神傷逾恒，曾寫下了不少詩篇，以記永矢弗諼的伉儷之情。

此後，先生鰥目不瞑者若干年，方始由媒妁之介，覓得了另一位齊心耦意的伴侶，因而膠弦重續，締結了百年良緣，使哀痛爲之稍減。

抗戰勝利後的第三年，河山逐漸變色，終於出現了「輿圖換稿」的局面。瘦鵑先生留居吳門，初時頗受各方面的尊重；他的「園藝」生涯，被視爲「勞動」榜樣；先生乃得於蒔花種竹之餘暇，抽毫騁思，從容著述，曾陸續出版了「花前瑣記」「花前續記」及「花花草草」三個集子，所收散文達百餘篇之多。「花前瑣記」篇首，有先生所寫的「前言」，畧述本擬以老圃終了，以至重又握管爲文的緣由，最後一段說：

『「花前瑣記」之作，除了漫談我所喜愛的花木事而外，也談及文學藝術名勝風俗等等，簡直是無所不談；一方面歌頌我們祖國的偉大，一方面表示我們生活的美滿；要不是如此，我也寫不出這些文字來的。此外我需要鼓勵和督促，要是沒有朋友們的鼓勵和督促，我也不會這樣動筆勉思的。』

以上的序文寫於一九五五年四月，從文中可以看出，他之重又握管乃是出於不得已，所謂「著書只爲稻粱謀」是也！

據瘦鵑先生在「花前瑣記」一書中透露，他在一九五〇至一九五四年之間，曾先後參加過在蘇州青年會、拙政園、怡園、文化宮等處舉行的許多次園藝展覽會，因而博得了「園藝專家」的榮譽。甚至還有不少國際友人，每當去往蘇州游覽之時，也會慕名登門，以一覩先生的園藝成就爲快。

園藝盡毀・勞動賈禍

遺憾的是：瘦鵑先生筆下的美滿生活，爲時十分短暫；不旋踵間，「紅衛兵」之亂即起，先生苦心孤詣培植成功的許多盆景，在昔名之曰「園藝」，此際忽然變爲「資產階級的玩意」，而不再是「勞動的果實」。在「紅衛兵」的造反口號之下，不僅園中的花木盡遭摧殘，連帶「紫羅蘭盦」的歷年藏書，以及文玩書畫之類，也全都焚燬砸爛，蕩爲刼灰。至於先生命脈所繫、最爲心愛的紫羅蘭花，自然也同罹浩刼，無一倖免。

殫數十年精力培養孕育的名卉珍木，轉瞬之間化爲烏有還不算，甚至一本國際友人到來參觀

夢

·周瘦鵑·

秋菊已殘，寒雨連朝，正在寂寞無聊時，忽得包天笑前輩香島來翰，瑣瑣屑屑地叙述他的身邊瑣事，恍如晤言一室，瞧見他那種老子婆娑興復不淺的神情。記得對日抗戰時期，我曾有七律一首寄給他：「莽蕩中原日已沉，風饕雨虐苦相侵；羨公蓬島留高躅，老我荒江思素心；排悶無如栽竹好，戀家未許入山深；何時重訂看花約，置酒花前共細斟？」不料他老人家一去多年，迄未歸來，正不知何時重訂看花約啊？

這一封信，開頭就說了他上月所得的一個夢，夢見我新婚燕爾，而同時又在我的園子裏，舉行一個書畫展覽會，備有一本簽名冊子，各人紛紛題句，他也寫了七絕一首，醒時只記得下二句云：「好與江南傳韻事，風流文采一周郎。」據說他近數年來，久已不事吟詠，而夢中常常得句，眞是奇怪，不過醒來都已忘却；上二句還是在枕上硬記起來的，所以特地寫信來告知我。可是「風流文采一周郎」之句，實在愧不敢當。

我是一個多夢的人，這些年來幾乎夜夜有夢，醒後有的還記得，有的已記不得了。所幸我所做的夢，全是好夢，全是愉快的夢；要是常做惡夢，那麼動魄驚心，這味兒是不好受的。今年春季，有友人遊了西湖回來，對我稱讚湖上建設的完美，說得有聲有色。我聽了十分羡慕，恨不得立刻插翅飛去，和那闊別十餘年的西子重行見面；誰知當天晚上入睡後，我竟得了一夢，夢中暢遊西湖，把舊時所謂西湖十八景，一一都遊遍了。可是遊過了九溪十八澗，再往西溪看蘆花，拍手歡呼，頓從夢中醒了回來。這一場遊西湖的好夢，眞和親到西湖去一般有趣，連一筆遊費也省下來了。我於得意之餘，做了西湖夢尋詩三十首，每一首的第一句都是「我是西湖舊賓客」七字，第二句中都有一個「夢」字，如「春來夜夜夢孤山」，「正逢春曉夢蘇隄」等，恐佔篇幅，不能將三十首一一錄出，只錄最後的三首：「我是西湖舊賓客，九溪曲曲夢徘徊；記曾徒跣溪頭過，跳出鯉魚一尺來。」「我是西湖舊賓客，西溪時向夢中浮；記從月下吟秋去，如雪蘆花白滿頭。」「我是西湖舊賓客，春來那不夢西湖；十年未見西湖面，還問西湖憶我無？」

俗語說得好：「日有所思，夜有所夢」；我因爲白天想遊西湖，所以一夢蘧蘧，竟到西湖暢遊去了。

更有一個例子，足以証明「日有所思夜有所夢」一語的正確；譬如抗日戰起，蘇州淪陷時，我與前東吳大學諸教授先後避寇於浙之南潯與皖之黟縣山村，雖然住得很舒服，並且合家同去，並不寂寞，但仍天天苦念蘇州，苦念我的故園，因此也常常夢見蘇州，並且盤桓於故園萬花如海中了。那時我所做的詩，所塡的詞，就有不少是說夢的：如兵連云：「兵連六月河山變，刼火彌天慘不收；我亦他鄉權作客，寒衾夜夜夢蘇州。」夢故園云：「吳中小築紫蘭秋，羈旅他鄉歲月流；瞥眼春來花似海，魂牽夢役到蘇州。」思歸云：「中宵倚枕不勝愁，一片歸心付水流；願託新安江上月，照人歸夢下蘇州。」夢故園花木云：「大刼忽臨天地變，割慈忍愛與花違；可憐別後關山道，魂夢時時化蝶歸。」

的「嘉賓題名錄」，也被指爲罪證，因而遭遇了殘酷的清算。凡此種種，無異是瘦鵑先生的「致命傷」。因而爲時不久，先生就一病不起了！

悼鶴哀鵑·擒詞作跋

獨鶴、瘦鵑兩位前輩，昔年曾並駕齊驅，稱雄於上海新聞界，成爲文壇藝苑的兩大支柱。在我則因常有親謦欬、共游宴的機會，亦得與兩位前輩建立了「平生風義兼師友」的可貴睦誼。可痛的是自我違難遜荒，「一身去國八千里」之後，即與兩位前輩斷絕知聞，重覩無期；終至人天永隔，並寢門一哭之願亦不獲償。追憶舊遊，徒增結恨；「人世幾回傷往事」之愴痛，實千古僉同，無時或已也！

北宋晏叔原「小山詞」自序有曰：「追維往昔過從飲酒之人，或壠木已長，或病不偶，考其篇中所紀悲歡離合之事，如幻如電，如昨夢前塵，但能掩卷憮然，歎光陰之易遷，歎境緣之無實也。」以上所言，下走不禁亦有同感焉！因更譜「半死桐」詞一闋，以爲本文之跋曰：

悼鶴哀鵑憶舊遊，更從何處問前修？
檳芳館裏茶煙歇，釧影詩中夢寐休！
傳韻事，說風流，轉頭別是一神州；
有生同閱滄桑變，慚愧猶浮海上鷗。

需要稍加說明的是：「檳芳館」乃獨鶴先生的書室之名，「釧影」則是包天笑前輩的筆名兼樓名。天笑先生作客香港，有一晚曾夢見瘦鵑先生燕爾新婚，同時又在「紫蘭小築」舉行書畫展覽會，並備有一本簽名冊，賓客們紛紛在冊上題句，天笑先生也寫了一首七絕，但夢醒後只記得下二句曰：『好與江南傳韻事，風流文采一周郎。』天笑前輩曾致書瘦鵑先生，叙述其事。瘦鵑先生得書後，即酬答七律一首，又寫了一篇以「夢」爲題的專文，（見上）敷陳夢魂相通之奇蹟，蓋亦是一段文壇逸話也。

國劇大師齊如山

國劇大師齊如山先生卒于民國五十一年（一九六二），距今十一年有餘。武進趙叔雍（尊嶽）先生，別署珍重閣，當時在星加坡南洋商報撰文悼念，分期刊出，遠道寄示，藏之篋中，亦有年矣。叔雍先生旋於五十四年病逝星洲，重讀斯篇，情文並茂，人既可傳，文亦足傳，爰為重刊，以留永念。

趙叔雍 遺作

凡是懂些中國戲劇藝術的人，和東、西洋研究劇藝或是中國劇藝的人，可說沒有人不知道中國有位國劇大師齊如山的。不幸這位老先生以八十六高年，竟然為了心臟病于不久前在台灣逝世。眞可算是藝壇上最不幸的一件大事，和去年梅蘭芳的逝世一樣。

為什麽我們要為齊如山加上這國劇大師的徽號呢？因為：

一、他從小研究中國戲劇，到老不斷，把一生的心血，都貢獻於此道。在兩個月前，我還接到他關于討論藝術的信札。

二、他在潛心研究之中，對中國劇藝，制定了最高原則——無聲不歌，無動不舞——和各種詳細的分類制度。

三、撰寫了幾十部關于中國劇藝的書籍，完全以個人力量出版流通，使得中外人士獲到中國劇藝的基本知識。

四、一切研究都是脚踏實地的做去，既經盡量收羅各種道具、臉譜、劇本以及任何材料，又鎮日和伶界名人接觸，慇勤不斷地問長問短，獲得最精深的知識。

五、在北京招集同志，創設國劇學會，公開陳列各種材料，還發行各種刊物。

六、撰寫不少劇本，像古裝的「黛玉葬花」、「嫦娥奔月」，獨幕劇的「俊襲人」等等，都是在中國傳統戲劇中，打出一條新路來；至于家絃戶誦的「生死恨」，在他所編之中，還不算是創作。

七、富有對藝術和藝人的認識，自從認定梅蘭芳可以成功之後，就把全部心得，和梅研究，由梅上演，終於博得最高的成就。

八、培植後進，無微不至。記得我在北京的時候，他常應約到富連成科班，和一班學員講話，對于李世芳、毛世來更認為是有前途的人才，特加提創。

九、不但對于個人的成就和收藏，毫不秘密，並且對于任何研究劇藝的同志，不論識與不識，見面就長談、辯駁，通信就十張八張的詳加解釋；復因為曾經到過歐、美、日本，所以遇見愛好中國劇藝的外國人士，更不厭求詳地指導、譬證，盡力推揚中國的戲劇文化。

十、多年以來，凡是接近伶界的人，要不是存心「捧角」，便是想「靠山吃山，靠水吃水」，可是他完全是發揚自己的見解，促進劇藝的成就，不但不圖名，並且賠累的都是自己的錢。他對梅蘭芳的合作，一切從劇藝上出發，絲毫不帶些「捧角」的心理，試問，憑這十大汗馬功勞，他是不是應該推尊為國劇大師麽？

說起他的身世來，齊如山曾經寫過一部回憶錄，所以不必詳叙，祇要把他簡單記述好了：

他大名宗康，是河北省高陽縣人。晚清時代，高陽出了位同治皇帝的師傅李文正公，便是李石曾的父親，因此大家提起高陽來，便知道有箇李家。可不知道高陽的望族世家却不是李家而是孫、齊兩家。孫、齊從明朝就是望族，兩家更是交情親密，道同志合。到了明末時候，清兵進關，孫家出了位殉國的軍人孫承宗，永遠留下了民族英雄的光輝歷史。那時候，齊家是文人，雖然沒有參加戰役，却也決心不願受異族的統治，所以齊家就定下祖訓，不許子孫應考和做官，寧可做一鄉民，自食其力。因此齊家在清朝就沒有什麽名氣，這却和崑山學者顧亭林，南北輝映。

齊如山生在光緒初年，那時清朝的政治，一天腐化一天，國力一天弱過一天，齊家雖然仍是「務農為本」，「小本經商」，但是他的父親，却是一位有知識的教讀先生。他看到世界的前途，知道後輩不能不求學上進，僅憑「詩云」和「子曰」的幾本舊書，是不夠應付時代的。正好那時京師設立譯學館，招收讀外國文的學生，他父親就送他去學習德文。

不久，庚子年間，發生了義和團戰役，八國聯軍，佔領北京。他在那無情炮火之下，好不容易，維持原有的糧食字號，苦渡難關，直到辛丑和約簽定，方始鬆了一口氣。後來，留學外國的風氣大開，李石曾本和他私交很好，且有親戚關係，大家重視新學，要想乘此機會，改革政治。李石曾正好要去法國辦理豆腐公司，已經招約南方革命同志張靜江、褚民誼等合作，當然也請如山同去，連如山的大哥竺山，一起赴法，直到辛亥革命，方始連袂回國。當如山在法和回國以後，一直參加革命工作，可是他本人對政治並不感覺興趣，所有關于人們最喜歡標榜的豐功偉業，從此絕口不提。我有時向他詢問，他總是回答說：「我們主張革命，現在革命已經成功，總算說到做到，還有什麼可講的呢。」

　晚清時代，北京城本是一個銷金窟，但是一般市民所最愛好的還是戲劇。說起那時的戲劇，正是全盛時代，老生有程長庚、王九齡等，武生有楊月樓、俞潤仙，青衣花旦有梅巧玲、陳德霖等，眞是聲容並茂，何況座價特別便宜，唱的又是日戲，因此全城的人，沒有一個不往戲院消遣，如山並不例外，恰好他家糧店，就在前門外最熱鬧的地點，走去聽戲，異常方便。

　如山的聽戲，恰又有和別人不同的地方。人們是爲了消遣或是欣賞才去，祇管風雨無阻，永遠脫不了這個範圍。如山却且聽且想，回家以後，還自己仔細琢磨，必定要從外面的作工唱句，去探討內心的含蘊。又往往把各種不同的身段、做工，像蹻工、水袖等等，臉譜像紅臉、黑臉、三塊瓦等等，分別辨認，比較分類，自己立出無數的表格來，一改再改，家人都覺得他的興趣，有些奇怪。

自右至左：尚小雲、梅蘭芳、齊如山、程硯秋

　那時候齊如山天天看戲，不但戲園裏的執事和他認識，漸漸連幾位名伶，也都相熟起來。他有不懂的問題，就溜到後台去，向演員們請教。演員們感覺興趣，有問必答，可也有時被他問得答不出，只好說：「這是老師傳授下來的，我們也不懂爲什麼這樣」。如山對于這些話，毫不理會，祇是回家一想再想，一旦豁然貫通，便把自己的意見提出，那些老伶工們，聽得出神，總是說：「對，可不是這樣，您是怎麼琢磨出來的呢？」照這樣下去，累月經年，他對于劇藝的造就，一天深似一天。這眞是古人做學問的眞實功夫的基本辦法，不論那一門學問，假定都能這樣做去，是沒有不成功的，祇是人們很少有這種耐心和毅力罷了。

　自從他到了歐洲，空閒的時候，當然也就是看戲。歐洲各國，來往方便，他不但看法國戲劇，並且看其他各國的戲劇。他一樣用深邃的目光和已經獲得的基本知識去看外國戲劇，並且特別注意到中外戲劇的分別各點；同時又看了不少外國的戲劇理論書，這更促使他對于劇藝有莫大的成就。

　天要培植一個人才，也有其必要的條件：

　一、生活安定——如山的糧食行，雖然不能發大財，每年却有些盈餘，足夠生活，同時他有兄弟們管理業務，不必個人過份操心。

　二、愛好寫作——如山是個愛好研究而同時愛好寫作的人，今天發見了些什麼，立時把他筆記下來，積了若干時的筆記，又把他分起類來，改正錯誤，補充材料，在短篇寫成以後，登載報紙，尋求同志的批評。記得他第一篇發表的文章，名叫觀劇建言，一經登載，便博得內外行最高的評價，因此更加促進了他對于寫作的興趣。

　三、環境適宜——北京不但是中國劇藝的淵海，並且有各種不同的劇種（梆子班、崑班、弋陽班等等）和各地的雛型戲劇，（天津蹦蹦戲，上海滑稽戲等）以至于戲劇的前身演奏（大鼓、灘簧、子弟書等）。他知識豐富，見解深入，知道不能單就一種戲劇去研究，必須更要盤根錯節廣泛地去研究，因此凡是一切上演的玩意，都是他研究的對象。結果，方始考查出劇藝的來龍去脈，奠定了中國劇藝的基本原則。

　四、得人實行——一個人滿腔的抱負，必定要表達出來，才始可以說到成就的高下。如山本身不會演戲，所認識的演員，雖然個個都是名家，但以前的演員們，祇求上座，並沒有積極的上進心，聽了他的話，祇管佩服，並不實行，使他不得不物色一位可以合作的人，發揚他的成績。正好遇見梅蘭芳，劇藝的根底既好，年青好學，于是他的渾身解數，完全由梅搬演出來，結果，梅固然成爲世界名演員，他這幾十年的苦心孤詣，也總算沒有白費心力。要不然的話，劇藝貴在實驗，沒有實驗，祇管著作流傳，還不是紙上談兵，又有誰知道他的眞才實學。于此可以知道一個學問家的成就，的確是件不容易的事。古人有「中興閒氣」（書名，唐高仲武編）這種成語，在戲劇方面講起來，如山和梅眞是當得起的了。

話分兩頭，以下要叙說齊如山和梅蘭芳合作的經過。在他的「齊如山囘憶錄」和梅的「舞台生活四十年」裏面，對于這點，已經寫了不少。所以我要寫他囘憶錄以外的材料，但讀者總還要覓致那兩本書，方才可以窺見全貌，我這一鱗半爪的記載是不夠的。

在晚清宣統年間，梅蘭芳才十五六歲，剛好學成了戲，就已經踏上了舞台生活。因爲是戲劇世家（祖父梅巧玲是名旦角，伯父雨田是名琴師，父親竹芬是青衣），很容易發揮這富有的遺傳性；加上他扮相好、學得精，一出台以後，就極受到觀衆的欣賞。可是他在富連成搭班演戲，後來因生活負担重，脫離科班，自己搭班，便要另外請人說戲、教崑曲，也是大路玩意兒（一般性的）。我們可以說梅當時的演出，無論怎樣好法，總不過合于規矩準繩，好比青衣是一向稱爲抱肚戲的，遇見「祭江」、「祭塔」等，都是抱着肚子死唱，對于劇情和眼神、水袖等工夫，並沒有加以注意。北京人士，名爲聽戲，也都是閉了眼睛，靜聽高歌，沒有人理會青衣的做工的。我現在叙述如山生平，恕不多講梅事，免得出了題目，喧賓奪主。

梅的戲唱得精采，觀衆在欣賞之餘，就有幾位和他做起朋友來。每天前門外蘆草園梅家，總有三五個人，聚集一起，漸漸呼朋引類，每天必到的「常務委員」，增加到七八人。其中金融界的人物，比較多些，可是事隔五十年，現在活着的，不過三兩位了！

當梅春雷初動的時候，正是如山專心研究劇藝的當兒，他自然每天要上戲院去，祇是他不像一般觀衆的閉了眼睛，打板聽曲，他却睜大了眼睛，注意舞台上每一動作。同時，他注意到劇本的精神、編製以及演員怎樣表達內心，傳出劇本的好處來。他耳聽、眼看、心想，至少是「三官並用」，回家以後，還把他所見到的，寫錄下來，最重要的便是記錄以外的改良意見，好像某種表演方式，不合劇情，應該怎樣才對，還加上理由的說明，常時對於一個問題，寫上洋洋大文三兩千字，好在他一向喜歡寫白話文章，可不是受到新文學潮流的影响，在他已經用白話寫作的時候，胡適之等還正在學堂裏大讀四書五經，寫文言文——看來並不難懂。

梅家每天的來客裏面，根本沒有他，也沒有人認識他。他雖然每天看戲，一有意見，寫錄下來，却也無意于結交這位姓梅的新人，他可算完全是對戲不對人的態度。他不過把寫下來的，寄給梅家。在他的心裏，早已看出梅的能力是可以完成他的志願的，但他不自比一般性的「捧角」家，因此並不急于求知、急于賣弄。他可算是爲了中國劇藝的發揚，後來才和梅接近，做了事業、學問上的朋友。

說到梅家的那些來客裏，的確是因爲欣賞梅的藝術，方始和他來往，朋友們是夠出心出力的了。他們第一希望梅在演出上，有更好的成績，博得更大的成就。爲了梅的前途計，每天邀集朋友到戲院去，增加梅的叫座能力，使到園主刮目相看，觀衆越來越旺；再又約集劇評家，不時寫出讚美文字，分登各報，造成更廣大的聲譽。第二，他們在梅演劇業務以外，更對他的學問和修養，絲毫不斷地督促鼓勵，既要他加强通俗文學的閱讀能力，提高他對於劇本的研究力，（當時科班中對於文字方面並不講究，能夠勉强讀得出劇本，已經算是第一流了）。還要他練習寫字、繪畫，（羅癭公每天看着梅影寫魏碑，批分數，另外幾位王夢白、汪麟士、陳半丁名畫師分日教畫山水、花卉、翎毛、人物）。關於生活和修養方面，一面每天約吃小館子，一面誘導他種花養鳥，不時還同去看西洋電影，注意西洋的化裝、演技各點，一來增加修養，一來調劑生活。如此積年累月下去，梅固然得益不少，朋友們也眞是煞費苦心，樂此不疲。因爲梅居然件件都能接受，並且成績非常的好，更增加了朋友們的努力。但是，現在追溯起來，可以說還留下了最大的一個漏洞，朋友們祇想把梅造成一位雅人、一位名士，却忘了他的基本業務是演戲，沒有在戲劇方面，多想些推進發揚的辦法，一切仍祇由梅自己去練功，吊嗓。這固然由於朋友們對于戲劇，祇有欣賞的能力，沒有研究的精神。可是老天要培養梅的劇藝，竟然有意無意地把這個大漏洞，交由如山去整補，結果不祇補了漏洞，還使中國的劇藝，由于兩人的合作，推揚到全世界去。

在每天下午梅家客來的時候，郵差的下午班，也多來分派信件。梅本人交游很少，向例十天

賈鐸

賣油者

此賣大蔴子，花生，棉花子等燈油者，所用之喚頭也。俗名曰大鈴鐺，鐵質，即古之鐸。陳暘樂書，名曰賈鐸，即賈人所用之鐸也。晉書荀勗傳：初勗於路，逢趙賈人牛鐸，識其聲。及掌樂，音韻未調，乃曰得趙之牛鐸則諧矣。遂下郡國，悉送牛鐸，果得諧者云云。當即此器，依現用之器，視樂書所繪之圖，尚無若何變化。千餘年之物，尚流傳用之，亦僅見矣。

齊如山編「故都市樂圖考」賈鐸之頁

半月，很少信來。一天，忽然送進一封很厚的信，梅就拆開來一字一字的細看，且看且想，點頭不語，好像很感興趣的模樣。朋友們等他看完，才發問道：「誰的信呀？看得這樣出神」。梅說：「我不認識的人呀」。這句話却使大家驚怪起來，于是另一位說：「什麼事，可以大家看麼？」梅說：「講的是戲，說得挺有道理，我正要和大家研究研究呢。」于是把信舖在書台上面，好幾箇人都凑上細看。當然，如山的戲評和一班報紙上亂吹亂捧的大不相同，其中恭維的話，沒有幾句，却對于劇本的內心和演出的技術，細細推敲，最後還有改良的建議。如山所說的改良，當然不是一般淺薄的見解，而所要求改良的地方，也不過是那一處應該由對台口改爲打背躬，那一處應該把對白的詞句，前後改動，方合情理。所有這些改良的辦法，毫不困難，可是在梅家客廳上試驗起來，所有朋友們，的確感覺到比老本子更加緊凑精彩。大家因此又進一步研究這寫信的人，胡揣半天，也沒有得到結果。

如此三天兩天，就收到同樣的信，都是對於當天演出的戲的建議。等到下次再排那戲時，梅竟照如山的辦法改過，這可更喜壞了如山，以爲「孺子可教」，信來得越多，建議也越來越深入。不由朋友們不主張請這位先生前來面談，當然其時就有人執筆，一揮而就，請來一晤。到了那天下午，蘆草園前，來了一位身穿青布大褂、滿口高陽腔的人，到門投刺，趕緊請到客廳，端茶相叙，這才開始了兩位名家的合作。

從那天起，如山便成爲梅家的「常務委員」了。他省下了每天寫信的時間，在梅宅大發高論，討論劇藝。梅固然聽得頭頭是道，朋友們更其五體投地，有時其他名角來訪，一同談話，對於這位業餘戲劇研究家，能有如此精湛的意見，也沒有不嘖嘖稱奇的。此後不但梅本人對于演技上，隨時向他請教，就連梅的同業前輩像蕭長華、李壽山等，也都來問長問短。如山學有根基，見多識廣，逐一解答，沒有一個不同意他的意見，于是梨園行中，也沒有一個不想認識這位齊二爺（如山行二，北方人都這樣稱呼）的了。

梅于一九一七年那次到上海演出，就特地請如山同來，作爲義務性質的舞台監督。他本是閑人，借此看看江南春色，一說即合。因此我就有機會和他認識，彼此說得投機，友誼日深一日。此後梅每次南來，如山必然同來，如山知道我也「弱而好弄」，就談得愈加高興。尤其對于梅表演新戲的古裝、古舞，我曾經不厭求詳地問起他創作的動機和經過。他回答道：對于戲裝，我們看得多了，但是也看過無數的仕女圖，除掉生角外穿着得和戲衣並不相同，我固然知道戲裝是一種綜合性的表現，但是生角可以寫實，爲什麼旦角就不能夠呢？因此我約了幾位畫家和梅成天研究，用舊報紙照剪各種古裝，又試做古裝頭套，忙了兩個多月，居然成功，也祇有梅肯冒險嘗試，竟是開了服裝的新派。說到古舞就比較難了，服裝有歷朝仕女圖做樣本，到底還是依樣畫葫蘆的一件事。可是古舞，除掉三兩部書上畫些不倫不類的人型以外，並沒有像眞的範本。我想了又想，最後除了各種禮樂記載外，我就細讀各種關于舞的詩、詞、歌、賦，好不容易把古人文字上所描寫的，一一把他傳眞出來。同時利用戲台上各式身段，像雲手、漫頭、過海以及水袖功夫等舞態，初次在梅家客廳上，且說且舞，好似瘋子一般，既不好看，又極辛苦，等到一改再改以後，漸漸有些樣子，朋友們圍坐批評，各別發表意見，經過半年以上，方始有些成就，然後再來配合音樂。在最先的「嫦娥奔月」裏，舞態比較簡單，效果祇用南梆子等，那知一聲上演，閧動九城，梅固獲得無上的聲譽，我也眞在幕後「躊躇滿志」。其後再接再厲，又和武把子行以及北京有名技擊家，研究雙劍單劍，幸得梅向來練習太極拳，手裏脚下都有底子，所以後來各種舞態，愈出愈精，到了「霸王別姬」告成，方算完成了一段工作，眞是「得來容易却艱辛」。可是，觀衆在欣賞梅劇的時候，又何曾想到幕後有這麼一股主動力呢。

一九二七年冬天，我去北京，當然每天和如山見面談戲，興高彩烈。一晚，他到我家，取出他新寫成的「中國劇之組織」手稿，要我做篇序文。我對劇學，根本懂得不多，原不想在關夫子面前賣大刀，但是他一再說：「喜歡玩兒看戲的人誠然不少，可眞當做學問去研究的人却不多，難得你我同志，你還不寫一篇文章來提倡提倡麼？」憑這一點，我就寫了序文，接二連三的寫了好幾篇。日子過得眞快，不料轉眼已是三十五年前的事了。我是因爲嗜好太多，不能專心此道，如山却永遠的往前推進，就是到了台灣，在但憑記憶毫無參考的情況下，還是孜孜不倦。去年秋

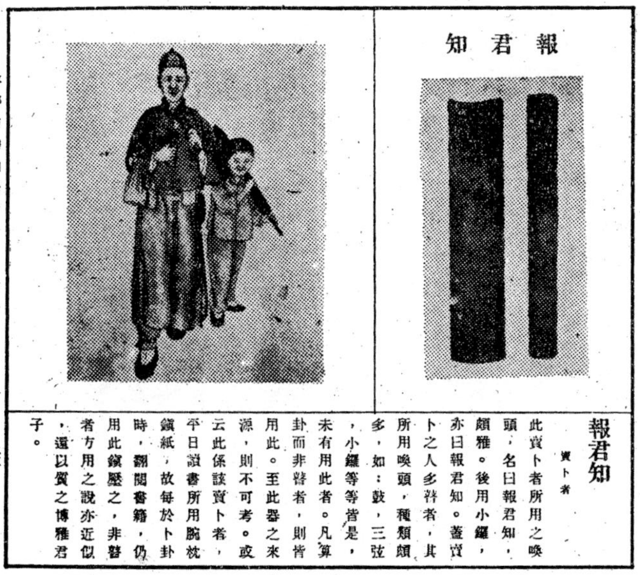

齊如山編「故都市樂圖考」報君知之頁

天，他又想整理舊稿，補充新材料，寫一部研究中國劇學全貌的書，先寫信來，囑咐我做序，我當然照做，還在信上，提起三十五年前的舊事，于今想來，怎不令人心痛呢。

在梅籌備出洋，幾次去日本、一次去美國、一次去蘇俄上演以及旅行歐洲的前夕，如山總是懷着「一則以喜、一則以懼」的心情，兢兢業業地做準備工作。他喜的是中國戲劇，從此大步跨入了世界舞台，不但可使西洋獲得觀摩的益處，更可使中國戲劇的優點，流傳出去，藉此使世界各劇種，更加進步。懼的是演得不好，不能達出優點，反使西洋看輕中國的戲劇。因此，他獨力編繪圖案，手寫說明，請人翻譯英文，前後足足忙了一年半之久，不要說廢時失業，眞可算用盡心血。那時間，雖然還有張彭春、余上沅幾位專家，一同協力，可是對於中國劇藝，是沒有人趕得上他的程度，一切還得聽他主持。最後在動身的歡送會上，他更鄭重其事的和梅說：「人家總說我是捧梅的健將，我實在是爲了發揚中國的劇藝，非你不可，所以捧你，可絕對不是一班捧角家的心理。現在總算『皇天不負苦心人』，中國戲劇可以出國表演，和第一流的西洋戲，見個長短，我已經盡了我這部份的責任，以後就靠你的演出是你盡責任的時候了。戲劇是集體表演，不但靠你個人，還靠全班人馬的合作出力，你是領導人物，更要多負些責任，督導全團，中國劇藝的成功和失敗，在此一舉，請你多多注意」。像這樣「語重心長」的話，算來也祗有齊如山有資格可講，也祗有力爭上游的梅蘭芳肯聽。結果，大大成功，遠在意想以外。可惜人事無常，梅既于去年故世，如山却又在半年以後，一瞑不視，現在，祗可寄望于後起之秀，繼續前修了。

所以說他宣傳力較大者是因為人民愛聽他故宜投人民之所
好以利用之請看目下台北演舊戲之戲園票價頗昂而天天滿
座且有許多人買不到票是其明證這不是說國劇優於話劇而
是說國民歡迎的人多其所以歡迎的原故乃多年的習慣使然
不必論其歡迎的對不對也我
兄以為如何並望將此意轉達
荊蓀先生肅上敬頌
著安　弟齊如山敬上一月十三日
荊蓀先生前請代致意
噫弟年已七十有四矣適因肺病初起以凡明窗又值賤辰
剛過乃不假眼鏡特書小楷以驗目力我
兄詩句笑其太滑稽耶然老氣眼雖不花而手不從奈何古
云恒言不稱老然老了總是不能小的

齊如山七十四歲所書小楷函札

如山的編寫劇本，是從各方面入手的。在初期，他會爲梅寫過新式劇本的時裝京腔戲，像「一縷麻」、「牢獄鴛鴦」等（後來北方奎德社等改良社會劇本，走的就是這條路子）。等到古裝戲、古舞戲開派以後，萬人矚目，他爲確立這新派基礎起見，連續編寫「黛玉葬花」、「天女散花」、「上元夫人」、「廉錦楓」、「麻姑獻壽」等，其中「葬花」、「散花」更有文學上的意味，等到改編「千金記」做「霸王別姬」以後，總算達到了頂點。其中「晴雯撕扇」和「俊襲人」是另一路風格，「俊襲人」採用西洋獨幕劇制度，都受到觀衆歡迎。後來因爲忙于籌備出國，好幾年沒有新劇本出現，直到梅回國以後，方才再寫「生死恨」，成爲最風行的梅劇。

如山本是淡于功名，向不參預政治的人，可是在中日戰爭時間，因爲避免日本人千方百計的糾纏，不能不躲藏起來。到了知道風聲很緊的那晚，就在家裏後進房屋，造牆堵起，自己藏在裏面，除掉家人以外，任何至親好友，一概不見，直到勝利以後，方始踱出前院。這種愛國的精神，促使他好幾年在斗室中過日子，眞是使人敬佩。我後來和他說：「漢末趙岐，因爲避亂，藏在複壁裏面，註了七篇孟子。宋朝呂東萊，因爲新婚，躲在新房裏渡蜜月，足不出戶，做了一部東萊博議；但是一個祗爲避亂，一個祗爲閨房之樂，比起你來，迫于愛國精神，日子更比他們多了幾倍，眞是一件可歌可泣的史事」。事實上，他確也在那斗室中間，勤苦用功，編書思考，永不休息。到了勝利以後，原是普天同慶、中國復興的機會，他却想不到還都後的南京，依舊酣嬉放蕩，爭權奪利，他氣憤不過，在短短期間，改編了孔云亭的「桃花扇」，來諷刺現實的政治。正好那時，梅在上海，他急于應時，就把本子交給楊榮環他們上演，北京城裏，凡是看過這戲的人，那一個不發出會心的微笑呢。

如山不但對于劇藝下功夫，他還對于一切社會上的事事物物，都加注意。他常說：「你們聽到北方街市上賣雜物和食品的人麽，每人或是吆喝，或用簡單的竹片、小鑼做廣告，發出各種聲響，都有節奏，這不是証明中國民族是富于音樂性的麽？你們住慣北京，一聽聲音，便知道賣的是什麽。但是有人注意過他的節奏和樂器麽？在愛談音樂和劇藝的人，實在也值得去研究下子」。因此有人就請他寫記下來。他說：「不賢者識其小者，我要不寫，決沒有第二個儍子來寫了」。過了一個月，他眞的把一部印好的「故都市樂圖考」送給朋友，這種情事恐怕除掉他是不會有第二個人幹的。

他對于音樂劇藝，眞是廢寢忘餐，終生不懈。記得我和他一次同去西北、蒙旗遊歷，我們住在綏遠，閑遊馬路，我正在那裏指點山水形勢的時候，他却在街頭巷尾，東張西望，逢人搭話，忽然走到一家地攤上，買了一件莫名其妙的環鈴來，這樣簡單的東西，却花了他銀元十枚。他隨即問我是什麽？我看了又看，說道：「這可能是唐代盤鈴傀儡戲中所用的盤鈴，你看古香古色，製作雖然簡單，鈴聲却有韻致，但這是我的推想，不過冒充內行的一句話而已」。他說：「這話說得有些道理，但是現在並不作傀儡戲的樂器用。現在是乞丐頭所用的『權杖』。你知道北方乞丐很多，地方上必定有一丐頭，加以管束，丐頭即是『鴻鸞禧』戲中的金松，是在官府備案的人，進項不少，甚至于潦倒窮困的親王，也去幹這一行。做了丐頭，臂上套了這種權杖，就有權隨時隨地，行使職權，對于惡丐，拘禁判罰。民國以後，這種制度，早經廢除，權杖也成爲地攤上的古董，可是也不一定花錢買得到的」。我說：「自古到今，那一國那一朝的權杖，遲早不落到地攤上去呢！」他說：「丐頭運用盤鈴，也有節奏，實在講來，根本是件樂器，所以我要買下，帶回去參考研究」。我說：「研究有了結果，何妨收入舞台樂器中間，配上九音鑼，作爲夜深沉牌子的配音，應該不錯」。他當時非常同意這話，但是後來始終沒有再經提起，想是研究下來，音節不合于戲劇的用處罷。

我們一路從張家口起，路過宣化、大同、綏遠、歸化、直達大青山奔赴蒙旗。途中每站休息，總是同去聽戲，聽大鼓、聽落子，他邊聽邊記，更喜歡蒙古人所奏的馬頭琴。這西北一路，本是遼宋交界的地方，楊門女將和焦贊、孟良的古蹟，不論眞假，隨處都有。又在大同去號稱梅龍鎭酒家的飯館裏吃上等酒飯，憑着我們對于戲劇上的認識，一山一水，一草一木，感覺特別有興趣。等到旬日回程的時候，如山說：「我們可算唱完全部雁門關了。」這句話好像還在耳邊，那知如山已經「人間天上」去了呢。

說到如山的趣事，也很值得一提。他身體很好，從不說聲辛苦，可是從冬到夏，都穿上藍布蒙面的棉袍子。北京夏天也有很熱的時候，他照樣不脫不換，朋友都不知道他爲什麽不怕熱。再者，他常和梅同出拜客，因此身上常帶有梅的名片。有一天，他獨自出去訪位新交，走到門前，當差的照例要一名片，進去通報。他隨手掏出一張交去，那知那個當差並不進門通報，並且對他看了又看，足足有三分鐘之久。他也覺得奇怪起來，最後，當差的還在拈着那張名片，被他發覺，也不免大笑起來，趕緊收回，另換一張。原來先一張是梅的，當差的看見梅名，對照古本，再也想不到梅是這樣的長相，難怪望了又望，不肯去通報呢。

他笑話最多，朋友聚集一起，總是滔滔不倦，却又最有風趣，但也時時受到朋友的調侃。有一天，他寫信給一位汪姓的朋友，匆忙中寫做王字。第二天，收到回信，封面寫的是濟如山先生，他深感奇怪。等到日後見面，忍不住要問過明白，那汪先生回答得好：「你既把我姓上的水邊不寫，想是留着自用，我現在就此奉送，加在你的姓上，豈不甚好。」于是在塲朋友，莫不大笑道：「今天齊二爺可遇見强人了。」

他一向安居北京，過慣的是恬淡的生活，家在東城裱背胡同（京戲「一捧雪」中嚴嵩手下裱字畫湯勤住過那條胡同），完全中國式平房，前後五進，兩邊還有偏院，院前小小空地，豆棚瓜架，最好看的是兩株大藤蘿。每當風和日暖的時候，他和朋友都搬出藤榻，在架下談話午睡。北方人慣于用藤蘿做餠吃，他家更其著名，談到下午，新鮮的藤蘿餠，隨時端來，眞比什麽都好吃。他的書房就在院子後面，四壁藏書，牆上掛些掛件，可不是法書名畫而是臉譜、切末的五彩大單條，下註中外文字說明。書架藏的也十之八九是關于音樂劇藝的，從陳瑞樂書、圖書集成樂律典起，到各種傳奇各地小唱本，無一不備。他終朝坐在書桌，手揮心想，每天總有八小時以上的工作。平生祗用毛筆，向不用墨水筆鉛筆，幾十年寫下來，樸質可愛。我想如山是一分鐘也捨不得家的人，此番白雲黃鶴，必定可以遨翔四海，更必先去省視他那三徑猶存的故居松菊的。

前幾天，我在報上驚悉如山逝世的消息，後來又知道他在審視他改編的「小放牛」上演，忽然發生心臟急症，不克救治的經過。我眞痛惜他、敬仰他。痛惜他的一死，可能使研究國劇的工作，暫告中斷，敬仰他在最後一刻，還是殉葬在他的工作本位上。本來，去年他生過一塲病，醫生在他愈後，檢查身體，說除掉心臟稍微衰弱外，別無他病，不料竟還因此致命。

他近年因爲多求休養，寫作比較少些，可是人們請他寫屏條册頁的很多，他根本不以書法出名，可又不好意思一例拒絕；因此也感覺有些勞累。去秋得到梅故世消息以後，精神很受打擊，特地在一本雜誌上，寫一篇紀念文字，其中不但述及梅的劇藝，還講了很多政治方面的理論，可圈可點。他特地剪報寄來，還附了一封詳信，那知道不到半年，他也追縱泉下，永遠離別了殘存世上的幾個老朋友呢。人們欣賞梅的劇藝，知道如山的大名，但因爲他平生不愛自吹自捧，所以對他的工作，往往沒有深切的認識，這篇文字，應該可以作爲他的傳記罷。

一九六二年寫於星加坡

芳艷芬成功史

·呂大呂·

戲行的老叔父說：「粵劇是每隔三十年便發出一個傑出人材的。」芳艷芬以唱「二黃反線慢板」爲通行第一。三十年前的李雪芳也是以「二黃反線慢板」見稱一時。而在李雪芳的三十年前，有個花旦紮脚文的「二黃反線慢板」也是壓通行的。

戰後的粵劇發了兩個花旦，一個是芳艷芬，一個是紅線女。紅線女回了大陸，香港人無緣看到她的戲十五六年了。芳艷芬婚後，也和粵劇絕緣，距今也差不多十五年。這兩個戰後發出來的花旦，只能從唱片中來聽聽她們的歌聲。耳福是還可說有，眼福却就無存，這不能不說是憾事。

芳艷芬和紅線女比較，紅線女可以兼演花衫戲，芳艷芬却不能。紅線女的歌，以「嗲」聞。她的「嗲聲嗲氣」是通行壓一的。但正因爲芳艷芬不會演花衫戲，她是個正正經經的青衣旦，這才是個正印花旦的風範。因此她有「花旦王」之稱，紅線女却沒有這個榮譽。

從前的正印花旦，照例只演大家閨秀戲，賢妻良母戲、烈女節婦戲和苦情戲。對于淫蕩戲、風情戲，從不會演出。即使她在三幫二幫時候演得怎樣的好，到了做正印時，她也不會再演這一類戲。便是「開戲師爺」也不會開這類花衫戲給她演。簡單說一句，正印花旦是要演「正派戲」的，芳艷芬就是走正印花旦演正派戲的路線，和紅線女不同。

紅線女爲什麼又以正印花旦而演花衫戲呢？這是戲路使然。紅線女生就一副「嗲」喉，這自然擅長風情戲了。因此她便什麽戲也敢于去做，而且可能是要以此別于芳艷芬，但這樣一來便雜，她便比不上芳艷芬的專一而正派。

戲行的老叔父，對于芳艷芬這個「花旦王」之譽，也承認她是當之無愧。他們說：「粵劇是每隔三十年便發出一個傑出人材的。」芳艷芬以唱「二黃反線慢板」爲通行第一。三十年前的李雪芳也是以「二黃反線慢板」見稱一時。而在李雪芳的三十年前，有個花旦紮脚文，他的「二黃反線慢板」也是壓通行的。

「二黃反線慢板」，以「仕林祭塔」白娘娘在雷峯塔中出來，會子時所唱的一曲爲正宗，當年紮脚文唱這支「祭塔腔」而大大的得名。三十年後，「羣芳艷影」全女班的李雪芳，她又是以一齣「仕林祭塔」而成名，成名的原因就是這支「二黃反線慢板」的「祭塔腔」，當年幾間唱片公司都爭相請她灌音。却是三十年後的芳艷芬成名，一樣是爲了演「雷峯塔」中的一支「祭塔腔」而奠定了她這「花旦王」的地位的。每隔三十年便「代有才人出」，這是不可以科學解釋的事。

芳艷芬的藝術生命，不夠二十年，這是爲了她在婚後立意不再在紅氍毹上露臉的原故，絕無其他原因。她由十三歲起學戲，至到三十歲結婚，由出台做「梅香」起至到成爲「花旦王」止，其間無非十餘年時光。原因她結婚那年是三十歲。在這十餘年中，她是經過了不少艱苦，不少努力，不少使人感動的事跡才會有這樣的成就的。像芳艷芬這個人，眞的是值得戲劇中人矜式，作爲模範。從而知道粵劇的「代有才人出」，每隔三十年發出一個傑出人物，并非倖致。

十三學戲學難繼 四眼三姑代交費

芳艷芬，原名梁燕芳，廣東開平人。她的母親關氏早年守寡，母女相依爲命。她有一位姊姊，名阿甜，嫁作商人婦，住在澳門。姊妹很少見面。她一直和母親在九龍西洋菜街稅居一個中間房居住，寡婦孤女，由關氏紡織度活。織好了布，母女拿了去彌敦道一間印度織綢公司來交布，習以爲常。

梁燕芳長落得頗爲標緻，眉目間顯出是個聰明女兒。那年她是十三歲，依然跟着母親走動。一個職員看到梁燕芳這樣冰雪聰明，便對關氏說：何不讓她去學戲？他認爲像她這樣子，可能學戲是一條出路。

這位職員和現在的名旦陳好逑父親陳啓鴻有着親戚關係。陳啓鴻設有一間國聲粤劇學院在深水埗的鴨寮街，這位職員是有意介紹梁燕芳到他親戚陳啓鴻那裏去學戲的。他說過了幾次，關氏就聽從他的話，把梁燕芳送到了這家國聲粤劇學院去。

國聲粤劇學院的院長是陳啓鴻，師傅是夏伯祥。夏伯祥是個男花旦，出身在廣州河南龍尾導張淑勤的一間教戲館來學戲。當時的教戲師傅是四月前才死、享年八十一歲的鄧肖蘭芳。男花旦淘汰後，夏曾轉當「脚式」，鬱鬱不得志，這時就在陳啓鴻的國聲担任教戲。梁燕芳投身去學戲，可以說，他是梁燕芳也就是後來改名芳艷芬「花旦王」的「開山師傅」。

但「開山師傅」雖然是夏伯祥，梁燕芳還得力于肖蘭芳居多，由于後期梁燕芳的學戲是以肖蘭芳教她多于夏伯祥的。肖蘭芳教梁燕芳是以「師公」身份來教她。原來肖蘭芳曾經在張淑勤這教戲館任助教，夏伯祥正是出其門下。梁燕芳在國聲學戲，肖蘭芳受聘爲助教，他教梁燕芳，梁燕芳的「開山師傅」正是他的徒弟夏伯祥。這不是以「師公」來教徒弟的徒弟麽？

好些人說起了芳艷芬的師傅，都只知道是夏伯祥。甚至有人說肖蘭芳不是芳艷芬的師傅，爲的芳艷芬并沒有在蘭芳戲劇學院學過戲，以訛傳訛之故是肖蘭芳帶芳艷芬出身爲第二花旦，只是「恩師」。由于「恩師」的關係，因而蘭芳戲劇學院的招生章程，一班弟子列名附啓，便載有芳艷芬之名。芳艷芬知恩報恩，也沒有否認。說得有紋有理，却是他們就不知道肖蘭芳遠在開設蘭芳戲劇學校前，曾受任國聲爲助教，着着實實和夏伯祥一起教過當時的梁燕芳的。

那時國聲最出色的學生有兩個，一爲梁燕芳，一爲曾雲仙。但梁燕芳在國聲學戲是有一段波折的。她只學了兩個月戲，交過兩個月學費便由于她母親關氏三孀交不出學費而輟學。好在她一生有「貴人」，她輟學不久，便有人願意替她代交學費，而且連一日兩餐飯也招呼她，使芳媽分輕了對女兒的負担。

這個人，誰也叫她做三姑，由于深近視，人人叫她做「四眼三姑」。她和丈夫離了婚，住在九龍城，張淑勤是她的姪女，夏伯祥是她的誼子。爲了這個關係，她常常到國聲去探望夏伯祥。梁燕芳因她是師傅的誼母，便以誼婆稱她。平日，她看見梁燕芳學戲的聰明，這頭學，那頭便上手，因而對梁燕芳很喜歡。常常說：梁燕芳這女孩子，將來「戲班會欠她很多錢」。這是戲班中人常說的話，對一個前途有希望的人，便說他「將來戲班會欠他很多錢」，意思是說，他將來會在戲班走紅，大大的賺錢的。四眼三姑這樣說，她便是對梁燕芳別具慧眼。

梁燕芳爲了學費而輟學後，四眼三姑幾次到國聲也不見她，便問夏伯祥。夏伯祥道：「聽說是她母親沒有錢交學費，因而不來學。」四眼三姑認爲可惜。夏伯祥和陳啓鴻也都一樣認爲可惜。他們都說這女孩子學下去，將來戲班一定會欠她許多錢。四眼三姑忽然義形于色，說要幫助她，使她學成。

第二天，她依了夏伯祥所說的地址，到西洋菜街找着梁燕芳母女的住所。她對芳媽說出她願意幫忙，代交學費。芳媽和梁燕芳都很歡喜。却是芳媽計劃是想她這十三歲的女兒在輟學後加入工廠做工來幫補家計的，如果繼續學戲，這不特沒有幫補，還要米飯錢，她把這個意思坦白對四眼三姑說出來。四眼三姑提出一個辦法，讓梁燕芳在她家裏吃飯，這便是一切也解決了。就憑四眼三姑這個「貴人」，使梁燕芳得以在國聲一連習戲幾年之久。

三年師約一朝毀 說來多得張淑勤

據說由于四眼三姑平日接近戲班中人，她這樣的幫忙了梁燕芳，却要梁燕芳依班例立一張三

芳艷芬演「漢武帝夢會衛夫人」

年師約給她。將來梁燕芳紥起，薪金全部給她支取，一連三年，師約才作廢。當時的梁燕芳，爲了四眼三姑出學費出米飯，這樣恩高義廣，自然答應，便立了張師約給她。

當梁燕芳在國聲學習了一個時期的時候，四眼三姑的姪女張淑勤從廣州來探望她。張淑勤知道了四眼三姑養着梁燕芳吃飯，又知道她替梁燕芳出錢交學費，說她這樣做眞難得。四眼三姑說出了師約這件事，認爲她將來是會有收獲的。

張淑勤是當年全女班的翹楚，又開過教戲館，人極有修養。她聽了四眼三姑要梁燕芳立師約，對四眼三姑大不以爲然。說道：「她這樣年輕，幾時才可以望到她紥起？倒不如毁了她這張師約，將來你發覺她學不上時，可以隨時停止對她的幫忙。看到她確是有希望而繼續幫忙她，也落得個好名聲。這不勝如對着這將來紙上富貴的一張師約麽？讓人家感激你，人家稱道你，不是更好麽？」幾句話說得四眼三姑很是佩服。

第二天，她見到梁燕芳來吃飯時，便把師約交回她，叫她親手把師約撕毁。梁燕芳估不到四眼三姑有此一着，以爲四眼三姑停止幫忙她，忙問是不是？四眼三姑道：「你學得好，我是一直也幫你的。」梁燕芳這才大胆把這張師約撕毁，對着四眼三姑謝了又謝。而四眼三姑却不是爲德不卒，她一直也負責梁燕芳的伙食和學費。

這件事，在張淑勤來說，她眞是造益了後來的芳艷芬，却倒了四眼三姑不知幾多「米」。要是四眼三姑拿着了這張師約，在芳艷芬最紅時連收三年芳的薪金，她就比中頭獎馬票還好。而芳艷芬損失三年的收入，是一個大損失了，這也可以說張淑勤又做了芳艷芬的「貴人」。

國聲劇院露頭角
淪陷時期苦難多

梁燕芳這三個字，在短短兩年間，她在國聲粵劇學院裏開始露頭角了。她的演技得力于夏伯祥和肖蘭芳，她的唱工，叮板運腔是得力于麥慶申。麥慶申是個唱家，擅唱子喉。他的太太葉芷却唱平喉，宗薛覺先，有女薛覺先唱家之稱，不幸在港陷的初期香銷玉殞。當時筆者曾爲麥慶申撰了一闋悼亡曲贈給他，曲名「葉落芷留香」。麥在歌壇唱出，聲淚俱下。現在說起來，已是卅年前的事，聽說他還在香港，但筆者就一直也沒有見過他。

當時的國聲學院，每個星期有一次綵排，由學生演出。編劇是院長的陳啓鴻，夏伯祥演出文武生角式，梁燕芳却每次都作爲正印花旦，居然演得中規中矩，深爲陳夏二人所稱道。

國聲這班師徒劇團，有時也會演出「外圍戲」，間有在長洲、元朗、香港仔等地演出，這更使到梁燕芳獲得踏上台板的經驗。

陳啓鴻對于栽培梁燕芳眞的是不遺餘力，他幾次替梁燕芳接巨型班。當時接的不會是有職位的花旦，只是接個「梅香」。梁燕芳也明白這樣會更多學習的機會，她幷不以在國聲的「師徒班」中是正印主角，接班是做梅香爲嫌，憑這個來吸收經驗，孜孜不倦的學習。

有一年，大約是梁燕芳十六七歲的時候，陳啓鴻把她介紹到「勝壽年」去，接的也是個梅香職位。這班勝壽年，文武生是靚少佳，男花旦是林超羣，這是少見的用男花旦的戲班。梁燕芳這個「梅香躉」却在這一個時期中潛心學習，得益不少。爲時未久，香港便淪入日本人之手了。

香港淪陷後，國聲戲劇學院給日軍佔爲俱樂部，自然是解散，梁燕芳只好返回西洋菜街中的舊居，與母同住。

這是芳艷芬學戲演戲後一個最艱苦的時期，她的家，除了母親關氏外，還有個表姐，這個表姐，後來做芳艷芬的「衣箱」，給人稱爲「衣箱王」的，此外還有幾個親戚同住，一家幾口。淪陷時期的米，可不容易買來燒飯吃，只有天天煎木薯粉作飯，便是木薯粉也只能吃個半飽，你說何等的凄涼！

那日，她們幾個人正在吃着小小的木薯煎粉，剛巧陳啓鴻來到，看見她們幾個人只吃着小量的木薯粉，一時起了同情心。他這時正喪妻不久，家中的兒女需要人料理，而她還勉强有兩餐飯吃。便對芳媽說，叫梁燕芳的表姐到他家去，替他料理着孩子，以分輕梁家的負担。芳媽和梁燕芳很感激，但少了個表姐，大家也不過多吃半塊木薯粉罷了。

地擋演戲惹麻煩
澳門赴宴受侮辱

香港在淪陷初期，人人都過着艱苦徬徨的生活，戲班的大老倌、電影的大明星，街頭賣物、開賭，無所不爲。當時的肖蘭芳也由于覓食爲艱，他找着梁燕芳到新界去演「地檔戲」。所謂「地檔戲」是在空地搭上個架作戲台來演出。換言之，是開檔演出，正像賣武一樣，這還是肖蘭芳想出來的一個法子，賺點錢來作爲維持生活。他知道梁燕芳也正需要覓食，因此便天天約同了她，師徒二人揹着戲服，步行至新界深井附近一帶來開演，那種苦況，眞不足爲外人道。

經過了十多天，却在深井找到了一處齋堂，得到齋堂的齋姑同情，讓他們住下來，好得每天不至步行這許多路。當時芳媽也跟同在那裏住下，他們去開地檔演戲，她也就隨同出去，在演戲的時候，對觀衆收點錢。

當時一個「大天二」名喚李潮的也在那裏，當然作爲一個大天二，是個有財有勢的人，他看中了梁燕芳，竟對她垂涎。找着芳媽商量，要娶梁燕芳作妾，這可使到芳媽大吃一驚。心驚胆戰之下，只好胡亂說出一番話，說她有師約在肖蘭芳處，對女兒的婚嫁事，她不能作主，憑此來打發了李潮。

不想李潮立刻找着肖蘭芳說，說出了芳媽的話。肖蘭芳更是大驚，爲了芳媽把這件事推在他的身上，他不能不應付李潮，便說她還未到十六歲，非待一兩年可不能談婚嫁。李潮答應了再過一兩年才娶她也不要緊，但却聲言，人是他的了。他要留着梁燕芳在深井，不許她回香港去。肖蘭芳只好唯唯諾諾。事後，他防着李潮會對付他，漏夜「花門」（戲班中人逃走的稱謂）回九龍去了。

肖蘭芳「花門」，梁燕芳母女給李潮留住，走不得。這件事可大可小，自然使她們母女提心吊胆，却是梁燕芳的「貴人」便又來了。

這個「貴人」便是齋堂的齋姑，齋姑認爲「大天二」是早晚會變的，梁燕芳留在深井，怎樣也不能說安全，現有一計，可由她出面來救她們母女逃出虎口，她說了出來，母女自然感激。

那日，齋姑對李潮說，她要和梁燕芳母女同出九龍買化粧品和其他物件，李潮答應，但聲明要齋姑和她們同去，和她們同回才可以。爲什麽李潮會這樣信任齋姑？這是爲了齋姑這間齋堂有許多產業在深井之故。却估不到這齋姑竟然爲了救她們母女，打了主意，她和芳媽母女離開了深井後，她也不回去了。

芳艷芬（右）鄧碧雲（左）陳錦棠（後立者）

這件事當然成功，李潮的大天二勢力不會及得到九龍，梁燕芳脫離了虎口後，可就再也不敢到外圍地方演「地檔戲」了。

這時候的肖蘭芳已經上了廣州，這是爲了陳錦棠看起了肖蘭芳的首徒鄧碧雲，以鄧碧雲爲正印花旦。鄧碧雲一旦當正印，深恐功夫不夠，便要求肖蘭芳隨班同去，隨時教她。肖蘭芳便跟了鄧碧雲在錦添花中，到廣州去了。梁燕芳沒有肖蘭芳，她獨自謀生活，曾經一度爲歌伶，出唱上海街銀龍酒樓的舊址。在這時候是闢爲賭場，設歌壇歌唱，却是梁燕芳唱過幾次，她的歌喉幷不爲人所欣賞，只好輟唱。

輟唱後一個時期，有人攬班往澳門開演，她接到了個「梅香薹」職位前去。在澳門演了不久，薛覺先逃出了香港，要由澳門轉入寸金橋去。當地的名流，設宴請薛覺先夫婦。這位社會名流有一樣作風，凡是公宴，會把許多人不論名氣如何也請到。梁燕芳這班戲便全班被邀請，連「梅香薹」也有份，因此梁燕芳當時也爲座上客。

她們一班人都先到，薛覺先和唐雪卿夫婦後到。唐雪卿看見了座上的一班「梅香薹」，大爲不滿，說道：「爲什麽這樣的『生虫鷄』也會請到來？」更對着梁燕芳道：「你這生虫鷄，也該自量一下，便是人家請你，你也不該來的呀！」這一番話，自然是一種侮辱，使到梁燕芳好不難受。

唐雪卿這個人，有「老虎乸」之稱，她常常得罪人不管。當天她這樣來侮辱梁燕芳，是發夢也估不到這「生虫鷄」後來便是花旦王芳艷芬，更估不到芳艷芬掐薛覺先這一屆班，一齣「漢武帝夢會衛夫人」便這樣的成爲名劇，當時芳艷芬的名氣，比薛覺先還要响哩。

却是，當天梁燕芳給唐雪卿辱駡過後，曾幾何時？她便一帆風順，扶搖直上了。這又是得力于一個「貴人」。這個「貴人」是肖蘭芳，她給肖蘭芳帶到廣州去在大東亞遊樂場當第二花旦。

棃起改名芳艷芬 有緣庖代韋劍芳

肖蘭芳這時候是爲了隨班指示鄧碧雲而久在廣州。廣州在淪陷期中的僞府時代，娛樂事業反而蓬勃。單是長堤先施天台的大東亞游樂場便經常有一班粤劇，而七樓那裏有個歌壇茶座。其他海珠戲院經常演出大班，愛羣十一樓有一個規模宏偉的歌壇，眞堪稱得上繁榮得很。

大東亞遊樂場的一班粤劇是由施卓林和易劍泉主理，施卓林便是後來作爲新馬師曾經理的人，易劍泉在陳濟棠時代曾爲民教館國樂組主任。他們經營這「長壽班」在大東亞遊樂場中很收旺台之效。那日施卓林見了肖蘭芳，大爲稱道鄧碧雲在錦添花的「好聲氣」。請肖蘭芳如果還有這類徒弟介紹一個他用。他那裏要想找個二幫花旦爲正印衛明珠之副，肖蘭芳一力應承，便離開了廣州來香港。

他認爲國聲的兩個徒弟，曾雲仙和梁燕芳都是個可造之材，他在抵港後，先找曾雲仙。却是曾雲仙的媽是個拜神婆，在這時候她正風生水起，不欲愛女遠離。肖蘭芳當即去找梁燕芳，梁燕芳的戲服正當盡賣盡，沒有戲服，如何可以去接班，更如何可以接二幫花旦職位？她把這困難對肖蘭芳說了，肖蘭芳當即替她想出個辦法。

他和中華戲服公司的余清是老友，便去找着余清商量，由他担保，替梁燕芳賒了三千元軍票足夠二幫用的戲服。當即和芳艷芬母女，領取了「通行證」，搭船回廣州。所有一切旅費，一切手續辦理都由肖蘭芳負担，乃得成行。

去到了廣州，即向施卓林接洽，決定了登台的日子。她這梁燕芳的名給易劍泉知道。易劍泉是主理宣傳的，他老人家爲人有點學問，認爲梁燕芳這個名不好，要爲她改過一個藝名，一改便改爲芳艷芬。從此梁燕芳便以芳艷芬一個名在大東亞游樂場的粤班演出，爲衛明珠副車。

她登台後不久，「地下聲氣」頗好，却是一事甚妙，由于她新改名的芳艷芬，和「封相」鑼鼓的「轟獨轟」三個音相同，班中人都叫她做「轟獨轟」，甚至有些戲迷都這樣叫她。她覺得很是難聽，便見易劍泉，求易劍泉替她另改過名。易劍泉道：「有人這樣叫你，會把你叫紮了。六國封相的蘇秦是何等威風？說不定你將來就會像蘇秦的六國封相一樣，如果再改名便不對了。」芳艷芬無可奈何。而易劍泉這話可沒有錯，她從此便以芳艷芬之名而芬芳吐艷。

由于先施七樓有個音樂茶座，芳艷芬竟然除了演戲外，有空便到這音樂茶座歌唱，一則以此而作歌喉運腔的操練，二則憑此多點收入。原因她始終記着肖蘭芳替她賒來戲服那筆賬，結果她有志事竟成，她在廣州不夠一年，名利雙收，竟然積蓄了三千元軍票，交給肖蘭芳，讓肖蘭芳把這筆欠賬淸還給中華戲服公司的余淸。

芳艷芬這時的演技，與日俱進，「地下聲氣」更是與日俱進，人人口有道道芳艷芬。去大東亞看戲的只有說看芳艷芬，不說其他。而芳艷芬特別注重她的唱工，她要創出自己的一種腔來。在這一段期間，她創的腔可以說是自成一家了。但有一個缺點，便是她唱曲并不如何露字，班中人和觀衆都說她唱曲好像是口裏含着一個白欖似的。她自己也覺得這個缺點，因此孜孜不倦，都是在研究如何露字，如何使口裏那個「白欖」不存在，當然她是苦心孤詣，慘淡經營。

在這一段期間，她可以說是紮起了。大東亞看到擁有這樣人材，進行組一班戲來征港。定得了韋劍芳這「金山花旦」爲正印，以芳艷芬爲副。爲的芳艷芬只是在廣州紮起，她的名，香港還未知道，因此不敢以她爲正印，而以名氣較大的韋劍芳爲當正，文武生是梁懷玉，他唱做皆宗薛覺先，有「兩哥半」之稱。「兩哥半」者，以薛覺先被大家尊爲五哥，梁懷玉既然學得薛覺先一半功夫，便叫他爲「兩哥半」了。主事人和香港方面商妥，頭台在九龍的東樂戲院。當即辦手續要全班開往香港去。

却不想韋劍芳會在自由區的鶴山沙坪拍薛覺先之弟薛覺明演過一個時候的戲，因此日軍方面不肯給她通行證，而時間不容許不拉箱前去，因此只好硬着頭皮，賭一下胆以芳艷芬暫當正印，作先頭部隊，待韋劍芳的「通行証」設法弄到手，後一步前去。

奇跡就在這次征港中出現，芳艷芬這個名，在東樂這一台，雖然是首次和觀衆相見，却是演出哄動港九，人人也稱道芳艷芬這個新紮花旦好得很。做工細膩斯文，唱來腔口與別不同，自成一家。當時的陳啓鴻還在香港，他并不知道這個芳艷芬是何許人，在一個晚上買票入座去看，才知道這哄動一時的花旦就是他的學生梁燕芳。使到他驚喜萬分。細心領畧她的演出，覺得她確是士別三日，眞的非刮目相看不可，他對人說，以前說過她將來戲班會欠她許多錢，這句話現在開始兌現了。

過了好幾天，韋劍芳辦妥手續，到來歸隊了，班方把她補上爲正印，芳艷芬以前代演的職位交囘她担當，不想賣座情形，由此低落。少了個韋劍芳，由芳艷芬担戲會大大的「收得」，多了個韋劍芳，由韋劍芳担戲反而不「收得」。班中人心中有數，把韋劍芳的戲立刻交囘給芳艷芬担綱演出，賣座情形便又囘復旺台。韋劍芳見此情形，她知難而退，先囘廣州去了。而這班戲演了一個時期，也就載譽囘廣州。囘到廣州，芳艷芬仍在大東亞演出。

當正印却住糞艇　光復後譽滿五羊

有「生紂王」之稱的「殺虎案」主角羅家權，在香港淪陷後囘廣州，他起班，聘芳艷芬爲正印。這是芳艷芬正式當正印的開始，也可以說是羅家權首次對她提拔的。自經在羅家權這個班當上正印後，便一路接班、起班，她無不是個正印了。而且一帆風順，眞的是「轟獨轟」封相鑼鼓，不只是蘇秦的六國封相，而是成爲封王，爲的她是個「花旦王」。

她在羅家權這個班裏，雖然是個正印，却是有一件事，不能不說是吃盡苦頭。這便是她不在紅船的艙位住，而是住在附帶着一對紅船的畫艇那裏。畫艇還不打緊，却是這畫艇竟然藏滿了糞溺，簡直是一隻糞艇。

羅家權這班戲，不一定在廣州演出，隨時落鄉開演。當時的四鄉，由于産米，特別好景繁榮，因而經常開演粤劇。而羅家權這班戲便不能不有一對紅船。紅船之外，還有一條大船艇來載佈景。芳艷芬不想侷處在紅船的艙位，也不想和男戲人在一起，便想出住在畫艇這個方法。在畫艇裏張起了布幔，儼然是個房間，自然比之小小一個艙位還舒服。

和她一同住在畫艇的是一個「花旦仔」歐漢姬，她和歐漢姬很談得來，簡直是結成了密友。這個歐漢姬，便是後來芳艷芬有花旦王之號，最紅的時候，她作爲芳艷芬的秘書的。

不想這條畫艇，却在艇尾闢了一處地方來載糞溺。原來羅家權是個「數口之家」，他在他的家鄉「江尾」，有魚塘養魚，因而把紅船中人的糞溺都收集在這條畫艇裏，你想芳艷芬和歐漢姬住在這裏，是如何的難過？說芳艷芬的一生是經過了奮鬥，和環境掙扎，才有後來「花旦王」的成就的，可眞沒有錯。

她在羅家權這班做了一屆班，羅家權乃丑生

，和芳艷芬的戲路不大合拍，還要飽嘗木樨香味，因此散班後，芳艷芬可不會和他合作了，轉而和白玉堂合作。而這時廣州已經復員，抗戰勝利了。白玉堂這班名「大龍鳳」，是廣州警察局探長李彥良做班主的。在第二屆的「大龍鳳」，芳艷芬然後加入。

大龍鳳的第二屆人選是和第一屆一樣，只換了個正印花旦芳艷芬，和加入一個與芳艷芬同進退、同臥起的歐漢姬。和芳艷芬拍演的是文武生白玉堂，武生黃君武，小生梁鶴齡，丑生小覺先。這一屆班，由于芳艷芬的加入，自然非常的「收得」。

第三屆再起，二幫花旦是改用鳳凰女，歐漢姬是當第三花旦了。這一屆班可以說是芳艷芬譽滿廣州的開始。一套「雷峯塔」，她那支「祭塔腔」的「二黃反線慢板」，人人都說是李雪芳以後的第一人。同時芳艷芬的唱腔已經創造出極完整的自成一家的腔，人人都稱為「芬腔」。而她此時已克服了喉嚨裏好像含了一個白欖的困難，咬字露字了。

這樣享譽了多時，到大龍鳳後期，全班人選變動，文武生改用新馬師曾，武生馮鏡華，小生林蛟；當時他是用林玉成這個藝名的，丑生是綠衣郎，二幫花旦是梁瑞冰。只有芳艷芬和歐漢姬蟬聯。人選較强，而芳艷芬的名聲更响。但做了這一屆，大龍鳳散班了，原因是廣州在這一年，已經風聲鶴唳，大有草木皆兵之勢。

大龍鳳散了班，廣州的情勢更為不妥。芳艷芬息影了一個時期，一九五〇年方才奉母來港居住。她在廣州輝煌的戲劇生涯從此結束了，為的她此後一直也沒有去過廣州演戲。

芳艷芬（中）陳錦棠（左）黃千歲（右）

先在艷海棠演出 後入錦添花當正

芳艷芬抵港住下後，她還未有班落，即在此時來一個記者招待會，由音樂家譚伯業作知客。大小日晚報的記者編輯也有不少到來，為的他們都知道芳艷芬在廣州是個轟動梨園的人物。當時芳艷芬無非花信年華，很艷麗。她在場把她的照片，親筆簽上了名贈給在場的老記老編，艷麗動人，不少人以得到她的一張照片為榮，什襲珍藏，視同拱璧。成報的採訪主任黎之明兄便珍藏了一張，見本文首頁。這是芳艷芬二十多年前的照片，也是她二十多年前寫在照片上面的字。

記者招待會後，她在香港作光復後來港的第一次演出。當時班牌是「艷海棠」，是現在改任武生的陳燕棠夫人女班政家成多娜所組織的。和芳艷芬拍演的是陳燕棠，因此班牌名「艷海棠」。這一屆班後，陳錦棠的錦添花邀她加入，和陳錦棠、黃千歲、李小龍的父親李海泉一同演出。

在這一屆錦添花，她在香港立刻紅起來，港九都擁有很多的觀衆。而她的「芬腔」也在這時候盛行起來，學唱「芬腔」的可不少人。由此扶搖直上，愈演愈紅。當時有人發起選舉「花旦王」，選出了芳艷芬鰲頭獨佔，此後芳艷芬便以「花旦王」稱，戲行和戲迷一致承認。

以文武生領銜的，在戲班中最普遍，却是芳艷芬成名後，她在任何一班，都是由她領銜的。這也是奇跡。而選舉「花旦王」的時候，實在是名旦林立，計有紅線女、余麗珍、陳艷儂、楚岫雲、譚玉珍、譚秀珍、鄧碧雲、梁素琴等等，但這「花旦王」的榮銜終于落在芳艷芬的身上，可知戲迷對她是如何的擁護了。

拜京劇名宿學曲 聘文壇宗師編劇

芳艷芬自榮膺「花旦王」後，她的班運紅到發紫，在香港先後拍白玉堂、任劍輝、薛覺先、黃千歲、新馬師曾。他拍黃千歲這一屆，觀衆去看戲，只有說是去看芳艷芬，沒有人說是去看黃千歲的，但黃千歲也并無他言，認為還是芳艷芬實至名歸。但芳艷芬却沒有自滿，她看戲場的需要，認為要學習的便得千方百計也要學習。曾為了和新馬師曾拍檔演「薛平貴與王寶釧」。其中一場「投軍別窰」，新馬唱京曲，她覺得這場戲她也應演唱京曲，便要拜一個京劇名師來學習。

她請教新馬，問新馬可有京劇名師介紹她來學習京曲？新馬和現在「大人」的總編輯沈葦窗有交誼，他轉請沈，沈為介紹王瑤卿之徒趙仲安給她。結果芳艷芬演這齣戲便在「別窰」一場和新馬對唱京曲流水。既使戲迷一新耳目，也充實了這一場戲的演出。

趙仲安和她，雖是「一曲之師」，却是芳艷芬對他很敬重。趙仲安作為她「一曲之師」後不久，忽然有一天在街頭病倒，送入廣華醫院，芳艷芬聞訊，立刻差人拿了錢去醫院送給趙仲安，要趙善為休養。趙仲安現在息影台北，住在永和，現在台北最紅的花旦姜竹華，便是趙仲安的得意女弟子，趙至今對芳艷芬還表示感激，也可見芳艷芬為人的尊師重道。

她自己有一個「御用」班牌，這是「新艷陽」。起過許多屆，拍過許多出名的文武生。她有大志，要把粵劇大事改進。慕前廣東省文獻館館長簡又文之名，特請簡又文為她編寫一個劇本。簡又文答應了她，「戲匭」名「萬世流芳」，後來又改為「萬世流芳張玉喬」。

這個劇本的取材是從民廿八年在香港出版的「廣東文物」所載的「張玉喬」故事的。這篇文章是陳鐵兒所寫。但簡又文可沒有說明，因此就為了這齣戲，鬧出了一件筆墨官司。

當這齣戲開始在新艷陽宣傳部發出宣傳稿時，班方大書編劇者是「文壇宗師簡又文」。工商日報的總編輯李建豐却不甘簡又文享此盛名，竟在自然日報為文連罵簡又文三十多天。簡又文當然不肯示弱，他請「馬兒」出陣來反罵自然日報與李建豐。筆戰了許久，結果大家不了了之，各自鳴金收兵。但這齣戲終于在新艷陽演出，成為新艷陽芳艷芬的名劇，和另外一齣「程大嫂」齊名。

芳艷芬極其禮賢下士，因而時下知名之士也成為她的「智囊團」。鶴山名士呂燦銘（即畫家呂壽琨之父）是當時的中堅份子。芳艷芬許多為人稱道的事，大都出自「智囊團」之意，而呂燦銘應居首功，却是呂燦銘今已作古多時了。

贈樓八和焚債券 華光師傅竟踎街

芳艷芬在粵劇界最為人稱道的事是送出一層樓給八和會館作會址，把墊支給八和會館一筆六千元的債券撕毀。八和會館有了地址，然後所奉華光師傅才不至踎街。這件事足見江湖兒女，以義為利，而芳艷芬却當之無愧。

當時的八和會館，是以普慶戲院後座的一角地方作為辦事，那位華光先師神像也就供奉在普慶戲院後座那裏，向安無異。由于經費支絀，要不時舉債。芳艷芬就經常借出錢來給會館，已經積着不少借欵了。那年普慶戲院改建，自然為了改建，八和會館的辦事地址沒有了。八和子弟固然無聚集之所，而華光神像却安置在街頭，一時人皆稱為華光師傅要「踎街」。

這實在是八和之羞，也是所有八和子弟之羞。但會址無有，倒也沒法子不由着華光師傅踎街。這件事給芳艷芬知道之後，她毅然捐出了她產業中的一層樓給八和會館，好讓八和會館有館址，也好讓華光師傅不至「踎街」。原因會館有了地址，自然便把華光師傅迎回會館供奉了。

八和會館有了地址，由關德興當主席，勵精圖治，使收支相抵。計算過共欠芳艷芬六千元，便設法把這六千元先還給芳艷芬。由關德興親自到公爵街芳艷芬家裏來交還她。那裏曉得芳艷芬拒絕收受，說這筆錢已出之物，就算她捐助給八和好了，拿出了借券當面取消。

這兩件事都使全八和的人感動，但這還不算。當時戲班已經開始衰落，許多老戲人，「老青仔」都無噉飯地，芳艷芬却在他的公爵街寓所開大鑊飯來養他們，經常總有四十多人是在她家早晚吃飯的。

當八和第三屆籌備改選時，許多辦事人都很忙，却是對兩餐飯的開支，認為難于開數，只有自掏腰包，難得芳艷芬却在漢宮酒樓為這班辦事人在這一段期間供給伙食，全部吃喝開支，入她個人的賬。

這幾件事都可以說是芳艷的芬義氣。這是在她嫁後，永別舞台影壇，使人對她依然存有印象，使人對她稱道弗衰的一個原因。

芳艷芬收入豐富 芳媽却週身當票

不只芳艷芬是個「義氣仔女」，連芳媽也是個樂于助人的人。有一件事是妙事，也可以說是令人不置信的事。而且，也許芳艷芬直到現在也不知道的事。這是當芳艷芬收入最為豐富，斷斷不會憂窮的時候，作為她母親的芳媽竟會弄到「週身當票」。

芳艷芬在最紅的時候，她每月以五千元給芳媽作為甘旨之奉。以一個絕無嗜好的老婦人，每月有五千元，照例只有積蓄起，即使怎樣揮霍，也不會揮霍得盡。却是芳媽就雖有五千元得自芳艷芬，却每月的開支就時時超過這五千元之數。

她老人家對這五千元是如何的開支？原來她們母女相依為命時，窮親戚多得很。這時候芳艷芬就大大發達了，親戚們只有更窮。芳媽眼見着這許多窮親戚，自己有的是每月五千元，便每月也拿錢要週濟他們，把五千元分派完為止。

由于習以為常，窮親戚也習以為常了。他們每月依時依候的到來，像是出糧似的。芳媽不特不拒，有時五千元不夠支配，便拿家中的貴重物品去典當來給這些告貸的窮親戚。如此一來，這位慈祥的老人家便週身當票了。

本來芳媽要對芳艷芬多討一點錢是無有不可的，但她不想芳艷芬對她查根問底，因此情願偷偷把家裏的東西拿去當。當了，她怕芳艷芬發覺，萬不能由着這些東西斷當。因而便有時別出方法來贖，沒有錢贖的時候便去轉利。

就為了要去轉利，她的秘密便有一個人知道。這個人不是別人，便是供芳艷芬學戲的四眼三

芳艷芬「唔嫁又嫁」

姑。芳媽時時拿着一叠當票，問四眼三姑那張到期，那張會不贖便斷。因此四眼三姑便知道了。問她爲什麼每月得到阿芬五千元，還會週身當票？她說出來，四眼三姑才知道。不覺大嘆她難得這樣爲人，說有其女，還有其母。

拍電影帶起多人　出嫁時善爲處理

後來粵劇越來越衰落，代之而興的是粵語電影。芳艷芬是美艷親王，是花旦王，各電影公司都紛紛請她拍戲，她自己也組織了一間「植利電影公司」，經常日夜幾組戲，忙得不可開交。

和芳艷芬拍對手戲的都能獲得在電影圈紅起來。她最先帶起了一個羅劍郎，任劍輝會在電影響紅的原故，也是先拍芳艷芬而起的。她拍「胡不歸」電影，以林家聲爲主角，便又帶起了林家聲。這些事，都是值得說的事。

芳艷芬有一支名曲，家傳戶誦。其中有句是「唔嫁又嫁，早知當初我唔嫁」。因此芳艷芬的嫁訊，一直也爲班中人、電影中人和戲迷所關注。而芳艷芬又從來不談婚姻問運。以此，許多人都以爲芳艷芬將以丫角終老，不嫁了。却是當她三十歲那年，即傳出了婚訊。結果在一九五九年的一月七日，在倫敦和楊景煌醫生結婚。她沒有在香港擺喜酒，只在香港各報刊登了一段結婚啓事便算。這段結婚啓事是「謹于一九五九年一月七日在倫敦舉行結婚典禮，謹此敬告諸親友。」連在那一間教堂舉行婚禮也沒有說。

在她臨去倫敦結婚時，她已經處分好她的一切，她的處分又是很見得她的江湖兒女義氣的。

她在大東亞當二幫花旦時，得過一個「花旦仔」贈給她一批戲服。她紅的時候，「花旦仔」嫁了，丈夫名「老鼠廉」，曾當班中的「五軍虎」，芳艷芬却一直招呼他跟着出入，這時却送了他一筆錢，讓他在青山道開設跌打醫館，即今吳少廉跌打醫館是了。替她改名芳艷芬的易劍泉，也報効爲他拍一部「不如歸」的電影，全部收入給他。歐漢姬更得到她許多部的電影，最後的一部是「胡不歸」。作爲她經理的班政家黃炎，却把「新艷陽」的班底、裝置、公箱戲服全贈了給他。樣樣都處分好，有恩報恩似的通通了却了心願，這才赴倫敦結婚去。回港後即謝絕她的藝術生活了。最近有人傳她爲了股票的損失，精神大受打擊，這完全是謠言，像這樣一個好人，怎會有這不幸呢？

勘誤

上期小明星一文，曲名「恨不相逢未嫁時」，原爲「恨不相逢未剃時」。剃是剃度，爲蘇曼殊原詩，乃爲「還卿一鉢無情淚，恨不相逢未剃時」也。又畫人鄧芬爲徐柳仙所撰曲名「夢覺紅樓」，并非「再折長亭柳」。「再折長亭柳」爲吳一嘯所作。另外雷宏强現在「聖保羅」爲教授，不是「聖保祿」。陳維周娶的姬人是酒中馮婦的契女，不是親女。又「杜鵑紅」曲名，爲「悼鵑紅」之誤。特更正如上。

名票趙培鑫　病逝舊金山

（舊金山六日中央社電）以演平劇鬚生飲譽海內外的名票趙培鑫，今天下午在舊金山市立醫院因肝疾逝世，享年六十歲，喪禮于一二日內舉行，其遺體將依照其遺囑火化，骨灰運回台灣安葬。

趙培鑫以票友身份一生從事平劇研究，曾師事孟小冬女士，得余派眞傳。他去年初由香港來舊金山，擬在海外推進發揚平劇工作，曾在此間登台一次，備受歡迎與讚美。最近在國畫大師張大千等贊助下，他計劃與在此間的金素琴舉行一次空前的聯合公演，不料竟一病不起。

趙培鑫病逝消息傳至香港，各方同聲悼惜，本刊下期將分別邀請名家撰述趙培鑫在上海，在台灣，在香港，在美國種種，及有關趙培鑫之若干圖片

朝氣蓬勃　氣宇軒昂

笑，充滿信心的笑；佩戴亞米茄電子表令你別具信心，有更完善的感覺。擁有一只亞米茄電子表，是閣下值得驕傲的一件事，因爲你作了一個精明的選擇，亞米茄之產品不但享譽全球，並且被太空總署指定爲登月探險之標準計時裝備，英法合作之「康確」超音速飛機，亦採用亞米茄爲重要計時系統。要達至完美的準確性是一件艱辛的工作，多年來研究之結果，亞米茄電子表之準確性已達到令人滿意的階段，表身纖薄，爲廣大人士所歡迎，亞米茄電子表之共鳴器爲特別設計，不但聲音柔和，並且提高其準確性，亞米茄電子表性能卓越，係　閣下最理想之手表，況其產量佔瑞士總產量之百分之九十三點七，這是多麼値得自豪呢！

ST198.003亞米茄電子天文台表不銹鋼表殼配皮表帶。　港幣895元

Ω
OMEGA

亞米茄表　馳譽世界　一致推崇

丁濟萬逝世十周年

——「抗戰時代生活史」外篇——

陳存仁

孟河名醫丁濟萬先生，在一九六三年四月十七日，病逝香港，光陰彈指，不覺十年，當時我曾為文悼憶，特為刊出，以留紀念。

丁濟萬先生遺影

丁濟萬先生，名秉臣，字蘭生，江蘇武進人，系出孟河醫學世家。余早歲束髮受書，入先生之祖甘仁公所設上海中醫專門學校攻讀，又從先生之叔仲英翁為業師，與先生誼屬同門，且締交甚早。

先生長余五歲，余尊之為「蘭蘭哥」而不名。今先生因病仙逝，悲感之餘，追憶舊事，以誌悼念。文中仍稱蘭兄，以示不忘其舊也。

蘭兄父諱孟淦，祖諱甘仁，名澤周，清末民初在滬開業，譽滿杏林，聲震朝野。蘭兄為甘仁公長孫，聰慧有卓識，初從武進嚴振聲氏學國文，又從江陰曹頴甫氏攻經史。民國九年甘仁公創辦上海中醫專門學校，延請謝公利恒為校長，蘭兄亦就讀該校，畢業後，親聆庭訓，繼承家學。

甘仁公同時創辦廣益中醫院二所，一在南市石皮弄，一在滬西勞勃生路，門診辦理施診給藥，並有住院病房，凡屬醫校學生，均有實習機會。全國中醫界有醫校及醫院之創設，實自甘仁公始。

余于民國十三年，投考入中醫學校，與蘭兄為先後同學，當時謝公利恒、嚴公振聲、曹公頴甫，皆在校執教，民國十六年初，余隨甘仁公書寫藥方，時約半載。是年六月，上海氣候炎熱，疫病流行，甘仁公診務特忙，因辛勞過甚，忽染濕溫傷寒症，病勢重篤，遽而謝世。余助理喪禮雜事後，即從仲英翁為業師，程門立雪，侍診左右焉。

甘仁公有子三人，長即蘭兄之尊翁孟淦，早年隱居，次為仲英師，幼為涵仁師叔。其時仲英師早設診所於四馬路中和里，涵仁叔設診所於白克路登賢里，甘仁公故後，珊家園診所舊址，即由蘭兄承繼其業，每日應診，應付裕如，師門同學，無不欽服。

往時鉅室，凡先人謝世，其後裔每多興析產之爭，甘仁公故時，倉卒未立遺囑，族人認為必將興訟，仲英師與蘭兄相約，忍受一切不公平支配，决不涉訟。甘仁公遺產頗鉅，而仲英師及蘭兄僅合得珊家園之舊宅一幢，仲英師固氣度恢宏涵養功深無論已，而蘭兄亦能尊重乃叔之誡，慨然一諾，厥事厥行，頗為鄉黨所稱道。

蘭兄開業不久，女伶碧雲霞病胃，經其診治而愈。當時碧伶聲譽極著，同門劉佐彤君約余共作揄揚之舉，時余常為報館撰稿，對報界人士頗多相識，乃請當時名士袁寒雲（袁世凱之子）代碧伶書寫匾額，贈與蘭兄，各報盛載其事，良醫之譽，騰傳社會。而我於蘭兄之私誼，自此日進，晚間常至新世界自由廳聽戲，蘭兄對京劇發生興趣，亦自此始。

蘭兄開業後一年，余亦懸壺應診，設診所於南京路，診餘輒蒞新世界與蘭兄茶敘，閑談日常醫務事，有時興起，共作騎驢之嬉，縱轡馳騁，揚鞭顧盼，逸興豪情，杳然不可復得矣。

其時大世界有詩謎社之設，余與蘭兄常為座上客，同門程門雪君每猜必勝，余等隨其下注，常有所獲，時名士惲鐵樵、何鐵珊二公亦常蒞止，不數年，此數人均成滬上名醫。

甘仁公故後，廣益中醫院事務由仲英師料理

，中醫專門學校事務則由蘭兄主持，且改稱上海中醫學院，辦理有序，成績斐然，每年出其門下者年約五十人，辦理十年，桃李遍大江南北。不久蘭兄又創辦華隆中醫院，亦蜚聲於時。

民國二十六年，抗戰軍興，蘭兄仍留滬行醫，聲譽日隆，及國軍勝利歸來，蘭兄與余從事中醫界參政運動，兩人皆當選爲國大代表。

全國中醫界競選國大代表者，凡四十餘人，競爭形勢極爲劇烈，余與蘭兄當選後，偕同出席南京會議，中醫界有代表八人，廣東賴少魂及湖南柳贍春任事最勇，四川林季詁木訥少言，餘爲一女代表，亦沉默靜淑，故余與蘭兄週旋其間，如影隨形，幾不可須臾離。余寓中央飯店，每晨起身，草擬各項文件，蘭兄有時一日蒞余住所凡五六次，有時則盤桓竟夕不去，是可覘知當時事務待理之繁忙矣。

余等向國民會議提出中西醫平等發展之議案，當時西醫界代表反對甚力，余等頡之頏之，奮力周旋，並徵得各界代表數百人聯署，故聲勢殊壯，少魂、贍春出力極大，蘭兄亦與有功焉。

國民大會期間，各省忽來落選代表數十人，作絕食請願，絕食多時，大半臥病於丁家橋招待所，輿論對此，均表同情，國大會議主席于斌主教及胡適之，提議由大會中西醫代表，負責診治，余與蘭兄等每日往診，臥病者勢多危急，由余每日作病情報告，付交各報刊佈，余於文內，表示選舉制度，必須有所改進，否則因競選而發生之不幸，不但同鄉同業，甚至兄弟友好，均成敵對，而政府派系之分裂，能使國家至於傾覆，蘭兄對此，頷首稱是。

在京開會，歷時月餘，幾於日無暇晷，期間料理各種糾葛，兩人均合力以赴。一日，南京有中醫元老之夫人逝世，余等往弔，喪家爭執喧吵，家人無法應付，日已西墜，尚未成殮，余與蘭兄相商，此事必需吾等出力協助，蘭兄慨然任之，遂力事排解，並爲之安排一切事務，旋即成殮如儀，蘭兄於此等事務向極熱心，攖冠攘臂，從不後人，其豪邁情慨，尤足稱道。

當開會期間，酬酢頻繁，晚間常相偕至夫子廟畔各市樓間作座上客，蘭兄善飲，薄醉後，逸興遄飛，有時且引吭高歌，在座同人爲之大悅。

迨政局變遷後，余與蘭兄，先後挈眷來港，操理本業，余乃發起滬醫聚餐會，藉以聯誼，聚首時有人談及湖南柳贍春、四川林季詁，均被慘殺，一女代表之丈夫亦遭不幸，蓋此諸人當年在南京會議期間，皆有同壇坫共議席之雅，曾幾何時，凋謝零落，言念及此，相對唏噓！

蘭兄治病，頗多長處。因此所識病家，深入上下各階層，余特述一事以證之，某年丁仲英師忽遭匪綁，蘭兄有友，能偵知藏票所在，竟獲破案，安然脫險，仲英師對此甚表心感，叔姪間融洽無間，余寫述至此，回憶舊事，恍在目前，而今仲師僑居美洲，料於海外見此文時，定必泫然于悒不置也。

當蘭兄仙去之噩耗傳出，識與不識，同聲悲悼，蘭兄事母甚孝，逝世時老母尚在堂，今幸其男女公子均已長成，奮發有爲，亦足慰蘭兄於泉下矣。

馬場三十年

老吉

我在上文談到馬會騎師室裏的朱榮君，兼做騎師出賽時綵衣，覺得凡事要精益求精，就非大下研究功夫不可。朱榮的成功，第一點是他有頭腦，肯研求，第二是他有位一對裁剪方面極有心得的好太太，「兩公婆拍硬擋」，方能有今日的成就。

本文要談的是已故騎師周佐明君的一切，周君逝世已有十一年了，他眞是一位苦學成功的好騎師，可惜天不假年，在香港馬場剛剛成名，却又患上了不治之症「血友病」，不到半年便送了性命，他習騎三年，誠懇勤力，自然値得一談。

過氣馬王「堅橋」，能連得兩屆冠軍，而第二次贏馬的時間二分零四秒，跑一哩二五，創出了香港馬會永遠打不破的新紀錄，可以說得空前絕後。因爲馬會現在已將路程改爲公尺，什麼六化郎四十碼或一哩等路程，早已取消不用，所以「堅橋」的一哩二五時間紀錄，也就永遠可以保持了。

「馬場三十年」全文今次結束，待我整理一過之後，將出版一本「馬場三十年全集」以供各位參考，在我當是作爲留一個紀念，亦無不可。

我養過馬，請朱榮做過號衣，我認爲他的出品，身裁適合任何騎師穿着，而且由肩至臂，逐步收狹，長度可以蓋及臀部，賽馬時决不會後面鬆出來，至於彩帽，大小式樣適合頭部，不像英美和澳洲賽馬帽大到難過之至。

因而朱榮眞可以誇口一句，他的出品，比之全世界的出品，有過之而無不及。

他做號衣，得力於他太太黃麗賢女士不少，黃女士畢業於何東裁剪學校，而且是高材生，因而他有了這位賢內助，那怕事業不成呢。

馬主要做號衣，先向馬會索取一張號衣圖，然後將喜歡的衣帽式樣和顏色，寫在圖上，馬會當局批准之後，就會交給朱榮，他兩夫婦當然連夜趕工，每年新馬搖珠後的一兩個月，更是忙個不停。馬匹多的大馬主，號衣起碼有兩至三件，因爲有時候同主馬匹同場跑，有時候同主馬匹一天要出幾場，一件號衣在賽後，如果汗濕不堪便不能再穿，非得換一件不可也。

賽馬前的兩天，朱榮須在騎師室中將每場賽馬的號衣取出，用熨斗熨好，等賽前一天定了騎師之後，更要將每一位騎師所穿的號衣，掛在他們的衣櫃內備用，（出馬多的騎師，以前郭子猷、現在鄭棣池，每天出多場賽事，便要有多件號衣），等賽馬完畢之後的晚上，更須將用過的號衣一一查驗，然後分別掛在竹竿上等牠陰乾，（因爲日光一晒會變色的），然後收藏起來，以便下次應用，也可見其手續之煩多了。

以前，一件號衣的價錢是七十五元，後來絲綢價格及生活程度高漲，便廿五元、廿五元的增加，到現在是一百五十元，朱榮說：這是工夫錢，一點都不錯。

朱榮夫婦的綵衣，到現在，不獨承接本港馬會的生意，因爲這多年來由馬主與騎師們的宣傳，遠至英、澳，皆有定單，無他，「價廉物美」這四個字，就是他們倆成功的因素也。

現在，我要講一講周佐明老弟了。

佐明的英文名字叫「占士」，（James Chow），馬會掛牌，英文是占士・周，在馬會中，認識他的人，都叫他占士，他的小名叫德春，馬場中知道的不多，譬如我，就叫他做德春。

他父親是一位好好先生，開的是紙舖，寶號當年在中環昭隆街，後來因拆屋，現在遷到了歌賦街，招牌叫「協成」。

佐明是周家的大兒子，爲人忠實節儉，可是他對騎師這兩個字，醉心到非凡。

二十年前，我出版的「老吉馬經」，就是向協成買白報紙，因而認識老周、小周兩父子。

有一天，我到他店裏去坐坐，老周忽然問我：像德春這個樣子，能不能騎馬？我以爲他打趣，其實照佐明的身材和天資，學騎馬是再合式沒有，因而我就對老周道：「再合式都沒有了，難道德春想學騎馬，做騎師？」

老周點點頭道：「我給德春纏死了，他一定要騎馬，如果你看他會成材，我想請你幫幫忙，介紹他去學騎馬。」

我起先以爲老周講講笑話，不料却是眞的，於是我便對老周道：「行船跑馬三分險，你答允了，還得問問你太太意見如何」？老周說：「這倒是眞的」，說罷他便上樓（協成當年是，店在樓下，住家在樓上）去問周嫂子，一問之下，原來德春是先說服了母親然後再向父親提出的，當然，周嫂並無異議。

他雙親既然許可，我便先將佐明介紹給現已逝世的老騎師梅倫君，同時，佐明還介紹了一位小朋友胡家祺君，原來他們兩位早已講好要一同習騎的。

梅倫也是好好先生，當時他在香港仔鄰近的壽山村騎馬學校教學生習騎，於是乎周、胡兩位便每早到壽山村去由梅倫教授基本騎術，這家學校的校長是葡萄牙人西維亞，他自己的騎術不錯，可是却不會教跑馬，而祇能教騎軍馬，所以就不得不請梅倫老師來做跑馬教師，學費相當貴，在當時每一課十五元，已是一個大數目了。

周、胡兩人學習了不到一年，梅倫與西維亞意見不合，梅老師離開了壽山村騎術學校，周、胡兩位祇得暫停騎馬。

他們兩位已有了多少根基，可是沒有地方習騎，眞覺得苦悶，於是乎又來找我要我想辦法。

香港馬會，當年在上水有一個分會，（現在則在粉嶺，上水馬會已變了華人鄉村俱樂部），佔地極大，其中有一個小馬圈，也有十幾匹脚馬，經理是現在在澳門跑狗場的狗場主任和練狗師，名字叫羅文。講起羅文，我在四十多年前上海有跑馬場時，已和他是老友，他既是馬會的經理，我想何不去看看他呢。

我和周、胡兩位到了上水馬會，原來管脚馬的頭腦是張阿四，張君以前是羅達尼馬房的副手，年齡大了，不能再在早晨騎馬，經羅達尼與當時的馬會主席賓臣君一推薦，張阿四便在上水分會做頭腦，我和阿四熟極，暫時不去看羅文，先問問阿四的意見如何。

上水分會的脚馬，是專爲會員習騎的，非會員不可能加入，但會員如果能騎馬的，可以介紹朋友習騎；不過，第一點，要這位會員本人考試合格，然後方能介紹他的親友考試，如果也合格，這個非會員就能在上水習騎，但第二點是每騎一次，收費祇有三元，不收現銀，而要介紹人簽字，每月由馬會寄帳單收費。

張阿四知道我能騎馬，不過，不彈此調，起碼十多年，可是阿四却爲我出主意，揀一匹性情馴良的老馬，由我申請做會員，參加騎術考試，如果合格，周、胡兩位就有希望在上水習騎了。我一想，這辦法行得通，於是阿四便帶我們去見羅文，「肥佬」兄和我是老友，當然立即答允，第二天上午，我便穿起了阿四的馬靴，由羅文主試我的水皮騎術了。

一九六一年一月七日，周佐明騎「巾幗英雄」獲勝頭馬，由顧乾麟夫人及麥啟洪君牽頭馬（龔輝君提供）

張阿四給我預備騎的馬是一九五〇年馬，烙印P十號的「利益」（ACQUISITION），此馬馬主是蔡永超君送給馬會的，我戰戰兢兢先將「利益」踱步一圈，然後再慢跑一圈，這匹老馬仍有小小口勁，不過跑來很規矩，我試完之後下馬，羅文「肥佬」兄，對我說一句O．K．我便放了心。因爲周、胡兩位這時候的騎術，比我好得多了，此後他們兩人再騎另外兩匹馬，當然羅文也加以O．K．並且在阿四的記事簿上批明准周、胡兩位在上水馬會習騎，由我負担一切費用。

（胡君的西文名是GEORGE HU）。

我每隔一天要陪他們兩位到上水馬會去簽字，雖然有胡君駕車送進送出，到底對我浪費了許多時間，去了十次八次，我便請阿四想辦法，可否我不去而他們兩位仍舊可以去騎馬。

問題就是每人付三塊錢騎一個鐘頭馬，如果每天能他們騎馬而我不必簽字就成功啦。

後來，張阿四和羅文請求，每一次由周、胡兩位付出騎馬費，交由阿四保管，然後到月底交給羅文入帳。這個辦法，確乎入情入理，此後，我就不必伴他們往上水習騎。

他們在上水，得到張阿四的教導，梅倫老師也有時進去教他們很多賽馬時的門徑，因而他們在上水騎了一年馬，騎術相當有進境了。

在梅倫老師的安排之下，周、胡兩位到底能在香港馬會的馬場中，由馬會當年的受薪董事嘉素及董事黑先生主考，兩個都及格，在一九五八年，他們便變成了見習騎師（俗稱紅牌生），苦練了三年多，到一九五八年下半年總算成功了。

既然成爲見習騎師，便可以加入做會員，可是胡君此時，體重日增，而且坐騎難得，所以馬會的紀錄簿上，在五八至五九及五九至六零年，雖有胡君的大名，却從未上過陣，到六一年，胡君更因商務繁忙，便向馬會申請，取銷見習騎師資格，但他仍是會員，現在每逢賽馬日，在馬會的會員席五樓上，我仍舊時時看見胡君，一轉眼十一、二年了。

周佐明考得見習騎師執照後，仍舊每星期有三、四天往上水試馬，同時，每早在馬會騎師室外，騎木馬練腰力，可是仍舊尋不到坐騎出紅牌生賽，眞是令他苦悶之至。

幸虧他的努力，爲練馬師吳志霖君留意了，吳志霖要占士每早爲他操馬，到相當時間，自然會讓他出紅牌生賽，這對占士有了極大的鼓舞力量，當然，他便天天一早便到馬場，等候吳君的支配了。

如此勤習了幾個月，「占士」周第一次上陣了，騎吳庇的「夏灣月」陪隊一次之後，到第二次上陣，日期是一九五九年二月廿八日的第二場，因爲這一天是週年大賽的第二天，由紅牌生爭「騎師杯」，路程是一哩一七一碼，「占士」騎的仍是吳庇的「夏灣月」，吳志霖有意成全「占士」，希望他能一出馬便獲得「騎師杯」爆冷門，因爲賽前兩天下大雨，而「夏灣月」是爛地好馬也。

賽前由吳志霖面授小周以計宜，因爲他已騎過一次「夏灣月」，便關照他一出閘便將「夏灣月」放頭，有機會一放到底，同時還特別關照他，千萬不要望後面看，有多少贏多少。

果然，「夏灣月」一路放去，放到會員席前還贏後面跟隨的「小勇俠」（霍錦琨君執轡）約有五、六個馬位。

「占士」忘記了吳志霖的囑咐，竟然頻頻向後看，韁繩一鬆，馬便慢了下來，同時，霍錦琨到底是紅牌生的亞頭哥，一見「夏灣月」慢下來，便力催「小勇俠」拼命追上來，終點到，映相贏了「夏灣月」一條馬頸。

小周出了這個大毛病，當然應該受吳志霖一頓埋怨，同時吳君要他自己想想，爲甚麼要頻頻後顧？以致失了這具紅牌生榮譽的「騎師杯」。

周佐明（右）胡家祺兩君，在一九五八年八月，考得馬會見習騎師後，與作者合影

直到下半年第三次賽馬，吳君再給他騎「黃金百萬」，可是因負磅太重，落第而回。這一季，小周上陣四次，祇得了一個「夏灣月」第二，却並未贏得頭馬。

「占士」周第一次得頭馬，是在一九六〇年十一月十二日，騎不是吳庇馬，而是托麥考夫庇中的「蝴蝶」，爆出了六十六元七角的冷門。這一季他上陣次數共爲卅一次，得了六場第一，兩場第二與兩場第三，六次頭馬沒有一次是大熱門，第六次贏「雪梨」頭馬，還遭施露華控訴「雪梨」橫越他的坐騎「欣欣」，僥倖董事們看了巡邏電影之後，宣佈控訴不成立，但小周已是一額汗了。

小周在六一至六二年度，一共贏了十四場頭馬，他的畢業升黑牌大師傅馬，也是「雪梨」。這一季中，他也曾一連在一天之中，贏了三次頭馬，外國話所謂「帽子戲法」，時間是六二年一月六日，第三場爲梁田新醫生贏出「飛鏢」，第四場爲龔雪因兄贏出「蜻蜓」，第五場爲鄺榮錦君贏出「寶馬」，連中三元。其中，「寶馬」之力擒「土王子」（洪燮康君騎），眞是寸土必爭，進會員席時，掌聲雷動，這一場賽事，可以說得是占士周生平得意之作。

是屆他最後贏出的馬，又是「蝴蝶」，可是這一場賽事，「蜻蜓」曾在轉養和醫院灣時，橫越王劍影君的「牙檣」，幸虧「牙檣」落第，所以由董事會研究這一場賽事，判罰占士周在是季僅存的兩次賽馬中，不准上陣，誰知道他在暑期中患了「血友病」而永遠不能上陣了！

一九六一年的暑假中，小周乘坐他的電單車往南華會，在過保良局上山時，忽然失了控制，手足皆受傷而流血不止，到瑪麗醫院去治療，原來已患了白血球過多的「血友病」。

醫生費了九牛二虎之力，總算止了血，可是他已乏力不堪，祇能留院診治。

我到醫院裏去看他，知道他患上了絕症，眞的令我呆了一陣。

後來出院返家休息，過了一個月，再進瑪麗醫院醫治，這一次眞的變成「直了進去而橫了出來」了。

在香港殯儀館（灣仔道）殯殮的時候，他母親哭到要跳進棺材去，占士眞是個孝子，一個孝子如此下場，那一個親友不傷心呢！

出殯之時，馬會全體董事、練馬師、騎師都去弔祭，老馬主兼退休騎師王劍偉老兄說得好：「別人出殯沒有相當交情，要我去弔祭都難，惟有占士周我一定要向他鞠躬，因爲占士爲人和氣，不擺架子，早操後在餐廳裏，我叫一聲占士，他必定立刻就來到我吃早餐的枱子傍邊，問王先生有何吩咐？個個大師傅有架子，祇有占士老實，這樣的騎師難得見，所以最後一次我就非向他致敬不可」。劍偉兄是說一劃一的好好先生，但聽他對占士的批評，已可見一斑了。

占士周苦學騎馬，剛剛成功就逝世，存年祇有廿七歲，眞是天不假年妬英才了。

現在我要談一談創一哩二五新紀錄與得過兩屆馬王的「堅橋」了。

「堅橋」是一九六七年新馬，六六年到香港時，祇有四歲，馬主是徐基元兄，抽得這匹V八十九號馬時，根本不當牠是一匹好馬，便交由現已退休的托麥考夫豢養，老托是吳志霖的師傅，吳志霖現在是香港馬會的冠軍練馬師，即此一點已可知他的師傅當然不凡了。

老托認爲「堅橋」因從未在澳洲出賽過，而且脾氣倔强，初來時不宜賽跑，而以先改善牠的劣脾爲最重要，因而新馬週年大賽頭兩天皆不上陣，直到第三天方出半哩一七一碼短途，第一大熱門一路放到易勝，這一屆此馬就祇出了這一場，便休息渡暑假，老托要在這個暑期中，將此馬改善劣脾也。

六七至六八年度第一次在新馬A班出賽一哩負磅一五〇，仍是鄭棣池執轡，第一大熱門又是易勝，做出一分四十一秒二的大好時間，編入第二班，隔一個月由邱達禧出爭哩一七〇碼，老邱初執轡，末段大避外欄，第一熱門倒了灶，是賽由已故毒馬案主角彭利來的「好盈利」贏馬。

再等兩個月，在六八年一月六日仍由老邱上陣，這一次大熱門創出了一哩一七一碼紀錄，時間是一分五十秒一，打破了五九年十月三日與六〇年十月十七日「喜力寶」（蔡克文）和六五年二月二十日「寶馬」（告魯士）所創下一分五十一秒的舊紀錄。

升上第一班在二月廿四日週年大賽出爭「華商會所杯」二熱門，黏地敗於麥美倫的「勝券」，但映相却贏了大熱門「百勝」（郭子猷）一頸，顯明「堅橋」這匹大步馬，對黏爛地不及乾快地好。

到四月十三日仍由老邱出爭一哩沙宣杯，因出閘脫脚，老邱拼命催，在上大石鼓時，忽然墮馬，原因是「堅橋」在此時，前脚踢着了前面「福來」（梅道登）的後脚所致，大熱門因此又倒台。

六八至六九年，一共上陣五次，頭三次由郭子猷上陣，一直負一五〇以上最重磅，第一天出一哩，竟然輪到第四熱門，這一次易勝，打低了當年的名駒「蒙地卡羅」（邱達禧）、「獲利山」（梅道登）與「百勝」（鄭棣池），難得，獨彩卅三元四角，而連贏位搭着大冷脚吳松坤二哥的鐵馬「福將」（這匹好馬與「堅橋」同時到港，跑到今天，獲獎金已有七萬三千八百七十五元了），派彩多至五百八十四元正。

六九年一月一日出爭「董事杯」六化郎四十碼，入閘後衝出，郭子猷墮馬，「堅橋」空跑了一圈，退出未跑，贏位票一律還錢。

此後由郭、邱兩位再跑了兩次第三後，在六九年五月十日出爭「冠軍賽渣打杯」公開賽一哩二五，祇有五駒上陣，負平磅一律一四七，「堅橋」由鄭棣池回策，此賽的大熱門是梅道登與「獲利山」，獨彩有五萬四千多，比「堅橋」多了一倍。

此賽「堅橋」出閘包尾，可是路長不在乎，慢慢追，直路上開鞭一催，似箭脫弦，大勝二馬「金像」十馬位，二分零六秒正的時間，平了六三年五月十八日「大玩意」（衛林士）與六八年五月十一日「蒙地卡羅」（邱達禧）的紀錄。

六九至七〇年度，牠仍祇出四次，第一次由池仔騎，負一五九重磅跑一哩，與負一五七磅的「蒙地卡羅」（邱達禧），雙雙落第，此賽由郭子猷騎一五八磅的「獲利山」得勝。

以後連出三次，首次一哩一七一碼爭「華商會所杯」成功，二次由梅道登騎，負一五八磅爭

一九七〇年，「堅橋」獲得「冠軍賽渣打杯」，中為騎師鄭棣池，左為馬主徐基元夫婦，右為當年馬會主席桑打士爵士夫婦

「董事杯」六化郎四十碼，黏地變成冷門馬，（因爲路程短之故），結果無心插柳，差一頸敗於吳庠如的「益友」，（此馬現在直線降至第八班，而馬主仍不將它退休，眞是可憐之至），兩大冷門殺出，「益友」獨彩派九十四元九，位置廿二元三，「堅橋」位置更冷，是廿六元三，連贏位多至九百四十四元，可謂奇蹟出現。

「堅橋」第三次在季尾再爭「冠軍渣打杯」一哩二五，這一仗大熱門竟以二分〇四秒正大勝「獲利山」（郭子猷）五乘得杯，創出了空前絕後的「新紀錄」，因爲現在馬會改「碼」爲「公尺」，以後再也不會有一哩二五或幾化郎幾碼的路程了。

這一年度是「堅橋」最輝煌的一年，此後便走下坡了。

七〇至七一年度仍出四次，得了兩次第二，最不值得是季尾爭牠的第三次「冠軍渣打杯」，却以半乘敗於「寵兒」（郭子猷），時間是二分〇七秒正，而「堅橋」不能做到，光輝的日子過去了。

七一至七二年度，四出祇得一次第二，上屆忽患漲筋病，現在已降至第四班，今年十歲，馬主也應該讓牠退休歡渡餘年，因爲牠除了得「杯」之外，已替徐兄掙得了七萬一千五百元獎金，不能算少數了。

講到馬王，我至今仍以爲「夜遊人」可稱第一，在第一班中，馬主一見牠精力不夠，立即申請退休，這是保存此馬榮譽的良策。還有一匹是「蒙地卡羅」，這也是一匹快爛地、長短途良材，可惜馬主畢浩清兄令牠跑得太多，結果在七〇年十月廿四日跑得爭哩一七〇碼僅敗之後，患脚病不治而被燬，得獎金有七萬九千元之多，如果善於保養，恐怕獲獎會超過十萬元都說不定呢。

現在，我在結束這篇寫了三年多的「馬場三十年」之前，再寫上一些小統計，作爲本文的結尾。

馬會在這三十多年來，電算機造了兩次，可惜仍有美中不足之點，第一座機，看不出連贏位派彩，現在這第二座機，有了獨贏和連贏位派彩，可以事前知道派彩接近的數目，却不能知道位置派彩，看來，以後還是要改良的。

在一九七一至七二年度起，馬會主席桑打士君，因有「毒馬案」發現，（此事報章騰載，恕我不再曉曉了），乃在退休前爲人所不敢爲，將數十年來一直是業餘賽馬的香港馬會，一改而爲職業賽馬，同時延聘外來練馬師與外來職業騎師，如此一來，優勝劣敗，本地原來的練馬師與騎師，低能的便逐步被淘汰，敢信在這三五年中，本地練馬師可能全部「請你」退休，而本地騎師也會祇存鄭棣池等三數位了。

除了改爲職業賽外，馬會當局還聘請了一位彭福將軍MAJOR GENERAL R. B. PENFOLD担任總經理，全權主持馬會行政，彭福君非常民主，時時舉行記者招待會，報告和解答一切關於馬會方面的問題，一反從前馬會的閉關政策，而且還加添聘請受薪董事由二位增至四位，以便集思廣益，確乎是明智之舉。

一九七三年四月廿一日，由第五班馬在黏地上跑二二三〇公尺最長途，二號馬「威勢高」三號馬「猛虎」，雙雙同抵終點，在電眼下難分先後，成爲並頭三馬

同時在今年二月十七日，首次加多了「三重彩」，在初起滿懷希望成功，因此舉在法國馬場十分成功，不料因本港的合法博彩尙未普遍，以致於投注必須要進馬場的三重彩，無法達到理想。於是乎又決定在本年十月十三日一九七三至七四年度首天賽馬開始，改爲四重彩，中彩者要估中頭、二、三、四馬方能得獎，當然連第四名馬都要估中，比三重彩更難，派彩必然巨大，且看能否成功？（跑第四的馬，也有獎金，這是馬會的一種新猷）。

這裏，因三重彩已被取消，我且將馬會今年一共舉行過的十次三重彩結果，寫在下面，因爲，這也是一個紀念也。

關於馬匹的價格和跑頭、二、三馬的獎金等，這裏我也有一個簡單的報告。

一九四七年馬會在香港重光後的新馬價格是一千五百元，到一九四八年加至一千七百五十元，一九四九年再加至二千元，這個數目祇維持了兩年；五一年又加二百元，五二年再加三百元，變成二千五百元，這數目維持最久，足足有八年之多。再到一九六〇年升爲三千元，六一年三千五百元，六二年四千元，又維持了五年，六七年增爲七千元，七一年再升爲一萬元，在兩年後的今年，再加五千元，變成一萬五千元。

雖然馬價大增，可是公開出售的馬價更增，一匹普通馬匹，祇要年齡不太老，無病無痛，在第五、六班中，售價已可達八萬至十五萬元，問題是頭、二、三馬的獎金，也在不斷增加之故。

馬匹頭、二、三馬的獎金，一九四七年起初是頭馬一千七百五十元，二馬七百五十元，三馬五百元。四八年起，一步一步增加，到今年上半年，頭馬獎金已達一至二萬元，二馬四千至七千元，三馬二千至四千元弱，增加的幅度，與馬價成爲正比例。

今年下半年，是一九七三至七四年度，馬匹獎金，將再度提高，大約普遍加百份之五，但香港「打比」賽與「冠軍賽」更大大的增加，尤其是跑第四也有獎金。下半年，每逢星期三晚上，還要加跑夜馬，這可以說得是香港馬會有史以來的大改革了。

（三十七．全文完）

（三重彩各次派彩比較）

日期	勝出馬匹	單式中票	派彩	複式中票	派彩
二月十七日	衆望・卡薩諾伐・威勢高	〇張	無	二四九四注	四六五七元
二月廿四日	飛馳・電腦・仙草	廿九張	五〇一五元	二〇九二注	一〇〇三元
三月十日	兒童樂・土皇帝・快勇	十三張	九四七五元	六二一注	一八九五元
三月十七日	信德・奪穎・自力	一六一張	一〇〇〇元	六一八五注	二〇〇元
三月廿四日	福怡・香蜜寶・皇之寶	十七張	五一二五元	一〇二九注	一〇二五元
三月卅一日	蘇格蘭糖・玉面飛狐・呼呼	廿一張	四三五五元	一五二二注	八三七元
四月七日	泰橋・珍夫人・信德	一七四張	一一三五元	三四一五注	二二七元
四月廿一日	蘇格蘭糖・石器時代・祥輝	十四張	八四五五元	一九二五注	壹六九一元
四月廿八日	拿破崙・金源・七寶	廿五張	四七五五元	七四七注	九五一元
五月五日	保健・卡薩諾伐・星月	一張	七七二五五元	五〇注	一四四五一元

張徹自組『長弓』內幕

銀色漫談

·馬行空·

五月下半月，「邵氏」內部發生了一件大事，可說是出乎一般人意料以外的。

該公司的台柱導演之一——張徹，早已就有離去「邵氏」的風聲傳出，但多少月下來，一直沒有什麼動靜，大家還以爲祇是說說而已。沒有想到就在五月二十五日的那天，張徹突然宣佈與「邵氏」滿約，並且正式成立了一家新組織的「長弓影業公司」，從此在香港影壇上以一枝異軍的姿態出現，頗有自開拳脚，大展鴻圖的雄心。雖然張徹的自立門戶，爲自己作一打算，那是遲早會得發生的事情，但此次却好似迅雷不及掩耳，來得非常突兀，所以外界紛紛議論，倒引出來許多可以談談的資料。

大撒請帖　擇吉開張

話說「長弓」正式宣告成立的那天，所有香港的新聞界、文化界、電影界，以及各方面的有關人士，差不多都接到了那張白底金字的講究請帖，所以「美麗華」樓頭衣香鬢影，冠蓋雲集，充滿了熱烈歡愉的氣氛。

「長弓」是怎樣的一個組織？從那張請帖上可以看出一個大概來：署名的主人，除去張徹以外，還有一位總經理張英，另一位宣傳部經理張蘋。這家公司的主腦人物，可湊巧都是翼德後人，名之爲「長弓」，不亦宜乎？張英是一名資深的製片家了，（注意：並非張瑛）從粵語而製到國語，從香港而拍到台灣，活躍過很不短的一個時期，換句話說：也就是電影界裏的一名「吃得開」人物。張蘋是著名的銀色女記者，但除了寫稿之外，一路下來也不斷的爲友好們做着影片的宣傳工作，可以算得是個中好手。張徹到底是「百萬大導」，所以不組公司便罷，如組公司則一定是陣容堅强、兵精馬壯的，那是不消說得的了。

但是，所有接到請帖的人們，都有點摸不清頭腦，就是張英與張蘋有着總經理與宣傳部經理的頭銜，而主要的出面邀請人，倒反而是一個禿頭的張徹，這又是爲了什麼緣故？

按照請帖上的排名方式看來：張徹高高在上，總經理與宣傳部經理則平排在他的下面，那就不用研究了，反正張徹的地位不是總裁定是董事長，說得通俗一點，乾脆就是這家公司的老板。那麼爲什麼不在張徹的名字上面也安上一個稱謂呢？經過許多人的分析下來：這家新公司，一定按照普通商業登記而在香港註冊的，並非一個正式的有限公司組織，所以張徹就不便戴上一個總裁或董事長的榮銜了（總不能在請帖上乾脆印上一個「老板」吧）。由此觀之：「長弓」彷彿是張徹的獨資經營，而張英與張蘋則屬於「打工」性質。

這且不言，單說在那天的茶會兼鷄尾酒會的招待場面上，張徹發表了一些消息，但其中主要的祇有兩點：一是「打開天窗說亮話」，索興挑明愛徒姜大衛與狄龍也脫離了「邵氏」，二是「穩定立場表身份」，堅決的聲明「長弓」絕對是一家獨立的公司，外傳「邵氏」幕後支持之說，完全不確！

除了上述兩點之外，就無非是什麼要拍好片啦，每年出品若干若干部啦，爲中國電影打開一個全新的局面啦，希望各界不吝指教，互相策勵啦……都是「等因奉此」，並無新意。比較惹人注意的是：姜大衛與狄龍參加「長弓」之後，立刻就有了導演的身份。根據張徹的發表：「長弓」的創業首部影片，將是狄龍導演的「後生」（註：該片業於六月四日正式開鏡），第二部爲姜大衛導演的「吸毒者」，第三部纔輪到老將出馬，師父上陣的「方世玉與洪熙官」，張徹提掖後進，鼓勵徒兒的厚意，與他重諾仗義，言出必行（他早就說過要提升姜狄二位爲導演了，可惜在「邵氏」裏一直沒有機會）的精神，倒是頗能使人感動的。

張徹的脫離「邵氏」，是突如其來的事件，事先並沒有任何跡象，但姜大衛與狄龍則在最近的幾個月以內，一再傳出與「邵氏」商討續約的消息，其實這祇是一個「遮眼法」而已，大家肚裏雪亮：張徹如果離巢而去，姜狄二位是沒有理由不追隨於左右的。正如香港某大報的專欄內所說：「長弓公司已經籌備了半年，但保密工作做得好（此乃宣傳部經理張蘋之大功一件也），早一陣，姜大衛和狄龍曾先後透露，他們正和邵氏公司商談續約條件中，而且十分接近，續約的機會極高云云。實際上，這是一種烟幕而已。」這個看法，大致上是不錯的；張徹越是急於自打天下，則姜大衛與狄龍越是需要做出種種的姿態，用來轉移一般人的注意力。這就叫做「聲東擊西、兵不厭詐」，想張徹在當上導演之前，乃是一名編劇家，對於這種「帽子戲法」的技巧，自然是運用得滾瓜爛熟的了。

此所以在「長弓」的招待會上，姜大衛與狄龍在一開始的時候就以主人家的姿態出現，週旋於衆賓客之間，談笑風生，至於前兩天剛剛發表的續約「邵氏」的言論，好像一下子就全給丟到九霄雲外去了，上海俗語叫做「棉花店死掉老板」，不彈（談）啦！

强調獨立　事出有因

如果我們平心靜氣的分析一番，則立刻可以發覺姜大衛與狄龍的續簽「邵氏」是幾乎完全不可能的了。其理由有三，而且都是極爲顯明的。

一：姜狄二位，確是經過張徹的一手提拔，而始能得有今日的，這點子義氣，似乎不好意思不講。再說：張徹的自打天下，自然獨木不能成林，也必得他二人的左輔右弼，纔能像模像樣，所以就算姜狄二位有意留在「邵氏」的話，張徹也一定會設法說服他們轉投「長弓」的。

二：姜狄二位，如果與「邵氏」續約，則在短時期以內，恐怕還未能達到升任導演的願望。原因是：「邵氏」以內，導演衆多，暫時並不急於發掘新血，再說：如果沒有張徹的幕後策劃，要叫姜狄二位去單獨的負起導演的重責，祇怕連他二人自己，也沒有那麼大的信心，所以他們的參加「長弓」，是形勢上使然，箭在弦上，非如此而不可者也。

三：拍戲的條件，自然是片酬「掛帥」。不錯，現在的姜大衛和狄龍都有一部份叫座的力量，「邵氏」也可能在合約滿期之後酌予增加薪金，但增加多少呢？這又成了一個很大的問題了。

常言道得好：「人望高處，水向低流」。姜大衛與狄龍在「邵氏」裏的片酬，到目前爲止，聽說是每部三萬元（當然合約上的數字還要低，這是經過一再調整的數目），已經不算太少。但是，姜狄二位就要看看旁人的榜樣了：李小龍不談，陳星現在的喊價是十五萬元，實際上可能不到此數，但王羽則實實在在的已經收過不知多少部的十五萬元片酬了。再往下，還有譚道良、黃家達、張翼等許許多多「拳脚小生」，也差不多都不止每部三萬元了。所以姜大衛與狄龍的想法是：就算不及王羽的話，但也不能相差太遠。但是，據接近「邵氏」人士的透露：公司方面的出價，絕對不可能及到王羽的半數——七萬五千元，如果能夠出到五萬至六萬，則已經算是特別優待了。如此說來：中間的距離好似太遠了一點，那又怎麼能談得攏呢？報上也曾經刊載過類似的觀察：「曾有報導，說邵氏給狄龍的片酬十萬元，但這個數字難以使人相信！」所以「邵氏」過去與姜狄二位的多次商討續約問題，似乎雙方都缺乏一點誠意，無非討價還價，姑妄談之而已。

撇下姜狄二位，且談張徹。

這是一個極普通的常識：以張徹在「邵氏」以內的地位與歷史來說，公司方面絕沒有無動於衷、靜候他的合約期滿之理，自然在好幾個月以前，就展開了雙方的談判，可惜邵逸夫與張徹都有那種金人三緘其口的功夫，一直把這件事瞞成鐵桶的一般，所以外界就沒法曉得他們的「袖裏乾坤」了。

據「影城」中人談：不一定在談合約之時，就是平常日子裏，張徹也差不多每天都要進入總裁室一兩次，而且一談就是半小時或一小時，談話中既有交換意見，又有天南地北，但詳情則無人可知。據說：祇要張徹來到總裁室，任何人都不得進內，重臣中如方逸華、朱旭華、易文等亦不例外，所以張徹是怎麼說服邵逸夫的？邵逸夫又是怎麼答應張徹的？直到今日，始終還是一個謎。不過，按照常理來說：像這樣重大的一個決定，內中不可避免的總有點「前因後果」，絕對不可能像席終人散、一笑而別的那麼簡單。此所以在「長弓」成立的前一天，報上盛傳該公司實際上也是「邵氏衛星」，意思就是說：「邵氏」以資金來支持「長弓」，「長弓」出品差不多等於是「換湯不換葯」的「ＳＢ」影片！這麼一來，可怒惱了我們這位新任「長弓」老板張徹也。

張徹在記者招待會上，不止一次的强調聲明：「長弓」是一家完全獨立的公司，並不需要任何方面的幕後支持！他還堅決的否定了「長弓」影片由「邵氏」發行之說，他以斷然的口吻宣佈道：「長弓影片，完全由自己發行！」但是，記者們的「打破砂鍋問到底」的功夫，到底來的厲害，到最後，張徹還是被擠出一點口風來：「長弓出品影片，可以賣給邵氏，但也可以不賣。」於是大家「哦」的一聲，興趣更加濃厚了。

是這麼一回事：張徹將要親自己導演一部「方世玉與洪熙官」，演員內定爲陳觀泰與傅聲，而這兩位與「邵氏」的合約尚未滿期，不能算是「長弓」的基本演員，祇可作爲「長弓」向「邵氏」的借將。所以，張徹在否定聲中又得加以補充及解釋說道：「我問邵氏公司借人，當然有條件，但借每一個人的條件都不同，有些是要給邵氏公司若干版權的。」這麼一說，「長弓」與「邵氏」之間，還是存在着一些默契的關係了。

張徹的爲人，向來有點恃才傲物，不肯低頭，此次與「邵氏」分手，雖說是在極其友好的氣氛之下完成的，但他又不願落下一個依賴故主的名聲，所以纔不嫌重覆的喊出過好幾次「獨立」的口號。或者他有這麼一個想法：鄒文懷自組「

「長弓」成立請柬

本公司定於本月二十五日（星期五）正式成立，並訂於是日假美麗華酒店十二樓水晶殿，舉行記者招待會暨酒會，報告本公司成立意義，及宣佈製片計劃。敬請

蒞臨指導

長弓電影公司　張徹總　經　理張英

宣傳部經理張蘋　謹約

記者招待會時間：五月二十五日下午三時三十分

酒　會　時　間　：同日下午四時三十分至六時

嘉禾」之後，與「邵氏」完全斷絕了關係，但也能幹得有聲有色，如火如荼，現在「長弓」的條件，並不輸於當初成立時的「嘉禾」，却又爲何要仰伏於「邵氏」的支持呢？

不過，話又得說回來了：換了普通一般的獨立製片公司，如果能夠得到「邵氏」的幕後支持，都會引以爲榮而自認不諱的，像過去的潘壘與黃綸，現在的童月娟與呂奇等俱是。大概張徹的立場，與其他人有所不同，「長弓」的未來發展的方針，也與別家獨立製片公司互異，故而他對外盡量避免與「邵氏」拉上關係。總之：這裏頭的實際內情，恐怕也祇有邵逸夫與張徹二人肚裏明白，至於我們外人觀察，無非鑽隙覓縫，胡猜亂想，是作不得準的也。

香港時報 預測準確

記得在李翰祥重返邵氏」之時報，本港名作家圓慧，曾在香港時報的短文裏寫下過這麽一句：「這是一個銀色的林彪事件！」

圓慧的這一個譬喻相當有趣，竟把邵逸夫當做了「中南海內一老人」，把張徹譬爲「最親密的戰友」，而李翰祥則無疑就是那位「不倒翁總理」了。當時的確有些人認爲圓慧是杞人憂天，不知想到哪兒去了，但事到如今，果然張徹離去，李翰祥穩坐三十六把金交椅裏的第一把，其發展之經過，雖然不如大陸上那麽嚴重，但隱隱約約的也彷彿似之。圓慧眞個成了一個能知過去未來的「得道高僧」，倒也有趣得緊。

張徹表明態度之後，各報上的評論也差不多都集中於「一個槽上栓不住兩條驢」的說法。某報上寫得極爲露骨：「長弓公司是邵氏公司的衛星，由邵逸夫作幕後支持，其原因在於一山難藏二虎，暗示着邵氏先有張徹，復有李翰祥，邵逸夫難以使他們平衡發展，故度出此妙計云……」言下倒好像張徹受到李翰祥的威脅，故而不安於位似的。此一見解，可能有極小部份的理由，但絕非全部原因則可以斷言。

不錯，自從李翰祥參加「邵氏」之後，「影城」內成爲兩大導演分庭抗禮之勢，再加上李翰祥與張徹，在很久很久以前，曾經有過這麽點兒心病，於是大家就認定了兩虎相爭，是不可避免的了。其實我們又可以很顯明的看得出來：李翰祥自從他進「邵氏」以後第一部的「大軍閥」開始，就整個集中興趣於輕鬆活潑的「遊戲文章」，而另一方面的張徹，則仍舊繼續拍攝他的「拳脚打鬥」，兩個人的主張不同，方式有異，眞所謂「井水不犯河水」，所以一點也沒有衝突性的存在，要說張徹是完全被李翰祥擠兒跑了的，於情於理，似乎站不住脚，頗有「想當然耳」之嫌疑。

不管怎麽說吧，反正張徹是的確走了，李翰祥在「邵氏」裏是毫無疑問的唯我獨尊，表面上「二虎」已經去掉「一虎」，那是不容否認的鐵一般的事實。但是：其中的「一虎」，爲什麽會放棄了「此山」，而另外去盤踞一個「山頭」的呢？談到這個問題，還是那句老話：「至高機密，無從得悉」！

香港有幾處所謂影人茶座，就是三三兩兩的圈內人，每天下午，聚在一起，喝咖啡喝得提起精神來之後，在「閒磕牙」之中未免聊起電影界裏的種種，不能算是眞正的「內幕」，但有時可能看得比圈外人士透徹一點。關於張徹事件，近來自然成爲影人茶座上的談話資料，我們不妨把聽到的「風風雨雨」給歸納起來，希望所得到的結論，能夠達到「雖不中亦不遠矣」的程度。

圈內人的看法是：張徹之所以急於自組公司，其中最主要的原因說穿了還是「經濟掛帥」。

寫到此處，又要引述一段報上的文字：「張徹今日的態度是爭財不爭氣，而張徹熟知邵逸夫的脾氣則適得其反。與其爭氣不爭財，硬碰到底，何如賓主雙方，兩蒙其利？張徹政客出身，跟才氣導演及行政專才不同，焉有不知其中奧妙之道理？」這篇東西，雖然寫得非常技巧，但我們在字裏行間，仍舊可以摸索得出一些眞相來：所謂「爭財不爭氣」者，就是說張徹自組公司，可以開闢比較替人打工更爲廣大的財源。所謂「硬碰到底」，則此中有人，呼之欲出矣。所謂「賓主雙方，兩蒙其利」，更是直截了當的指出了「長弓」與「邵氏」今後仍有業務上的聯繫。由此可見該作者的意見，竟然與影人茶座中的談論不謀而合。

據說：在過去的一年之中，張徹受到李小龍與羅維的刺激是相當大的。此話怎講呢？李小龍的確是值得羨慕的一位，在短短的一兩年時期以內，他的拍戲收入，聽說已經高達一千萬港幣以上了！羅維也不差，單憑「精武門」與「冷面虎」等片的叫座，他現在也成爲擁有四五百萬港元資財的面團團富家翁了。因此，張徹就得認眞的想上一想：既然李小龍與羅維能夠做得到，我又爲什麽做不到呢？

論導演功夫與製片才能，張徹不會輸給李小龍或羅維，但他祇能眼睜睜的看着旁人發財，而他自己則依然故我，望塵莫及，此中關鍵所在，就是李、羅二位都組有自己的公司，而張徹則一貫不變的爲「邵氏」打工，此中當然就發生老大一截的差別了。

張徹在「邵氏」裏支取每部六萬元的導演費，每年拍片四部，也就是每年二十四萬元的收入，等於月薪二萬元。這個數目，在受薪階級裏可以算是第一流的了，可惜的是：在電影圈裏，「這山望着那山高」，祇靠一部成功的片子就可以賺進數十萬，甚至數百萬的例子實在太多，你說又怎麽能叫張徹不爲之怦然心動呢？

按理說：每月有兩萬元的收入，也就算很不錯的了，但是張徹的日常開銷，比普通一般要高上許多，所以這些年來，他一直是左手來右手去，並沒能在銀行戶口裏存下什麽可觀的數字，以張徹的聲望與地位而言，這就好像有點不大值得了。

然而，「亡羊補牢，未爲晚也」，張徹此時急忙爲自己打算起來，雖然已經嫌遲了一點，但祇要工作努力，出品精良，則未始沒有迎頭趕上的希望。「長弓」現在有三位基本導演——張徹本人、姜大衛與狄龍——每年拍片八部，輕而易舉，我們姑且以相當保守的尺度來衡量它：就算每部的純益是五十萬元吧，那麼一年下來，張徹不是也能穩穩的落袋四百萬元了嗎？

也許有人就要問了：「拍戲這麼容易賺錢豈非天下第一營生？那麼大家都去拍戲好了，何必玩股票、炒黃金乎？」此話駁得對極；製片不是點石成金的戲法，小製片家中賠得焦頭爛額的比比皆是，但張徹的情形，又與普通一般不同，憑他的這一塊「金字招牌」，說什麼也夠得上祇賺不賠的資格，將來的「長弓」出品，在本港賣座與外埠銷路方面絕對沒有問題，這一點，張徹自己看得很清楚，不然的話，「長弓」也不會在這個時候誕生了。

邵氏放人　有利無弊

五月二十六日，也就是「長弓」成立後的第二天，香港某娛樂報上寫得驚人：「張徹、姜大衛、狄龍這個銀壇鐵三角，在香港和東南亞市場上，顯然是直線走下坡，遠不如李小龍、陳星等仍是如日中天，如長此下去，這個鐵三角將會不穩定。『長弓』的新成立，在宣傳上，在電影事業上，甚或對於觀衆，也可能起到新刺激，說不定走下坡的形勢會有所改變……」這一篇言論，不能說沒有見地，但在措詞方面，似乎太嚴重了一點。

是的，張徹最近有一兩部新片賣座稍差，像一部「叛逆」就祇收了七十多萬元，似乎不很理想了。但一部影片的成功或失敗，是不足以確定該導演的「上坡」或「下坡」的，尤其像張徹這樣走紅的導演，作品源源不絕，其中的成績參差不齊，偶而出現一部稍弱的影片，那也是難以避免的失着，並不能代表他的黃金時代已成過去也。所以該文中的「直線走下坡」句，就用得不十分恰當，換了一般的獨立製片，如果能夠賣到七八十萬，早就欣喜若狂的擺起慶功宴來了。

這也難怪，因爲張徹這棵「樹」實在太大了一點，所以招來的「風」也就特別的猛烈，再加上平時的宣傳，都寫的是「張徹每部影片必過百萬」，這麼一來，等於硬性的加以規定，那不是捧場，反而是故意給他難題目了。有很多歐美的特級佳片，到得本港，祇能叫進一二十萬的座來，那又應該怎麼說呢？

「長弓」兩導演狄龍（左）姜大衛（右）

不過，該文中所談到的「新刺激」，倒是一語中的，十分扼要的。在影人茶座中也聽到過這一類的話：「唔！抽冷子冒出一家新公司來，給觀衆們一個新的刺激，你懂嗎？這就叫做從頭幹起，自力更生！」根據「影城」中人的看法：張徹大概確有「刻意求新」的企圖。

張徹是一位「善變」的導演。他的腦筋靈活，思想縝密，深明「變則通」的原理，故而這些年下來，他可以扶搖直上，意氣風發，成爲國語片導演羣中出類拔萃者之一，其中自有原因，豈偶然哉？想當年，張徹首創新型武俠片，其實那就是他的第一「變」。等到王羽的「龍虎鬥」問世之後，張徹馬上「變」爲側重拳脚武術，拍成了「拳擊」、「馬永貞」等十分叫座的幾部影片。目前的張徹，正在逐漸轉「變」到現實社會、青年問題的路子上去，他的所以一再改絃易轍的目標，嚴格說來，也就是希望能夠引起新的刺激。要曉得電影觀衆們是十分敏感的，對於任何一種刺激都會發生興趣，張徹摸熟了這一點，再加上也確實到了應該自組一軍的成熟階段，所以他纔以閃電的手法宣佈了「長弓」之成立，要說他是「整頓局面，鼓勵士氣」則有之，但如要說他是「臨危掙扎，力挽頹勢」則未必也！

「長弓」的新片中有「後生」與「吸毒者」的兩部，顧名思義，大概都與現實社會裏的青年問題有關。雖然「叛逆」的售座紀錄不符理想，但也未能挫折張徹走上這條新路的決心，由此可見他尙在摸索前進的過程之中，至於將來的成就如何？此時言之過早，擱下不談。不過，我們可以由這個趨勢來分析張徹的個性，能夠發現他的鍥而不捨精神，同時也就是他過去獲得成功的因素，謂君不信，有例爲証。

差不多十年以前，張徹在黃梅調泛濫的環境之中，以一名新導演的身份，毅然決然的主張拍攝經過改革後的新型刀劍武俠片（不可諱言，武俠片廢棄舊時的平劇開打套子，是張徹的一項不可磨滅的貢獻）。他的初次嘗試，是由王羽與杜娟合演的黑白片「虎俠殲仇」，但可惜得很，並未能獲到預期中的成功。換了旁人，也許就會爲了「出師不利」而壯志消沉了的，但張徹則不然，他咬緊牙關拍下去，終於拍出一部首次破百萬紀錄的「獨臂刀」來。他的創新，也是經過許多次的艱苦奮鬥，纔能樹立起來的，並不容易哩。現在他又要致力於「問題青年」的新路線了，而以前在「邵氏」所拍的「叛逆」祇不過屬於試探性質而已，看來「長弓」」將要攝製的「後生」與「吸毒者」纔是他的「主力出擊」。新片，新題材，再加上新公司給予影迷們的新刺激，想來張徹此次是一定可以獲得某種程度的成功的。

此次張徹事件發生之後，邵逸夫的對外言談好像發表得並不太多，有之，祇是當記者向他問及此一問題之時，他淡然的表示：「張徹、姜大衛、狄龍，都是在合約期滿的情況之下而離去的，合情合理，賓主間的氣氛，十分和洽。但他又說：這兩家公司，並無關連，但在雙方認爲滿意的情況下，會予以合作。譬如：陳觀泰借出給『長弓』拍『方世玉與洪熙官』，就是一個很好的例子。」僅此而已，其他的話，則好像不大願意多講似的。

查張徹乃「邵氏」的「王牌導演」之一也，他的退出陣容，另謀高就，要說對於「邵氏」絲毫沒有損失，那是自欺欺人之談，所以在情在理說來，邵逸夫是應該加以挽留的。以下又都是影人茶座中所傳出的點點滴滴，未必是眞實內情，但講來倒也頭頭是道，若有其事。

據說：邵逸夫非但挽留過張徹，而且曾經關起總裁室的大門來，與張徹懇懇切切的討論過很多很多次。結果，還是張徹說服了邵逸夫，而邵逸夫也把自己的立場給仔細的分析了一番，發現邵張如果分手，對於「邵氏」說來，確是利多於弊的，所以到最後還是欣然同意了。

代理發行勢所難免

還有，假如邵逸夫一定要把張徹給留在公司裏的話，這個待遇問題，也實在的無法談攏。

以上提過了：張徹目前的導演費是每部六萬元，合約期滿之後，少不得要酌予增加，以示優待慰勞之意。按照普通一般電影公司的常例，逢上約滿加薪之時，所加的比例不會太大，何況六萬元的導演費，以香港行情來說，也差不多等於是到達最高峯了。爲了此事，邵逸夫煞費躊躇；如果加到八萬，張徹是絕不會滿意的，就算加到十萬元，似乎加無可加了吧？但邵逸夫也要替張徹打算打算：假如他自組公司拍片呢，每部戲又何止收入十萬港幣？所以圈內人就作出如此的揣測：邵逸夫在這種左難右難的情形之下，也祇好改變方式的任從張徹到外面去自由發展了。

所謂「改變方式」也者，無非是設法取得「長弓」出品的外埠版權，用以來補償在張徹離去之後所減少的產量而已。人人都知道：「邵氏」在星馬擁有大量的影院，所以片源需要之迫切，也以那個地區爲最甚。張徹已經講得很明白了：向「邵氏」借將是需要以某些版權去交換的，那麼不問可知，星馬地區一定是「邵氏」所必爭的條件。再說：在那個地區裏的最大發行網，除了「邵氏」就是「國泰」了，「國泰」已經代理發行「嘉禾」的出品，不會兼收「長弓」，何況張徹也不肯跟在「嘉禾」後面與「國泰」打上交道的。如此說來，「長弓」除非眞個自己發行（這一點並無可能性），否則的話，似乎沒有選擇之餘地，而張徹辛辛苦苦的拍成了的精心傑作，總不見得忍心交給一些「濕濕碎」的小片商們去發行吧？

國片的主要市場，還有泰國與印尼，就不在「邵氏」的勢力範圍以內了。「長弓」的總經理張英，有着多年的製片經驗，當然與上述兩地的片商們都很熟悉，如果張英能夠把印泰版權賣得高過於「邵氏」的出價，那麼就應了張徹那句「自己發行」的話，與「邵氏」一點都不發生關係了。台灣的情形一樣：「邵氏」可以代理「長弓」出品，也可以不代理，張徹所說「長弓是一家完全獨立的公司」，大概就是指此而言的。

至於香港的問題，也値得我們研究。香港的國片院線，最「熱門」的還是「邵氏」與「嘉禾」，輪下來則是「邵氏父子」的「雙麗線」。「嘉禾線」不可能上映「長弓」的影片，「雙麗線」也不好意思與「邵氏」展開一場爭奪戰，數來數去，還是「邵氏線」佔了絕大的優勢。好在「長弓」影片不久之後就要在香港推出的，我們不妨拭目以待，但看孫悟空究竟跳得出跳不出如來佛的掌心？

邵逸夫曾經對記者發表過談話：今後的「邵氏」業務，將會側重於歐美地區的發行。此話倒也是實情，因爲自從「天下第一拳」在美國出盡風頭之後，引起了邵逸夫莫大的興趣。現在的清水灣「影城」裏，差不多每天都有外國片商的來訪，使邵逸夫直有應接不暇之勢，看來祇要國片能夠保持一定的水平，這一個新興市場上的生意還是有得做的。「長弓」既然以拳脚打鬥片作爲主力的產品，自然需要送到歐美各地去揚威，這一條發行路線，則連張英亦發揮不出力量來了，除去仰仗「邵氏」代爲推動之外，並無其他途徑可循！

總而言之：「長弓」與「邵氏」的業務上關係，尤其是發行業務，因爲上面所談的種種理由，是根本沒有辦法可以分離得清清楚楚的。但如果說「長弓」就是「邵氏」的衛星公司，倒也未必盡然，因爲「長弓」還是有着選擇代理發行人的主權的，目前的形勢祇是尚未出現一名能夠與「邵氏」競爭的强有力者而已。所以「長弓」影片的大部份映權，終久還是要落在「邵氏」的手中；也許有那麼一天，「長弓」眞的能夠自給自足，自力更生了，就此謝絕了一切外來的援力，包括「邵氏」在內，那又有誰能說得一定呢？

狗仔嘜皮鞋

BOBY ®

Casual Shoes

(註册商標)

猄皮男鞋
軟皮男鞋
童庄皮鞋
軟皮涼鞋
對對保証
好着耐用

大人公司　平價市塲　人人百貨　大方公司　來路鞋公司有售

本刊已向香港政府登記

定價每冊港幣弍元

大人

論天下大事
談古今人物

第三十九期

孟小冬趙培鑫師生合演「搜孤救孤」戲單與劇照（一九四七年九月）

張鏡銘（秦懷玉）
馬九如
王少福
殺四門

閻世善（陶三春）　葉盛章（陶洪）　高盛虹（鄭子明）
高巧奮　楊善華　董燕飛
（全武行）
打瓜園

——名次以出場先後為序——
汪志奎（狄龍康）　葉盛蘭（盧昆杰）　蓋三省（丫頭）　邵章過雲（狄鸞英）　芙蓉草（郎霞玉）　馬富祿（老夫人）
張銘華　范永慶　新麗琴　金效梅　陳菊舫　董燕飛
得意緣

——名次以出場先後為序——
趙培鑫（公孫杵臼）　孟小冬（程嬰）　魏蓮芳（程妻）　裘盛戎（屠岸賈）
搜孤救孤

請參閱本期大方特稿「一代名票趙培鑫」

趙培鑫演公孫杵臼　　孟小冬演程嬰

封面：張大千畫西瓜　封面內頁：孟小冬趙培鑫師生合演戲單劇照

精印插頁：張大千畫明月荷花圖（定齋藏）

大人

每逢月之十五日出版

The Chancellor Publishing Company Ltd.

出版及發行者：大人出版社有限公司
督印人：王朝平
編輯者：大人雜誌編輯委員會
總編輯：沈葦窗
社址：九龍西洋菜街三號A 即彌敦道大人公司後面
電話：K八五五七三〇
印刷者：立信印刷公司 九龍新蒲崗伍芳街緯綸工廠大廈11樓
總經銷：吳興記書報社 香港租庇利街十一號二樓 電話：H四五〇五六一 H四五〇七六六
星馬代理：遠東文化事業有限公司 新加坡厦門街十九號
泰國代理：曼谷青年文化服務社 檳城昝田仔街一七一號 曼谷黃橋東北路 五六六之七〇號
越南代理：聯興書報社 越南堤岸新行街二十二號

其他地區代理：
澳門：大文具店　漢城：汎亞書籍公司
亞庇：利民公司　寮國：永珍圖書公司
千里達：中華公司　斗湖：光明書店
菲律賓：華安書局　菲律賓：玲瓏書局
倫敦：東寶公司　紐約：友聯圖書公司
芝加哥：杏林春　紐約：大方圖書公司
波士頓：中西公司　洛杉磯：永安堂
三藩市：新生圖書公司　檀香山：大元公司
三藩市：益智圖書公司　三藩市：文化商店
加拿大：香港商店　加拿大：新國華公司

四十年前胡適之給我的一段友情

李璜

我的「學鈍室回憶錄」上卷，即將由台灣傳記文學出版社於七月十五日出版，其中第十一章「翁照垣與長城之役」；這一章中曾述到一九三三年六月四日「胡適之助我逃離北平」的一節。大人雜誌主編沈葦窗兄於六月初見到原稿後，即來向我說道：『胡適之先生給你這一段友情，非常難得，而且有趣；及今六月四日，恰恰四十個年頭整，應該把這一段事在「大人」上摘載一下，用以紀念朋友的古道熱情，不應把它夾雜在萬言長篇之中，容易被人忽畧了過去。』我一回想，四十年前往事，歷歷在心目中，而這一段中人物，適之與我胞姊李琦、姐夫張眞如均已先後逝世，眞所謂「臨文嗟悼，不能喻之於懷」！因之就贊成葦窗摘載之議，不過我要在這篇短文前面加上幾句話的原起，否則本文起句畧嫌突兀了。又文中三幅照片都攝於一九三三年前後。

原來，我自一二八淞滬抗戰之後，立即自上海北上參加了東北義勇軍，劍及履及，要使日本軍閥眞正感到「吞了東三省猶如吞了一個炸彈」一樣。苦幹一年，在深入虎穴中，固使日寇受了創傷，然而我友軍傷亡甚大，我幹部同志也犧牲了七八百人；於是日軍打入長城，因有一九三三年五月三十一日黃郛所主持的中日塘沽協定。在協定的第二項規定上，有須日軍確悉第一項實行情形，即第一項「一切在北平挑戰擾亂之舉動」等字樣。我閱及後，即知我們義勇軍的主持人物在北平必定立不住脚了，因之連日連夜，我趕急的佈署向天津撤退等事項。那知北平軍警履行協定的義務來得那樣勇敢而快速，我認爲是於兩三天內，我的撤退作法也夠快了，那知六月四日一早，北平軍警便捉到我的頭上來了！

胡適之於民國五十一年（一九六二）二月二十四日在臺北逝世，我於次日做了一篇「敬悼胡適之先生」的文字，登在臺北民主潮半月刊第十二卷第五期上。這篇追悼文的末尾有一段話：「民二十二的塘沽協定（該刊誤刊爲何梅協定）後，捉拿義勇軍首領時，我曾得適之先生不避嫌疑的助力，纔能微服逃出北平。……」這段話，並沒有人看過後問我內容情形。在危難中，像適之這種熱心幫忙，而且幫得很有辦法的朋友，眞是難得之至！因此我在這章書中，要特別把這件事作爲分標題，細述一下，藉以紀念適之對朋友的熱情！

一九三三年本文作者攝於北平

在二十二年（一九三三）六月四日的早八點，因爲我還感覺王愼廬同志自來膽雖大而心不細，我要去再看看他的司令部收拾乾淨沒有，他本人搬走沒有。我一出我姐夫張眞如家的街口，就遇見八個憲兵與警察等匆匆的對面撞過去了。我還不大注意。及我走到王愼廬住處，一拍門，門忽然大開，站出來兩個警察，問我做甚麽的？我一看院內盡是憲兵，我立刻答道：『我是雜貨店來收帳的。』兩個警察把我一推，道：『你還想收甚麽帳！快走！』立刻把門關上。

我心裏明白，這一下糟透了！塘沽協定的第二項果然在依照敵人旨意辦事；且爲免我們這班抗日派再生事端，在北平觸怒敵人，所以對我們下手得這樣快法！剛才我碰見的八個軍警，此刻恐已進入張眞如家裏，向他要「李璜」這一名人犯了。我埋頭一路的想，我身上又只有一兩元錢，我跑到何處去呢？我自笑，我眞成爲「望門投止」的張儉了啊！但我忽然想到了胡適之先生，因爲昨天下午他有電話約我姐夫與大姐，今天去他家裏吃晚飯，他末尾還說：『如幼椿有工夫，也希望他能同來。』因是我便只有先到適之家去再說，他那裏絕對不會被軍警疑爲有抗日行動的。（因爲在「獨立評論」上，適之是公開主張和平的，傅斯年向他老師也公開爭吵。）

我穿了一件灰布長衫，我覺得坐車跑得快，反會引人注意；乃故意作散步狀態，慢慢的走到了東城他住的那一所內有白石台階的濶房子（這條街名似爲米庫胡同，這所清朝貴族所遺下的房子建築有白石階除，至今尚留心目中），敲門進入，適之正起牀，要吃早餐了。他說：『幼椿，我知道你要來，正等你吃早餐。』我笑道：『這眞是大膽的假設！』他說：『不是假設，我已得到眞如的英語電話了。你大姐着急，怕你跑回家去，你家裏有軍警在等你，他叫我打聽你在那裏，通知你一聲；我想你必然會到我這裏來！』我說：『你何以見得？』他說：『昨天我曾有電話請眞如夫婦同你來吃晚飯，因此我聯想到你一定會由此發生靈感的。』我說：『不錯，我出街口就碰見軍警了，我知不妙，所以來找你商量最妥。』他說：『先吃了早餐再細說。』

一面用早餐，適之一面說：『我早知道你要出事。因爲我看見大公報張季鸞的「非復吳下阿蒙」的社論把你們一捧，當局焉有不特別注意你之理！——你究竟想就隱藏在此或離平赴津？我都能爲你設計，請你首先決定！』我答：『當然離開，在此反使眞如與我大姐操心。不過我走了，眞如夫婦交不出人來，恐怕要受連累。』適之

一九三三年胡適之攝於北平

說：『那你不必懸念！眞如是個有名書呆子，你大姐在教西畫；一個哲學家與一個藝術家，誰不知道他們是自來不過問政治的。即使關起來，我可以立刻把他們保出來，仍舊教書，絕無問題，你可以放心！』

我說：『此刻去前門車站，恐怕不大妥當罷！』他說：『據我看，他們又未學戲上那樣懸出賞格，畫影圖形捉拿你，也沒有甚麼不妥當。』吃完早點，我兩人都在抽香煙。適之忽然跑進房內；一會兒，手拿一長節圓筒出來，向我手上一遞，說：『裏面裹的是三十元大洋，我看夠了！』我說：『拿來做甚麼？』他笑道：『這不是車費，車費不要這麼多。你坐我的包車去到前門車站，只買一張月台票。你走到車頭看見加煤燒火的工人，你就把這一封硬貨向他手中一塞，他自然便會請你上他的裝煤卡車；那裏有「雅座」，雖不舒適，然而保險。』我笑道：『你怎麼能包定這加煤工人會歡迎我上去，予以掩護？假設他不理，豈不糟糕！』他笑道：『這不是大膽的假設，這是小心的求證。你儘管放心！——自民五以來，北平不知鬧過數不清楚的政變；好多的要人，臨政變時，倉卒之間，都是用這個保險方法，逃離北平的，那班加煤的工人，無一個沒有嘗過這一種甜頭，簡直成爲他們照例的額外收入；一下就拿三十五十百把元，他們還要請朋友大吃一回；所以大家都知道，沒有一個見着封硬貨還不會歡迎你上去坐「雅座」的啊！』我大笑道：『你這個考據家，眞無所不考據！』他答：『這還是小心求證而得來的啊！』

我拿了適之這一封硬幣，說：『那我就立刻去前門車站，照你所說，如法泡製，試看你的說法如何？眞如與大姐就交與你了，費心之至！』適之道：『放心放心！眞如與你大姐，我們這裏好朋友有這麼多！怕甚麼？不過我還有兩點：第一，你必須坐我的包車，我叫他不要跑得太快，引人注意；第二，你須看清楚，要上最近開出的

本文作者胞姊李琦與姐夫張眞如遺影

一班車，不要在車站上老等！』

我感到適之既熱情，又細心，眞難得！臨別握手，我說：『你這個朋友眞難得！替我想得這樣周到！多謝你了！』他說：『那裏話，再見！』送我出門，他吩咐他的包車夫，拉我到前門車站，並且說：『客人身體不大舒適，不要跑得太快！』

我到了前門車站，一切照適之所說辦理，上了十一點開天津的一個車頭「雅座」。原來這「雅座」是在煤卡之內，側近有一個大木箱，把木箱揭開，並沒有底，燒火工人請我坐在卡內，用木箱把我蓋着，然後又再把煤堆了一些上去。他做得很是從容，但我感到有點悶氣，但車一過豐台，他便請我出木箱來，側坐其中，很快就到天津，同他一齊下車頭來，並沒有人注意。

黎明暉和梁熙若

——「參加公祭章士釗活動」的兩位「生前友好」——

·池春水·

五月下旬，九二老人章士釗從北方乘專機到香港，隨行人員，甚至包括賚榮娘姨一名。「時在大陸之老百姓議論紛紜，喻爲「一人得道，鷄犬升天」，許多想來香港的人，此時恨不得化身爲章士釗的隨從跟班，眞是幹什麼都行。

七月一日凌晨，章士釗在香港跑馬地山村道寓所病逝；此一屋宇之業主爲王寬誠。而章士釗之遺體在進了香港殯儀館後，第一件大事爲遺體注射防腐針，因爲大殮日期須待北京方面决定，甚至七月一日的本港許多晚報，都已刊載了章士釗逝世的消息，本港最暢銷的「星島晚報」樓自惜先生且以專欄撰述「蓋棺論定說章士釗」，（附圖，匆促撰稿付排，釗字誤植釧字。）文中兩次提到本刊上期所載的特稿「章士釗及其南遊吟草」，次日本港擁有廣大讀者的日報——「快報」則轉載了本刊封面內頁之「章士釗贈孟小冬詩」；而七月一日下午出版的「新晚報」，對章士釗的逝世消息反而付之闕如，蓋尚需有待於「上級指示」也。

七月二日，人大常委會、周恩來、國務院、朱德、中共中央統戰部、政協全國委員會、傅作義等的唁電都到了，却沒有毛澤東的唁電；回憶十二年前，梅蘭芳在北京病逝，極盡哀榮，也沒有毛澤東的花圈，廣大戲迷認爲毛主席不捧梅蘭芳的場，視爲憾事，不料此次毛對章士釗病逝海隅，也不加捧場，再來一個遺憾，遺憾！

七月三日，中國新聞社北京電：「人大常委會副秘書長連貫，章士釗的女兒章含之（證實本刊上期特稿中所述章含之在送了她父親來港，爲庶母拜壽以後，已經離港北返），以及章先生的親屬、生前友好劉純一、洪晃、黎明暉、梁熙若等今天中午乘飛機離開北京前往香港，參加香港各界公祭人大常委會委員、政協全國委員會委員、中央文史研究館館長章士釗先生的活動。」，參加公祭而曰活動，甚妙，甚妙！

作爲章士釗的生前友好，在章死後，還能忝附驥尾，一游香港，又得讓留在大陸的老百姓們再度不勝艷羨，但這次却不是專機，而是飛機到廣州，再搭廣九路車，經深圳來香港的。

「參加公祭章士釗活動」的親屬，生前友好中有黎明暉，這是四十年代的香港新聞人物，也是章士釗的湖南同鄉。黎明暉的父親黎錦暉是「時代曲」鼻祖，黎明暉是當年的歌舞健將，人稱「小妹妹」，因爲和鄭國有、馮德謙鬧三角戀愛，釀成兇殺案，兇殺地點，就在章士釗逝世的香港跑馬地寓所附近。

黎明暉自發生情殺案後，就北返上海，不久和籃球名將陸鍾恩結婚，陸死後，黎北上，前幾年又傳出黎明暉和有「養虎成羣」之稱的前淞滬警備司令楊虎（嘯天）結婚的消息。

另外一位梁熙若，則爲福建詩人梁鴻志的弱女，梁家的子女都以「若」字排行，如其長女公子朱省齋夫人名文若，其長公子名淵若，次公子名秋若等。在本刊十一期朱子家先生特稿「梁鴻志獄中

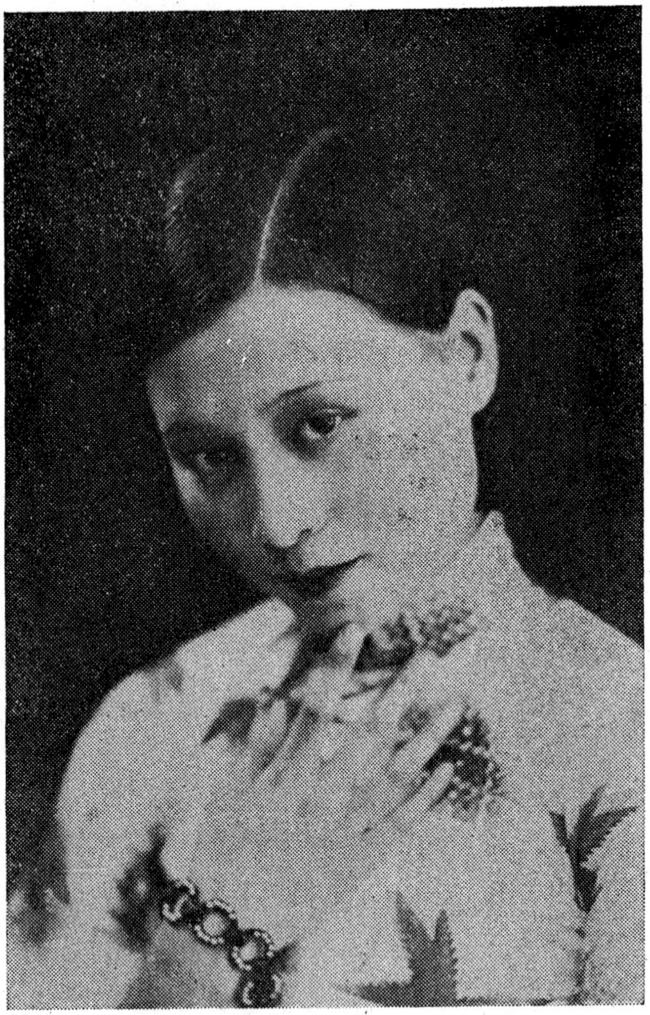

三十七年前的香港新聞人物黎明暉（吳瀨陵先生贈刊）

遺書與遺詩」中，亦曾提到此女。最小偏憐，梁鴻志對於這個小女兒是特別疼愛的。梁鴻志獄中雜詩有云：

昨日詣訟庭，庭外見嬌女，牙牙初欲語，見爺呼不止。遲前撫其頰，父女緣盡此！獄成人聚觀，所恨不見爾，佛言別離苦，此苦緣愛始內典愛別離苦為人生八苦之一、**從今斷諸愛，心或身先死。期汝為緹縈，嗟汝未毀齒，那知汝爺寃，此寃真井底，他年汝長成，字與誰氏子，慎勿學汝爺，讀書明道理。**

在梁鴻志致其長女書中，曾提到梁熙若小名毛妹，書中云：「……獄具之日，家人抱毛妹來，已九個月未見面，呼我不已。感愴作前詩，亦說到緹縈事，汝讀之必墮淚也！……」

梁熙若孩提之時，曾以父命，拜在名作家朱子家先生夫婦名下為義女，計算起來，梁熙若今年亦應當有二十八九歲了。關於梁熙若的拜義父母，梁鴻志遺書中亦曾提及云：「……獄急時，商量毛妹將來保護教育問題，不可無人負責，就令其拜雄（朱子家先生名雄白）夫人為母，因雄夫人中西學問皆好，善於持家也。吾於獄中又珍重託雄（其時雄與梁同作楚囚），且將與毛遺書（原註：非遺囑，皆言其年庚、家世、名字），交雄保管。而毛妹兩母，遂於上月廿八，携毛親往金家拜母矣。」

已故書畫評論家朱省齋先生生前，曾經面告筆者說：章行老有一件極難得的事，就是收容了他外舅梁眾異先生的遺孤毛妹——亦即是最近來港「參加公祭章士釗活動」的梁熙若，因省齋夫婦及朱子家先生等先後來港，毛妹幼小，乏人照顧，章士釗慨然收容故人之後，教育以至成長，這一點是堪稱古道可風的。

本港政論家任不名先生在見了本刊的「章士釗贈孟小冬詩」，並獲悉章病逝消息後，立即步韻和詩一首，詩曰：

壽筵誰料是離筵，一縷和風入地傳，太惜香江留不住，明珠如雪也徒然！彩鳳孤桐夢已賒，夏蠅秋燕傍誰家，縱饒寂寞揚雄閣，怕聽禰衡鼓幾撾。

一九三六年三月廿四日下午八時，跑馬地山光道奕蔭街口，突傳鎗聲一響，道上一雙男女正在漫步，男的中鎗倒地，女的便是當年紅極一時的歌舞明星黎明暉，男的名叫馮德謙。警方隨後在跑馬地山村道五十九號拘捕鄭國有，控以買兇殺人罪。

同年九月九日，全案定讞，認為該宗案是鄭國有因報復而策劃，被判死刑。在上訴期間，鄭國有家人迅即發動一項萬人簽名的求赦運動，結果卒獲港督會同行政局決定，赦免死刑，改判終身監禁。

鄭獲減刑後，只服刑至香港淪陷，但據說鄭國有因受刺激過深而影響神經有點不正常，因此恢復自由後，二十多年一直深居簡出，很少與外界接觸。鄭國有於一九六三年四月廿四日病逝於東山台寓所，享年五十三歲，死後葬於跑馬地墳場，所以香港可以說是黎明暉的傷心之地。

夏曆癸丑年六月初二日

在商言商

蓋棺論定說章士釗

孤桐先生的道德文章

老虎總長章行嚴，以九十二高齡壽終香港，對行老的死，本港，大陸及台灣國內人士，看法不同，感慨亦不同。

行老的文章，不用說，在當代是有他的文藝性的地位。他的道德如何，則是另一回事，各方的看法各異。然一般人雖對他不太熟悉。對他的道德文章却有一個大同小異。心照不宣的評價。

行老這次於本年五月三日乘中共專機到港，當時各左報就大事宣傳，並透過西報，傳說他即將與台灣進行「和談」。同時，左派駐港政要，羣趨機場接駕，似模像樣地將行老作為毛澤東先生的私人代表。

以純粹在商言商的觀點看，這種做法在商場上是種買空賣空的慣技。有識之人都早知道，中共倘要與台灣進行和談，派別人做說客尚可，請章行老出面，則此買賣絕無成功的希望。

回憶行老在上海做杜月笙食客的時候，筆者與他老人家有數面之緣。他一九五六、五七年間來香港做客，筆者又與他會面數次。他那時候，要想找機會搭張岳軍先生的綫，想和張君勵先生一談，同時，又準備與上海銀行創辦人陳光甫先生謀一面，結果都一無所成。

回憶有一次，筆者在光甫先生寶雲道寓所閒談，吳季玉忽來見陳老先生，說行老想來拜訪。光甫老當時很婉轉，並很肯定地說：「大家都老了，還有什麼可談？不必了吧？你替我問候他。」季玉走後光老又隨便略談行老事蹟，言外之意，是他那裡無閒可插。

最近「大人雜誌」發表了很多篇章行老一九五六、五七年寫的「南遊吟草」，其中有一段涉及筆者上述的小鏡頭。行老見不到光老，就寫了一首詩，內中有一段說：「人之相知貴知心，見面與否乃餘事，我來七月未見君，外間咄咄稱怪異：……」

一九五六、五七年，行老亦設法想與張岳軍先生一談，結果當然撲了一個空。本期「大人雜誌」亦刊出那時行老寫的懷張岳軍詩：

四十年過舊跡非，適然相逢海之湄，燕來幾度漸悉定，人在無妨野圖移。如子壯猷仍自展，祇今時難要同支。張公九尺饒蒼鬢，倘許料量似少時。

終其生，行老以閒閒於時。他做過大官，曾顯赫一時，然却從無顯赫的政績。他的文章傳誦士林，然他的文章並不代表他的信仰，亦從未付諸行動。

他在杜月笙家裡做食客，在紅朝也做食客，而從未能搭到蔣先生的綫，能使他受到國民黨的長期供養。他吃了十三方，而獨缺另一方，這也可能是他一生的遺憾。

行老死了，蓋棺尚無從論定，是留芳百世？是遺臭萬年？這是他死後的命運，也是供養過他，想利用他的一些人的命運。

樓自惜

本港「星島晚報」樓自惜先生專欄引用本刊特稿有報為證

「老殘游記」作者劉鶚

林語堂

劉鐵雲此人，吾看得甚重。初喜讀其老殘遊記，尤好璵姑。又早聞近代龜甲文之收藏研究始於鐵雲藏龜。不知何天，忽然了悟藏龜之鐵雲即著遊記之鐵翁，由是吾知此公是一識力過人之人。又過幾年，始知著遊記之鐵雲即劉季陶先生之先叔，亦即季陶姪劉鐵孫之鐵公。因急向季陶訪問其先叔之行述軼事，又知其在晚清，係一思想急進而因請築鐵路開礦被人罵爲「漢奸」之人，又係因賑糧被誣流發伊犂而死之人。其人其事，皆足有動於吾心。夫時代之不了解，乃先覺之常刑。及過些時，世人亦知龜甲文之重要矣，亦知老殘遊記之價値矣，甚至亦懂得築鐵路之非必漢奸矣。因此又重讀遊記，始恍然大悟正集第一回楔子所言山東海面之破壞大船乃指中國，向船客捐錢然後自己站在安逸地方喊「殺」「殺」「殺」者，乃指當時之革命黨，被拋入大海作犧牲之「不懂事的少年」乃眞正不懂事之少年，而奉送洋羅盤救船而被罵爲「天主教」「漢奸」者，即作者自身。全段係一中國之影子無疑，其語何其沉痛也！一日，季陶送來一書即老殘遊記二集，供吾閱讀。吾驚喜，乃與「良友」商量發刊，並先在「人間世」發表一部分；以引起讀者注意。而季陶亦作一文，述其先叔軼事，如後。

鐵雲先生作此二集時，季陶居其家，共見六回，述鐵老與慧生遊泰山，此不必季陶親見其屬稿，亦可一望而知爲鐵雲手著。此中有三事最顯著。（一）第一回預言東北必失之於日本，眼光適與初集楔子相同，今日之我，讀之不免驚嘆。第二、第六回專寫泰山斗姥宮之尼姑逸雲，其才識與初集中之璵姑適同氣味，大概鐵翁最喜才識高超議論風采十足之女子，璵姑與逸雲又同是得道隱居韜晦自適之才女，想見其爲人，如嗅空谷蘭之味。時人只賞識靚雲，鐵翁始知逸雲之曲高和寡。第三第四第五回全是逸雲議論。斗姥宮果有此人，吾非上泰山不可。惟是夢非夢，吾焉得而知，吾總願其非夢而爲泰山增色也。逸雲議論與璵姑一樣高超，第二回逸雲論州縣老爺曰：

『你不知道像我們這種出家人，要算下賤到極處的。可知娼妓比我們還要下賤？可知那州縣老爺們比娼妓還要下賤？遇見馴良百姓，他治死了還要抽筋、剝皮、銼骨、揚灰。遇見有權勢的人，他裝王八蛋給人家踹在脚底下，還要昂起頭來叫兩聲，說我唱個曲子您聽聽罷。他怕京官老爺們寫信給御史参他。你瞧着罷！明天我們這廟門口，又該掛一條綵紬、兩個宮燈哩！』

第四回，逸雲評斗姥宮之遊客曰：

『也有花得起錢的，大概不像個人樣子；像個人的呢，都没有錢。我想到這裡，可就有點醒悟了。大概天老爺看着人與錢兩樣都很重的，所以給了他錢，就不教他做人，給了他做個人，就不教他有錢，這也是不錯的道理。』

第五回她叙述她對才子英雄感想前后之變，亦係絕好文章。

第六回論吃素與女子失節，亦議論不凡。逸雲道：

『有何不可？倘若有客逼我吃肉，我便吃肉，只是我不自己找肉吃便了。若說吃肉，當年濟顛祖師還吃狗肉呢，也擋不住成佛。地獄裡吃長齋的不計其數。總之，吃葷是小過犯，不甚要緊，譬如女子失節，是個大過犯，比吃葷重萬倍。試問你們姨太太失了多少節了？這罪還數得清嗎？其實若認眞從此修行，同那不破身的處子毫無分別。因爲失節不是自己要失的，爲勢所迫，出於不得已，所以無罪。』

這種女子，不會因被人姦污而自尋短見。所以與那最古怪的道人赤龍子同居四十多天。

老殘道：『他就住在你這廟裡嗎？』

逸雲道：『豈但在這廟裡，簡直住在我炕上。』

德夫人忙問：『你睡在那裡呢？』

逸雲道：『太太有點疑心山頂上說的話罷？我睡在他懷裡呢？』

山頂上的話是說逸雲仍是處子。二集與初集相同之第三點是老殘具一副慈悲心腸，對落難女子常懷救度之念。初集把環翠拔出火炕，二集又把環翠送交逸雲修道了。此種地方可見其思想之連貫，即文字之機趣，描寫之生動，有眼者自會辨別。惟有一點，其描寫泰山看太陽日出，雖亦生動，惜寥寥數行，並未着意寫去，不然又可與初集月下遇虎一段媲美了。

劉鐵雲先生軼事

·劉大鈞·

先叔鐵雲先生以著老殘遊記及收藏骨董聞於世，而其在滿清末葉，提倡維新，則知之者鮮。蓋先生提倡之方式不在作文問世，而在遊說當局；以其長於辯才，故頗得當局信任。當時政府興築鐵路，以及新法採礦，得先生鼓吹之力不少。然以慈禧后極端守舊，近臣如慶王等，對於維新事業始終不敢放手進行；而先生則主張澈底辦法，利用外資，從事建設，以開發我國之富源。懷抱既不得抒，遂與保皇黨聯絡，希冀光緒帝得復政權，各種新政皆可實施。不謂保皇黨實力不充，計劃不能實現，而先生反因此招當局之忌，致被放回疆，抑鬱而歿，可歎也。

當時凡提倡新法者，守舊派皆目爲漢奸，故先生壯年在山東佐幕時，即有漢奸之名。是時張漢仙撫魯，（即老殘遊記中之莊撫台）本屬世交，且愛先生之才，延爲幕賓，乃因提倡新法之故，致遭物議。先生辭職進京，往謁李鴻章。文忠與先祖有年誼，故以子姪輩待先生。甫晤面，文忠即謂『汝尚年少，初出辦事，乃被人罵爲漢奸，將來如何能上進乎？』先生答曰：『小姪被罵爲漢奸，事誠有之。然小姪年幼，辦事尚少，僅一小漢奸耳。老年伯勳績卓著，外間亦呼爲漢奸，是乃老漢奸矣。小姪但能步老伯後塵，豈懼不能上進乎？』文忠爲之莞爾。

先祖子恕公在河南任兵備道多年，與曾國荃同事平捻。功成致仕，寄寓江蘇淮安，與先父味青公皆提倡西學甚力。時淮安人尚無學歐西語言者，先父年已三十，獨從天主教士習法文，藉此研究西學，尤精疇人之術。家藏新舊書籍皆甚富，醫學術教之書亦有之。先生幼年即隨意涉獵，天資極聰穎，故長於醫算，曾著勾股天元草、弧三角，及要藥分劑補正各若干卷。更因太谷學派中人喜談命運，故老殘遊記中頗多言天運及醫理之處。今人有以北拳南革之預言甚爲靈驗，頗異先生能洞燭幾先者。其實先生留心政事，交遊極廣，想已早知清室頑固，迷信神拳，而南方人民革命思潮方醞釀中；大勢所趨，北拳南革，在所不免，故託辭術數，預行警告國人耳。若謂天干地支眞能預決時事，吾不信也。

先祖乃科甲出身，故令二子習制藝。先生秉性不羈，闈墨本所不喜。復因先父研習新學，致會試落第，青衾終老，遂更無意於科舉。蓋先父會試時，房官已荐列前茅，乃因策論中引用盧梭學說，主考官批謂『盧梭二字，不見經傳，』遂加磨勘。足見當時科舉與新學格格不能相入，先生果入闈，亦決無獲選之希望也。

劉鐵雲（一八五七——一九〇九）

先生藏骨董甚多，書畫碑帖，鐘鼎彝器，晉磚、漢瓦、泉布、印章，古代樂器，以及甲骨、封泥，無不搜羅。以前收藏家對於甲骨封泥未加注意，經先生收藏，復經王國維先生詳加研究，於古史多所發明。三代文字留傳至今，殊可貴也。先生在北平、南京、蘇州、上海、淮安等處皆有房屋，分藏骨董書畫等，但以北平、南京、蘇州，所藏爲最多。余幼時聞先生南京住屋有一室，其地與四壁皆以古磚古瓦砌就，其他骨董陳列尤多。時端方爲兩江總督，亦好收藏，時相過往，因豔羨先生所藏劉熊碑，欲以廉價强行收買，先生不允，嗣因不願結怨，以碑贈之。然此後奏參革職，查抄家產，端仍爲主動者之一。先生在浦口本置有地產多頃，因政府興築津浦鐵路，需地爲建築車站碼頭之用，先生自動捐地數頃。及被參革，餘地亦皆充公，故家產蕩然，子孫皆自食其力以自給焉。

劉鶚先生傳略

劉先生名鶚，字鐵雲，筆名洪都百鍊生。原籍安徽廬州，寄籍江蘇省丹徒縣。生於清咸豐七年（一八五七）卒於宣統元年（一九〇九），享年五十二歲。

先生治學宗泰州周太谷，主儒道佛三教合一之說，而又留心西洋科學。精算術，明地理，講求醫術與水利。嘗行醫於上海，後又改業爲商，盡喪其貲。光緒十四年，黃河在鄭州決口，先生以同知投效吳大澂，以治河有功，聲譽大起，特薦以知府用。在北京三年，上書請修鐵路，開山西煤礦。既成，頗爲當時守舊者所指摘。庚子義和拳亂時，先生以賤價購太倉粟於外人手，用以賑濟饑民，全活甚衆。後數年政府加以私售倉粟罪名，放逐於新疆而死。

著作有「歷代黃河變遷圖考」，又有「鐵雲藏龜」，爲殷代甲骨文研究之始。「老殘遊記」二十章，初發表於繡像小說，後刋爲單行本。二編六章，光緒三十二、三年間，發表於天津日日新聞。是書用遊記體，書中主人翁名鐵英，號老殘，即爲作者自身寫照。自序云：「吾人生今之時，有身世之感情，有國家之感情，有宗教之感情，其感情愈深者，其哭泣愈痛，此洪都百鍊生所以有老殘遊記之作也。棋局將殘，吾人將老，欲不哭泣也得乎？」具見老殘遊記，爲當時中國社會之縮影，亦可見作者執筆時之感情也。

大人公司
未雨綢繆
日本遮
美國遮
意國遮
德國遮
日本NYLON女裝長柄遮 9.90
日本TETORON女裝長柄遮 16.90
日本男裝尼龍自開遮 15.90
美國凈身尼龍遮 15.90
日本女裝長柄自開遮 18.90
日本男裝尼龍縮骨遮 15.90
日本女裝彈弓縮骨遮 15.90
意大利女裝長柄遮 24.90
日本女裝縮骨自開遮 25.90
日本8吋手袋縮骨遮 23.90
意大利女裝凈身縮骨遮 39.90
日本尼龍沙灘遮 15.90
日本女裝三疊式縮骨遮 19.90
日本男裝尼龍遮 19.90
意大利男裝尼龍遮 31.90
日本TETORON三摺縮骨遮 27.90
德國NYLON女裝長柄遮 24.90
德國NYLON男裝自開遮 41.90
德國NYLON男裝士的遮 57.90

大人小語

尼布晤談如蜜月

美蘇高峯會談，為本年國際間第一大事，尼布二人，卿卿我我，時達八日。中共為之寢食不安。事猶未畢，黃鎮即奉到指示，逕訪基辛格另作密斟；會議方畢，中共又將預定在新疆舉行之核爆，提早三日舉行，作無言之示威，而目的則在擊破尼克遜與布里茲涅夫之「蜜月好夢。」

凡此種種，表面似冷實熱，影响似小實大，小民縱屬無知，亦不可以等閑視之。

高峯會議四要點

專家分析尼布會談，內容要點有四，莫不與世局大有關係：

（一）蘇聯希望以保証中南半島與中東問題之政治解決，換取美國承認歐洲現有局勢，並且蘇聯以在東方單獨應付中共之自由，不加干涉。

（二）蘇聯將以西伯利亞原子能開發與美合作，以獲取美國提供信用貸欵，機器設備及科學技術。

（三）締結限制戰畧武器條約，其眞正目的乃在防止美蘇以外（主要為中共）之核子武力發展。

（四）幕後成立秘密諒解，維持台灣海峽中心，尊重國民黨政府原有正統及目前地位。

上述諸端，對中共均屬不利，基辛格定於八月訪蘇，乃奉尼克遜之命，向之表示友好並進行安撫。

舊事不能重提

章士釗來港，謠言甚多，初傳負有和談使命，繼則謠傳進行統戰，均為捕風捉影，穿鑿附會之談。

講到統戰，章士釗曾自擬名單，進行多次，但全部白卷，無一成功。此番再來，豈能舊事重提。

紅筆扛子

國民黨對章士釗一生之評語為「投機善變」。故對章此番來港不置一詞，對其撒手西歸，視若無覩。

章在重慶時代任國民參政員，為杜月笙所力保，但當時之蔣委員長不僅不喜此事，甚至不欲覩其人，故在出席參政員聚餐會之名單上，章士釗之大名，每次均被紅筆劃去。

陌生人弔孝

章士釗之治喪委員會共有主任委員一人，副主任委員九人，委員一百三十人。若干委員與章士釗初無一面之雅，全憑某名流邀請而來，大有「陌生人弔孝」之感。

最佳答覆

某名流以電話邀約新聞界某名人參與此一治喪委員會，某名人婉辭謝曰：「恕我不識此公！」最佳答覆，可圈可點。

「中國醫生」頌

七月一日，為密勒醫生九四華誕，基督教安息日會大張壽筵，為之祝賀。筆者則以讀其所贈「中國醫生傳」後所作之萬言長文，作為「秀才人情」。

密勒醫生在華服務七十年，故身為「美國人而稱「中國醫生」。密勒醫生在華設立醫院數十間，救治貧病無算，香港司徒拔道之圓形建築物香港療養院，亦其所創辦。

每飲豆漿，必憶其人，因為以豆乳作牛奶，為密勒醫生於一九〇三年在日本所發明。每憶張學良，亦必憶密勒醫生，因為張學良吸毒，也是密勒醫生於一九三三年在上海為之根絕戒除的。

我的朋友張恨水

一位美國朋友，於閱讀「大人」所載「我的朋友張恨水」一文後，轉輾相尋，以張恨水重慶時代生活思想及其寫作生涯垂詢，竭我所知者告之。

他研究歷史，去年曾入大陸，聞悉張恨水已病故。

現在他在寫一篇中國通俗小說家的時代背景的長文，敘述鴛鴦蝴蝶派作家之大名，如數家珍，閱之頗有自愧弗如之感。

總警司與總經理

目前有二人，不問其是否有罪，亟應引渡返港查明是非，一為總警司葛某，一為投資公司總經理余某。總警司榮歸故里，在英納福，總經理遠走高飛，刻在台灣。

有人在猜：港台雖無邦交，總經理或有可能引渡歸案；港英原屬一家，總警司却不會再回香港。

今日澳門

反罪惡運動開始以來，揭毀巢穴，盡是賭窟，俗稱「大檔」。

香港賭檔銷聲匿跡，隣埠澳門，一定受益不淺。但三山五岳的各路人馬都去了澳門，得失是否可以相抵，尚不可知。

·上官大夫·

政海人物面面觀

——楊庶堪、趙恒惕、陳壁君、羅家倫——

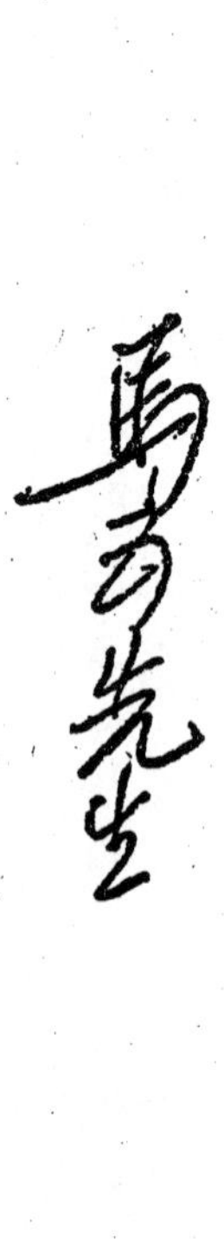

楊庶堪（滄白）

楊氏字滄白，別號邠齋，四川巴縣（即重慶）木洞場人。滿清末葉科舉未廢時，以高第得中秀才，寢饋國學甚勤，亦躭書法，宗王羲之而稍遒勁。既而科舉報罷，乃入重慶譯學會，從西洋傳教士習西文，學成後，初應聘爲成都高等學堂附設中學英文教員，涉獵西洋文學哲學原著暨譯本，新舊學問的造詣皆精進，在當時蜚聲文教界，視爲不可多得的嶔奇之士。孫中山先生領導的同盟會在日本創立後，楊即於成都秘密加入，藉教學鼓吹革命思想。旋赴川南叙永縣担任「永寧中學」監督，熊克武是該校的體育教員，亦係同盟會同志，還有該校學生趙鐵橋——民國十七年會任招商局總辦——受楊薰陶，參加革命運動。越宣統二年，楊轉任重慶府中學堂監督，該校教員學生多有傾心革命的青年才俊，如學監張培爵，體育教員但懋辛，教師朱叔癡、梅黍雨、向仙樵、暨學生石青陽、余際唐等，後來皆成了辛亥四川起義時的重要人物，而以楊獎掖領導之力爲多。迨辛亥八月武昌首舉義旗，重慶及川東各縣，即於十月初二日宣佈獨立，楊實係主持人，但他推舉張培爵爲重慶軍政府都督，他只負幕後策劃之責。民國肇建後，膺選第一屆國會衆議員，甚得孫總理器重。這時候，川省革命黨人戴季陶（天仇）還是上海民立報記者，乃楊的後輩同志，聲望遜楊遠矣。

民國二年討袁軍興，四川亦宣佈獨立，熊克武主持軍事，楊担任民政長。旋討袁軍失敗，楊亡命日本，家產遭籍沒，父母妻兒皆輾轉潛逃東瀛，歷盡艱危，楊會撰「癸丑違難紀事」詩二百韻，備述困苦經過，他在東京「新橋驛」火車站迎接家屬時，跟夫人詹氏抱頭痛哭不已。民國五年奉孫總理命秘密四至上海，策動四川方面的反袁軍事計劃，因此時潛伏川中擁有民軍實力的革命黨同志黃復生、石青陽、盧師諦等，皆與楊私交甚篤也。既而袁世凱暴卒，南北內戰連緜不輟，川軍呂超部於民國七年二月攻佔成都，熊克武進據重慶，北洋督軍與省長相率潛逃，呂超權主軍政，未幾由熊克武繼任都督，川省議會公舉楊爲省長，至民國九年十月方卸職離川赴滬。

越民國十二年，孫公在上海改組國民黨，採取聯俄容共政策，派楊爲黨部財務部長，兼臨時中央執行委員。是年二月孫公返廣州設立護法大元帥府，以楊爲秘書長。十三年召開國民黨第一屆全代會，楊膺選中央候補監察委員，旋一度出任廣東省長。

綜觀楊氏從民元至十四年之間的經歷事實，深受孫公倚畀，信任甚專，勞績亦著。顧自孫公北上與段祺瑞協商國事，病逝北京後，楊在黨政方面即不復担任職務。往後國共暗鬥激烈，胡漢民且被謫赴莫斯科，汪兆銘利用共黨而位居國府主席，民黨大多數中執委會集北京西山白雲寺舉行會議，宣言反共，然楊不預焉。同時共黨對國民黨元老們之不附己者，皆加以右派惡謚，攻訐不遺餘力，獨楊既不附和共黨，亦不參加西山會議派，閑居上海，置理亂於不聞，消極至此，必非無因。蓋自孫公下世後，黨內派系傾軋之風即起，素具刎頸交誼的胡漢民與汪兆銘，亦以爭奪政治權位的關係，釀成凶終隙末結果，而間關萬里領兵來粵從事革命的同盟會老同志川軍總司令熊克武，忽以「意圖顚覆國民政府」的罪名（見當年國府公報），被囚虎門，部隊同時解散。他既瞧不起汪兆銘賣黨求榮，甘作俄共顧問鮑羅廷的工具；亦不慊於一般同盟會老黨人未能團結一致，共同奮鬥，消弭內部危機，而對久共患難的故人熊克武之失敗，亦不無惋惜之情。感事傷時，目無餘子，祇好退隱滬濱，不復預聞黨政事宜。後來南京國府成立，實行清黨，繼有「特別委員會」之組織，西山會議派老黨人皆入京歸隊，然楊仍息影春申江上，蕭然自適，而於孫總理尤念念難忘，他所寫上海雜詩即有一首云：

疏冷秋槐莫利街（按孫公住宅在莫利愛路），傷心龍劍便沉埋，彌天四海從人惜，腹痛驅車我獨來。

自孫公中道崩殂以來，楊氏對於本黨的左右兩個政府——武漢與南京政府，皆避不參加，然於民十五年初曾應北洋政府段執政之徵辟，出任農商部總長，不特國民黨人聞訊譁然，責其失節，即一般社會人士亦頗感惶惑。良以楊耿介成性，原非熱中功名利祿的俗士，何致有此意外的行動呢？筆者初不識楊，唯聞名久矣，民國十六年秋間，川省老黨人謝慧生（持）先生在南京「特別委員會」主持黨務時，我會以楊屈任北洋政府高官一事，叩詢其所以然？謝慧老乃語我云：「這是滄白的一項隱痛，外人鮮有知者。他生下一個獨子，年已十餘歲，而資質并不聰穎，但舐犢情深。一日，忽遭匪類綁票，勒索鉅量贖金，滄白係寒士，束手無策。時許靜仁（世英）受命爲段執政府的內閣總理，急欲拉來一位民黨人士担任閣員，藉壯聲勢。孫總理逝世前，以段執政不贊成廢除不平等條約，曾諭知本黨全體黨員不得參加段氏召開的善後會議，對於入閣參政，大家更避之若浼。許靜仁到處碰壁，旋得悉楊子被綁勒贖事件，認爲大好機會，即命人赴滬代爲贖回，而以滄白北上參政爲交換條件。又當孫公在廣州護法申討曹吳之際，定下孫、段、張（作霖）聯盟計劃，滄白曾奉命北上聯段，許靜仁亦代表段到廣州晉謁孫公，許與滄白早有此一段友誼，今又爲之營救獨子免遭綁匪毒手，迫於情誼，乃不便峻拒許的邀約，勉强入閣。迨段政府垮台，滄白即回滬隱居，不復流連幽燕以見志了。實則民黨老同志如王亮疇、蔡孑民、王儒堂（正廷）等，久任北洋政府高官，於今亦在國府担任顯職，并無人指說他們失節，滄白僅作了幾個月的北廷農商總長，而且別有其不得已的苦衷，更談不到失節的話。不過，他自己却諱莫如深，絕口不提兒子贖票這回事啊！」這纔使我恍然大悟，恢復了對滄老的敬仰心情。

國民政府奠都南京後，楊氏亦不時遨游金陵，但不過問黨政事宜，只是看看老朋友而已。他作有金陵雜詩四絕句，末首云：

片言誰復繫興亡，別臭薰蕕聚一堂，何所聞來何所去，稽生名語費思量。

儼然以鍛鐵的稽康自況，可以窺見其對國事的觀感爲如何了。

楊庶堪（滄白）

對日抗戰軍興，楊氏仍隱居上海租界內，度其詩人的恬淡生活，不預外事。迨汪兆銘在南京僭制開府，聲言「和平救國」時，對楊自然特別注意拉攏。但楊素來就是瞧不起汪的，當然恥與同流合污。可是，上海租界內暗殺之風大作，重慶方面知道楊決不會叛國，却躭心他的安全，即派人迎接他回到老家來，他欣然遄返渝州，由其故人石青陽之子石孝先的安排，請他住在渝市打銅街一座舊式屋宇的二樓上，中央推選他爲黨史編纂委員會主委。此時筆者對此多年景仰的本黨元老，不肯放過謁見機會，乃於民國廿八年春間，由楊氏門人王云凡君陪同，首次晉謁於其庽所。適逢他心情很愉快，對着我倆暢談作詩之道，滔滔不輟。他認爲『學詩須以古時的大詩家爲模範，如湘人王壬秋（闓運）模擬漢魏六朝名家之作，幾可亂眞，纔係詩學的上乘，但須如吞食物然，慢慢的加以消化而已。王壬秋的詩太過於仿古，好似「吃油大」——此係川諺，豐盛饈饌之意——覺得滿口油膩，很不舒暢耳。近人樊樊山作詩喜用顏色字，易實甫好用數目字，都是毛病。易實甫對樊樊山的前後「彩雲曲」殊不滿意，乃撰「五斗血歌」相譏刺，大失詩人敦厚之義，亦乖友道，不足爲訓也。川人謝旡量與浙人馬一浮，是詩壇後起之秀，初時謝才勝於馬，唯謝浪漫不羈，流於名士派，馬則力學勤修，現已超過謝了。』說着，即從枕邊取出一把紙扇示我道：「你看，這是旡量最近從成都託人送給我的扇子，上面寫有一首懷念我的詩，却無半點眞性情流露，這是惓懷老友的作品嗎？旡量的學殖荒落若是，太可惜了！」這時我曾在報紙上讀到滄老近作的一首律詩，內有「水面桃花知聖解，風前柳絮識禪心」之句，喜其典雅非凡，必有寄託，請教究何所指？他笑謂：「興之所至，偶事吟諷，不可說，不可說！」三人清談已逾一句鐘以上，我怕妨礙他的休息時間，即興辭告退，他很和藹的言道：「有空隨時來談談，我很高興的。」

過了數月後，筆者個人再次叩謁他，且帶着我所塗抹的「川政變遷始末記」，敘述從民國十五年至廿四年間的巴蜀政局變遷情形，請他指正紕謬。開始是談談日常生活，兼及黨史編纂的體例問題，他說：「修史是太平盛世的事業，現在四郊多壘，鋒鏑連天，那裏談得到這種名山之作呢？我不過掛個名義，混混日子而已。」我說：「滄老係黨國元老，學識經驗皆爾不羣，對於國事應興應革的地方，似應有所建議」。他正色答道：「世局大變，政治亦大變了。從前在廣州跟總理只是辦辦雜務的人，於今亦變成政治家了！我輩老朽昏庸之流，理應上吊自裁以謝國人，還有什麽資格談政治呢？」言下頗有激越的情緒，我只好把話題改變，袖出前述文稿，請他指教，他說：「好！等我看看再談。」嗣後我移家成都，即未再見他了，他把原稿交由王云凡君還給我，僅在第一頁頂上批註着「很聰明」三個字，別無他語。可惜原稿庋存家裏未帶出，早被化爲灰燼了。

滄老於民國卅一年夏間，赴重慶南岸彈子石故人子石孝先家宴會後，忽吐瀉不止，醫藥罔效，迅告逝世，行年纔六十一歲，人皆指爲霍亂症，係在宴席中吞吃了不潔的菜蔬所致，然當時同席最近在港逝世的參政員章行嚴（士釗）却告無恙，病源殊難斷定也。遺著有「天隱閣詩集」、「邠齋文存」、英文作品「譯雅」——類似英漢辭典——他的中西文皆有湛深修養，詩才且在胡漢民、汪兆銘之上，論學問之淵博多才，在民黨人物中，并不亞於章太炎——章氏不識西文。他的詩學造詣如何，試看他答友人問詩三事的內容，即可概見，亦可作後人的詩學津梁，原文如次：

一事：奧到不足盡信，一語已爲破的。王、孟、高、岑，類別有自，其所造詣，各自名家，易孟爲李，似近多事。蓋少陵外，不獨四子，博涉所及，雖大歷十家，猶不足限。擅長何體，別有精專，胥視吾人抉擇以爲模範耳。近有「湘綺說詩」之刻，自較王志爲詳，嘉州正月，誠爲佳製，其五律可誦，正復多篇，余尤賞其七古，能於摩詰外更樹一幟。

二事：專別兩集，四部攸分，選本之精，昭明爲最。玉臺繼軌，微傷側艷，後此有作，恒視其人以爲重輕。愚意從專集中自選讀之，如入天厨，任擇精食，以期果腹。次則名人選本，當有差別，三昧十八家詩鈔，流傳已久，畧便無書之初學。唯王集偏重豐神，於雄奇綺靡諸作，多從擯謝。曾選（按係指曾國藩）直分類抄胥而已，旨趣茫如，措撫尠當，多注一作，乃及坊本，謬爲淵博，以惑後生。以是知其外道，非苛言也。曾氏於文，雅有甘苦，詩則反是，觀其所作，類多膚廓。蓋由先有一大家橫亘於胸中，而無實力充之，故其流極若是，紗帽詩之尤拙者，未知作，焉知選也？

三事：前書以琢與不琢分途，致謂非常剴切。愚意諸凡名人之作，未有不由雕琢而歸自然者，其異則雕琢痕迹化與否耳。以陶謝言，一爲已化，一稍未化，自然之發，乃雕琢之極也。繪畫雕刻諸術，靡或外此，亦有妙手偶得，文若天成者，此由靜中體物得之，亦琢中事，非率爾操觚所能倖獲也。

來問發端二語，已爲探要，歷舉諸家而復以琢與不琢別之，仍踵前失。蓋始條理者，琢之事也；終條理者，自然之歸也；始終乃一貫之義，非家數之別也。視之若異，即跡化與否。然則妙造自然，非理想之準則，爲必赴之恒期，其始皆刳心怵腎而得也。賢者於此，僅一間未達，亦非甚深微眇之論矣。

趙恒惕（炎午）

趙氏湖南衡山縣人，父爲邑庠生，幼承庭訓，嫻習詩書，所以他後來雖從事軍旅之學，久歷戎行，然頗有文采，亦通書法，初從譚延闓習顏眞卿體，晚歲改寫隸書，殊可觀，而其親筆行書的信札，仍胎息顏字也。

清光緒二十六年，趙入湖北方言學堂肄業，未幾，考取留學日本的官費生，於光緒廿七年赴日本振武學校修業三年期滿後，轉入士官學校第六期習砲科，與唐繼堯、李烈鈞、程潛等同期同科。越光緒卅四年（一九〇五年）畢業後，清廷命令在日本作見習士官三年，而於一九〇九年回至北京，應陸軍部甄別考試，以陸軍少校階級任用。時廣西巡撫張鳴岐倡行新政，招邀留日學生文武人士五十餘名入桂服務，趙亦在其列。初任廣西陸軍幹部學校教官，鬱鬱不得志，旋離桂回湘，擬另謀出路。適雲南布政使沈秉堃調升廣西巡撫，取道湘省入桂就任，沈與趙的伯父仲弢交誼甚厚，乃隨沈遄返桂林，充任廣西幹部學堂監督，旋兼領學兵營。同盟會志士方聲濤、耿毅、冷遹、何遂等，皆任職桂省軍中，趙在日本求學時雖未參加同盟會，但與黃克强、劉揆一、宋教仁等以同鄉關係，過從甚密，亦曾在橫濱晤見過孫中山先生，對革命黨具有好感。迨辛亥武昌起義後，方聲濤等竭力聳恿桂省布政使王芝祥督促巡撫沈秉堃響應義舉，宣佈獨立。沈就任都督不久，即組援鄂軍，而以趙所領學兵營爲基幹，另附以桂省巡防營，共約一旅之衆，由趙統帶，隨沈經湖南入鄂，馳赴孝感前線作戰，黎元洪即任趙爲左翼軍司令（右翼司令係李烈鈞），是爲趙發迹之始。

九十老人趙恒惕攝于梨山賓館

既而南北和議告成，趙所領桂軍奉調至南京，臨行曾向鄂軍都督府借欵五萬元作開拔費，比至南京領得軍餉後，即如數寄還，殊出黎元洪意外，因而對趙觀感極佳。孫中山先生將臨時總統辭讓於袁世凱後，南京留守黃興實行整編革命部隊，成立正規陸軍第八師，以陳之驥爲師長，趙所領桂軍編爲第八師之十六旅，仍以趙担任旅長。時湖南都督譚延闓亦因湘省部隊林立，無力供應餉糈，亟思予以縮編，然譚係文人，缺乏基本武力，深恐釀成事變，乃乞援於黃克强。黃固贊成裁軍者，且替家鄉人民減輕負担，尤樂於協助，即命趙率精兵一團，揚言假道湘省回桂，馳赴長沙受譚督指揮，實行裁汰湘省諸色軍隊，終告成功。從此趙深得譚督信任，倚爲心膂之寄，趙亦不再回到第八師，帶着一團兵力翊贊譚督，在湖南徐圖發展。迨民二討袁之役，湖南宣佈獨立，趙部已擴充爲旅，成爲湘軍的主力了。討袁軍既失敗，湯薌銘奉袁世凱命率北兵入湘查辦，將趙扣押，解赴北京治罪，道經武漢，黎元洪因趙於民元償還五萬元借欵一事，對趙印象極佳，密電袁爲趙緩頰，時袁亦欲收黎爲己用，樂得做人情，只將趙交陸軍部軍法司訊處徒刑而已。越民國四年（一九一五年），由黎元洪與蔡鍔二人保釋出獄了。

民國五年初，趙自北京南行至滬，竭見老長官譚延闓。時雲南護國軍興，廣西亦宣告獨立，譚氏乃乞取舊友湯化龍（湯薌銘之兄）函介趙回湘，囑乃弟盱衡大勢，毋再仇殺湘人，薌銘對趙頗示禮遇，未幾，湯督被迫宣佈湖南獨立，編組湘軍第一軍，任命曾繼梧爲軍長，趙爲第二師師長，這是得力於譚延闓之推轂栽培。既而程潛率滇軍一部，由黔邊入湘西，號稱湖南總司令，進攻長沙，湯督潛逃，程坐鎮省垣，發號施令，而趙等湘系軍人皆反程擁譚，程譚勢不兩立，終成水火。旋北洋政府派遣大軍入湘，先後任命傅良佐、張敬堯爲湖南督軍，程譚在湘皆無立足之地。程赴廣州就任護法政府軍政部長，譚籍趙與廣西陸榮廷的舊關係，得陸撥兵助餉，仍以湖南總司令兼省長名義，由廣西進入湘南郴州，與北軍對峙，且謂搜獲北廷與程潛往來密函，電達廣州孫大元帥，檢舉程通敵，嗣經元帥府參謀總長李烈鈞通電爲程辯誣，事乃寢，而程譚兩系的仇恨亦更深，此民國六年間事也。

民國七年北洋軍駐在湖南的直系部隊三個師，由吳佩孚出面，昌言和平，旋即紛紛自湘境撤退北去，致發生直皖戰爭，而主張武力統一之皖系敗績，原在湖南境內的北洋殘軍，即經譚、程兩系的舊有部隊分別驅逐出境，而以譚系力量較厚，仍由譚重主軍民兩政，名爲湖南總司令兼省長，統編湘軍爲兩個師，以趙任第一師長。程系軍官有任旅長或地方守備司令者，程潛在廣州遙通聲氣，暗中指揮反譚，且將譚系健將零陵鎮守使蕭昌熾加以殺害，內亂又起，譚表示消極態度，告假赴滬，命趙代理湘軍總司令，而派政務處長林支宇代理省長。譚此舉用意，表面上示湘人以恬淡，避與程潛對立爭權奪利，實際擬由趙憑其優勢兵力，乘機芟夷程系勢力後，仍應部屬以及省議會的請求，重返原任，蓋譚氏自民元出任都督，曁以後二次督湘，皆循此軌範而然也。

趙代理總司令職權後，曾將程系旅長兼醴陵區守備司令李仲麟，以及原任程系湘軍總部政務處長易象（田漢的丈人），併予格殺，程系實力已告消除，然代理省長林支宇乃不安於位，蕭然引退；而省垣各界亦再無籲請譚督銷假視事的公開表示；此其內幕情形，譚氏當然心知胆明，他對趙私人函請還湘復職之舉，認爲幷非出於誠意，祗好趦趄不前，採取觀望態度了。迨民國十年後，譚氏已投入廣州革命陣營，而以湘軍總司令兼任大元帥府秘書長，對於湖南問題，以與趙過去的深切關係，多所留意，期將趙拉入革命行列。然趙於民十援鄂之役失敗後，爲保持個人地位，竟與北洋軍閥吳佩孚締結盟約，趙如不通粵，北軍决不攻湘，而以岳州爲北洋軍駐防地區，互不侵犯，從此譚、趙之間的表面敷衍心情亦不存在了。據趙氏回憶錄所述，桂人張其鍠（子武）告訴他，譚對趙很不諒解云云，自係事實。張子武與譚係進士同年，吳佩孚撤兵衡陽之役，張又係雙方牽線人，廣州革命政府且以六十萬元贈給吳軍作開拔費，目的即希望湖南能加入廣州的護法革命政府，結果趙乃反其道而行之，民十二，孫公任命譚氏爲湖南省長，趙且拒之以兵。譚對趙，於公於私皆不免耿耿在懷，因而終其身不復與趙有所往還，寖成凶終隙末之象矣。

趙主持湘政的創舉，即爲首倡聯省自治，效法美國的聯邦制，各省自訂省憲，除外交、軍事曁國稅歸中央政府統一籌劃外，依照省憲自選省長，處理全省政務。這就當時湖南處境爲南北所必爭的地緣政治關係設想，期望藉此使湘人免遭內戰之禍，保境息民，與世無爭，固屬上策，即從地大物博的整個國家治亂安危而言，亦係可行之道。自民國肇建以迄對日抗戰發生之前，全國內戰連緜不輟，歷時廿餘載，重苦吾民，即是武力統一的中央集權思想，爲厲之階。民十五年國民革命軍北伐時，若不是唐生智犯上作亂，攘奪省長權位，而湖南當道亦不反對革命運動，湘省在自治環境之下，或許仍能保持小康之局。所以聯省自治運動，趙對湘人是有功無過的，他的錯誤是在不明大勢，始終與北洋軍閥暗中勾結，諱言革命，直至吳佩孚失敗，走投無路時，趙還迎吳至岳州居住，加以保護。民十四年春間，李協和先生在天津襄贊國民軍與奉軍戰役時，曾以老同學關係，迭

嘯岑先生赴華會載譽歸來撰聯奉正
華騰歐美風雲氣
會萃江山藻繪下
趙恒惕
趙炎午贈本文作者隸書對聯

次密電趙，希望他參加廣州的革命陣營，情詞懇切，剖析利害甚詳，然趙迄無答復，李致趙的三數通電文，都是筆者起草的。趙否認他倡說「聯省自治」——僅言「自治」而已，這是遁詞。當年他特派親信幕僚李兕松，奔走東南各省區闡述聯省自治的利益，上海報紙紀載孔多，而廣東陳炯明亦主張聯省自治之說，曾經孫總理剴切告誡（見革命文獻），事實俱在，無可掩飾，且亦不必掩飾的。

趙統治湖南垂六、七年，雖無顯著的政績，對民衆亦沒有多大的劣迹。他槍斃過兩個搞工運的知識青年黃愛、龐人銓，頗遭物議，實則這類事情，各省皆有，不僅湖南而已。龐於民國四年夏間，曾與筆者往還密切，且合作辦理過一種雜誌——名爲「九十天雜誌」，我深知他的思想左傾，後來可能加入了共產主義青年團，趙以他們鼓動湖南銅元局與紡紗廠（衡山人向某辦的）工人罷工，實逼處此，無可如何。他爲着維護個人的政權，對於久共患難的老長官，且不惜兵戎相見，黃、龐要想動搖他的政權基礎，自非遭殃不可

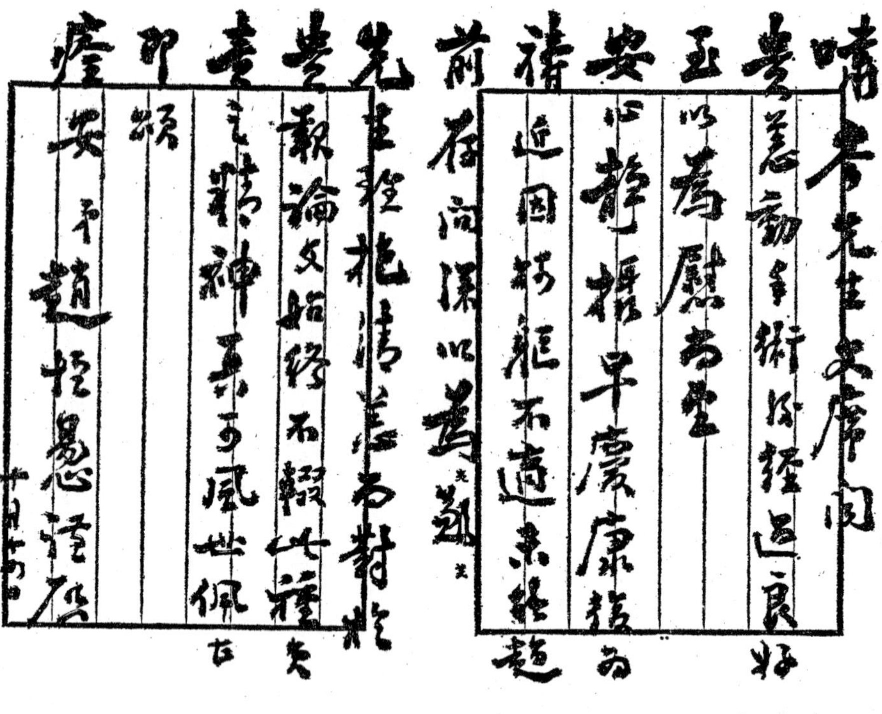

趙炎午親筆致本文作者顏體信札

了！趙在省長任內，舉行了一次縣長考試，聘請章太炎先生爲主考。詎章太炎所出試題「區田攷」，一般大學畢業生皆不知所云，相率曳白，僅少數年事較長而專讀舊書的人士，得以及第，時論非之，然此事與趙固無關。事後他派員致送主考程儀八百元，因索收據，被章太炎大罵混帳，將鈔票擲諸窗外，且累到趙不得不親自負荊請罪，一時傳爲笑柄呢！

從民國十六年國府奠都南京，到廿六年對日抗戰前夕的十年之間，趙息影青島或上海，與政治絕了緣。迨蘆溝橋事變發作後，湖南省政由張治中主持，各省成立參議會，中央令派趙爲湘省參議會議長，他與省府當局合作無間，直至抗戰結束後的民選省議會，他繼續膺選議長職位，不激不隨，遵循國策而服務，晚節尚能保持，尤屬難得。他在其回憶錄中，說程潛於他離開湖南後，迭電邀他回去而不應，這係事實，因他當年主持湘政時，跟程部人士有血債，當然不敢與仇家合作。他違難到達台灣，受聘爲總統府資政，晚境堪娛，行年九十以上，方告下世，兒輩已自立而無後顧之憂，可謂幸運也矣。

趙氏賦性沈潛，對人和易可親，即原屬譚組安先生一派的湘人，此時對他亦泯除恩怨之見，表示尊敬。祇惜他對中央研究院的訪問記——即回憶錄——所述過去領軍從政情形，處處以革命志士自居，不無抹煞事實而有欺世沽名的下意識表現，未免失之庸俗吧？

陳璧君（冰如）

陳璧君者，籍隸廣東，而生長於新嘉坡的華僑婦女也。滿清末葉，新嘉坡有以經營樹膠生意致富的華商張永福，醉心革命事業，孫總理每到新埠，即下榻張氏所築別墅「晚晴園」中，胡漢民、汪兆銘常隨孫公往來南洋一帶。陳璧君亦傾向革命運動，以粵籍關係，得與胡、汪、暨馮自由、鄧慕韓等人結識。汪兆銘年少翩翩，亦富文采，善詞令，璧君殊傾慕之，寖具愛情，然無暇計及婚嫁也。

旣而汪以民黨在各次革命之役，皆告失敗，憤而於宣統二年北去京畿，從事暗殺清廷顯貴，留書黃興、胡漢民自願爲「薪」，而盼黃胡等爲「釜」，其詞殊悲壯。旋以在北京謀炸攝政王載澧不遂，與黃復生被繫刑部獄，時胡漢民適住新埠，聞汪遇難，曾於夜夢中大哭。繼知汪未死，乃與陳璧君急謀營救之策，會集資金大洋二百元，偕胡來香港，陳擬單身北上活動。同志們認爲二百金無濟於事，然無法再籌，有人主張攜此二百金赴澳門賭場一博，或可望贏得多金，陳曾偕胡去澳門進入賭場，陳以百元作孤注一擲，竟敗北，沮喪之餘，急回港，陳隻身赴京（詳見馮自由所著革命逸史）。時清廷已決計貸汪以不死，汪在獄中可與外界通消息，陳投函託獄卒轉致汪，備述營救經過情形，汪自感紉不置。洎是陳不時入京晤汪

，彼此成爲患難中的戀愛同志、誓作同命鴛鴦。這時他倆熱愛的程度，可從汪著「雙照樓詩詞藁」中一闋金縷曲的附註窺知之，原註云：

余居北京獄中，嚴冬風雪，夜未成寐，忽獄卒推余，示以片紙，摺皺不辨行墨，就燈審視，赫然冰如（按係璧君字）手書也。獄卒附耳告余，此紙乃傳遞展轉而來，促作報章，余欲作書，懼洩漏，倉猝未知所可。忽憶平日喜誦顧梁汾寄吳季子詞，爲冰如所習聞，欲書以付之，然馬角烏頭句易爲人所駭，且非余意所欲出，乃匆匆塗改以成此詞。以冰如書中有「忍死須臾」云云，慮其留京賈禍，故詞中峻促其離去。冰如手書留之不可，棄之不忍，乃咽而下之……此詞無可存之理，所以存之者，亦當年咽書之微意云爾。

即此可見汪陳二人的戀愛過程，完全係陳主動進攻的。辛亥冬汪出獄後，南下參加南北和議，陳當然與汪會合，終告結褵，但他們舉行婚禮的日期、地點及其經過情形，黨史紀載缺如，汪亦從未談及，其詳外人鮮所知也。汪於民國元年在上海與蔡元培等組織「進德會」，而以不納妾、不作官、不賭博爲信條。汪之季常癖，終身不二色，亦因陳璧君在患難中奔走營救，矢志委身的熱情有以致之。

少女時代的陳璧君

汪的日常公私生活，皆受着陳的指導監督，陳性倔强有丈夫氣，汪對她由愛生畏，太史公所謂「積威約之漸」是也。汪喜飲酒，若對客稍事多酌，陳即揚聲呵止之。民國廿七秋間，筆者在重慶「西南日報」撰文紀念蘇俄十月革命之役，文內提到托洛斯基當年統領紅軍作戰情形，而蘇俄大使潘有新竟指爲破壞邦交，偕同中共駐渝代表周恩來，馳赴南嶽向蔣委員長提出抗議，蔣公電飭中宣部查究撰文者。我與社長汪觀之乃訪謁汪陳情——此時他是國民黨副總裁——他對我們甚加慰勉，聲言「我這副總裁雖然權力微薄，但爲保障一二位忠貞同志，我想總裁亦會給我面子的」。談罷堅留我們午餐，席間汪意興頗高，連飲黃酒數觥，議論風生，陳璧君適自內室出來瞥見，即大呼「四哥」一聲，汪乃微笑吐舌，不敢再舉杯了。汪在昆仲間行四，別號季新，故陳以「四哥」相稱呼。此係筆者親見的事實，閫威之嚴，可見一斑矣。

汪個性本係圓通隨和型，遇事可以妥協的。然陳璧君的政治慾很熾烈，汪不能拂其意，每聽受閫令而引起政潮。如民國十五年三月十九日國府海軍局長共黨李之龍謀叛被逮時，汪以國府主席，聞訊震怒，當面諷示軍校蔣校長離粵，蔣不能從，陳璧君乃囑汪告假不視事，且閉門謝客，料定蔣校長沒法收拾殘局，維持廣州秩序，必來向汪低頭，請求主席銷假，即可迫蔣去職，構成專政局面。詎廣州七鬯無驚——時蔣兼任廣州衛戍司令——蘇俄軍事顧問季辛加等亦因此解聘回國。陳璧君預定的策畧，終告失望了。於是，汪衹好弄假成眞，實行出國。這便是後來革命軍進入武漢後，共黨與國民黨一些親共分子，大呼「擁護汪主席復職」之所以然也。當李之龍事變發生後不久，胡漢民由莫斯科馳回廣州，以俄國顧問鮑羅廷反對胡主政，胡知風頭不對，急乘船至香港，胡女木蘭在輪上洗手間見到陳璧君，乃知汪亦在船上，木蘭告以與乃父同行，請汪伯伯來談談，陳不答聲，汪亦避與胡相見，即係陳從中梗阻的，汪胡二人乃從刎頸之交而寖成陌路之人。陳不願汪胡親近唯一原因，就是害怕胡在國民黨內資望壓倒汪，使汪爬不上領袖地位。

褚民誼本是個在法國替張靜江跑腿的人，汪兆銘很知道他的底細，因而始終瞧不起他。然褚的太太係陳璧君的侍女，陳對褚很愛護。民國廿一年汪作行政院長時，陳强汪任命褚爲政院秘書長，褚不知處理公事，日唯號召政院同寅踢毽子、打太極拳，又自駕馬車赴南京下關碼頭迎接「美人魚」楊秀瓊入城，他坐在車桿上揚鞭趕馬，任由新聞記者拍照刊佈報上，汪以其有忝官箴，擬予撤換，而陳不許。時粵人張昌言——是我在日本早稻田大學的同學——担任汪院長隨從秘書，據張告我，某次汪夫婦乘專車赴徐州公幹，張亦隨行，途中陳與汪談到褚民誼的去留問題，夫婦倆意見相左，竟大起衝突，而褚的秘書長位置終未動搖。這証明汪在政治上的一切行爲，皆受着夫人支配，習與性成，莫可如何也。

民國廿二年四月，汪在中央黨部開會後與全體中委攝影時被刺，蔣先生因處理要公未下樓參加，陳璧君懷疑蔣事前知道有此事，氣勢洶洶，走到樓上見着蔣，即忿然謂：「蔣先生，何必這樣幹呢？」頗有認爲蔣係主使者的意味。後來嚴切訊究兇犯，原係改組派份子內訌所致，陳乃默不作聲，而案情亦迄未公佈，不了了之。

上述我和西南日報社長汪觀之在汪副總裁寓所午餐後閒談中，汪曾提及當時中央改組廣東省府事(新任省主席李漢魂)，大發牢騷，說他粵人，又係中央政治會議主席，却不知道這回事云云，陳璧君聞之，揚聲答道：「他（指蔣主席）早就未把你瞧在眼裏，你還在作夢啦！」足見汪後來潛離重慶通敵主和之所爲，雖係受着當時所謂「低調俱樂部」人士的蠱惑，然陳璧君慫恿之力，亦佔重要成份，她想做第一夫人的願望，是迫切的。

南京汪政權創立時，陳公博事前表示不贊成，事後潛回香港，嗣由陳璧君親到香港强迫公博赴滬下水的經過情形，陳公博所寫「八年來的回憶」中，敘述得很清楚。汪政權的重要人事，多由周佛海推薦的，然褚民誼由於陳璧君的支持，初則擬任爲僞行政院秘書長，經周與陳公博等人反對未果；繼又擬畀以海軍部長，周等更認爲太不像話，最後纔派爲駐日大使。但最後這位丫姑爺仍以陳的關係，充當最後一任的廣東省長。

汪政權成立後，廣東省長的人事進退，始終由陳璧君包辦着，汪亦不能作主。首任粵省僞省長，即係陳的弟弟陳耀祖，不久被刺殞命。次爲陳的堂兄弟陳春圃，此人曾游學莫斯科，粗知世界大勢，料知日本必敗，而一切人事與財政權又完全須聽命於陳璧君，感覺太沒意思，任職半年後，即辭去，而由褚民誼承其乏。丫姑爺既長粵政，事無鉅細皆唯陳之命是聽，陳亦離開南京，駐在廣州，儼然粵省的太上省長。且與上海陳公博合作，大量販運鴉片斂財，以香港爲轉輸總站。汪兆銘素來鄙視褚民誼，動則面予責罵，內心上決不願意使丫姑爺開府封疆——尤其不願褚作廣東省長的，祇因懾於閫威，無可如何耳。迨汪病逝日本，陳更無心遄返京滬了，日本宣告投降後，陳與褚皆在廣州被逮捕，解赴蘇州高等法院究辦。

蘇州高等法院初次審訊陳時，法官照例點呼被告姓名，陳抗聲謂：「我的姓名只有孫總理可以叫喚，你們的蔣委員長見到，亦得稱呼爲『陳委員』，你是什麽東西，配喊我的名字嗎？」法官以其無理取鬧，一哂置之。旋問以通敵叛國的罪行，她竟謂：「我和汪先生主張跟日本和談，這與重慶政府跟美國合作，不是一樣的私通外國嗎？汪政府只是主張停戰議和，并未斷送國家土地，你們的政府却勾結美國，把外蒙古斷送於別國了，究竟誰是叛國呢？」其詞潑辣，不可理喻，法官認爲她有神經病，祇好將她還押獄中，不復提訊了。往後褚民誼、陳公博先後押赴刑場正法時，皆向她訣別，她爲之大哭不已。民國卅八年春間，我在上海時，曾詢問周佛海妻楊淑慧以陳璧君在獄中的情況如何？楊說，陳已染上嗎啡癖，每日須打一次嗎啡針，親友去探監時，她除索錢購買嗎啡針藥外，別無他語，不給錢就駡人無良心。所以許多汪先生的舊屬，都不敢去探視她呢！當南京撤守後，羅君强與陳璧君二人，夥同衆囚犯組織「新人隊」，表示歡迎共黨來臨，要立志作新人，希望共黨宥釋他們，然未聞共黨予以理會，於今閱時廿餘年，陳璧君且早已不在人間了！

綜查汪兆銘一生的事業，多半受着陳璧君的影响，殆爲不爭的事實。陳以婦人而賦性倔强，政治慾望又濃郁，初因熱愛汪而冒險犯難以相營救，不愧巾幗英雄，終以熱中政權而使良人不得歸正首邱，貽譏後世，即其自身亦蒙羞以終，眞係人生之一大悲劇，可嘆可嘆！

羅家倫（志希）

羅家倫出生江西，但他自述原籍浙江，此與民黨元勳戴季陶先生本是生長四川廣漢的，然自一九二七年國民革命成功後，自認爲浙江湖州人的用意相同，旨在以豐沛子弟自居耳。

當五四運動發生時，羅在北京大學讀書，曾是參加學生游行示威的幹部人物之一。他畢業北大後，又赴美國留學，學成回來，初在清華大學執教，繼會作過短期的清華校長。一九二七年國民政府奠都南京後，他和蔣夢麟等，隨着蔡元培南下參加國民革命行列，然不若蔣夢麟之活躍。

一九三〇年國府重新釐訂學制，全國各個國立大學，皆以所在地區命名，如北京大學、武漢大學、廣州大學之類，原有在南京的中央大學，亦更名爲「南京大學」。詎學生拒不接受，曾將教育部製定頒給該校懸掛的「南京大學」匾額，抬着游行請願，送還教育部，釀成學潮。旋政府派任段錫朋爲該校校長，段乘汽車到校視事之際，學生們將其汽車用石頭搗毀之，段認爲師道的尊嚴掃地以盡了，堅決辭職不幹。羅乘機對學生示意，他若繼任校長，校名可望不必更改，同時藉北大關係，由蔣夢麟推轂羅爲該校校長，并決定仍保持「中央大學」名義，風潮旋告平息。

羅在學術上很少著作，他在中大校長任內，只是隨時寫些有關時事問題而不新不舊的短歌謠，刊在報紙上，世人皆目笑存之。但他憑着中大校長地位和人事關係，乃獲任國民黨中央執行委員，寖成黨國要人了。維時同係位列中委的陳公博、王陸一，對羅每予奚落揶揄，某次在黨部會議時，陳與羅座位緊隣，陳用座前簽條紙，將羅名字撰成聯語云：「家政不修」，「倫常大變」；另附以「四維不張」的橫批，舉以示羅，羅怒甚，陳笑謂：你看我自己的同樣作品吧！提筆寫出「公娼之友」，「博弈之徒」，而附以「陳腐不堪」的橫批，羅乃[illegible]然息怒。唯王陸一對羅特別挖苦，竟以四語相贈云：「一身豬狗熊，兩眼勢利錢，三字吹拍騙，四維禮義廉」，允屬大傷忠厚，首句係指羅貌寢而黧黑也。王陸一另有

羅家倫

諧聯一則，亦與羅有關。當年國民黨中央委員中，有少數幷非以多數票獲選，而由最高領導人指派充任者，羅即其一也。同時各行政機關任用的薦任職秘書而支簡任薪俸者，名曰「簡任待遇」，王綜此二事撰成諧聯云：

豈有秘書稱筍任？
居然中委出恩科。

上聯所謂「筍」任，係象形「簡」字之半邊而言，下聯乃指「欽賜」中委如羅等，謚爲恩科。此聯刊載報章，傳誦一時，可謂謔而虐矣。

民國廿三年春某日，國民黨舉行中央全會後，齊集黨部曠場攝影，汪兆銘坐在頭排中間，蔣先生適以處理要務，未下樓參加。正在拍攝中，忽有胸掛來賓出入証的某通訊社記者，舉短銃射擊汪倒地，張學良起足將刺客踢倒，張繼力執刺客，餘人譁走趨避不遑。羅馳入黨部厠所中，以襟間綴有中委特別出入証章，猶恐被暴客發覺而遭禍，急將佩章取下，擲入糞坑中。次晨工友打掃厠所，驀見穢物上置有中委証章一枚，即拾起洗滌後，持報秘書長葉楚傖，不悉係某委員所遺者？葉按照號碼，檢查諸中委領取特別出入証之登記冊，知係羅所有，旋以電話詢問羅是否遺失証章？答言無訛，乃請其領回備用。然此項故事迅即傳遍外間，資爲笑料，王陸一對羅所作的幾句諧評，即源於此。

羅卸去中大校長職務後，即未曾担任其他的正式公職，僅以中委名位，在對日抗戰期間，從事臨時工作，如軍風紀考查團團長之類，直至抗戰勝利復員後，奉派爲駐印度大使。迨印度尼赫魯政府搶先承認中共政權，羅祇得下旗歸國，馳入台灣，當道念其不無微勞，派他担任黨史編纂委員會主委之職。他原非擅長寫作的學人，對近代史亦鮮研究，在任數年，除編纂「革命文獻」十餘輯外，別無可傳之作，唯曾竭力提倡簡體字，輿論指摘他與大陸上的共黨「隔海唱和」，他仍倡導不歇。一九五四年春，筆者初至台北，一日應陸軍總司令孫立人將軍宴約於其南昌街私邸，來賓有胡適之、鄭通和與羅等，羅入孫宅與衆客晤面，即高談簡體字問題，嘵嘵不休，衆皆漫應之，無所可否。詎羅入席歡宴時，仍講述簡體字的理論不輟，胡適之先生認爲太無謂，乃揚言請主人頒一酒令，席中再有談簡體字問題者，罰酒三大杯，羅纔嗒然無聲，洎後亦未聞其重彈此調了。

筆者在大陸時，與羅鮮有往還，自從他進入台灣後，我每次客游台北，必造訪於其寓所，暢談黨史問題。我認爲黨史與國史有別，應從同盟會創立伊始，以編年體例叙述其經過事實與變遷經緯，他感覺不無顧忌之處，我以董狐故事相鼓勵，彼頷首無言，知其非史才也。他寓中庋藏書刊不少，而室內陳設殊簡樸，不失書生本色。最後一次我跟他晤談時，他已苦病喘哮，面容憔悴忒甚，不久即以逝世聞。羅讀書北大以迄放洋留學時，尚未結婚，基於青年人追求配偶的本能，亦常向異性求愛，然以其貌不揚，女性多趨避之，迄無成就。據說，他的夫人原來亦曾是拒與羅氏親近的，而羅忠心耿耿，幷不氣餒，經過相當時期後，她認爲羅對愛情專一，殊覺可取，乃重事結交，終成伴侶。

羅之爲人，除却俗氣稍重外，別無顯著的慚德。若夫王陸一對羅的諧評，只有首句係其特徵，其餘三句，凡是幹政治的人，誰也不能免的，只五十步與百步之間的差別而已，於羅何責乎？唯其本質幷非學人，然又迭膺文化教育界的重要職位，顯示其用與學迥不相侔耳。羅如始終投身官場中，其成就或有可觀者，人生擇業之不可不愼，有以也夫！

LAUFSOHLE
* ECHT LEDER *
BRANDSOHLE

exzellent

MADE IN GERMANY

西德
男庄鞋

大元公司 大人公司 平價市場 人人百貨 大方公司 來路鞋公司 有售

談曾胡左李（中）

·高伯雨·

胡林翼（一八一二——一八六一）調和愛護諸將，這也是他成功之道。他和曾國藩對于部下將領，皆待之如家人，兩人雖在不同地區與太平軍作戰，但絕對不分畛域，互相扶持，因此諸將皆樂于效命。現在試以鮑超、舒保兩人的事情說明之。

鮑超是四川奉節縣人，行伍出身，最先隸屬向榮，後來到了湖南，又改隸于塔齊布。曾國藩在長沙辦團練，拔鮑超爲哨官，隸楊載福麾下，以作戰勇敢見稱，後來改隸胡林翼，屢立戰功，林翼極重之，視爲布衣交，呼之爲弟。以一個水軍營長，得巡撫稱爲弟，鮑超當然感奮效命了。鮑超本字春亭，因爲他勇猛，林翼爲改字春霆，狀其猛也。咸豐十年（公元一八六〇年），第二次鴉片戰爭，英法侵畧軍將打到北京，時局危急，其時勝保（字克齋，滿洲鑲白旗人，舉人出身），咸豐初年，曾督師與太平軍作戰，授欽差大臣，且賜神雀刀，凡貽誤軍情者，副將以下，立斬以聞，居然是「賜上方寶劍，先斬後奏」的格局了。）因屢敗，罷欽差大臣，降授光祿寺卿，召回京師。敵軍將壓境，咸豐帝派他統八旗禁軍禦英法之兵。

勝保奉命後，又再威風凜凜，立刻奏請調湘軍北上，咸豐帝立即下一道嚴旨給曾國藩，令他派鮑超到近畿，交勝保調遣。曾、胡向知勝保剛愎自用，自大自滿，對部下非常苛刻，如果鮑超歸他指揮，必無倖理。于是由曾國藩奏請，由他與胡林翼二人中，擇一入衛。不久以和議將告成，事遂中止。鮑超本是鹵莽武夫，對曾國藩之深意未能領會，恰巧又因事與國藩發生誤會，胡林翼即致書向他解釋，書中有云：

「滌帥與兄，深知其（指勝保。勝保爲欽差大臣，督師與太平軍作戰時，驕恣不法，甚且携妾隨軍，且屢次僨事，與曾胡皆不能合作。胡林翼因爲他成事不足，敗事有餘，很幽默的說：「勝保之名，勝字應改，名敗保就對了。」）爲人，忮忌貪詐，專意磨折好人，收拾良將。弟若北援，必爲磨死，惟北援是君父之急難，不敢不遵，萬不可以他詞推諉，滌帥籌思無策，只得應允自行北援，或兄北援，以兄與滌帥若能北行，則所帶將士，或不致十分饑困，亦不致受人磨折也。弟若知滌帥此次之恩，弟且感激流涕之不暇。滌帥待弟之恩，是天地父母之恩也，恐吾弟尚不知滌帥苦心婆心救全弟命之誠，故不惜反覆言之。弟于世事太愚，當一心敬事滌帥，毋得稍有怠玩！」

舒保之事，與鮑超亦頗相似，仍有關勝保。咸豐八年，勝保方在河南幫辦軍務，與捻軍作戰，既而太平軍圍攻固始，勝保以固始被圍，商城又告警，勝保劄調副都統舒保速由光山、固始兩路迎敵，他給舒保的公文，竟用嚴厲非常的語氣，儼如待偏裨將校，公文中有：「如有遲延，即指名照有心貽誤軍機治罪。」胡林翼知道了，心有不平，上奏清廷，爲舒保爭回體面。奏語中有云：

「舒保素性樸訥，忠勇敦厚，在楚屢年衝冒鋒刃，即如洪山之戰，襄陽之役，蘄黃之捷，實能爲他人所難爲，從無避難就易之心。現奉恩旨，官至二品大員，勝保乃嚴札驅迫，加以苛詞，似于體制未協。師克在和，古有明訓，設將帥先已乖離，則士卒安能豫附？即使舒保帶兵進勦，將來束縛馳驟，亦必以不和貽誤兵機。臣愚見自應責成舒保審察商城、六安、固始各路賊情，相機進勦，毋庸强歸鄰省節制調遣。」

林翼所說的「師克在和」，這是統兵大員應該服膺的。曾胡治兵，奉此爲圭臬，故能成功。反之太平天國諸王，互相猜忌，自相殘殺，而終歸失敗，他們的學養，似下曾胡一等了。咸豐帝覺得林翼所奏很有道理，准如所請，舒保得以保全，後來在河南、湖北等地方，建立大功。（舒保是滿洲人，字輔廷，同治年在湖北與捻軍作戰，陣亡死，追贈都統，謚貞恪。）

曾國藩本是鄉里儒生，幸而得入翰林，在北京時，得與理學家唐鑑、倭仁做朋友，受其影響，然後下决心研究宋儒義理，講究愼獨功夫，從那時起，排日寫日記，多自痛責之詞。後來他覺得從事宋儒學說，無非做個理學名臣，于國事何補，遂不再拘于門戶之見，跳出宋儒這個框子，擴大他的視野，研究古文考據，尤留心經世之學，從而博覽羣書，豐富了自己的學問，不肯再爲程朱一派所限制。話雖如此，他仍自律謹嚴，始終如一，因此治清代學術史的人，仍稱之爲理學名臣，胡林翼、左宗棠、李鴻章就沒有得到這樣崇高的頭銜了。胡林翼雖無此榮譽，但曾國藩却佩服他晚年進德之猛。胡本是貴介出身，少年時代，以名士自居，對于先儒性理之學，不屑究心，到四十以後才折節向學，當他做湖北巡撫時，軍書旁午，羅澤南以名儒從軍，積功至道員，率所部至湖北與林翼合軍，林翼重其學問，事以師禮。曾與胡雖亦習宋儒學說，但國藩與林翼亦有不同之處，林翼能以權術交歡官文，這是曾國藩不肯做也不屑做的事，究竟林翼藉此而成事，間接也幫了國藩一個大忙。

在戰爭期間，曾胡統兵與敵人周旋，打仗為第一緊要的事，但兩人仍能互相以道義規勉。咸豐十年八月，胡林翼答曾國藩的信說：

「奉手諭，以天下大亂，人懷苟且之心，事出範圍之外，當謹守準繩，互相勸規，不可互相奬飾包荒。敬讀再四，痛自策勵，期保歲寒。林翼愆尤最多，罪戾尤大，惟自信用心無他，而不覺出言之太易，所望隨時訓誨，毋使為小人之歸，感激成全，豈有涯旣。承告以富莫大于節用，强莫大于裁兵，謹服膺不敢忘。」

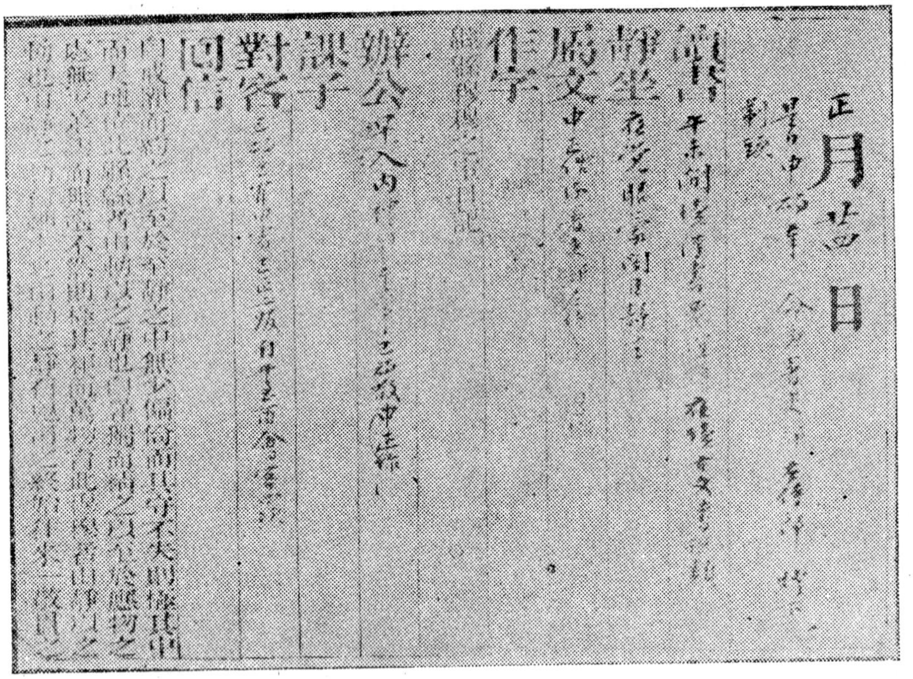

曾國藩每日填寫綿綿穆穆之室日記原稿

國藩以為國之富强，其首要之務為節用與裁兵，這是治國的名言。一個國家，如果養兵太多，何能節用，在一百年前如此，即在今日，又何獨不然。美國今日之不景氣，經濟發生嚴重問題，就是它「養兵」遍世界各地，而結果一無所獲，反而通貨膨脹，汽油枯竭，彼當國者，曷不服膺曾胡之名言也。

曾國藩治學，于詩古文辭，極有研究，其文氣魄亦大，遠勝其詩，因為他究竟不是詩人，故在這方面說不到什麽成就，文就不同了。黎庶昌評其文「擴姚氏而大之，并功德言為一塗，挈攬衆長，轢歸掩方，跨越百氏，將遂席兩漢而還之三代，使司馬遷、班固、韓愈、歐陽修之文，絕而復續，豈非所謂豪傑之士，大雅不羣者哉！蓋自歐陽氏以來一人而已。」恭維得未免太過。要之，其文博大閎肆，能自成一派，則為不掩之事實。錢基博「現代中國文學史」，沒有專篇談曾國藩的文學成就，只說「王士禎之後詩有翁方綱；猶桐城之後，文有曾湘鄉乎？」他對曾國藩似乎不想把他列入作家之林，而把他擠入理學名臣之內，亦頗有趣。所謂「桐城之後，有曾湘鄉」，這一論斷也很中肯的。國藩的「歐陽生文集序」，于桐城派推崇備至，于是有些人就稱他為桐城派。其實國藩也不盡學桐城。他私淑方苞、姚鼐，自言粗解古文，由姚啓之。近人李審言（詳。江蘇興化人，精古文，晚年任南京中央大學教授，一九三一年謝世）「論桐城派」有說：「文正之文，雖從姬傳入手，後益探源揚馬，專宗退之。奇偶錯綜，而偶多于奇，複字單誼，雜厠相間，厚集其氣，使聲采炳煥，而戛然有聲，此又為文正自為一派，可名為湘鄉派，而桐城久在祧列，其門下則有張廉卿、裕釗，吳摯父、汝綸，黎蒓齋、庶昌，薛叔耘、福成，亦如姬傳先生之四大弟子，要皆湘鄉派中人也。」評之自成一派，較近事實矣。國藩之古文，研究義理，精通訓詁，以禮為歸，創意造言，浩然直達。他意欲效法韓歐，輔益以漢賦之氣味，實古文家至難得之境。這是他的勝人處，但他的古文不能成為大家，則以中年以後，專心于軍事吏事，未能精進，氣勢有餘，醞釀不足。最有趣的是林琴南評他的古文了，林在「文微」一文中，有云：「歸震川有文無題，曾滌生有題無文」。自注云：「昭忠祠記類皆是。」蓋言此等皆宇宙間絕大題目，而其文不能稱題也。現在試檢「曾文正公全集」中的昭忠祠記，一共有五篇，內容只是敘述水陸軍將士的戰死經過，以這樣的好題目，而敘事平淡無奇橫之趣，自然之致，辜負了一個好題目，林琴南這些話也說得有道理的。國藩有文章流傳千古，自勝胡林翼、左宗棠、李鴻章，此三人雖亦翰林、舉人，而文不足稱，詩則更不足以比曾國藩了。不過，曾國藩也有一憾事。他是講理學的，但在這方面沒有成就。相傳光緒年間，有人向清廷建議，應准曾國藩從祀文廟，清廷下禮部議奏，部議國藩無著述，于經學亦無所發明，且舉王湘綺的輓詞為證，事遂中止。

國藩死後，王湘綺輓聯云：

平生以霍子孟張叔大自期，異代不同功，戡定僅傳方面略；

經述在紀河間阮儀徵之上，致身何太早，龍蛇遺恨禮堂書。

曾國藩、胡林翼、左宗棠都善于奏牘，而曾尤爲其中首屈一指。咸豐八年十月十日，李續賓在三河戰死，是役國藩之弟國華亦同殉焉。林翼奏陳李續賓生平志行及從軍後的戰績，至戰後慷慨捐軀之狀，文極沉痛摯切。咸豐帝閱奏後，大爲感動，硃批云：「詳覽奏牘，不覺隕涕。惜我良將，不克令終。尙冀忠靈不昧，再生申甫以佐予也。」對于續賓之卹典極爲優渥，追贈總督，立功省份設專祠，謚忠武。續賓字迪庵，湖南湘鄉人，在里中從羅澤南學。國藩輓李聯云：

八月妖星，半壁東南摧上將；

九重温詔，再生申甫佐中興。

下聯即用御批胡林翼疏語，上聯則以續賓陣亡之前，彗星出現，迷信的人，認爲李之死，上天已經先有示警了。當時一班士大夫認爲李續賓得此優卹，固然是他的戰功夙著使然，但非胡林翼的奏牘情詞動人，不克致此。

林翼于奉到優卹李續賓之旨後，寫信給左宗棠，有云：

「迪公之卹極優，璞山無此殊恩，此豈文字不如我耶？總之，天下奏牘僅三把手，而均在洞庭以南。此三子者，名次高下，尙待千秋，自問總不出三名之下。倘其仰志拊心，儲精厲學，則不肖尙未可量也。」（按：王珍，字璞山，湘鄉人以秀才從戎，屢立奇功，咸豐八年在江西作戰，病死，追贈布政使，謚壯武。）

胡林翼所說的「三把手」，指曾國藩、左宗棠和自己，已不讓他人插入其中了。的確，此三人的章奏，在清季堪稱爲大手筆，研究古文的人評以曾國藩雄偉，胡林翼懇切，左宗棠明暢，皆一時之選，此後未見有如許之章奏了，故此很難說他們誰的文章爲第一。左宗棠常說：「當今善章奏者三人，我第一。」所謂三人，即胡所說的三人也，是否第一，似尙難下定語，但曾國藩的文學根柢較優，學問亦較博大，當在胡左之上。

李慈銘「越縵堂日記」丙子（光緒二年，公元一八七六年）正月二十一日，評論曾國藩的奏議，云：

「閱曾文正公奏議，凡十卷，一百四十二篇，無錫薛福成、常熟張瑛所編，以年月爲次。文正一代偉人，奏議剴切詳明，規畫周至，皆足千古，然最佳者，咸豐初官禮部侍郎時「遵議大禮疏」、「應詔陳言疏」、「敬陳聖德疏」三首。危言至計，深有古大臣風。其後募勇出師，銳意討賊，所上籌辦諸疏，類皆聚精會神，言無虛發。咸豐七年六月，瀝陳辦事艱難一疏，字字血淚，尤想見轉側孤危，堅忍不撓之概。至克復金陵以後，其奏捷一疏，已覺跡涉鋪張。此後條陳，皆不免敷衍時局，無關碩畫，故勦賊山東，移督直隸，皆絕無以異人。逮天津民教之變，而素論頓盡矣。數年中惟覆陳楚省引地一疏，差爲切摯，但亦止爲淮鹽淮商計，而于楚稅之盈虛，川鹽之出納，亦未及通籌利害，故楚督、川督，皆力沮之，終不得行也。予嘗見咸豐九年春初所上其從弟國華死事情形一疏，忼壯可傳，決是文正自爲之文，而此編無之，蓋所遺者尙多耳。」

按：曾國華是國藩胞弟，出嗣于叔父驥雲，故李氏稱之爲「從弟」，此疏乃咸豐九年正月初一日所上，李瀚章（鴻章之兄）所編的「曾文正公奏稿」中有之。李慈銘說國藩咸豐初年所上疏，爲其中最佳者，我的意見亦同。不過「遵議大禮疏」一文，雖在當時爲人傳誦，但這只屬于皇家禮制，與國家大計無關（因爲道光三十年正月，宣宗逝世，咸豐帝即位，即下硃諭四條，其中「無庸郊配」、「無庸廟祔」二條，諭令臣工詳議具奏），可不具論，其「應詔陳言」及「議汰兵」二疏，則俱有精思偉論，不愧名作。

太平天國之興，標榜西教，有天父天兄等名詞。這些外來文化，與中國的傳統文化是衝突的。咸豐四年，曾國藩所作的「討粵匪檄」有云：

「逆賊洪秀全、楊秀清稱亂以來，于今五年矣。荼毒生靈數百萬，蹂躪州縣千餘里，所過之境，船隻無論大小，人民無論貧富，一概搶掠罄盡，寸草不留。其擄入賊中者，剝取衣服，搜括銀錢，銀滿五兩不獻賊者，即行斬首。男子日給米一合，驅之臨陣向前，驅之築城濬濠。婦人日給米一合，驅之登陴守夜，驅之運米挑煤。婦女有不肯解脚者，則立斬其足，以示衆婦。……粵匪自處于安富尊榮，而視我兩湖三江被脅之人，曾犬豕牛馬之不若。此其殘忍慘酷，凡有血氣者，未有聞之而不痛憾者也。自唐虞三代以來，歷世聖人，扶持名教，敦叙人倫，君臣父子，上下尊卑，秩然如冠履之不可倒置。粵匪竊外夷之緒，崇天主之教，自其僞君僞相，下逮兵卒賤役，皆以兄弟稱之，謂惟天可以稱父，此外凡民之父，皆兄弟也，凡民之母，皆姊妹也。農不能自耕以納賦，謂田皆天主之田也；商不能自賈以取息，謂貨皆天主之貨也；士不能誦孔子之經，而別有所謂耶穌之說、新約之書。舉中國數千年禮義人倫，詩書典則，一旦掃地蕩盡，此豈獨我大清之變，乃開闢以來名教之奇變，我孔子孟子之所痛哭于九泉，凡讀書識字者又焉能袖手坐觀，不思一爲之所也。自古生有功德，沒則爲神，王道治明，神道治幽，雖亂臣賊子，窮凶極醜，亦往往敬畏神祇，李自成至曲阜，不犯聖廟，張獻忠至梓潼，亦祭文昌。粵匪焚郴州之學宮，毀宣聖之木主，十哲兩廡，狼藉滿地，所過州縣，先毀廟宇，即忠臣義士，如關帝岳王之凜凜，亦汚其宮室，殘其身首，以至佛寺道院，城隍社壇，無廟不焚，無像不滅，此又鬼神所共憤怒，欲一雪此憾于冥冥之中也。本部堂奉天子命，統師二萬，水陸幷進，誓將臥薪嘗胆，殄此凶逆，以救我被擄之船隻，拔出被脅之人民，不特紓君父宵旰之勤勞，而且慰孔孟人倫之隱痛。不特爲百萬生靈報枉殺之仇，而且爲上下神祇雪被辱之憾。……」

曾國藩這篇檄文，在昔日是傳誦人口之作，傳到今日，我們就知道它不過是一篇宣傳的文章罷了。凡是這種宣傳文字，其作用只能生效一時，日久就沒有價值可言。日本史學者葉稻君山的「清朝全史」（但燾譯，一九一四年上海中華書局出版），對國藩此文有很中肯的批評，摘錄如左：

「檄文數洪軍之罪惡如下：一、破壞中國固有之人倫；二、破壞從來之風俗；三、攪亂社會安寧之秩序；四、强迫人民信仰天主教；五、束縛生產之自由；六、焚毀偶像；七、破壞寺廟。其所指摘之條項中，無一可視爲太平軍之罪案，不特非罪案，例如禁止婦女纏足，且可視爲善政。至云保障社會之安寧，則洪軍之起，皆因行政不善，人民塗炭之結果，應由政府負責。淸軍行動，亂暴過于洪軍。所謂保障安寧秩序者，又何在也？……以上所言，就實情判斷，政治之腐敗，軍紀之廢徹，無論如何不能辯護也。然則曾國藩之檄文毫無影响乎？曰，是不然。湘軍主將，皆係書生，只知中國固有之學問名教，曾之檄文，實湘軍之精神。彼指摘洪軍焚郴州之學宮，毁孔子之木主，及十哲之兩廡等，謂孔子孟子當痛哭于九泉，此語最爲緊要。後日洪軍之政策，亦許讀孔孟書，以冀人心之和緩矣。」

曾國藩此文，對于士大夫的影响最大，因此，不僅湖南的知識分子走向他的陣營團結在一起，即國中其它地方的知識分子，亦聞風响應，爲其效力的，此亦可謂華宗教與洋宗教的鬥爭了。以曾國藩個人而言，這一鬥爭他獲勝了，因此而享盛名，但到同治九年，天津發生了教案，他辦理不善，大失士大夫和老百姓之心，一時罵聲四起，聲名頓減，清廷爲了保存他的面子，仍調他回去做兩江總督。

天津教案之發生，在同治九年五月二十三日，民衆打死法國領事豐大業。起因是天津境內，常有小孩被迷拐的事情，幷且傳說失去的小孩，是法國天主教堂的洋人所拐，把他們挖眼剖心，取而製藥，因此人民與教徒常有爭鬥。其時滿清大臣崇厚，駐津辦理外交，已有十年，可說是外交老手，他約法國領事官到署，提犯人對質，民衆憤怒，豐大業恐怕吃眼前虧，竟然開槍殺人，民衆大怒，把豐大業活活打死，放火燒教堂，洋人和教民無辜被害者亦數十人。國藩時爲直隸總督，駐保定，奉朝命往天津會同崇厚辦理此案。國藩未嘗辦過外交，而此案之發生雙方皆有不是之處。國藩在此情況之下，萬分爲難，因爲當時的「清議」是頗有力量的，而本人對外情未悉，不知如何做起，如果辦理不善，引起情事，會不會好像葉名琛那樣，被洋人擄去。所以他在動身之前，先寫下遺囑，以死徇之，作家書示其二子，處分後事，又寫下「遺教」一篇，教誡二子，有云：

「余即日前赴天津，查辦毆斃洋人、焚毁教堂一案。外國性情凶悍，津民習氣浮囂，俱難和叶，將來構怨興兵，恐致激成大變。余此行反覆籌思，殊無善策。余自咸豐三年募勇以來，即自誓效命疆埸，今老年病軀，危難之際，斷不肯吝于一死，以自負其初心，恐邂逅及難，而爾等諸事無所稟承，玆略示一二，以備不虞。」

在一百年前，中國是沒有外交可言的，洋人恃其兵船大砲，威脅中國，中國處處皆居于下風，他們要怎樣就怎樣，無非賠錢之外，又許以種種利益。天津教案既起，懼外的清廷生怕又再發生咸豐十年英法聯軍入北京之事，訓示國藩、崇厚，不可持之太過强硬，以免引起交涉破裂，崇厚爲人媚外性成，對洋人極端畏懼恭順，故交涉初開，事事遜讓。國藩到了天津一看情形不妙，崇厚軟弱，而士大夫的清議又高呼攘夷，主張立刻開戰。這時候曾國藩沒有主張了，只想在萬不得已時一死以謝國人。但清議絕不放過他，怪他不敢强硬對待洋人，拒絕洋人的要求，大罵國藩爲賣國賊。北京的湖南同鄉，把湖南會館所懸掛國藩官爵的匾額搗毁，他的朋友也寫信責罵他，一向賞識曾國藩的西太后，到此時也發生了「曾國藩文武全才，可惜不懂外交」之歎，但又怕曾國藩聲名毁于一旦，故給他打氣一番，寄他的諭旨有云：「該督統籌全局，次第辦理，其中委曲求全萬不得已之苦衷，在稍達事理者，自無不諒」等語。

曾國藩一味軟弱，懲辦所屬官吏，以緩和洋人凶燄，精神上痛苦萬分，恰巧此時兩江總督馬新貽爲張文祥刺死，清廷令其回督兩江，而以李鴻章代爲直督。鴻章到任後，運氣極好，普法戰爭發生，法國處在不利形勢之下，法人不敢爲這件小事情又在東方與中國爲敵，大有不爲已甚之意，故鴻章接手辦理，竟能從容了此大事，執政大臣不知就裏，以爲李鴻章辦外交比曾國藩高明得多，從此鴻章亦博得外交家之名，而主持外交者三十年之久。

本來曾國藩已經有病在身的了，當他未往天津辦案之前，已續病假一月，自經此役，身體精神，大受影响，幸得離開直隸這個近畿重鎭，回到金陵天高皇帝遠之區，自可安閒養病。國藩接到調補兩江之諭後，上疏懇辭，不許，上諭云：「兩江事務殷繁，職任綦重，曾國藩老成宿望。前在兩江多年，情形熟悉，措置咸宜，現雖目疾未愈，但能坐鎭其間，諸事自可就理。……」國藩奉温旨勸慰之後，不敢堅辭，即準備往赴任，可惜百年前的官僚們還不懂得出洋養病的妙諦，否則曾國藩當亦力請出國往歐美治療了。

國藩重督兩江，不過一年多就病死了，享年只六十二歲，多活過胡林翼十一年，但他的壽命却不如左宗棠、李鴻章之長。國藩死狀，王定安記云：

「二月初二日，公方閱案牘，執筆而手顫，欲言而不能出聲，有頃復閱，因告公子紀澤，喪事宜遵古禮，勿用僧道。初三日，閱理學傳中張子一卷，又有手顫心搖之象。初四日午後，公周歷署西花園，公子紀澤從。游畢將返，忽呼足痲，扶掖至廳事，端坐而薨。」

黎庶昌所作的「曾文正公年譜」，記他生時曾祖得異夢，記他死時，又有云：「扶掖囘書房，端坐三刻乃薨，是日戌時也。金陵微雨，天色陰慘，忽火光燭城中，江寧、上元兩縣令驚出救火，卒無所見。見有紅光如鏡面，出天西南隅，良久漸微。」而好談怪異的薛福成所記與此亦相似，其文末幷云：「自後龐觀察（際雲）來自清江浦，成游戎（天麟）來自泰州，皆云初二日傍晚，見大星西隕，光芒如月，適公騎箕之夕云。」偉人之生與死，皆有異徵，舊時的讀書人，深信不疑，在今人觀之，實不值一笑！

胡林翼、曾國藩之死，皆因盡瘁國事，促其天年。林翼給左宗棠的信有說：「賤病血稍止而欬有加，慨慨一榻，偶閱文書一二行，氣即上衝，欬即大作，夜間稍合眼則欬，欲眈半夜之美睡，亦不可得，而百年之美睡，又不即至，吾命窮矣！」林翼在病中仍不廢公事，鞠躬盡瘁，早已把死生置之度外了。他給曾國藩的信也說：「丈頗念林翼之久病，以大局論，林翼生死無足重輕，以私計論，行疲則思坐，勞極則思睡。放枕睡下，便是佳興。以私情之敬愛論，則頗有囘何敢死之義。且季公（左宗棠字季高）、希公（李續宜字希庵）均有同命之情，亦殊不能恝然。」

國藩赴兩江任前請陛見摺有云：「揆諸古人鞠躬盡瘁之義，一息尚存，不敢稍眈安逸。」曾胡不顧病軀，爲國家盡瘁傷生，眞有大臣氣象，曾死後，江蘇巡撫何璟奏報其死狀有云：

「在軍在官，夙夜未嘗稍懈，雖風瀟雨晦，疾病憂鬱之時，率以雞鳴而起，夜分始息，蓋數十年如一日也。晚年不服珍藥，未嘗有臥疴倚衾之日，前在兩江任內，討究文書，條理精密，無不手訂之章程，無不點竄之批牘，惟有舌蹇心悸之症，不能多見僚屬。前年回任，自謂稍怠即安，負疚滋重。公餘無客不見，見必博訪周諮，殷勤訓勵于僚屬之賢否，事理之原委，無一不默識于心，人皆服其耄年進德之勤。……」

左宗棠晚年在福州，因政府聽從李鴻章的話，一味同法國議和，宗棠以無機會殺敵報國，憤鬱而死，死得甚爲光榮。鴻章之死，則死在城下之盟的時候，爲侵略軍所屈，無條件簽了和約，死得黯淡，雖飾終之典，遠邁曾胡左三人，且在京師設立專祠，但實無甚光榮可言。

左宗棠（一八一二——一八八五）

曾胡左李四賢中，自以曾的氣度最爲恢閎，亦能容物，左宗棠在這方面就不及他了。宗棠之能稍露頭角，乃出於曾胡之力薦，而宗棠則自負才望遠過此二人，不肯承認他們曾引薦過自己，但對於薦過自己的京官潘祖蔭、宗稷辰，却表示知己之感，非常欽佩。他的家書中有云：「（潘、宗）皆與吾無一面之緣，無一字之交，留意正人，見義之勇，非尋常可及。」同是引薦他的人，一則深致感激之意，一則絕口不提，其故安在？是不是以潘祖蔭、宗稷辰不過一微小京官，非有能力與自己爭名的吧？據近人柴小梵所輯的「梵天廬叢錄」（一九二六年上海中華書局出版，）有一則說：

「文襄（左宗棠）爲文恭（官文）所劾，奉密旨，所在緝獲，就地正法。肅順知之，私語其幕賓高心夔、高以之告其友王壬秋，王與左同鄉，素相善，乃轉告潘文勤（祖蔭），並謀營救。文勤即特疏奏保之。文宗以詢肅順，肅復爲之解說，因以獲免。文勤夙嗜古彝器，後文襄總督陝甘時，得大鼎，以遺文勤，文勤大悅。文襄生平鯁直，苞苴道絕，爲文勤特破夙例，報前德也。」

宗稷辰、潘祖蔭上書救左宗棠，完全是爲人才着想，並無他意。「清史稿」左宗棠傳，無提肅順、王壬秋、高心夔諸人。今摘錄參閱。

「宗棠道光十二年舉人，三試禮部不第，遂絕意仕進，究心輿地兵法，喜爲壯語驚衆，名在公卿間，嘗以諸葛亮自比，人目其狂也。胡林翼極稱之，謂橫覽八州，更無才出其右者。年且四十，顧謂所親曰：『非夢卜夐求，殆無幸矣。』咸豐初，廣西兵起，張亮基巡撫湖南，禮辟不就，林翼敦勸之，乃出。敘守長沙功，由知縣擢同知直隸州。亮基移撫山東，宗棠歸隱梓木洞，駱秉章至湖南，復以計刼之出，佐軍幕，倚之如左右手，僚屬白事，輒問季高先生云何，由是忌者日衆，謗議四起，而名日聞。同里郭嵩燾官編修，一日，文宗召問：『若識舉人左宗棠？何久不出也，年幾何矣？過此精力已衰，汝可爲書諭吾意，當及時出爲吾辦賊！』六年，曾國藩克武昌，奏陳宗棠濟師濟餉功，詔以兵部郎中用，俄加四品卿銜。會秉章劾罷總兵樊燮，燮構于總督官文，爲蜚語上聞，召宗棠對簿武昌，秉章疏爭之不得。林翼國藩皆言宗棠無罪，且薦其才可大用，詹事潘祖蔭亦誦言總督惑於浮詞，故得不逮。俄而朝旨下，命以四品京堂從國藩治軍。」

湖廣總督官文，以樊燮投訴，故循例劾宗棠，於是始有提宗棠到武昌由總督聆訊之詔，欲加宗棠以不測之罪。（此事發生後援救宗棠者數人，惟宗稷辰不在其中，宗氏薦左，在此案之先，其薦牘有「所知湖南有左宗棠，通權達變，爲疆吏所倚重，若使獨當一面，必不下於林翼、澤南」宗氏浙江會稽人，舉人出身，官御史，著作頗多，較著者爲「躬恥齋文鈔」、「永州府志」等。）宗棠在駱秉章幕府，掌握大權，獨斷獨行，不把巡撫放在眼內，有些筆記說駱秉章極信任他，叫他便宜行事，自己則日與姬妾宴飲爲樂，宗棠會當面嘲笑他，說他是一個木頭傀儡，如無人牽線就不會動的，秉章乾笑而已。其實這是不確的，駱氏並不是一個庸劣的官僚如官文這樣的人，他是有學養的廉正官吏，左宗棠對這個東家也很尊敬，焉有當面嘲笑他之理？不過，左在駱幕，氣燄確是大得很，他被揭參一案，就是他驕妄表現的結果，如非中外大臣保奏，宗棠必受縲曳之災的。「梵天廬叢錄」說駱秉章信任左宗棠，「監司以下白事，輒報請左三先生可否？一日，樊提督詣文忠（駱的謚號），延文襄（宗棠）出共談，意大齟齬，遽起批樊頰，大詬。樊不能堪，致有互揭查辦之舉。文襄回籍，樊亦奉旨罷任。樊歸，謂子增祥曰：『一舉人如此，武官尚可爲哉？若不得科第，非吾子也！』增祥卒入翰林，甚有才名，即樊山先生也。」所說的還不十分遠離事實，只是樊乃永州鎮總兵（二品武員），署湖南提督（一品武官）耳。劉成禺先生在「世載堂雜憶」記左與樊齟齬事，最爲翔實生動，摘錄如左：

「近歲避地施南，尋樊雲門老輩故居，老屋在恩施縣城內梓潼街，尊人諱燮總戎所置宅，雲門先生兄弟讀書處也。……恩施父老有聞見當時事者曰：樊燮公作某鎮掛印總兵官，有戰功。駱秉章爲撫帥，左宗棠尊居帥幕，樊謁大帥畢，再謁左師爺，謁大帥請安，謁師爺不請安；左怒，奏劾燮免官回籍，遂有賣宅延師，嚴課雲門兄弟一段佳話。各日記雜載，多誌其事。然據見聞所及，有足補記載之缺者。施城吳老人，年九十矣，幼時曾見燮公，其言曰：燮公謁駱，帥令謁左師爺，未請安。左厲聲喝曰：武官見我，無論大小，皆要請安，汝何不然？快請安！燮曰：朝廷體制，未定武官見師爺請安之例，武官雖輕，我亦朝廷二三品官也。左怒益急，欲起以脚蹴之，大呵斥曰：忘八蛋，滾出去！燮亦慍極而退。未幾即有樊燮革職回籍之朝旨，燮公攜二子增禠、增祥歸，治梓潼街宅居之，樓成，置酒宴父老曰：左宗棠一舉人耳，既辱我身，又奪我官，且波及先人，視武人如犬馬，我宅已定，敬延名師，教余二子，雪我恥辱，不中舉人、進士、點翰林，無以見先人於地下。……增禠、增祥在家，不准着男裝，咸服女衣褲。曰：考秀才進學，脫女外服；中舉人，脫內女服；方與左宗棠功名相等；中進士，點翰林，則焚吾所樹之『洗辱牌』，告先人以無罪。當燮歸施，即寫『忘八蛋，滾出去！』六字於板上，製如長生祿位牌，置於祖宗神龕下側，朔望率二子禮之。曰：不中舉人以上功名，不去此牌，汝等總要高過左宗棠！樊山中進士後，樊家始無此牌。恩施父老談樊家遺事云云。按：增禠學問切實，高於樊山。……樊山得庶吉士後，增禠不久病死，士林惜之。……鄰近又一老人言，從前樊家樓壁上，尚存墨筆『左宗棠可殺』五字，想係樊山兄弟兒時發願文也。」

劉君此記具有價值。樊山於光緒三年成進士，入翰林，雖未得留館授職，已是克家令子，一洗先人之辱了，他的父親死於光緒七年，眼見兒子做了翰林，一舒悶氣，然後安然死去。

樊燮斤斤以兒子中進士、舉人爲訓，認爲中了舉人，就同左宗棠的功名一樣，中了進士，就高過左宗棠。這事頗有趣，不知當日宗棠知其事否？假如知道，宗棠會不會第四次入京應會試，一定要中進士入翰林呢？但宗棠三上春官不第，就不作進士之想，從此也輕視進士翰林。當他做了大官後，凡往謁的官員，如係舉人出身，左則引爲「同志」，甚加青眼；進士出身者，就不免要吃些苦頭了。

同治六年，左宗棠由閩浙總督調任陝甘總督，北上時，路出江西省的九江，其時九江道是許應鏴（字星台，廣東番禺人，許應騤之弟，咸豐三年進士，後來官至浙江布政使，護理巡撫），許與所屬的知府、知縣都是進士出身。左宗棠一見他們遞進來的手本皆進士，而自己只是舉人，大有「珠玉在前，自慚形穢」之感，因此大不高興，雖不致擋他們的駕，但見面時擺出爵爺的架子，衆官行禮，他也不還禮，敷衍一陣子，沒有說什麽就示意他們退下了。道、府班見過他後，接着便是一個九江同知王惟清稟見。宗棠看他寫的履歷是舉人出身，一時心花大放，王惟清見面行禮，他還了半禮，還請王某坐下，細問他那一科中的舉，座師房師是誰？惟清一一對答。左又問他舉人好還是進士好？王惟清知道爵帥是討厭進士的，立即應道：「舉人好。」左問：「怎見得好？」對道：「中進士後，如果入翰林，便要致力於詩賦小楷。就算散爲部曹、知縣，又因爲各有工作，不能有多餘時間研討實學。舉人就不同了，中後他可以專心講求學問，留心經世之學。而且常常上京考試，所經之處，飽覽名勝大川，足以開拓心胸，所過的郡邑形勝，亦足以增廣見聞，所以舉人比進士好多了！」

左宗棠聞言大悅，口雖不說甚麽，但心中引爲同志了。王惟清退出後，宗棠不斷的稱贊他，，說九江的大小官員，只有王某最好。官場中人以爲王某有什麽政績見賞於爵帥也，後來探出是一番怪論所造成的，不免失笑。

從前曾見一書記左宗棠晚年稍變輕進士的態度，雖然說的頗合理性，但是否如此，因未得更多證明，未敢臆斷。據說宗棠在西北時，仍持輕進士重舉人的習慣，他的屬員中，如係進士、翰林出身的，往往爲其揶揄，即非其屬員慕名進謁者，亦不免此。某年，他的一個幕客入京應進士試，沒有考上，仍然是一名舉人，宗棠大喜，忙叫人寫信請他回來服務，賓主相得如初。有一日他們閒談，宗棠問他：「老兄近日到京師一行，有沒有聽到朝野人士對我的批評？」幕客答道：「一般對爵帥的批評甚好，只是人們說大帥過份重舉人，輕進士，有點不合理而已。一個人的學問品德，辦事才幹，是不能以其科名高低來衡量的。」

宗棠聞言愕然，似乎覺得自己持此觀點也太過，內心不無有愧的便說：「老哥的話是眞的嗎？」答道：「怎敢欺騙爵帥。」宗棠不語。第二天早晨，恰巧陶模到省城稟見，宗棠見他的手本履歷寫明是「同治七年戊辰科進士。選庶吉士，即補甘肅文縣知縣」，原來是個老虎班翰林。若在平時，宗棠見到翰林就討厭的，今日却改變了態度，立即傳見，不止沒有揶揄，而且對這個翰林公恩禮有加，左右也覺得奇怪，爲什麽大帥今日不同往時了。宗棠詳問陶模的身世，知他是浙江秀水人，就更表示親切，說他曾在浙江打長毛。於是又問他何年中舉，座師是什麽人。陶模答以是同治六年中的，正主考張澐卿，副張之洞。兩人傾談頗爲和洽，官場的人覺得很少見，大帥向來討厭翰林的，何以這回又例外，談得如此投機呢？難道大帥轉了性？

第二日宗棠又傳見陶模，這又使左右一批人納罕了，知縣到省稟到，是例行公事，總督不高興時，可以不見的，但留心吏治的總督，是一定接見的，且亦只見一次爲度，除非有什麽特殊要事，當面吩咐他到任後要辦的。現在陶模只不過是翰林，並非舉人，何以兩日都要見他？

陶模應喚上院見總督，左宗棠很客氣，又同他談了很多國家大事，並對他說文縣是個苦縣份，民風强悍，不易治理，快些去上任，將來如有什麽棘手難辦事情，立即詳知，可以代爲解決。自陶模去後，宗棠一改態度，人們皆歸功於那個師爺，說他把左宗棠的怪脾氣改變了。（按：陶模後來在甘肅做了很多年官，政績極著，左宗棠有以成之。光緒中葉，已官至陝西布政使，光緒十七年升新疆巡撫，廿一年授陝甘總督，廿六年調兩廣總督，終于任上，爲清末名督撫之一。他與左宗棠遇合一事，昔年陳叔通先生曾對我談過，陳先生之父藍洲先生，與陶同案讀書，且係知友也。）

左宗棠的出身，沒有曾國藩、李鴻章那麽順利，他得機會顯露他的才幹，是入湖南巡撫張亮基之幕開始的，這還是得力於胡林翼數次力薦，稱其「才品超冠羣倫，廉介剛方，秉性良實，忠肝義胆，與時俗迥異。胸羅古今地圖兵法，本朝憲章，切實講求，精通時務。」張亮基初時還不敢十分相信這些評語，但後來打聽一下，宗棠確實是一個講求實學的讀書人，並非村夫子，於是禮聘入幕，言聽計從，這是咸豐二年（公元一八五二年）的事，是年五月，張亮基以雲南巡撫調任湖南，宗棠入其幕後。十二月，遷署湖廣總督，宗棠仍隨往。咸豐三年因事降職，改任山東巡撫，宗棠不願往，乃改就湘撫駱秉章之幕。駱氏之知有左宗棠，也是知道他佐張亮基時的成績。所以他入駱幕後，東家倚之如左右手，這時宗棠最能行其道，但亦已過四十歲了。（鴻章於三十七八歲時，已帶兵獨當一面與太平軍作戰。咸豐十一年，鴻章三十九歲，曾國藩密保他，說：「李鴻章才大心細，可獨當一面。」下一年即署理江蘇巡撫。）

前乎此時，胡林翼曾把宗棠薦於湖廣總督程矞采，稱其「有異才，品學爲湘中士類第一」。「品高學博，性至廉潔，讀本朝憲章最多，精通掌故，其識亦絕異，其體察人情，通曉治暑，當爲近日楚材第一」。「才學識力，冠絕一時」。但這個程總督沒有禮聘宗棠入幕。

又前乎此者，林翼又曾薦宗棠於雲貴總督林則徐，恰遇則徐因病辭職，未及禮聘，後來經過湖南時，請宗棠到到舟中談論竟夕，稱其爲不世出之才，可惜則徐病死，宗棠失一知己。凡此皆可見胡林翼薦賢唯恐不及，如果世無林翼其人，也許左宗棠就一世做隱士了。（林翼薦左於林則徐，事見「林文忠公遺集」卷五十四。兩人相見則道光二十九年事也。）

有一說，左宗棠受知於林則徐，則以曾于洞庭湖君山龍女廟見宗棠所題之聯。（見「大人」第十四期）

此聯是宗棠會試下第時，回故鄉經君山所題的，林則徐見後，極爲贊賞，謂此人抱負不凡，問管廟人題聯的左宗棠是什麽人物？對以落第舉子。後來林則徐見到陶澍，問識左宗棠否？說不識，林說：「此人將來必有大勳業，公不可不識。」陶問何所見而云然？林說：「我未見過他，但在君山見他所題的對聯，極有懷抱，他日功業不在我輩之下也。」陶素重林則徐，遂牢記其言左宗棠是寒士，但未達時，即與兩江總督陶澍聯兒女之親。左年少而貧，但和胡林翼是好朋友，胡又是陶的女壻。某年陶請假回鄉，在醴陵行館見一聯，乃縣令辦差時請左宗棠撰寫，以迎接總督的。（見「大人」三十一期）

陶澍稱賞不已，遂延見宗棠，與談大歡洽。一日，陶擺酒演戲，請宗棠上坐，胡林翼做陪客，主客凡三人，衆皆以爲異，不知有何事也。酒酣，陶命其子陶桄出拜，對宗棠說：「老夫只此一子，尚不惡劣，如不棄，願乞賢女配之，使他得有內佐，將來或稍有望。」宗棠惶惑，答以寒士家無長物，怎敢高攀？陶說：「不必客氣，我看老哥的抱負不凡，將來勳業在我之上，這是寒家高攀了，怎說是你高攀呢？」左宗棠見他說得很誠懇，又坦白，就應允了，以其長女許配陶公子，當時這對未婚夫婦不過五六歲的孩子罷了。

陶澍死於道光十九年（公元一八三九年），其子尚幼，宗棠年方二十八歲，因爲他受陶澍之託，故立即移往陶家居住，主持內外一切事宜。陶家是很富有的，他只每年取束修三百金，如是者七八年之久。陶澍家富藏書，清代掌故之書尤其完備，宗棠日夜研讀，學問大進。後來宗棠出將入相，每年寄返家中亦止三百金，他給兒子孝威的信說：「我從前受人重託，每年所得亦止此數，你們在家安享其成，還不滿足嗎？」

左宗棠是曾國藩、胡林翼引薦的，但宗棠生平自視過高，常自比諸葛亮，對朋友往往暗示曾胡對他尚不知底蘊，其餘的人更不在話下了。當他襄辦曾國藩軍務時，給郭嵩燾的信有云：

「滌公謂我勤勞異常，謂我有謀，形之奏牘，其實亦皮相之論。相處最久，相契最深如老弟與詠公，尚未能知我，何況其他？此不足怪，所患異時形諸記載，毀我者不足以掩我之眞，譽我者，轉失其實耳。千秋萬世名，寂寞身後事，吾亦不理，但於生前自謚忠介先生可乎？（滌公指曾國藩，詠公指胡林翼）。」

後來他又有信給郭的弟弟崑燾，有云：

「閣下生平惟知有曾侯、李伯及胡文忠而已，以阿好之故，並欲擠我于曾李之列，於不佞生平志事，若無所窺，而但以强目之，何其不達之甚也。」

其卓爾不羣的意態，與對同時人物均有夷然不屑之概，可見一斑。其意若謂：人們把我和曾國藩、胡林翼相提並論，我還不大高興，若李鴻章者，更不及我遠甚，其人何足齒數也。

宗棠於曾胡李皆有「彼哉彼哉」之意，則其對不及此三人名頭之大者，更不放在眼內。郭嵩燾是他的兒女親家，又是老朋友，勿論其曾有引薦與營救之恩，宗棠對他即不報德，亦當不可出於排擠構陷，始爲有德君子，乃宗棠只顧自己做得痛快，不顧一切，嵩燾受其所厄，給丁日昌信中提到此事。此信爲丁文江收藏，裝潢成冊。黃秋岳鈔錄入其隨筆中，秋岳引其全文後，論其事有云：

案：此事爲同治四年乙丑所作，考三年甲子，筠仙(郭嵩燾之字)雖已撫粵，其時六月金陵始下，冬間汀州始告警，書中所言情形不符。四年，左宗棠既就閩浙總督任，以蔣益澧護巡撫，增調王德榜軍至閩，三月，江蘇軍郭松林來會師，太平軍棄漳州，蹿之武平，於是李汪竄廣東之鎮平，筠仙作此書正粵境吃緊之時也。書中子美、少銘兩軍門者，郭松林、楊鼎勳，此兩軍奉命援閩，而文襄不欲令其入粵。蓋文襄與筠仙仇隙至深，欲孤其勢，促其行，未幾筠仙卒罷去，文襄以其親信蔣益澧代郭撫粵。……此實文襄褊隘處，筠仙終身憾之，宜也。……余始頗疑筠仙右曾文正，故文襄忮之。嗣聞方叔章談左郭隙末之由，乃以同治三年湘陰文廟忽產靈芝，是年郭筠仙拜廣東巡撫之命，而七月左文襄以功封一等恪靖伯。筠仙之弟意城（名崑燾）致書其兄，謂文廟產芝，殆吾家之祥，蓋戲詞也。左聞之大不懌，謂湘陰果有祥瑞，亦爲吾封爵故，何預郭家事乎？乃以千金延周荇農（壽昌）侍郎，爲「瑞芝頌」，稱述左之功德，今文襄集中，猶載謝周荇農書，即此事。文襄意終不釋，復致書筠仙讓之，往返相稽，以玆小故，寖成大郄。……」

同治初年的李鴻章

黃秋岳記方叔章對他說的話，可作參考。光緒十年（一八八四年）甲申中法戰爭，宗棠奉命督師福建，先期回鄉一行，其時郭嵩燾家居已久，一日清晨，左具衣冠造門拜訪，郭擋駕，左固請，乃延左爵相入內，而郭久久方出。宗棠一見，連忙頓首，叫老哥，談舊事深自引疚，再三道歉。郭嵩燾留客吃了一頓早飯，亦不答拜。此事方叔章亦會言之，但不知確否耳。（中）

動物世界

・林慰君・

（一）世界上最講究的狗房

美國福羅利達州的美亞美城，有一位單身漢，名叫魏克司 Robert wilcox，他唯一的伴侶，是一條十二歲的黑白花的小狗。

這條狗名名叫卜遲，別人的狗屋，都不過是三四呎長，三四呎寬，裏面放着一個墊子而已。卜遲却有一個五呎寬，五呎長，四呎高的房子。這房子有從外面上的樓梯，還有走廊，窗戶，烟囱，盛花的木盒，房子四週有花草和小樹。房子正面的柱子上還有牠的名字。到牠房子去的院子，還有一條舖好的路。

屋子裏佈置得更豪華了，牠有一個有四根木柱的床，床上有花布帳子，它和床單，是一樣的布。地板上有地氈，牆上有花紙，窗戶上有紅絲絨的窗簾。傢具有梳妝台，鏡子，和衣櫃。此外還有壁爐，壁爐上有牠父親的像片，像片下面和兩旁並有花瓶和花草。

這房子是牠的主人魏克司親自給他做的。房頂是活動的，可以隨時拿下來。牠的小床是用四百元買的。冬天時，屋角並有很美的聖誕樹，和一隻假的小狗，那是牠的玩具。

有時候，當卜遲在外邊追貓追厭了或倦遊歸來時，牠的主人就把牠的屋頂打開，靜靜的看着牠，欣賞牠這豪華的屋子。

世界上有許多擁有很多遺產的貓狗，但是誰有牠這麼講究的房子？我想卜遲可以算是世界上享受最豪華的狗了！

（二）「大脚」之謎

奧立剛州德拉城消息：在一九七一年的五六月之間，這裏的珂侖加河一帶，發生了一些不尋常的事。

有一個叫做麥德瑞的人，他是活動房屋居住處的僕役。有一天早上，當他正在澆花的時候，據說他忽然看見對面山上，有一個灰色又像人又像猿的動物，約有十呎高，兩個手臂長過膝蓋，身上毛很長。

他沒把這事報告官方，因爲恐怕有人說他有精神病。第二天，有三個商人，正在屋中開會時，看見這個大動物，從山上下來，在野地裏走。後來牠在一株樹旁邊站了一會兒。三人都看見牠比那株樹還高。事後他們量了一下那株樹，它有八呎高，因此這個動物至少有八呎以上高，他們於是報告了警務人員。

後來，他們大家一起走到這個巨物所經過的地方，去找脚印。但因爲地很乾，不容易找到。只有很少的一些脚印比較清楚。他們一起量了一下，它竟有二十吋長，是赤足的脚印。而且一個脚印與另一脚印之間的距離，非常之遠，可見牠的步子非常大的。

這時因爲人人都知道了這件事，於是那個麥德瑞才也說出他自己所看見的那個巨物。

又過了兩天，有一個初中的音樂教員，黃查理，在晚上九點半時，從別處回家，在路上也看見了一個灰色的巨物，在樹底下站着。

黃查理跑回家中，拿了一個有望遠鏡的鎗。他看見這個動物在那裏獃獃的站了約有四五分鐘之久。黃詳細看了後，把他的樣子畫下來交給警務人員了；他沒敢用鎗打，因爲恐怕是人。

又過了幾天，那個地方附近有一個女人，哭嚷着到警察那裏，對他們說：有一個扁鼻子大圓眼的東西，在她的後院園牆外往她院子裏看，那院子的牆有六呎多高。

關於這個動物的消息，越傳越廣，人們就給牠起了一個名字叫「大脚」。因爲人們曾用石膏在牠的脚印中做了一個模型。

有一個有名的獵人名叫伯恩的，聽見了這件事，也到這個地方來了。伯恩從前曾在印度和非洲獵取老虎、大象、水牛等兇猛的野獸。一九四八年時，曾到喜馬拉亞的額爾非士峯去尋找雪地野人。

據美國人和加拿大的印地安人等，都說這「大脚」，似乎與喜馬拉亞山上的雪地野人形狀差不多，伯恩很盼望能找到他或牠。

但有些科學家們却不信有這回事。他們認爲：這樣介乎人與猿之間的動物現在之是否存在，是很可懷疑的事。

伯恩領了一些人一起去找。他們有吉普車、無線電話機、很精確而且看得很遠的望遠鏡，又有照像機，和放射鎮定劑的鎗。

他曾訪問了所有看見過這個動物的人，最後他對人說：

『我相信他們的確曾看見過這個東西，但我們不能確定牠到底是什麼。牠可能是一個穿着猿皮的人假裝的；但他的步子那麼長，身量一定極高。而且他這樣裝猿，也很冒險，因爲他會有被別人用鎗打死的危險。』

俄亥俄州有一個商人，拿出了美金七萬五千元，做尋找這個動物的費用。伯恩原來在華盛頓任國際野生動物保護協會的指導人，現在他仍以原來的薪水作他的生活費用。此外，他還請了一位助手，和兩位志願幫忙的人。現在他們仍在奧立剛州進行尋找「大脚」的工作。

伯恩從前雖然打獵，却並不蓄意打死那些野獸；他只是逮捕牠們而已。後來因爲看見很多人無故殘殺許多野獸，因此才加入了野生動物保護協會的。

將來這個「大脚」是否能被人找到，尙屬疑問。

筆者按：我在電視和電影新聞裏，曾看見過這個「大脚」。當然他們照時，離得很遠，所以看得不太清楚。

美國通訊

Wearing Levi's is better
than wearing pants!
Levi's ®

血淚當年話報壇

——追憶抗日戰爭中上海新聞界一幕鬥爭史——

·張志韓·

但因我一念之仁，當時沒有趕他出去，所以他一直霸住三樓，甚而作為他新婚燕爾的蜜月房，中間還和我們報社的工人吵了幾次架，我依舊容忍，更以為他出盡法術，處處失敗，窮寇莫追，再讓他三審敗訴，然後南人不復反矣，請他遷出不遲，想不到我的寬宏大量，却予他可乘之機，因為此時正是民青兩黨大出風頭之時，他不知用何手段，結識到張君勱，忽然在這幢屋子樓下掛出了再生社的大招牌，又把再生雜誌放在櫥窗內，一面向南京最高法院上訴，請出民社黨領袖張君勱致函國民黨蔣總裁，控告我們的華美晚報利用了國民黨力量，霸佔他們出版物再生社的社址云云。天下之大何奇不有，以一個自稱民間大黨的黨魁不問青紅皂白去幫同一個在勝利初期妄想混水撈魚的市儈，更誣指我利用國民黨力量，眞是太看重我了。因為我是一介平民，辦這張報完全靠了一些朋友們和同人們的熱心幫忙，才支撐起來，更因朝裏無人，返滬後出馬第一仗，辦了那張大美夜報，中途夭亡；徼天之倖，又辦成了這張華美晚報，正在艱苦奮鬥，誰知為了這幢屋子，平添許多煩惱，但既知張君勱出頭幫兇，我自當先禮後兵，特去海格路範園拜訪他，張老先生自己沒見我，派了一個秘書再三聲明他與此事無干，甚而否認再生社也與此有關；但他們再生社的大招牌明明掛在那裏，他既然推得一乾二淨，我也不多囉嗦，靜看此後發展。可是某一天碰到京中某鉅公，他證明張君勱確會為此向國民黨提出抗議，他指責國民黨當時的罪狀還有其他兩點，華美晚報僅為其中一點而已，至於國民黨如何答覆這位當時紅得發紫的黨魁，我們未知其詳，當然國民黨也不會通知我們，不過我們的三審糾紛，却起了重大變化，最高法院初則發回更審，繼則把全案推翻，我們敗訴了，敗得莫名其妙！其時共軍已將渡江，我一面為了報館工人正在鬧糾紛，鬧罷工，每人要大頭四百，白米六担，又要白報紙每人四筒，烏煙瘴氣，不可開交，我既要去社會局和工人談判，又要調度經濟，甚而我不得不抽出時間飛了一次香港，對於最高法院的判決，又不得不苦心應付，提出非常上訴，焦頭爛額，苦不堪言，最後則一走了之，把整個華美晚報也丟了！因為工人已經當家，連報館銀箱也由他們看管，我的出走，還是用計溜出，否則困居在內，還不知何年何月，方能衝出樊籠呢。

寄人籬下非久計　黃金買得舊印機

再要談我勝利後辦報的另一重苦難了，此事可從政府讓我恢復華美晚報一事談起，為了我遵令停刊大美夜報，隔不多天，重慶一紙電報，由中宣部通知我恢復華美晚報，塞翁失馬，安知非福，所以我和舊日同仁，重振精神，再起爐灶，但為了這張華美晚報，在抗戰時開始組織，情形相當複雜，我須要正本清源，一勞永逸，所以先和朱作同的遺孀黃桂珍，作了一個徹底談判，把所有舊日股東，由她負責全部解除關係，至於原來報社的社址和僅剩的一架捲筒機，因為他此時已租與左派的聯合晚報，租期未滿，不能由我接收，所以當時分為兩部份解決，立約簽字，登報聲明。第一部份由我給付他一整筆現欵，收買了她所有全部股權，此後華美晚報由我負責出版，與她以及其他舊股東概不相涉。第二部份則為當聯合晚報的租約滿期之時，由她負責收回報社和印報的捲筒機，須由我另行出價收購，價格則到時再行洽議。我們所以如此慎重進行，因為朱作同在生之日，他交游複雜，恐怕引起其他紛爭，好在這位朱太太也相當能幹，我們辦清手續，華美晚報就開始重與滬上人士相見，那些和我患難相共的同人，除了舊日工友以外，都相率來歸，推誠合作，當時的情形相當艱苦，報社地址仍在北河南路，排印工作，則由正言報代為負責，我們的編輯部，也設在正言報內，但在辦報立場，這樣的情形未免相當不便，所以敵偽產業處理局當時批給我泗涇路那幢屋子，眞是萬分需要，可惜時蹇運乖，偏偏碰到波折；此外，則正言報的那位排字房工頭，他看到我們報紙出版，情形非常良好，於是不時要脅，多所需索，那班工人晚上替正言報工作，白天替華美晚報打工，每人都拿兩份薪水，我除計工發薪另加其他一切開支之外，對於那位工頭，更特別規定他一人而兼領三個人的薪水，按情論理，他應該滿足了，誰知此人貪得無厭，不時和我耍花腔、開條件，稍不隨意，則嗾令工人，停止工作，以一張晚報而言，出版時間，分秒必爭，他們這種無理取鬧，我除了屈服低頭之外，別無他法，所以寄人籬下，究非長久之計；別說我對這位工頭，時常感覺頭痛，甚而正言報對他，其後也變得無法駕馭，吳紹澍在不得已的情況下，將此人明升暗降，一躍而請他做報館經理，如此這般，算是把他踢出排字房範圍以外，此人也知吳用意所在，好在他已腸肥腦滿，甚而在故鄉安亭，起建了一幢豪華宅邸，正好掮出報館經理的招牌，在鄉下大事招搖，落成之日，連當地的縣長也登門道賀，着實風光。一位正言報同人對我說，這幢新屋的錢，都是華美晚報替他代付的，聽了祇有苦笑，好在我已另作打算，正在進行收回聯合晚報租用的老社址，所以任他剝削，也已為日無多，誰知因此又與聯合晚報，打了兩場官司，他們到期不肯退租，利用銀彈攻勢，堅求朱作同的遺孀，延長租約，甚而一架舊機器，願意出價六十根大條的黃金，予以收買，這一個數字未免太高了！想想六百兩黃金，如在今日，要值幾十萬港幣，買一架簇新而性能更好的，目前也不需要這樣貴，當時華美晚報這架老爺機，給他們抬高身價，使我瞠目不知所對，可是我和這位朱太太訂約在先，她也無法翻悔，她說負責收回，責無旁貸，但對於機器價格，不可使她吃虧，寡婦孤兒，依此爲生，此事使我爲難之至。爲了此事，也使我繞室傍徨，苦思焦慮，幸而有一位急公好義的朋友，慨然相助，替我借到一筆鉅欵，買了大條六十根，雙手捧給這位朱太，她才肯簽約出售，讓我完成最後手續。但問題至此，尚未終結，此時聯合晚報，正當風雲際會之時，且已成爲上海左派人物與共產黨的代言人，除此之外，還有新民晚報、文滙報，和他們相互呼應，言論激昂，聲勢之盛，令人側目，聯合晚報不甘心讓出報社地盤，當然我亦沒法遷入，而朱太太既然拿到黃澄澄的金子，義不容辭，便出面起訴聯合晚報，要求遷讓，問題進入司法階段，大家便要公堂相見了，打官司原是不得已的手段，而這位朱太太，開庭之日，臨陣退縮，不敢出庭，雖然我們的律師張旦平，斷定勝訴可期，大有把握，但聯合晚報請出的四位大律師，也是大大有名，尤其史良沙千里，當年名列七君子，韓學章則活躍於婦女界中，上述三人，都是左派陣營中响噹噹的人物，另有一位名律師路式導，也是他們的辯護人，如此浩大陣容，的確把這位朱太嚇昏了，我因利害得失，關係太大，祇得代她到庭，出頭應付。想想非常好笑，兩造對案，都是熟朋友，因爲聯合晚報的主持人劉尊棋，和我原爲重慶中央日報老同事，我們交非泛泛，祇是他此時已爲美國新聞處的重要人物，這張聯合晚報，最初便由美國新聞處支持，其後變爲左派陣營，當然其中深含政治因素，劉尊棋當天沒有出庭，王紀華是該報經理，由他會同四名大律師，浩浩蕩蕩，開到新衙門法庭，而我和張旦平，則冷冷清清，早已恭候。雙方一見之下，王紀華拍拍我肩頭，深深訝異我參預其事，而其他幾位大律師，儘管立場不同，陣營有別，但都笑語相親，歡然握手，這樣的打官司，儘管庭詢時舌劍脣槍，一下堂仍是言笑晏晏，歡然相對，第一庭還沒判決，路式導律師就和我通話，說他代表聯合晚報，根本不知和我處於敵對地位，現在決定退出，不再聞問，所以第一庭他們敗訴，路式導不再參加第二審，結果第二審他們又失敗了，正在準備三審上訴時，聯合晚報本身，却遭受嚴重打擊，政府當局，已在準備予以封閉，劉尊棋是該報的主持人，他覺得自身危險，上海難以立足，所以準備離滬去美，臨行時忽然派人送給我一張字條，說明此次訟案，不知與我有關，因此鬧上法庭，現在既知牽涉足下，忝屬老友，又有何說，决計取消三審上訴，希望雙方和平解决。他又說本人即日就道，未克走辭，一切請與紀華兄商談，就這樣把這一件熱烘烘的官司，告一段落，也因爲雙方都算厠身於新聞事業中，大家把此事不願張揚，別家報社，也尊重我們的意見，隻字未提，而我的接收工作，則又因聯合晚報的被當局實行封閉，使我又跨前了一大步。

新雅酒店鴻門宴　賠了酒筵又賠錢

但王紀華却提出了一個意外要求，要求我付出三十根大條，收買他們留下的一萬多磅舊鉛字和一些寫字樓中的傢俬雜物，因爲他們租賃之初，除了一架光秃秃的印報機器及其附件以外，其他一切，空無所有，因此他們自己置辦排字房及其他生財，他要我收購舊東西，索取代價，衡諸情理，并無不合，但三十根大條的數字未免太大了！因爲依照市價，這些舊鉛字祇能作廢鉛估值，至於一些舊傢俬，更是所值無幾，我感覺他的望天討價，未免太高了一些，但我又不便過份抑低，尤其此時的聯合晚報，既遭封閉，情形很慘，不免使我生出了一份同情心，於是在不得已的情形下，我提出一個解决辦法，建議雙方請出幾個中間人，作一公斷。一個是報業公會的主席李子寬，他是大公報經理，身爲同業公會主席，理應出而說句公道話，另一位是上海市政府的新聞處長朱虛白，他身任新聞官吏，更應替我們排難解紛。另兩位則原經手我們訟案而出庭辯護的大律師，一個路式導，一個張旦平，此外則我和王紀華，兩位當事人，全數祇有六人，我約請他們在南京路新雅酒樓，參加晚宴，這幾位先生見我難得請客，而且又加上了王紀華，深訝我們兩個打官司的歡喜寃家，忽然握手言和，聯名請客，所以欣然涖止，他們不知道我們請客爲了何事？經我說明原意，雙方涉訟已告段落，大家化干戈爲玉帛，不過現在有一難題，王紀華兄要我破費三十根大條，收買他一些不值錢的爛鉛字舊傢俬，因朋友關係，不願爲此小事而傷了和氣，所以奉請諸位，說句公道話，替我們了斷這件公案。衆人一聽此言，都說這是鴻門宴，不是請客，要他們做難人，誰也不肯下一判斷。這幾位天吃星只顧吃而不講話，未免使我大大失望，於是要求他們，別只管埋頭苦吃，如果吃了不給我一個答覆，便不讓你們走路，我們大家都是開慣玩笑的，於是這位報業公會的主席李子寬，忽然開腔了，他平日陰陽怪氣，說話不痛不癢，今日之下，却忽然改了一副面目，一本正經的說，你們兩位今天要談的是一個賣產業，一個置產業，我們中國人的傳統，賣產業的人總屬於可憐的一方，至於置產業的人，當然行有餘力，前途無量，論理我們應當站在賣產業的一邊，所以我們雖然覺得聯合晚報王紀華兄要索的代價未免高了一些，但足下站在華美晚報置產業的立場，目前事業，正在竿頭日上，多化幾文，無足爲奇，所以他要幫王紀華兄，希望我多破費些。此君一席話，使我目定口呆，原想希望他們秉公處理，誰知李子寬站在聯合晚報方面說話，其他幾人，竟也一致附和，竟使我無法討價還價，這一席之費，不但由我作東，而且這幾位先生，口吃南朝飯，心向北番人，一致背棄了我，又使我吃了一次大敗仗。好在這是一塲喜劇，大家都是老朋友，誰希望我們面紅耳赤，爲了幾個錢而傷和氣，於是我祇好吃虧吃定，我買舊日華美晚報老爺印報機，化去六十根大條，現在買些爛鉛字舊傢俬，又是三十根大條，好像我開了金礦，黃金在我手中汩汩而流。那時的上海，我也不知如何能應付這樣的局面，叨天之幸，那時節的幣制一日數變，我向人借錢買大條，是以法幣和金圓券論値，在當時雖覺冒了大險，日夜提防到期之日，無法淸償，心中備極痛苦。但過了幾月，雖然加利奉還，倒也並不吃力，而那位熱心朋友，見我言而有信，本利淸償，反覺不好意思，除了收回老本，利息全部照退，此恩此德，迄今難忘。而我與聯合晚報間這一塲無聲之戰，自開始到結束，因爲牽涉到一個不小的數字，所以從頭至尾，使我艱苦備嘗，尤其在房屋機器沒有到手之前，我爲了求勝心切，早把六十根大條的錢先予付訖，要是官司失敗，那位朱太是否肯退還原欵，委實很成問題。曾記得朱太拿到這筆錢，一時無法安排，還託我把一半變成法幣，存在朋友那裏，按月收取法幣利息，另一半黃金三十大條，則存放在另一個朋友的銀行中，以黃金計息，藉此保値，想不到這家銀行也和香港近來湧起的銀公司一般，買空賣空，投機失敗，宣告倒閉，這筆錢無法追還，結果如何，直到我南來香港，還未解決。聯合晚報的王紀華，則在共軍到滬之後，他成爲紅朝要員，身膺稅務局副局長，以前一派民主人士的報人面目，業已完全改變，可惜不久之後，又聞他打入右派，消息不明。至於劉尊棋呢，他已一躍而爲新聞總署的副署長，現在如何，不知其詳，我和他雖然立塲不同，觀點各異，但他的爲人處世，依然使我尊重懷念。

從頭再說當年事　槍聲血影舊洋場

筆者追憶往事，本來祇想報告一下抗戰時期上海中文大美晚報的一些往事，其目的希望幾位殉國先烈的慘痛史實，不致因年代久遠而歸於湮沒，祇因動筆之後，從該報剏辦以迄停刊，於是長征巴蜀，遠去滇南，一路寫來，直到勝利歸來，滔滔不絕，却把整個上海新聞界抗戰時期的其他事蹟，畧而不談，未免自我標榜，失之不公，此點必須聲明，當我着筆之初，原意包括了上海整個新聞界，祇因我們中文大美晚報同人，死難的最多，就地取材，親身經歷，比較詳盡，至於其他同業爲抗戰而死難的，被敵僞所綁架的，也有被刺的，嚇走的，投僞的，爲敵人做鷹犬而被殺的，屈指數來，也有多人，有的知之較詳，有的稍覺模糊，屈指計之，死難的朋友中，計有申報的金華亭，正言報的馮夢雲，被刺幸而不死的有大晚報又兼中美日報的聞天聲，被綁的有大晚報記者張若谷，申報的王堯欽，更有大公通訊社社長邵虛白，也是被刺而死的，新聞報有一個工人李小弟，也在其時被人槍擊受傷而死，但此人應與政治因素無關，而時報的經理王寄廬，吃了一槍，未曾致命，申報記者錢華，在大沽路上被人結果性命，社會晚報的蔡釣徒，給日本人在虹口新亞酒店處死，此兩人不屬於忠貞報人之列；晶報老板余大雄替日人做走狗，也在新亞酒店被我方派人混入銅墻鐵壁般的虎穴之中，結果性命，朱作同因金華亭殉難而賠上一命，劉吶鷗與穆時英，替僞組織籌備國民新聞，報未出版，先後都被處死，這一連串的新聞界大事，血雨腥風，山河變色，想當年，緊張刺激，敵愾同仇，我們的忠貞報人，每死一位，上海民衆，都同聲一哭，義憤塡膺，而這些從賊投僞的朋友，他們被誅殺，則又拍掌稱快，萬衆唾罵。同一死也，有的重于泰山，有的輕于鴻毛，同屬黃帝子孫，何以有此差別，所謂人民的眼睛是雪亮的，儘管日本人和汪精衛的特務漢奸，遍佈各處，七十六號殺人如麻，但絕對嚇不倒上海人，上海的民氣始終激昂，屈指數來，從對日抗戰以後，上海方面所發生的暗殺案，除了新聞界死了許多人以外，其他的各階層中，大名鼎鼎的外交耆宿唐紹儀，被人以童軍小斧，藏於古花瓶內，假藉進謁之機，活生生的當塲劈死。一個過氣軍人周鳳岐，正和日本軍方勾結，準備出頭大幹，他雖機警非常，亞爾培路的寓所築起了厚厚高墻，裝上了大鐵門，居然有人日夜守候，乘他偶然外出的千鈞一髮之時，予以亂槍擊斃。上海的第一任僞市長傅筱庵，被老厨子用鋒利菜刀，砍死在他秘密閣樓之上。這許多驚險故事，偉大極了，其他的中小漢奸，接二連三的陸續處死，書不勝書，記不勝記，我既局限於新聞界範圍以內的往事，於今附帶一提，祇是表示政府在租界淪陷以後，爲了執行國法，不容小醜跳樑，派駐上海的地下忠勇同志，冒險犯難，百折不囘，而日僞豢養的漢奸特務，得人錢財，以牙還牙，他們甚而在租界禁區以內，作半公開的活動，拋炸彈，開手槍，當作家常便飯；最慘酷的一次要算對農民銀行的集體大屠殺，竟然在汽車上架起機關槍的衝到銀行門口，大加掃射，一下子打死了該行職員十多人，而搬到逸園跑狗塲辦公的中央銀行，也吃了一個炸彈！誰實爲之！孰令致之？

同一死也分輕重　留芳遺臭不相同

申報記者金華亭和錢華兩人之死，一正一反，立塲大不相同，錢華也算上海報界中死得最早的一人，而此君之死，汪僞組織，尚未正式登塲，因爲他是一個正牌的老漢奸。遠在任職天津庸報之時，早與日本人搭上關係，但他隱藏得很好，在申報工作也非常出色，誰也看不出他有任何漢奸氣味，可是我們的情報當局，早已注意及之，日軍攻陷上海不久，即被執行死刑，事發之後，有人通知我們，說錢華被殺了，而且指明他是漢奸，我們與錢華之間，雖無若何交往，但平日因爲工作關係，經常聚首，此君面團團若富家翁，儀表頗爲不俗，中文英文日文，樣樣精通，誰能想到他會替日人做工作，但一經向有關方面詢問調查，確實証明錢華之死，與勾結日人爲虎作倀有關，於是我們就在新聞上冠以漢奸之名，並指其死爲伏法，一字之貶，使錢華的夫人大爲悲憤，因爲此君雖爲漢奸，保密工作，非常良好，連他的牀頭人也不知道夫婿的所作所爲。時當上海民氣激昂之秋，錢華爲了漢奸罪名而致死，將使親戚朋友，一致唾棄，所以他的夫人立即在電話中向我提出抗議，連哭帶訴，非要大美晚報更正道歉不可，并說如不照辦，必將提出法律控訴。此事使我相當困難，因爲講証據，我的確無法提出任何佐証可以指錢華爲漢奸，而這位錢太太，也是知識份子，他猝遭大故，心情苦痛，可以想像得之，而今把他的先生加上漢奸罪名，當然是可忍，孰不可忍，他的提出交涉，我祗有寄以同情，但要我更正道歉，則告訴她事實上無法接受。她因目的未遂，把電話很憤怒的掛斷，事後也未作任何行動，此爲我處理漢奸新聞唯一尷尬之事，而錢華其人，就在這樣的局面下斷送了他的一生。而該報另一位記者金華亭之死，則與他大大不同了。因爲金華亭和錢華完全相反，他身負重慶中央宣傳部的特別使命，與新聞界同人相互聯絡，奔走接洽，工作非常出色，論情論理，他既然身負重責，在當時的混亂局面中，應如何的竭力隱藏，檢點形跡，可是此君自恃身邊有一支手槍，自稱這手槍是他做隨軍記者時蔣總司令親手持贈，所以他人不離槍，槍不離身，偶然高興，還舉以示人，說出來歷，他把這支手槍作爲防身之寶，當然未可厚非，千不該，萬不該，他經常出入酒樓舞榭，過那紙醉金迷的生活，而被狙之日，則爲殉身於大華舞廳門首，所以有人稱之爲大華烈士，無非笑謔之談！金華亭另有一個致命的因素，據說他自恃與周佛海亦有深交，甚而他和重慶中央宣傳部發生關係，即由周佛海所汲引，而且周佛海到了上海，也曾和金華亭見面，當然周佛海要他改變立場，置身和運，金華亭則始終忠於重慶，和周虛與委蛇，這種情形，當然也瞞不過他們，祗是金華亭自以爲應付有方，認定周佛海足可以做他的護身符，尤其那些特工組織，都是周的部下，至於七十六號那些小醜，更不在他心上，所以他不但大搖大擺，到處亂跑，報館工作，依然每天必去，因爲他負有宣傳任務，在報館中逢到有關新聞界的任何事件，必須拋頭露面，奔走應付。據我所知，像南京組府時的還都宣言，中央儲備銀行發行中儲券的大幅廣告，在汪精衛和周佛海方面，都認爲這是他們的最重要開端，所以事先派出許多重要人物，向各報館威脅利誘，聲明如不照辦，必將有所行動，果然有些意志動搖的報館，懾於威勢，或爲錢惑，而報館內也有些早已與日本人或汪政權搭上關係的人，在內危言聳聽，虛聲恫嚇，把向來持重謹慎的同人，也感覺應付困難，金華亭則以茲事體大，本身也職責攸關，所以他不但在申報內部，力持正義，還分別向其他報館，曉以大義，這種公開的敵對態度，自然有人打出報告，周佛海洞若觀火，還都宣言因爲他們開張伊始，他們對金華亭還極度容忍，發行儲備券的廣告給金華亭破壞，這是他們的百年大計，有關南京此後生存關鍵，於是金華亭這條性命，在他們看來，不可能再予容忍，所以七十六號派出狙擊手，當然已獲周佛海的同意，可惜金華亭太過自信，不聽人言，老友中央社記者陳萬里太太，在靜安寺路開的梅龍鎮酒家，他等於每晚必去，胡天胡帝，要做正德皇帝，那位陳太太在交際場中，也是風雲人物，見到金華亭，恐怕惹禍上身，向他叩頭求拜，不必光顧小店；而大華舞廳的老板，因爲華亭時常前去，早已在舞廳門前，左右傍邊發見可疑人物，也曾多次婉勸，請他暫免枉駕，可惜華亭都作爲耳邊風。

朱作同與金華亭　兩人一命換一命

我更清楚記得，華亭的寓所在法國公園的大門口，適當華龍路與薩坡賽路轉角，某次正值華亭外出，竟有人企圖綁架，幸而該處爲三輪車夫的集中站，這些馬路英雄，也有識得金華亭的人，一看情形不對，立時一呼百應，大家騎了三輪車衝前解救，才把幾名漢奸嚇走，從此以後，華亭改從薩坡賽路後門出入，揆情度理，他已遇到這樣的驚險場面，應當知所警惕，也許他命中註定，或則他抱定大無畏精神，依舊的涉足於燈紅酒綠之場，而與那位朱作同，兩人更形影不離，朱作同是窮鬼，華亭則每月掌握着一筆錢，每次交錢，總要經過推宕留難，也必定要朱作同稍破慳囊，才能了清手續，因此朱作同不免口出怨言；但兩人儘管如此，玩樂場所，仍是出雙入對，各投所好。華亭被刺的當夜，正是與朱作同聯翩而到大華舞廳，夜半甫過，朱作同先走，華亭舞興正濃，想不到舞罷出門，槍聲劈拍，立刻慘死，空有自備手槍，依舊難保一命！當時天尚未明，我接到法捕房報告，也馬上致電朱作同詢問，此人正在睡夢方酣之中，聽我問他金華亭已死的消息，他大表驚訝，據說才和他在大華舞廳分手，怎會片刻出事？朱作同還說當他臨去之前，還拖了金華亭同走，並警告他應記得舞廳老板之言，此處大有危險，無如華亭舞興正濃，不肯同走，誰知眞會出事。朱作同這樣說，我也相信他所言是實，但偏有人事後分電各報館，甚至幾位地下工作要員，指明朱作同出賣了金華亭，於是乎朱作同噩運開始，死神光臨頭上，未隔數日，在厦門路衍慶坊外被人狙擊而死。而且狙擊朱作同的人，打聽得他和劉菲菲同居的地點，預先在弄口裝成乞丐，睡臥其間，所以出入時間，汽車號碼，看得一淸二楚，下手之時，正值朱作同的汽車，自弄中緩緩駛出，正在厦門路掉頭之時，槍彈無情，性命即此完蛋，朱作同眞的出賣金華亭嗎？我自始迄今，還存疑問？論朱作同的爲人，確有取死之道，當日他經濟已陷窘境，時常出入滬西歹土，有人見他進了秋園賭場，也有人見他溜進華園的李士羣特務機關，更有人繪影繪聲，說朱作同某次拿了一蔴袋的鈔票返家，隔不多天，金華亭便出事了；當金華亭大殮之日，朱作同想去吊唁，但他聽到外間對他的不利消息，曾以電話抵我，詢問是否應去靈前一祭？我對此也不便提供意見，朱作同也沒去，於是有人又坐實了他的罪狀，所以大家都知朱作同和金華亭兩人的被殺，是新聞界中一命抵一命的最快報應。本刊同人胡憨珠老兄，他也是歡場老手，與華亭更交誼深厚，華亭臨難前兩晚，他們還蓬尺蓬尺，在大華舞廳中各擁相好，逸興遄飛，那天胡老兄還敦勸華亭，不應再到此種場合，因爲都知華亭負有使命，已爲七十六號眼中釘，遲早總會出事，可惜得很，忠言逆耳，把大好生命，輕於一擲，，在海上殉難同人爲最不值得之一人也。

慘烈要數馮夢雲　死後屍骨亦無存

金華亭和錢華之死，是申報中兩個死於上海淪陷後同一報紙中正反兩派的新聞記者，而馮夢雲余大雄和蔡釣徒，則爲另三件新聞界大事，而以馮夢雲的死最使人傷心欲絕，因爲他死在何處，死在何時，甚而屍骨無存，爲所有上海死難同人中最令人扼腕太息的一個殉國烈士。別的人，或是被綁，或者被刺，大家都會淸淸楚楚，祗有馮夢雲，他突然不知去向，從此杳無消息，他其時身爲正言報經理，這張報紙，是吳開先吳紹澍等到了上海展開工作以後剏辦的國民黨直屬報紙，總編輯袁業裕，原是舊日民國日報老同人，他由吳開先汲引，馮夢雲則由毛子佩的推介，認識了吳紹澍。其時該報開辦之初，任用人員，非常小心謹愼。毛子佩是吳紹澍的得力助手，馮夢雲又是毛子佩的親密朋友，因此關係，出任經理職務，該報社址在九江路望平街之側，與新聞報相背爲鄰，最初爲成舍我所辦的立報舊址，立報在上海以小型報姿態面世時，因爲任用了左派的健將薩空了主編副刊，在中日風雲緊急時，時常見他們尖銳潑辣的指摘政府文章，戰局西移，租界成爲孤島，這些先知先覺的聰敏人走了，立報關門了，但剩下的生財機器沒法搬走，派了一個姓田的負責留守，他們有兩架小型的日本輪轉捲筒機，輕巧快捷，當中文大美晚報未購到申報的那架輪轉印報機時，也曾借用立報的兩架印機代爲承印，正言報出版時，則連同房屋生財，一併租用，所以籌備出版，並不十分吃力，因爲七十六號的暴徒，在正言報開門之後，亦曾炸彈相餉，所以同人出入，概從後門，關防非常嚴密。馮夢雲身爲經理之職，爲了安全起見，亦復寄宿在內，但他的工作，不同於編輯同人，必須經常與外界接觸，而且接觸的份子至爲複雜，縱然報社內部，十分安全，但他有時必須出外接洽，他爲人旣負責，做事更勤奮，想不到因此種下殺身之禍，就在某一天他忽然不見了！社中同人，初以爲他有事外出，未嘗在意，當天未返，也不以爲出了亂子，就這樣兩天三天的下去，始終未見其人，大家才覺事情不妙，因爲希望他仍會安然歸來，所以報紙未登隻字，大家不予張揚，更希望他祗負經理部職責，與報紙上文字紀載，不發生關係，縱然敵僞方面，綁架而去，也許不致危及他的生命。可憐的馮夢雲，究竟他那時置身何處，受到怎樣的痛苦折磨，最後又怎樣的給他們殘酷處死，完全毫無所聞。不久之後，太平洋大戰爆發，上海公共租界，也給日本人佔領，我們也流亡去了內地，一直到勝利歸來，關於馮夢雲的下文，才由他的朋友毛子佩，向中央領得一筆卹金，算正式公開了馮夢雲的噩耗。夢雲和盧大方兄，也是最好的老朋友，我和他也交非泛泛，他爲人篤於友情，輕視錢財，他原是小型報的健將，主辦大晶報時，完全得力於他的一些青年朋友的慷慨輸將，有的出錢，有的出力，甚而出版之初，經濟困難，社址設在九江路的布業公會以內，因爲該會會長的兒子史君，便是他的忠實讀者和擁護者，當時羣策羣力，憑了年青人的一股朝氣，居然把大晶報辦得如火如荼，異軍突起，至於他何以要把報紙命名爲大晶報，說來其中也有一段恩怨。因爲馮夢雲本來負責主編的小日報，是由一個姓查的出資剏辦，此人曾做鹽場知事，退職到滬，手裏有些錢，辦了一個日日印刷所，他非常歡喜看小報文章，於是由他出錢辦小日報，馮夢雲負責編輯，他們相處得很好，不過由於報紙很難賺錢，給個投稿人名叫黃光益的，認爲有機可乘，他先以投稿人的關係，結識馮夢雲，後來漸漸與姓查的相交，黃光益其時做南通大生紗廠的庶務，專駐上海，負責該廠一切採辦事宜，大生是南通狀元張謇的大事業，黃光益在這一個大機構做事，所以手面很濶綽，他寫小報文字不但不取分文，還經常慷慨請客，而且自動向查老板表示可以和他合作，虧本的錢由他賠墊，就這樣竟把這張報紙由他掌握。於是他又結識了許多寫文章的朋友，更結識了一班在晶報的寫作者，於是他蓄意逐出馮夢雲，趁夢雲某次告假去杭州游覽，把他掃地出門。馮夢雲一氣之下，自己辦了這張大晶報，當時用意，以爲和他作對的都是晶報中人，所以他把報名定爲大晶報，這個黃光益以後憑了這張小日報，投奔在黃金榮門下，儼然小報大亨。馮夢雲其後加入正言報，則因上海八一三滬戰以後，讀報的人，大家關心國家安危，再無心閱讀小報的消閑文字，小型報日暮途窮，馮夢雲乃由小而大，加入了正言報，誰又想到他竟爲了正言報而犧牲，甚至屍骨無存，不知死所，可悲也哉。

信口開河蔡釣徒　人頭高掛半空中

關於余大雄和蔡釣徒的被殺，算時間蔡釣徒死得較早，其時上海淪陷不久，日本人製造的大道市政府成立不久，忽然某一天法租界康悌路的一根電桿木上，發現一顆血淋淋的人頭，捕房方面，最初以爲普通凶殺案，其後經過查驗，有人認出這顆人頭竟是蔡釣徒，才覺得此事並不尋常，因爲此人在上海新聞界中，屬於另一路的角色，他主辦一張小型報名叫龍報，抗戰之時，他忽然又辦了一張社會晚報，專門刋登社會新聞，每天登載的都是以桃色新聞爲主，居然也可以立足，此人既像文人，又像流氓，但在所謂上海白相人的地界，他又並無任何地位，但他的人頭很熟，所有那些大名鼎鼎的人物，不論法租界的三大亨，公共租界的陸連奎、尤阿根這種採長階級的英雄以及大字輩的曹幼珊、張樹聲等，他也相當熟悉，此人時常爲了報紙記載不愼或是文字開罪於人，因此挨罵被打，別人認爲奇恥大辱，他會唾面自乾，不當一囘事。他人頭既熟，對人也頗親熱，但信口開河，牛皮亂吹，則爲他的家常便飯。當日本佔領了大上海以後，漢奸組織最初出現的是常玉淸的王道會，蔡釣徒又和常玉淸非常熟識，正當臺灣人蘇錫文在日本導演之下，籌備組織大道市政府時，其時租界之內，一班所謂上海士紳者，希望保全產業，正在進行組織維持會，想在日人卵翼之下，有所企圖，政府方面，怕這種傀儡組織，動搖人心，初則發出警告，繼則實行格殺，於是天主教的陸伯鴻，荳米業的顧馨一許多動搖份子等，先後被刺，一連串的血案，展開了政府方面與敵寇誓不兩立的决心，的確把動搖的人心鎭懾住了；偏是這位蔡釣徒，合當死神高照，噩運來臨，他忽然大爲活躍，自吹日本人要他出任上海市商會會長，又說他要榮登上海市長寶座，和他相識的人，都以爲他吹牛慣了，不以爲意，但因爲他此時此地，竟敢侃侃而談，想來必有原因，但誰也沒去追究，等到他的人頭高掛，死訊傳出，有人還以爲鋤奸志士，執行國法，又誰知此人之死，完完全全死於日人之手，內幕原因，初則傳說不一，有的指他到處亂吹，引起其他漢奸的不滿，因內鬨而自相殘殺，比較可靠的，則由於他的這張社會晚報，此時已由日軍報導部予以收買，要他負責報導八紘一宇中日一家的痲醉宣傳，這位聰敏人，拿到了錢，自然要替他們做事，但他又不敢以漢奸面目對人，把每天出版的報紙，却作兩番安排，在市上出售的，依舊平時面目，毫無改變，誰也看不到這是一張變節報紙；他又另印了一些去向日本人報銷的報紙，內中文字，都是對日本皇軍，歌功頌德，如此玩弄手法，完全師襲袁世凱當年稱孤道寡時那些勸進功臣僞造各省報紙，按日呈覽的故技，自以爲天衣無縫，可以瞞住那些日本阿木林，誰又知道日本人其後接收了大陸商場內舊日上海市政府的新聞檢查所，每天派人查閱報紙，這些人便是日軍報導部所派，於是發覺了這張社會晚報的秘密，日本人認爲這還了得，蔡釣徒竟敢刀頭舐血，就這樣抓進虹口新亞酒店，結果了他的性命，而且派人把首級懸掛在法租界電桿木上，號令示衆，蔡釣徒就是這樣的下場。

至於余大雄，他的死法又不同了，他的的確確死在政府的鋤奸同志手上，我曾提到朱嘯谷便是執行此一任務的英雄人物，但此等事在他們而言，都是守口如瓶，不肯公然承認的。我去重慶途中，曾特地繞到安徽省境的横嶺，拜訪忠義救國軍總部，朱嘯谷便是該部的政治部主任，可惜匆匆一面，他先我而去了重慶，從此以後，始終未再晤對。所可知者，他幹過新聞記者，而且曾在上海的立報工作，大概就在那時，他便奠定了和余大雄相識的基礎，因爲他們還帶着一層同鄉關係，攀交情更覺親密。余大雄是一個絕頂聰敏而又狡詐的人物，他的晶報本來脫胎於神州日報的副刋，在晶報未單獨發行時，大家已知神州日報最後的階段，和天津的庸報一樣的暗中由日方支助，但晶報由余大雄獨立主持之後，由於他掩飾得很好，不知道他和日本人是否仍有來往，而晶報當日在小型報中無疑的居於領導地位，祗是余大雄爲人崖岸自高，他斂錢的方法比一般的小型報主持人來得高明，甚而東北軍方面，北洋系方面，也有人爲他拉攏牽線，暗中密切勾結，至於上海方面，如有所圖，更是心狠手辣。八一三抗戰既起，此人眼見國軍西撤，認爲中國已是萬切不復，於是實行替日人工作，但爲了安全起見，他匿居於虹口新亞酒店的日本人戒備最密的特務大本營內，據說他地位很高，私人辦公室以外不但有日本憲兵站崗，還有日本女秘書像下女一樣的服侍他，平時如非相熟的人，經他特許，等閒無法進入這樣一個森羅殿般的魔窟。負責對付他的政府特工，當然早已計劃周詳，平日和他交往密切，也把他的罪狀調查得一淸二楚，所以案發之日，可以揚長而入，執行了余大雄的死刑以後，佯作鞠躬而退，室外的日本女秘書一樣的躬身相送，守衛日兵，還得立正致敬，像這種從容不迫的冒險行動，苟非具有極度鎭靜的身手，如何能深入虎穴，大顯神威。所以余大雄的被殺，論者謂爲上海鋤奸史上最英勇最驚人的一頁，比了老厨子大義滅親殺死他主人僞市長傅筱庵，尤爲難能而可貴，像余大雄這樣一個人，他的伏法而死，當然使人拍掌稱快，而給予那時氣燄方張的日本人，也算是一種大教訓，因爲事情出在他們警衛森嚴的禁區以內，啞吧吃黃連，有苦說不出，也認識了中國人敢於衝入他們的核心以內，來去自如，於是此後的新亞酒店，嚇得他們馬上另行部署，戒備得更像銅墻鐵壁了。

蔡釣徒和余大雄之死，他們都送命在虹口的新亞酒店，於今又使我想起另一位忠勇志士因爲想到刺探日方秘密，不惜靦顏事敵，甘願蒙上漢奸的惡名而終於被日本人發覺而槍斃的英雄人物，可惜我與他並無一面之交，而且他之死難，又在太平洋大戰日本人進佔租界以後，我們早已轉進到大後方，直至勝利返滬，方知一鱗半爪，這一段壯烈故事連經手辦事的亡友沈秋雁兄，也無法得知其詳，其人其事，竟爲新聞界的無名英雄，說來未免使人唏噓太息！（九）

Swan

鵝仔嘜男皮鞋

大人公司　平價市場　人人百貨　大方公司　來路鞋公司有售

「小道士」繆斌

・何冠群・

我稱繆斌爲「同學」，實在是高攀，大有竊附驥尾之嫌：然而我們的確是同學，只是在時間有先後，嚴格點說，根本只好算是同校而已。

我們所同的學校不是南洋公學，因爲我們還在中學的時候，南洋公學已一變爲南洋大學，再變爲交通大學，而繆斌不僅已南下廣州，且已由黃埔軍校教官擢任第一軍的政治部主任。我們所同的學校，只是位在無錫南門城中三下塘的「光華小學」。不過我與繆斌雖未同學，但與他的妹妹繆鈺却是「同硯」。繆鈺比我大了約莫五歲，不知什麽原因，她上學會上得那樣遲，十二三歲了才讀小學三年級，使她成爲我們這一班中唯一出人頭的大女孩。

在這家小學中有一位教師很賞識繆斌的才能，對他另眼相看，此人便是在繆斌當江蘇省民政廳長時，不化一文而得任常熟縣長的衛質文；另外有一位同學，也不會化費分文而得任無錫縣長的是孫祖基。其他的教師與同學却沒有這樣好的機遇了，充其極在民政廳內當三等科員，或外放小縣的公安局長之類。可是他們雖然不化分文可以一官在身，但上任以後，應該如何拆賬、如何分肥，却在事先都商談清楚，絕不含糊。

在北伐軍未底定江南以前，繆斌在無錫根本藉藉無名，倒是他的父親繆建章，在道士中輩份頗高，頗爲人知。區區一個道士而能爲人知，因爲道士這一行業雖不爲人尊敬，然在無錫却是熱門生意之一，幾乎家家戶戶都與道士有來往，接觸的面相當廣。原來無錫婦女雖喜燒香拜佛，却不喜做佛事，認爲和尚頭上光禿禿，不利子孫；所以無錫的尼姑爲了與道士爭取佛事的主顧，也都蓄有清湯掛麵式的長髮。而道士呢，除了拜懺的時候穿上道袍之外，平時與常人一般無二。但根據我的觀察，道士所以受人歡迎，那是他們都玩得一手好絲弦傢生，十八件樂器簡直件件皆能，所以拜起懺來，少則十餘人，多則三四十人，每人各演奏一樣樂器，是絕妙的國樂合奏。而且外間久已失傳的詞牌和曲調，無錫的道士保存的據說還有近百套。尤其是新喪人家，氣氛沉鬱，悅耳的管弦齊鳴，確可冲淡很多哀思。以「二泉映月」二胡曲馳譽國際樂壇的瞎子華阿炳，他便是個道士出身，只因眼睛瞎了，才挾藝流轉江湖，他不單二胡拉得好，琵琶也彈得出神入化，據內行的批評，他比上海國立音樂院的教授同鄉楊蔭柳彈的琵琶，造詣上還高出一籌。

繆建章既是道士中的老行尊，凡拜懺而有大場面，他必以領隊的身份與主人家周旋，日子長了，繆道士之名自亦相當爲人熟悉，但職業所限，他的社會地位並不因此提高；因此繆斌在光華小學時，很多同學都以鄙夷的口吻呼之爲「小道士」。

繆斌的能進入南洋公學是在繆建章發了一筆小財以後。繆建章被稱爲小康之家，是他憑齋事而認識了一批有錢而閒得無聊的太太們，號召建立一座作爲她們吃素唸經修行的道院，結果籌到了十萬左右的銀洋，在距他家不足百步的一條巷內構築了一所希賢道院，由他主持，從建築以至經常舉行的齋事中，着實刮了些錢，再從其中抽出一小部份供應繆斌到上海去讀中學與大學。這是繆建章不同於一般道士的地方，因爲一般道士都將衣缽傳授兒子，他們的觀念中，總以爲道士這一行業雖發不了財，但不失爲足夠衣食溫飽的鐵飯碗。

北伐軍清掃江南後不久，繆斌以第一軍黨代表的身份回到無錫；大有衣錦榮歸的氣概，經過當地報紙的宣傳，繆斌之名才爲故鄉人士所知。從此之後，繆建章不再外出拜懺，而以老太爺自居了。更不久，繆斌轉任總司令部的經理處長，外間開始流傳他善於理財的謠言，據說除了中央嫡系部隊之外，所有「雜牌」部隊去領取餉銀，他必定多方留難，直待談妥條件才能銀錢過手。以當時改編部隊之衆多，這一筆收入却是相當可觀，不過也有人說，這種錢不是繆斌一個人可以獨吞；其中也有些人插手，此中眞象，局外人可不得而知了！

他的得以出任江蘇民政廳長，有些人誤以爲是出於鄉前輩吳稚暉的推薦，其實不然，推薦他的是老上司何應欽。吳稚暉的關係，他也想盡方法拉攏過，可是吳稚暉對他的印象始終欠佳，腦海中深深印上了「小道士」三個字，其後繆斌聲名狼藉地下台，倒是吳稚暉推了他一把。

繆斌的第一位太太是童養媳，不學而有術，將何應欽夫人侍候得無微不至，大得歡心，她便狗仗人勢，作威作福，他們夫婦在江蘇省半公開地賣官，縣長、公安局長、水警區長等，職分肥瘠，定有價格和任期。當時的省主席鈕永建是個遇事三不管的好好先生，對繆斌的所作所爲，不敢干涉。就是這麽罷，繆斌還是不滿足，一度藉口金壇溧陽紅槍會作亂而調集民政廳可以掌握的武裝部隊，包圍省政府，監視省主席，準備逼鈕永建下台，他便可以取而代之。爲了省黨部有些人向中央黨部控告過他，他在逼走鈕永建的同時，便一舉兩得，將省黨部的幾名委員一齊五花大綁，送入死囚牢，若非中央黨部嚴令押解南京審訊，繆斌已製造好他們與紅槍會勾結的證據，準備送他們一個個上斷頭台。這樣一件違法亂紀的大事，輿論大譁，不知如何，其後竟然化爲小事，且終於化爲無事，於此反映出「小道士」的神通廣大！

繆斌之垮台由於他的老婆之突然死亡。他的老婆的脚，原是小脚放大，她因愛時髦，偏要穿高跟鞋，肚子裏已有幾個月的小孩，依然穿着高跟鞋上下樓梯，一次從樓梯上直滾樓下，因小產而失血，因失血而駕返瑤池，他於是斷了一條最有利於他的內線。

使他垮台的導火線是十八尊金羅漢。在他垮台的那年，他爲他的母親做六十大慶，文武官員一體致送厚儀，由江蘇省六十一名縣長合送十八尊金羅漢。監察院便以此爲貪污證據，提出彈劾，彈劾案成立，他只有含淚辭鎮江，重回南京去走門路了。

這十八尊金羅漢就我所見，只是內泥塑而外包金，並非純金，總共的價值也不會超出一千銀圓，但外面的說法却說個個都用純金鑄成。繆斌到了南京口口聲聲喊寃枉，但牆倒衆人推，沒人理睬他；於是黯然回到故鄉無錫。

回到無錫便大興土木，買下四週鄰居，建築花園大洋房。但他是個熱鬧慣了的人，當然不甘在家納福，便想加入無錫的紳士集團。可是無錫的這些老人集團團結得非常緊密，若非自身在前清有舉人以上的功名，或是前清拿過印把子的知縣以上的官員，或是由父祖餘蔭的閥閱世家與書香門第的子弟，沒有資格參加。他們以公園荷池邊的一座水榭「漪瀾堂」作爲集會的地點，在那裏聊天、喝茶、下棋。那水榭雖被無錫的年青人稱作「老蟲窠」，但繆斌却竭力想鑽進去與老蟲們爲伍，因爲這樣才可以攀附於縉紳之列。可是這批頑固的老人連榮宗敬以紗布麵粉大王之尊，和他們折節下交尚且拒而不納，當然不會爲繆斌破例。誠然繆斌的官職在前清已相當於布政使；可是在這批老先生的心目中，民國的官在身份上遠不及前清的官。連做個地方紳士都沒有份，這使得繆斌非常傷心，只好棄置新落成的巨厦不住，悄悄地到上海租界中當寓公去了。

新民會成立坐者自右至左第五人繆斌第六人根本第七人王克敏

繆斌中年喪偶，雖已罷官，但至少宦囊飽滿，何況仍然是個候補中央委員，因此做媒者紛至沓來，最後娶了榮宗敬的甥女，並出任申新總機構的總工程師，他並且將他搜刮所得；傳說爲三十八萬銀圓存儲在申新。

誰知禍不單行，榮宗敬所經營的申新、福新兩大系統突然全部出現破產的危機，雖經各銀行組織財團維持，未曾倒閉，繆斌的存欵却大部份化爲一縷輕烟，隨風而逝，他這個總工程師也就自然解職，無職一身輕，心頭可是十分沉重。無可奈何，惟有再向宦途進軍。日本發動九一八事變之後，中日關係一天緊張一天，中央爲了促醒日本軍人征服中國的迷夢，由陳布雷撰著「敵乎？友乎？」一文，由徐道鄰具名在大公報發表，震動中日朝野。繆斌見獵心喜，决心步徐道鄰的後塵，寫了一篇長文，主張中日和平，但走盡門路，上海各報沒有一家肯提供一些篇幅刊載繆的大文。沒有辦法中的辦法，便是自掏腰包印成小册子，到處分發。接到小册子的人十個九個看了一個開頭便懶得再看下去，他却洋洋自得，决定將這小册子作爲到南京去重登政壇的敲門磚。

那時候是民國二十三年，國民黨召開全體執監委員大會，繆斌是候補執委，可以列席。他到了南京，首先去鐵道部內汪精衛借居的官邸去拜謁汪精衛，呈上他的小册子。汪精衛當時在黨是國民黨中央政治會議主席，在政是行政院長兼外交部長，在對日外交上，竭盡委屈求和的能事，繆斌自以爲這條路才是他唯一可以走的路，汪精衛在看了他的小册子之後也頗引爲同調，辭色間大有相見恨晚之意。繆斌辭出鐵道部門外，渾身輕鬆，一心以爲鴻鵠將至了。

可是繆斌却對當時的政治行情下錯了注碼，由於日本軍閥的貪得無饜，政府中主戰派已站立在上風，蔣委員長對抗日戰爭早在未雨綢繆，那時候連首都週圍都在暗中構築防禦工事，這說明中日之間的總結算已逼在眉睫。所以當繆斌的小冊子一出現在會議場中，除了極少數人如汪精衛與他的部下以外，個個破口大罵，唐生智更拔出手槍來，說要打死那個姓繆的漢奸。繆斌當場嚇得面青唇白，在曾仲鳴的護持下由太平門溜出會場，馬上乘火車回轉上海。

回轉上海，驚魂稍定，自知南京之路已絕，南方既不可居，且北走平津觀望一番如何？

他在天津就了一個短時期，與他往來的全是些北洋政府時代的過氣官僚，當然攪不出什麽名堂；但他終於通過這批舊政界人物與日本華北駐屯軍搭上關係。日本人以爲他是國民黨的候補中委，尚有利用價值，所以加以籠絡。直到日本發動蘆溝橋事變，他一直居留在北平。

華北成立僞組織時，他滿心以爲可以弄個總長來做做，但是王克敏却公開說他不夠資格，日本人也無可如何，最後由日本特務機關出錢給他組織一個不倫不類的「新民會」，每逢日本人有什麽集會時，臨時雇用一些地痞流氓前往搖旗吶喊，他以「會長」的身份，勉强擠進新貴的行列。以後爲了捧新艷秋而在戲院中遇刺，誤中副車，幸得不死。有人說是愛國志士所爲，但比較可靠的說法則是王克敏派人幹的，因爲嫌繆在華北礙手礙脚，躭心他有朝一日仗日人之勢取而代之也。

汪精衛唱出還都南京的一齣鬧劇，他自仗與汪精衛往日有同調之緣與周佛海又有同僚之誼；繆長民政廳，周長教育廳，在華北不能得意，又動了南下之想。可是他在見到汪、周，道明來意志在「江蘇省長」之後，汪周毫不躊躇的大搖其頭，最後僅發表他爲「考試院副院長」，做江亢虎的副手。他既志不在此，乃派人潛赴蘇北；與他任江蘇省民政廳長時的保安團團長李長江聯絡。那時候李長江隨着江蘇省政府代主席韓德勤駐屯在蘇北，前有日軍，後有不抗日而專打政府軍的新四軍，兩路夾攻，招架爲難，傍徨無主，一見繆斌招降，保證李長江升官發財，只附了一個條件，僅接受繆斌的指揮，當下大喜過望，立即接受。繆斌以爲有了槍桿子，這個「省長」是十拿九穩的了，詎知周佛海與李長江也是素識，何況周與繆比，周佛海是握有實力的僞行政院副院長兼財政部長，周佛海的代表一去，李長江自然捨繆而就周，繆斌徒然爲人作嫁衣裳，白忙了一場。

做漢奸而依舊不能飛黃騰達，失望之餘，於是住在南京的日子少，住在上海的日子多。再過一些時候，眼看日本敗局已定，便鑽頭覓縫去找尋軍統在淪陷區的地下工作人員，有志者事竟成，不久如願以償，並且在他的家中設立了秘密電台。據說在這一段期間工作得相當賣力，軍統局長戴笠曾好幾次「傳諭」嘉獎。他爲了表示忠貞，並遣派他的長次二子取道界首轉進後方，却在蚌埠被僞組織的特工截獲，並搜出繆斌呈交老上司何應欽的函件。但代主席陳公博同情繆斌的投機行爲，竟下令放行。繆斌的長子其後進入成都軍校，成爲陸軍軍官，次子則進入航空學校，其後在桂林上空與日機作戰陣亡。

繆斌以「重慶地下份子」的身份暗中與日本進行所謂「和談」，他以爲這是千載難逢的好機會，如果成功，那他可眞是前程如錦。結果買空賣空不成，反而因此斷送了他的一條老命，這也許是他做夢也想不到的了。

勝利後他被捕入獄，他挾着一個大公事包，自稱內中所藏盡是他與戴笠來往的電報，足以證明他不僅不是漢奸，且有功於抗戰。唯其如此，他在蘇州高等法院庭上侃侃而談，居然一副有恃無恐的樣子。在一般人的看法，他雖是漢奸，但備位閒曹，劣跡不彰，充其量無期徒刑而已，生命是一定可以保全的。然而法院却在裁定他死刑以後，不等他上訴就執行了死刑，成爲漢奸中第一個伏法的人，確實太出乎人的想像以外。

問題出在東京戰犯法庭，傳說東條作供時曾提到繆斌以自稱中國政府代表的身份，與他進行過和平的談判。東京戰犯法庭爲了證實這個說法，準備行文中國政府提解繆斌前往東京對證。就中國政府的立場言，這僅是戴笠利用繆斌假談判之名，刺探日方虛實的一種手段，與政府無關。但戴笠已死，解釋起來徒增麻煩，和易於引起盟邦誤會，與其橫生枝節，不如送他早日見閻羅，一了百了罷。此說如眞，難怪他臨死要作詩自詡「死作和平神」了。

勝利後我曾經過繆斌的故宅門外，門前小溪流水清徹如昔，他父親經營的希賢道院依然絲竹聲喧。「繆斌如能繼承父業，他不正是其中演奏的一員麽？」當時不禁爲之憮然。

北平新民會成立城門口的大標語

香港舊事錄

·上海移民·

香港電車最便宜

香港電車已有六十九年歷史，軌道全長十九哩半，行駛速率每小時十哩至十二哩。戰前票價最廉三仙，目前爲一角、兩角，去年調整票價改爲不分等級，一律收費兩角。仍爲世界最廉，雖然有人指電車在交通工具中已屬落伍，但在香港仍將繼續存在。

香港電車的最大特色是有「樓座」，從樓下走上去要跨九步梯級。樓上座位爲兩人與單人座，除車頭一行可坐四人者係倒坐外，其餘一律向前。樓下座位爲兩長列，搭客面面相對。樓上座位較樓下畧爲舒適，但亦相差甚微，却須多跑一層樓梯，因此多年來，一直有人主張應將「頭等」設於樓下，「三等」設於樓上，藉省登樓之煩。電車有頭等三等而幷無二等，雖云無大意義，却有抑低廉價搭客身份地位的潛意識作用在內。不僅電車如此，渡海輪、登山纜車和巴士以前也莫不皆然。不過巴士革新較早，光復後即將等級取消，改收劃一票價。

說來奇怪，電車的前身乃是「馬車」，一六六二年，巴黎出現由幾匹馬拉着走的大馬車，車上可坐多人。它的行駛有固定的路線，來來去去，週而復始，收費較私人馬車廉宜，頗受歡迎。但此種馬車之出現，引起貴族們的不滿，因爲他們不願看到工人、士兵、傭僕以及窮光蛋也坐馬車，下令禁止，於是此種公共馬車乃絕跡不見。直到法國大革命後，才重新出現，而且流傳到了倫敦和其他歐洲大城。

一八七九年，德國「西門子和加爾斯」公司製成了第一輛試驗電車，在柏林工業展覽會中展出，但車廂甚小，僅容數人。其後繼續改進，第一輛現代化的電車於一九〇六年方告面世。

當時，電車成了最受歡迎的公共交通工具，但因車輛與鋼軌磨擦之故，喧聲甚大；且因路軌來往各僅一線，前面一輛車發生了障故，後面的車都得停下；此外鋼軌造價甚高，速度又不甚大，於是乃有人設法以無軌電車來代替。

第一輛試驗性無軌電車出現於一八八二年，其時由於橡膠尙未發明，車輪均係金屬製成，在卵石不平的街道上震盪頗甚。及至五十年後，城市裏舖了柏油路，無軌電車也裝上了膠輪，車行平穩，無軌電車才戰勝了有軌電車。

我國有電車行駛的都市，計有上海、天津、北平、瀋陽等處；廣州也曾計劃辦理電車，而且曾經舖過一小段路軌，但後來因爲擱置，終未辦成。各地電車都是單層無樓；香港電車獨有雙層，一九三七年筆者初來香港，見之頗覺新鮮。

第一輛電車在香港開始行走，時在一九〇四年七月，至今已有六十九年，那時電車公司的名字叫作「香港電力路軌公司」。一九一〇年方改名「香港電車有限公司」。

香港的電車路線實際上祇有一條，即從東端的筲箕灣到西端的堅尼地城。但是電車公司把它分成數截，筲箕灣至上環街上爲一線，北角至屈地街爲一線，銅鑼灣至堅尼地城爲另一線；至於跑馬地一線，那祇是由波斯富街右手折入，繞馬場半圈，以馬場西端爲總站，再繞馬場之另一半圈，由摩里臣山道出而至堅尼地城，其路線與由銅鑼灣至堅尼地城完全相同。這意思是說，電車軌道雖然由筲箕灣一直伸展到堅尼地城，但兩端之間却沒有直通車，亦即至少於中途轉車一次。

香港電車車身長爲廿九呎二吋，濶度爲六呎五吋又四分之三，每一條車軌的長度是四十五呎，重量是一千七百磅，它的壽命却只能支持兩年，所以經常需要修理或者汰舊換新。

電車的行車速度是每小時十哩至十二哩之間，由筲箕灣至上環街市，單程需時四十五分鐘；由北角至屈地街，由跑馬地至堅尼地城，各需三十五分鐘。

現代都市交通工具中，電車通常被視爲已告落伍。英國於一九五三年時淘汰電車，一九五七年時，香港電車公司特派人員前往倫敦考察電車事業，到了倫敦，方知電車絕跡已有多年，考察人員默默而返，一時傳爲笑談。

與的士、巴士、小巴相比，電車雖然較爲落後，但收費廉宜，在香港仍不失爲最受歡迎的市區交通工具之一。

香港監獄十一所

英國於一八四一年佔領香港後，即在海傍建立監獄，名域多利監房，屈指算來，域多利監獄已有一百三十多年歷史，位於今中央警署附近，其間經過多次修葺，但仍保持一部份舊觀，但當初因尙未填海，地近海傍。

域多利監獄本來兼收男女囚犯，原因是當初人口無多，犯人更少。有清末葉，有一種懲罰男犯的方法是輕罪男犯先剪其辮以示警誡，重則剃以光頭，剃了光頭，也就分不出是男是女了。

域多利監獄大修建時，昂船洲也曾設置監獄，——大戰期間域多利監獄曾作集中營，而香港第二所監獄則是設於九龍的荔枝角女監獄，於一九三二年完成，五年後赤柱監獄相繼完成，可以容納較長服刑的男犯人達一千六百人。近年來香港監獄設備改善不少，並分門別類以適合各種不同的犯人。

現時全港共有監獄十一所，赤柱監獄爲最大的一所，大欖則爲女犯人自新之地。芝蔴灣和塘福監獄則屬不設防監獄、尤其是塘福監獄可容納一千二百多人，是世界上最大不設防監獄之一。對付吸毒犯人則有大欖戒毒所監獄。少年感化則有哥連臣角、赤柱和石壁三處，對付精神病犯人則有小欖和龍背監獄。

重犯多囚赤柱監獄，俗語「赤柱渡假」便是由於重犯監獄之意。早年的監獄當局權力遠比今日爲大，死刑曾公開執行。一八四九年有海盜判處極刑即由監獄當局授權受害家屬的一個美國人親自執行，此外當其他市民志願担任劊子手者，一八九五年後，死刑改爲秘密執行，由警方、監獄署和輿論界三方作証。早年判處死刑的犯人，不外殺人凶手和海盜兩種人物。

最早香港的警察

香港警察，至今已有一百二十多年的歷史，在此期間，警員人數由最早的三十二人，增加到今天的一萬五千人，執行法律，維持治安，厥功至偉。

在過去某一個時期的十二個月內，警方所做的工作，包括來自市民的投訴約共五十萬宗；緝罪案二萬五千宗，其中百分之七十五破案；處理「九九九」緊急投訴二萬四千宗；跋踄六百萬哩路程爲市民服務；發現超過四千名失踪者的下落；覓回被竊汽車三千輛；掃蕩賭博及毒品活動五萬次以上。香港警察之工作繁忙，由此可見一斑。

香港的警察組織，係由英國皇家陸軍百福郡克福郡聯合旅（即今英國皇家安格理安旅），第十六步兵旅威廉上尉所創立，警察人數，最初僅有歐籍者十一人，華籍者二十一人，當時全港居民三千，皆呼之爲「公差」；因力量不足，缺乏工作表現，居民對之印象不深。「公差」執行職務，常須有賴於各大洋行看更人協助，當時渣甸洋行一家即有看更人十二名之多。一八四三年某晚，港督亦遭竊匪光顧，於是警方下令所有居民晚間出門，必須手持燈籠。

一八四四年，因英印籍退伍軍人加入警界工作，警察實力爲之大增，是年七月，港府正式公佈成立警察部份，以年俸五百鎊之高薪，聘英國倫敦查理士美警司來港主持，短期間將警察人數增加到一百七十一人。

其時香港治安甚差，海盜橫行，三合會組織到處皆是，入晚街頭行人絕跡，由印警荷槍實彈巡邏；外籍人士則奉命於門口懸掛燈光，以補路燈之不足。

爲壓制犯罪起見，官府對犯罪者所施之刑罰甚重，常用「九尾鞭」對付犯人，施以體罰。但是英國法律公平的精神，亦時有表現。一八五七年間，有一華籍製餅所，被控以含有砒霜之麵包毒害英籍居民，致令香港英籍居民，包括香港總督在內全體患病；但審訊結果，因證據不足，該製餅師終於獲得無罪釋放。

但社會惡勢力仍然强大，一八六五年，居民常在光天化日之下遭受刧掠，華人向港督請願，獲准自組「團防隊」，以補助警察力量之不足。兩年後，首批北印度「錫克教徒」來港參加警方工作。至一八七六年，依照居民人數比例，香港成爲世界上警察人數最多之城市。其時水警組織亦告成立，但最初期間，依照中英條約某項規定，水警係與廣州水師當局合作管理，後來才分開獨立。

太平紳士稱·J·P

「太平紳士」原名 Justice of Peace，縮寫J·P·意思是「和平的公証人」，譯作「太平紳士」是香港師爺的傑作。它是十六世紀前，英國封建傳統政府所設立的一個酬庸人民的特殊階級，它的前身「英屬香港治安委員」由政府予以下列權力：（一）依據維持治安法例，治安委員可以制止非法集合，喝令散去，否則下令拘捕，及隨便入屋搜捕擾亂治安的人。（二）依據軍火條例，可以簽發搜查令，下令搜查軍火。（三）依據賭博條例，可以簽拘票搜拘賭徒。（四）依據鴉片條例，可以簽票搜查鴉片毒品。（五）其它如定時視察監獄及瘋癲院，處理不合法結社制度，抵制風潮等。

雖然獲J P銜的人不少，而且法律上有上述權力，但極少有人認眞運用，倒是現在各區警署的警司，「例定」有太平紳士銜，實際執行上列職權的大部份。其他獲銜者，大都視爲英廷頒授的榮譽。

一八四三年砵甸乍爵士就任第一任總督後，同年六月廿七日，選委社會名流四十四名爲「英屬香港治安委員」。這批人全部是西人，一個華人也沒有。當時在香港營商具有頗大勢力的波斯商人，也不在其中。後經波斯人上書英廷，翌年港府將原委的名單撤銷，另委有波斯人在內的治安委員。直至四十年後由於華人力爭之故，才委出一個僑港華人黃勝（高等法院通事）做治安委員，時爲一八八三年十二月。

凡爲太平紳士者因地位職權關係例須宣誓効忠英廷，今日亦復如是。但近年以來，太平紳士人數大增，他們的權力地位與尊榮，也已今非昔比了。

天文台歷史悠久

本港氣象紀錄，始於天文台落成的第二年，即一八八四年。在此以前，扯旗山頂有一氣象觀測站，以氣候情報供給本港往來船隻。那時的重要氣象變化，如颱風行蹤等資料消息，則賴上海徐家滙天文台供應。當初香港要設立天文台，主要目的並非爲了觀察一般的氣象，而是爲了防範風災。近年以來，啓德機場已成爲國際航空中心，供給航空氣象報告，遂成爲本港天文台重要任務之一。而對於本港切身利害有關的颱風消息，更始終不敢忽畧。尤其以前香港食水不足，經常制水，緊急制水期間，如果久旱不雨，市民渴望天降甘霖，大家對於天氣預測的報告，更是十分關心。

本港天文台落成於一八八三年，但設立的計劃，早幾年即已有之。一八七九年，皇家學會提出設立香港天文台之正式建議。是年英國皇家學會之華倫·羅博士 Dr. Warren De Le Rue 向殖民地大臣比區爵士 Sir Michael Hicks Beach 提出了一份有關此事的備忘錄。那份備忘錄中指出，香港的地理位置，特別適宜於對一般氣象學及颱風作詳細研究。當時香港總督軒尼詩爵士鑒於此項研究對英國及香港本身均屬需要，積極予以支持，並且進一步的推薦了備忘錄中的所未提及的研究工作。

經過詳加考慮和修改，巴爾馬少校 Colonel H. S. Palmer向政府作出了一份詳細的計劃，該項計劃內容雖頗可取，但因費用過鉅，並未即時進行。及至一八八二年，港政府的測量官普萊士 John Macneile Price 又作了一個規模較小的計劃，經轉呈英廷，獲殖民地大臣批准。計劃中之香港天文台主要工作爲從事適合王國需要之氣象觀測，報時工作，潮汎漲落報告；奇怪的是沒有把天氣預測包括在內。

香港天文台的特殊雷達設備

香港天文台於是開始興建，主持人陶白克博士Dr. Doberck 奉港督之命，於一八八五年之下半年內，遍訪各有關港口，要求有關氣象報告之各種合作和協助。

天文台址建於九龍市區尖沙咀，面對港口，它的地理位置是北緯二十度十八分十二點八二，東經一一四度十八點七五。

自從天文台在一八八三年落成後，從一八八四年開始，本港的氣象觀察便有了不斷的正式紀錄。

颱風警報制度，係於一八八四年開始實施，是年的八月，天文台建立了風球警報制度，每當颱風即將襲港時，尖沙咀警置訊號台，即刻鳴炮報警。

到那時爲止，天文台尚無正式名義，天文台負責人，祗稱「政府天文專家」。直到一八八七年，始正式命名爲「香港天文台」與「天文台長」。但當時颱風警告訊號，既混亂也簡單，晚上的訊號祗有兩盞燈籠，既看不到風力，也不明白表示其距離，祗知道是有風而已。

一九〇三年，開始改良風暴警告訊號，在九龍黑頭山即大包米，建立懸掛新訊號的旗桿。新的訊號，在一九〇九年一月一日正式啓用。一九〇九年，報時訊號從尖沙咀警置移到了黑頭山，而鳴炮報風的辦法也取消了。再過十年，颱風警告制度方漸趨統一。

香港最早電影院

香港人有電影看，係在本港未有戲院之前，他們在街頭設布幕，晚上放映外國電影短片。觀衆站立欣賞，收費一仙。

最早的電影院（那時通俗的叫法是影畫院）是今日雲咸街南華早報位置的一間「比照」戲院戲院。全院只有地下，共六百個座位。座位不對號，也沒有前後座之分，每天晚上只映九點一場。後來加爲每天三場，即兩點，七點和九點。直到一九三三年才加映五點一場。所映的片子多爲美國默片，以諧片、西部片和戰爭片等最受歡迎，雖然有字幕打出，塲中仍設有解畫員。

比照戲院後來改組爲「新比照」，同時有第二間戲院出現，那是位於砵甸乍街的「域多利」戲院。經過若干年後，中環地皮有價，此址改建新厦，名爲「爹核行」。

看影戲的觀衆漸增，娛樂商遂投資在中央市塲對面地點，建「派亞」戲院。外狀有如一座貨倉，全用紅磚建成。後經營多年，改爲專做粵戲的「和平」戲院，但不久結束。演粵戲還有以後普慶坊「重慶」戲院，但不久結束。後來又有「高陞」與「九如坊」新戲院先後建成。再後是「新世界」戲院，此院比「皇后」、「娛樂」、「中央」的歷史更久，今已改名爲「恒星」，該院向爲香港政府物業，租與商人經營。

九龍方面第一間戲院是位於深水埔的「明星」戲院，後改建爲明聲戲院，也是目前九龍區碩果僅存的舊戲院。但改建爲「明聲」戲院時，已經算那時最新型的一間。

四十多年前九龍方面只得電影院五間，計爲「廣智」、「第一」、「旺角」、「明星」及「美芳」。「美芳」是紅磡山脚的一間小型戲院，面積極小，由三個女子包辦放映、售票和雜工。廣智在油蔴地，票價最廉，五仙一角，奉贈蝦米、醬油。

香港中文大學出版

林語堂
當代漢英詞典

特點

首創用語言學的方法整理中國語文
列舉詞語之適用時地及文法上的關係
可供打字、發電報及入電腦之用
鑒定單音節及多音節的詞語
簡便的上下形檢字法

樣式

長十吋濶七吋　一千八百頁
白聖經紙　燙金字布面精裝
列有八千一百九十一漢字
十萬零六千一百六十六詞語

附錄

英文索引
號碼索引
國語羅馬字索引
分類參考資料

香港區代理

辰衝圖書公司
九龍樂道
十三號地下
電話：三一六六八〇三三

香港中文大學出版部
九龍彌敦道
六七七號十二樓
恒生銀行大廈
電話：三一九四七八〇七
（定價：港幣二百元）

大千藝術特徵

薛慧山

大千居士以寫中國字的筆法運用到畫法中去

「……墨海中立定精神，筆鋒下決出生活，尺幅上換去毛骨，混沌裏放出光明。縱使筆不筆，畫不畫，自有我在」。

——石濤畫語錄

以當代畫家的天份與功力而言，張大千該是一個傑出的開創者。囘顧其數十年來的藝術生涯，我已撰「張大千法古變今」一文，刊之「大人」。而今，主編者又以大千新作大幅墨荷精印面世，囑再加以說明，因之寫成此篇：「大千藝術特徵」。

「滔滔四海風塵日，宇宙難容一大千；恰似杜陵天寶後，吟詩空憶李青蓮」。這是當年溥心畬旅居日本時，贈張大千的一首詩，世亂正亟，他們兩人都以飄泊之身，異國相逢，感慨萬千！說實話，按照日本人對待其國內大畫家的尊譽，往往喜歡稱爲「人間國寶」；但我們的「人間國寶」呢？事實上却又非完完全全，實實在在，靠自我掙扎、自我培養不可！

張大千數十年來的藝術生涯，曾經有過三大機緣：第一是早年從遊曾李二師，得以進窺石濤八大；第二是大風堂收藏過古代名畫古蹟甚多；第三是敦煌壁畫的發現與臨摹，對他一生都有決定性的影響。但最重要的一段日子，還在於這二十多年來，儘管他滔滔風塵，四海飄零，一直在過着所謂「富可敵國，貧無立錐」（見後頁沈尹默贈長歌）的日子，而其間旅遊之遍，閱歷之廣，作畫之勤，變化之漸，却又突破了歷來中國畫家的例子。何況，經過了長期的探索，長期的歷練，直到六十歲左右，纔開始突圍而出，自我建立了一項嶄新的風格——姑名之爲「大千藝術」。有人指出他如此老年變法，「可謂審愼而又謙虛，」殆爲公允之論。

在此，我先把大千藝術的特徵與其內涵，尤其墨荷創作的過程予以描述；并根據大千平日重要的畫說畫論，暨當世諸家對他的評語，作一綜合的說明與報道。

老畢與他

據電訊報道：一九七二年十一月，張大千四十年囘顧展，在美國舊金山砥昂博物館舉行。在大雨滂沱中各方嘉賓爭先恐後的湧到參加，大家說這是與中國文化有關的空前盛會。其中展出五十四幀作品中，從早期到晚年，墨荷即佔了十分之一。當記者訪問張大千，叩其在過去四十年（其實應該更推遠到五十年）總共畫過多少幅畫？他答道，他從來沒有統計過。但是他又說：「你可以按每年一千幅的數字計算」。那麽總共該有四萬幅了。——實在是驚人的數字。而其間大部份是爲朋友畫的，他交遊遍天下，而又慷慨成習，以畫贈人。

不管怎樣，他被報紙稱爲「中國國寶」、「中國的畢加索」，或讚爲「五百年來第一人」，或者如亞洲藝術文化中心主任戴金斯所說：「本世紀傑出畫家之一」。但是他本人却是一位典型的謙謙君子，不把自己看得有什麽了不起。問到那些畫他認爲最好、他最滿意的時候，他毫不遲疑地囘答：「沒有！」

這種謙虛的君子風度，就由於大千出生在中國禮義之邦，即使他的藝術作品已出乎天天，入乎人人，實在了不起，但還是一些沒有因之而自滿，這些修養與胸襟，在外國的畫家恐怕就無法與之比擬。

關於張大千與畢加索會見的一幕，遠在十七八年前，我已在良友畫報首先報道，幷曾將其彩色照片發表。事隔多年，已不能詳細記憶。頃見李鴻球先生一文，却言之鑿鑿，摘其要點如下：

『八月十一日我訪張大千，一見面便告訴我，他和畢加索見面了。接着再詳細述說相晤經過，大致是他聽說坎城附近舉辦一個現代陶器展覽，畢加索將去主持揭幕禮，他帶着一個趙姓青年前往參觀，畢加索一眼見到這個長鬚、高帽、藍袍的東方人甚爲驚奇，經人介紹，握手寒暄之餘，約請次日茶叙。大千如約而往，畢加索穿着比較整齊的服裝，條紋襯衫、長褲，沒結領帶，和他的女伴一同迎接招待，格外殷勤，同座還有一個西班牙詩人和一個美國畫商。畢加索與張大千交互推崇，談得很開心。畢取出用中國毛筆所作的畫請教張大千，張很禮貌地讚美一番。這位西方大畫家樂得笑逐顏開，隨取出一張六月二十三日的作品，另再畫了一張，都加了上上欵及一九五六年七月二十八日字樣送給了張大千。看在西班牙詩人、尤其是美國畫商眼裏，覺得眞是異數，因爲畢的畫非錢莫辦，如今一送便是兩張，可見他對這位中國畫家是何等的敬重呀！暢談酣飲之餘，再攝影多幅留念，畢又大讚中國毛筆之妙，大千允予贈送。回到巴黎，大千畫了一幅墨竹、一幅山水贈與畢卡索。另用墨筆寫了一封中國信，字大如核桃，書法精美，請周麟爲之譯成法文，畫與信我當時俱會親見，至今記憶猶深。聞畢加索收到之後，曾對一個中國人說：「我眞奇怪！你們中國有這麼高深的藝術，爲什麼還有人要到歐洲來學畫呢？」聞張大千後來在日本製了幾枝毛筆，毛是牛耳朵內拔出的，要二十萬頭牛才可選出一公斤耳毛，是特地從倫敦買去的，想畢加索聞之，亦必爲之咋舌。這話我非親聞，眞假不得而知，但大千於筆墨選用之精，則是千眞萬確的。』

以上所述，大致無訛。據說大千還送過老畢一套中國漢代石刻拓片，老畢非常之欣賞，其鬥牛畫即深受這些影響。因此有人說，假如老畢能夠深入研究中國戲劇上的臉譜，又將會觸動他的創作靈感了。

畢加索常說：「我把全部精力放在藝術上。至於其他任何事情，我可以採取不管的態度」。又說：「我活到現在，才懂得快樂的秘訣，那就是千萬不要讓精力停動」。其精力之强，用功之深，唯張大千堪相伯仲，這一點，大千已寫過四萬幅以上的畫這事實，就是一個最好的解答。

但大千與老畢之間，畢竟是東西兩種不同類型的人物。老畢出生於鬥牛民族的西班牙，天賦一股蠻勁，又兼有些玩世不恭，所以造成那種離奇詭怪的超現實畫派。而大千呢，誠如他自己所說：「我國道家思想，得其環中，超以象外」，確實是不同的，即使他有時可以豪放得近乎狂，但還是帶些含蓄之美。

大千居士在巴西畫室中畫荷夫人徐雯波女士凝神觀賞

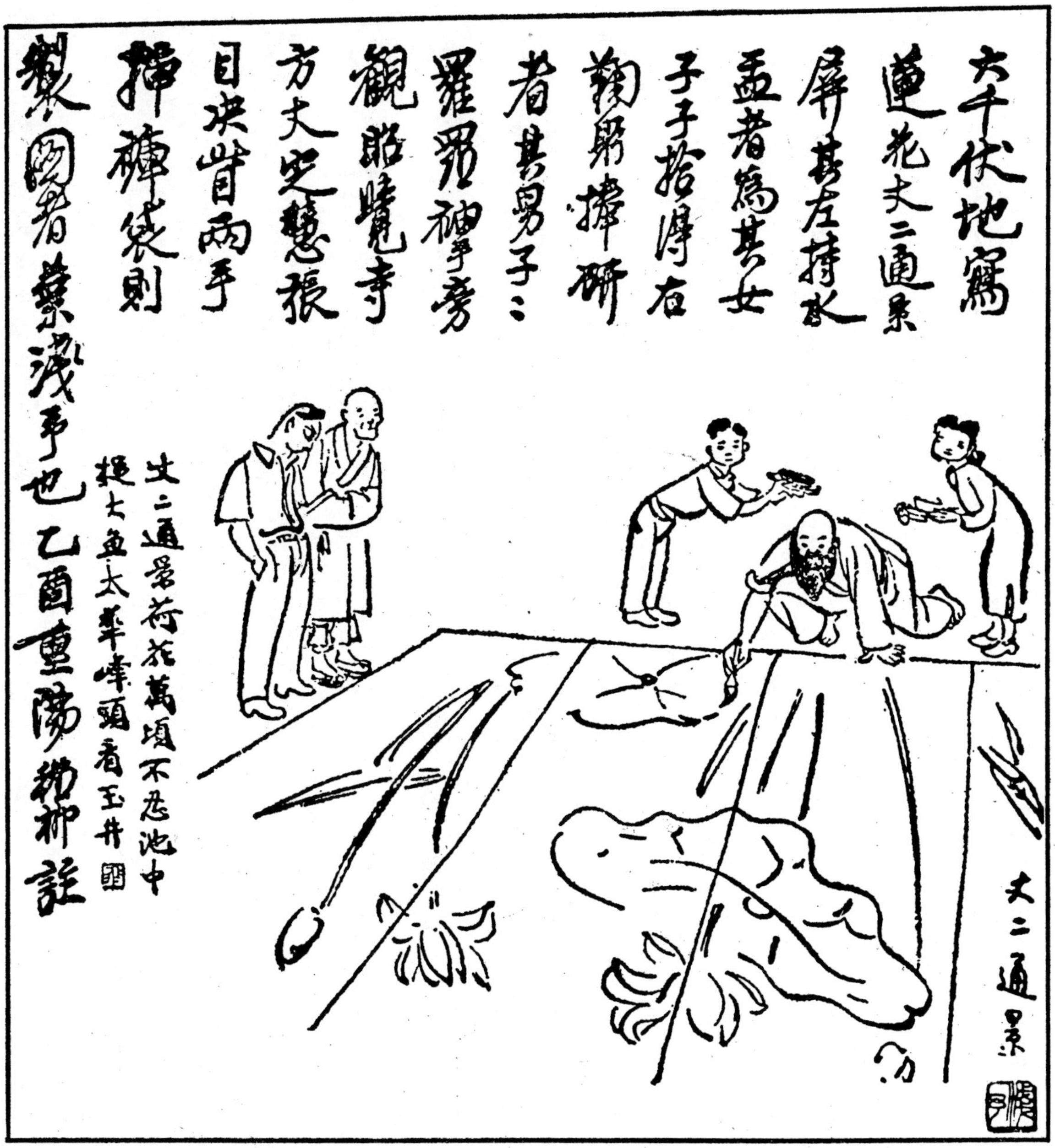

葉淺予畫「大千伏地寫蓮花丈二通景屏」 馮若飛題 謝稚柳註

祗是畢加索一輩子變了又變，變個不停。到了九十多歲依然孜孜無倦容。這樣磅礴四極的氣概，大千也該有的是。昔人云：「畫之道，所謂宇宙在乎手，故其人往往多壽」。謹為他老人家祝福。

讀書之功

要作畫，先要讀書，因為繪畫六法三昧，一切皆無非由內達外而起。清人松年「頤園論畫」即開門見山地說：「畫師處處皆有，須分貴賤雅俗，不讀書寫字之師，即是工匠，其胸次見識平庸，惟守舊稿，心摹手追，老於牖下，有畢生不出鄉里者，自未見名山大川，耳未聞歷朝掌故，此等人斷不可師法者也」。可見讀書與見識才是藝術的眞血脈，而張大千之成就高出於一般畫家的地位，亦即基乎此。

記得十五年前，當大千六十花甲壽辰之際，他剛從歐洲歸來，開始以大寫意的新作面世，我曾撰專文於星島日報，首先指出：「誰看到張大千最新的作品，一定會有這感覺：又變了！此日他畫的山水，不再像從前皴得那麼多，而嘗試了高度概括的手法，「意足不求顏色似，」那纔是他自己要畫的畫。瞧罷，而今他畫的松柏，不再像從前那樣齊整地點葉，祗以信手揮灑一片濕墨而成，「元氣淋漓障猶濕」，他不再過份地拘泥形似，正擬以生辣與拙重的筆墨來表現神似，這不正是張大千自己的創作又是什麼？……」

此後，金石書法家王壯為的分析，最為恰當而能道出要點，他認為：「張大千近年的畫，顯而易見有幾個特點：一、由細筆變成大筆。二、甚至只見墨暈，不見筆跡。三、脫略形似，表現意象。四、雖是具象，已近抽象。五、極度發揮水與墨的功能。這種演變，當然有其遞嬗過程，其過程和中國書畫的變遷，他個人生命、生活的變遷，世界繪畫的變遷，都有息息相通的密切關係。」并特別舉出大千現在的觀念是：「簡勝於繁，拙勝於巧，巨勝於細。」這些與我所持「巧

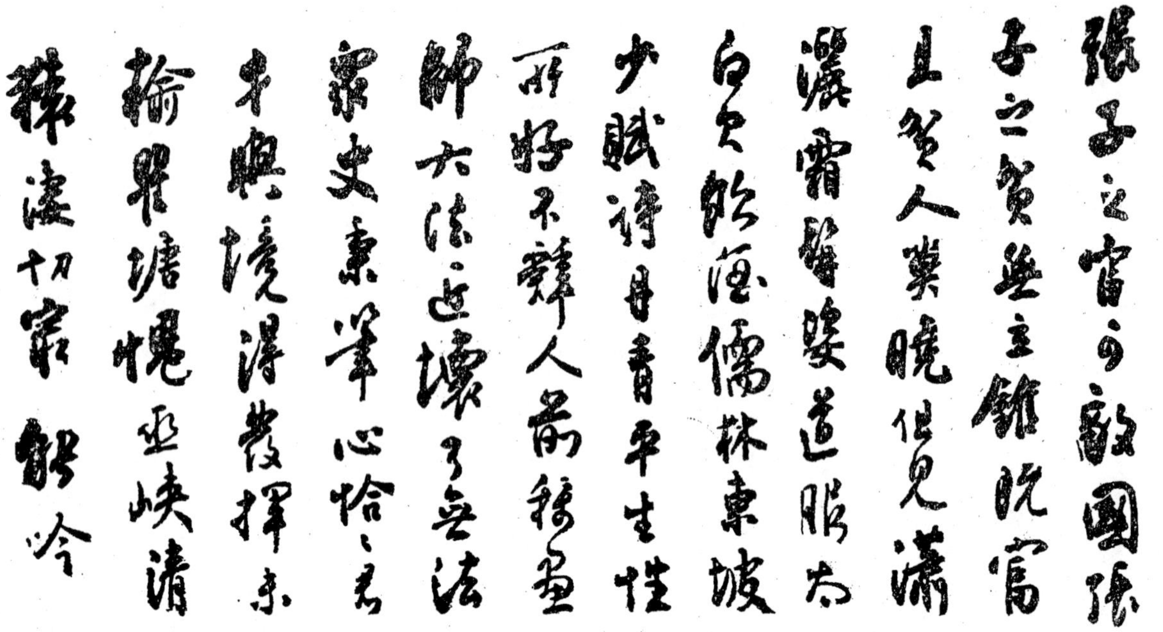

沈尹默贈張大千長歌

中求拙，熟中求生」之論，似是不謀而合。

對張大千新的畫風畫法，上文詮釋得很精到明白。要知道大千藝術之所以突出，便是一面能夠把傳統延展下去，一面又要不斷地求變，不斷地創新。別人看不到，想不到的地方，往往他可以搶先看到想到，而又付諸實踐。即如這樣的潑墨、潑色，却潑出了中國畫向所未有的新局面，現在有很多人學他這樣的潑，但是，大千却永遠趕在前面一步，當別人羣起效尤的時候，他又正醞釀另創別格了。今日的大千藝術，靈氣充盈，有廣度，有深度，有內涵，有眞摯。其主要成份，即有一個「我」在，而這個「我」又從那兒來的呢？

直到今天，有人叩詢他學畫成功最重要的因素何在，他輒拈出「七分人事三分天」這句話來，此証明其好學不倦，老而不輟，一輩子以文學爲基石，藝術爲澤敷，就是以形而上之道來馭形而下之器而已。大千「畫說」中，更特別强調過：「如欲脫俗氣，洗浮氣，除匠氣，第一是讀書，第二是多讀書，第三是須有系統有選擇的讀書」。據我所知，大千平日在忙中也是手不釋卷，至少他尙能有選擇的讀些書，而其攝受力與想像力，又比別人爲强，夫如是而精勤日新，終能臻於自我創造之境。

一言以蔽之：一個畫家倘無文學的內涵，即屬捨本而逐末，故俗氣浮氣匠氣皆所不免。作畫必以思想性靈爲前提，是故「讀書之功，豈可忽哉！」

墨荷創作

無疑地，張大千畫的墨荷，才是他所平生最具代表性的自我創造的「大千藝術」。

試看他近年所作數丈寬大的荷花巨障，大有縱橫於無人之境的磅礴氣勢，其用筆用墨，淋漓痛快，眞是「無法之中有法在」。記得有一次在台北歷史博物館展出，觀衆一時都仰起頭來，望着從屋頂掛到地板上的十四呎長的墨荷表示驚嘆：「畫得好有氣魄，這一丈長的荷梗，顯然是一筆畫下，這麼長，怎麼勾得到？畫的時候，身子擺在那裏啊」？有人囘答：「是蹲在地上畫的」。同樣，我早已報道過一幕：當大千的墨荷在巴黎展出的時候，現代畫大師布洛克見了，也感到一陣驚心動魄，認爲能把軟軟的中國毛筆畫出這樣有力的長線條，眞是不可思議的。

其實大千之一下子筆走龍蛇，轉折流暢，也正是把中國寫字的筆法運用到畫法中去罷了。我的看法，他還是從元人書法中悟了出來。元人書法，一筆醮飽，即迅疾狂草，直至墨盡，猶運腕不停，故行間明沒，宛如羣鶴游翔空中。這就所謂以氣勝，但非有絕大腕力，絕大氣魄者不能爲之。

綜合最近各方報道，近年大千的健康情況與生活環境已轉佳勝，自移居於美國加州克密爾海邊後，名其新居曰環蓽庵，新建了一個長形的大畫室，走廊上有六大圓形的支柱，好像是象徵六合的無窮無盡。四週松柏參天，又新種了百株梅花，該是極合理想的頤養所在。最可喜的，他的目力居然復明了，拜受現代醫術奇蹟之賜。近時他的創作衝動，又那麼熾烈起來，曾作一詩云：「老夫夜半清興發，驚起妻兒睡夢間，翻倒墨池收不住，夏雲湧出一天山」。其逸興婆娑如此。他又嘗語人曰：「我作畫時常常隨興之所至，畫到那裏算是那裏，這樣作畫時心情如幻遊天地，與造化合一」。唯其如此，也可說：「獨得於筆情墨趣之外，蓋天機之勃發也」，正是中國藝術的最高哲學境界，而又爲西洋畫家夢寐求之不得的一種作畫態度。

因此有人更聯想到，唐代王洽，原是大千潑墨法的來由，但是王洽作畫要借酒力之助，使精神才能亢奮，而手舞足蹈，繼之揮寫才能完成，西方畢加索亦曾試過服食迷幻藥後的創作效果，果然奇姿異采，非同尋常。現在大千所用的是本身心力，并非依靠酒力、藥力。由於他老人家心

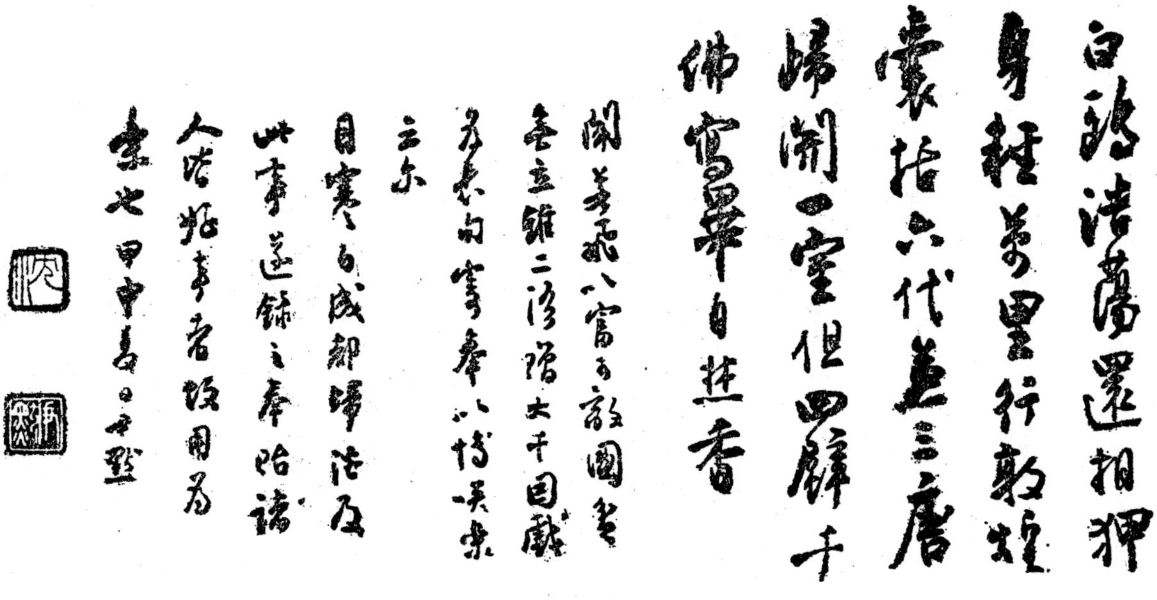

力强大，元氣充沛，有時忽然解衣而起，翻倒墨池收不住，把握住了一時靈感，創造出若干潑墨山水與大幅墨荷的新作，還不是由於他具有高度的內涵之故，所謂「有大力負之而趨」，始克臻此。

追溯大千藝術根源之另一面，這更與他早年深入研究過八大、石濤的繪畫思想與技法也有着關連。

八大的作品，別創一格，在紙上常常運用各式抽象的點、渲、皴、擦，攝取物象的骨格與神氣，而以豐富的暗示力與象徵力代替形象的寫實，所謂「筆簡形具」「畫盡意在」，看上去但覺蒼蒼茫茫，渾化一片，而能在最不似處最荒率處最爲傳神。因此大千寫荷之奧妙，也無非抉竅於此。清代惲南田云：「筆墨簡淡處，用意最微，運其神氣於人所不見之地，尤爲慘淡，此惟懸解能得之」。又云：「畫以簡畧爲尙，簡之入微則洗盡塵滓，獨存孤迴，烟鬟翠黛，斂容而退矣。」作畫而能如此悟解，自臻上乘。

多年來，看大千寫荷花的時候，奮其大筆飽飮大量水墨，以高速度落紙，頃刻之間，一氣呵成。其構圖儘管千變萬化，而終不離八字要訣：「疏可走馬，密不通風，」特別强調疏處愈疏，密處愈密，因而其藝術効果，乃呈現一種不可名狀的生命旋律，可以百看而不厭。大千曾對我說：「寫荷花雖沒有寫水，但要一看就宛如矗立水中央一般」。這種「運其神氣於人所不見之地」，乃就所謂「以虛寫實，知白守黑」，最値得令人玩味不盡！

大千藝術的特徵，即在於他最懂得選擇，最要求洗鍊，往往數筆點染，即能一下子很容易把對象最奇最秀的一段予以集中表現。老友李葉霜，近撰「大千居士的私房畫」一文，指出其畫「早期秀發，中期精能，晚期爛漫。」這爛漫二字，即無非深得石濤細緼章的妙諦而已。語云：「……不可雕鑿，不可板腐。在於墨海中立定精神，筆鋒下決出生活，尺幅上換去毛骨，混沌裏放出光明。縱使筆不筆，畫不畫，自有我在」。如此又何愁其作品不能超越古人，高出造化？

國畫難題

本來，畫家是不必多說話的，畫家是用自己的畫，向別人宣洩自己心靈的奧秘，自能融會貫通。大千平生，最怕在公衆前面演講，但私底下跟朋友擺龍門陣，對中國畫的理論與觀點，常有其談言微中之妙。例如他談到歷來所考察比較中西藝術的結果說，中國畫與西洋畫，在最初開始時與達到最高境界時是完全一樣的，只是在中途發展時，各有差異，他說：「藝術達到最高境地時，都是相同的。」

談到抽象派的問題時，張大千說：「中國畫是精神上的抽象，而非形態上的抽象。馬蒂斯、畢加索都可說是受了我們中國畫的影響。」他發表研究國畫多年的心得說明國畫的優點道：「中國畫是多方面的，不僅要求線條美，也要注意色彩的調和，更要顧到畫面的結構。如果希望成爲一個中國畫家，詩、書、畫、多方面務必樣樣精到才行。」

他又進一步分析中西繪畫的異同之處說：「西畫是色與光不可分開來用的，中國畫是光與色分開來用的，需要用光時就用光，不需要時便撇了不用，至於陰陽向背，全靠線的起伏轉折來表現。而水墨與寫意，又爲我國獨特的畫法，不繪陰影，所以中國傳統方法除以線條起伏來表現陰陽向背，又以色來襯托，這也好像近代的人像藝術攝影中的高白調，沒有陰影，但也自然有立體的美與觀感，其理論是一樣的。作畫根本無中西之分，雖可能有不同之處，那是地域的風俗習慣以及工具的不同，在畫面上才起了變化。」

一般人常說中國畫沒有透視，或則說中國畫的透視是不合理的，張大千對於這點曾加以闡明，他以爲中國畫的透視是由四方上下各方面着手的散點透視法，他說：「從前沒有發明攝影，但是中國畫理早已發明這些極合于攝影的原理。譬如畫遠的景物，色調一定是淺的，同時也是輕輕淡淡、模模糊糊的，如果是近景，樓臺亭閣，就一定畫得清清楚楚，一看到就如到了跟前一樣。」他又引述石濤的畫，說那是一種特殊的手法，石濤的山水有時將近景畫得很淡而模糊，遠景反而十分清楚，據大千的解釋是：「這等於攝影的焦點對在遠處，又像我們眼睛注視遠方，近處就顯得不清楚了。」

由於大千對繪畫具有數十年的深湛功力與創作經驗，才能這樣解答出國畫理論上的難題。過去中國古人的畫論，往往是文字很優美，而內容空疏，不着邊際，都沒有這樣的具體透澈。最近，有一美國收藏家叩詢大千：「先生的畫有時作抽象的描寫，有時作寫實的表現。變化甚多，其故安在？」大千答曰：「中國畫講求形式與精神姿致之美。這就是西洋畫所說的寫實與抽象的技巧。如果一個畫家要對當前的景物作極客觀的描寫，他就以寫實爲之，專講形式的美。如果他要把自己的心情和當前的印象溶合在一起，他就以寫意爲之，專講精神姿致之美。所以畫的變化雖多，其風神與格韻則是一致的。」這樣說來，大千的藝術思想可說是走的一條「持中」的路子，而决非極端。

有人問大千，他贊成不贊成吸收西洋畫的優點用於國畫呢？他回答：「原則我不反對，一個人能將西洋畫的長處溶化到中國畫裏面來，要看起來完全是中國畫的神韻，不留絲毫西洋畫的外貌。這是需要有絕頂聰明的天才，再加上非常勤苦的功夫，纔能有此成就。否則稍一不愼，就會變成不中不西，不倫不類，等於走火入魔了。」

此節解說得極爲精闢，人方辭費，我語已了。一個同時研究西洋畫與中國畫的專家指出：中國傳統就非常人文的，是一個鼓勵好東西的民族，她一直是把好的東西慢慢融化在自己文化的大潮流中。……但就怕胡亂走到「外國影響」裏頭去，這樣的創新而可以說不新。

今日不少人正侈言創新，高喊打倒傳統，傳統是打不倒的，創新仍該以傳統作爲其源泉，而不應迷失了自己。書畫評論家容天圻的比喻很好：一幅現代畫可能是二千年前石壁上的一幅原始繪畫，也可能是現代人今晨剛脫稿的作品，畫本無古今中外新舊之分。巴黎世界報批評張大千的畫，就這樣說：「他證實了中國傳統的畫法，沒有時間的限制，能永遠使所要表現的，靈活而生動。」

大千藝術，從思想理論到創作實踐，在在可以尋出其眞血脈眞生命所在，相信這一切會予人新的啓發與新的探索，怎樣纔能使中國畫優秀傳統得以延伸下去？

大千巨筆如椽　寫出心靈妙處

原稿
缺頁

原稿
缺頁

原稿
缺頁

原稿
缺頁

原稿
缺頁

原稿
缺頁

原稿
缺頁

原稿
缺頁

京話

·姚穎·

這是林語堂先生在四十年代主編的「論語」中極具叫座力的短文，數十年後，依然不失其趣味性。作者姚穎女士為王漱芳夫人，一說此文卽由王代其夫人捉刀者。

一

蔣汪胡三位先生見客，各有妙趣。蔣氏見客，只有你講的，他講時很少。胡氏見客，只有他講的，你講時很少。汪氏見客，則你講一半，他講一半。

二

二十二年，徐悲鴻伉儷出國，王劉兩君往送行，適徐君未在屋，由徐夫人接見。王君見徐君新居四周，植樹甚多，頗爲贊美。徐夫人曰：「樹雖多，然大都習見之桃李等花，名貴者甚少！」劉君曰：「桃花不能栽。」徐夫人問何故？劉君曰：「家中栽了桃花，老爺必定走桃花運。」徐夫人曰：「安知不是太太走桃花運呢？」

三

中國國民黨第三次全國代表大會，改選中央委員，吳鐵城當選爲正式執委，惟名列十三，吳氏畧感美中不足，乃請於主席譚組庵先生，願將名次退下數位。譚曰：「這也不好，假使將來前面執委有人出缺，仍將吳先生補爲十三名，又怎麼辦？」

四

于右任先生畏熱，夏日常喜將上身衣服完全脫去，有某君見之，歸語人曰：「昔有人以『文君白頭吟』屬對者，我苦思良久，均覺無適當之典故，可以作對，倘若許我杜撰，則『于髯赤骨立』，豈非一絕妙材料乎？」

五

往歲，劉海粟大師在京開其個人美術展覽會，有中國畫山水立幅一條，題云：「醉後戲墨，一掃魏晋唐宋元明清人筆意。」時監察委員周覺尙在，閱之嘆曰：「大矣哉！此畫也，超魏晋之前，其爲秦磚漢瓦乎？」

六

十七年，中央對於黨務積極着手整理時，貴州省政府主席周西成，忽請發給黨證十萬張，中央以黔省黨員斷無如此之多，且未經審查合格，尤不能隨意發給黨證，當電詢其理由，周語人曰：「講什麼理由，有黨大家黨！」

七

何敬之部長往歲得宮箋數張，請譚組庵先生題句，譚於每紙之左上端，分別題以短句，頗爲雋永，文曰：

（其一）昔董思白得澄心堂紙，題云：「待後之能書者書之，」吾亦云然，敬之先生以爲何如？

（其二）清宮箋紙此時尙易得，然非延闓筆墨所敢汚。

（其三）此一幅好山水也，何忍以筆墨汚之。

八

國際勞工專家多瑪逝世，國際勞工局我國分局特爲多瑪出專刊，以資紀念，並遍求名人題詞，陳公博僅看到爲多瑪出專刊，而不注意到係多瑪之死，竟題之曰：「勞工福音！」

九

張道藩夫人籍隸法國，初來華時，語言不通，每有宴會，輒一一舉各菜名詢張君，張因中國菜名，如宮保鷄、李公雜碎等，不僅須解釋菜之做法，且須說明菜之掌故，有時此類掌故，即本人亦難盡知，於是遇到此類菜蔬時，均總稱之曰「好吃」。日久，道藩夫人微有所覺，詢張曰：「爲什麼這也叫好吃，那也叫好吃，到底哪個好吃？」

十

某君服務南京郵局，喜竹戰，其夫人恒勸止之。某君與夫人伉儷情篤，且懾於正義，無可如何，然竹戰之情趣，固不因此而減低也。會其夫人將分娩，揚言於人曰，我內人不久入醫院，即可以自由行動了，但友人不知其夫人何時分娩，每遇三缺一時，輒以電話詢之曰：「太太進了醫院沒有？」

十一

有某某數友，新自外國留學歸來，往謁黨政要人，十餘次未得見，但於報端，則常見要人們之往來京滬。某等感傷之餘，常慨然曰：「我願當京滬車上的CAR BOY。」

十二

革命宿將范石生，善辭令，喜詼諧，近年研究相法命理，尤多獨到，嘗相某友，謂兩眼上壽眉過長，與其年齡不稱，宜剪去；且謂其壽眉右垂而左揚，似有怕老婆意味，當詢某君曰：「你怕不怕？」聞者大笑，某君未即答，范君隨又言曰：「就是你不怕他，她也未見得怕你。」

十三

程君語我云：其戚某自鄉間來，彼伴之遊覽。一日，見某街有甲乙二人口角，繼竟用武，甲取坐椅擊乙，乙惶恐大呼曰：「你要動野蠻嗎？」程君之戚，誤以爲都市中人稱椅子爲野蠻也，默而識之。及返家，程君以遊覽終日，異常疲倦，堅請其戚坐於沙發，而其戚則必欲坐於椅上，並客氣異常曰：「我以爲還是野蠻好！」

楊小樓新劇「康郎山」

·周志輔·

國劇宗師楊小樓晚年曾排有岳武穆收曹成一戲，戲名「康郎山」，自飾曹成，爲精心結構之作，唱做繁重，哄動一時。惟劇中情節，不詳於說岳全傳，小說中所記武穆生前收服諸將，曾經在舞台上演出者，有康郎山收余化龍，棲梧山收何元慶，汝南莊收高寵，九龍山收楊再興四齣。楊宗師以收曹成與收余化龍合爲一齣，即用康郎山戲名，揆之歷史，似有不合也。按武穆生平掃蕩群寇，俱見於宋史本傳，茲節錄其原文一段，以見其梗概，然後再以採自其他各書者，逐年敘述之，以明其始末先後焉。宋史本傳文曰：「紹興元年，張俊請飛同討李成，時成將馬進犯洪州，連營西山，飛請自爲先鋒，進大敗，走筠州。進以餘卒奔成於南康，飛夜引兵至朱家山，又斬其將趙萬，成聞進敗，自引兵十餘萬來，飛與遇於樓子莊，大破成軍，追斬進，成走蘄州，降僞齊。張用寇江西，用亦相人，飛以書諭之，用得書，遂降。建寇范汝爲陷邵武，賊黨姚達饒青逼建昌，飛趁王萬徐慶討擒之。二年，賊曹成擁衆十餘萬，由江西歷湖湘，據道賀二州。飛至茶陵，奉詔討之。飛入賀州境，破其衆，成奔連州。進兵追成，成走宣撫司降。嶺表平，屯江州，甫入境，安撫李回檄飛捕劇賊馬友、郝通、劉忠、李通、李宗亮、張式，皆平之。三年春，時虔吉盜，連兵寇掠諸郡，帝乃專命飛平之。飛至虔州，固石洞賊彭友悉衆至雩都迎戰，飛麾兵即馬上擒之，餘酋退保固石洞。飛列騎山下，圍之，賊呼丐命，飛令勿殺，受其降。授徐慶等方畧，捕諸郡餘賊，皆破降之。湖寇楊么亦與僞齊通，欲順流而下，五年，命招捕楊么，飛遂如鼎州，夜掩賊營，降其衆數萬。么負固不服，方浮舟湖中，飛伐君山木爲巨筏，撞其舟盡壞，么投水，牛皐擒斬之，八日而賊平。」觀此傳所載，知武穆出師，初自江西討李成始，時在紹興元年，當時用兵於鄱陽南昌一帶，而李成走降劉豫，實未予澈底消滅也。時相州人張用，勇力絕群，其妻勇在用右，帶甲上馬，敵千人，以兵五萬寇江西，武穆以書招降之，此爲武穆最初所收之降寇也。是年冬，武穆爲建州（今福建建甌）觀察使，時建寇范汝爲陷邵武軍，江西安撫大使李回檄武穆分兵三千保建昌軍，二千保撫州，以洪州隣撫州，建昌隣邵武也。汝爲餘黨姚達饒青逼建昌，武穆遣王萬徐慶討之，擒青達於四望山，降其衆萬人，此范汝爲或即康郎山劇中之賊首万汝威，但范汝爲本人始終未出閩南省境，其竄入贛南者，乃其餘黨，而劇中尚有賊首羅輝，則更不知所影射者爲何人矣？

紹興二年，武穆以神武副軍都統制，屯兵洪州（即今之南昌）。史載巨匪曹成擁衆十餘萬，由江西經湖南東部，執安撫使向子諲，竄據道州（今湖南道縣）、賀州（今廣西賀縣）。又有李宏在岳州（今湖南岳陽），劉忠在湘陰等處作亂。武穆奉命以本職權知潭州（今湖南長沙），並權荆湖東路安撫都總管，引軍進剿。武穆自洪州出發，曹成即預令其軍分途逃去，以避其鋒。旋引兵趨全永犯廣西，獨留其中軍，乘武穆未至，縱兵肆掠。及武穆至茶陵，先遣兵趨郴及桂陽伺成動息。上令察其受招與否，爲之進退，武穆數以上意諭之，曹成不聽。武穆乃奏乞進兵，先敗曹成於賀州，破其太平塲寨，追至城東江岸，成奔桂嶺路。武穆進兵趨桂嶺，其地有北藏嶺、上梧關、蓬嶺號爲三隘，武穆一一破之，擒其將張全，成竄連州（今廣東連縣）。武穆召張憲王貴徐慶謂之曰：曹成敗走，餘黨盡散，吾今遣若等

楊小樓演「康郎山」之曹成

楊小樓演「麒麟閣」的四幅舞台劇照

三路招降，若復抗拒，誅其首而撫其衆，謹毋妄殺。於是憲自賀連，慶自邵道，貴自彬桂陽招之，降者二萬，與武穆會於連州，乃益進兵追成。時曹成又回入湖南，望江西逃竄，爲韓世忠阻於豫章，成懼甚，走宣撫司降於世忠，此史書所載曹成被殲之眞相也。又有郝政者，率衆走沅州，自稱爲成報仇，已而爲張憲所擒，其將楊再興走躍入澗中，憲欲殺之，再興願受縛見武穆，武穆奇其貌，命解其縛曰：吾不殺汝，汝當以忠義報國，再興拜謝，後卒死國事爲名將，此武穆收服楊再興之經過也。由此可知曹成一敗於廣西賀縣，再敗於廣東連縣，最後詣宣撫使轅門投誠，雖已入江西省境內，但實與戲中武穆收余化龍於鄱陽湖之康郎山，絕對不相涉也。武穆奉詔移屯江州（今江西九江），道出永州，比入江西界，平賊馬友黨於筠州（今高安），友遽逃去。軍至江州，復平劉忠餘黨於蘄之廣濟。

紹興三年，江西虔州（今贛縣）吉州（今吉安）之境，盜賊又群起。吉州以彭友、李洞天爲魁，虔州則以陳顒、羅閑十爲首，連兵數十萬，置寨五百餘所，互相聲援，分路侵寇，循梅廣惠英韶南雄南安建昌汀潮邵武諸郡，亦即今之江西、福建、廣東三省廣大地區。武穆奉詔討虔吉諸盜，乃生擒賊首羅誠等，又破彭友等於固石洞，而諸盜悉平。

紹興五年，武穆以荊湖南北襄陽府路制置使奉命平湖湘巨寇楊么，移軍潭州。先招降其部將黃佐，即今日八大錘戲中之王佐也。繼又以黃佐之招降其水寨首領楊欽，而武穆親臨鼎州（今常德）指揮，將楊么捕擒斬首。綜觀以上史蹟，武穆所收降將，與戲中相符合者，僅有楊再興與王佐二人，而楊再興死於小商橋，亦見於正史，黃佐則以武穆表授武義大夫閤門宣贊舍人，後又以功轉武經大夫，故戲中以黃佐隸武穆帳下，斯爲差近事實耳。苦夫曹成自詣宣撫司降，後來武穆是否曾置之麾下，則史無記載，無從得知矣。但戲中曹成定場，自報家門，不外係忠良之後，因讒臣當道，遂退隱山林等陳詞老套，按楊再興既可指爲楊業之後，則曹成亦大可以自詡爲曹彬之後也。

楊宗師所排新戲中，有「陵母伏劍」，戲中王陵之扮相，即與曹成相似，俱是戴軟紮巾，掛黑三，穿褶子，所不同者，其褶子顏色耳。王陵穿白色褶子，曹成穿紫色褶子，實則老戲一箭仇中之史文恭，即係如此穿戴，不過楊宗師素來不喜演史文恭，而獨於此兩戲中，仿其打扮，或者對於此英俊威武之扮相尚有偏嗜耶？

楊宗師晚年曾屢欲排演其家藏脚本老戲「蓮花塘」而未果，但忽於民國廿六年春露演「康郎山」於吉祥園，觀衆雖耳目一新，而莫明其脚本來源所自。在此戲中，飾岳帥者爲李洪春，意者係李洪春所藏，而得之於乃師三麻子王鴻壽者。王鴻壽在滬，即曾與楊宗師同台演出，兩人合排「全本洞庭湖」，諒王手中之連台岳戲甚多秘本也。不過收曹成與平江西諸寇之地點與年月，實無法加以聯繫，雖然戲劇與史實，不必盡同，儘可畧有出入，但亦不宜生硬砌合，至於此極，或者老本並不如是，而中間尚有錯脫耶？

至於康郎山見於讀史方輿紀要，云在江西饒州府之餘干縣西北八十里，濱鄱陽湖之南涯。相傳有康姓者居此因名，一名抗浪山，謂能與風濤相抗也，訛曰康郎。明初陳友諒圍南昌，明太祖帥舟師赴救，友諒解圍，東出鄱陽應戰，相持於康郎山。友諒屢敗，欲退保湖北之鞋山，明師先至嬰子口，橫截湖面，友諒不得出。今忠臣廟在其上，蓋祀與友諒戰時死事諸臣。是康郎山在明初曾爲兵家所爭取，而宋時則未聞與武穆戰蹟有關也。

據史書所載武穆在紹興三年，勦平虔吉諸盜以後，曾於八月初八日，奉詔分兵戍虔廣江三州。又見於鄂王行實編年，文曰：「趙鼎奏虔州民習於頑，累年爲患，今雖已平蕩，恐大軍起行之後，仍復嘯聚作過，請留五千人屯虔州，又以密院之請，分三千人屯廣州，一萬人屯江州。」由此觀之，岳家軍固曾列營於越秀山下，是又僑居嶺南人士侈談掌故者所不可不知，請即以此軼聞，殿諸本篇之末。

望平街憶舊

史量才死後的申報

胡憨珠

史詠賡雄心萬丈，在陳彬龢慫恿之下，於民國二十七年三月一日，在香港發刊申報香港版。由於留在上海的一班申報舊人老臣都不贊同此舉，而且在上海員工大會決議館中任何部門工作人員，不准去香港爲港版工作，於是史詠賡實行新人政策，用了他幾位同學担任要職，陳彬龢更推荐了他幾個親信，分就重要職位，請陳陶遺當總編輯。

塵世間任何事業的興起與創設，不論類別的新舊，不管規模的大小，不計資本的多寡，不理歷程的難易。但必須要由第二者的策動與誘說，而後再由第三者、第四者等等的慫恿，方始會投袂而起，振臂而興，纔有實現局面的創設之日，與其所業的成功之望。史詠賡到香港來興辦發刊港版的申報之事，該說他對事不例外，於理所必然。只因他涉世未深，經歷稍淺，更其是他的本性又生得忠厚老實之極。處此大時代的今日世界，既不知世道的險惡，又不明人心的叵測，怎不教他所創的事業不失敗呢。原來策動他創辦香港版的申報之事，那就是陳彬龢。如所皆知，陳彬龢自他一手所創營的「港報」宣告失敗，在停刊休業以後，並不將館址房屋退租，也不把印機生財出賣，有意造成停刊不停業的迷離狀況。尤其是他每天自寓中坐轎到館中來視事會客，照常做他「港報」老闆，自我陶醉。他之所以如此行爲，原本有一種圖謀計劃，認爲總會遇見要辦報館之人前來租借。這如獵人的佈置陷阱，自可任意獵食，擇肥而噬，但結果總難如願，因爲開設報館，不是經營尋常商業，即使難得有人前來問訊，也被他所提條件嚇跑了。

直等到史詠賡舉家來港定居，陳彬龢得到這個消息之後，因他料知史詠賡此來海隅，定必挾有巨資與俱，所以他忙即專誠到灣景樓探訪史詠賡。二人一經當面接觸，把手晤談之下，乃即策動史詠賡發刊申報的香港版，作爲他開宗明義的第一章言詞。並且一再聲言，定要扶保其事業的成功，必使成績輝煌在上海望平街的申報，再到香港中環街市發揮精神。最使史詠賡聽得動容高興的，那是陳彬龢說出扶保其事業成功的力量條件，實是誘惑性和吸引力非常强烈。原來他說他在中環雲咸街一號有一所四層樓的高大樓宇，除掉三樓留作他自用的辦事處以外。連同全部印機的鉛字，生財傢具等等，可以悉數轉租情讓，供作申報發刊港版之用。他還强調說：「這是一個最完備、最盡善的現成局面，因爲那裏以往爲我所辦『港報』館的所在。所以申報發刊港版，當以那裏爲最理想報館的館址地方，只要有人進門，就可動手工作，詠賡兄你想多麽的便利呀！」

就因爲史詠賡的聽得合意，陳彬龢却也話得興起，所以他滔滔不絕的大談其辦報之道。無可否認陳彬龢確屬是個口才便給、能言善辯之人，而他所說的話，又是句句叩人心扉，極具其誘惑性、吸引性的重大力量。往往能使對方聽到深信不疑，着迷如痴的程度，於是，從而於不知不覺地會墮入彀中。否則怎爲使陳濟棠與他一經接觸，幾次長談之後，慨當以慷的撥給他五十萬元港幣主辦「港報」呢？可是港報出版的結果，在形式（指各版所拼版樣）與內容（指各版所刊文字）的成績，固難如他聲言所說要與上海的申報成爲遙峙對比的局面而不可得；即報紙的生命亦短促之至，僅僅出版六個月都不滿，就告壽終正寢於雲咸街的館中了。所以當時有人評說：陳彬龢雖有辦報的高濶理論，但無辦報的實際經驗，而且他又自恃其理論高過一切。實則其理論不適應於實用，若要教他辦報成功，那正如孟老夫子所說：「猶緣木而求魚也」的那種困難。

前邊說過陳彬龢的說話，自有他非常人所及的天才藝術。那就是他因人而說，因事而話，對人對事無不見風使舵，隨機應變地話說得頭頭自道。最好的一點是他善於忖度人心，測其所欲，從而將順其意的進以所好之言作迎合。自然這次陳彬龢要策動史詠賡出錢，主辦發刊申報的港版，實不能不大談其辦報之道作引子，從辦報中說出種種利益的好處之事。若說到好處之事，那首先該談說由辦報而發了大財的，最好的現實例子，就是他的父親史量才。史氏的辦報發財，忝在做兒子的史詠賡，究竟要比他知道得多，自可毋須詳說細講。所以陳彬龢對此所說之話，正像武學名家的比武較量，只做着點到爲止，不敢故作大言。其次，他從辦報說到香港地方是現實主義的社會，强調的說，要在香港居留，莫妙於趕緊趁快發刊申報的港版。其理由以爲這樣就可輕而易舉，取得具有報館主人的資望，以及掌握有發揮言論的實權。如此這般從而力向現實主義的社會裏，要爭取得一個較高地位，當非一件煩難之事云云。

這一番陳彬龢對史詠賡策動辦報所說的話，在前邊他所談的是利的問題，在後邊他們講的是名的問題。他只是着重在名利兩種的關頭上，繞着圈子勸進史詠賡發刊港版的申報之話。那話語的誘惑性固然重大，吸引力又極强烈，怎不要令涉世未深，經歷尚淺的史詠賡聽說得爲之心旌搖動，意欲翻騰呢。大概猜想當時陳彬龢已經忖度到史詠賡自來香港定居以後，每日無事可爲，殊感極無聊賴。也探聽得是他只得日與他同來港地的幾個同學少年，不是游泳，即是看戲。但是這些消遣日子的辦法，倒是有一個難得的好際遇，就是梅蘭芳時正率同梅劇團來港，排日在利舞台演出。雖然如此享樂的排場所受，快活的日子而過，但對史詠賡說來並不心稱意滿，因爲他是個年輕力富的讀書人，自有他的負抱，亦自有他的襟懷，他對當前的安樂享受，只覺得無異以有爲的身軀，日被無謂的生活所腐蝕而已。在他念茲在茲不懈其志之事，便是他所繼承的父業，如何使之重振光大。其次他所感覺的現在寄身香港，只想如何取得一個較高地位，以期自尊與自榮，爲因他的心念總是戀戀於兩件事，及聽到陳彬龢策動他發刊申報的港版之話。正是因爲適合其意，樣樣全得其願，於是就決定了他辦報之事，而陳彬龢的策動之計，與賺錢之謀，亦宜告勝利成功了。

事實上慫恿史詠賡發刊申報港版之事，力量最大的還有由上海到香港，來逃避戰亂災禍的著名人物。就是那班所謂上海的社會聞人，如林康侯、王曉籟、杜月笙等，正是爲數甚衆難以指計，至於致仕的名公巨卿，隱名的富商鉅賈，更不在話下。這班人都覺得當時香港的報章，偏重於地方性，而缺少全國性，每日讀報的觀感，以及所接觸到的新聞資料，甚嫌偏枯乏味。一致的認爲如果有人以上海的報章，得能遷移到香港來出版，則每日讀報，定能滿足讀者所望。是以這班所謂上海的大亨聞人也者，大多數是史詠賡的父執之輩，每次與邂逅相逢時，總會半眞半假的打趣着說：「喂，史小開，你爲什麽不在香港地方主辦一張像上海申報樣子的報紙，給我們留居在外邊的人看看，也可知道一點家鄉情形。就因爲你說我話竭力慫恿他辦報之人，實太衆多，對這種鼓勵他辦報的推動力量，正像奔騰澎湃的潮浪動大有一發不可遏止之勢。於是史詠賡被處在策勵與慫恿之下，便毅然決然趕緊在港地發行申報的港版。即是決定以申報向來的全國性面目，出現於港九兩地，與讀者先生們行相見禮，這是「港版」於未出版前對外所發的宣傳口號。

這個申報港版於民國二十七年三月一日出版，對出版的日期，那是由史詠賡所選出決定的。但不過他於事前，並未商得張蘊和、馬蔭良、王堯欽等三人之同意。在事實上他們三人是反對發刊港版的，史詠賡則不因他們三人的不贊同，而懈其志，稽其原由，不外兩端。一是被陳彬龢緊緊纏住不放，力勸他繼承父志，在港發展報紙業務，現既有現成局面，一切設備皆全，可以任憑使用，發行申報港版，可收事半功倍之效。再憑申報主人的聲勢，在港辦報，前途必無限量，這番喋喋不休的語言，眞把史詠賡的腦筋搞得昏亂糊塗了。二是被上海聞人大亨們的鼓勵辦報太於衆多，引起興致。於是史詠賡不顧一切，不計後果，決定發行了港版，再說作爲既成事實，不知這是他命中註定的要「破財買氣受，吃苦在後頭」呢。

史詠賡敗在新人政策

史詠賡發刊申報港版的報紙計劃，既經決定以後，自然要趕緊進行着手籌備工作。好在於陳彬龢有的是開辦一家報館的整套設備，完全無缺的現成局面，既無需「籌」亦弗必「備」，只要換上一方牌號，就可擇吉開張，發行報紙。若言要想創辦純新局面的一家報館，其籌備工作既繁且雜，正是件非輕容易之事，所以說這次史詠賡籌備發刊港版的申報之事，確屬得到陳彬龢的助力很大，但是陳彬龢所沾的光，所得其利，却也不小。不過史詠賡一經着手辦事開始，對於編輯部與經理部的人事問題，就發覺運用有欠圓活靈滑之感了。原來是他延用人員的所抱主張，本屬擬定以他的那幾個之江同學作爲經編兩部的主要骨幹，以期組織成一支新聞界强有力的青年戰士。怎奈他們雖個個都是大學生資格，但對於報館裏的任何事情，一概不識不知，全本外行。其實難怪其然，諒因他們在之江大學所攻讀的不是新聞學系，而是其他的學系，學非所用，用非所學，這也是無可奈何事。何況他們十有九人的賦性行爲，又多吊而郎當，只知任意享樂，怎肯耐心學習。所以當時有人譏說史詠賡所帶領的這一支新聞界的戰士，那裏是奮勇善戰的青年軍，實在是不堪一擊的少爺兵。

怎爲史詠賡要任用這麽多全外行的生手新人，這亦是一件無可奈何事，然究其實際的內幕情形，却有兩大因素存在。一是他受着上海申報館員工全體大會的組織影響，因爲大會中有一條相當嚴重的決議案，就是申報館中任何部門的工作人員，不准去香港幫同出版港版的申報工作，如有違背約言，私自前往，當以最嚴厲的辦法對付。這一個壟斷人才政策，定得非常兇惡，所以申報舊人一個都不敢冒險犯難輕離上海到香港來。史詠賡是個忠厚老實人，認爲既然員工們以此羈斷人才方法相餉，就也罷手不想去館中招延舊人前來幫忙。決定經（理）編（輯）兩部人員，完全採取創辦新報任用新人的政策，何必向他們低頭，他抱定了這樣的主張，該說是少老闆所發的少老闆脾氣。二是每日追隨史詠賡的左右，倚賴他以爲活的之江同學青年多人，該等青年都是跟史詠賡由滬到港來避戰亂，他們每天沉迷舞場與劇場的兩場生活，不是跳跳舞，即是看看戲；最好的一點，梅蘭芳所領導的京劇團，恰正在利舞台演出，這對這班青年人更認爲到劇場的好去處。其次大夥兒到香港大酒店的咖啡廳去下午茶一度，此外則無所事事。諒以彼等原不識報紙爲何物，但爲謀一枝之棲計，亦勸議史詠賡在港辦報，俾各得一個較高位置，在名義上，似乎吃報館飯，是種高尚職業，何況還是上海申報的分支機構呢。

當時史詠賡祇想到上海申報過去前途的美滿如何，而未想到在異鄉客地，只憑單槍獨馬，闖打天下是件如何的大困難事；更未想到在他身邊左右的這班同學青年，既少經驗，又無能力至於斯極，所以史詠賡慨然接納其同學的建議，斥資辦報，日後致有大折其本的不美滿之憾。原來在試版的發稿時期，他們往日以萬能自許的，至此，却是一無所能的窘態畢露了。據說史詠賡還算見機得早，安排得快，知道他的這些同學，不可能承担編輯部的任務，於是忙即調派到營業部的發行與廣告兩處工作，負責辦理，但其同學們無法使工作展開，即各人本位工作的賬目，亦無法處理清楚，後來還是由馬蔭良從上海申報館調來會計主任單慶同，偕同營業部人員錢長忠與許介眉二人到港，方始把申報港版報館的營業發行等，各項事務以及賬目等等，納上軌道，怎說青年新人的工作能力能超勝過老年舊人呢，但亦可覘知史詠賡同學的新人政策是失敗了。

也算幸虧陳彬龢幫了史詠賡一記忙，那是他介紹他三名心腹人，定要史詠賡收錄任用在編輯部裏。當其時史詠賡對於陳彬龢非常重視，言聽計從，寵信備至。自然由他所舉荐的三人，不但歡然接受，且一一錄用如他所提的職位。這三個人計爲（一）湯建勳，（二）王顯廷，（三）陳賡雅。筆者再把這三人與陳彬龢的關係，作個簡單敘述，就可了解他們之所以成爲陳彬龢的心腹之人所由來，以及陳彬龢不能不介紹他們進入港版申報館任職的因素。現今首先介說湯建勳其人，他是陳彬龢的妻弟，思想頗爲左傾，爲港報館編輯部舊人。因爲他與陳彬龢係郎舅至親關係，所以在港報館任職期間，名義與職級，其地位佔得甚高。向來居在香港，至於他的才能與學問如何？不過平平而已！陳彬龢之所以要儘先推荐史詠賡錄用，這倒可以說是他內舉不避親的「賢良行爲」了。其次王顯廷與陳賡雅二人，都是陳彬龢在申報革新運動，執掌指揮大纛旗的時代，經人介紹所相識的朋友，再由他請託黃炎培出面推薦給史量才，這樣連環式的推荐結果，他們二人都被汲引進入申報館工作。

王顯廷的工作任務，那是申報館外人員的撰寫社論作者，有關他的情形，不佞已經在前邊作過明白交代，恕不贅述。陳賡雅的工作任務，則爲申報館的旅行記者。這個「旅行記者」的稱謂名詞，却是申報的獨創專有，似乎在上海望平街的新聞事業史中，從未見有其他報館使用過。是以筆者不想在此記出，且留待在稍後日子，申報港版報館，當被許崇智、陳廉伯、馬育航、鍾秀南等這幾位的廣東社會名流控以譭謗罪於港地法院，這件譭謗案訟事，就是由陳賡雅妄撰亂寫的一條新聞稿件，所闖惹出來的禍事。等到要記港版的申報館輪着吃這場官司時，筆者再來做整體的詳情敘述罷。如今且說王顯廷與陳賡雅二人，遠在陳彬龢策動史詠賡發刊申報的港版以前，已應陳彬龢的應邀，由滬到港，幫助出版「港報」，當時他們三人的名義和職位，據說湯建勳是要聞版的主編，王顯廷是總編輯，陳賡雅是採訪主任。至於陳彬龢本人却是自封爲「港報」的社長與總主筆，好在於他的主筆自己當，文章別人寫，這是聰明人的最聰明之行爲。

及「港報」停版，王顯廷却要返回上海，陳彬龢則不放行，實因他身邊的這個捉刀人是不可須臾離的第二生命。總是天花亂墮的編造出不少接辦報館的人士與機會，作爲羈縻王顯廷離去之心。終於天佑其衷，如願以償，就是來了個申報館小老闆史詠賡主辦港版的申報。於是對於王顯廷、陳賡雅、湯建勳等三人，皆以原職原薪，由陳彬龢舉荐於史詠賡錄用。所以申報港版報館除掉向港府登記督印人爲史詠賡同學的湖南人聶光墉之外，其餘一切的一切，都未改動絲毫。蓋即爲館址房屋，機器生財用具傢俬等等無不租自陳彬龢的港報館之所有。至於排字與機器等各部工人，全爲港報館的舊人以外，即廣告部主任溫某，亦爲陳彬龢所介紹，蓋溫某爲以前港報館的廣告部主任也。校對主任陳賡虞爲陳賡雅之弟，他的任職亦然如此。誰說申報港版是舊瓶裝新酒，殊不知瓶固舊酒也陳呢。是以申報港版出世以後，湯建勳、陳賡雅、王顯廷、以及馮列山等總是追隨陳彬龢的身邊左右，如影隨形，向他請示。故申報港版的所有動態與營業情況等事，陳彬龢無不知之甚詳，纖悉靡遺。又如出版之前，有作三天的正式試版時，王顯廷、湯建勳、陳賡雅等全聽陳彬龢的指導行事。但是還要恭聽他對試版的內容，每加以指摘之話，是以申報港版不啻受着陳彬龢的控制。當時有一二腦筋清醒的冷眼傍觀人？交相指說，這是他們在做戲搬演給史詠賡看，表示陳彬龢辦報的內行與精神，其然，豈其然乎？

陳陶遺負總編輯之名

在民國二十七年三月一日申報港版出版之期

以前的一段長日子裏，絡續由滬來港從事觀察史詠賡所籌備工作情形的申報高級人員。計有陳景韓、陳陶遺、趙叔雍、王堯欽、姚君偉、金華亭等六人之多。有的小住幾天就回上海去了，有的索性以旅舍暫作居停，準備作長時期的流連忘返了。但這班人對史詠賡都是老夥計與小老闆的賓主關係，好好壞壞都不便多說多話；比較上以陳景韓與陳陶遺二人的身份特殊，關係不同。陳景韓過去雖是申報的舊人，也是申報的功臣，但他辭職離去，改行換業已將十年，可是史量才老闆到上海來與人建交成友若論年日之早，於王培孫一人外，第二人就該屬諸陳景韓了。準此以論交誼，則史詠賡對之，這父執長輩那是無辭可諱的。只不過陳景韓賦性，一如其名「冷」到極頂，與人相處決不肯多說一句話，自然對史詠賡發刊港版之事，矢口不提。祗有一次，趙叔雍跑到他房間裏去聊天談呀談的，也談到申報港版的發刊事。叔雍率爾向他問說：「景公，你看詠賡眼前所經營之事，將來的結果如何？」他冷冷的回說一句話：「你只要想想其結果哪能會好！」據傳說後來他們二人還仿作京戲羣英會戲中的一塲「對火字」的遊戲行動，以猜測史詠賡發刊港版的前途，只不過他們都不寫在各人掌上而寫在兩張紙上，及展開紙團相對看時，但見都赫然寫着失敗的「敗」字，於是，大家作個哈哈下塲。

陳陶遺也是史詠賡的父執之輩，而且是史量才生前所最心折而極重視的人物，他雖不是申報館的舊人，沒有在申報館担任過什麼名義與職務，但却是申報館總理室座上的常客。曾有兩個時期他與史量才聚集一起天天會面，一個時期是在民國十三年的前後年間，他以江蘇省的紳士身份，響應齊爕元收回上海地方的歸省運動。在齊盧戰爭之下，終於由他導引孫傳芳的輕騎過仙霞嶺入浙，逐走盧永祥與何豐林，因此孫傳芳於成爲五省聯軍總司令以後，特任他爲江蘇省長以報之。不過他在省長任期內，既不失德，亦無建樹，變成尸位素餐的人物。是以後來孫傳芳於下野宣言裏會有「我不負江蘇人，而江蘇人負我」之語，這「江蘇人」所指的就是這位江蘇金山人陳陶遺。另一個時期是在民國二十一年的前後年間，史量才出任上海市地方協會的會長時，陳陶遺即任當該會的秘書主任，這秘書主任一直做到史氏在滬杭公路上遇難爲止，總算他與史量才的地方協會會長一事，相共終始的了。

陳陶遺的發迹甚早，當然，他的功名富貴，不落人後。傳說中他是在清廷政府時代一出來做官就任做東三省南滿州鐵路局的會辦，督辦則爲俄國人。時在日俄戰爭以前的年代，他的官運並不亨通，却是大蝕其本，因爲他出榆關去哈爾濱上任時，在上海一班富有親戚朋友處舉債得有三萬元之鉅，作爲盤川旅費用途。及他任滿歸來，雖沒有像「金印記」中的蘇季子還家，是裘敝金盡的那種窘態窮相。但是他對三萬元欠債，却始終無法歸還，這是事實。

據名報人胡政之在民國十五年初的國聞週報上，曾對北伐前夕的各地軍閥作了分析與判斷，胡對孫傳芳的評語是「長江下游，以孫傳芳爲最有力，孫之爲人勇而能斷，然譽之者謂其機警，毀之者謂其浮滑，要之瑜不掩瑕，無可否認，且也有做事之心而智識不足以相應；有進取之意而精力不足以相副，苟能謹守範圍，或可立於不敗，如果求進太急，必也狼狽而去。至於左右輔佐之人，亦以武人爲多，雖曰求賢而容量不廣，即有能者亦未必能盡其用，以此相測，大成殆非易易。……」胡政之對於孫傳芳的判斷，可謂的評。當時孫左右的文人祗有兩位，就是陳陶遺和丁文江，善善而不能用，就註定孫傳芳要失敗了！再說陳陶遺與史量才，因有上海市地方協會的賓主關係，一直非常投機，這次來香港，陳陶遺又做了杜月笙的座上客，因之由杜的推薦，申報港版就請了陳陶遺担任總編輯的名義，顯得申報港版的堂堂陣容，分外生色。（六）

Cannon Royal Family

床單·床冚

毛毡·面巾·浴巾

美國大炮嘜 最受歡迎

大人公司有售

脂硯出現仍是謎

陳蝶衣

紅絲石爲天下第一石，有脂脈助墨光。

——曹寅「楝亭十二種」：硯箋

曹雪芹的新婦是誰

關於古典文學名著「紅樓夢」作者曹雪芹的生平，以及與此一著作有關的文物，近年有兩大發現，因而又使「紅學」專家們獲得了新的研究資料。對「紅樓夢」的考證工作來說，這是喜訊，也是值得慶幸的事。

遺憾的是：所有的發現雖極珍貴，但仍嫌有所不足，在獲得了証明之餘還是免不了有觖望，有疑不能釋之點。

近年的兩大發現，其一是曹雪芹另一著作「廢藝齋集稿」八册之中的第二册「南鷂北鳶考工記」的鈔本；鈔本之後並有曹雪芹的好友敦敏所寫的「瓶湖懋齋記盛」殘文之附錄。其二，即是「脂硯」。

敦敏所寫的「瓶湖懋齋記盛」，是敍述他與曹雪芹、于叔度、董邦達、過子龢、端雋諸人之間的交往，最重要的部份是：敦敏曾詳記西郊訪曹的一段經過，其中有一節曰：

『爰思鑒別字畫，當推芹圃；又且久未把晤，（春間芹圃過舍以告，將徙居白家疃。值余赴通州迓過公，未能相遇。）苦念綦切，乃往訪其新居。幾經詢問，始抵其家，【此下有註，從略。】扣籬至再至三，俄頃一老媪出應曰：「客人其訪雪芹耶？」余曰：「然！」媪曰：「彼爲人邀去，多日未返家矣。」媪自稱白姓，得雪芹顧恤，相處如一家人。（殷殷延余入，問所從來，余以情告。）遂留名帖，請代致意，悵然而返。又月餘，芹圃未至，渴念不已，策馬再訪，遇白媪於門，而謂余曰：「何不巧之甚耶？前數日，雪芹回，見君名帖，欣然謂老身曰：與君爲知交，久擬謀面，因友人邀做臂助，未容抽身；事畢即將進城回拜也。想亦未料及君之再至，兩日前又去其友人處矣。」……』

以上的一節敍述，使我們得悉曹雪芹的最後居處，就是現在北京西直門外相距約五十里的白家疃。

所不能明瞭的是：曹雪芹之移居白家疃的自蓋茅屋（共四間），是在乾隆二十三年，其時他的前妻所生之子，約爲五歲至六歲，猶未夭殤，（根據敦誠「四松堂集」稿本中的「輓曹雪芹」詩註，曹雪芹因子殤而感傷成疾，在乾隆二十八年，實則是二十七年。）但却不見敍述中提及，顯然此子並未與雪芹住在一起，不知寄頓在那裏？至於敦誠輓詩中所說的「新婦飄零目豈瞑」之新婦，大概是娶於懋齋之會以後，所以訪曹記中亦付闕如，以致究是誰氏之女？也還是一個未揭開的謎，亦即是我前文所說的觖望。

不過，曹雪芹之新婦究是伊誰？還不是我所要討論的問題。最值得懷疑的是：關於所謂「脂硯」的發現，它的眞實性畢竟如何？

薛素素的小歙石硯

首先，我要大胆地假設：一九六三年在大陸發現的薛素素「脂硯」，並不是五評「紅樓夢」的脂硯齋之「脂硯」。

關於「紅樓夢」的脂批，究竟出於何人手筆？歷來聚訟紛紜，莫衷一是，直到現在還沒有獲得公認的結論。

最早出現的脂硯齋與曹雪芹爲堂兄弟或從堂兄弟一說，是由胡適博士初期考定。

一九五三年，周汝昌所作的「紅樓夢新證」一書面世，全書分八章，第八章專論「脂硯齋」，這纔推翻了堂兄弟的說法，而自抒創見，推斷脂硯齋可能是「紅樓夢」中的史湘雲；並且指出：史湘雲就是曹雪芹的「新婦」。

周汝昌之作此推斷，除了有疑於脂批的「一芹一脂」，似是夫婦口氣以外，另一旁證是胡適博士在「紅樓夢考證」專文中，也會因敦誠弔雪芹一詩，有「新婦飄零目豈瞑」之句，而提出了如下的疑問：「一個飄零的新婦，還是薛寶釵呢？還是史湘雲呢？」

再有第二個旁證，則是「續閱微草堂筆記」也曾提到：「寶玉無以作家，至淪爲擊柝之流；史湘雲則爲乞丐，後乃與寶玉仍成爲夫婦。」

不過，周汝昌的主要立論之點，還是由於他一開始就發生了錯覺，認定：「既稱脂硯齋，此人定當是用胭脂研汁寫字。」

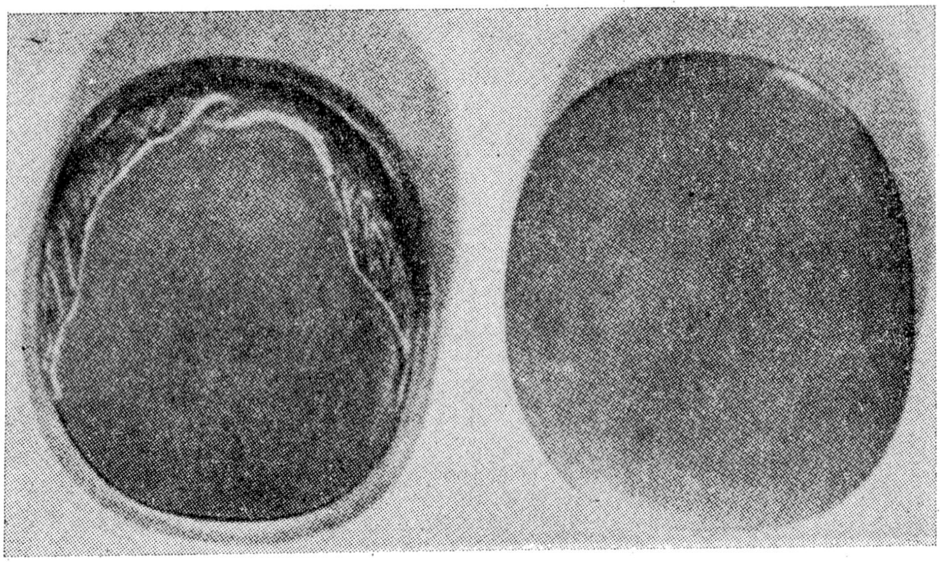
明代名妓薛素素的小歛石硯

於是：周汝昌在「紅樓夢新證」第八章中說：「……因爲寶釵先與寶玉成夫婦，脂批裏疊有明文，她先嫁早卒，不會是雪芹的未亡人。湘雲若後嫁寶玉，而雪芹先之而逝，不是正好相合麼？脂硯既是女性，又像湘雲，那麼我上文所謂芹脂二人的「不即不離似一似二」的「微妙的關係」，至此大有洞如觀火之快了。」

誤於胡適的「還是史湘雲呢」之猜疑，再誤於「一芹一脂」之似一似二，已使周汝昌走上了迷途，但猶以爲未足，此外又根據「有客題紅樓夢一律」：——『自執金矛又執戈，自相戕戮自張羅。茜紗公子情無限，脂硯先生恨幾多！是幻是眞空歷遍，閑風閑月枉吟哦。情機轉得情天破，情不情兮奈我何。』而斬釘截鐵地說：——

『這首詩無疑亦出於脂硯之手。「茜紗公子」即寶玉，亦即雪芹，而與脂硯對舉焉，足見脂硯之爲何人。說到此處，纔合吾上文所說「既稱脂硯齋，此人定當是胭脂研汁寫字」的話。因爲單看此一齋名，已不難明白，以胭脂而和之於筆硯的人，分明是個女子的別號，這個可謂自然之極，合理之極，再沒有什麼疑辯的餘地。』

可惜的是：周汝昌雖然作出了「再沒有什麼疑辯的餘地」之定論，最後仍不能不因各方面反響之不一，以及脂批中確有許多條不符合女子的口吻，而另作了『然則「湘雲說」乃大成問題』的補充。

周汝昌費了好大的勁，引證脂硯齋即是史湘雲；到了最後，却還是個不能自圓其說。

入座賓傳看的祖硯

其實關於「脂硯」之爲物，曹雪芹的祖父曹寅，在其所纂輯的「楝亭十二種」一書中，即曾作了介紹，原是不應該引起爭論的。

「楝亭十二種」書中有「硯箋」一章，其中之一條曰：——『紅絲石爲天下第一石，有脂脈助墨光。』

憑了這一條記載，我們就可以恍然大悟，原來「脂硯」也者，乃是「有脂脈助墨光」的「紅絲硯」！

「紅絲硯」的硯面，有紅絲亦即脂脈，這情形就相等於作爲雕刻印章之用的昌化石，也有「雞血」一樣。

紅絲亦即脂脈，原是硯石的天然資質，而非人工所爲。所以，便絕不是周汝昌想像中的「定當是用胭脂研汁寫字」。

周汝昌搜集了千百種資料，撰成了「紅樓夢新證」一書，對「紅樓夢」的研究確是一大貢獻。但，由於他掛萬漏一，偏偏就忽畧了「楝亭十二種」的硯箋一章之翻閱；或者是根本未見此書，因而失於查考，纔會鑄成了「胭脂研汁寫字」的錯誤假定。

周汝昌未見過「楝亭十二種」，這還不奇，最可怪的是：「紅樓夢新證」中的「史料編年」一章，也曾提及「祖硯傳看入座賓」一詩，不知他對「祖硯」二字，何以未加注意？

有關「祖硯」的一首詩，見於張雲章的「樸村詩集」卷十，詩題是「聞曹荔軒銀臺得孫卻寄兼送入都」，原詩曰：

天上驚傳降石麟，先生謁帝戒茲辰；
倣裝纖相蕭爲侶，取印提戈彬作倫；
書帶小同開葉細，鳳毛靈運出池新；
歸時湯餅應招我，祖硯傳看入座賓。

此詩起句「降石麟」之下有註曰：「時令子在京師，以充閭信至。」

周汝昌在「史料編年」一章中，將此詩繫於康熙五十年，歲次辛卯，其前有敘曰：『曹寅在江寧織造兼鹽差任，年五十四歲。正月廿六，作「重葺雞鳴寺浮圖碑記」。三月二十六日，聞珍兒殤。（中畧）冬，家報得孫，張雲章有詩。（下畧）』

關於曹寅得孫，周汝昌根據康熙五十四年三月初七日曹頫的奏摺所言，在「祖硯傳看入座賓」一詩之後作註解曰：『按：曹顒於四十八年春始上京當差，推年不過十五六歲，恐尚未婚。同年冬，寅入京述職。此後唯本年冬復進京一次，次年卒矣。因知此詩乃本年事無疑。本年顒當十七八歲或畧大，結婚當是去年前年事。五十四年顒故，頫摺云：「奴才之嫂馬氏（即顒室），因現懷妊孕，已及七月，恐長途勞頓，未得北上奔喪。將來倘幸而生男，則奴才之兄嗣有在矣。」據此知本年所生者旋即夭殤又無疑，故第二章中未列。』

周汝昌的此一註解是對的。曹寅之子曹顒之妻馬氏，於康熙五十年誕生的一個孩子，當是自幼即夭，否則曹頫（即曹雪芹之父）在四年後的奏摺中不必說「將來倘幸而生男，則奴才之兄嗣有在矣」的話。

但有一項事實非常明顯，無論曹顒生前得子及死後的遺腹子是壽是夭，「祖硯傳看入座賓」的祖硯，總是存在的。

張雲章的賀詩中既然鄭重提及「祖硯」，可知「傳看入座賓」乃是曹家湯餅筵上的慣例，而此一「祖硯」必非尋常之石，異於普通之硯，要亦可想而知。

以「傳看入座賓」的「祖硯」，與「天下第一石」的「紅絲硯」結合起來，則「脂硯」之為曹府寶藏，並且傳給長子、長孫，也該是「理所當然」的事。

所以，胡適博士初步論斷的脂硯齋是曹雪芹的堂兄弟或從堂兄弟，此一說還是可信的。

胭脂汁寫字的臆斷

薛素素的「脂硯」，是曹雪芹的「南鷂北鳶考工記」之外另一發現，周汝昌有專文記其事，，發表於本年二月北京「文物出版社」編印的「文物」月刊，原文之第一節曰：

『「小歙石硯一件，「脂硯齋」遺物，發現於四川，傳為清末端方舊藏，今歸長春吉林省博物館。筆者曾目驗，物甚精致。」

周汝昌目驗過的「小歙石硯」是何形象，他在專文中告訴了我們以下數點：

其一：『硯石很小，微呈橢圓形，刻成果狀，上端兩個果葉左右分披，硯背刊有明代著名文士王穉登的一首五言絕句。硯右側面刊有關於脂硯齋的銘記。有朱漆匣，蓋內及匣底，均有鐫刻。』

其二：王穉登之詩，原文是：『調研（硯）浮清影，咀毫玉露滋；芳心在一點，餘潤拂蘭芝。』上欵是「素卿脂研」四字，下欵則署「王穉登題」。（見下圖）

其三：『字作行草體，與所見王氏手迹筆法正同。素卿指薛素素，硯蓋內面刻有她的小像（工極纖細）。薛素素號素卿，是明代萬曆時期的名倡，擅長多方面的技藝，有「十絕」之稱，能走馬挾彈，以「女俠」自命；小字「潤娘」，又善畫蘭竹，王穉登詩末句指此。薛素所著「南游草」，即王穉登序。』

於此之後，周汝昌又作了分析，首先說：『「脂硯」一詞，本是專用於婦女的，不作別解。有人釋「脂」為「羊脂玉」的脂，指色白細潤的石頭，或說成是端硯的紅色斑「胭脂捺」等等，都是錯的。如參看明末談遷「棗林雜俎」「彤管」一條云：「（萬曆貢士蘭溪舒大猷之婦）陸靜，專工小詞，以脂筆書字，落紅滿紙。」就可以省卻許多無謂的風影之談了。』

繼之又說：『硯石側面刊有分書小字一行：「脂硯齋所珍之硯，其永保。」使我們得知這一「齋」名別署，即因收藏薛素脂硯而起。刻字書法和刀法都很好，係乾隆精工。』

最後則說：『這行刻字出於誰手，有不同解釋：一種看法認為即脂硯齋本人語氣，是自題；一種意見則以為是脂硯齋藏硯、曹雪芹代為題記。一時尚難遽斷。後一可能性較大。』

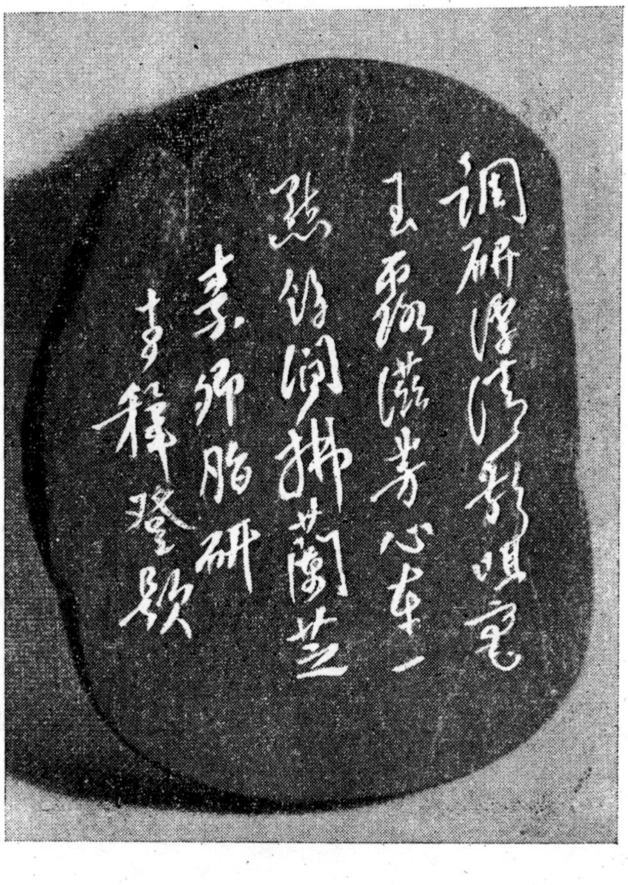

小歙石硯背的王穉登題句

此脂硯不是那脂硯

現在，我們可以明瞭，周汝昌之認為這一塊原屬於薛素素的「小歙石硯」，即是脂硯齋的「脂硯」，是由於王穉登的題詩，既有「素卿脂研」的上欵，並且硯側又刻有一行「脂硯齋所珍之硯其永保」的分書小字，所以仍堅持他的「脂硯一詞本是專用於婦女」之臆斷。

燃脂寫韻，自古有之，確也是閨閣中事。我與先室朱鬘在上海結婚，周瘦鵑先生書贈的一副賀聯，下聯即用了「燃脂寫韻」四字，以與上聯的「門掌覆茶」為對。

薛素素的小歙石硯，也用胭脂研汁代墨，當然不足爲奇。

但，此硯絕無「脂脈」，並非曹寅在「楝亭十二種」一書中所記的「紅絲石」，則亦彰彰明甚，毋待置辯。

因此，薛素素之「脂硯」雖已出現，它是否與脂硯齋的「脂硯」爲同一物？仍然是一個謎。

若問：我們還是應該認爲薛素素的小歙石硯，就是脂硯齋的「脂硯」好呢？抑或是應該認爲「楝亭十二種」大書特書的天下第一石「紅絲石」，就是脂硯齋的「脂硯」爲更可靠呢？

徐玉蘭王文娟合演越劇「紅樓夢」讀西廂

現在，周汝昌所採取的觀點是前者，而我則抱着「存疑」的態度，所採取的觀點是後者。

我相信，雖然經過了一場「文革」，但觀乎「南鷂北鳶考工記」及薛素素「脂硯」之出現，在國內要找一部「楝亭十二種」也許尙非難事。

周汝昌先生如果能夠發見「楝亭十二種」的硯箋一章，有關於「紅絲石」的記載，可能就會改變他的「定當是用胭脂研汁寫字」此一肯定。

脂硯齋並非史湘雲

事實上，我在二十年以前讀了周汝昌先生的「紅樓夢新證」一書，「脂硯齋即是史湘雲」之臆斷，也曾發生極大的興趣而心嚮往之，並特地寫下了四首七絕，詩曰：

閱世由來有盛衰，怡紅往事動人悲；
門庭寫照無遺筆，才器風標一鑑垂。
當時幻想擬仙儔，雲散高唐倏幾秋？
燈下重溫宵讀夢，替人垂淚自成愁。
才人竭淚寫幽衷，白首雙星恨未同；
安得嫦娥重結伴，返魂追竟補天工。
卅六金釵已往生，空留情榜付閒評；
世間不乏癡兒女，難向三橱問姓名。

詩中的「安得嫦娥重結伴」一語，就表示了我之嚮往，希望史湘雲眞能嫁給賈寶玉，完成「白首雙星」的美麗傳說。

至於後來恍然於脂硯齋並非史湘雲，乃是得悉了「紅絲硯」之由來纔放棄了希望，因爲「紅絲硯」不可能是史湘雲的所有物。

我並非「紅學」專家，「紅絲硯」的由來之得悉，是讀到了趙岡教授的「紅樓夢新探」一書之後，把它紀錄下來的。不過，我也曾畧事稽考，蘇易簡「硯譜」有記載曰：「天下之硯四十餘品，青州紅絲硯爲第一。」唐彥猷「硯錄」亦曾提及紅絲硯，指出：「理黃者其絲紅，理紅者其絲黃。文之美者則有旋轉，其絲凡十餘重，次第不亂，姿質潤美發墨，久爲水所浸漬，即有膏液出焉！」又謂：「紅絲硯江南李氏時猶重之；柳公權亦喜用紅絲硯。」可知在唐代即已被視爲至寶。

此外還要附帶一提的是：另有一件與曹雪芹有關的文物亦已發現，那就是曹雪芹所用的一座黃腊石筆山，筆山底面刻有篆文聯語，句曰：「高山流水詩千首，明月清風酒一船。」其下有印章形式的「曹霑」二字。這一座筆山，因爲無助於研究，故不在本文討論之列。不過，倒也引起了我的另一願望，即是「楝亭十二種」書中所標舉的天下第一石「紅絲石」，甚盼也能有「重見天日」的一天，那就可以衆疑盡釋了！

曹雪芹的黃腊石筆山

「金瓶梅」與「續金瓶梅」

周越然文·張光宇圖

周越然爲滬上著名小說戲曲收藏家，本人以編輯英文課本馳名，收藏頗多精品，本文爲其藏書札記，作於一九四四年。

引言

章回小說，如俗所謂誨淫之「金瓶梅」，吾國素來視爲「閒書」，看作游戲筆墨，不能登大雅之堂。故四庫不收不存，而諸家藏目亦不之載入也。舊時讀書人，雖有暗暗欣賞者，但決無公然自認爲閱讀者。友人楊君，現代文學家也，曾提出一問：博學好古如清之顧亭林，何以其著作中全無一字提及「金瓶梅」耶？豈其竟未之見乎？此問題初視之，似不重要；細思之，實有價値。顧亭林博覽羣書，一生中決無不見章回小說之理，彼所以一字不及著名之「金瓶梅」者，以其穢也，且非正經正史也，非正式文學也。

吾國之人，確然輕視小說，不以爲文學。在閱讀者固有此種心理，即在著者本人亦何嘗不然？余爲此言，有證據二（一）章回小說，大都以白話寫成。古人以爲白話者，便於下流社會之文字，非「文章」也。（二）因此著作人往往用「笑笑生」或類似之筆名，不肯以眞姓氏自露而授後人以口舌。是故「三國演義」、「水滸傳」，及其他著名小說，其著作者之姓名，非獨無人確知之，且無法爲之考證也。李卓吾、金聖嘆、張竹坡輩，敢在此種書上細加批點，並爽然自露其名，當時之人自然以「狂徒」視之。今則不然；新文學家無不稱「金瓶梅」爲文學矣。

復之，此類書籍，尤其是有汚譽之「金瓶梅」，其著作年月亦不一定。因著作者雖爲多才之「狂」人，而印行乏資，必賴有財且好事者爲之刋刻。故脫稿後，先由知己者借讀、傳抄，經過十年或數十年之流傳而始有人刋刻行世。余意吾國許多巨著，因此失傳，爲數想必不少，例如余家藏精抄「姑妄言」殘本，其文筆，其數量，似不在「金瓶梅」之下，但研究家如魯迅、鄭振鐸諸君均不知其名，竟不知世間有此一奇書也。但「金瓶梅」雖有惡名，雖時時被禁，然至今不失傳者何故乎？曰：因其寫實也。「金瓶梅」言一大宅盛衰，言一代官吏之腐敗——「金瓶梅」言西門慶之爲人，言彼之「酒肉」朋友，言彼家之婦女與當地之土娼，言官吏之公然受賄，無惡不作；「金瓶梅」所言，似乎甚泛，但不重複繁瑣。「金瓶梅」所言，無不詳細，但專及主要之事，而不尙文字上之虛飾。「金瓶梅」之「進行」，粗觀之，似不疾速；但頗近希臘悲劇，於不知不覺之間，已抵達高點矣。「金瓶梅」之辭，有時所以過於冗長者，因欲使各個人物以言語自見其品性也；有時所以過於簡潔者，欲使任何讀者非閱畢不肯放手也；忽繁忽簡，——簡者如電文，繁者如釋典，——「金瓶梅」之筆眞奇哉！「金瓶梅」之刋行，許多研究家以爲至早在明萬曆丁巳（一六一七年），距今三百餘年矣。

作者

本書著者，或稱欣欣子，或稱笑笑生。其眞姓眞名雖不可考，然決知其爲山東人。余得證據二：（一）書中多魯省土語，非他處人所能。（二）明末清初之魯人，最喜且最善於寫此類小說。「綠野仙蹤」之撰人亦是魯人。據友人鄭君口頭告我云，『北方某校圖書館藏綠野原稿本。綠野原名「白鬼傳」，較刻本多二十回。溫如玉、冷于冰實是一人，亦即著者本人，其中文字並不較「金瓶梅」爲遜。』余一向未得綠野精本，未嘗卒讀，不能比較。鄭君爲著名研究家，想其言必可靠也。

世有因「金瓶梅」文筆之奇，描寫之妙，或直擊，或旁敲，或敷衍，或簡潔，或兩面並陳，使自見其優劣，或單方猛進，突然而抵高峯——世人以爲此種奇妙之筆，非「名士」不能，遂疑王世貞爲「金瓶梅」之著者，——此大誤也。王世貞，太倉人，字元美，自號鳳洲，又號弇州山人，雖爲詩文大家，雖在魯省服官數年，然決不能明瞭許多土話而用之無誤也。且王鳳洲以治史著名，書中年代錯誤，與史實多不合。宋明二代官制國故，多所混淆；爲路爲省，且不能別。淸河又何能屬之東平府？沿水滸陽穀屬東平之誤而不知改，此皆其謬誤也。謂出鳳洲手可乎？

瓶外卮言

「瓶外卮言」爲研究「金瓶梅」者最佳最便之參考書，此書於民國二十九年由天津法租界天津書局出版。書內含（一）著者時代及社會背景，（二）詞話，（三）版本之異同，（四）與水滸傳、紅樓夢之衍變，（五）小札，（六）集諺，（七）詞曲等篇，共二百六十頁。小札係專名或土語之字彙；如蓋老（某婦之夫也），色係女子（絕好也），刮剌（勾引也），油水（侵潤也），四海（交游廣也），眼裏火（目中出火，見則心愛也），不聽手（不聽指使也）等等，無不一一詳解之。

本書提要

本書主角西門（姓）慶（名），號四泉，淸河人，一不識文字，專好游蕩者也。其正妻吳月娘，爲人尙屬正派。妾三人——潘金蓮、李瓶兒、春梅——皆淫婦也；本書在三名中各取一字，合而爲題。潘係武大之妻，經王婆作合，慶姦之；後毒死武大而納以爲妾。武大胞弟武松，勇而有力；來報仇時，尋慶不獲，錯殺李外傳，充配孟州。李瓶兒爲鄰友花子虛之妻，慶亦先姦而後「娶」之。春梅者，金蓮之美婢也。

西門慶因畋武大無罪，又因多次取得橫財，遂行使賄賂，取得金吾衛副千戶之職。此後胆更大而行爲愈妄，或求藥縱慾，或受贓枉法，舉凡貪官汚吏、土豪劣紳之一切惡事，無不爲之。

李瓶兒生子，金蓮妒之，屢設暗計使嬰兒受驚，後果以瘈症（驚風）死，而李瓶兒亦因痛子而亡。

瓶兒死後，金蓮愈媚其夫。一夕，慶飲藥過量，暴死。

本書至此，已抵達高點，凡爲閱者皆有不忍卒讀之意矣。但余作提要，不得不繼續言之：

西門慶死後，其妾金蓮、春梅，與其婿陳敬濟通，事露，二人皆被斥賣。

金蓮出居，在王婆家待嫁時，適武松遇赦歸來，見而殺之。

春梅賣爲周守備妾，有寵，生子，冊爲夫人。春梅稱陳敬濟爲弟，羅致府中，仍與之通。後金人入寇，守備陣亡；其前妻之子與春梅通，亦因縱淫暴卒。

金兵將至淸河時，慶妻（月娘）攜其遺腹子孝哥逃奔濟南，途遇普淨和尙，引至永福寺，以因果現夢化之。孝哥遂決意出家，法名明悟。

總之，「金瓶梅」是一部社會小說，描寫一「流氓」之發跡，及其家庭之醜事也。吾國人之類似西門慶者，即由「大郞」而變成「大官人」，由「管些公事」而「結交官場」者，太平時有之，戰爭中亦有之，城市中有之，鄉村內亦有之——無時無之，無地無之——可知「金瓶梅」雖詳述當時之代表者，然亦可謂駡盡古今之「惡少」（去聲）也。世人以爲「金瓶梅」描寫淫夫蕩婦之言行，實則暗譏搢紳權貴之汚濁。蓋作者深痛褻世人情之虛僞，政治之不修，故發苦言以爲警戒耳。

各種版本

余家所藏之「金瓶梅」，及余歷年所見者，有下列各種不同之版本：

（1）**金瓶梅詞話**十卷一百回，影印明刊本。白口，單魚尾，單欄，每半葉十一行，每行二十四字。前有欣欣子序，東吳弄珠客序，甘公跋。此書除北京、上海之影印本外，另有民國二十四年世界文庫（上海生活書店出版）本，計四卷三十一回，鄭振鐸細校，惜非全本也。又有上海雜誌公司鉛字本，每半頁十五行，每行四十二字，書尾有施蟄存跋。書中之所謂淫辭穢語者皆刪去之，而於方括弧內注明『以下刪去若干字』。

（2）新刻繡像批評金瓶梅二十卷一百回。明崇禎間刊本，白口，不用上下魚尾，四周單欄，每半葉十行，每行二十二字，眉上有批評，行間有圈點。卷首有東吳弄珠客序三葉，目錄十葉，插圖一百葉，此書版刻文字均佳。

（3）張竹坡評第一奇書一百回，半葉十行，行二十五字，圖百葉。又袖珍小字本，半葉十一行，行二十五字。又湖南木刻活字本，半葉十一行，行二十二字。以上三種，皆有謝頤序。

（4）批評第一奇書金瓶梅（即「多妻鑑」）一百回，東洋大號鉛字洋裝本（兩冊），每頁十六行，每行三十字。卷首有凡例、竹坡閑評、西門慶房屋、讀法、冷熱金針、非淫書論、寓意說、趣談、目錄、雜錄小引、西門慶家人名數、西門慶家人媳婦、西門慶淫過婦女、潘金蓮淫過人目、苦孝說等，此書誤排之字甚多。

（5）古本金瓶梅一百回，王鳳洲著。上海東魯書局鉛字本，每頁十三行，每行三十八字。此書刪節之處，似乎較少，與舊時卿雲圖書公司出版者不同。

（6）英譯本金蓮記（The Golden Lotus）四冊一百回（首冊序文等十六頁，正文三八七頁；二冊三七六頁；三冊三八五頁；四冊三七五頁），譯者艾吉登（Clemens Egerton），公曆一。三九年英國羅賚基（Routledge）父子公司出版九譯文甚佳，信、達、雅三質全具也。卷首有譯者緒言，小引，及姓氏表。書中汚穢之字，不譯英文，而以拉丁語代之。吾國將來複印「金瓶梅」，其實不必缺文，可採用艾氏之法，而以篆書爲替。

（7）節譯本金瓶梅（Chin Ping Mei）一冊四十九章，（共八百五十二頁），其前有韋立（Arthur Waley）序。韋氏，英國人，曾譯漢文詩歌爲英文，世皆知其爲中國通者也。

「金瓶梅」爲全世界著名之作，除多種不同之版本外，另有滿文譯本、德文譯本、英文譯本。西方學者，極讚美此書，稱爲研究心理之資料。葛樂坡（Grube）云：「著者觀察力如此之强，描寫法如此之精，雖拚合中國所有其他小說而成一書，亦不能與之爭美也」。勞佛（Laufer）氏曰：「依藝術言，此書誠傑作也。有稱之爲穢褻者，誤也，吾人當否認之，今以本書與左拉（Zola）易卜生（Ibsen）之小說、劇本互相比較，所謂淫辭穢語者，彼此絕無多少輕重之別，但彼此有相同之點，即富於藝術性也。彼此均出自名家之手，均深知同時代之男女，而將其心緒行爲，明明白白，細細底底描寫出來——描寫彼輩之實在情形，而不描寫彼輩所應爲之事』。葛勞兩氏，皆德國文學家。

續金瓶梅

繼『金瓶梅』後而作之勸善小說，有（一）續金瓶梅，（二）隔簾花影，及（三）金屋夢三種。其中最著者，第一種『續金瓶梅』也。

『續金瓶梅』，據孫子書小說書目，有舊刻九行二十字本，余未之見。余家藏者，坊刻十行二十四字本，及舊抄十行二十四字本也。坊刻本與舊抄本，行格雖同，而內容不一。

隔簾花影

舊刻本四十八回，不著撰人。每半葉十一行，每行二十四字。前有四橋居士序，又回目。——此係未曾完成之作。

「金瓶梅」插圖　張光宇畫

金屋夢

鶯花雜誌社鉛字本六十回，每半葉十二行，每行三十字，前有凡例又目錄。上述各種，皆『金瓶梅』之後身。除『隔簾花影』外，所有人名如西門慶、吳月娘、潘金蓮等均不改易。『隔簾花影』，亦名『三世報』；其中西門慶易名南宮吉，吳月娘易名楚雲娘，潘金蓮易名紅繡鞋，……蓋作者志在避免「盜取」紫陽道人原著之譏耳。紫陽道人姓丁，名耀亢，字西生，號野鶴，淸山東諸城人，官容城敎諭。「金屋夢」則全爲增補「隔簾花影」而成之書。

關於丁野鶴之「續金瓶梅」，魯迅在「中國小說史畧」中，言之綦詳，茲節錄如下：

『……前集謂普淨是地藏菩薩化身。一日施食，以輪迴大簿指點衆鬼，俾知將來惡報，後悉如言。西門慶爲汴京沈越子，名曰金哥。越之妻弟袁指揮居對門，有女常姐，則李瓶兒後身。常在沈氏宅打秋千，爲李師師所見，豔其美，矯旨取之，改名銀瓶。金人陷汴，民衆流離。金哥遂淪爲乞丐，銀瓶則爲娼。……後集則叙東京孔千戶女名玉梅者，以豔羨富貴，自甘爲金人金哈木兒妾，而大婦凶妬，篡取虐使之。玉梅欲自裁，因夢知是春梅後身，大婦則孫雪娥再世，遂長齋念佛，不生嗔恨，竟得脫離。至潘金蓮則轉生爲山東黎指揮女，名金桂，夫曰劉癮子，其前生實爲陳敬濟：以夙業故，體貌不全。……』

總之，「續金瓶梅」者，借小說之名，作「感應篇」注解，借飲食男女，講陰陽報復，戒色戒淫，勸人爲善之書也。唯究以淫穢之處太多，舊時不敢公然發售，余家藏之木刻本與舊抄本，非獨回數不同，並且文字亦畧有出入，茲比較而說明之如下：

（一）舊抄本題『紫陽道人編，湖上釣史評』，木刻本不題『湖上釣史評』。

（二）舊抄本第一回云，『我今爲衆生說法的「勸善錄感應篇」，遵着當今聖上頒行，因這佛經上說的因果輪迴，都是戒人爲惡，勸人爲善，就着這部「金瓶梅」，講出陰曹報應，現世輪迴，……』木刻本缺中間『遵着當今聖上頒行的「勸善錄感應篇」』十五字。

（三）舊抄本每回後有總評，木刻本無評。抄本第一回之評云：『此第一回爲一部書之開案，將西門慶等死人名目，盡從月娘眼中看出，線索在手，以後千頭萬緒，盡發源於此。作者眞才識高曠，閱之廣人心目。』

（四）舊抄本五十四回。木刻本六十回。木刻所溢出之十回（即十四回，十九回，廿一回，三十五回，四十六回，五十二回，五十四回，五十八回，六十二回，及六十四回）疑是後人所增補者。

（1914——1973）

一代名票 趙培鑫

·大方·

鬚生名票趙培鑫，不久前，突在三藩市以肝疾逝世，噩耗傳來，使港台許多相識友好，同聲悼惜！筆者和培鑫訂交達三十餘年，對於他的生平，瞭解得比較清楚，我覺得培鑫不祇是戲唱得好，同時他的遭遇，也充滿了傳奇性。在我的目光中，他是一個好演員，更是一個傳奇人物，如以人生和戲塲一樣作為比例，他的一生在舞台上演過許多好戲，在生活過程中，也演出了許多充滿傳奇性的好戲，值得遺憾的是，他的晚年逐漸步入坎坷之境，不及少年時代那樣燦爛多姿，以人生如戲來說，他畢生的一部戲，該是以悲劇收塲的。

趙培鑫，江蘇吳縣籍，父親名仲英，曾任上海金業交易所理事長，是一個標準富商，培鑫出身富戶，可說是一個標準小開。趙老先生育子女多至十人，長培堃（在台），培鑫行二，三培榮（去年起由台來港就商），四培炎，五祖娟（女）已嫁，六培忠（在美），七慧娟（女）已嫁，八培元，九培安（在大陸），十培基（在美）。

在上述趙氏諸昆季中，筆者相識的，祇培榮和培基兩人，但也頗少晤聚機會，惟因培鑫是名票，而我則是新聞記者，過去在上海宴會的節目特別多，幾次在宴會中偶然碰到，胡裏胡塗的便彼此做了朋友，時至今日，我已記不起第一次替我和培鑫介紹的是那一個人。

初露頭角 名噪一時

培鑫對學業方面，沒有什麼成就，但對京劇則頗感興趣，天資卓越，領悟力也很高，他於十六歲時，即加入雅歌集和申商票房學習京戲，不久即一鳴驚人。

舊時代一般商人的習慣，是不大喜歡子弟們多讀書的，趙老先生的思想也不例外，故在培鑫十八歲時，即被送入四明銀行，學習商業，從此培鑫便在一面習商一面學戲的過程中，漸漸長成，也漸漸成為所謂海上名票。

距今四十餘年前，上海社會還沒有目前那種歌廳和舞榭，高尚人士的正當娛樂，祇是聽聽京戲，因是一個京朝大角，每來海上，會受到極度的歡迎，也受大量人士的重視；風氣所及，一般有錢人家的子弟，也都以能唱幾句京戲為時髦，如果能夠粉墨登塲，則更認為是一樁了不起的事。這些學習京劇的子弟，內行人稱他為玩票，更替他們加上一個好聽的頭銜，代替了羊毛的名目，謂之「票友」。當時上海票房林立，票友車載斗量，不知凡幾，但眞正能稱為名票的，其成就殊不簡單，祇有趙培鑫，因優越的環境及特殊的際遇，研習多年，始獲造就他名票的地位。由於過去的梨園子弟，大都出身貧寒，幼年時投身入科班習技，要拜一個啓蒙老師，異日藝成，他需負担老師的全部生活費用，是以老師對他的學生，纔肯以眞才實學相授，但對外行便不同了，即使是至交好友，他所教給你的，祇是一些皮毛，不會輕易傳你以看家的本領，加以票友學戲，在富於天才及本人肯力學以外，還得有三大條件：第一要有錢，第二要有閒，第三更要有一些勢力，理由很明顯，因為請老師說戲需錢，請琴師弔嗓也要錢，能學到綵排的地步，則所需的錢更多，不是富家子弟，根本沒有玩票的資格，故在筆者的相識朋友中，王準臣兄以畢生玩票，甚至化光了他一半的資財，直到中年，他的玩意兒纔有一些成就，但他的代價也實在太大了！

勢力問題雖是最後一件事，對習藝多少也有一些關係，由於當時那些戲班裏的人物，有着一種吃吃外行的壞習慣，你如果是一個普通人士，化了錢也學不到什麼她東西；培鑫便不同了，他在二十歲左右，已經出名，二十三歲起，加入恒社，成為杜月笙的得意弟子，杜是當時上海的唯一風雲人物，培鑫得杜氏為靠山，他的戲又唱得好，使北來名角，對他都刮目而視，又因杜的關係，不久，他加入了黃金大戲院，那是一家制度維新而專門演唱老戲的戲院，出面老板是金廷蓀，也有杜的股份在內，因為這是一家强有力的戲院，凡是京朝大角，莫不曾爲黃金所羅致，使黃金業務，也造成了好久轟轟烈烈的局面，這情形在外界口碑中，都歸功於黃金五虎將的努力。

那時黃金的中堅份子，金元聲以小開身份負着重任，事實上最得力的幫手，是經理孫蘭亭，和副經理汪其俊，更由吳江楓辦宣傳任務，及培鑫加入，共爲五人，這五人都是當時上海的著名票友，其間尤以孫的麒派戲和趙的馬派戲，最令人稱道，外界對他們遂贈以黃金五虎將之號，事實上培鑫之在黃金，並無專職，不過是顧問性質而已。五虎將中，孫蘭亭最先病故，汪其俊被職工清算鬥爭，吳江楓於今春以高血壓症在上海逝世，今培鑫又死，五虎將風流雲散，只剩下金元聲一個人在台灣了。

盛極一時的黃金大戲院，曾有値得稱道的一件事，是在戲院傳統的制度上，加以一種改革，因爲過去所有戲院，都奉行着「案目」制，甚至戲院的經濟重心，會落在案目手裏，頭腦較新的戲院老板，認爲有加以改革的必要，抗戰以前，芮慶榮接辦新光大戲院，請馬連良南來，佐以華慧麟，開演京戲，培鑫也有少許股份，新光本來是一家影戲院，買票是對號入座的，培鑫當時即會主張京戲院亦應改爲對號入座制，等「黃金」大權入於五虎將之手，培鑫和蘭亭等不顧他人的反對，以堅决的態度取消案目，易爲對號入座制終於獲致成功，這是上海戲館業史上一項大改革，也是培鑫蘭亭等認爲生平得意之事。

師承有自　盡屬名家

培鑫自十六歲起開始習京劇，開蒙老師名產保福，是當時著名的一個譚派教師，他替培鑫說唱腔和排身段，在那個時候，麒麟童雖已成名，但並不大紅大紫，馬連良初來上海和白牡丹同在亦舞台演出，因緣時會，不久即名噪一時。「甘露寺」中，「勸千歲殺字休出口」的西皮原板，及「借東風」中「習天書用妙法」的大段二簧，瘋狂地流行於花間嬰宛之口，壓倒了麒麟童的「追韓信」；在風氣的驅使下，當時上海的鬚生票友，遂以學習馬派者爲多，培鑫可算馬派票友最優秀的一員，但不能說已得馬派眞傳。抗戰期間，連良南下，搭黃金大戲院，時培鑫已爲黃金五虎將之一，近水樓臺，他和連良相處得很好，彼此且結爲金蘭兄弟，於是連良爲之親身說戲，更親自爲之排練身段，促使培鑫藝事猛進，論當時上海馬派名票，不能不推培鑫爲第一人。

無可諱言，以唱京戲而論，培鑫是具備着許多優秀根件的，他的扮相俊秀，身材適中，表情生動，而舉止間有着一種瀟洒之美，加以嗓音清越而掛味，十足是一塊大角兒的材料，如果他以唱戲爲專業，他的成就很可能與馬連良、楊寶森成爲鼎足之勢，而非奚嘯伯、紀玉良之流，所可望其項背。

平心而論，趙培鑫的劇藝能有超卓的成就，其過程也是不簡單的，他是一塊美玉，更得到許多琢磨的機會，纔能吐露光輝，他既有錢，對職業並不重要，遂也有閒；加入杜門之後，更變成了有勢，他既用心習藝，爲他授藝的幾位名宿，遂也不敢草率從事，而以眞才實學相授，這便得力於一個勢字，在這許多優越條件下，纔能使趙培鑫獲得了一代名票的銜頭。

抗戰期間，培鑫劇藝已有所成功，旋對馬派感到不足，進而習余，爲之開始說余派戲者，是一位梨園行了不起的名宿，此人名叫劉叔詒。談起這位劉叔詒，筆者對他曾有很深的印象，筆者在學齡時代即愛觀京戲，那時發現九畝地新舞台有一個唱鬚生的童伶名劉漢臣，他唱「轅門斬子」，身材高度祇及焦孟二將的一半，使大家驚爲神童。不想其後神童輩出，不久亦舞台出現一個普佑安，鬚生和老旦兩門抱，演雙齣好戲，在「徐母罵曹」外，繼以「令公碰碑」，每演終是客滿。又不久，丹桂第一台出現一個高三魁，以鬚生兼演小丑，他所排的「呆徒富貴」，懸牌高出麒麟童和高秋顰，眞足使人驚異；但最傑出的一位，則要推這位劉叔詒了，他是繼普佑安之後在亦舞台發現，最早藝名爲劉天紅，擅唱汪笑儂一派，每貼「馬前潑水」、「張松獻地圖」等劇，非常哄動，當時都以爲這種聰明絕頂的神童，將來造就是不可限量的，誰料結果並不如此。他們予人的印象是少年得意，晚景凄凉，相隔不久，普佑安以倒倉中止了藝術生命，劉天紅也是如此，倒倉以後，棄名角而改爲說戲的教師。最不幸的要算劉漢臣和高三魁，某次在天津演出，傳聞和某軍閥的姬妾有着曖昧行爲，軍閥一怒，便加

趙培鑫的靠把戲「戰太平」劇照

二人以赤化的罪名予以槍決，這是衆所皆知的一椿冤獄，却也可說是聰明而又好色害了他們。

劉天紅倒倉以後，改名劉叔詒，在北京躭了很久，一遇空閒，便去看余叔岩的戲，他是內行，加以聰明絕頂，對余叔岩的劇藝細意揣摩，久而久之，心領神會，劉雖不是余門弟子，但無形中却獲得了余派不少玩藝，對余派各劇的唱做唸打等，都有心得。抗戰期間，棲居海上，以說戲爲活，順便做了培鑫的說戲老師，培鑫的余派戲，如「戰太平」和「托兆碰碑」等，其唱腔和身段，都是劉叔詒爲他所說的，藝出名家，自然不同凡俗。

又一和培鑫說余派戲的是王瑞芝，王曾充余叔岩晚年的琴師，對余的唱腔，自有心得，故培鑫的余派戲，在王瑞芝方面，可說得益非淺。惜乎時間不長，趙王結交，雖在上海，但還是在香港時期說戲較多，不久之後，王瑞芝返回大陸，趙王關係，也宣告中斷。

筆者記得著名武生茹富蘭抵滬，也曾替培鑫說過崑劇「麒麟閣」，而最後爲他說戲的是孟小冬，他們間有師生之雅，民國四十一年，孟在港收趙培鑫、錢培榮、吳必彰爲弟子，但事實上孟爲趙所說的戲並不多，約畧計之，也不過是「探母」、「烏盆記」及「洪羊洞」等幾齣熱門戲而已。

過去我國的梨園行，嘗有這樣一句口號，叫做：「三年出一個狀元易，三年出一個名角難」，這話頗有意義，因爲考狀元祇是讀讀死書而已，一個名角則需具備許多條件始獲成功，故在楊余梅程逝世以後，梨園名角，即有繼起無人之歎！名角之成功既如此之難，可證名票之成就更爲不易，即以趙培鑫而論，他具備了有錢、有閒、有勢等的優秀條件，更經過了產保福、馬連良、劉叔詒、王瑞芝、茹富蘭、孟小冬許多名宿的琢磨，纔能獲致相等於一位名角的成就，仔算算來，又豈是簡單的事●

二度婚姻 勝友如雲

過去國內有錢人家的習慣，都崇尚早婚，培鑫也不例外。他在十九歲時即結婚，夫人是南潯富商邱姓之女，這位邱夫人，筆者並未見過，不知她的才貌如何？但知這是一種父母之命媒妁之言的古老婚姻，故婚後生活是否圓滿，外人也很難想像，不過趙邱間的結合，時間並不太長，可能由於彼此性情不洽，故在培鑫廿一歲時，雙方即提出離婚，培鑫不久便也另有對象。

培鑫因玩票及恒社弟子關係，結交了好多朋友，其間有兩個最知己的朋友，便是吳中一和陸菊森。吳、陸都是紗廠業世家，也都是戲迷，彼此志同道合，便常在一起以唱戲消遣。那時趙家寓所在上海同孚路，屋宇寬敞，每日座有佳賓，非常熱鬧，吳陸二人也常在趙家學戲，吳中一由陳鴻宣教師說余派戲，後來又請益王瑞芝。陸菊森習的是小生，曾由俞振飛替他說崑腔，姜妙香替他說京戲，可說是最名貴的教師。在那個時候，培鑫第二任夫人和吳中一夫人，也都湊趣學習京戲，由名琴師任莘壽教她們唱青衣，寓中常客，有朋友也有藝員，更有琴師。朋友除吳、陸之外，有名律師鄂呂弓、藝員有劉叔詒、琴師有任莘壽、黎秋覺等，可謂極一時之盛。

關於趙培鑫的婚姻破裂，徵結何在，初非外人可曉，但猜想起來，和培鑫的玩票也不無關係，由於在三四十年前，上海社會已極度繁華，男子如果有錢，少不得要向聲色場所走動，不過那時的所謂聲色之塲，範圍很仄，聲，祗是指聽京戲，色的部份，指的是逛窰子，而最高尙的窰子，號曰書寓，俗稱長三；其餘如么鳳院和韓莊等，則品流低劣，有地位的人，絕不涉足，因之當時上海的十里洋塲，凡屬金迷紙醉之區，盡是北里名花的天下。當時上海社會的風氣，雖遠比今日香港爲嚴肅，但在許多嬰嬰宛宛之內，其間也不乏蕩婦妖姬，有錢人在玩弄她們，同時她們也在玩弄男性，不管是說書者或唱滑稽者，祗要是吃開口飯的，她們都會感到興趣；至於京朝大角，自然更是她們獵取的對象，但京朝大角畢竟不多，獵取非常不易，她們退而求其次，目標遂移轉到年輕漂亮的票友身上。

培鑫那時常有彩排節目，他年輕漂亮，藝高而又多金，這種人選，是花間女性眼光中的瓌寶，因之，他在唱堂會時，台下會送上便條，他在吃大菜時，突然會接到電話，這些都出自不相識女性的約會，也即是所謂自願送上門來的人，這情形不僅培鑫遇到，即其他畧有聲名的票友也會遇到。在培鑫年輕時，倒是非常規矩的，每遇這種飛來艷福，大都以不理睬的態度而加以拒絕，但人非草木，孰能忘情，在這種環境的長期驅使之下，他終於投入了一位北里名花的懷抱，她便成爲第二任的趙培鑫夫人。

這一位北里名花，筆者已記不起她的舊時標幟，惟知她長得文文靜靜，身材瘦瘦高高，乃有「麥柴管」的雅號，這位麥柴管小姐後來被友朋間稱爲麥太，和培鑫同居很久，直到一九五六年，筆者由港赴台，培鑫早已遷往台北，他們住在和平西路，筆者抵台後，培鑫即在寓所設宴欵待，這時那位麥太也隨侍在側，培鑫和她倒是非常恩愛的。又過了多年，培鑫在台業務失敗，夫婦始宣告分居，朋友們接收了培鑫的工廠，由廠方每月提出一筆錢，作爲培鑫夫人生活之用。自培鑫出國，以至逝世，他們夫妻似未再見，迄今培鑫夫人仍隻身留居台北，培鑫初無所出，猜想之下，培鑫夫人的現狀該是寂寞而又凄涼的。

名角合演 聲價不凡

培鑫既爲票界中之逸才，交遊又廣，故每逢盛大堂會，也必有他的演出。過去提到上海最盛大的堂會，以杜祠落成、杜氏大壽，最爲熱鬧；至於勝利後，國府在南京招待國大代表之演出，上海市長在美琪大戲院招待總統夫婦觀劇；除杜祠落成，因培鑫年幼，不克參加外，其餘塲次，培鑫幾於無役不與，劇目如與梅蘭芳合唱過「探母」、「汾河灣」、「御碑亭」、「甘露寺」、「打漁殺家」等劇，和程硯秋合唱過「武家坡」、「寶蓮燈」等劇。在杜月笙六十歲生日那年，又曾連續兩天和孟小冬合作「搜孤救孤」，趙配演公孫杵臼，（見本期封面內頁戲單）這些演出，都曾哄動一時，這是他的全盛時代，也可說是他生平最得意的時代。

來港深居　摒絕粉墨

趙培鑫舉家離滬遷港，較筆者為早，筆者來港是一九五〇年，培鑫早已先我而至。那時共軍猶未渡江，但杜月笙氏鑒於大勢已去，早作了遷港準備，於是凡是與杜有關的人士，隨他遷港者很多，培鑫父子也是其間之一。那時吳、陸二家，亦即吳中一、陸菊森二位的尊人，早在香港創有偉倫紗廠，培鑫也在中環設立二個寫字間，利用各方面朋友的交情，做一些生意。他寓所住在赤柱，每天自駕一架小汽車，來往中環赤柱之間，在這一段日子裏，從未粉墨登場，閒時祇在家裏吊吊嗓子，或者和朋友們談談，雖不像上海時期的活躍，生活倒是過得非常安定的，如果說在上海是培鑫的全盛時期，則那時候在香港的數年內，也可說是他的安定時期。

記得一九五〇年的一個冬夜，北角的燕雲樓京菜館新開，筆者曾假座那裏，宴請幾位老友，列席者除培鑫外，有偉倫紗廠的陸菊森、麗池舞廳的李裁法、影戲大王張善琨及名律師王培源等，叙談甚快。流光淹忽，不久，善琨、培源相繼逝世，而李裁法則以仇殺吳季玉案件判處徒刑，迄今尚未出獄，正悲故交有日漸零落之勢，不圖消息傳來，培鑫復在三藩市作古，人生如夢，夫復何言。

培鑫在香港住得不久，他的遷台，可能在他尊人逝世以後，筆者蒞台和他會晤，見到他家裏除太太外，並無別人，他的環境是寂寞的，他過去是小開身份，並未單獨做過生意，抵台以後，忽然一本正經的做起生意來，這在他的生活史上，可說又展開了新的一頁。

趙培鑫演衰派戲「洪羊洞」

在台經商　飽受挫折

培鑫遷台，大約在一九五二年左右，那時國府建都已定，迥非光復初期那樣的荒蕪情狀，台灣本來富於漁農產品，經過國際方面的協助建設，台灣的一切便很快地進入繁榮，成為理想的避秦之地，祇要你一進入台北市區，便可

趙培鑫在台灣

・韓仕貽・

趙培鑫在民國四十一年（公元一九五二年）到了台灣。

抵台後，他便開始以「余派名票」姿態，週旋於達官貴人、名流縉紳之間。他常是周至柔、黃少谷、徐柏園、辜振甫、蕭同茲諸位先生的座上客。在茶餘酒後，必有餘興，清唱消遣。鼓用侯佑宗，琴是王克圖，都屬一流人才。大家對於培鑫仰慕已久，偶聆綸音，認為無上收獲，皆大歡喜。

諸公在公餘之暇，偶而興起，也會哼上兩句，遇有培鑫在側，欣賞讚許以後，再研討指點指點，聞者大悅，感情因而日增。

就這樣，趙培鑫慢慢建立起在軍政工商上流階層中，他的社會關係。

民國四十三年（一九五五年），台灣各廣播電台，為了救濟大陸水災，聯合舉辦救災義唱，由聽衆點唱捐欵，集腋成裘。在台北市新公園中國廣播公司舉行，全國各電台全體聯播，於是名票名伶雲集，自晚九點播到夜一點半，捐欵熱烈，盛況空前。趙培鑫參加唱了兩段，一段是「打漁殺家」的「昨夜晚……」原板。一段與金素琴合唱「武家坡」的對口快板，蔚為當晚高潮之作，而趙培鑫的歌聲，也藉電波的傳播，送到全省聽衆的耳鼓，這是他第一次的公開清唱。

民國四十五年（一九五六年）元旦，總統府舉辦元旦平劇晚會，在台北市金華街三軍托兒所中正堂舉行，由空軍大鵬平劇隊，陪趙培鑫演出「全部空城計」。鄭鐵珊司鼓，王克圖操琴，這是趙培鑫在台灣的首次彩串。

故陳副總統辭修（誠）生活嚴肅，輕易不涉足任何娛樂場合。那一晚却蒞臨觀賞，並且聽到一片上海人的鄉音，也隨時可以吃到上海食品的任何風味，祇是娛樂方面，還不及香港那樣普遍，打麻將既不能公開，那時跳舞場也在禁止之列，人們得不到其他娛樂，好多上流社會人士便均以唱京戲爲消遣。京劇在台灣經過政府的大力提倡，進展很速，民間愛好京劇的風氣，更較香港爲濃，因之，凡是一個京劇藝員或者京劇名票，便會受到人們的重視。

趙培鑫挾其鼎鼎大名，及崇高劇藝，自滬港輾轉到達台灣，自極引起一般人的注意，凡屬愛好京劇者，無不樂與結交，憑此一點使他交到了許多朋友，上至達官貴人，以及富商巨賈，莫不建立着很好的友誼，憑他這種優越的條件，及良好的關係，如能善於處理，很可能無往不利。一九五六年秋季，筆者已是第三次抵台，有在那裏久居之意，培鑫聞訊先邀我在「中國之友」吃便飯，更在家中設盛筵欵待。這時我得悉，他在台灣開一家中型工廠，他向各紗廠購買飛花，再以飛花提鍊成藥水棉花出口，這種生意範圍雖不大，但利潤却很穩定，因爲這一業務的重要點，屬於原料，培鑫和各大紗廠方面有很好交誼，別人買不到原料，便不能開工，但培鑫的原料是不愁缺乏的，因是在這一段期間，他的生活非常安定。他在懷寧街新公園有一個寫字間，我去看他時常不在，祇其幼弟培基在那裏料理什務，我向培基問他的踪跡？有時說是和周至柔將軍打高爾夫球去了，有時則說在中國之友和某委員打橋牌，想見他的生活不僅安定，且已得到悠哉優哉之樂。培鑫抵台的三四年中，從未公開演出，原因是他的劇藝日趨化境，有些目無餘子，聲價自高，遂也不肯輕易漏演，直到一九五六年元旦，方始應某一方面的邀請，在三軍托兒所禮堂舉行義演一場，劇目是「全本失空斬」，消息傳出，全台哄動，屆時台灣國府要人自副總統以下，連同各機關首長，以及朝野名流無不列席，三軍托兒所擠得水洩不通，陳定公贈以一聯曰：「民國萬歲，國民萬歲；鑫培一人，培鑫一人。」翌日，全台報紙記其演出經過，好評潮湧，趙培鑫三字，益盛噪於一般藝術界人士之口，這很可說是培鑫入台以後的全盛時代。

人生，往往好景不長，培鑫竟也不例外，憑他過去那種優越條件，無論如何，也不致晚年會淪入賣藝爲活的境地的，他的失敗，關鍵在於不善做生意而想做較大的生意，他嫌那家飛花廠不夠發展，擬擴充爲一家紗廠，許多朋友加以勸阻，但他好勝心强，絕不退縮，仍從事進行。

嘗憶有一次，立法委員王新衡的家厨，燒了兩味名菜，菓子狸和熊掌，培鑫和我約好，到新衡兄家裏吃熊掌，吃罷，培鑫有事匆匆先走，我和新衡兄閒談，他說培鑫和我鬧得不愉快，我問爲何？他說培鑫開的紗廠要我做董事長，這個責任我是當不起的，祇得加以婉拒，他認爲我不夠朋友，未免發生芥蒂，培鑫之擴充紗廠的消息，我便是從那晚得悉的。

不要以爲陸菊森、吳中一等開紗廠，稀鬆平常，實在不是簡單的事，第一要有雄厚資本，第二要有豐富經驗，第三還得要有幹練的班底，纔能應付裕如，陸吳等是紗廠世家，又豈培鑫的外行所可相提並論。根據側面消息，培鑫自擴充廠務以後，便漸漸進入窘鄉，理由是他購買的機器，屬於舊貨，生產率非常緩慢，不能與別一家競爭，業務自非虧折不可，祇能藉舉債來補救；但這工廠既不能賺錢，支持得越久，舉債數字也愈大。台灣商場習慣，調頭寸需用支票，台灣當局的處理票據法很嚴，一經退票三張，便公告各銀行，成爲拒絕往來戶，同時還得依照退票數字的比例處以罰欵，無法罰欵，得改處徒刑。培鑫的工廠先天後天均感不足，由週轉不靈入於羅掘俱窮境地，終於有一天，一批支票無法解决，退了下來，培鑫因債務而受到困擾，他的商業生命，也宣告結束。

培鑫在台有許多好友，他的流動金，都是向

到場很早，從頭聽起，自是培鑫殊榮。此外冠蓋雲集，座無隙地，求得那晚一張招待券之難，有如登天，（晚會戲不售票，由主辦當局贈送。）得到的人如獲至寶，聽完了對人津津樂道；固然向隅者非常多，好在廣播電台都作了實況錄音，公演完畢經常播放，總算一饜戲迷熱望。

趙培鑫自演完這場「失空斬」以後，聲譽如日中天，高不可攀。一般機關也有打算舉辦晚會，請他串演，但鑒於他身價之高，不敢冒瀆。一直到四十五年除夕，周至柔接任台灣省政府主席以後，因爲與趙交非泛泛，台灣省政府請他演出兩場除夕晚會，地點在台北市中山堂中正廳。由陸軍的大宛劇團陪他演出，兩晚都是「捉放宿店」，侯佑宗司鼓，王克圖操琴。特請海軍的海光劇隊高德松配演曹操，而由趙培鑫自己指定大宛的金鳴玉配演呂伯奢。

這兩場「捉放宿店」，當然又是盛況一時，雖然票伶兩界，對培鑫飾陳宮的下馬身段「紛紛議論」，但是大家對看趙培鑫演戲的興趣之濃，却並不稍減。並且因爲趙之選用金鳴玉爲配，而對金鳴玉也都另眼看待了，金鳴玉是李萬春所創鳴春社科班的學生，工老生和武生，嘴裏乾淨，脚底下俐落，藝術穩健規矩，趙培鑫可算伯樂。

民國四十八年（一九五九年）八月七日，台灣中南部有一個巨大颱風過境，造成水災，災情相當嚴重，便是有名的「八七水災」。水災稍過，社會各界都捐欵救災，有些團體更舉辦救災活動。當時王叔銘正担任參謀總長，他便以溺己溺人之心，發起了國軍康樂團隊救災平劇義演，除了以陸光、大宛、海光、大鵬四個劇團爲基幹以外，更遍邀名票名伶參加，聯合唱五天義務戲。被邀參加的有趙培鑫、高華朋友借貸來的，失敗以後，朋友的錢可以不還，但政府的罰欵是一定要繳納的，這時的培鑫連退票罰欵，也無法加以解決，經過朋友洽商，認爲營業失敗，事屬尋常，而服從國法，也非可恥之事，培鑫從之，終於服刑了幾個月，洗刷了罰欵問題。而他的獄中生活，也是多姿多彩的，他在獄中收錄弟子，教人唱戲，爲了與獄中人犯同樂，他還在獄中登台演唱「全部四郎探母」，爲他配演公主的，就是現在美國的劉瑛女士。許多戲迷，趕到獄中去看戲，成爲一個特殊的節目。

在一九六四年秋季，筆者又以事去台，適培鑫刑期屆滿，恢復自由，那時他在和平西路的寓所早已退去，夫人則寄住在親戚家，和他多年來藉以代步的一輛小汽車也賣掉了，提起他的駕駛技術，原也不壞；但也闖過兩次車禍，一次撞車，把杜夫人姚玉蘭和杜大小姐連帶受傷住院甚久；一次則他喝醉了酒，開車直撞王新衡家，把王宅的牆都撞塌。此時孑然一身，在自由之家借了一個房間居住，神情落寞，顯得意志消沉。一天我去看他，他拉我到附近一家小餐廳吃快餐，和我提出一種計劃，擬到香港來唱幾臺營業戲，我自然替他打氣，說憑吾兄的劇藝和聲名，一定保證成績美滿，他說，賣座可能不成問題，但我離開香港已十載，一切感到生疏，在報界和宣傳方面，務請閣下予我以幫助，我說彼此多年老友，祇要力之所及，無不樂於效勞。於是培鑫便從事籌備，相隔不久即離台來港，在大會堂完成了他的願望，舉行了一塲盛大演出，劇目是「全本失空斬」，這是培鑫在香港第一次的公開演出，座券代價，高至每張港幣二百元，但也上下客滿，可稱盛況空前。自此以後的若干年間，培鑫便陸續來往港台兩地，作爲不定期的演出，藉以補貼開支，他的藝術生命便也漸漸由業餘性而走上了職業性之途。

培鑫在港的第一次演出，既獲非常成功，便計劃第二次的演出，但他瞭解，辦一塲戲光靠自己一人是不夠的，必需一個優良的旦角爲配，纔能收綠葉之效，適於此際有一位青年藝員譚硯華，剛從星加坡返回香港，意在藝術界打開出路，由朋友之介，認識培鑫，彼此志同道合，於是一拍即合，不久便擬了合作計劃。

由票而伶 獲得搭配

提起譚硯華，來頭很大，她是粵籍富商譚敬的掌珠，譚敬在滬擁有許多地產，西摩路華業大厦的住宅更是富麗堂皇，筆者過去曾在譚寓賭錢，他喜歡聽大鼓，每逢宴叙，常叫筱綵舞的堂會，生活非常優裕，不幸有一次他在香港因駕車肇禍，引起官非，返滬後，接着中原事變，遭到清算。硯華是他側室所出，乳名毛毛，更有一個妹妹名寶寶。大陸改觀以後，毛毛以環境關係進入了北京戲劇學校，曾受到芙蓉草的教益，畢業後，很幸運地居然能逃出鐵幕，硯華是她的藝名，筆

名票趙培鑫
明刑滿出獄
商場令人唏噓 鐵窗使他發福

【桃園訊】在龜山台北新監服刑的平劇名票趙培鑫，已於今（廿）日期滿，他將於廿一日凌晨零時恢復自由。

這位名噪菊壇的鬚生名票，係因去年經商失利，違反票據法被判罰金十萬銀元，易服勞役六個月。他是在去多送監執行。到本月廿日刑期屆滿。

趙培鑫於昨天上午在陽光普照的台北新監寬廣的草坪上與記者晤談。他說，他在此服刑半年來，由於禁吸烟酒，起居有定時，體重增加了五公斤。談到過去因經商失敗而致觸犯刑章時，他不勝唏噓。不過，他對台北新監環境優美，設備良好，大爲讚揚。他說：「這裏無異是一所好學校。」

趙培鑫在服刑期間，曾對監內所組織的平劇社加以指導，並且在春節期間同樂晚會中登台客串。

記者問他，外傳他將於服刑期滿後，應香港票房邀請，赴港演出，是否屬實？趙培鑫說：香港平劇界的朋友很多，對他的處境亦表關懷，但是他個人台北的事業還未全部結束，許多個人事務亦未了，赴港之行，尚言之過早。

一九六四年三月二十日台北聯合報刊載趙培鑫消息

、章遏雲、金素琴等。濟濟一堂，戲碼與人選的硬整，可以說台灣二十幾年來，空前絕後的一次盛大塲面。演出地點在台北市中華路介壽館，即是現在國軍文藝活動中心的前身，票價雖然高至二百元，一百元，仍是供不應求，連塲滿座，給災民籌了一筆鉅欵。

義演原定八月三十一日至九月三日演四天，後來因爲定「四郎探母」那天票的人太踴躍，只好在四日再加演一天「探母」共演五天。

八月三十一日晚趙培鑫和章遏雲的「武家坡」，兩個人工力悉敵，全力以赴，同爲王克圖操琴，事先對了許多遍，因此在台上精彩百出，觀衆認爲罕見佳作。

九月一日的大軸「四郎探母」，把在台灣生旦兩界的票友名伶王牌，全羅致在內，一網打盡。趙培鑫演完坐宮再帶回令，金素琴一定要演「坐宮」，秦慧芬演「盜令」兩塲，而把「回令」的公主由章遏雲屈就，太后請嘯雲館主（即王復蓉之父王振祖），就中以章遏雲最識大體，顧全大局，而有她演「回令」公主，也就沒有人起堂了。

九月二日，趙培鑫沒有戲，高華演了一塲「六月雪」，也是高實秋在台灣的僅有一次演出；另外高還演過一次反串戲，屬於例外。

九月三日的大軸是趙培鑫的「失空斬」，配角大致仍是四十五年元旦，他初演這齣時的大鵬平劇隊原人。

九月四日晚的「四郎探母」，與一日晚的陣容相同。

從民國四十五年元旦演「失空斬」起，到民國四十八年九月初，在五天盛大義演裏，担四天重任止，是趙培鑫在台灣的全盛時期，他對戲肯事先研究，在台上也神完氣足。此後，他就逐漸走下坡了。

者第一次認識她，還是竇曉東兄備函所介紹的。硯華坐過科班，對京戲自有功力，加以她綺年玉貌，扮相嬌妍，做功細膩，擅演荀派戲，是旦角中的上駟之材，美中不足的是她沒有嗓子，唱花旦戲遊刃有餘，唱青衣戲，便有所不足，但是憑她這些條件，和培鑫搭配，已足為有力的臂助。

培鑫第一次返港，共演出三場戲，其後兩場，都是和譚硯華合作的，雖然成績不惡，但唱戲究竟不是簡單的事，偶一為之是無所謂的，常唱就不容易受歡迎，培鑫也深明此理，引起了今後輪迴在港台兩地表演的意念，徵得譚硯華的同意，於是聯袂入台，想作幾場轟轟烈烈的演出。

你不要以為在香港辦戲是非常困難的事，却不知在台灣辦戲，同樣是非常困難的事，香港需銷紅票，台灣也需銷紅票才能獲得盈餘，同時台灣所有戲劇從業人員，從角兒以至場面等等，都加入了軍中組織，外人很不容易借用，憑此種種，使培鑫演出進行，處處受到挫折，幸爾譚硯華女士是以反共藝人的身份入台，照例當局需予以協助，對於各種難題，終算陸續得以解決，最感掃興的是培鑫和譚女士，在自由之家開了兩個房間，每天賓客衆多，開支浩大，出外演戲，利在速戰速決，時間一久，多了意外開支，無形中便會添出許多意外損失。

趙譚蒞台合作，本擬在兒童戲院演出五場，但因為接洽配角班底，及等待場期，一時未能啓演，在這一空隙中，適有台中某某戲院，邀請他們赴台中演出兩場，培鑫認為反正有閒，便欣然前往。

那一次台中之局，培鑫邀我同往觀劇，我是在第二晚才匆匆趕到的，同行的還有一位聲樂家秦燕小姐，她是譚硯華的閨友，也是專程趕去捧場的。她和譚硯華同住一個房間，我則另開旅館，那一次演出，我已記不起在那一家戲院，祗記得當晚戲目是「全本法門寺」。培鑫的趙廉，譚硯華一趕三，前演拾玉鐲的孫玉姣，中演廟堂的宋巧姣，後演大審的劉媒婆，我趕到戲院時，發現全場客滿，急忙轉入後台向他們致賀，看見趙譚二人都化裝好了坐在一隅，我說全院客滿恭喜恭喜，譚硯華却扮着臉說：「恭喜個屁，這不過是受罪和受氣而已。」

趙培鑫（右）譚硯華（左）合演「烏龍院」

依據事實，我們不能怪譚硯華要發這種無謂的牢騷，我見到那所戲院是一所很古老的建築，客座上面，祗有疎疎落落的幾具風扇，更不必說冷氣了。後台地方既小，扮戲的人又多，熱得像蒸籠一樣，使趙譚二人那種焦燥之狀，很像熱鍋上的螞蟻，試想培鑫是養尊處優的小開，譚硯華又是千金小姐，如何能禁受得起這種江湖賣藝者的艱苦生活，一遇挫折，自然會感到滿腹牢騷。

台中兩場戲演完後，大家筋疲力盡，但培鑫小開脾氣大發，主張連夜趕返台北，於是雇了一輛游覽車，在宵夜以後，專誠出發，全車包括配

以趙培鑫望重一時的名票地位，加上他已培養成功的良好社會關係，即以戲為中心的活動下去，在台灣不愁溫飽，不知他怎麼一股勁，竟打算開起紗廠來。

趙培鑫對西皮二黃很內行，對開紗廠却是外行。他既無企業計劃，又無敬業精神，對辦工廠是大而化之高高在上的遙相領導。同時他工廠的資本幾百萬台幣，在當時已是小經營；而他本人沒有錢，全憑社會關係向銀行和朋友借貸周轉而來，等到周轉失靈，就每下愈況，而終於一蹶不振了。

紗廠倒閉，受累的人不少。杜夫人（姚玉蘭女士）在台北市新生南路有所房子，被培鑫把房契借去抵押借欵十萬元，後來不夠用又續借，終於還不了而賣房子還借欵，杜夫人損失不貲。章遏雲把私蓄都交培鑫去周轉了，還有大鵬劇團幾個人，把一部份錢也由章遏雲交給趙去儲存收息。培鑫事敗以後，章遏雲不但積蓄無存，而且還辛辛苦苦的把大鵬幾個人的存欵代為還清，不使他們吃虧，這種厚道美德，也很罕見。

培鑫事業失敗以後，因犯票據法，須交的罰欵很多，先還四下張羅陸續解交，後來因罰欵甚多，交不勝交，朋友們勸他，我們沒有力量幫你，不如進去一次，把勞役抵罰欵，一了百了啦吧！培鑫無奈，才下決心算清罰欵，改抵勞役。其間曾有「三進兩出」的紀錄，在桃園縣龜山監獄，住了一年左右。因他名氣很大，根本也沒什麼勞役，後來索性由他來辦獄中康樂工作，他先是和大家談戲，後來就逐漸說戲、教戲。有一次獄裏舉行春節同樂會，那是在一九六四年的二月十五日（農曆正月初三），還請他在宏德新村禮堂彩串了一次。戲是白天戲，因獄中晚上要歸號，事先由故月琴名手

角、班底、及場面等在內，共約三十餘人，我同秦燕小姐也附車北返。

自台中開車至台北，因在深夜，行程約需四五小時，車中無俚，譚硯華主張請各人高歌一曲，以遣寂寥，衆皆附議，車中人仕，生旦淨丑皆備，於是有人唱京戲的，有人唱大鼓的，有人唱蹦蹦戲或歌仔戲的，百戲雜陳，居然非常熱鬧，最滑稽是忽然有人高喊請盧大方先生唱一段來聽，附和鼓掌的人頗多，我沒有辦法，祇能唱了罵曹中，「平生志氣運未通」的四句西皮原板，我和培鑫，並排坐在一起，唱完後，培鑫對我說：「你這段戲，可說是替我而唱的，今日的趙培鑫，該是運氣最不通的時候，也是最倒楣的時候了！」培鑫此言，可謂有感而發。

直升機捧紅劉復雯

趙培鑫、譚硯華在台北兒童戲院演出的幾台戲，雖然成績不惡，但因日子拖得太久，業務結束，賺不到什麽錢，培鑫今後生活，已非靠唱戲不可，他脾氣不好，更不慣仰面求人，可是在香港辦戲，是非要仰面求人不可的，在這種矛盾的環境下，使他的辦戲，有愈來愈困難之勢，因之，在這往來香港的八九年中，他雖辦過好多次戲，都沒有獲得什麽實惠，其後不知何故，和譚硯華也發生意見，他每次來港，都是寄寓在譚硯華家裏的，硯華辦事幹練，足當他的得力助手，彼此不歡而散後，趙便遷出譚家，一個人改住在金巴利道的金門大廈，在香港演出的一台戲，女主角也捨棄譚硯華，改聘了劉復雯。

劉復雯出身復興戲劇學校，她父親是著名文武小生劉玉麟，是個標準梨園子弟，擅演刀馬旦，初次和培鑫合作，貼了雙齣好戲，一齣是她單獨主演的「扈家莊」，又一齣是和培鑫合演的「打漁殺家」。

劉復雯初次蒞港，消息傳出，非常轟動，不想這一次演出，意外地產生一則緊張事件，由於出入境證件的延誤，劉復雯遲至當晚九點，纔抵達啓德機場，當時尚無港九隧道，劉復雯是由九龍乘直昇機飛來香港的，其時趙培鑫先在台上唱了一齣「烏盆記」，由馮鶴亭操琴，休息，等到劉復雯的「扈家莊」結束登場，和香港觀衆見面，已是深夜十一點鐘以後了。

劉復雯以內行身手，自是不凡，又因初次蒞港，演出非常賣力，大受觀衆歡迎，但培鑫這一台戲，因波折太多，開銷浩大，得不償失，一般評語，都說這一台戲捧紅了一個劉復雯，結果使劉復雯交上好運，而使培鑫自己更進入了惡運。此後，培鑫又會和劉復雯在大會堂演出了幾場，在新寧招待所住了一個多月，也無甚收獲。

此後，趙培鑫返台，又曾從台灣請來了余嘯雲、小生孫麗虹等，在利舞台演了三場，樂宮戲院演了兩場，成績都不很好，債台高築，四面楚歌，促成了他二度赴美的動機。

處事無方斯人憔悴

培鑫生平的短處是，既不善處事，更不善理財，以致在經濟方面常感到支絀，我記得他初次由台返港演出的第一場戲，收入可達四萬元，這在別人足可支持三年兩載，但他則不到幾個月便化完了，這是他措置上的錯誤。以用琴師爲例，在香港請曹金虎付他一千元，曹已感到很高興，但他却從台灣請來了一個馬慶琳，連川資食宿等化了三四千元，馬還感到不足，這不能怪馬慶琳，因馬在台灣是有固定收入的，放棄固定收入而來香港，自然要想多拿一些，至於川資和食宿，他自然不負責任，基此理由，培鑫雖支出很多，馬仍認爲得不償失，雙方甚至損傷了交誼。又記得某一次演出，培鑫想向朋友借用一張地毯，朋友稍一躊躇，並未拒絕，培鑫已感不悅，便自己買了一張，演戲結束，這張地毯由輪船運往台灣，及後在香港演出，這一張地毯，再由台灣運來香港，不僅多費手脚，並且勞民傷財，諸如此類，不能不歸咎他的處事不善。

綜合許多因素，他和朋友們都有些格格不入

劉浩棠去給他吊幾回嗓子，正式登台由馬慶琳操琴，他唱了一次「探母」的「坐宮」帶「兄弟會」「回令」，他兩個學生張昭泰、張昭平分演其他幾場的楊四郎，旅美名票劉瑛的公主帶楊宗保，前場由台大同學蘇可勝演的「鴻鸞禧」。原定連演兩天，第二天臨時回戲，祇唱了一天。結果傳出謠言，因贈券不敷分配，連司法行政部部長鄭彥棻都拿不到票子，於是次日飭令停演，其實却是培鑫患了重感冒才臨時輟演的。

五十三年（一九六四年）春培鑫出獄以後，就寄住在士林，故華聲廣播電台台長張育黎先生家裏，張先生很喜歡國劇，並且命他長子昭泰、次女昭平從培鑫學戲，對趙非常優待，照顧備至。

培鑫此時一來生活無着，二來還打算東山再起，就積極籌劃，再演兩場戲，但是今非昔比。爲工廠的事，已然欠下許多人情，怎麽好意思再去求人，但不求人又演不成。於是幾經

趙培鑫在龜山與採望他的坤票劉瑛（右）蘇可勝（左）合影

，自在香港那幾台戲結束後，他的經濟情形更差，環顧港台兩地，都已失去了再度辦戲的能力，無可如何，便決計棄港台而向美國另謀發展。

培鑫是在一九七二年春季初次赴美，他在美國有朋友，也有兄弟姊妹，原可得到許多便利，但美國社會的風氣是較香港更爲現實的，培鑫似乎不適合於這種環境，自他離港之後，筆者和他遠隔天涯，關於他在三藩市的生活情形初不可曉，一天在無意中，忽然見到一篇文字，刋於那年本港九月十九號的中文星報，作者是老友金刀兄，其間除報導培鑫在美演出的消息外，更附帶了一些勸勉之言，附錄如下，以供參考。

「中大教授吳予達兄適自加拿大途經三藩市返港，帶來一則三藩市的劇訊，那就是在九月廿四日趙培鑫周曾祚兩位名票合演「捉放曹代宿店」，前面並由金山票房的票友串演「除三害」、「三娘教子」及「宇宙鋒」，入場券分美金六元、四元、二元三種，戲院約可容納一千人，如售八成座，以平均票價四元計算，可得三千二百美元，除去開支約一千美元，辦戲者僅淨得二千二百美元而已，但能在海外如此提倡國劇藝術，是值得我們鼓舞的。

在這裏，我順便簡介一下周曾祚二哥，他是上海大馬主周孳田的二公子，亦即此間花臉名票周曾育小弟弟之胞兄也。他的銅錘戲爲金霸王少山所親授，能戲頗多，以「鎖五龍」、「牧虎關」、「白良關」、「鍘美案」最爲拿手，嗓音醇厚，頗有韻味。他又擅於操琴，爲洋人楊寶忠之得意高足，我想此次培鑫在三藩市有此精采的綠葉扶持，定能收相得益彰之效。

此番培鑫兄悄悄地赴美，大有壯士斷臂，拋棄香港之意，因此朋友們都很關心他也惦記他。

論培鑫在國劇藝術上的造詣，無可否認的，是相當的深湛，而且過去輝煌的演出，也奠定了他在票壇的地位，他的玩藝兒也確有號召的力量。吃虧在他出身於富貴之家，海派作風太濃，而且不免有些恃藝而驕，無形中在香港造成一種對他「杯葛」的局面，所以他的演出，總是荆棘滿途，處處掣肘，更造成他在港最後幾台戲的殘缺的口碑。

我與培鑫論交三十餘載，不忍讓他沉淪下去，曾很誠懇地暗示他說：「路是人走出來的，同路人更應互相尊重、幫助，千萬不能把自己孤獨起來。

趙培鑫最後一次登台演唱「捉放曹」之陳宮時在一九七二年九月二十四日攝于三藩市華宮戲院（鄭寧權自美國寄）

艱辛，在五十三年七月廿一日、廿二日，假座中華路國光大戲院演出兩晚，由國劇欣賞委員會出名主辦，培鑫以中國廣播公司國劇研究社顧問身份演出，請陸軍大宛平劇隊協助，並外串古愛蓮參加，唱了兩天「洪羊洞」。

這時培鑫的鼓已改用陳慧柏，陳是厲家班出身，經常給復興戲劇學校司鼓。琴師請馬慶琳，也就是後來隨培鑫赴港的那位琴師。兩天銷票成績還不錯，但大部份是同情票，而不是爲聽戲而買票的。

國民大會秘書處，在八月十日假座中山堂中正廳辦國劇晚會，由大鵬劇團演出，培鑫算是客串，與徐露合作了一齣「打漁殺家」。

五十四年，培鑫去了一次香港，年底搬來一位譚硯華小姐，當然也是爲合作演戲。由有關方面多方協助，在五十五年（一九六六年）一月十二至十五日，假座峨嵋街兒童戲院，演出了四天。由中國大陸災胞總會和中華民國軍人之友社聯合主辦，名義是譚硯華小姐勞軍救災國劇公演，趙培鑫以客串身份參加，海光國劇隊協助演出，培鑫完全是陪譚硯華唱的態度。司鼓鄭鐵珊，胡琴王克圖，二胡唐鳳樓。

五十五年四月初，第一屆國民大會第四次會議國劇晚會，請培鑫演一場「捉放宿店」，大軸譚硯華「紅娘」。

台灣的有關方面，對培鑫一再照顧，可說仁至義盡了，但是政府機構不能總演戲呀！而趙培鑫却要顧到生活，須不斷演出，於是在七月底，又借聯友劇團的名義，在金華街三軍托兒所唱了三天。因爲得不到軍中劇團的支援，就找民間演員班底，除了周金福以外，其餘都較軍中稍遜。培鑫並且把拿手好戲「搜孤救孤」貼了出，來但是這三天戲的成績，實在是「西望長安不見家（佳）。」有關方面捧場的票

一九七二年十一月廿五日趙培鑫（左）與南加州劇社名票張曼女士（中）本刊主編（右）合攝於美國卡密爾勒克畫廊張大千父子畫展開幕酒會中
（陳瑞明自美國寄）

梅畹華博士生前能在梨園界，成爲伶界大王，馳譽世界，主要是他能尊重別人，才能爲別人所尊重，尤其他終身以全力照顧他的班底、場面以及苦哈哈之流，乃能立於不敗之地。」不知他是否能了解我的意思。

近年來培鑫似乎變了，可能因爲事業上的挫折，也可能受到沒來由的刺激，我眞担心他已失去了理智。』

從金刀兄的文字中，使我得悉培鑫去年在美，祇演出一台戲，售座的總收入，除開支不過美鈔二千餘元，聽說結果還無此完美，可以想像到在美國想憑京劇賺錢非常不易，連帶也可想像到培鑫在美的環境欠佳，試想培鑫是大手筆，而演劇籌款則是偶然的事，所得又祇是這一戔戔之數，將使天涯作客之士，何以爲生。

培鑫在三藩市演出之後，曾一度返回台北，有次我在中山北路遇到，他駕着朋友的汽車，順便送了我一陣，他對我說：不久又將去美，這次去後，將作久居的打算，我祝他前途珍重，不料從此一別，竟成永訣！

本年度是培鑫第二次去美，據遊美返港的朋友談起，他在三藩市以替人說戲爲職業，每一小時，向每一學藝者收費美金八元，如果搞得好，也可不愁溫飽，但他因心境欠佳，影響了體力，精神不濟，無心授藝，收的學員也不多，說戲之暇，順便替一位朋友，管理寫字樓的房子，作爲副業以遣寂寥，在這種環境下，顯得抑鬱不樂，無形中患上肝疾，兩月前有一位朋友沈關玉君遊美，特地前去探視培鑫，見他瘦骨支離，迥非當時丰采，沈君很担心着他的康健，果然，沈君返港不久，報間即傳出了培鑫的噩耗，他最近在美，得到畫聖張大千和各方友好的贊助，本擬和金素琴合作，展開一塲盛大演出，未能如願，可謂賫志以歿。

筆者和培鑫締交，幾近四十載，目覩許多朋友都和他鬧得不歡而散，惟筆者則始終能和他保持淡淡的友情，沒有發生一些芥蒂，因我深知他的習性，任何事件對他都不會認眞，他少年時是富家子弟，養成了驕倨的少爺脾氣，中年時成爲名票，更佔染了角兒們的狗熊脾氣，這些脾氣都是不能隨俗的，培鑫集兩大脾氣於一身，不自醒覺，終於造成所遇輒左的後果。

但論藝術的造就，對票友而論，他該是前無古人，京劇至今既頻沒落，也可說是後無來者的，尊之爲一代名票，該是當之無媿。憑筆者個人的觀察，認爲培鑫爲人的優點，得一眞字，心裏想什麽，口裏便全部說出來，絕無託詞欺騙的成份，而他生平的短處也在一眞字，他不會奉承人，但也決不會存心作弄人，祇是律已太寬，對別人則太嚴格而已。「紅樓夢」中批評賈寶玉，指他是丈二燈台，照得見別人而照不見自己，這該是一般富家子弟的通病。

記得古人有言，生於憂患者，會死於安樂，而生於安樂者，往往轉會死於憂患，可悲的是吾友趙培鑫，竟然也逃不出這一公例，涉筆自此，眞是感慨萬千！

沒有來，同情票也少了，只驚動了一些普通戲迷，並且大家對於「搜孤救孤」也並不驚奇，不似以前對於「失空斬」和「捉放宿店」的注意與轟動了。票房紀錄算下來，雖非入不敷出，却也所得無幾，因此，培鑫一看，他在台灣實在唱不下去了，以後才去香港。

平心而論，趙培鑫可算近幾十年來，票界不可多得一位人才。論天賦、嗓音、扮相、台風，內行老生名伶能與他比擬者，並不多見。論人力，他下的功夫也不少，因爲沒有幼功底子，自然腰腿靠把上，不能與內行相提並論。但他反應極快，絕頂聰明。民國三十六年（一九四七年）九月，在上海杜（月笙）壽義演一局，他爭取到與冬皇配演「搜孤救孤」的公孫杵臼，是他「大聰明」處，因爲戲雖在上海唱的，但本身却是件轟動全國的大新聞。從此以後，他就給人們一種「余門孟派」的先期印象，而奠定了他在全國名票中的地位。可惜，他以後的許多「小聰明」，把「大聰明」的成果，逐漸抵消，只落得個病榻孤寂，身歿異邦，悲夫！

趙培鑫近年，因失眠而吃安眠藥，飽受刺激，好提當年舊事，有兩字口頭禪曰「畢三」，不知得罪了多少朋友，有人爲其改舊句云：「兩字聽人呼小開，一生誤我是畢三！」

趙培鑫一生，成功在「聰明」，失敗也在「聰明」。看將起來，爲人豈可不「難得糊塗」乎！

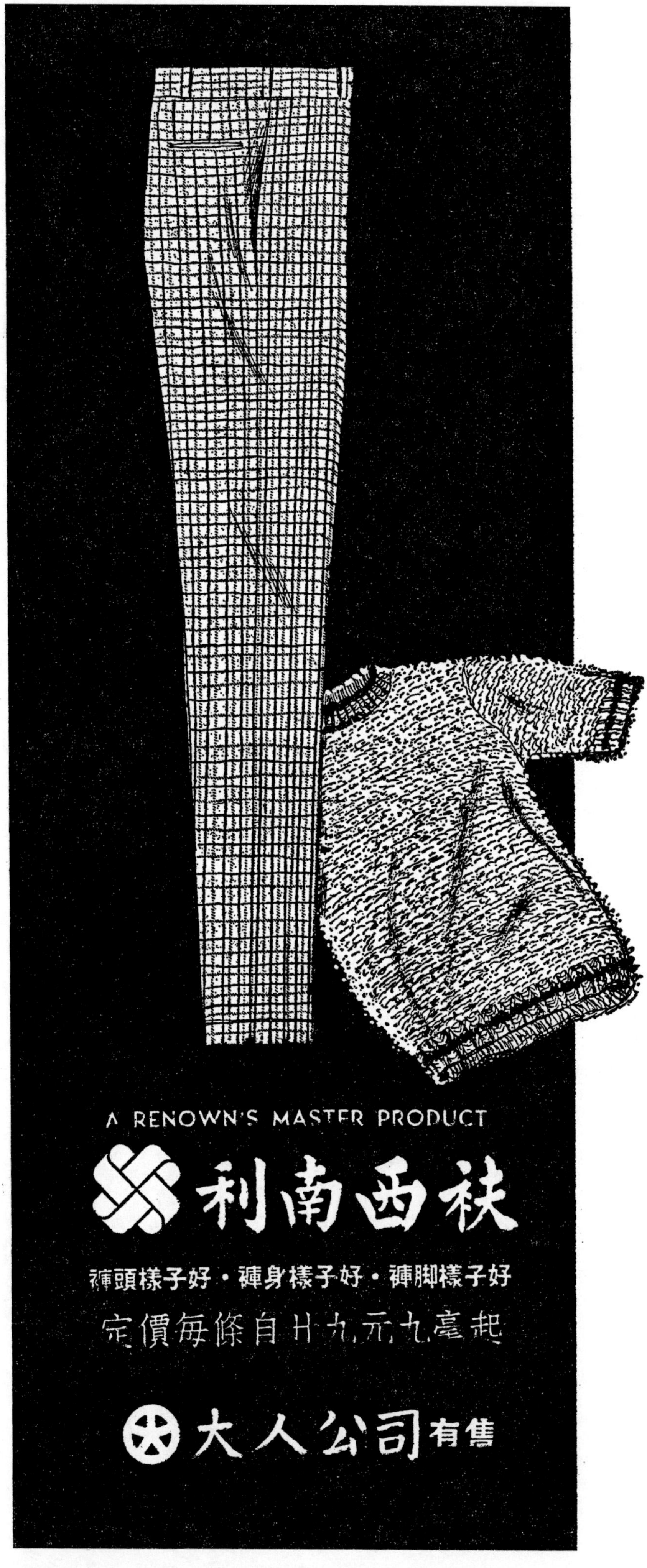
A RENOWN'S MASTER PRODUCT
利南西衭
褲頭樣子好・褲身樣子好・褲脚樣子好
定價每條自廿九元九毫起
大人公司有售

曲王吳一嘯

·呂大呂·

粵劇重新戲，近五十年來，編劇人材輩出，新作如林。五六十年前的粵劇，只演傳統的「江湖十八本」戲，其後始漸漸改變。每一班組織都設有劇務部，羅致編劇人材，所演盡是新戲了。由于演的盡是新戲，自然唱的也盡是新曲。其他唱曲的人，也都由撰曲人撰新曲歌唱，于是編劇人與撰曲人，在這五十年中，眞是數之不盡。

粵劇的伶工，他們唱的曲是每一套新戲的新曲。有時灌唱片，也會由撰曲人別撰新曲來灌成唱片。另外在歌壇唱曲的歌伶，她們是只唱曲而不演戲。音樂社的播音，也是只播音沒有播影。有個時候，粵語歌唱片很流行，有局部歌唱的，有完全以歌唱代表對白的。因而撰曲人照例便多過編劇人。編劇人大都會撰曲，撰曲人就未必會編劇，但也有只能編劇不會撰曲的，這就只有和撰曲人合作。

從實際情形，和一個時期的實際需要來說，撰曲人就確是比起了編劇人要多。編劇人很少業餘，撰曲人就有不少是業餘的。只要能倚聲，作詩塡詞，便懂得撰曲。問題是撰得好不好罷了，這更是撰曲人多于編劇人的一個原因。

歌壇全盛的時候，粵語歌唱片全盛的時候，也就是撰曲人全盛的時候。歌壇的歌伶，無論紅的或是初出唱的，她們都需要新曲。而歌唱片全盛的時候，一部歌唱片所需要的梆簧、小調，不下數十支，就爲了這緣故，應運而生的撰曲人就多得很。在這許多撰曲人當中，却出了一個被稱「曲王」的人。他起初被稱爲「曲王」，後來連他自己也自稱「曲王」了；但事實上他堪稱得上是實至名歸。第一：沒有一個撰曲人會撰過他這樣多的曲。第二：沒有一個撰曲人的撰曲費比得上他的高。第三：他的小曲絕對食緊每一個字的音，幾乎照字音來讀，便是那支曲的調子。其次還有許多原因都是能人所不能，確有戞戞獨到之處，謂之爲「曲王」，并非過譽，也當之無愧。

這位「曲王」畢竟是誰？他便是吳一嘯，他是婦孺皆知的「曲王吳一嘯」。作爲一個「王」，作爲婦孺皆知的人物，他死了，連晨夕追隨着他的「一嫂」，也在他三虞之辰那天跳樓死了。他死後至今，也沒有人把他其存其歿的事跡來形諸筆墨，似未免對一個「一代才華」的人湮沒，這就是本文之所以作。

不願爲拉扯而編劇 不願靠合作而撰曲

吳一嘯是鶴山人，父在廣州爲商。父死，由母親把他撫育提携，供書教學。養到他十五歲，母親要他去機器廠做學徒，他對機器不感興趣，只短短一個時候，便離開了機器廠。

這時廣州有個業餘組織的劇社，社員大都是在政府機關做事的人和一些有錢人家子弟，這個劇社名「蜚聲」，設有社址，社員公餘之暇，每晚都到那裏去練習演戲，主要他們都是有戲癮的人。有戲癮而又無時不排戲，自然要粉墨登塲來公演。他們租了中山公園前的一間電影院來演出，除了贈券給親友外，也有售券，劵價收得很平，只是收點錢，畧示限制而已，却不料一經公演，「地下聲氣」就非常之好。

蜚聲劇社的社員是武生黃秉鏗，一雙文武生是鄺山笑和麥躍雲。花旦是冼碧根。他們都是對戲劇很有興趣的人，自演過一台後，大家有了信心，此後便時時租院開演。有時還在一些籌欵的塲合義演，結果業餘的組織變爲接近職業化了，對編劇，對一些「二步針」都招兵買馬。

吳一嘯就在蜚聲劇社招兵買馬時加入，原因他對機器沒有興趣，對粵劇粵曲却十分愛好。他識得了蜚聲劇社的一個社員名劉震秋的，由劉震秋之介，加入了蜚聲劇社，從此他粉墨登塲了。

他的演戲，唱做也沒有師承，只是爲了平日醉心粵劇，看得多而畧懂一二。他和劉震秋兩人在蜚聲都是位居「拉扯」之職，平日只飾演閒角，不是黐上了鬚扮「伯爺公」，便是塗白了鼻做「白鼻哥」，大都是演份量極輕的「奸仔戲」，這使到吳一嘯感到很不得意。

劉震秋是個懂得編劇的人，他也厭倦在蜚聲當這一名「拉扯」的無振作。那日，和吳一嘯說起，吳一嘯認爲不如放棄了這份「拉扯」，兩人合力來編劇本才是辦法。吳說：「怎樣分塲，怎樣鑼鼓你會，我可以協助你撰曲。我對戲班的曲已經摸熟，我相信我是可以打曲的。」劉震秋意動，他們兩個立刻和鄺山笑商量。

鄺山笑和麥躍雲是一對，常常爭戲做。當時的編劇人所編的戲，大都側重麥躍雲的多，鄺山笑不服，時時也想另外找人編戲，由他把戲交出來，使自己在戲塲份量加重一點。聽了劉震秋和吳一嘯可以合作編劇，當即叫他們把劇編好交給他。從此之後，蜚聲的戲，便有不少是劉震秋吳一嘯合編。鄺山笑對吳一嘯的曲，十分滿意。但吳只能撰曲，不能編劇，無論怎樣也非和劉震秋合作不可。就爲了這緣故，一雙搭檔，未免有時意見衝突，甚至演變到權利之爭，有點兒合作得不愉快了。

這時歌壇鼎盛，歌伶所唱的曲，大都唱來唱去都不外幾支，劉震秋有見及此，便對吳一嘯說：「我們合作編劇，只是編給蜚聲，而且老是編劇的是我，撰曲的是你。在合作上幷不如何愉快，何不改向歌壇發展，合作撰曲？」吳一嘯當然答應，結果他們撰的曲，又都是劉震秋吳一嘯合作的。

吳一嘯生日，衆老友賀之，自右至左：袁步雲、王心帆、吳一嘯、龍　圖、黎紫君

最初，他們合撰的曲幷不向歌伶索酬，只是把撰成的曲贈給他們相識的歌伶，歌伶受了他們的曲唱出，只是對他們說聲多謝而已。

後來求他們贈曲的人多，他們開始索酬了，這便開了歌伶用錢買新曲之風，這是從前沒有的。從前的歌伶唱着她們幾支「首本」曲，得過且過，他們一進軍歌壇，加上小明星有着王心帆大量撰寫新曲給她唱，大家認爲非唱新曲不可，因而便拿出錢來買曲。劉吳兩人至此倒變了合作得很愉快，不過當時的一支曲的代價，無非是十元而已。

當時的歌壇，小明星已經露頭角，但小明星唱的曲，幾乎沒一支不是王心帆撰的。小明星喜歡唱詩句般、詞句般的曲。王心帆的曲正有這個長處，他對小曲非所長，因而每支曲都是梆簧。

吳一嘯爲了小明星紅，深以小明星沒有唱過他的曲爲憾，便精心撰了一支曲給小明星。那裏曉得小明星認爲吳的曲幷不適合她的唱腔，竟然璧還給吳，使吳一嘯老大不高興；但這支曲後來給別個歌伶來唱，却唱得很好。

吳一嘯在歌壇撰曲，越來越紅了，終于他和劉震秋分手，再也不合作，而且他在這時候就正式作爲一個職業的撰曲人，而事實上有職業撰曲人的也就以他爲始。

由唱片曲奠定聲名
與文麗鳳成爲夫婦

吳一嘯的曲，最得歌伶張蕙芳喜唱。張蕙芳在歌壇，名氣雖然比不上小明星，但也擁有不少聽衆。她先後唱吳一嘯的曲不下三十多支，和王心帆先後給小明星好幾十支曲看齊，吳一嘯的曲便時時爲人所樂道了。當徐柳仙由香港到廣州唱惠如歌壇，吳一嘯即撰了一支「再折長亭柳」給她唱，一唱便成名曲。

唱片公司認爲這支「再折長亭柳」可以灌音成爲唱片曲，當即找了徐柳仙商量。此曲灌成唱片後，吳一嘯之名即開始响亮起來。

小明星灌過幾張唱片曲，都是王心帆撰的。雖然也很暢銷，但唱片公司總希望她再有一張有點小曲味的唱片。但王心帆不喜撰小曲，終于便由吳一嘯撰了一支「多情燕子歸」給小明星唱，結果小明星這支唱片便又大大流行。唱片公司對吳一嘯重視，吳一嘯爲唱片公司撰的曲也多了起來，百代、和聲爭相羅致，他的曲每支起價到三十元了。

除了小明星的「多情燕子歸」、徐柳仙的「再折長亭柳」行銷外，他還替小燕飛與任劍輝撰了一支對唱的「海角紅樓」也很暢銷，其餘張蕙芳、李少芳所唱她的曲，也有若干支灌音成爲唱片發行。至此，吳一嘯便吐氣揚眉，在撰曲人中坐着第一把交椅了。

這時候的吳一嘯還沒有結婚，他事母甚孝，母親常以他的婚姻爲念。就在這時候，歌壇中有三姊妹，一是文麗鳳，一是嫦娥女，一是文雅麗。吳一嘯爲文麗鳳撰曲，就此結了曲緣，二人結了婚，後來就生下了兩個女兒，這便是吳宮燕和吳麗珠。

抗戰遷港港陷回穗
戰後來港聲譽大起

抗戰軍興，吳一嘯舉家遷來香港，這便是吳一嘯的母親、妻文麗鳳和兩個幼女。在香港也有撰曲，却不多。

他在戰前識到了陳皮，當時的陳皮是在大新公司天台遊樂場演戲，抗戰時也來了香港，在香港進入電影界，曾導演過一部古裝片「大鬧梅知府」。他當即找着吳一嘯，由吳一嘯撰了一支曲在電影中唱出。這支曲打得很生動，後來由半日安和胡美倫灌了唱片，風行一時。而他的「多情燕子歸」也拍過歌唱片，他的曲就開始在銀幕上聽到了。

在這時候，吳一嘯并不如何得意，也曾爲報紙寫過稿。到了香港淪陷，他又舉家遷回廣州去，當時的歌壇也很蓬勃，他組織了一個歌壇在西園的添男茶樓作爲基地，以小明星爲號召，這時候小明星剛好由港往澳門，在澳門唱罷回到廣州來居住。

歌壇的主持人是吳一嘯，主唱人是小明星，自然很夠號召力。每晚座無虛設，使吳一嘯笑逐顏開，却不料小明星唱至第三晚，竟然吐血暈倒，隨即魂歸離恨天去，死了。雖然吳一嘯這添男歌壇還繼續下去，却是爲了這一打擊，未免心情上有點影响。不久，他也就不再繼續。

他是個有茶癮的人，在廣州叱咤無聊，每天也和幾個朋友去西關飲茶。就在一個場合，識到了一個能唱曲的女人，姓陳的。兩人不知怎樣，相識才不久，便賦同居。這時候的吳一嘯，他本來的太太便是文麗鳳，但他却不管，文麗鳳是太太，姓陳的女人也是太太。

而且這姓陳的女人，每天都跟隨着吳一嘯，無論什麽場合，見到吳一嘯的便無有見不到她，一時人家都稱她爲「一嫂」，她也就泰然受之。人家爲了她一直也跟貼吳一嘯，便暗暗稱她爲「膏葯」。她知道了，也不以爲忤。「膏葯」的意思，是爲了有句俗語，叫做「骰不離脚，脚不離膏葯」。稱她爲「膏葯」，意思便是說她對吳一嘯是大有「脚不離膏葯」之勢。她只要跟牢吳一嘯，因而不以「膏葯」之名爲忤。奇怪的是吳一嘯，他會由着人叫她做一嫂，叫她做「膏葯」。後來吳一嘯便替她改上了一個名叫陳秋葉。

日軍投降後，吳一嘯便又來香港。這次來港可不是舉家遷來了。他的母親和文麗鳳和兩個女兒都留在廣州，只有他本人和陳秋葉這位「膏葯一嫂」同行。却是這一次來到香港，吳一嘯便飛黃騰達，「曲王」這一個名，也就是在這次來港後一個時候得到。

歌唱片幾由他包辦
一報人爲進曲王號

吳一嘯攜同陳秋葉來到香港居住，仍以撰曲爲活。但他時來運來了。由于粵語片開始蓬勃，製片公司如雨後春筍，好些粵語片，都會加插一兩支小曲。自然這樣一來，吳一嘯便會有人請他撰電影的插曲。導演李鐵，最推崇吳一嘯的曲，如果由他導演而又需要插曲的，非吳一嘯莫屬。

由于粵語片越來越蓬勃，不少報界中人也都斥資拍片，超然報已故督印人何芬、前中英日報社長崔巍都紛紛組織公司拍片。崔巍對吳一嘯的曲，比之李鐵還要推重，凡是他旗下出品的插曲，無一而不出自吳一嘯的手筆。這時候的吳一嘯便大大的活動。

同時，陳皮又已成爲一個紅導演，他導演的片，也常有插曲，也一定由吳一嘯來撰。而且因吳一嘯的電影曲極爲影迷所稱道，當即與吳一嘯合作了一部半歌唱的影片，這便是「梁山伯與祝英台」，片是時裝，但加插一段戲中戲的「梁山伯祝英台」，因而以此爲片名。戲中戲的當劇人是任劍輝飾演祝英台，黃超武飾演梁山伯。拍成公映，極爲賣座，使吳一嘯爲此而撈了一筆。

崔巍這個人，很會動腦筋。眼見加插戲中戲的「梁山伯與祝英台」這樣收得，心想要是拍一部全部歌唱片，豈不是更爲吃香？當即找了導演陳皮商量，請吳一嘯馬上動手撰曲，來一部完全歌唱，小曲梆簧齊全的影片，稱爲歌唱片，片名「沙三少與銀姐」。主角用新馬師曾去沙三少，白雪仙去銀姐，兩人都以能唱名。結果不出所料，由于這是第一部歌唱片，因而公映時萬人空巷往觀，崔巍爲了這部片，賺到滿盤滿缽了。

「沙三少與銀姐」是清裝，崔巍又動腦筋，要來拍一部古裝歌唱片，片名「呂布戲貂蟬」，又請吳一嘯全部撰曲，片由任劍輝去呂布，白雪仙去貂蟬，結果又是爆棚。至此，崔巍即連續拍歌唱片，套套片都由吳一嘯負責全部曲詞。他在他的中英日報極力捧吳一嘯，稱吳一嘯爲「曲王」，從此凡是他的歌唱片都用「曲王吳一嘯撰曲」來作宣傳，而吳一嘯三字與這「曲王」榮銜便不可須臾離，無論是崔巍的片，或是其他公司的片，無論是歌唱片，是唱片公司的唱片，有上吳一嘯三個字，便一定冠上「曲王」二個字，到了此時，吳一嘯可眞稱得上名成利就了。

歌唱片如雨後春筍，人人爭聘吳一嘯撰曲，吳一嘯應接不暇，乃不能不邀請人合作。所謂合作，實在是受吳一嘯的僱請，他在新亞酒店那裏，租了一個長期房間工作。日夜集合了他的助手，由他分場經這些助手來撰曲。當時這班人是麥少峯、黎紫君和周郎等人，每天只是支取三十元而已。王心帆曾是吳一嘯的眞正合作人，但這時還未加入。

黃飛鴻片由他創作
名利雙收嗜好最多

經過一個時候，歌唱片由蓬勃而出現低潮，但這時候的吳一嘯已經在撰曲人中有着崇高的地位，生活起居，也大異從前。因此歌唱片低潮，他可不能不動腦筋，以使他的收入不至影响。

有一位國術界有地位的人，名梁永亨，他和吳一嘯惺惺相惜，成爲老友。那日，他們說起了歌唱片的低潮，梁永亨忽然想起了拍武俠片，認爲武俠片而加插幾支曲，這是個新綽頭，吳一嘯也認爲對。他想起了黃飛鴻的故事，戰前戰後也有過報紙連載，都甚爲哄動，如果把黃飛鴻的故事拍成影片，這一定是生意經。便提出和梁永亨合作，即由梁永亨進行劇本，劇本找到，便由他來撰曲。

梁永亨找着朱愚齋編劇，朱愚齋是黃飛鴻的再傳弟子，他曾在工商日報以筆名「齋公」寫過「黃飛鴻傳」連載。結果便由朱愚齋編故事，由吳一嘯編成劇本，加插幾支粵曲以爲點綴。以一千元請得關德興當黃飛鴻；曹達華當梁寬，却是「拍膊頭」并沒有支薪。另由胡鵬導演，梁永亨以國術界老師傅作爲武術指導。黃飛鴻與梁寬和其他人物，都由吳一嘯造型。拍成公映，不只香港收得，外埠紛紛爭購片權，梁永亨與吳一嘯都大大撈了一筆，當然便又來拍第二部了。

由于黃飛鴻的英雄事跡多多，這第二部片的故事由梁永亨與吳一嘯編度出來，片名「無影脚」。吳一嘯編好了劇，撰了曲後，用原班人馬開拍，便又一樣收得。吳一嘯便在歌唱片低潮的時候，他的聲譽依然响噹噹，依然名利雙收。

到了此時，吳一嘯可以說是個有點錢的人，他名成利就，却嗜好多多。家中養雀養狗，無日不打麻雀。每逢賽馬，怎樣也入馬塲。結果是爲了爛賭，太揮霍，有時可變了個沒有錢的人。遇着沒有錢而又是跑馬期，他要撲馬本，便叫「一嫂」陳秋葉拿了東西去當押，好得有馬本入馬塲。這還不打緊，由于沉迷賭博，往往接到了曲撰却往往應付不來。賭錢贏了，手頭有的是錢，只顧打牌，對打曲沒有靈感。賭錢輸了，手頭沒有錢，那就更沒有靈感。這也沒靈感，不撰曲，那也沒靈感，不撰曲，弄到人已交困了。

却是他可不管，而作爲他「一嫂」的陳秋葉也沒有規勸他，原來陳秋葉也是這樣的嗜好多多的。這個陳秋葉本來只合稱爲吳一嘯的妾侍，但人人稱她爲「一嫂」，吳一嘯在人前說起她，也一樣的稱她「一嫂」，人們便當正她是吳一嘯的正室夫人了。由于吳一嘯對撰曲的疏懶，又從來不去和人接洽，因之一切也由陳秋葉代他出頭，無形中她便成爲吳一嘯的經理人。

吳一嘯雖然和陳秋葉這樣子，但他很有孝心，每年逢時逢節，總要回廣州省母慰妻。一去好幾天，陳秋葉留在香港便悶悶不樂，等到吳一嘯從廣州回來，才見得她有點「人生樂趣」，她是要完全佔有吳一嘯的。

廣州易手後，吳一嘯奉母來港，其後兒女也相繼而至，文麗鳳却在廣州不來。吳一嘯與母及兒女同居，一嫂陳秋葉至此乃儼然爲一家之主。

一嫂極霸道欠人緣
一嘯嗜好多富亦窮

陳秋葉視留在廣州的大婦如無物，吳一嘯的母親和兒女，對她也缺少好感，却是一嫂不理，吳一嘯也像是沒有注意到似的。久而久之，一嫂由于她相等于吳一嘯的經理人，因而在人前也兀傲而霸道，連吳一嘯的朋友也對她不好感了，她這時候已成爲一個沒有「人緣」的人。

但這時候的吳一嘯又行了一個運，他動腦筋，拍了一部「新馬仔拉車被辱」，這部片由新馬師曾、鳳凰女、梁醒波合演。鳳凰女是初上鏡頭，吳一嘯利用這點，給鳳凰女的片酬，只是象徵式的，成本便輕了。導演龍圖，吳一嘯也說服了他，片有錢賺，龍圖會有錢分，否則沒有錢給他。結果這部片又收個滿盤滿缽，除了給點錢龍圖外，他個人撈了好幾萬元。

有了幾萬元，吳一嘯嗜好更多了，更揮霍了，他每天都在酒樓作局，絕少在家裏吃飯。他養雀，養洋狗，養熱帶魚。又好玩手錶，貴的，形狀特異的，兼收並蓄；特別對領帶有興趣，法國的，瑞士的，意大利的，只要覺得花式好便買。甚至古董字畫也喜歡收藏，簡直是「火麒麟，週身癮」。

有了幾萬元，如果此後還繼續着多多收入，本來也不要緊，却是他這時賭勝無靈感，不願執筆，賭輸更無靈感，更不願執筆的壞習慣，比前還甚，這便對入息有問題。「曲債」如山積，許多唱片公司只有另找別人，而李願聞、潘焯、羅寶生等撰曲人輩出，便不少佔奪了他的「曲王」地位，許多電影曲都出自他們之手了。

幸而他這時候找到了王心帆合作，所有梆簧都由王心帆撰曲，他只撰小曲，因而分輕了許多。王心帆是個不計較名利的人，每部電影曲，王心帆撰的比吳一嘯還多，有時這部電影不用小曲，便全由王心帆一個人獨撰，撰好了給他拿去，由他出名，依然用「曲王吳一嘯撰」這五個字，王心帆絕不計較。

吳一嘯（左）王心帆（右）郊游談笑

但他的揮霍已慣，因而得到了撰曲的收入，到手輒盡，時時囊空如洗，收入豐富竟然像個窮人一樣的拮据，眞是個妙人。

透水綠經常上當舖
撲錯門與撈女同居

吳一嘯由于隨時要「撲水」，他便隨時要典當東西。他當押當到朝奉熟了，時時把當了東西的當票也放在朝奉處懶得拿。滿期有錢便去取贖，沒有錢便去轉利，到期還沒有轉利錢，便請朝奉替他多留幾天。以這樣收入的人而會時時這樣狼狽，主要還是爲了他好賭。

他有一件透水綠的玉，日字形，約二寸長，

上刻有「起風」二字。是一位老友借了他一百元，沒有錢還給他贈了給他的。他常常拿了去當，每當必當二百元，當時的玉器還未怎樣有價，若在今日，這樣一塊透水綠，至少要值幾萬元。就因爲這塊玉太好，太值錢，一次，過了期去到，朝奉沒有人情說，答他已經出了貨。事實上他只是當二百元，以當時來說，這玉可以賣得千元以上，這個朝奉自然見利忘義了。

吳一嘯住在九龍，奉母以居，但所居幷非全層，是另有一伙同居的。後來吳一嘯才遷到別處，自己住一層樓。說起了吳一嘯的遷居，倒是很妙的。原因是同居的一伙，住的是個職業女性，她以住所作爲「架步」。

吳一嘯起初不知，由于他住在前面，因而到來探訪的人，大都是由吳一嘯的家人開門。有時吳一嘯在家閒着，有人拍門，他也會去開。一連幾次，使到吳一嘯感到很尷尬，也很動火，這才非搬不可。

那天，有人按門，吳一嘯去開門，發覺是相識的朋友，忙招呼他進內坐。這個朋友愕然，說出他是來尋芳的，是這裏後座的那個「女」。他跟着問吳一嘯是不是也住在這裏？吳一嘯爲此而感到難堪得很，以後也試過幾次，這才另覓居停，立刻遷居。當時傳遍了許多朋友，他把新地址告訴人，也附帶說明白他爲什麼要遷居，聞者無不傳爲笑柄。

聽雀聲賭馬贏大錢
因狗死認爲狗代主

吳一嘯生平的趣事頗多，他有時很天眞，有時也很迷信。他試過爲了家裏所養的「石燕」，早上唱出一個新腔來，由雀聲而想到一個馬名，依了這馬名投注，果然中了冷門一筆錢。又爲了他一場病，在病中，他的狗死了，狗死之後，他的病霍然而愈，便認爲是他的狗代他的死，認爲是忠狗義犬，竟葬了牠，每年清明也去拜牠的墓。

事情是這樣的：吳一嘯既然嗜好多多，家中養了幾隻雀，其中一隻石燕，最能唱，他最心愛牠。那天是賽馬期，他早上起來，發覺這石燕轉了調，唱出另外幾句新腔。從這幾句腔中，似乎牠說的是當天出賽一隻馬的馬名。和一嫂說，一嫂也認爲對，兩個人商商量量，決定入塲時投注這馬匹。

到了入塲的時候，發覺這馬很冷，他可不管，向這馬投了重注，結果眞的跑出頭馬，着着實實贏了一筆錢。回到家後，便對這一隻石燕，如珠如寶了。自然第二次跑馬，便又注意聽着這石燕唱出來的聲，但此後已經沒有聽到有什麼像一匹馬名的音韻，不過他夫婦依然是十分心愛這一隻石燕。

有一年，他生了個病，相當嚴重，醫了個把月，還是沒有怎樣起色，正打算入醫院。却是奇怪，一天服藥後，睡得很好。次日醒來，其病若失，好不奇怪，和一嫂說，這是吉人天相，他命不該絕。却是正當說着，他的女兒發覺養着的一條狗，無緣無故死掉。吳一嘯恍然大悟，說一定是這條狗替主人代死，眞是一頭義犬、忠狗。當天出資，僱了人把這條狗載到沙田，在一處農塲葬了牠，築好了墳，還替牠立碑紀念。每逢清明重陽，例必偕同一嫂去拜這狗的墳墓，眞的當這條狗是代了他的一條命死的。那種迷信、天眞，從這兩件事可知。

生平兩件意外奇事
與吳君麗珠璣有關

吳一嘯生平有兩件奇事，這兩件事都是和紅伶吳君麗和導演珠璣有關的。

吳君麗一入梨園即聲譽鵲起，她是一踏舞台便當正印的。後來由于粵劇衰落，粵語歌唱片興盛，吳君麗便改向電影發展，她是吳一嘯帶她上鏡的。換言之，吳君麗第一次演電影，是吳一嘯之力。

當時吳一嘯開拍一部片，名「情竇初開」，男主角用羽佳，女主角却用吳君麗。她對吳君麗說：「你初次上鏡，但我却有胆以你爲主角，因之我可不能給你片酬，拍完後，我送你一面金牌，以作紀念。」吳君麗志在進身電影，現在可以一上鏡便做女主角，認爲難得，自然沒有片酬，也樂得答應。結果她便在吳一嘯這部「情竇初開」而初上鏡頭。

照理，吳君麗對吳一嘯這樣，應該對他是十分感恩知己才是的。她後來自己斥資組電影公司，用新馬師曾、任劍輝雙生拍她，也是歌唱片，却不用吳一嘯撰曲。而且此後連拍幾部歌唱片，也沒有一部的曲詞用吳一嘯撰。究竟爲什麼，這是沒法子解釋的，只可算是吳一嘯生平的一件奇事而已。

導演珠璣，和吳一嘯是老友，而且珠璣這個名，也是吳一嘯替他改的。他們相識的時候，大家還未怎樣得意，可以說是患難朋友。却是凡珠璣導演的歌唱片，從來就不會用吳一嘯撰曲。大家說起來都莫名其妙，只有看作又是吳一嘯這一生的第二件奇事。

不過，即使是奇事，怎樣也有個原因，這大概是吳一嘯欠下人家的曲債太多了，無法得償。吳君麗和珠璣都不想給吳一嘯拖日子，因而索性不驚動他，這是個主要原因。

好些藝人由他改名
一嫂改名秋葉成讖

吳一嘯很喜歡替人改名，當時許多藝人的名都是他改的。當時黃千歲的姪初露頭角，名小千歲，吳一嘯認爲千歲無大小之分，便替他改名「文千歲」。珠璣姓朱，就替他改名「珠璣」。其餘如「郭引」，如「黃花秀」，如「鍾叮噹」，如「李芬芳」，甚至「梅綺」，都是他所改的名。

他有一對女兒，吳宮燕和吳麗珠，當然也是由他改名。這雙女兒，吳一嘯希望她們成爲明星，因此她們都上過鏡，做過配角，唱做也不錯。但兩姊妹不喜歡演戲，情願嫁人，現在她們都綠葉成蔭子滿枝了。

當他替大女兒改上了吳宮燕這個名時，筆者

在一部電影看過她的戲。他曾問筆者，吳宮燕這個名改得好不好？筆者說：「不是不好，但如果你和我商量，我就主張你把她改上了吳」笑的名」。說這樣可以令人由她而想到吳一嘯，使人會知道這是吳一嘯的女兒，曲王之女，自然更易紮起。吳一嘯聽到，甚以爲然。但這時候已經遲了，只有徒呼負負。

一嫂陳秋葉，在廣州相識後，她對吳一嘯願爲夫子妾，當時吳一嘯曾去城隍廟求簽，那知求出來的籤是下下籤。一嫂知道了，却死纏着他，吳一嘯這人好逸苟安，一嫂侍奉他很小心，終于吳一嘯也就和她同居，首先就替她改上了秋葉這個名。名字倒很雅，却不想竟成了讖語，秋葉飄零，這是吳一嘯所料不到的。

在香港，一嫂左右不離他，人稱一嫂爲「膏葯」。而這「膏葯」之名，也是吳一嘯戲呼她的，他除了戲呼一嫂爲「膏葯」外，又時時叫一嫂爲「陳百壇」，諧音即是「陳百彈」，這說來又有一段原因的。

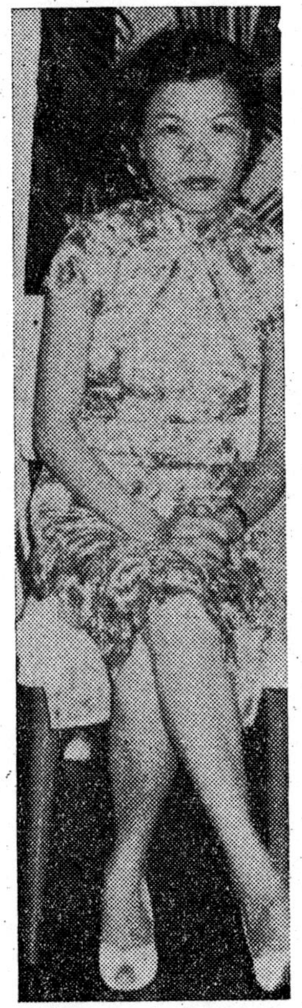

「曲王」吳一嘯的「膏藥一嫂」陳秋葉

一嫂能唱曲，吳一嘯每逢打好了曲，例必給她看，她老是對曲詞彈多過讚。當時廣州有一名醫，名陳百壇，壇和彈同音，廣州人凡是遇着人讚多過彈的，便稱之爲陳百壇。一嫂姓陳，又常常彈吳的曲，因之他便以陳百彈之名稱一嫂，倒也見得吳一嘯的風趣。

與小明星同七月死
一嫂殉夫作墮樓人

吳一嘯自從病過了一場，雖然在他家中所養的一條狗暴斃，他得以病愈。但此後精神可就遠不如前，尤其每晚失眠，非晚晚吃安眠葯不可。但習慣了夜生活，照例等也要等到將近天明，六時才睡。俾晝作夜，畢竟不是壽相，因而舊病復發，便一發不可收拾。當天看見情勢不佳，當即入法國醫院，却是入到醫院才半天，便葯石無靈，撒手塵寰了。

他生平沒有積蓄，死後幾無以爲殮，卒由生前好友爲他籌得治喪費萬多元，才可以成殮，卜葬于柴灣永遠墳場。

他死時是一九六四年的七月，小明星的死是舊曆的七月，雖新舊曆不同，倒不能不說是湊巧。當時，小明星之死，吳一嘯曾爲她撰「悼星曲」，名而小明星之死，是死在他開設的添男歌壇，「七月落薇花」，又在輓聯中稱她爲「歌聖」。這輓聯寫得很好，是：

我譜愧唐宮，十載憶研磨，猶幸燕韻鶯聲，傾倒滿座周郎，不減旗亭留畫跡；

汝名重曲海，一朝攖病厄，遽爾香銷玉碎，頓失藝壇歌聖，再誰菊部創新聲。

吳一嘯死了，一嫂陳秋葉，自然很傷心。他平日沒有「人緣」，尤其是吳一嘯家中各人，都對她沒有好感。吳一嘯在生，大家還爲了吳一嘯的關係，由着她如何的霸道，如何的專擅。吳一嘯一死，自然大家也會給面色她看。她想到將來，可能在吳家無立足地，到吳一嘯三虞那天家奠，便在親友到唁的時候，她朝着吳一嘯的遺像叩拜一番，便走出騎樓作墮樓人，當堂傷重身死，隨吳一嘯于地下了。

銀色漫談

陳萍一脫成名！

·馬行空·

陳萍這個名字，對於香港影迷們說來，起先當然是很陌生的，因爲她來到香港也祇不過九個月的光景，大家對她沒有什麼認識與印象，所以當「毒女」一片推出的時候，是任何人都不敢看好的。

但是，「毒女」公映之後，陳萍的「招牌」就此大大的响亮起來，到目前爲止，她已經成爲「邵氏」製片部裏最受重視的女星之一，她又成爲各大導演競相爭取的新對象。就拿最近來說吧：何夢華想邀她演出「慾魔」，而張曾澤則指定了由她來主演一部「大老千」，使得陳萍頗有分身乏術之苦，比起九個月以前，初到香港時的默默無聞情形來，眞可以說是「一交跌在青雲裏」，冷不防的便大紅大紫起來也！

假如陳萍看到這篇東西之時，一定會得怫然不悅的：「爲什麼人家紅了是應該的，我紅了就要加上一個『冷不防』呢？」她就是這麼一位心高氣傲、鬥强爭勝的姑娘，她一定會得認爲：「毒女」的叫座，是她個人努力所獲得的成果，絕對不是一個意外！關於這一點，筆者亦有解釋：陳萍之竄紅，毫無僥倖成份在內，但她紅得太快，竄得太猛，使人們發生措手不及之感，那倒也是事實，以上所提起的「冷不防」，也就代表了觀衆們的又驚又喜心理，並沒有說她是「大爆冷門」的意思在內。

陳萍何許人也？她出生於台灣高雄市，幼年間就有自立的性格，所以在她還祇有十六七歲的時候，毅然的投身於高雄一家桌球室，担任女計分員的職位，以菲薄的薪金來養活自己，絕不倚賴家庭。有人這麼說：假如陳萍的個性不是如此的堅强，那麼她也不會有今日的成就了。此話一點不假，因爲陳萍的初次踏入電影圈，還是在桌球室裏撞上的機會呀。

熱愛電影 個性堅强

多年以前，有一組台語片的外景隊，從台北到高雄，進行拍攝工作。公餘之暇，年輕人少不得到處去遊逛，有幾位偶然到桌球室裏去消遣，見到荳蔻年華、貌艷如花的計分員陳萍，覺得這名小姑娘很有個意思，於是逗着她問道：「喂，小姑娘，你想不想拍電影啊？」這一句話不打緊，竟然引出一名一九七三年份震動香港影壇的紅星來！

拍電影，本來就是陳萍自幼的願望，所以到了第二天，拍攝現場上就出現了這名充滿了新希望的小姑娘。在那部台語片裏，陳萍所担任的自然是一名不重要的配角，但是她的活潑、灑脫、聰慧，以及和藹可親的態度，馬上就獲得了全體的歡心。兩三天過後，全部完成（以前的台語片，與香港的粵語片極爲相似，「七日鮮」乃稀鬆平常之事也），劇務照例發給陳萍一份數目不大的片酬，但想不到她竟然微笑的拒絕了，並且說道：「這次我是臨時客串，不能算數的。」非但如此，她還自掏腰包去買來大批的西瓜，給全體工作人員解渴。直到如今，陳萍還是圈內人緣最佳的女星之一，說起來與她的天生豪爽脾氣大有關係。

經過第一次的嘗試之後，陳萍有了足夠的自信能力，於是告別家人，桌球室的計分員也不幹啦！獨自闖到台北去，索興參加了電影演員的行列。

陳萍的作風，又與衆不同：她到了台北之後，就立志要登上女主角的地位。她把僅有的一點私蓄，完全投資在一部台語片裏，首次達成了主

「一脫成名」的陳萍

演的願望。然後她又把投資所得的利潤，再孤注一擲的「加注」在第二部上，如此這般，計算下來，她的自當老板，自任主角的台語片竟有十餘部之多，到那時，陳萍的名氣在台灣電影界裏也漸漸的叫得响亮了。

幾年以前，台語片走上了粵語片同樣的悲慘命運，結果遭受淘汰。但是，這一個打擊，並未能挫折了陳萍的意志，相反的，她打定主意，要向國語片裏進軍。

「毛衣公主」競賽，是一個在台灣比較受人注意的選美會。陳萍當時就暗暗的替自己訂立了一項計劃：參加競選，祗許成功，不許失敗，等得到了該項榮銜之後，就可以作爲打入國語片的進身之階。但選美會亦不是隨便可以參加的，假如沒有充份的準備，是不可能有着名列前茅的希望的。好在陳萍是一名力爭上游的女性，除了求得事業成功之外，一切身外物都視若糞土，所以她毫無吝色的拿出鉅額的助選資本，志在必得。這眞叫做「皇天不負有心人」了；陳萍憑她健美的身材，秀麗的外型，再加上她的「有備而戰」，果然壓倒羣芳，榮獲「第二屆毛衣公主」的冠軍（第一屆是恬妮）。經此之後，她的艷名大噪，自然成爲台灣製片家們爭相羅致的對象。拍過幾部國語片之後，結果被「邵氏」發現，請她來港加盟，說起來這裏頭也有一段前因後果，並非平步青雲，一下子就紅了起來的也。

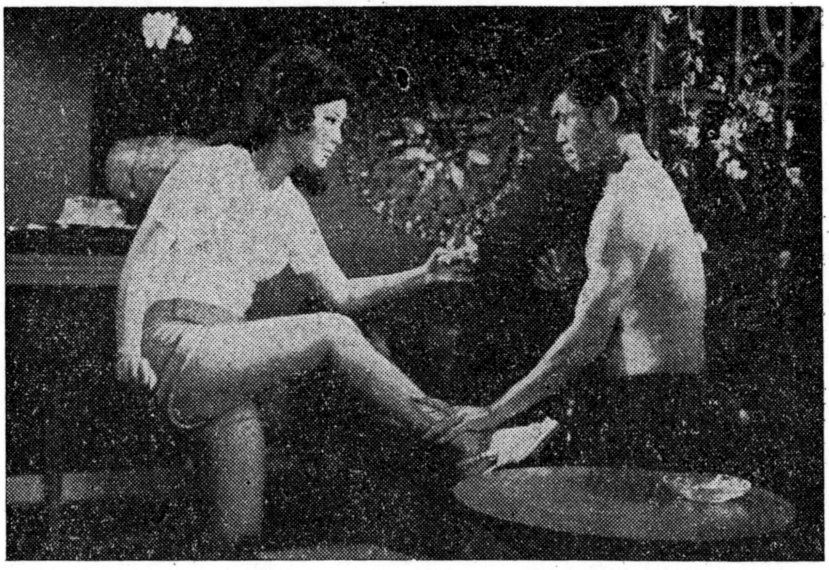

「毒女」中陳萍（左）與羅烈（右）做戲

陳萍在台灣，先後拍過四部國語片：第一部是「星期天不放假」，第二部是「慾火焚身」，第三部是「淘氣三千金」，第四部是「禁果」。在「星期天不放假」裏，另有夏台鳳與左艷蓉，在「淘氣三千金」裏，則有港台最走紅的女星甄珍，所以早期的陳萍難免受到限制而未能在國片中出人頭地。但等拍到「禁果」之時，陳萍可就成爲正式的國片女主角（吳振民導演，金滔陳佩玲等合演），這部在香港尚未映過的影片，據陳萍自己宣稱，是她從影以來最得意的一部，而且她還深深的相信：如果「禁果」在港上映，則叫座力量一定不會太弱的。另外還有一個傳說：邵逸夫在台北看過「禁果」的試片之後，馬上就決定與陳萍簽約，（一說：這一紙合約裏包括陳萍獻身第八藝術，必須和導演合作，無保留的脫）可見她在該片中的演出是如何之精采了。

話說那次「邵氏」在台灣招考演員，被錄取者共有四位，第一位是陳萍，第二是另一名肉彈型的香琳（現已提前解約，回到台灣去也），第三與第四則是葛荻華和劉慧玲（現在仍舊浮沉於「影城」之中，暫時未能竄得起來）。據說陳萍是有條件簽約的，她的要求是：一要片酬港幣一萬元，二是要担任主角。關於這兩點，當時邵逸夫不加思索的就答應下來了，但有些人則認爲：片酬一萬元不算高，不過她是否有那個獨當一面的能力？那就恐怕很難講了。

自從「毒女」公映，獲得了輝煌的成績之後，一般人纔信服了陳萍確是「挑大樑」的材料，而同時對於邵逸夫的獨到眼光也不能不表示欽佩。看起來今後陳萍在「影城」裏的地位將會一天高似一天，她主演的影片也將會給「邵氏」帶來一筆不小的財富，發掘新人，有時「得來全不費功夫」，像陳萍就是一個很好的例子。

毒女叫座　一片成名

既然陳萍已經拍過十多部台語片，四部國語片，爲什麼我們還要叫她「新人」呢？話是這麼說法的：在她還沒有拍成「毒女」之前，香港的影迷們祗不過隱隱約約的好像聽見過這麼一個名字而已（現在可成了「偶像」）；陳萍走在九龍的街道上，時常可以聽到路人們的竊竊私語：「看！毒女……毒女！」使她又是高興，又是氣惱），所以我們也祗能當她新人看待，因爲她還沒有使出多少顏色來也。

初到香港時的陳萍，說實在的話，一般人把她的份量給看成跟香琳、葛荻華、劉慧玲等一樣，並無輕重高下之分。當「毒女」的廣告刊出於報章上之後，普遍的反應都很平淡，以爲這是一部「邵氏」用來「墊期」的乙級或丙級影片，是不值得加以注意的。沒想到觀衆們的眼睛到底是雪亮的，「眞材實料」到底是有號召力量的；「毒女」一「開畫」就顯得聲勢不凡，各戲院俱有人頭攢動之盛況，連映兩個星期，票房紀錄始終不致於太難看，直到最後一天，還有八院共收四萬元的成績，平均每院售出五千元，比起一些「水片」的首日獻映來，恐怕還要高出一籌哩！

影棚裏有這麼一個傳說：「毒女」上映首天

的晚上，陳萍剛好在棚內趕拍「黃飛鴻」，約莫十點多鐘，從市區裏來了一名採訪消息的新聞記者，大家少不得要問他「毒女」的頭一天總收入若干？那位老記很高興的對陳萍說道：「恭喜你啊，旗開得勝，今天一共賣了九萬多元呢！」當時大家已經覺得很滿意了，就是陳萍自己，也忍不住芳心竊喜。

又過了一兩個鐘頭，有一名住在宿舍裏的製片部同事，半夜踱到影棚裏來「探班」，看見正在工作之中的陳萍，順口「恭喜」了一聲，陳萍笑道：「你的消息倒也靈通；聽說有九萬多，很不錯了，是嗎？」那名同事呆上一呆，反問道：「你這個數字是從什麼地方聽來的？」陳萍答道：「有人從市區裏帶來的消息，怎麼？不準確嗎？」那名同事搖起雙手來說道：「不止，不止！我剛纔和戲院裏通過電話，確實的數字是十三萬，所以大家都對你這部片子十分看好呢！」此言一出，全棚歡聲雷動，連坐在一旁的導演何夢華都好像很感慨的說道：「好了，陳萍，你總算沒有白辛苦！」

「毒女」的兩週總收，按照售座紀錄表上的報告，是港幣一百三十餘萬元！這個成績，就算在「邵氏出品」裏，也可以稱得起是「優秀」的了。要曉得現在的電影票價裏，已經減去了百分之二十的娛樂稅，如果換了以前的計算方法，「毒女」的實際收入可以高達一百六十萬元，算得很了不起矣。

不錯，李翰祥有過三百多萬的最高紀錄，程剛的「十四女英豪」也賣了二百多萬，至於張徹的作品，則突破百萬直如探囊取物，那麼「毒女」的一百三十多萬紀錄，按理說似乎並不出奇了。然而，非也！「毒女」的情形，與「邵氏」其它的鉅片不同，旁的不要去說，單看上映之前的宣傳攻勢，「毒女」已經顯然的吃虧了。

讓我們平心靜氣的來分析一下：「毒女」的導演何夢華，何君在「邵氏」裏的地位遠不能和李翰祥、程剛、張徹等相比（此乃老實人說的老實話，何導演萬勿見怪），甚至比起張曾澤、楚原等來也畧顯遜色，再加上陳萍又是第一部的主演，誰都不敢寄予太高的希望，致於其他的合演角色，除去羅烈（他的頭牌，但佔戲不及陳萍那麼多）與陳菁還有點份量之外，其餘的就祇是樊梅生、江島等的幾名「武俠」而已，陣容並不鼎盛。因此之故，連公司以內的宣傳部都好像不大肯賣力了，再說也實在使不出勁來；一部「毒女」，靜悄悄的拍成，靜悄悄的推出，但沒想到「冷鍋裏會爆出一個熱栗子」，隨隨便便的就賣進一百三十多萬來！有人如此說：假如「毒女」的宣傳做得好，推動得熱鬧，那麼它的收穫一定還不止這個數目。

導演張曾澤在不多天以前開拍新片「大老千」，女主角一職果然落在陳萍的頭上，看來她在「影城」裏的「頭牌」身份，是已經站得穩穩的了。以上談起過：陳萍與「邵氏」簽約之時，言明在先，要拍的是主角戲，而邵逸夫果不食言，第一部就派下來「毒女」的女主角，其它一部「黃飛鴻」（何夢華導）與另一部「蕩女奇行」（呂奇導），也都是她的主演。至於李翰祥的「風流韻事」，雖然女主角有好幾位，但該片一共分爲四段，而陳萍則是「小神仙」一段中的女主角，所以也說得過去；祇是另外一部古裝鉅片「金瓶雙艷」裏，則除了陳萍的春梅之外，還有胡錦的潘金蓮，與恬妮的李瓶兒，名望都不小，地位也都不低，於是陳萍就要「防備」一番，以免在無意之中倒當上了配角。有此一說：「毒女」的成功，使陳萍更加珍惜自己的羽毛，公司派下來的「金瓶雙艷」裏春梅一角，雖然也屬於領銜主演者之一，但陳萍到底還是不十分放心，所以她曾經提出過一項要求，希望把「金瓶雙艷」的片名給改爲「金瓶三艷」，並且更向導演要求增加春梅一角的戲份。聽說邵逸夫與李翰祥也都認爲可以考慮，由此可見陳萍的好勝心之强，同時也可見「邵氏」對於現在的陳萍，亦不得不另眼相看了。

何夢華（右）向陳萍（左）握手道喜

另外還有一個尚未能完全証實的消息，就是「老牌導演」何夢華，一直在「影城」以內「規行矩步」，心無旁騖，但最近看到後起者紛紛的自起爐灶，使何導演也不免心眼兒活動起來，準備爲自己作一打算。何夢華仍是「邵氏」裏的簽約導演之一，合約尚未滿期，所以假如另有活動的話，就非得經過邵逸夫的點頭不可了。據說何夢華曾經向「六老板」要求自己拍一部片，希望趕在目前的「製片熱」裏摸幾文「外快」。邵逸夫看在何夢華多年追隨之「苦」（不敢說是「功勞」）份上，也很慷慨的表示同意了。但何導演還有一個另外的要求，就是要外借陳萍一用，關於這一點，邵逸夫尚在考慮之中，因爲公司今後要借重陳萍之處還很多，外借當然可以，但如果有礙整個的製片方針，那就不得不愼重研究了。

報載：香港已有一部份獨立製片家，動腦筋動到陳萍的身上去了，曾經有人出到過十萬元的片酬，打算把陳萍從「邵氏」裏給挖出來。這當然是一個過份天眞的想法，因爲邵逸夫不是那麽容易對付的，再說，陳萍的性格也不是忘義背信、見異思遷之流，不要說十萬元，就算一百萬恐怕也不容易打動她的芳心！（陳萍視金錢如糞土，個性很特別哩）！

陳萍看待何夢華，有如恩師的一般，假如何夢華邀她助陣，祇要「邵氏」同意，她絕對是千肯萬肯，沒有個不肯的。但是，問題來了；既然旁人出到過十萬元的片酬，那麽何夢華應該付給她多少呢？根據外界人士的預測：如果何夢華的獨立製片計劃實現，有關陳萍的待遇問題，一定不是支付片酬的方式，而是分享利潤的制度，多賺多分，少賺少分，說不定陳萍還會投下一部份資金，用以來減輕何夢華的攝製費用上負担，因爲她在以前也有過獨立製片的經驗也。

新片頻開　應接不暇

傳說中有這麽一段故事：「毒女」大叫其座之後，「邵氏」以內有好幾位導演要想請陳萍主演新片，好像大家都對她另眼相看起來了。爲了此事，邵逸夫曾把陳萍給請到總裁室裏去，問她有何意見？陳萍當場答道：「我到香港來，爲的就是要多拍幾部片子，所以任何一位導演，我都沒有意見，都願意盡我可能的與他們合作。但是，我祇有一個條件，就是如果何導演也要開拍新片的話，那就一定要讓我先拍他的那一部。」

「毒女」是何夢華的導演，而陳萍也就憑着這第一部片走紅於香港影壇，飲水思源，當然何夢華佔了很大的功勞。所謂「世有伯樂，而後有千里馬」，要不是何夢華當初勇於提拔新人的話，也許陳萍不可能竄紅得如此之快，所以陳萍對於何夢華就存下一種「感恩圖報」的心理，像這種「古風」，在今日的影圈裏可實在難得。

陳萍擺下慶功宴

在平時的談話之中，陳萍常常表示對於何夢華的感激。在「毒女」裏，她有幾個大胆暴露的鏡頭，頗能惹人注意。事後，有人問她何來那份勇氣？陳萍爽快的答道：「何導演叫我怎麽脫，我就怎麽脫！」她就是那樣的一個人：說話乾脆，胸無城府，有時簡直坦白得出人意外，所以她的人緣特佳，其中自有道理也。

陳萍對於公司以內的同事，上至老板，下至雜工，都是一視同仁的，但她的待人接物的可親態度，則又是非常自然而明朗的。有些「新人」，進得影棚之後，就此叔叔伯伯的沒頭沒腦亂叫一通，那種「方式」，已經顯得太過陳舊了，很難引起對方的親切之感。陳萍則不然；她以坦率的談吐，眞心的誠意來伸出友誼之手，當之者自然「如沐春風」了。

陳萍對於外界的朋友，無論生張熟魏，都是一見如故，暢所欲言的。舉一個例子來說吧：陳萍某次與三四位記者在一起喝下午茶，談到興盡之後，準備付帳之時，因爲座中祇有陳萍一名女性，大家搶着掏錢。坐在那裏的陳萍，對大家搖搖手，笑道：「這一桌上，我的收入最好，當然應該由我來付帳。」這句話說得直率了一點，但的確也是實情，所以大家哈哈一笑，在融洽的氣氛中盡歡而散。

是的，陳萍對於錢財方面，向來是不十分重視的。普通的「新人」，在簽約之後，差不多都要遷到宿舍裏去居住，爲的是可以省下一筆租金也。陳萍則不然；她一到香港就租下太子道麒麟閣的那層公寓，情願每個月負担一筆昂貴的房租。當「毒女」獲得全勝之後，陳萍還自掏腰包的在「頂好」舉行一次私人的慶功宴，席開十餘桌，也花掉了差不多全部的「毒女」片酬（港幣一萬元）！諸如此類，都表示了她的「生不帶來，死不帶去」的豁達性情，一般「猶太」成性的大明星們，對之能勿愧煞？

「毒女」替公司賺了大錢，邵逸夫少不得也要「論功行賞」一番。據說有那麽一次，邵逸夫有意無意的打了一個電話給陳萍，問道：「近來怎麽樣，有錢花嗎？」陳萍的答覆，可又是邵逸夫所沒有想到的了，她在電話裏笑道：「當然有啊，沒錢還了得？」使得邵逸夫話到唇邊，可也沒法講下去了。

「邵氏」以內的獎金制度，是早已成爲公開的秘密了。逢上片子賣座之時，公司方面對於有功的導演或明星們總會有一番「意思」的，祇不過方式不同，有的是現金，有的是汽車，有的是房屋，而數目的多寡高下，則由邵逸夫一人決定之。「毒女」的成本低，進展快，單單香港一地的收入，已經使公司能夠獲得盈餘了，所以邵逸夫對於「立下大功」的陳萍也不得不作出「表示」，無非是慰勞與獎勵之意而已。換了旁人，逢上這種機會之時，還不趁勢提出要求？祇有陳萍，却偏偏以「滿不在乎」的態度處之淡然，在邵逸夫一生的製片經驗之中這恐怕還是頭一次吧？

話雖如此，但根據一般的推測，邵逸夫還是會得付給陳萍一筆獎金的，祇不過數目之多少未便發表而已。「影城」內傳出的內幕：邵逸夫不止要給予陳萍額外的獎勵，而且還有意調整她的合約內條文，曾經以試探的口吻問她道：「這部片子很賣錢啊，我們是不是應該給你加點薪水呢？」換了旁人，自然是「應該」之至了，但陳萍却又偏偏的來了一次「語不驚人誓不休」，她微笑的答道：「謝謝您的好意，六叔，但是我看不必了，還是等合約期滿之後再說吧。」

難道說陳萍眞的把個「利」字給看得如此之淡薄？其實也未必盡然；我們從她與友好們的談話之中，就可以曉得她確是另有一把算盤的。

事實上是這樣的：陳萍在台灣與「邵氏」代表易文簽了兩年合約，寫明每部片酬一萬元，每年拍片四部。但是陳萍來到香港之後，生意興隆，其門若市，所以在短短的九個多月的時期以內，已經不知不覺的拍掉五六部了。當「邵氏」提議修改合約之時，陳萍就不得不仔細的想上一想：眼看還有一年多的時間，還有三四部的片債，她好像很快的就可以恢復自由身了，那麼此時要求加薪是不是恰當呢？

陳萍的解釋是：時間短暫，片債無多，就算加了薪水，所加的數目也不會太大。譬如這麼說吧：從現在起，陳萍的片酬暴漲一倍，成爲港幣二萬元，那麼陳萍在合約期滿之前的總收入，就可以增加約莫三四萬元之譜。但是，她與「邵氏」的合約，還有十四個月便滿期了，所以她今後能夠到「邵氏」會計部裏去支領的月薪，也不過祇是每月多支兩三千元而已，對於陳萍的經濟上幫助不大。因此，陳萍很坦白的說道：「那我就樂得做個人情了，免得落一個爭取加薪的名氣，而又得不到什麼實惠，何苦呢？」

她又很謙虛的說道：「這是第一部片子，作不得準的，萬一下一部的賣座不及『毒女』，而我的片酬却漲價了，豈不被旁人耻笑嗎？」此話說得極是，但如果我們加以更深入的分析，則可以看出來陳萍的雄心勃勃，志不在加薪了。

陳萍的第二部影片，賣座假如低於「毒女」，當然是甚爲掃興之事，但假如能比「毒女」更叫座呢？甚至於第三部，第四部……一部好過一部的話，其結果又將如何？不知陳萍自己有沒有這種想法，但按照外人的觀察：陳萍之所以拒絕加薪的理由，大概是計劃在合約期滿之後，走回她的老路——獨立製片，準備作「肥水不落外人田」的打算了！

當邵逸夫提出改訂合約之時，可能陳萍的心中會得發生一個顧忌：片酬是漲價了，但「邵氏」會不會提出延長合約期限的反要求來呢？如果該項反要求被提出時，叫陳萍是答應好，還是不答應好呢？不答應吧，在情理上說不過去，但答應下來呢，又好似有點不划算，所以當時陳萍就很巧妙的把這件事給岔過去了。

以上提起過：陳萍是一名自信力很强的姑娘，一部「毒女」的成就，並未能使她就此心滿意足，在她的想像之中，未來的還有一片光明美好的前途，有待於她自己去努力開發。這是一個樂觀的看法；假使陳萍在「邵氏」裏主演的八部影片，每一部都能有着與「毒女」不相上下的成績，那麼一年多以後，陳萍在女星羣裏的地位，自然比今日更要提高不少了。再說：一部普通的、攝製成本不太高的國語片，如在香港能夠賣到一百萬元以上，那麼當全部外埠版權售脫之後，其盈餘之總數確是十分可觀的。由此觀之，無論爲名爲利，陳萍都有自己打天下的理由，所以外界的推測，也不能說是完全沒有根據。

當然，如果陳萍能夠一天比一天走紅的話，她在「邵氏」以內的片酬，也自然會得「水漲船高」，逐漸上升的。但是，無論片酬上漲到什麼程度，究竟是不能與製片盈餘相比的，打個譬喻來說：陳萍手中有一處「金礦」，她還是租給旁人去發掘，還是自己獨力去經營？其理甚明，連三歲孩童都能算得出來這本帳。

不過，此話言之尚早，一年以後的情形究竟如何？是任何人所不能料想得到的。也許陳萍自立門戶，也許仍舊留在「邵氏」裏，一切都要看今後的發展如何方能確定，我們此時所談的種種，無非是姑妄言之而已。

大胆暴露 引起妒忌

一名女星的成名，一方面受到讚美，另一方面也難免受到譴責，尤其是像陳萍竄紅得如此之快，更造成了她招忌的重要因素。外面已經聽到過這類的談話了：「要紅還不容易？祇要肯脫好了！」言下之意，就是說陳萍靠「脫」起家，沒有什麼希奇也。

談起這個「脫」來，話可就長了。有人「不脫」，是因爲「不敢脫」，有人「肯脫」，可惜「脫」了也不叫座，又有人高喊「不脫」的口號，其實是因爲身裁不夠條件，實在「脫」不出來也。其中的原因，錯綜複雜，種類繁多，所以如果說「肯脫就會走紅」，對於陳萍是並不十分公允的。

港台兩地的女星之中，「肯脫」的不是陳萍一個人，但單憑一「脫」而賣進一百三十多萬來的例子則絕無僅見。前些日子，有一位以「脫」著名的台灣女星，拍成一部由她未婚夫所導演的片子，並且鄭重聲明：該片是她的最後一「脫」，以後絕不再「脫」了。大有警告影迷們「錯過眼福，遺恨終生」之意。可惜這些努力却白費了，大多數的影迷都辜負了她的一番美意，儘管她在銀幕上七脫八脫，而買票捧場的觀衆則始終祇是「小貓三隻四隻」，賣座之情形，慘到了莫可形容的地步。由此可見：「脫」並不是叫座的唯一法寶，其他還有許多附帶的條件，也都得具備了之後，始能拉得進觀衆來的也。

另外還有一個擺明在眼前的例子，亦足以証明陳萍之成功絕非偶然。與陳萍一起參加「邵氏」的台灣女星，還有一位名叫喬琳的，這位小姐眉目姣好，身裁健美，按說起來，應該是「脫派」之中的上佳材料，其條件或者優於陳萍都說不定。再加喬琳的從影歷史，亦比陳萍等來得久遠；她與唐寶雲等都是同期從「中影」訓練班裏出來的學員，所以在演技方面是沒有什麽問題的。當初簽約的時候，邵逸夫認為喬琳與陳萍是一時之瑜亮，將來俱堪重用，但使他沒有想到的是：喬琳經不起時間上的考驗，終於提前解約，黯然歸去，而陳萍則緊守崗位，勤奮不懈，到今日脫穎而出，成爲叫座紅星之一。這兩名姑娘，條件相似，遭遇亦同，但爲何在成就上會得發生了這麽大的差別？由此可見：美麗的胴體，並不一定是完全可恃的「本錢」也。

喬琳曾在許多部國語片中担任過第二女主角，有着非常出色的表現，假以時日，本來不難成爲大器。但可惜的是：這位小姐有一種「名士派」的作風，任何事都以遊戲三昧的態度處之，連本身的工作——拍戲——亦不例外，這就引起很大的麻煩了。據「影城」中人談：喬琳有時會得無緣無故的拒收通告，實在使人頭痛。按照一般的情形來講：演員拒絕拍戲，大小總有個理由，例如撞期、生病，或者是另有要事、無暇分身等，都是可以原諒的。祇有我們這位喬琳小姐，好好的坐在家中，忽然不高興起來，就把拍戲通告給推掉了。假如問她有何理由？連她自己都說不上來，那不是叫劇務人員好生爲難嗎？因此，喬琳在「邵氏」裏躭了沒幾個月，後來又因爲與未婚夫發生意見，引起台北家庭以內的糾紛，她的情緒更加惡劣，心神不寧，對於工作也自然的更不起勁了。「邵氏」當局，眼看無法「造就」此一人材，所以也祇好忍痛與喬琳解約，送她回台灣去了事。

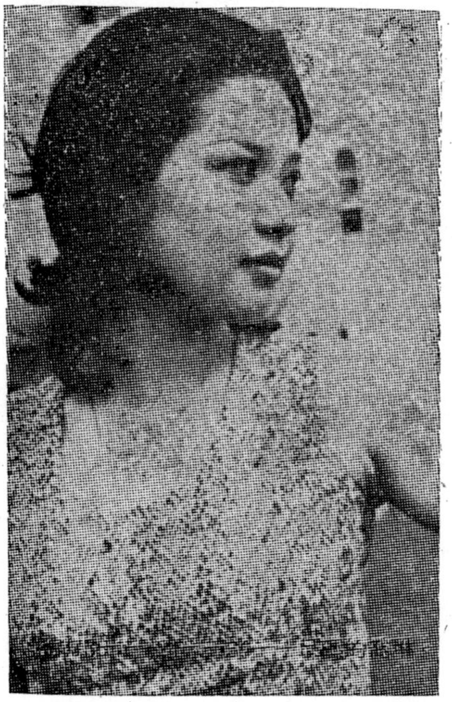
喬琳在邵氏影城

另一方面，陳萍的個性剛好與喬琳相反；在平常日子裏，陳萍的作風也是非常灑脫的，但一朝投入了工作，她就要集中全力，絲毫不苟起來，其態度之認眞，能使同場的工作人員都爲之詫異不止。

記得在「毒女」的拍攝期間，陳萍自動的向導演提出要求：無論逢上什麽艱苦的表演，祇要是她的能力範圍以內，希望儘量避免利用替身。我們在電影裏也可以看得出來：拍的是一場賭場裏的打鬥，陳萍一個跟斗從賭桌上翻過去，豎蜻蜓之後而雙脚落地，那是用一個鏡頭拍成的動作，觀衆們可以清清楚楚的看到陳萍的面貌，絕對不是以替身來魚目混珠的。由此可見她不避辛勞，事必躬親的精神，確非普通一般演員所能比得了的矣。

「毒女」裏還有許多跌撲翻滾的鏡頭，曾使陳萍吃盡了苦頭，弄得混身青腫，傷痕處處。有人在影棚內取笑道：「陳萍拍完這部片子之後，倒好像戰場上歸來的一名傷兵。」或者有人勸她道：「這個動作實在太危險了，還是用替身吧？」她總是那麽靜靜的答道：「不妨事的，讓我試試看。」

根據幾名內行的評判：雖然陳萍在「毒女」中有好幾個脫衣的鏡頭，但穿插得都符合了劇情，絲毫沒有故意賣弄的嫌疑，所以就能避免了普通一般色情片的庸俗之氣。此話說得極爲中肯，現在讓我們把「毒女」裏的幾場「脫戲」列舉如下：一是陳萍在天台上被五名阿飛輪姦的場子，二是陳萍被汚辱後，回到家中去淋浴，三是染上性病之後，到黃綠醫生那裏去作全身的檢查，四則是與羅烈擁抱熱吻之時，情不自禁的寬衣解帶。在以上的這四場戲裏，似乎都有着「脫衣」的需要，沒有理由說她祇是爲了取悅於觀衆的也。

談到這一點，不能不歸功於導演何夢華。在過去，何導演雖然沒有什麽突出的表現，但他一貫的力求故事完整的宗旨，却是始終不變的。陳萍有「本錢」，能「脫」，身爲導演者自然應該給予她充份發揮的機會，但「脫」亦有道，不可亂來，像有些「脫派女星」，時常會得在故事發展之中，硬生生的加進去一場毫無理由的「冲涼」鏡頭，那就能使人看來頗有不大舒服之感了。何夢華切切實實的做到了「因劇情需要而脫」的條件，確是值得一讚的。

當然，「毒女」也不能算是一部上佳的影片，情節上犯駁的地方還是有，這可能是何夢華與陳萍初次合作，再加上開拍得匆促之故，所以就難免畧有微疵了。但不管怎麽說吧，像陳萍這樣能演，能打，能「脫」，而又如此熱愛工作的演員，將來一定更有長足的進步，讀者諸君，不妨拭目以待之。

朝氣蓬勃　氣宇軒昂

笑，充滿信心的笑；佩戴亞米茄電子表令你別具信心，有更完善的感覺。擁有一只亞米茄電子表，是閣下值得驕傲的一件事，因爲你作了一個精明的選擇，亞米茄之產品不但享譽全球，並且被太空總署指定爲登月探險之標準計時裝備，英法合作之「康確」超音速飛機，亦採用亞米茄爲重要計時系統。要達至完美的準確性是一件艱辛的工作，多年來研究之結果，亞米茄電子表之準確性已達到令人滿意的階段，表身纖薄，爲廣大人士所歡迎，亞米茄電子表之共鳴器爲特別設計，不但聲音柔和，並且提高其準確性，亞米茄電子表性能卓越，係　閣下最理想之手表，况其產量佔瑞士總產量之百分之九十三點七，這是多麼値得自豪呢！

ST198.003亞米茄電子天文台表不銹鋼表売配皮表帶。　港幣895元

Ω
OMEGA

亞米茄表　馳譽世界　一致推崇

專載

抗戰時代生活史

——淪陷時期生活紀錄——

陳存仁

我們在上海度着淪陷區的生活，可以劃分為三個階段來講。

第一個階段，是在傅筱庵當市長的一段時期，這個時期，對租界上的人民，絲毫沒有影响。

第二個階段是汪精衛登場之後的一個時期，租界上就受到鎗殺綁票的威脅。第三個階段是日本人向英美宣戰，日軍開進租界後的一個時期，在這個時期，我們就想到汪派的勢力會跟着伸展到租界，但是實際上，日本佔領了公共租界之後，却一切保持鎮定，汪派的勢力，除了幣制和報紙的言論方面受到控制之外，日本人認為公共租界是日本軍人所佔，政治與汪政府無關，仍然沿用着舊時公董局制度，不過總董却換了一個日本人，副總董名義上由中國人袁履登担任。

英美勢力　掃除一空

八一三戰事初起，國軍退到南京之後，日本軍人，對每一種細小事情，大家傳得很快，我記得有三件事，一件是鄉民進出租界，日本憲兵一定要他們脫帽鞠躬致敬，同時還要畧畧搜查一下，搜有香烟的，要他們拿出來看一看，如果是英美香烟，便會被摑一下耳光，如拿出來是大聯珠，或金鼠牌中國香烟，他們就大喝一聲，讓他們過去，因此有許多鄉下人，為了免除麻煩，特地買一包中國香烟，作為護身符。有些人就在鞠躬之後，出示香烟，簡直像是通行証一般，日本人為什麼要這樣做，初時大家都想不出理由來。

第二件事，是市民經過北四川路橋堍，都要下車向站崗的日本憲兵鞠躬致敬，有一個西僑，昂昂然的走過橋面，畧畧向日本憲兵點頭致意，這個情況中國人也有的，日本憲兵倒並不重視，而對這個西人大肆咆哮，還要他立正脫帽鞠躬，鞠躬之後，還伸出巨靈之掌，拍拍的連摑了好幾下耳光，而且命令這西人匍伏地下，日本人就騎在他的身上片時，才放他走。

第三件事，北四川路橋漸漸的放鬆了，市民坐人力車都可以通過，不過在車子上仍然要脫帽致敬，有一名西人，也坐了一輛人力車，行禮如儀，本來應該無事，誰知道憲兵竟勒令停車，命令車伕坐上車子，反教那個西人拉車，這件事使當時圍觀的中國人感到十分痛快，因為租界上的西人，一向輕視華人，所以憲兵這一個措施，竟然有人叫好。

這三件事情，後來我們才明白日軍的這種行動，都是含有反英美的意義的。

珍珠港事變前夕，報紙上的反英美的消息越來越顯著，祗知道日本的來栖大使向美國總統談判，這時期，朋友相聚，無非談些報紙不登載的時局推測，有人說日本人這次對中國作戰，是陸軍部單獨主張『南進政策』。海軍部事事掣手，認為『南進政策』是錯誤的，他們重大的任務是要採取『北進政策』，掃除英美勢力，可以輕輕易易實行大東亞主義，東南亞所有小國家可以併吞殆盡。

我對朋友間的推測，總抱着將信將疑的態度。不過幾個有資格的朋友說：中日戰爭，日軍曾到過獨山，再要打進重慶，時間越來越縮短了，而且看來國軍有若干地方，脚步大亂，一切部署都落在事實之後，這個時候眞是危險達到了極點，想來想去，祗有一條出路，希望英美加入戰爭，才可以解圍。這不過是渺茫的希望，誰都不信會成事實的。

料不到日本人以迅雷不及掩耳的手段，大隊日艦突然侵入珍珠港，重重的對美國海軍大肆轟炸，美國的海軍損失之大，是他們歷史上從來所未有的。

又隔了幾小時之後，日皇詔告天下，向英美宣戰，夜間我們偷聽無線電短波，得到了這個消息，無數朋友欣喜若狂，認為這樣一來，戰事便可在短期內結束。

次日早晨，我們很早聽見隆然一聲，震動全市。連電燈窗格都有些動搖，大家驚駭起來，不知發生了什麼大事？後來才知道是黃浦江中停着一艘『康悌浮地』號巨輪自行炸沉，原來日本軍人眞的掀起第二次世界大戰，不但義大利船員立刻變為俘虜，而英美人都由領事館通知集中一個地方，靜待其變，日本人居然把這批英美人關進集中營，原來集中營早已佈置好了。

這天報紙搶購一空，因為報紙上刋有同盟社的電訊，說日軍已攻打香港，怎樣怎樣的順利，又有一個電訊說英國最大一艘威爾斯號母艦，被日軍炸沉。

後來，報紙上的電訊，祗是說今日日軍佔領

某地，明天佔領某地，眞是勢如破竹，進展之速，出人意外。

西僑被俘　日軍進駐

當時上海人，大家敏感得很，認爲這種日子有好也有壞，究竟壞到什麽地步，任何人不敢想下去。

汪精衛在這個時候，忽然和日本人發表一個聯合宣言，內容要點有『同甘共苦，同生共死！』的話，而且隱約說這是大東亞戰爭開始，南京政府必全力支持。這個聯合宣言，我看了六七次，說不定連我都會被徵兵役，那就不敢想像了。

汪精衛這篇聯合宣言，僅是製造一些空氣，實際上，汪精衛所屬的和平救國軍及雜牌軍隊，爲數約五六十萬，這時逃役的人，不知其數，因爲這種軍人志在領餉，混一口飯吃，而且還可以擄人勒贖，坐收當地煙賭的黑錢，現在旣眞的要參戰，他們就開小差，溜之大吉了。

日本軍隊進佔上海租界在南京路游行示威

汪派中人後來對這件事，認爲是汪精衛應付得體，沒有叫淪陷區的人民去參戰，居一大功。

還有人煊染着說：汪精衛對日本軍人說過，和平救國軍只會和平救中國，這批人多數有反日思想，要他們和日軍並肩作戰的話，可能他們首先開槍打日本人。這種傳言，很是慷慨激昂，我們也祇好姑妄聽之。

個中秘密　醜態百出

日本軍隊進佔租界之後，起初還有抗日份子暗中在重要地方放幾個炸彈，他們就用結繩而治的辦法，挨戶搜查，過了一個短時期也就消失了。而且七十六號也受到命令，再也不准在租界上開一槍；而且暗中制止幾個綁票頭子，不准再有綁票行爲，因此租界上的一般市民，反覺得安定下來。這是日本人一貫作風，凡是佔領到一個地區，就用這方法來安定人心，我們一般居民的恐怖感也逐漸逐漸的消失了。

初起，日軍向太平洋作戰，打一處勝一處，後來麥克阿瑟採取『跳島戰術』，一步一步反攻跳回，那時節，日本方面在租界上有兩種措置：一種是要市民把短波無線電交出，一種是實行宵禁，對我們做醫生的，發給夜間通行証，這種通行証檢查很嚴格，中醫一共發了二百張，西醫發了四百張，所以一到晚上，全市燈光黯淡，人人覺得氣悶非凡。

戰事新聞封鎖得越厲害，謠言越是多，日本人接收了租界，含有抗日性的報紙即時停辦，大家都覺得心理壓迫，有說不出的難過。

四郊的鄉民到上海來，傳出的消息，比我們住在租界的人來得快，而且多數確有一些根據。

我們一般同等階級中人，反而因爲在家的時間多，出外的時間少，好像幪在鼓中一般，要是利用電話探詢，又怕鬧出事來。有一個傳說，四個人打牌，一個人大輸而回，於是贏者打電話給輸者說：『你高興不高興來反攻呀？如果想反攻，還有機會。』這原是打牌者的口頭禪，不料電話有人竊聽，竟鬧出一場大禍來，所以我們打電話時，對措詞十分小心。

那時節，明星影片公司經理周劍雲，因爲公司被燬於炮火，無事可爲，他就對我說：『你的診所二樓地方寬濶，交通便利，何不用作朋友聚集之所，大家交換交換新聞。』我說：『好的』，於是從此每天下午五六時，總有七八個朋友甚至十多個到我這裏來茶叙，我便備一些家常點心供客，大家談上一兩小時才散。

有一個朋友，對汪派僞府的情形相當熟，他說出：『汪派以開鎗殺人取得政權，但是他們自己人，却也用手槍打來打去，派別之多，糾紛之多，是大家想像不到的，羅君强時常想打死李士羣，李士羣又派了許多特工，天天候着羅君强。梅思平又和丁默邨形如水火，而丁默邨又和李士羣積不相容。周佛海和陳公博又勢不兩立（按將要勝利時，兩人幾乎要召集雙方部隊決一死戰），后大椿被槍斃，耿績之用手槍自殺，至於熊劍東屢次遭到危險，林柏生因爲分潤不到，常在汪精衛面前挑撥是非，因此內部又常有許多不幸事件發生，此外雙方面或三方面利用借刀殺人的辦法。毒斃吳四寶，是李士羣的傑作；最後李士羣被毒死，又是羅君强的傑作。

至於第二流角色，祇要大家心裏有難過，就

引誘他到一個地方砰然一聲，解決了這個人。這樣的打法，在郊外掘一個洞埋了就算了事，七十六號裏面埋掉的人，更是不計其數。在稅警團本部中，也動輒打死自己人，同一手法，也都用埋葬的手法掩飾事實，外界人一些也不知道。」

「一位朋友聽了這些消息，連聲嘆息，認爲汪派以暗殺起家，由於手槍多子彈多，後來就成爲他們自相殘殺的工具。

又有一位來自北方的朋友說：「汪精衞到北京，他本來以統一政府首領自居，但是一到了那邊連碰了無數釘子，吳佩孚拒不接見，王克敏原是他幼年時的同學，到這時不談政治，專門談汪精衞與袁世凱交往的一些舊事，而且說：「你的拜把子兄弟袁克定（袁世凱長子）住在頤和園內，現在老病纏身，窮得不堪設想，你何不去探訪一下？」」

汪精衞聽了這些話，明知是王瞎子在揭自己的瘡疤，連面孔都紅了起來。

日本人又逼他要到滿州國去會見康德皇帝（按即溥儀），這是一種更重大的侮辱，溥儀本來是汪精衞革命的對象，以堂堂革命家，而去向敵人表示友好，這是任何人所不願意的，但是汪精衞處境如此，也不得不忍辱含羞的去一次。

又有一位朋友說：「日本這一場戰事，他們國內的鋼鐵已羅掘俱空，要汪精衞供應鋼鐵若干若干萬噸。」汪精衞則說：「我們那裏有這麼多鋼鐵」，日本人說：「單上海一處，所有電車路軌，以及鋼窗鐵門，祇要你下令全部拆下來，數量已很可觀，你說過同甘共苦，同生共死，這是義不容辭的。」汪精衞當即下令要拆路軌、鋼窗以及英美人留下來的銅像，一時上海的大小鐵行，無不利市三倍。

不久，上海方面果然接到命令，家家戶戶都要拆鐵窗鐵門。我記得南市的電車路軌首先拆除，運到滙山碼頭，整整堆滿了一個碼頭，連日軍的行動出入都受到障礙，虹口區的鋼窗先拆，也搬到滙山碼頭，日軍方面就說，目前船隻缺少，拆鋼窗的事，祇能一步一步的來，後來形勢日非，運輸幾乎停頓，所以租界上有許多地方的鋼鐵得以保留，然而這件事已經震動全上海，上海市民無不切齒痛恨。

一個南京來人說：「上海畢竟是福地，每戶每月還有七度電可用，南京民間每戶限用三度電，而且還要分區停電，常常一個區中連街燈都全部熄滅，洋燭早已搶購一空，好多人家一到晚上只好乖乖的睡覺，本來夜夜笙歌的夫子廟，到了晚上也寂靜無聲了，所有舞女歌女都已變成暗娼。」那時節人人都窮，只有少數新貴才嫖得起。

有一位朋友說：此時貪污成風，特別是汪派官員們，一擲萬金，濶天濶地，但是幣制天天在跌，小部份公務人員也活不下去，尤其是若干清閒的官署中人，如考試院、審計處、印鑄局等都無公可辦，也無糧可出，眞是苦不堪言。

諸如此類的談話，雖說是形容絕倒，但是都與實際情況差不了多少。

股票狂潮　由盛而衰

在抗戰極激烈的時候，上海的幣制，一瀉千里，大家都忙着囤貨。這是要有實力才能做到的，我和各界各行的人都有接觸，有人勸我早作準備，保持幣值，最初我就依了他們的話，每天診金收入，除了開支，多餘下來的錢，可以買白報紙兩令（此間名爲拈），這時白報紙的價格，一天天直線上升，漸漸的我祇能買一令，再過幾天連一令都買不到了，又曾改囤陰丹士林布、糖精、奶粉之類，這些東西也天天報漲，後來每天診金收入，祇能買三包洋燭，或僅能買英美香烟一罐。

再後來，多餘的一些錢，什麼也不能囤，祇能買一兩個銀元。市民在這個時期，開口不講別的，祇問「你囤什麼」？似乎除囤貨之外，大家沒有其他生計。

記得伶人袁雪芬，當時在越劇界中紅極一時，她身體孱弱，常常有病，她住在北山西路橋北，僅是一個亭子間，他的睡床是經過設計的，特別高，高到四尺以上，我一看她床底下堆的都是整張的鉛皮，她笑着對我說：「現在囤貨，鉛皮最貴，所以我每天總要買進幾張，把床底作爲貨倉，也可以堆到不少。」還有幾個名伶，她們找不到買鉛皮的路子，則改買鑽石，那時鑽石雖然已經漲價，但是不易脫手。（按筱丹桂死後，財物不知藏在何處，找了幾天，才在一個舊熱水瓶中尋到幾顆鑽石，足見那時賺錢儘管多，然而物資缺乏之極。）

有錢的人以及新貴，鈔票太多，爲了避免黃金美鈔價格日益高漲，於是經濟當局，就導引這一種泛濫貨幣到三家交易所去。本來上海有紗布交易所、金銀交易所、證券交易所，開戰之後，交易清淡得很，到此時，大家都從事於這項買賣，每天出入數字極大，因爲幣值跌得快，所以大家都賺了錢，錢越賺得多，參加人也越來越多，當時連僞府的新貴也混入其中做買賣。記得有一件事實，有一回紗布飛漲，七十六號的吳四寶做的是空頭，有一位潮州鉅商做的是多頭，吳四寶這一次蝕本蝕得很多，他便親自帶了許多佩槍的人，到紗布交易所去，口口聲聲說要取締投機，捉拿搗亂金融份子，這樣一來，市價就在一天之中跌去了一半，其實是爲了保持自己財產的把戲，那位潮州鉅商竟在這個風潮中逃到不知去向。

從前上海上市的股票，大約只有一百種以內，對象有限，而幣制的泛濫無限，於是股票的飛漲，也一天一天不同，一小時和一小時不同，股票的流行，最廣泛的是永安紗廠，最普遍的是新光內衣等。

新光內衣廠老板傅良駿，我在初開業時就認識他，該廠最初的規模僅是小本經紀，設在呂班路三德坊弄堂口，佔據着一個弄堂的單位，只有三架縫衣機，他的太太親自坐在機上工作，專爲法租界一批穿西裝的人修改襯衫（按當時上海的原庄襯衫，衣袖太長，一定要經過修改），所以這個檔口生意很好，傅君腦筋動得很快，就向外國訂了裁衣機縫衣機，以及衣料等等，就在三德坊租了一幢樓，專門製造內衣，牌子叫作『司麥脫』，因爲司麥脫三字，是洋涇濱英語最流行的『時髦』。

不久，生意滔滔不絕，貨如輪轉，連南洋及東南亞一帶都向他訂貨，又因爲宣傳得力，於是他就遷出三德坊，開了一家很大的新光內衣廠。

待到股票風潮來臨，他的股票上市很早，他也相當有魄力，在虹口大連灣路購買一幅空地，開始建廠，於是股票列爲小型實力股的第一位。

在很短暫時期間，便把這塊地皮，造成一個大廠，於是開始大量生產，而股票越發越多。

傅君辦事能力極强，但是對女性方面的發展也很大，差不多著名的交際花都和他有相當的關係，西門方浜路有一個姓牛的人家，他的家人有病都由我看的，他家有一位小姐，長得好似天仙化人，儀態萬千，竟然也是傅君的膩友。傅君的品格和談吐，實在很粗魯，料不到所交的女朋友，個個都溫柔出衆，眞教人艷羨。

後來股票市塲停業，無數人手中都拿着一叠廢紙。傅君也到過香港，但是他的手法在香港却打不開，最後移居台灣，鬱鬱不得志而逝，這是後話了。

嚮導新興　形勢大變

在淪陷時期中，忽然出現一種『嚮導社』，第一次我見到的，是在新雅酒樓吃飯時，鄰座有四個朋友，呆坐着並不點菜，我問他們約些什麼客人？他們笑嘻嘻的說：『我們用電話叫了四個嚮導社的女子，她們答應即刻就來，』我就想到在報紙上也曾見到一家嚮導社開幕的廣告，據說在外國本來也有這種組織，是專供陪伴旅客遊覽的，在上海還是一種新興事業，所以我也在隔座留意着，想看看來的人究竟是怎麽樣的女性。

隔了大約十分鐘，果然見到四個女子走到他們的座位上來，穿的衣衫，一律是藍色的布旗袍，看上去好似制服一般，她們入座之後，和客人有說有笑，只有一個還大發議論，說導遊也是一種正當職業，不過初次出來做這一行，有許多地方不熟悉，希望客人原諒。我聽到她們談吐很斯文，臉上並不塗得花花綠綠，一些也沒有妖冶的態度。

不到三個月，報紙上嚮導社的小廣告，有如雨後春筍，總有百餘家之多，這時就完全變質了，許多客人，在吃飯之後，就把她們帶到旅館中去了。

當時嚮導員的收費是每小時一元，到這個時候，客人如果不作非份之想的話，坐滿了一小時，她們拿了一元就走，如果另有企圖的話，就要另給酬金十元二十元，那末客人也得償所欲了。

在這時起，一般人對嚮導社的看法就不同了，都把這種組織當做變相的妓院，而且不問你在什麽地方，只要一個電話，嚮導女郎馬上應召到來，舊時沒有『應召女郎』的名目，實際上倒是開應召女郎之先河。

嚮導社營業的進展快得很，頓使各家旅館都客滿起來，而且還有幾家嚮導社便開設在旅館中，隨時有一種刊有嚮導女郎相片的宣傳品塞進房中，有興的話，就可以向來人接洽，片刻之間，便可達到某種目的。當時上海人對這種女子，稱作『响大人』，其時幹這行的女子，數字已有幾千人了。

太平洋事變發生日軍佔領上海滙豐銀行等英美產業

不久，更進一步的招徠，有一家叫作『陶陶嚮導社』，她們覓到一個畸形生理的女郎，胸前有三個乳頭，經小型報一發表，居然門庭若市，營業鼎盛，使該社的老板大發其財，而這個畸形女子也得到一個外號，叫作『三潭印月』。

又過了一個很短的時期，陶陶社擴充營業，逕自在社中闢了幾十個房間，讓客人可以就地解決。後來好多嚮導社都响應起來，影响社會的風氣，越來越壞，這是淪陷時期發生的怪現象。

話劇風行　賣座甚盛

在淪陷時期，外國電影中斷，國產電影產量甚少，我記得有一部外國電影叫作『碧血黃沙』，還有一部『出水芙蓉』和三五部電影，各頭輪電影院，因爲無片可換竟把這幾部片子反反覆覆的重映不已，但賣座依然不衰。

從前上海有一個由唐槐秋領導組織的『中國旅行劇團』，在卡爾登電影院演出話劇，因爲劇本好，演員好，以及音响效果好，所以把大批電影觀衆都吸收了去，生意好到要幾日之前定座，否則就有向隅之勢。

接着就有許多具有表演天才的人，也紛紛起來組織劇團，分別在各電影院中演出，賣座也很好，後來連歇業的辣斐舞廳也改演話劇了。

日本人有一個觀念，中國老百姓都有抗日性，凡是賣座的戲劇，必定要派人去暗中察看，遇到台上演出稍有抗日意義時，就要召集團主談話，甚至勒令停演，但是編劇的人都乖巧得很，有一齣『桃花扇』，故事雖是明代的人和事，這種人物的言行，一望而知是在影射着當時某些降日的人物，這齣戲當時賣座最盛，日軍一度勒令停演，但是經編劇的人稍加修改，換一個戲名，改稱『李香君』，依然場場客滿。

我友秦瘦鷗寫過一部小說『秋海棠』，在這時被改編爲話劇演出，擔任秋海棠一角的就是石揮，演羅湘綺的是沈敏，演得眞是有聲有色，一時賣座之盛，打破一切話劇記錄。日本人認爲這種戲能這樣賣座，一定與抗日有關，由日本文化部派了幾個專員去觀看，認爲戲中的軍閥袁寶藩，有影射日本軍閥之嫌，經過了一場解釋，才能續演下去，一連演了幾個月之久。

當時上海遊藝界中，以張善琨最是長袖善舞，他拍攝電影，網羅全上海的電影明星，隸屬他的旗下，他見到話劇如此發達，也斥資組織話劇團演出話劇，他的手面一向很濶，所以佈景道具都不惜工本，其實，張善琨和後方倒有些聯絡，他對特工份子，往往供給匿藏之所，並借用汽車等等，後來日本人泥足愈陷愈深，重慶份子希望張善琨演出一齣愛國話劇來鼓勵人心，張善琨就請人編了一齣『文天祥』，由張伐主演，場面之大，人材之盛，耗費之鉅，又打破了一般話劇的紀錄。

張善琨口齒伶俐，任何事情能說到人動聽，但是這一齣戲的上演，他明知會闖禍，却運用一種機智，在演出的第一晚就邀請日本方面的高級人員二三十名，臨場觀看，並事先舉行一次招待會，說是東亞人民愛國性都很濃厚，日本人愛國家，中國人在文天祥的時代，也愛自己的國家，所以這齣戲是鼓勵人民要有愛國心。這些日本人經他一講，竟然也會大點其頭，等到入座觀劇，居然也不斷的拍手叫好，所以只有這齣「文天祥」是沒有遭受到日本人干涉過，聽說後方還有密電來嘉奬他。在將近天亮時節，張善琨到屯溪報到歸隊，萬不料屯溪有吳紹澍、馮有眞兩個派系，積不相容，吳紹澍奉命邀請張善琨，馮有眞却出動許多報紙，對張善琨大肆攻擊，認爲張善琨是文化漢奸，有不可寬恕的罪名，終於張善琨、童月娟吃了一場寃枉官司，但是監禁的時日並不長，經過了大家的保釋，不久就出獄了。

話劇界中，愛國份子不在少數，我記得清清楚楚，在民國三十一年一月廿日，報紙上登出一個驚人的消息，說著名話劇女演員英茵，在十九日開了國際飯店七〇八號房吞鴉片自殺，她以演『武則天』一劇而名。還有一齣『海上春秋』，她飾演的角色是影射唐有壬夫人，痛罵陳璧君，因爲陳璧君給她一筆鉅額的撫恤金，唐夫人拒不接受，劇詞痛快淋漓，得未曾有，日本人對英茵已經極注意了。

後來在英茵住所，捉到一位擔任秘密工作的平祖仁，於是假手七十六號將平拘捕，百般拷打，打到接近死亡邊緣。英茵多方設法營救，七十六號起初索賄二萬元，英茵湊足了數目前去，豈知又變化了，要加到四萬，最後幾天，又由八萬起遞加到一百萬，英茵認爲這個數目無法湊成，一月八日平祖仁便死在七十六號獄中，英茵在憤怒憂鬱交集之下，遂服毒自殺。

英茵是擁有無數觀衆的，出殯之日很多人捐欵，才在虹橋公墓買了一塊墳地，足見當時的中國人，儘管是在敵偽勢力之下，具有愛國心的，還是不在少數。

前方吃緊　後方緊吃

日本軍隊深入中國內地，戰爭越來越激烈，報紙上天天在顯著地位刊出戰事電訊，中國軍隊的確盡了抗敵的力量，看來每一場戰爭，死傷的士兵不計其數，最痛心的一件事，就是日軍每攻一城，總要經過幾天或十幾天的困難，而最後結果，報紙上也總是說國軍已盡了抗戰的職責，絕不說『敗退』，而說是『轉移陣地』或是說全部軍隊『轉進』到某處，這顯然是又失去了一個據點。看來最激烈的一場戰爭，就是台兒莊的一役，日本人幾度慘敗，死傷無算，有若干地方，報紙上連地圖都劃不出，一般市民只是暗暗推測到國軍作戰的情況，越來越困難。

戰況如此的惡劣，跑馬廳中的日本駐軍，幾乎每隔幾天就升起一個大汽球，球下面拖着一條布帶，布帶上面寫着『日軍攻佔某地確保治安』字樣，這樣一來，市民都有些洩氣；但是就當時上海市而論，因爲各處的富翁以及難民紛紛逃來，房屋擠迫得了不得，而遊樂、飲食事業都呈畸形的繁榮，當時市民口頭上常有一句感慨的話，叫作『前方吃緊，後方緊吃』，有些人鑒於跳舞場熱鬧情形，把這句話改成『前方抗戰，後方跳舞』，說起來眞是感慨系之！

晨舞開始　跳到天光

從前上海的舞場，規模都相當大，一流舞廳，都是自己購地，或租地建造的，最著名的如百樂門、聖愛娜、仙樂斯、麗都、大都會、米高梅、維也納等，皆有富麗堂皇的裝飾，尤其是百樂門，舞池的地板是有彈性的，舞客跳舞的時候，更覺得輕鬆有趣，這種規模在香港是從未有過的。二流舞廳，數字更多，為大滬、國際、雲裳、大東、大華、新大華等，至於三流舞廳多到不知其數。

以上所說的舞廳，都聘有七人以至十餘人的大樂隊，祇有三間小型的舞廳是用唱片伴奏的，一個是南京路上的『小都會』，一個是慕爾鳴路的『小舞場』（租謝葆生住宅改的），還有一個是北京路的『勝利舞廳』。

當時各舞廳的舞票代價，一流的都是一元三跳，二流的也是三跳，三流的是一元六跳，至於小都會和勝利的舞票，一元可跳十二跳或十六跳，惟有同樣用唱片的『小舞場』舞票，竟然同一流舞廳一樣是一元三跳。

那時舞廳裏的舞女，一流舞廳總有六十以上至一百廿名，二流亦相彷，三流的不過三五十人。

在這個時期，多數舞客是商人，因為那個時期經營五洋雜貨的人，個個賺到盆滿缽滿，所以夜夜通宵揮霍無度，但是論舞客的品性來說，都是斯文有理，從來沒有客人敢胡作非為的。

即使客人看中某一個舞女，想追求她，也並不容易，有人一天連捧幾次場（按當時舞女連做午餐舞、茶舞、晚舞），除了給正常的舞票之外，舞票中還夾帶現鈔，數字都不在少數。

我記得有一個煤業大老闆，連捧一個紅舞女，達到半年以上，結果得到的是口頭上的談情說愛，其他什麼都談不上。有人譏笑這個大老闆，而大老闆說：『越是這樣，越是有趣』，類似這種情況，不一而足。

當時上海若干舞廳當局，為了爭取有利時間，創行了『晨舞』（晨早八時至十一時），舞客接下去一場連一場，一直可以跳到大天光。

我別的也不多寫，舞女之中，竟有做愛國工作的，最著名的一個就是百樂門舞廳的舞女陳曼麗，她長得亭亭玉立，有如玉樹臨風，相貌也生得非常美麗，在上海舞女之中，她已紅透半爿天，每晚去捧場的是一些富翁和官紳名流、汪派新貴以及高級的日本人。

誰知道一天晚上，突然之間在她坐枱時間，被人用手槍砰然一聲，擊倒地上，血灑舞池，當場玉殞香消，後來有人說，這件事是七十六號的人幹的，因為百樂門和七十六號相去甚近，租界當局對這件事，也含含糊糊的不加追究。

日軍用氣球升起標語虛張聲勢搖惑人心

妓院冷落　名花轉業

抗戰前上海租界上，妓院的『淫』業最是發達，三馬路四馬路小花園，做這行的人說少些總有二三百家，到這種場所去的人是一些大商家大濶老和一些富家公子。

後來八一三砲聲一起，當時全上海的人，人心惶惶，誰還有心思去逛妓院，因此，各妓院的營業便一落千丈，更壞的是許多負有盛譽的妓女，紛紛轉入舞場去當舞女，這時妓院已有不能支持的趨勢。

妓院的開銷很大，做鴇母的人，早已感覺到難以維持，待到大世界一個炸彈爆發，死亡枕藉，鴇母們見到這種情況，已無意再支持下去，唯一的辦法就是將妓院的房屋，分別出租，以按月收取租金度日。

因為那時節，空的房屋很少，風聲一傳出去，四面八方的人都來租借，也不問這住所前身是什麼，但是這種人一住進了這間屋，再也不肯搬出，因此妓院就無形消滅，只有極少數鴇母，硬撐住不肯出租房屋，仍想繼續幹這一行，但是一切供應已大非昔比；即就香烟而言，茄力克已變為三五牌，不久，又由三五牌變為白錫包，這樣一來，派頭就越來越小，本來妓院的收費是論三節結賬的，而此時幣制貶值，什麼賬都不能拖，一拖便貶值，所以妓院也就難以存在了。

亂世梟雄　突然死亡

在淪陷時期中，吳四寶真可以算是孤島上的一個梟雄，大家常常說：『這種人不知怎樣死法』，可是咒駡儘管咒駡，但是他的勢力還是大得很，成百成千的人，要設法走門路，向他投門生帖子，有些則走他太太佘愛珍的路線，拜她倆做乾爹乾媽，這是因為他的聲勢越來越大的緣故。

有一次，忽然全上海的人，交頭接耳的說：『吳四寶已經在蘇州被日本軍人毒死了』，說得繪聲繪色，有些人相信，有些人不相信。

大約隔了三四天之後，有人來告訴我說：今天北火車站，運來一個棺材，這棺材裏面的死人，就是作惡多端的梟雄吳四寶，大家認為消息真實，一時人心大快，說『眼前報真快』。

萬不料這口棺材運到上海『上天殯儀館』時，有二三百輛汽車護送，送殯儀仗長得很，後來上海人對吳四寶致死之因，傳說紛紜，多數說是日本人毒死他的，後來我在上海看到各項書報的記載，說法也不統一，只是存疑而已。

我有買舊書的癖好，隔十餘年在日本買到一本胡蘭成著的『今生今世』，全書有上下兩厚冊，胡蘭成原是汪派中華日報主筆，又當過宣傳部副部長等僞職，他這部著作寫得很坦白，把當時一切故事，寫得有聲有色，其中對吳四寶致死之因，也有長長的一段記述，我認爲這本書，香港人看到的不多，所以我將這一段節錄轉載於後：

他說：『那一日，吳四寶正在家裏，忽然外面日本憲兵二百人到來包圍，四寶却機警的逃走了，這就全上海變得風聲鶴唳，到處皆是捉人，李士羣則先一日已避往南京，且要汪先生也下了通緝令。我在家接到電話，一聽是吳太太的聲音，才知她亦避匿在外面，七十六號的人不是樂禍即懼禍，她只能聯絡我去向李士羣求援，當時都還不知是李士羣要借刀殺人。是日傍晚李士羣來到，我去北站接着他，只覺李士羣的隨身衛士及來接的七十六號部下，以至李士羣本人，皆寂寞冷落。及至李家，李太太在蘇州，隔壁吳家出事，竟連這裏李家亦感覺一股薄暮的荒愁，這事本來李是勝利者，但是勝利得這樣陰慘。

我不疑李士羣，還責以大義，「由日本憲兵來捉人，國體何存，這件事你必得出來挺」。李要我聯絡吳太太出來見面，翌日我陪同吳太太到李家。唐生明亦在埸，唐生明是靠他哥哥唐生智的牌頭，與李士羣吳四寶做照桃園三結義，拜爲兄弟。當下士羣說：「此事非四寶哥到日本憲兵隊自首不能了，我與蘭成兄及老四陪四寶哥同去，我以我的紗帽及身家性命當埸保釋四寶哥囘來，日本人怕我反，亦不能不答應」。我與吳太太到隔壁小房間裏商量了一下又出來，還是不放心。士羣說：「你們三位都在此，燈光菩薩爲證見，我李士羣若出賣弟兄，日後一定不得好死！」焉知此誓後來當眞應在他身上。當下是我與吳太太信了他，吳太太才去四寶隱匿的地方把他帶了出來，交與士羣。翌晨士羣與唐生明陪同四寶到憲兵隊，吳太太就注意到士羣沒有叫我也同去。及至士羣老四囘來，却說是要扣留調查幾天，就可去保釋的。但士羣從此就又避往南京蘇州，推說調查統計部與江蘇省政府的公事忙，兩個月不到上海。

四寶的學生子張國震爲救先生，自己投到日本憲兵隊，憲兵隊把他交給李士羣，李士羣當即把他綁赴刑埸槍斃，監斬官是楊傑。但因李士羣推說是日本人必要這樣做，我還沒有深悟其奸。

我只是覺得對不起吳太太，幾次去南京蘇州催迫李士羣，末一次正値汪先生到蘇州巡視，在李士羣家駐蹕，一干人都在樓上，我只上去見了見林柏生與陳春圃。是晚我在樓下與士羣交涉，必要他囘上海踐約，士羣被迫得不能過門，就借酒說亂話，他說吳四寶無惡不作，吳四寶有的是錢，你胡蘭成死了睏楠木棺材，我李士羣死了睏銅棺材，吳四寶讓他睏金棺材去罷。我聽了大怒，發話說：「你還是眞醉？還是假醉？還是酒醉出眞言？別人也許可以說吳四寶不好，但是你不應當，且你爲什麼早不說，到現在才說？你既對不起人，我亦不做你的朋友的！」士羣笑道：「我是與你說玩話，你就發老極」。他隨即正色道：「我與吳先生比你與他還關係深，我去當然去」。於是去睡，我睡在士羣夫婦的鄰室，衛士在火盆裏加了炭掩門出去，半夜裏我差一點被炭氣窒死，夢魘中掙扎着起來打開了窗門又睡。翌晨汪先生囘南京，諸人送上火車後，就在蘇州車站，我對李士羣說：「現在你就同我去上海！」眞是「禽之制在氣」，他只得依了。

士羣倒果然去日本憲兵隊領了四寶囘來，但是要移到蘇州看管，士羣說：「交給我看管不過是一句話，就請四寶哥在蘇州玩一個時期」。當下我與吳太太聽了亦無二話。是日四寶囘家，沐浴理髮更衣，到正廳拜祖先，轉身又向士羣下跪，謝他拯救之恩，我在一傍，見四寶忽然流下淚來，心裏感覺不吉。第二天一淸晨我又去吳家，因爲今天他就要跟士羣去蘇州，吳太太也陪同去。我一逕到樓上臥房裏，見吳太太在一面幫四寶穿衣，一面吩咐四寶幾句話，一種患難夫妻的親情，我看着心裏好不難受。

他們去到蘇州之後，第二天下午，我接到吳家的電話，說吳先生已經去世了，我一猷，當即趕到蘇州，那時已經傍晚，只見孝堂如雪，吳太太哭成一個淚人相似。我在靈前行禮畢，還揭開孝幃看了一看遺體，臉上倒是安詳乾淨，不知原曾七竅流血，已經抹去了，好好的一個人，死得這樣蹊蹺，大家都心頭有數，而那李士羣，却又避到南京去了。吳太太見我來到，她只與我說起汪先生的通緝令，又傷心痛哭，我就搭後半夜的火車趕到南京去。

天未亮我到南京，先在汪曼雲家寫了請求取消通緝令的聯名簽呈，帶了去找李士羣，士羣在家正吃過早粥，我什麼亦不與他多說，只要他簽字，他還想推諉說別人簽了他再簽，我說我沒有工夫再找你，把筆遞在他手裏，「你現在就簽字！」他只得第一個先簽字，當即我去找褚民誼陳春圃等都簽了，然後我自己也簽了，並催春圃面呈汪先生批准。我得了汪先生批准的字條，當天下午又趕囘蘇州，給了吳太太，也算是一個小小的安慰，因爲要取消通緝令，喪事才可以舖張。

翌日，專包一節火車，護送靈柩囘上海，蘇州車站上李士羣的部下竟沒有一個來送，他們是無論樂禍或避嫌，皆自覺不能見人，連蘇州的街道與車站亦爲他們慚愧，靈柩先在火車裏安置好了，然後衆婦女攙扶吳太太上車，吳太太身穿重孝，一進車廂就坐在我身邊，叫了一聲胡次長，頭伏在我肩上又哭泣起來，她當我是親人，我但覺心靜如水，對世人與萬物有端正與感激。』

混世魔王 又遭毒斃

汪派偽府，看來氣勢漸盡，他們利益之爭，派系之鬥，越來越嚴重，而且漸漸表面化，胡蘭成在『今生今世』一書中，還有一段記述李士羣的死亡經過，這一段寫得比較短，而且對致死的情況也略而不詳，原文說：『李士羣也是給日本人毒殺的，日本人在筵席間，向李士羣敬酒時，另外請他吃一個餅，這個餅，日方主人吃了一半，其餘一半迫着要李士羣吃，表示友好精神，李士羣本來對一切食物，都推說胃不好皆不吃，但是這一次他看見日方主人已吃一半，他未便當衆拒絕，祇好吃了。

日本人吃過一半餅之後，立刻推說要大便就此一走了事，其實這個餅是含有高度毒素的，一發起來什麽藥都救不了，日本人退出之後，就由醫務人員立刻爲他洗胃洗腸，當然就保存了性命。李士羣吃了另一半之後，許多人還纏着他不許走，一方面由藝妓唱歌，軍人則跳舞，李士羣就在這種熱鬧氣氛，毒發倒地，當時日軍立即派車子把他送回家去，雖然由他家人請了許多醫生，但是中毒已深，挽救乏術了。』

另外一段，據胡蘭成的『今生今世』的記述，李士羣的死因是這樣的：

『那時熊劍東和李士羣的鬥爭相持未下，熊劍東又向我問計，我教他先斷絕李士羣與日本的勾結。如此又是數月，果然李士羣在江蘇放縱部下劫掠民間，民間益恨日本人，這事實漸漸促起了東京方面的注意，但對李士羣還是無法。劍東只好對我嘆氣又笑道：「這個李士羣倒果然厲害，竟是怎麽也弄他不倒」。我教他去與周佛海說，要周佛海與陳公博請李士羣吃飯，即在筵席上殺了他，數以殃民之罪，然後向汪先生自請處分，汪先生見李已死，亦不能把周如何的。劍東果與周陳商量了，回說周陳不敢。我道：那麽你用什麽法子都可以，只要把李士羣殺却，我這樣說過後，由劍東去與日本憲兵商量，我亦不問。

如此又過了兩個月，我在南京，忽一日到羅君强家裏去玩，進得客廳，衛士說：「部長在樓上，熊先生與岡村憲兵中佐亦在」，就要去通報。我說：「沒有事情，不必，我自己坐一回就走的」。却見熊劍東已下來，說正要問我一件事。他告訴我：「東京方面的覆示已到，李事就地處置，惟須避免引致嚴重後果，現在就是這點不決，你是汪先生的親信，所以要問你，若殺李士羣，汪先生會不會一怒說不幹了？」我答不會，政府非可如此隨便拆散，且人已死，汪先生亦惟有追悼而已。劍東道：「你敢這樣判斷？」我說當然，他又匆匆上樓去了。我一人在客廳裏看了看水仙花，亦隨即回家，心知事變即在目前，但是對熊劍東我什麽亦不問，此後過得五六天，就聽聞李士羣從上海回蘇州死了，與吳四寶一樣，也是被毒殺。他在上海是日本憲兵出面調停，與熊會面，雙方講條件，熊做李的副手，李給熊三千萬元，便一道吃夜飯。』云云，這些記載，聞者不多，與外傳者似乎不一樣，因作者胡蘭成亦是當事人之一，可見此中人爾虞我詐，見利忘義，早已不知人間何世了！（四）

本刊已向香港政府登記

定價每冊港幣弍元

大人總目錄

第一期（一九七〇年五月十五日）：

第二期（一九七〇年六月十五日）：

第三期（一九七〇年七月十五日）：

第四期（一九七〇年八月十五日）：

第五期（一九七〇年九月十五日）：

第六期（一九七〇年十月十五日）：

第七期（一九七〇年十一月十五日）：

第八期（一九七〇年十二月十五日）：

第九期（一九七一年一月十五日）：

第十期（一九七一年二月十五日）：

第十一期（一九七一年三月十五日）：

第十二期（一九七一年四月十五日）：

第十三期（一九七一年五月十五日）：

第十四期（一九七一年六月十五日）：

第十五期（一九七一年七月十五日）：

第十六期（一九七一年八月十五日）：

第十七期（一九七一年九月十五日）：

第十八期（一九七一年十月十五日）：

第十九期（一九七一年十一月十五日）：

第二十期（一九七一年十二月十五日）：

第二十一期（一九七二年一月十五日）：

第二十二期（一九七二年二月十五日）：

第二十三期（一九七二年三月十五日）：

第二十四期（一九七二年四月十五日）：

第二十五期（一九七二年五月十五日）：

第二十六期（一九七二年六月十五日）：

第二十七期（一九七二年七月十五日）：

第二十八期（一九七二年八月十五日）：

第二十九期（一九七二年九月十五日）：

第三十期（一九七二年十月十五日）：

第三十一期（一九七二年十一月十五日）：

第三十四期（一九七三年二月十五日）：

第三十五期（一九七三年三月十五日）：

第三十六期（一九七三年四月十五日）：

第三十七期（一九七三年五月十五日）：

第三十八期（一九七三年六月十五日）：

第三十九期（一九七三年七月十五日）：

第四十期（一九七三年八月十五日）：

第四十一期（一九七三年九月十五日）：

第四十二期（一九七三年十月十五日）：

大人（十一）

數位重製・印刷　秀威資訊科技股份有限公司
http://www.showwe.com.tw
114 台北市內湖區瑞光路 76 巷 65 號 1 樓
電話：+886-2-2796-3638
傳真：+886-2-2796-1377
劃 撥 帳 號　19563868　戶名：秀威資訊科技股份有限公司
讀者服務信箱：service@showwe.com.tw
網 路 訂 購　秀威網路書店：https://store.showwe.tw
網路訂購：order@showwe.com.tw

2017 年
全套精裝印製工本費：新台幣 30,000 元（不分售）

Printed in Taiwan　ISBN: 978-986-326-369-2　CIP: 078

本期刊僅收精裝印製工本費，僅供學術研究參考使用

ISBN 978-986-326-369-2
9 789863 263692　30000

讀者回函卡

感謝您購買本書，為提升服務品質，請填妥以下資料，將讀者回函卡直接寄回或傳真本公司，收到您的寶貴意見後，我們會收藏記錄及檢討，謝謝！
如您需要了解本公司最新出版書目、購書優惠或企劃活動，歡迎您上網查詢或下載相關資料：http:// www.showwe.com.tw

您購買的書名：________________________________

出生日期：________年________月________日

學歷：□高中（含）以下　□大專　□研究所（含）以上

職業：□製造業　□金融業　□資訊業　□軍警　□傳播業　□自由業
　　　□服務業　□公務員　□教職　□學生　□家管　□其它______

購書地點：□網路書店　□實體書店　□書展　□郵購　□贈閱　□其他

您從何得知本書的消息？

□網路書店　□實體書店　□網路搜尋　□電子報　□書訊　□雜誌
□傳播媒體　□親友推薦　□網站推薦　□部落格　□其他__________

您對本書的評價：（請填代號　1.非常滿意　2.滿意　3.尚可　4.再改進）

封面設計____　版面編排____　內容____　文／譯筆____　價格____

讀完書後您覺得：

□很有收穫　□有收穫　□收穫不多　□沒收穫

對我們的建議：________________________________

____

____

____

請貼
郵票

11466
台北市內湖區瑞光路 76 巷 65 號 1 樓

秀威資訊科技股份有限公司　　收

BOD 數位出版事業部

（請沿線對折寄回，謝謝！）

姓　　名：____________　　年齡：________　　性別：□女　□男

郵遞區號：□□□□□

地　　址：____

聯絡電話：(日)____________________　(夜)____________________

E-mail：____